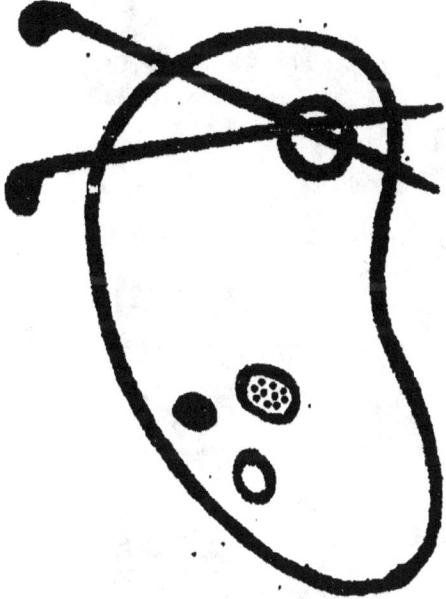

L'ÉDUCATION

ÉLÉMENTS DE PSYCHOLOGIE

DE L'HOMME ET DE L'ENFANT

L'ÉDUCATION

ÉLÉMENTS DE PSYCHOLOGIE

DE

L'HOMME ET DE L'ENFANT

APPLIQUÉE A LA PÉDAGOGIE

PAR

M. Eugène MAILLET

AGRÉGÉ DES LETTRES ET DE PHILOSOPHIE, DOCTEUR ÈS LETTRES
PROFESSEUR DE PHILOSOPHIE AU LYCÉE LOUIS-LE-GRAND

DEUXIÈME ÉDITION
REVUE ET CORRIGÉE

EB

PARIS

LIBRAIRIE CLASSIQUE EUGÈNE BELIN
BELIN FRÈRES
RUE DE VAUGIRARD, 52

1893

Tout exemplaire de cet ouvrage, non revêtu de notre griffe, sera réputé contrefait.

PRÉFACE

Quelques explications peuvent être utiles pour faire comprendre le but que je me suis proposé dans ces *Eléments de psychologie*.

Comme l'indique le titre général de ce volume, ils forment la première partie d'un ouvrage consacré à la science de l'éducation. La seconde partie aura pour objet l'éducation elle-même, considérée d'abord dans son idée ; puis dans ses diverses formes : éducation physique, éducation du cœur, éducation de l'esprit, éducation de la volonté et du caractère ; enfin dans les principes généraux de logique et de morale qui doivent la dominer et sans lesquels on ne saurait établir les règles d'une méthodologie sagement graduée ou d'une discipline rationnelle.

Cet ouvrage a été préparé à l'occasion de diverses occupations professionnelles, cours, conférences, travaux d'ordre pratique, qui m'ont mis plusieurs fois en rapport soit avec l'enseignement primaire, soit avec l'enseignement élémentaire de nos lycées, l'enseignement secondaire spécial, l'enseignement des jeunes filles, lorsqu'il fut, une première fois, institué par M. Duruy. Je tiens à dire cependant que, si je me suis décidé à le reprendre et à le publier, c'est sur le conseil du maître le plus éminent de la pédagogie française à notre époque, M. Gréard. Il a bien voulu croire, et je l'en remercie avec une profonde gratitude, que je pourrais contribuer, pour ma modeste part, à répandre soit dans nos écoles, soit dans nos lycées, soit même chez les personnes qui, en dehors du professorat, s'intéressent simplement aux bonnes choses, le goût de cette noble science de l'éducation, qui est en même temps l'art de préparer l'avenir, pour le bien du pays, pour le progrès de l'humanité.

Je me suis constamment inspiré, en effet, de cette idée essentielle, que la pédagogie est une des sciences les plus larges, les plus fécondes, les plus libérales qui existent. Elle a d'étroits

rapports avec le système entier des sciences qui intéressent la
nature humaine. Tout d'abord, elle est liée aux parties les plus
hautes des sciences de la vie. L'étude physiologique des conditions de la croissance et de la santé est la base nécessaire de
l'éducation physique; la connaissance des lois de l'hérédité,
transportée inductivement de la sphère de la vie à celle de
l'âme, nous est indispensable pour combattre de bonne heure
chez l'enfant certaines dispositions vicieuses, dont on le ren-
dait autrefois responsable, dont nous savons aujourd'hui qu'il
est, trop souvent, l'innocente victime; les théories récentes sur
la suggestion permettent de se demander si les principaux
moyens dont l'éducation morale fait usage ne sont point les
formes atténuées d'une suggestion qui s'exerce sur les instincts;
si la suggestion proprement dite ne pourrait pas être employée
quelquefois sur certaines natures particulièrement déviées ou
perverties. Quelques sciences sociales, de leur côté, ont des
conséquences et des prolongements qui aboutissent à la pédagogie. En nous habituant à déterminer la juste part qui revient
à chacun dans l'Etat, elles nous apprennent (ce qu'on ne soupçonnait guère autrefois) que l'enfant, lui aussi, fait partie de
la société; qu'il peut commencer de bonne heure à y remplir
certains devoirs, mais surtout qu'il y possède certains droits,
d'autant plus respectables qu'il ne peut les revendiquer et les
faire respecter lui-même. Il faut donc que nous connaissions
bien l'enfance, ses besoins, la juste mesure dans laquelle ses
forces doivent être à la fois développées et ménagées, si nous
voulons d'abord exercer vis-à-vis d'elle toutes les formes légitimes de la protection : protection physique contre tant de
dangers qui menacent l'enfant dès sa naissance et qui constituent à eux seuls, dans notre pays, une des plus effrayantes
causes de dépopulation; protection morale contre les aban-
dons, les mauvais traitements, les causes de corruption préma-
turée; protection industrielle contre l'exploitation à outrance,
contre les excès de travail dans les ateliers et les usines. Après
nous avoir aidés à résoudre ces questions préliminaires, la
science sociale nous permet d'aborder directement les problèmes pédagogiques, en nous apprenant ce que l'éducation
doit être dans chaque classe de la société pour préparer l'enfant à un ensemble de devoirs bien déterminés et en nous
amenant ainsi à constituer divers types d'enseignement, qui
répondent aux besoins multiples de notre époque.

Mais c'est surtout aux diverses sciences philosophiques et

plus particulièrement encore à la psychologie que l'avenir de
la science pédagogique est intimement lié. C'est ce qu'on
exprime d'ordinaire par la formule suivante : « La psychologie
est la base de la pédagogie. » Il m'a semblé cependant (et c'est
à cela que se rapporte le titre même de ce volume) que cette
formule devait être aujourd'hui assez profondément modifiée.
La psychologie de l'homme fait ne suffit vraiment pas à diriger l'éducateur; elle lui montre bien le but vers lequel il doit
tendre, l'idéal qu'il doit poursuivre, mais elle ne suffit pas à
lui faire connaître les étapes qu'il doit franchir et les moyens
dont il doit faire usage. J'ai donc pensé que le moment était
venu d'appliquer, autant que possible, à la pédagogie les premiers résultats obtenus dans une branche nouvelle de la science
de l'âme, la *psychologie de l'enfance*.

A la vérité, cette science nouvelle est encore assez peu développée; elle a plutôt étudié, jusqu'ici, les périodes tout à fait
initiales de la vie que cette partie de l'enfance et de l'adolescence qui constitue proprement l'*âge scolaire*. De plus, ses observations et ses expériences sont encore trop dispersées, trop
personnelles, trop dépendantes des conditions particulières
dans lesquelles chaque observateur a vu les enfants, pour
qu'on puisse en dégager dès à présent des lois générales bien
certaines. Mais il n'importe; un fait, tout au moins, semble
suffisamment acquis : c'est que les facultés intellectuelles,
comme les facultés morales, diffèrent assez profondément chez
l'enfant de ce qu'elles sont chez l'adulte; ce n'est pas seulement, comme on pourrait être tenté de le croire au premier
abord, le *développement* qui est *moindre*, c'est, à vrai dire, la
forme qui est *autre*. Or, à l'aide de cette vérité fondamentale, on
peut, dès aujourd'hui, ébaucher une psychologie comparée de
l'homme et de l'enfant, et les avantages de cette psychologie
comparée doivent être, un jour ou l'autre, si importants, qu'il
ne sera peut-être pas inutile de les signaler ici très brièvement,
d'autant plus que cela aidera à comprendre la relation des
deux parties de ce travail.

— Quelques-uns de ces avantages sont tout théoriques et
n'intéressent encore que la science proprement dite de
l'homme.

Le premier et le plus frappant, c'est que l'homme sera mieux
connu, quand on sera en mesure de suivre son développement
à travers toute la série des phases de sa vie, de même qu'une
société humaine ou une espèce animale est mieux connue,

quand l'historien ou le naturaliste est parvenu à reconstituer les diverses phases de son évolution à travers les âges de l'humanité ou les âges du monde.

Mais ce n'est pas seulement la connaissance générale de l'homme, c'est aussi la science des caractères, l'*éthologie*, qui sera un jour vivement éclairée par le parallèle scientifique de l'homme et de l'enfant.

La faiblesse mentale ou morale de certains individus leur vient de ce qu'ils ont subi sur certains points un arrêt de développement ; ils sont restés adolescents, enfants même, à certains égards ; quelque chose en eux n'a pas pleinement mûri. Chez d'autres, c'est un phénomène inverse, mais non moins anormal, qui s'est produit. Il y a des hommes dont on peut dire que, soit de leur fait, soit de celui des autres, ils n'ont point eu d'enfance : entendons par là qu'ils n'ont pas connu, à l'heure où il aurait été naturel qu'ils les connussent, les gaîtés, les légèretés, les grâces, les insouciances de l'enfance ; il en est resté, dans leur physionomie morale ou physique, je ne sais quel pli ineffaçable ou de sévérité outrée, ou de rudesse, ou de morgue, ou d'emphase. D'autres n'ont point eu de jeunesse ; on dit tous les jours de certaines personnes « qu'elles n'ont jamais été jeunes » ; entendons encore par là qu'elles n'ont point eu ou que, peut-être, elles n'ont point voulu avoir les illusions, les entraînements, les enthousiasmes, disons, si l'on veut, les *emballements* de la jeunesse ; elles se sont faites trop vite utilitaires, positives, *raisonnables*, en un certain sens du mot.

L'engouement et la mode jouent quelquefois un rôle dans cette perversion du cours naturel des choses. On voit des adolescents se poser en blasés, en désabusés, en désespérés ; après les byroniens, nous avons eu les pessimistes ; aujourd'hui des adolescents se déclarent *décadents* à l'heure où devraient affluer en eux toutes les énergies, toutes les sèves de la vie normale. Voulues ou subies, ces *maladies de la croissance* laissent des traces dans le caractère ou dans l'esprit ; on garde quelque chose, en pleine maturité, de n'avoir pas été jeune, ou bien, par un retour offensif de la nature, on redevient jeune quand il n'est plus de saison. De là des anomalies qui peuvent, suivant les cas, devenir ou des ridicules ou même des monstruosités. La psychologie comparée des différents âges de la vie, quand elle sera pleinement développée, éclairera tout cet ordre de faits et nous donnera des indications infiniment précieuses pour la critique littéraire, pour l'appréciation des personnages historiques, enfin pour cette connaissance, pour ce discernement des hommes dont nous avons tant besoin dans la conduite journalière de la vie.

Voici enfin un dernier service que la psychologie comparée de l'homme et de l'enfant rendra à la science de l'âme. Elle permettra, sur certains points, de découvrir une conciliation naturelle entre des théories qui semblent, au premier abord, absolument inconciliables. On en trouvera plus loin divers exemples. Signalons seulement celui de l'attention. Une école de psychologues considère l'attention comme un libre effort de l'esprit, et, cette explication une fois donnée, elle l'étend à la vie tout entière; une autre y voit une prise de possession de l'esprit par les choses, et considère aussi cette explication comme valable pour toute la durée de la vie. Des deux côtés, l'erreur est égale. L'un des deux systèmes n'a vu que la vérité de la nature adulte, l'autre n'a vu que la vérité de la nature enfantine; il suffit ici (bien que tous les cas ne soient pas aussi simples) de les rapprocher l'un de l'autre pour avoir la vérité synthétique, la vérité de la nature humaine.

— Les autres avantages que présentera la psychologie comparée de l'homme et de l'enfant, une fois qu'elle sera pleinement constituée, sont, au contraire, d'ordre pratique; en particulier, ils intéressent à tel point la pédagogie qu'on peut dire que cette science s'y ramène tout entière.

La plupart des controverses pédagogiques proviennent, en effet, de ce que, quand on discute sur l'éducation d'une faculté, on ne distingue pas suffisamment de la forme définitive qu'elle présentera un jour chez l'homme la forme provisoire qu'elle présente chez l'enfant.

Il suffira d'en indiquer rapidement un seul exemple, celui de la mémoire.

Sans aucun doute, la pédagogie irrationnelle d'autrefois abusait étrangement de la mémoire, mal connue et mal comprise. On croyait avoir instruit un enfant lorsqu'on avait purement et simplement confié à sa mémoire, avec des listes indigestes de faits, de noms ou de dates, le mot à mot de leçons qui n'avaient point été commentées, de formules ou de règles qu'on n'avait pas pris le soin de lui expliquer.

Mais la légitime réaction qui s'est produite contre cette erreur n'est pas sans avoir amené, à son tour, quelques abus regrettables.

Si on prenait à la lettre certaines théories d'Herbert Spencer ou de Diesterweg, on arriverait à rejeter, en quelque sorte, hors de l'intelligence cette précieuse faculté de la mémoire qui est à la base de toutes nos occupations, à laquelle nous devons l'unité de notre conscience, la continuité de notre être moral, et dont les anciens, mieux inspirés, avaient fait Mnémosyne, la divine mère des Muses.

Ces pédagogues ne veulent voir en elle que « la moins noble » de nos facultés, parce que, disent-ils, « elle est un mécanisme; » comme s'il n'y avait pas un mécanisme dans quelques-unes des plus grandes et des plus belles choses : un mécanisme dans la vie, un mécanisme dans l'habitude (si semblable elle-même à la mémoire), un mécanisme dans la vertu !

Sous prétexte que, comme ils disent encore, « apprendre n'est pas comprendre », « savoir par cœur n'est pas véritablement savoir », ils voudraient qu'on se contentât de faire remarquer à l'enfant le *sens* des choses qu'on lui enseigne, la *raison* des règles de grammaire ou des règles de calcul qu'on lui fait appliquer, et qu'ensuite, se fiant à sa réflexion pour retrouver, toutes les fois que cela serait nécessaire, cette raison ou ce sens, on le dispensât, presque en tout, d'*apprendre par cœur*, de *réciter littéralement*.

C'est une exagération et une erreur. Il suffit, pour s'en garantir, de remarquer certaines différences très nettes qui existent entre la mémoire de l'enfant et celle de l'homme, ou même de l'adolescent, et de noter, vers la douzième ou la treizième année, une délicate transition, une sorte de *mue*, par laquelle la nature passe de l'une à l'autre.

La mémoire de l'enfant est toute *sensorielle*. Fondée sur l'impressionnabilité, elle retient beaucoup de choses, elle conserve une infinité de détails; en un certain sens même, elle retient les *liaisons* des choses. M. Legouvé remarque très justement que, quand on raconte une seconde fois devant l'enfant une histoire qu'on lui a déjà racontée, il ne souffre point qu'on omette ou simplement même qu'on intervertisse un détail. Mais c'est à une condition : il faut que ces détails l'aient *impressionné*, que leur suite même l'ait *frappé*. Ce n'est pas par leurs liaisons logiques qu'il les retient. Loin de là : sous ce rapport, la mémoire de l'enfant est faible; il ne distribue pas les choses; il ne les localise pas, ne les rapporte pas à leur milieu, à leur juste plan, à leur véritable distance.

Avec le progrès de l'âge, l'impressionnabilité s'effaçant par degrés, la mémoire de l'adulte devient peu à peu tout *intel-lectuelle*. L'homme retient les opérations de son esprit et l'ordre de ces opérations; sa mémoire lui sert à repasser par les *sen-tiers logiques* qu'il a déjà suivis.

Mais quelle est, chez l'homme même, la condition de cette mémoire intellectuelle? C'est que les idées soient d'abord liées par lui à des mots, c'est-à-dire, en dernière analyse, à des *impressions abrégées et condensées*, et que les suites d'idées soient liées à des séries de mots.

A plus forte raison en est-il ainsi pour une mémoire en voie de croissance. Elle ne peut se détacher des impressions, qui ont été son premier objet, que si elle les remplace par des mots; elle ne peut retenir, longtemps au moins, les liai-sons compliquées des choses que par l'intermédiaire des for-mules verbales.

Il faut donc bien se résigner à voir l'enfant apprendre des mots; car, sans eux, il ne retiendrait pas les choses, ou, du moins, il ne les retiendrait que par des efforts trop fréquents de réflexion, qui immobiliseraient sa pensée sur un trop petit nombre d'objets.

Mᵐᵉ Necker de Saussure a finement démêlé la raison pour laquelle, tout en faisant, dans la culture de la mémoire, une juste place à l'étude directe des choses, il ne serait pas sage de trop négliger, de trop *mépriser* l'étude des mots. C'est, dit-elle, « que les enfants ne sont pas de fort habiles rédacteurs. » Si donc on leur laisse le soin de rédiger eux-mêmes la formule des choses qu'ils ont simplement entrevues dans l'éclair fugitif d'un moment de réflexion, les expressions qu'ils y emploient sont bien vagues, bien inexactes; par suite, la compréhen-sion, qu'on se flattait d'atteindre et de fixer, « reste confuse, ou s'échappe vite, faute de s'être liée à des mots fixes et posi-tifs. » En d'autres termes, l'enfant se contente de l'*à peu près*, et, quand une fois il s'en est contenté, il ne le dépasse plus.

Voilà pourquoi il n'est pas mauvais de mettre à profit la forme première de sa mémoire, en lui faisant apprendre et réciter, *après explication préalable*, des formules « précises, justes, bien choisies, » qui éclaireront, dirigeront, rectifieront le travail latent de sa réflexion ultérieure. Car, s'il est bien vrai de dire que « comprendre sert à apprendre, » il ne l'est pas moins d'ajouter que, réciproquement, « apprendre sert à com-prendre. »

Dénigrée trop souvent et bien à tort comme une faculté toute passive, la mémoire est, au contraire, pour qui l'étudie à fond, le principe d'un *travail inconscient*, d'une *germination sourde*, par laquelle l'enfant ne cesse de retrouver les idées sous les mots qui lui ont été confiés et d'éclaircir les notions avec le concours même des formules.

Concluons qu'il ne faut pas trop nous presser de changer la mémoire sensorielle de l'enfant en mémoire intellectuelle d'homme. Laissons chaque saison porter ses fruits suivant la loi même de la nature. L'éducation n'a point à brusquer, mais seulement à diriger l'évolution naturelle des facultés, évitant à la fois et, pour ainsi dire, également que l'enfant ne persiste trop tard chez l'homme et que l'homme n'apparaisse trop tôt chez l'enfant.

— J'ajoute un seul mot. Il concerne les élèves de philosophie de nos lycées et collèges.

Ayant passé ma vie auprès d'eux, je n'ai pas à me défendre de penser que ce livre, où je me suis efforcé de joindre la clarté à l'étude approfondie de tous les points essentiels, pourra leur être utile.

Les applications générales qui y sont faites à des questions, générales elles-mêmes, de pédagogie (car le détail des applications pratiques et techniques est expressément réservé à un autre volume) ne peuvent être sans quelque intérêt pour les esprits sérieux. Elles se trouvent, d'ailleurs, dans des chapitres ou fragments de chapitres indiqués nettement dans la table; ceux-ci, par exemple : *Psychologie de l'enfance; psychologie de l'éducation; théorie de Rousseau; théorie de Spencer; réforme de la pédagogie de l'imagination; doctrine du travail attrayant; théorie pédagogique de l'habitude.* Les élèves à qui le temps ferait défaut pourraient toujours se contenter de les parcourir. Les autres trouveront, sans doute, qu'il n'est pas inutile, à la fin de ses études, de réfléchir sur la loi générale de l'éducation et que les grandes questions pédagogiques sont tellement liées à la psychologie qu'on peut les considérer moins encore comme une application de cette science que comme cette science elle-même, élargie et complétée.

ÉLÉMENTS DE PSYCHOLOGIE
DE L'HOMME ET DE L'ENFANT

APPLIQUÉE A LA PÉDAGOGIE

PREMIÈRE PARTIE

LES QUESTIONS PRÉLIMINAIRES DE LA PSYCHOLOGIE

Dans quel sens l'étude de la psychologie est la base nécessaire de la pédagogie.

1. Pour être vraiment utile à l'éducateur, il ne faut pas que cette étude soit un simple recueil de notions et de formules; il faut qu'elle développe chez lui un goût et un art naturels d'observation de l'enfance.

2. La psychologie de l'éducation est une science complexe. Elle a tout à la fois pour objet l'homme, l'enfant, le passage de l'enfant à l'homme.

3. Elle repose particulièrement sur l'étude préalable de deux questions essentielles : 1° celle de la légitimité et de la méthode de la psychologie; 2° celle des facultés de l'âme.

1. L'œuvre de l'éducation, à tous ses degrés et sous toutes ses formes, exige de ceux qui s'y consacrent un certain nombre de dispositions natives et de qualités professionnelles dont le détail se retrouvera, à sa juste place, dans la partie de cet ouvrage qui traite de la pédagogie proprement dite. Nous nous bornerons, pour le moment, à en détacher une, plus importante que toutes les autres : c'est l'aptitude à bien connaître l'enfance, le goût et l'art naturels de l'étudier, de l'observer, autant que possible par soi-même.

Les notions de psychologie, dans lesquelles on voit aujourd'hui, à si juste titre, la base nécessaire de la pédagogie, devraient être considérées comme ayant surtout pour but de venir en aide à ce goût et à cet art, de les susciter chez les uns, de les affermir chez les autres, d'y ajouter toutes les ressources qui viennent de l'observation et de l'expérience.

De simples formules courantes, passivement confiées à la mémoire, n'auraient pour l'éducateur qu'une bien médiocre importance, s'il ne savait pas les faire servir à éclairer et à diriger son expérience personnelle.

A quoi lui servirait, par exemple, d'avoir dans l'esprit telle définition précise de la déduction, du syllogisme, de l'induction, s'il était incapable d'en tirer parti pour interpréter et contrôler les raisonnements spontanés de l'enfant ? Loin de lui être utiles, ces connaissances toutes verbales lui nuiraient plutôt, en ce qu'elles le disposeraient à croire, contrairement à la vérité, que l'enfant raisonne tout à fait comme nous, induit et déduit d'après des procédés entièrement semblables à ceux de l'adulte.

De même, il lui serait médiocrement utile d'avoir des notions générales sur l'instinct; de savoir, par exemple, que l'instinct est *fatal, irréfléchi, immuable, infaillible,* etc., tandis que la volonté est *libre, progressive,* etc., si, d'après ces notions, il allait se figurer à tort qu'il y a chez l'enfant des instincts semblables à ceux de l'animal, ou si, découvrant plus tard l'erreur de cette opinion, il se rejetait dans l'extrême opposé et se persuadait qu'il n'y a absolument rien d'instinctif dans la nature enfantine.

C'est en face de l'enfant lui-même, de sa nature propre, des vrais besoins de son âge, qu'il faut savoir se mettre et se maintenir, quand on étudie la psychologie dans l'intérêt spécial de l'enfance et pour y trouver les moyens de la bien élever.

2. Il suit de là qu'une psychologie écrite en vue des intérêts spéciaux de l'éducation n'a pas tout à fait le même objet ni les mêmes limites que la psychologie purement théorique. Elle peut, elle doit même, sur certains points, être *allégée*. Il serait inutile, par exemple, d'y faire intervenir, sinon d'une manière très discrète, certaines discussions métaphysiques dans lesquelles le dernier mot ne sera, sans doute, jamais dit, certaines disputes d'école sur tel ou tel point controversable. Mais cela ne lui enlève rien ni de son élévation ni de sa largeur; car nous allons voir que, sur d'autres points, elle exige, au contraire, plus de développements que la psychologie ordinaire.

En effet, elle présente cette particularité qu'elle doit être tout ensemble une *psychologie de l'homme*, puisque c'est l'homme, avec toute la plénitude de ses facultés, que l'éducation se propose de développer chez l'enfant, et une *psychologie de l'enfance*, puisque, si l'homme est la *fin* à laquelle l'éducation se rapporte, l'enfant est la *matière* sur laquelle elle s'exerce.

Il convient cependant de dire un mot sur la mesure dans laquelle ces deux parties y doivent être combinées.

Évidemment, la part faite à l'étude de l'enfance doit être assez considérable; car, si l'éducateur ignorait l'état réel des facultés dans les premières périodes de

la vie, il lui serait impossible de savoir au juste ce
qu'on peut attendre de l'enfant et ce qu'on doit exiger
de lui; il serait exposé, faute de connaître la faiblesse
naturelle de l'élève, à lui demander plus que sa
nature ne peut fournir, et il aboutirait ainsi à le décourager; ou bien, au contraire, se défiant de lui outre
mesure et ignorant la vraie force qui se mêle à sa
faiblesse, il ne verrait pas assez tout ce qu'il y a déjà
de puissance dans son imagination, dans sa volonté
ou dans son jugement.

Mais, d'un autre côté, il ne conviendrait pas, à
notre avis, que cette part fût exagérée, ni peut-être
même prépondérante. En effet, la préoccupation trop
exclusive d'étudier l'enfant tel qu'il est à l'époque
où on l'élève pourrait n'être pas favorable aux intérêts les plus essentiels de l'éducation. Si on avait
à un trop haut degré la curiosité, le *dilettantisme*
de l'enfance, on l'aimerait trop telle qu'elle est, on
ne voudrait pas la changer; par suite, on ne serait
pas apte à élever l'enfant, parce qu'on ne serait pas
assez pressé de faire de lui un homme.

La connaissance de l'enfance ne peut avoir de
valeur pédagogique qu'autant qu'elle reste étroitement
liée à la connaissance du plein développement de la
nature humaine dans l'âge adulte; car l'éducateur,
chargé de préparer l'avenir, a le droit de ne s'intéresser à l'enfant que parce qu'il voit en lui la promesse
et l'ébauche de l'homme futur; c'est donc en tenant
les yeux fixés sur l'*idéal humain* qu'il doit étudier les
manifestations de la nature enfantine.

En d'autres termes et pour tout résumer, l'objet
propre de la psychologie de l'éducation, c'est *la nature*

*de l'enfant rapportée à la nature de l'homme, éclai-
rée et expliquée par elle.*

3. Ainsi définie, la psychologie de l'éducation
apparaît comme une science à la fois très délicate et
très complexe, à laquelle on ne saurait donner une
base trop large.

Aussi convient-il d'étudier à fond, en ce qui la
concerne, les deux grandes questions préliminaires
de la science de l'âme, à savoir : 1° celle de la *légitimité* et de la *méthode de la psychologie*, 2° celle des
facultés de l'âme.

En effet, la première de ces questions, étudiée au
point de vue pédagogique, présente une importance
et une difficulté particulières, puisqu'il s'agit de savoir
non plus seulement si l'homme peut se connaître directement lui-même, mais encore s'il peut pénétrer méthodiquement dans une conscience étrangère, surtout
dans la conscience de l'enfant, à certains égards si
différente, si éloignée de la nôtre.

Quant à la question des facultés de l'âme, son intérêt au point de vue pédagogique est, s'il se peut,
plus considérable encore.

L'éducation, en effet, devra être conçue et surtout
pratiquée d'une tout autre manière, suivant que l'on
considérera ou non l'âme humaine comme possédant à
l'origine des *facultés,* c'est-à-dire des puissances internes, des virtualités actives, qui soient les vrais principes de son développement futur. Si l'on admet que
l'âme, dans les premiers temps, est vide de facultés,
l'éducation ne peut évidemment agir sur elle que par
le dehors ; elle se réduit à envelopper l'enfant d'impressions qui façonneront peu à peu son âme et qui

mettront en lui, même sans sa participation effective, telles dispositions, telles habitudes mentales ou morales qu'on jugera bon de lui donner. Si, au contraire, l'âme est vraiment active, si les facultés que nous lui attribuons ne sont pas un vain mot, c'est à elles que l'éducation doit s'adresser directement ; elle se borne alors à provoquer ces facultés, à en surveiller le développement, à modérer quelquefois leur essor ; elle prend l'enfant comme collaborateur, elle le fait travailler lui-même au progrès de sa pensée et de sa volonté. En d'autres termes, dans le premier cas, l'enfant subit d'une manière toute passive l'influence de ceux qui l'élèvent ; il est entre leurs mains comme une cire molle, comme une substance plastique qui reçoit, à leur gré, n'importe quelle forme ; c'est un *vase* qu'on peut indifféremment remplir de n'importe quelle liqueur. Dans le second cas, au contraire, il s'associe d'une manière personnelle, souvent décisive, à l'action dont il est l'objet ; et alors, pour reprendre d'autres métaphores dont on fait souvent usage, ce que nous devons voir en lui, c'est plutôt un *foyer* qu'il s'agit d'échauffer, un *germe* qu'il s'agit de féconder et de faire épanouir.

Nous allons donc étudier d'abord, au point de vue spécial de l'éducation, ces questions préliminaires de la psychologie, en traitant tour à tour : 1° de la *psychologie de l'homme*, 2° de la *psychologie de l'enfance*, 3° de la *psychologie pédagogique* ou *psychologie de l'éducation*, 4° enfin du *problème des facultés de l'âme*, problème au sujet duquel nous nous efforcerons de montrer que sa vraie solution est précisément fournie par la pédagogie.

CHAPITRE PREMIER

LA PSYCHOLOGIE DE L'HOMME

La psychologie et la physiologie.

La légitimité de la psychologie consiste dans son indépendance vis-à-vis de la physiologie. On établit cette indépendance en montrant : 1° qu'il y a des faits psychologiques ou psychiques, distincts des faits physiologiques, 2° que les faits psychiques sont méthodiquement observables.

Le mot *psychologie* (du grec *psychè*[1], âme, et *logos*[2], discours) signifie *science de l'âme*, comme le mot *physiologie* (du grec *physis*[3], nature, dans le sens d'énergie vitale, de force organisatrice) signifie *science du corps*, c'est-à-dire de la nature qui crée et conserve le corps.

Par suite, demander si la psychologie est une science légitime, c'est demander indirectement si la nature de l'homme est double ; en d'autres termes, s'il y a en lui, à côté du corps, qui tombe sous nos sens, une autre substance, l'âme, que nous ne voyons pas.

Mais, comme cette question ne peut être résolue *a priori* et ne se rapporte point aux données premières, mais seulement aux conclusions de la psychologie, nous l'écarterons pour le moment et nous nous contenterons d'examiner les deux points suivants, qui sont de simples questions expérimentales.

1° Toutes les manifestations de la nature humaine se réduisent-elles, en dernière analyse, à des faits *ma-*

---

1. Ψυχή. — 2. Λόγος. — 3. Φύσις.

tériels, vitaux, physiologiques, comme sont la nutrition, la respiration, la circulation du sang, de telle sorte que celles qui, au premier abord, semblent dépasser la sphère de la vie puissent y être indirectement ramenées sous la forme plus mystérieuse du travail organique de la *cérébration?* Ou bien faut-il admettre, sous le nom de faits *spirituels, moraux, psychologiques* ou, plus brièvement, *psychiques*, tout un ordre considérable de faits intérieurs, absolument irréductibles aux précédents?

2° S'il est établi que les faits psychiques constituent vraiment un ordre à part, est-il possible d'étudier scientifiquement ces faits? Avons-nous à notre disposition une méthode qui nous permette non seulement de les observer, mais encore de les analyser, de les coordonner, de les ramener à des lois?

I

Parallèle des faits physiologiques et des faits psychiques.

1. Ils diffèrent d'abord les uns des autres par leur nature et par leurs fins. — Analyse d'un fait physiologique; la digestion. Tout s'y réduit à des changements de situation et à des changements de forme. Il n'en est pas de même d'un fait psychique quelconque. — D'autre part, les faits physiologiques ont pour fin la santé; les faits psychiques se rapportent au bonheur, à la science ou à la vertu.

2. La différence n'est pas moindre au point de vue de la manière dont ils sont connus. Ils relèvent les uns et les autres de l'observation; mais les faits physiologiques ne peuvent être observés que par les sens ou par des instruments qui augmentent la portée des sens; les faits psychiques ne peuvent être observés que par la conscience.

La première de ces questions semblerait presque un défi porté au bon sens, si l'on ne se rappelait que la science a le devoir strict de tout préciser et de tout prouver. Personne ne met sérieusement en doute que ces expressions : *croire, sentir, aimer, penser, désirer, vouloir*, correspondent à toute une moitié de la réalité ; au monde moral, dont le domaine n'est pas moins vaste que celui de la vie physique. Mais il faut transformer en *objet de science* ce qui n'est d'abord qu'*objet de foi* et, pour cela, établir rigoureusement la réalité et l'indépendance des faits psychiques, en montrant qu'ils se distinguent des faits physiologiques à plusieurs points de vue : d'abord par leur *nature* et par leurs *fins*, ensuite par le *mode spécial d'observation* qui nous permet de les atteindre.

1. Pour justifier la première et la plus essentielle de ces différences, celle qui porte sur leur nature, il suffit de remarquer que les faits physiologiques se réduisent tous, en dernière analyse, à des mouvements et à des formes. Il n'y a jamais en eux, au point de vue dynamique, que des *changements de situation ou de relation dans l'espace;* au point de vue statique, que des *figures,* susceptibles d'être représentées graphiquement.

C'est ce qu'on voit, par exemple, dans le phénomène de la digestion.

Le physiologiste qui vient de perforer avec son scalpel l'estomac d'un animal vivant, quelque temps après que cet animal a pris sa nourriture, remarque d'abord que l'aliment est comprimé, pressuré par les contractions alternatives de fibres musculaires qui le poussent graduellement vers le pylore et qui en même temps le changent en une espèce de bouillie ; examinant les choses de plus près, il voit qu'un liquide, déversé par un certain nombre de glandes tubuleuses, se répand, *pleut* en quelque sorte sur l'aliment qui circule. Ce liquide est le *suc gastrique;* il se compose de deux éléments, dont l'un est un acide, et dont l'autre, appelé *pepsine*, est un ferment; sous l'action de ce dernier, la nourriture, subissant une métamorphose, devient cette masse grisâtre, semi-liquide et à peu près homogène, qu'on appelle le *chyme*. Qu'y a-t-il dans tous ces faits? Rien qu'une matière qui change de forme et qui change de place. Varions les exemples, et nous verrons toujours les faits physiologiques se réduire à des combinaisons ou à des dissociations d'éléments matériels, dont nous pouvons suivre et dessiner les mouvements.

Or, en est-il de même dans les différents faits psychiques, dans la pensée, dans l'émotion, dans la volonté? Evidemment non. Quelle est la forme d'une croyance? Dans quel sens se fait la marche d'une sensation ou d'un sentiment? Nous ne pourrions répondre à de telles questions. Ce n'est pas qu'on n'applique quelquefois métaphoriquement le mot *forme* ou le mot *mouvement* à certains faits intérieurs. On dit : les *formes de la raison*, les *mouvements de la passion;* on distingue dans un jugement ou dans un raisonnement sa *matière* et sa *forme*. Mais ces formes et ces mouvements ne ressemblent en rien aux mouvements et aux formes physiques; car ils ne se rapportent point à l'espace, ils ne se manifestent point dans l'étendue; la vie psychique ne se déroule que dans la seule durée. A la vérité, on pourra dire encore que, si nous localisons dans l'estomac le travail de la digestion, nous localisons dans le cerveau le travail de la pensée; mais cela prouve simplement que la vie physique et la vie psychique sont étroitement unies en nous; que les deux parties de notre nature sont liées intimement l'une à l'autre, de manière à former ce que Bossuet appelle un *tout naturel*. La pensée est attachée à des conditions organiques qui résident dans le cerveau; mais ce n'est pas la pensée elle-même que nous sentons battre dans nos tempes, quand le sang afflue au cerveau congestionné par le travail de la méditation. Et, d'ailleurs, la localisation des faits psychiques est souvent des plus vagues et même des plus incertaines. Quel est le siège des passions? L'instinct populaire les place dans le cœur; tel psychologue les localise dans le cerveau, tel physiologiste les met dans le *plexus* du *sympathique*.

D'autre part, les deux ordres de faits ne se distinguent pas moins nettement par leur finalité, par le but auquel ils se rapportent. Les premiers ont pour fin unique la *conservation du corps;* toutes les fonctions dont ils dépendent ou qui en résultent concourent à ce seul résultat : maintenir, développer ou reconstituer l'ensemble des forces par lesquelles un organisme se défend contre la mort. Les seconds ont pour fin le *développement de l'être moral*, la poursuite du bonheur, de la vérité et de la vertu; et, quand on les considère à ce point de vue de la finalité, on voit clairement combien ils sont supérieurs aux autres, puisqu'ils constituent la vraie vie de l'homme, la vie morale, dont la vie physique n'est que la simple condition.

2. Mais une dernière différence est particulièrement frappante : c'est que les faits physiologiques et les faits

psychiques ne nous sont point révélés de la même
manière. Sans doute, ils relèvent les uns et les autres
de l'observation ; mais cette observation se fait sous
deux formes absolument différentes.

Nous ne connaissons et ne pouvons connaître les
faits physiologiques que par les *sens* ou par des *instruments,* tels que le microscope, *qui augmentent la
portée des sens.* L'intuition intérieure aurait beau s'y
appliquer, même avec la concentration la plus attentive, tout au plus arriverait-elle à cette localisation
vague dont nous parlions un peu plus haut ; jamais elle
ne découvrirait ce qui se passe dans l'intimité de nos
tissus. Ainsi, par exemple, si la circulation du sang
n'avait pas été découverte par des moyens physiques,
jamais l'observation de la conscience n'aurait été
capable de nous la révéler.

Réciproquement, les faits psychiques ne sont et ne
peuvent être connus que par la *conscience* ou par des
inductions fondées sur la conscience. L'intuition des
sens, aidée par les plus merveilleux instruments, ne
réussirait jamais à les atteindre. Lors même, pour
employer une expression célèbre de Leibniz, qu'on
supposerait le cerveau démesurément agrandi, de telle
sorte que nous pourrions « nous y promener comme
dans un moulin », il nous serait toujours impossible
de découvrir, dans je ne sais quel coin de la substance
cérébrale, quelque chose qui ressemblerait à une idée,
à un sentiment, à un désir, à un raisonnement, à une
détermination volontaire, etc.

II

L'observation par la conscience a-t-elle le même caractère scientifique que l'observation par les sens?

1. Comment l'ancienne psychologie répondait à cette question. L'observation des sens est indirecte : elle n'atteint son objet qu'à travers plusieurs intermédiaires. L'observation de la conscience est immédiate ; aucun milieu ne s'y interpose entre l'objet et le sujet de la connaissance. De grandes découvertes ont été faites par les moralistes à l'aide de la seule observation intérieure. — Caractère excessif de cette réponse ; doutes qu'elle soulève.

2. Première objection : l'observation de la conscience, incomplète et vague. — Comment la nouvelle psychologie échappe à cette objection. Création de la *psycho-physique* ; objet et premiers résultats de cette science. — L'observation complétée par l'expérimentation ; expériences sur nous-mêmes ; expériences sur les autres ; expériences individuelles et expériences collectives.

3. Seconde objection : l'observation de la conscience, bornée à un seul individu, impuissante à atteindre le général. — Réponse à cette objection. Les consciences ne sont point absolument impénétrables les unes aux autres ; il s'établit entre elles par le moyen des signes une communication sympathique. Contrôle perpétuel des résultats obtenus par l'observation individuelle. Rôle de l'histoire, de l'archéologie, de la science du langage. — Comment la vérité générale de la nature humaine peut être graduellement dégagée.

1. Mais, si importante qu'elle soit théoriquement, cette distinction de deux ordres de faits dans la nature humaine n'aurait encore, pratiquement, qu'une médiocre valeur, si la vie de l'âme nous était révélée d'une manière vague, par un sentiment poétique plutôt que par une connaissance scientifique.

La conscience, qu'on appelle aussi *perception intérieure* ou *sens intime*, nous donne une certaine connaissance de nous-mêmes ; le fait n'est pas contestable. Mais cette intuition intérieure n'est-elle qu'une

lueur douteuse, ou bien ses données sont-elles susceptibles d'être étudiées, approfondies, précisées? En
d'autres termes, l'intuition de la conscience peut-elle
devenir une observation véritable, aussi certaine et
aussi féconde que l'observation des sens?

Les philosophes écossais et français qui, à la fin du
siècle dernier et au commencement du nôtre, ont donné
à la psychologie une si vive impulsion, les Thomas
Reid et les Dugald-Stewart, les Jouffroy et les Adolphe
Garnier, n'hésitaient point à résoudre cette dernière
question de la manière la plus affirmative. D'après eux,
le regard de l'esprit, qui se porte si volontiers au dehors, peut être ramené au dedans, sans rien perdre de
sa puissance et de sa pénétration. La conscience, repliée sur elle-même et en quelque sorte redoublée,
devient la réflexion, et, sous cette nouvelle forme, elle
est le *moi* lui-même, prenant pleine possession de tout
ce qui se passe en lui, se voyant sentir, penser et
agir. Le monde intérieur, auquel il s'applique alors,
n'est pas, comme on s'est plu à le dire métaphoriquement, une *caverne*, où ne s'agiteraient que des *ombres*.
Tout, au contraire, y a une parfaite netteté. Rien
n'est plus clair à l'homme que l'homme même. Quand
je pense, quand je souffre, quand je désire, rien ne
s'interpose entre moi, d'une part, ma pensée, mon
désir, ma souffrance, de l'autre ; la connaissance que
j'en ai est donc absolument certaine, parce qu'elle est
absolument directe. Dans la perception du monde matériel, les choses dévient en traversant plusieurs milieux, le milieu physique d'abord, le milieu organique
ensuite ; elles n'arrivent donc à l'âme que réfractées
et profondément modifiées, comme un rayon de lu-

mière qui a traversé un prisme ; nous ne pouvons pas
être certains qu'elles soient ce qu'elles nous paraissent
être ; bien plus, nous ne pouvons même pas affirmer
avec une parfaite certitude qu'elles existent, puisque
nous ne les percevons qu'à travers des états de nous-
mêmes, des modes de notre propre conscience. Rien
de tel dans la perception du monde moral ; ici, l'âme,
en connaissant ce qui se passe en elle, n'est séparée
de son objet par aucun intermédiaire ; l'intuition
qu'elle en a ne subit aucune déviation, aucune altération ; par suite, elle ne comporte aucune possibilité
d'erreur.

— On ne peut guère nier que les maîtres de l'ancienne psychologie aient eu raison sur ce point. L'intuition de la conscience est, en effet, supérieure à celle
des sens par son caractère d'immédiate évidence. Mais
on peut leur reprocher d'avoir conclu trop vite de la
netteté de cette intuition à sa *rigueur* scientifique. Il
serait possible que la conscience fût apte à saisir en
bloc le monde intérieur sans être capable d'en pénétrer
les détails, ou, au contraire, à noter avec perspicacité
et finesse telles dispositions personnelles de l'âme sans
être en mesure de s'élever aux lois générales. Ce qui
a frappé particulièrement nos psychologues de l'école
éclectique, c'est que de grands moralistes, comme La
Rochefoucauld et Vauvenargues, de grands sermon-
naires, comme Bourdaloue ou Massillon, n'ont eu besoin que de *regarder en eux-mêmes* pour y trouver
de profondes vérités sur la nature humaine ; ils en
concluaient que la méthode *introspective* peut nous
donner, à elle seule, la vérité tout entière sur l'âme.
C'était, peut-être, une erreur. En tous cas, d'autres

psychologues sont venus depuis, qui ont déclaré cette
méthode d'observation intérieure par la conscience
individuelle ou absolument illusoire ou, au moins,
insuffisante. Ils ont, par suite, dirigé contre elle
diverses objections, dont la plus importante est que
cette méthode ne peut avoir un caractère scientifique,
étant à la fois *très incomplète* et *très vague*.

2. Très incomplète; car, en supposant même (et
cette question se retrouvera plus loin) que la vie psychique soit contenue tout entière dans les limites de
la conscience, il resterait encore que beaucoup de
faits échappent à cette intuition, parce qu'ils s'éva-
nouissent au moment même où la réflexion se flatte de
les saisir. On l'a remarqué spécialement pour certains
faits passionnés, tels que les mouvements de colère.
Nous ne pouvons les observer directement sans les
détruire, parce qu'ils sont incompatibles avec l'état de
calme et de possession de soi que la réflexion exige.

Très vague; car les faits psychiques, variant d'un
individu à un autre, à cause des différences que crée
l'impressionnabilité personnelle, ne sont pas susceptibles d'être circonscrits et mesurés; il y a en eux
quelque chose d'indécis, d'indéterminé, de flottant;
ils n'ont point de contours nets et précis; on ne peut
leur appliquer ces méthodes savantes qui s'appellent
l'analyse qualitative et *l'analyse quantitative,* cette
dernière surtout, dont on a tiré ailleurs, en chimie par
exemple, sous la forme dite *méthode des pesées,* de si
merveilleux résultats.

— Pour échapper à cette première objection, la
psychologie contemporaine a modifié son attitude vis-
à-vis de la physiologie; au lieu de continuer à voir en

elle une ennemie, elle y a cherché une alliée, et de cette alliance est sortie une science nouvelle, la *psycho-physique*, dont il ne sera pas inutile de signaler brièvement ici le véritable caractère et l'objet essentiel.

On pourrait définir la psycho-physique une science qui se propose d'étendre presque à l'infini le champ des investigations psychologiques en donnant un moyen sûr de *remonter des conditions organiques d'un fait intérieur à ce fait lui-même.*

Elle s'appuie donc sur une observation extérieure et objective, mais qui a pour but de compléter, tout en les contrôlant, les résultats de l'observation interne et subjective.

C'est ainsi (pour ne citer qu'un très petit nombre d'exemples) qu'on est arrivé, par elle, à mesurer la *durée des sensations*[1], chose qui aurait été absolument impossible par la seule application de la méthode introspective.

De même, partant de ce fait qu'une sensation ne s'accroît pas dans la même proportion que l'excitation qui lui sert de base; que, par exemple, la sensation de lumière produite par deux bougies est loin d'être le double de la sensation produite par une seule bougie, on est parvenu, à déterminer, sinon avec une entière certitude, du moins avec une approximation sérieuse et une grande vraisemblance, la loi qui régit le *rapport de l'excitation à la sensation*[2].

— C'est aussi pour atteindre à des résultats plus complets et plus précis que la psychologie contem-

---

1. V. Ribot, *La psychologie allemande contemporaine.* — 2. C'est la loi psycho-physique ou loi de Fechner, qui s'énonce ainsi : *La sensation croît comme le logarithme de l'excitation.*

poraine a enrichi sa méthode en ajoutant à l'observation l'expérimentation.

On sait la différence qui sépare ces deux choses, *observer* et *expérimenter*. Observer, c'est simplement étudier les faits, tels qu'ils se présentent d'eux-mêmes dans la nature ; expérimenter, c'est produire artificiellement des phénomènes nouveaux ou introduire dans les faits déjà connus des modifications qui permettent d'en mieux comprendre le mécanisme et de les mieux rattacher à leurs lois.

Or, l'expérimentation peut être introduite en psychologie sous deux formes bien distinctes.

On y peut expérimenter *sur soi-même* et *sur les autres*.

On expérimente sur soi-même toutes les fois qu'on se place artificiellement dans des conditions susceptibles de provoquer des états de conscience qui ne se seraient pas produits spontanément. Si, par exemple, j'entreprends un voyage dans le but de déterminer en moi des impressions nouvelles, qui changeront le cours de mes idées et qui me distrairont d'une passion ou d'un chagrin, c'est déjà une *expérience* que je fais sur moi-même. Si, à l'exemple du poète Baudelaire ou du physiologiste Moreau (de Tours), j'absorbe, à doses plus ou moins hautes, quelqu'une de ces substances enivrantes ou stupéfiantes qu'on a appelées les *poisons de l'intelligence*, comme l'opium ou le haschisch, qui ont le privilège de nous donner des sensations étranges, de nous introduire dans des *paradis artificiels*, c'est encore une expérience que je fais ; mais cette expérience peut avoir un caractère scientifique ; elle a déjà fourni des indications précieuses sur les lois qui pré-

sident à la dissociation des idées ou à la désorganisation de la volonté dans certains états pathologiques.

L'expérimentation sur les autres a pris surtout une
grande extension. Inaugurée à l'époque des premières
études sur le somnambulisme artificiel, elle s'est continuée, par exemple, dans les célèbres expériences de
M. Charcot à la Salpêtrière ; elle a éclairé d'un jour très
vif les phénomènes d'hypnotisme, de catalepsie et
d'extase. On en est même arrivé à craindre qu'elle
n'aille trop loin et que, dans certaines circonstances,
elle ne porte atteinte au respect dû à la dignité, à
l'intégrité de la nature humaine, en supprimant
au gré d'un expérimentateur peu scrupuleux les conditions de la vie morale, du libre arbitre et de la personnalité.

Nous faisons encore des expériences sur nos semblables, quand, au nom de la philosophie ou de la
science, nous introduisons dans la société un nouveau
système politique, dans les prisons un nouveau système
pénitentiaire. Nous sommes guidés alors par l'espérance de réaliser un progrès, mais quelquefois les
résultats ne répondent point à notre attente ou vont
même directement contre notre but. De même, l'intro-
duction d'un nouveau système pédagogique est une
expérience faite sur les générations nouvelles et qui
doit toujours être conduite avec beaucoup de circons-
pection et de mesure.

3. Voici maintenant une seconde critique essentielle qu'on peut diriger contre la méthode d'observation par la conscience; c'est que cette méthode, employée exclusivement, laisserait chacun de nous
enfermé en lui-même et ne lui ferait connaître

qu'un seul individu, contrairement encore au but de la science, qui a pour objet l'universel.

Cette objection n'est pas moins grave que la précédente; il est néanmoins facile d'y répondre en faisant voir que les âmes ne sont point, comme on serait tenté de le croire au premier abord, absolument *impénétrables* les unes aux autres, mais que nous avons des moyens naturels de contrôler ce qui se passe dans notre propre conscience par l'observation de ce qui se passe dans des consciences étrangères.

L'âme et le corps sont tellement unis dans la nature humaine que tout fait moral s'exprime au dehors par des signes organiques, tels que les gestes, les cris, les attitudes, les mouvements si variés de la physionomie. Nous percevons ces signes chez les autres hommes, et immédiatement, spontanément, nous les interprétons; ils déterminent en nous l'ébauche de signes semblables, qui, aussitôt, en vertu de lois présidant à l'union du corps et de l'âme, nous font remonter aux choses signifiées par eux, aux sentiments et aux idées dont ils sont la manifestation sensible. Ainsi s'établit entre les âmes une *communication sympathique*, qui les fait participer, en quelque sorte, à une vie commune. Par suite, quand un poète dramatique met en scène des sentiments, des passions, qu'il a trouvés au fond de son propre cœur, l'applaudissement des spectateurs lui apprend que tous sentent ce qu'il a senti lui-même et que son œuvre représente une partie, un *morceau* de la vérité humaine. Mais nous ne communiquons pas simplement avec nos contemporains. L'étude de l'histoire, la connaissance des arts, du langage, des idées philosophiques et religieuses, toutes les recherches qui

ont pour objet l'évolution de la nature humaine nous
mettent en rapport avec cet « homme universel » dont
parle Pascal ; elles nous montrent que cet homme universel s'est développé à travers les siècles d'après des
lois semblables à celles qui nous font passer, nous
aussi, de l'enfance à la jeunesse, de la jeunesse à l'âge
mûr. Sur ce théâtre élargi de l'histoire nous retrouvons
tout ce que nous avions d'abord perçu en nous-mêmes ;
nous y relisons en plus grands caractères ce que nous
avions déjà lu dans notre esprit et dans notre cœur ;
par là, nous nous trouvons en mesure de résoudre des
problèmes que ne résoudrait pas avec assez d'autorité
notre seule expérience personnelle. Voulons-nous
savoir, par exemple, si telle de nos inclinations, telle
de nos pensées est naturelle ou factice, si elle a dans
notre âme des racines profondes ou si elle n'est que
le produit passager de quelque caprice de la civilisation, nous n'avons qu'à interroger l'histoire. Elle nous
montre quel rôle ce sentiment ou cette idée a pu jouer
comme principe moteur des événements. L'idée de
Dieu a remué le monde, donc elle n'est pas factice ; le
sentiment de la patrie a inspiré dans tous les siècles
d'héroïques dévouements, donc il n'est pas accidentel
et transitoire. De même, l'idée du beau n'est pas simplement une *fleur de la civilisation;* car, s'il en était
ainsi, on ne la verrait éclore que chez les peuples en
possession de la paix et de la sécurité sociales et qui,
ayant conquis le nécessaire, peuvent se donner la joie
du superflu ; elle est au début même des sociétés et elle
suit une loi de développement qui nous permet de comprendre la succession des principales époques de l'art.
L'histoire particulière des mœurs, des institutions, des

langues, nous offre également une continuelle vérification expérimentale de lois qui nous sont d'abord
révélées par l'observation introspective, lorsque nous
étudions en nous-mêmes soit l'apaisement graduel des
passions, soit l'évolution de l'idée de justice, soit le
passage du concret à l'abstrait dans le développement
logique de la pensée.

La parole du vieux poète latin, Térence : « Je suis
homme, rien d'humain ne m'est étranger, » acquiert
ainsi une portée inattendue. Nous nous apercevons
qu'il est possible à l'homme de se mettre en rapport
avec toute âme, fût-ce celle d'un animal; à plus
forte raison, avec toute âme d'homme. Grâce à cette
faculté ''observation pénétrante, le voyageur comprend l'âme du pauvre sauvage qu'il rencontre sur
une plage*lointaine de l'Afrique méridionale ou de
l'Océanie; il sympathise avec elle, c'est-à-dire qu'il
vit d'uhe certaine manière avec cette âme et par elle.
De même, l'archéologue, en interprétant des monuments, en retrouvant les vestiges effacés d'un art
ancien, en déchiffrant des inscriptions, reconstitue
sympathiquement l'âme d'un peuple, l'esprit d'une
civilisation. Mais, si nous pouvons sympathiser ainsi
avec des natures dont quelques-unes sont très inférieures à la nôtre, parce qu'elles ont subi un véritable
arrêt de développement, à combien plus forte raison
ne pouvons-nous pas sympathiser avec l'âme de nos
enfants, qui sont déjà, en puissance, des hommes
comme nous, civilisés et affinés, et qui seront nos
égaux dans quelques années à peine? En suivant cette
idée, nous allons voir que la psychologie de l'enfance
est comme le dernier terme d'un perfectionnement de

la méthode psychologique, qui nous permet de pénétrer progressivement dans des consciences étrangères
et avec d'autant plus de facilité que nous leur sommes
unis par un plus grand nombre de liens sympathiques.

CHAPITRE II

LA PSYCHOLOGIE DE L'ENFANCE

I

**Place de la psychologie de l'enfance
parmi les divisions nouvelles de la psychologie.**

Le progrès, dans une science, comme dans un organisme ou
dans une société, se manifeste par une division croissante.
— Segmentation de la psychologie. Constitution graduelle de
la psychologie comparée ; de la psychologie morbide ou pathologique ; de la psychologie des races humaines, qui contient
la psychologie ethnique ; de la psychologie des âges de la
vie, qui contient la psychologie de l'enfance.

Les psychologues de l'ancienne école, il y a trente
ou quarante ans, ne faisaient guère entrer dans leurs
études que la seule psychologie humaine. Encore la ré-
duisaient-ils elle-même à la connaissance de l'homme
sain, civilisé et *adulte*. Depuis cette époque il s'est fait
en psychologie un progrès analogue à celui qu'on avait
déjà réalisé antérieurement en physiologie.

Cette dernière science n'a jamais limité ses investigations au seul organisme humain. Loin de là : à une
époque où les dissections sur l'homme étaient rares
ou même absolument interdites, c'est par l'observation

du corps des animaux qu'elle est arrivée à découvrir des lois déjà très importantes. De plus, elle s'est, dès l'antiquité, complétée par la pathologie.

Dans ses développements récents, la psychologie s'est décidée à faire de même. Elle y a été contrainte, d'ailleurs, par la complication sans cesse croissante des faits qui s'imposaient à son examen. D'abord, elle a repris sous une forme plus rigoureuse les études ébauchées par Aristote sur le principe psychique des animaux, ainsi que le parallèle souvent tracé par les anciens entre l'*âme de la bête* et l'âme de l'homme. En d'autres termes, elle a détaché de la psychologie humaine la *psychologie comparée*, qui a pour objet le développement de l'âme à travers la série des êtres vivants. Mais, même en se restreignant à l'étude de l'homme, la psychologie s'est encore divisée et subdivisée en plusieurs rameaux. D'abord, on s'est aperçu que, pour l'âme non moins que pour le corps, l'étude de la maladie éclaire d'un jour inattendu les lois de la santé, et que, pour bien connaître l'âme dans l'équilibre de sa vie normale, il faut l'observer aussi dans ses déviations et ses perturbations de toute sorte. Ainsi s'est constituée la *psychologie morbide* ou *pathologique*, qui traite de toutes les anomalies de la sensibilité et de la pensée, depuis la simple hallucination jusqu'aux formes les plus graves du délire et de la folie.

D'autre part, les observations et les études des voyageurs, jointes aux données de l'anthropologie, de l'ethnologie et de l'histoire, nous ont appris que l'homme, au point de vue des facultés de l'esprit comme à celui des idées morales, n'est pas toujours absolument semblable à lui-même; il y a, à ce point de vue, une échelle de degrés entre les diverses familles dont l'espèce humaine se compose, comme il y en a une entre les diverses espèces animales; de là, une autre partie de la science de l'âme, la *psychologie des races humaines*, qui suit le développement moral de l'humanité depuis l'extrême barbarie jusqu'à l'extrême civilisation. Même parmi les peuples à peu près égaux sous le double point de vue de l'intelligence et de la moralité, on peut encore reconnaître des différences profondes de génie et de caractère, qui seront l'objet spécial de la *psychologie ethnique*. Ainsi, dans l'antiquité, des différences profondes séparent l'âme d'un Grec de celle d'un Romain; dans les temps modernes, le Français, l'Allemand, l'Anglais, le Russe, ont des caractères qui leur sont propres et qui, quelquefois, se modifient très profondément d'une génération à une autre. Enfin, la science de l'homme moral se complète encore par la *psychologie des âges de la vie*, dont l'objet propre est de suivre à travers ses principales phases l'évolution psychique de l'individu, en notant les rapports qui peuvent exister entre cette évolution et celle de l'espèce humaine tout entière. Or, dans cette psychologie des âges de la vie humaine, la partie la plus essentielle, à coup sûr, et la plus intéressante, c'est celle qui doit maintenant nous occuper, c'est la *psychologie de l'enfance*.

II

Développements tout récents de la psychologie de l'enfance.

1. La nature enfantine peu étudiée jusqu'à notre époque. — Souvent méconnue par les artistes. L'enfant dans nos galeries du Louvre.

2. Plus souvent ignorée par les écrivains. L'enfant « manque dans notre littérature » des dix-septième et dix-huitième siècles. Eclosion toute récente d'une littérature consacrée aux enfants.

3. Etude pédagogique de l'enfance. — Commencée, sous une forme philosophique par divers pédagogues, Mᵐᵉ Necker de Saussure, Mᵐᵉ Guizot. — Continuée aujourd'hui sous une forme expérimentale et scientifique. L'âme de l'enfant; Tiedemann, Preyer; la *psychogenèse*. — Evolution du sentiment de l'étonnement. — *Evolution de l'instinct d'imitation*.

1. La psychologie de l'enfance est une science tout à fait nouvelle. On est en droit de s'en étonner. Il est étrange que les hommes aient pu avoir toujours sous les yeux un sujet d'observation aussi intéressant que la nature de l'enfant et s'en préoccuper si peu.

L'enfant, dans notre pays même, et dans les siècles qui ont précédé le nôtre, tenait peu de place dans la famille. Les parents le voyaient peu, le livraient à des gouvernantes ou à des précepteurs et ne pensaient à lui qu'accidentellement. Les mères elles-mêmes n'admettaient point les filles dans leur familiarité; il arrivait à beaucoup d'entre elles de ne les embrasser qu'une ou deux fois par an, « cérémonieusement et sur le front ». L'aîné seul comptait pour quelque chose, comme *héritier du nom*, comme représentant futur de la tradition familiale.

Comment, avec cette disposition d'esprit, se serait-on intéressé aux charmes, aux grâces de l'enfance, au génie propre de cet âge? Tout cela était profondément méconnu; et, comme on ne s'intéressait pas à la physionomie morale de l'enfant, on ne s'intéressait pas davantage à sa physionomie physique; on ne songeait point à la mettre assez en relief par un costume à part, en rapport avec le principal besoin de sa nature, celui de sauter, de s'ébattre librement. Le petit garçon était trop souvent vêtu comme un petit homme, la fillette comme une petite femme; on ne connaissait pas, on ne soupçonnait pas le *baby*.

—L'art nous conserve des traces nombreuses de cette erreur de la mode; il suffit, pour s'en convaincre, de chercher la place qu'occupe l'enfant dans nos galeries du Louvre.

Ici, c'est une toile bien connue de Vélasquez, où une petite infante, habillée comme une reine ou comme une madone, emmaillotée, emprisonnée et comme empêtrée dans sa longue robe de cour, n'aurait rien de commun avec l'enfance, si, heureusement, sa jolie physionomie, quoique un peu sérieuse encore et un peu froide, ne contrastait avec le prétentieux costume dont elle est affublée.

Ailleurs, dans un tableau de Van Ostade, représentant toute une famille, il n'y a pour ainsi dire pas de différence, soit pour la physionomie, soit pour le costume, entre les enfants et les grandes personnes; on y voit les enfants de la maison, à divers âges, rangés autour de leur père et de leur mère; tous ne sont, à différents degrés, que des diminutifs plus ou moins réduits de leurs parents, tous également raides dans leurs poses, avec les mêmes mines sérieuses ou bonasses; nulle part l'*air enfant*.

Ailleurs encore, la même erreur se produit sous une autre forme ; l'artiste saisit l'extérieur de l'enfant, il ne pénètre pas jusqu'à la vérité de son âme. C'est ce qui est arrivé quelquefois à Greuze lui-même. Greuze a fait en général de délicieux portraits d'enfants ; il a reproduit d'un pinceau délicat leur grâce, leur sourire, leur fraîcheur, la beauté de leurs boucles de cheveux tombant sur les épaules, le charme de leur physionomie au repos. Mais, dans ses tableaux les plus connus du public, dans ceux qui ont des prétentions dramatiques suivant la formule de Diderot, il les a méconnus autant qu'il les avait ailleurs pénétrés, compris et aimés. Dans sa *Malédiction paternelle,* par exemple, les sentiments qu'expriment leurs physionomies tourmentées et convulsionnées à l'excès ne sont plus des émotions d'enfants, ce sont des passions intenses et profondes, des passions d'hommes[1].

1. Nous ne pouvons que toucher ici la très intéressante question de l'expression de l'enfance dans les œuvres d'art. Ce qui vient d'être dit appellerait quelques explications et quelques réserves. Si les hautes classes de notre ancienne société française appréciaient peu l'enfance et la vie de famille, dans les classes moins élevées, dans le tiers état, dans la petite bourgeoisie, il n'en était pas de même. Là régnait la familiarité des mœurs, et avec elle le goût de l'enfance et de l'éducation.

Chardin a été le peintre de cette société modeste et austère ; ses toiles les plus célèbres nous montrent les enfants de la bourgeoisie d'alors dans la gracieuse simplicité de leurs costumes et de leurs allures, comme on peut s'en convaincre en voyant, au Louvre, la petite fille du *Benedicite,* le jeune garçon du *Château de cartes.*

On nous pardonnera de citer ici quelques lignes d'Edmond et Jules de Goncourt (*l'Art au dix-huitième siècle*). Elles se rapportent à notre sujet par le tableau qu'elles présentent de la physionomie morale et physique de l'enfance.

« Quelques tableaux de Chardin nous montrent les enfants, surpris par le peintre dans le sans-façon de leur pose, dans leur grâce naturelle, animés et, pour ainsi dire, essoufflés par leurs jeux... C'était une réjouissance, pour les visiteurs du Salon, que ces aimables petites joufflues, bien portantes, riantes de santé et de la joie de leur âge. Chardin les avait

2. La littérature présente, à un plus haut degré encore, le même caractère ; elle ignore l'enfance, ou à peu près : « L'enfant, dit à ce sujet M. Taine, manque dans notre littérature. » Mme de Sévigné a beaucoup aimé sa fille, mais elle n'a guère songé à nous la peindre dans son jeune âge. C'est à peine si ses *Lettres* nous présentent, à cet égard, quelques traits isolés. La Bruyère a écrit sur l'enfance une phrase extrêmement dure, que nous retrouverons plus tard, et dans laquelle, évidemment, il la calomnie. D'autre part, si l'on fait abstraction de la délicieuse scène de la petite Louison dans *le Malade imaginaire*, on peut dire que le théâtre français du dix-septième siècle ne nous présente guère qu'un rôle d'enfant, celui du petit Joas. Encore faut-il dire *un rôle* plutôt qu'*un caractère*. Car (à moins de s'arrêter à une interprétation paradoxale, récemment émise par M. Sarcey, et d'après laquelle, malgré la parole d'Athalie :

Vous n'êtes point, sans doute, un enfant ordinaire,

peintes sans fard aux joues, sans poudre aux cheveux, le petit bonnet de linge mutinement posé sur la tête, le corsage garanti par la bavette du tablier, mignonnes dans leur grosse jupe de laine... C'est ainsi que Chardin représente les enfants, naïvement, au naturel, en les observant dans leur physionomie, dans leur air, dans leurs poses d'instinct. Et comme il rend leur joli sérieux, leur plaisir tranquille, sans bruit, appliqué, presque recueilli, dans un coin d'appartement ! Comme il les fait attentifs, se haussant sur la pointe du pied, retenant leur souffle devant l'échafaudage d'un château de cartes ! Comme il s'entend à traduire l'étonnement, l'émerveillement de ces jeunes regards trompés avec des tours d'adresse ! De quelle émotion il anime tout ce petit monde ! Et quelle finesse, que de nuances il sait mettre dans toutes ces petites expressions qui commencent un visage de femme : la moue de la petite fille devant les gronderies ; son air important de maternité, lorsqu'elle berce sa poupée costumée en religieuse ; sa jolie petite mine d'autorité, lorsqu'elle montre, avec son aiguille, l'ABC à son petit frère, coiffé du lourd bourrelet du temps ! »

Joas serait, au fond, un enfant comme tous les autres,
récitant les leçons qu'on lui a apprises), il faut reconnaître que le personnage, dans l'intention de Racine, se
trouve élevé au-dessus de la condition habituelle de son
âge par la grandeur du rôle que la Providence lui a
réservé. Le poète n'a donc point songé un instant à
nous peindre en lui l'abandon et la naïveté de l'enfance; il s'est contenté d'atténuer dans sa bouche,
par le ton de timidité et de candeur qu'il lui prête,
l'élévation trop austère des pensées.

Il est vrai que, depuis Rousseau, de grands écrivains, dans la seconde moitié du dix-huitième siècle
et dans la première moitié du nôtre, ont commencé,
indirectement, à combler cette lacune. Rousseau, dans
ses *Confessions*, Chateaubriand, dans ses *Mémoires
d'outre-tombe*, Lamartine, dans ses *Confidences*, nous
ont beaucoup parlé de leur enfance. Mais encore peut-
on dire qu'ils n'ont pas toujours su ou voulu s'y
peindre en enfants. Ils ont, en général, revu trop
exclusivement leur jeune âge à travers leurs préoccupations d'hommes faits, et en projetant sur lui, l'un
ses rêves poétiques, les deux autres leurs rancunes,
leurs chagrins et leurs colères.

— C'est seulement à notre époque que la littérature
s'est mise à étudier l'enfant avec curiosité et sympathie; depuis environ un quart de siècle, on a vu
éclore presque simultanément, en Angleterre, en
France, en Russie, des œuvres d'inspiration très di-
verse dans lesquelles la nature de l'enfant est merveilleusement pénétrée et décrite. Le roman de Dickens,
David Copperfield, est resté le modèle du genre. On ne
saurait imaginer une plus admirable peinture de la

candeur, de la naïveté et de la confiance enfantines, jointes à cet esprit de ressources et à cette énergie de caractère que développent des malheurs prématurés et immérités. Mais, à côté de Dickens, George Sand, dans les premiers volumes de l'*Histoire de ma vie*, Alphonse Daudet, dans *Jack* et dans le *Petit Chose*, Mme Daudet, dans ses *Souvenirs d'une enfant de Paris*, Jules Vallès lui-même, dans son triste livre de *l'Enfant*, George Elliot, Tolstoï, etc., nous ont tracé les plus saisissants tableaux de toutes les joies et de toutes les tristesses des premières années de la vie. Il y a là, sur les sentiments de l'enfant, sur ses qualités et sur ses défauts, une riche mine dans laquelle nous pourrons puiser largement, quand il s'agira de l'éducation du cœur et de celle du caractère.

3. Mais ce n'est pas seulement la littérature, c'est la philosophie proprement dite, c'est la psychologie qui s'est, depuis quelques années, résolument emparée de l'enfance, pour l'étudier à fond et pour l'expliquer.

Non pas que cette étude théorique de l'enfance fût chose aussi nouvelle que son étude purement littéraire. Nous avons eu en France toute une école de pédagogues, particulièrement de pédagogues femmes, dont les plus illustres sont, dans notre siècle, Mme Necker de Saussure et Mme Guizot, qui ont jeté sur la nature de l'enfant, sur l'éclosion et sur l'ordre de développement de ses facultés, des lumières presque aussi vives que celles dont la nature même de l'homme avait été éclairée par les moralistes proprement dits.

Mais à ces études, d'un caractère si profond, si pénétrant, que nous rencontrons à chaque page de *l'Édu-*

cation progressive et des *Lettres de famille*, quelque chose manquait encore : c'étaient les résultats précis, positifs, de l'*observation à forme scientifique*, les *tables de faits* laborieusement dressées pour servir de base à de lentes inductions, enfin l'observation journalière et méthodique de l'enfant, faite en dehors de toute idée préconçue, soit d'ordre poétique, soit d'ordre métaphysique, et avec la seule intention de bien noter, au point de vue du caractère comme à celui de l'esprit, les phases de sa croissance naturelle.

Cette lacune a été comblée par un ensemble de recherches, entreprises aussi presque simultanément en Angleterre, en France, en Allemagne. Les livres de M. Bernard Perez ont popularisé chez nous les observations faites sur leurs enfants par Tiedemann, par Darwin, etc. Le livre récent de Preyer, *l'Ame de l'enfant*, est le spécimen le plus complet de ce genre d'études, qui n'a encore, sans doute, qu'un caractère provisoire (car il y manque l'interprétation et la synthèse philosophiques), mais qui n'en est pas moins infiniment précieux comme préparant cette interprétation elle-même.

— Il suffira de détacher ici quelques fragments de l'œuvre de Preyer. Ils permettront de bien voir comment se pose actuellement le problème de la psychologie de l'enfance. Cette science en est à peu près au point où se trouvait la psychologie proprement dite, lorsque Jouffroy recommandait à ses élèves d'en éliminer, pour un espace de temps qu'il évaluait à un siècle, les spéculations métaphysiques et de se borner jusque-là à bien constater, à bien voir, à bien noter. C'est dans ce même esprit que les observateurs actuels de l'enfance, préoccupés d'abord de bien saisir les lois de l'évolution enfantine dans les premières années, ont ouvert une sorte de registre sur lequel ils notent jour par jour leurs observations, de manière à déterminer, par exemple, à quel moment précis (vingtième ou trentième semaine) s'est produite pour la première fois telle manifestation de l'intelligence ou du caractère, telle perception d'une qualité, tel signe de colère, ou d'affection, ou de jalousie.

Ainsi, pour ne citer que quelques exemples, pris comme au hasard, Preyer signale une période pendant laquelle l'enfant devient capable d'*étonnement;* et cette faculté de s'étonner se manifeste naturellement en lui à l'occasion d'un fait qui, toutes les fois que nous y réfléchissons, nous apparaît effectivement comme le plus étonnant de tous : le fait de la pesanteur. Pourquoi un corps que nous tenons à la main et que nous lâchons se détache-t-il de nous ? Pourquoi tombe-t-il à terre ? Quelle est la nécessité, quelle est la force qui l'attire dans cette direction plutôt que dans toute autre ? L'observation attentive de l'enfance montre que cet étonnement se produit, en moyenne, à une certaine époque déterminée, qu'il se continue pendant quelque temps avec certaines transformations, qu'il cesse enfin à une époque également déterminée. — « *Trentième semaine :* L'enfant laisse tomber à terre des objets après les avoir tenus quelque temps à la main, mais pas une fois jusqu'ici il ne les a suivis du regard. — *Trente-sixième semaine :* Les objets tombés à terre sont suivis de l'œil par l'enfant, mais ceci n'est pas encore régulier, et l'enfant le fait sans la moindre apparence d'attention, au lieu qu'il fixe longtemps et avec grand intérêt les objets déplacés lentement et qu'il peut suivre du regard, la fumée de tabac par exemple. — *Quarante-troisième semaine :* L'enfant suit souvent du regard les objets qui tombent à terre ; son expression est celle de l'étonnement. — *Quarante-septième semaine :* L'enfant jette à terre les divers objets qu'on lui donne, après s'en être amusé quelques instants ; il les suit fréquemment des yeux. *Un jour, il a jeté un livre huit fois de suite à terre ; ce faisant, son visage avait l'expression de l'attention vivement concentrée,* ainsi qu'il pouvait se voir à l'état de ses lèvres. — *Soixante-dix-huitième semaine :* L'enfant jette rarement ses jouets. *Il en a perdu l'habitude.* »

— Voilà, certes, une observation des plus curieuses, puisqu'elle porte sur l'évolution complète d'un fait psychique et en note toutes les phases jusqu'au moment de l'acquisition et de l'assimilation complètes. On peut faire des études du même genre sur l'évolution de l'*instinct d'imitation*. M. Egger[1] avait déjà écrit sur ce sujet des observations bien intéressantes. Preyer les reprend, après en avoir noté d'abord toute l'importance : « Il y a, dit-il, un intérêt particulier, au point de vue de la *psychogenèse*, à déterminer aussi exactement que possible l'époque à laquelle l'enfant commence à imiter ce qu'il voit faire. Le mouvement imitatif le plus vulgaire constitue, en effet, la preuve la plus certaine que le cerveau fonctionne. Pour que l'imitation soit possible, il faut que l'on ait pu percevoir par les sens, qu'il y ait eu représentation intellectuelle de l'objet perçu, et enfin qu'il s'exécute un mouve-

---

1. *Observations sur le développement de l'intelligence et du langage chez les enfants.*

ment correspondant à cette dernière. Ce triple *proces-sus* ne peut s'accomplir sans un développement assez considérable du cerveau. » Il y faut le concours de diverses parties de l'écorce cérébrale, qui semblent avoir pour fonction d'établir une corrélation réfléchie entre certaines perceptions et certains mouvements. « Ainsi, l'enfant qui imite a déjà sa volonté. » Ces principes posés, on note alors, de mois en mois ou de semaine en semaine, les progrès continus de l'imitation. « Une petite fille de neuf à dix mois imitait de la façon la plus comique ce qu'elle voyait faire par la bonne; elle baignait sa poupée, la corrigeait, l'embrassait, la berçait en chantant; avant la fin de la première année, elle imitait l'aboiement du chien, le bêlement du mouton... Une autre, au treizième mois, imitait les mouvements de la couture, et aussi ceux de l'écriture, en mouillant le bout de son crayon... Au quinzième mois, elle faisait semblant de se raser elle-même, ou bien de lire, en faisant courir le doigt sur les lignes... Au vingtième mois, elle faisait semblant de fumer, en tenant un bâton entre ses doigts. » D'autres exemples montrent que, un peu plus tard, l'instinct d'imitation se complique par l'activité et l'intérêt avec lesquels un enfant imite ce qui se fait dans son voisinage. Cet enfant a vingt-trois mois : « Quand on emballe ou déballe, quand on met le couvert, quand on allume le feu, il est là qui veut aider. Il semble que ce soit l'ambition qui constitue en lui le mobile de ces mouvements imitatifs [1]. »

— Lorsque des études de ce genre, aussi précises,

---

1. *L'Ame de l'enfant.* Traduction de M. H. de Varigny.

aussi consciencieuses, auront été faites sur toutes les périodes dont se compose l'enfance proprement dite et les premiers temps au moins de l'adolescence, on peut dire que la science de l'homme sera bien près d'être constituée dans sa partie la plus délicate et la plus intéressante, car ce n'est pas précisément la *nature* d'un être qu'il est difficile de bien étudier, c'est son *développement*, c'est son *évolution*.

CHAPITRE III

LA PSYCHOLOGIE PÉDAGOGIQUE OU PSYCHOLOGIE DE L'ÉDUCATION

I

Importance de l'idée de l'évolution dans la psychologie de l'enfance.

1. L'enfance n'est pas une période unique, mais une suite de périodes. — Elle est donc sans cesse en voie de développement. Quelques métaphysiciens, Malebranche par exemple, ont nié à tort cette vérité. — Différentes manières de concevoir le développement de la nature enfantine.

2. Hypothèse de l'accroissement continu et proportionnel; elle ne serait pas soutenable; elle n'a jamais été expressément formulée. — Hypothèse de l'*épigenèse*; elle est contraire à la loi générale de la nature; rien ne naît de rien.

3. Hypothèse de l'évolution. L'évolution est le déploiement successif des divers éléments d'un germe, l'épanouissement progressif d'une *idée*. Perpétuel *devenir* de la nature de l'enfant. Passage de l'inconscience à la conscience, de la spontanéité à la réflexion. — Deux manières de concevoir l'évolution, suivant qu'on admet ou non des phases et des crises de l'enfance. — Rousseau et Herbert Spencer.

1. Nous arrivons ainsi à la forme spéciale sous

laquelle nous devons maintenant considérer la psychologie, c'est-à-dire la *psychologie de l'éducation* ou *psychologie pédagogique*, qui n'a pas exclusivement pour objet l'homme, ni exclusivement l'enfant, mais bien la transition de l'un à l'autre, et la série des changements qui constituent cette transition.

L'enfance, en effet (et ici nous prenons ce mot dans le sens large où il comprend aussi l'adolescence), n'est pas, comme sera ensuite l'âge adulte, une période de fixité.

Depuis l'époque où l'homme, son éducation une fois achevée, entre dans la vie active jusqu'au moment où la vieillesse fait décliner ses forces et le condamne au repos, on peut dire qu'il reste, à peu de chose près, semblable à lui-même. Sans doute, son expérience s'accroît, son intelligence acquiert de l'ampleur, son caractère prend de la fermeté ; mais ce ne sont là que des différences de degré et non d'essence. La vie humaine, depuis le commencement de la jeunesse jusqu'à la fin de cette période de la vie qu'on nomme l'*âge consistant*, reste, au fond, quelque chose d'un.

Il n'en est pas ainsi de l'enfance ; elle n'est pas une période de la vie, mais une suite de périodes. A certains intervalles, dont la détermination n'est pas, d'ailleurs, sans difficulté, plusieurs choses se modifient profondément dans la nature enfantine ; le cœur, l'esprit, le caractère, présentent des formes nouvelles, qui sont même, quelquefois, en opposition les unes avec les autres.

Par suite, ce qu'il y a de plus intéressant à étudier dans l'enfance, c'est moins peut-être sa nature même, puisqu'elle est essentiellement mobile, que la loi ou l'ensemble des lois qui président aux transformations de cette nature. En tout cas, ce sont ces lois qui intéressent particulièrement l'éducateur ; car l'éducation ne peut porter ses fruits pour le bonheur de l'enfant, pour l'intérêt de la patrie et pour le progrès de l'humanité, que si elle se fait en accord ou, tout au moins, si elle ne se fait pas en opposition flagrante avec elles.

— Voyons donc comment on doit concevoir ce développement. Mais, peut-être convient-il de signaler d'abord, en quelques mots, une théorie proposée par quelques métaphysiciens, et d'après laquelle il n'y aurait, à vrai dire, au point de vue de la faculté d'apprendre, aucune différence essentielle entre l'enfant et l'homme. Nous trouvons, par exemple, cette théorie dans un curieux passage de Malebranche.

D'après l'auteur de la *Recherche de la vérité*, la nature humaine serait déjà chez l'enfant ce qu'elle est chez l'adulte, ou, du moins, il n'y aurait pas de différences caractéristiques entre l'intelligence enfantine et l'intelligence virile ; elles seraient capables des mêmes études et, sans les erreurs de notre discipline morale, on pourrait de suite faire apprendre aux enfants quelques-unes des sciences les plus abstraites.

« Les plus petits enfants, dit-il, ont de la raison aussi bien que les hommes faits, quoiqu'ils n'aient pas d'expérience ; il faut donc les accoutumer à se conduire par la raison, puisqu'ils en ont... Si on tenait les enfants sans crainte, sans désirs et sans espérances ; si on ne leur faisait point souffrir de douleur, *si on les éloignait* autant qu'il se peut *de leurs petits plaisirs*, on pourrait leur apprendre, *dès qu'ils sauraient parler*, les choses les plus difficiles et les plus abstraites, ou tout au moins les mathématiques sensibles, la mécanique, et d'autres choses semblables, qui sont nécessaires dans la suite de la vie. »

— Nous ne croyons pas devoir, ici du moins, nous attarder longtemps à l'examen critique d'une erreur aussi palpable. Passons donc de suite à l'étude des diverses idées qu'on peut se faire du développement même de l'enfance.

A un point de vue purement théorique, il est évident qu'on peut, à la rigueur, le concevoir sous une des trois formes suivantes :

Ou bien, comme un accroissement continu et en quelque sorte proportionnel de l'être physique et de l'être moral;

Ou bien, comme une création d'aptitudes et de facultés nouvelles, apparaissant, les unes après les autres, à tel moment déterminé.

Ou bien, enfin, comme une *évolution*, c'est-à-dire comme une éclosion graduelle de facultés qui, toutes, sont immédiatement en germe chez l'enfant, mais qui, après s'être ébauchées et comme essayées sous des formes provisoires, arrivent peu à peu à leur entier épanouissement dans un ordre que la nature a sagement ménagé en vue de la réalisation aussi parfaite que possible des fins essentielles de notre être.

2. Mais ces trois conceptions sont de valeur bien inégale, et il faut d'abord éliminer absolument la première.

L'enfant n'est pas l'homme en abrégé, en raccourci, l'*homunculus*. Il serait absurde et grotesque de se le représenter avec des formes physiques ou des facultés

morales qui ne seraient que les formes et les facultés
de l'homme uniformément diminuées, comme dans
une épreuve réduite de photographie.

Non, l'enfant a sa nature propre, qui se distingue
nettement de celle de l'homme. L'enfant a ses manières, ses gestes, ses attitudes, qui ne sont pas en
petit les attitudes, les gestes, les manières de l'homme
fait; il a de même ses goûts à lui, ses passions à lui,
« ses plaisirs, son esprit et ses mœurs, » qui ne se confondent point avec ceux des autres âges de la vie; il a
surtout, dans l'ordre des choses morales comme dans
l'ordre physique, ses *proportions*, qui ont leur vérité
propre, leur finalité particulière, et surtout leur grâce
incomparable.

— Quant à la seconde conception, elle n'est pas sans
rapport avec celle qu'exprime le terme scientifique
d'*épigenèse*. Elle consisterait à admettre une sorte
d'*adjonction* successive de facultés nouvelles, d'aptitudes supérieures, qui viendraient à un moment
donné se surajouter comme du dehors aux facultés
préexistantes. Ainsi, il y aurait un certain moment où
apparaîtrait soit l'imagination, soit la faculté d'abstraire, soit la raison. On peut opposer à cette théorie
(prise, du moins, absolument) la loi générale de l'univers d'après laquelle la nature ne mêle jamais au cours
des choses une création proprement dite; elle ne fait
rien sortir du néant, *ex nihilo nihil;* elle tire tout
d'un germe. Ce que nous voyons s'épanouir à un moment donné existait déjà sous une forme latente. Les
feuilles, les fleurs, les fruits se développent tour à tour
dans des saisons diverses, mais ils ne sont pas créés
au moment même où ils apparaissent; ils étaient déjà,

d'une certaine façon, contenus dans la graine. Nous aurons plus d'une fois occasion de montrer qu'il en est de même des facultés de l'enfant ; elles existent déjà de très bonne heure, bien que sous des formes purement virtuelles ; il n'y a pas pour elles de commencement absolu.

3. Reste donc la troisième conception, d'après laquelle le passage de l'enfance à l'âge adulte se ferait par voie d'*évolution*. Ce terme nous paraît éminemment apte à exprimer le mouvement d'une chose qui se développe non pas en agrandissant parallèlement toutes ses parties, ou bien en acquérant de toutes pièces des éléments nouveaux, mais plutôt en produisant au dehors, en étalant successivement au jour, en *déroulant*, pour ainsi dire, dans un ordre fixé par la nature, les diverses puissances ou les diverses formes qu'elle contient virtuellement en elle. C'est ce qui se passe dans le développement d'un germe. Tout n'est pas contenu, formé à l'avance, dans un germe végétal ou animal, comme se le figuraient les auteurs du système de la *préformation* et de l'*emboîtement des germes*. Le chêne ne contient pas dans sa graine un tout petit chêne, qui, lui-même, en contiendrait d'autres, plus petits encore, mais munis de toutes leurs parties, à l'état infinitésimal, de telle sorte que la germination ne serait qu'un *grandissement*. De même, le développement d'une société n'est pas la simple manifestation sous une forme amplifiée des divers éléments sociaux qu'elle aurait d'abord contenus sous une forme minuscule. De part et d'autre, le mouvement qui se produit est une évolution ; c'est sous l'action d'une *loi*, d'une *raison*, d'une *idée*, que se produit la marche régulière, le développement continu de l'organisation.

Ainsi en est-il dans la croissance intellectuelle et morale de l'enfant. Il serait bizarre de dire, par exemple, qu'il y a, chez lui, une toute petite raison et une toute petite volonté ou, si l'on préfère, une raison infinitésimale et une volonté minuscule. Mais, d'autre part, nous ne dirons pas non plus qu'il y a un instant où la raison est mise en lui, où la volonté lui est, en quelque sorte, infusée. La vérité psychologique semble être que la raison est immédiatement dans l'esprit de l'enfant, mais sous une forme latente, analogue à celle que reconnaît Leibniz, quand il signale jusque chez les animaux « des consécutions d'idées qui imitent la raison »; et que, de même, une certaine volonté, distincte du désir, est déjà présente dans ses entêtements et ses révoltes.

— Deux ordres de faits peuvent être invoqués à l'appui de cette idée d'une évolution dans les facultés de l'enfant. Le premier est aujourd'hui bien connu, car il occupe une place considérable dans plusieurs systèmes philosophiques : c'est que l'intelligence tout entière suit une marche qui la fait passer de l'*inconscience* ou, si l'on préfère employer une expression atténuée, de la *subconscience* à la *forme consciente;* puis, ensuite, dans la conscience même, de la *spontanéité* à la *réflexion*. Les mêmes actes, sans changer de nature, peuvent ainsi être repris tour à tour sous plusieurs formes. Mais ensuite et surtout, il y a ce que l'on pourrait appeler une *époque de maturité* pour chacune des facultés essentielles qui entrent en jeu dans l'éducation et dans la science; cette époque de maturité varie légèrement, sans doute, d'un individu à un autre, mais sans dépasser certaines limites que la nature a fixées et qui déterminent l'ordre dans lequel doivent se faire les études de l'enfant.

— Cependant, même quand on est arrivé à concevoir ainsi sous la forme d'une évolution le passage de l'enfance à l'âge adulte, on peut encore se représenter cette évolution elle-même sous deux formes nettement distinctes, d'où résulteront des systèmes d'éducation très différents, presque opposés. On peut la concevoir comme se faisant d'une manière *discontinue,* à travers un certain nombre de *phases,* séparées les unes des autres par des *crises,* ou bien, au contraire, comme se faisant d'une manière *continue.*

Dans le premier cas, l'éducation proprement dite et l'instruction de l'enfant sont conçues, à leur tour, comme devant être partagées en un certain nombre de *périodes;* et cette idée, en elle-même, ne peut que nous paraître très raisonnable; elle est au fond de presque tous les systèmes pédagogiques, dans l'antiquité, au moyen âge, dans les temps modernes. Seulement, si le malheur veut qu'on se soit trompé dans la détermination de ces phases ou dans l'explication de ces crises, il peut en résulter les conséquences les plus bizarres et les plus dangereuses au point de vue de l'organisation même de l'enseignement et de la distribution des *plans d'études.*

Dans le second cas, l'inconvénient n'est pas moins grave : on est conduit logiquement à concevoir l'éducation comme se faisant *d'un bout à l'autre* d'après un même type, qui sera, par exemple, le *type scientifique;* on n'admet, d'un âge à un autre, que de

simples différences de degré et de complication croissante dans les matières enseignées et on risque par
là de ne pas donner une satisfaction légitime à certaines facultés ou à certaines tendances de telle ou
telle période de l'enfance.

Nous ne chercherons point, en ce moment, à décider
quelle est la plus grave de ces deux erreurs. Qu'il
nous suffise de les mettre en parallèle l'une avec
l'autre, en exposant brièvement deux systèmes pédagogiques fondés sur l'idée, soit *implicite*, soit *explicite*, de l'évolution : celui de Rousseau et celui
d'Herbert Spencer. Cette étude achèvera de bien faire
comprendre l'objet et la portée de la psychologie pédagogique.

II

Système de Rousseau.

1. La division de l'*Émile* repose sur une conception implicite
de l'évolution. — La crise de trois ans. — Rousseau l'a considérée exclusivement à un point de vue moral. — Théorie
plus complète et plus profonde de Mme Necker de Saussure.
2. Crise de la douzième année. Placée trop loin par Rousseau;
pour quelles raisons. — Parti pris de restreindre au delà de
toute mesure la période consacrée à l'instruction. — Conception
bizarre de Rousseau sur l'enseignement de l'astronomie, sur
l'enseignement de la physique. — Vues plus làrges de
Mme Necker. Les intentions substituées aux impulsions. L'affai-
blissement de la sympathie. Le « froid du premier matin ».
3. Crise de la puberté et de l'adolescence. — Conception générale de cette crise, d'après Rousseau. — Description morale.
— Exagérations romanesques de Rousseau. — Graves erreurs
de psychologie. L'amour de soi et l'amour-propre. L'apparition
de l'amitié rejetée après l'apparition de l'amour. — Danger
d'une détermination arbitraire des phases et des crises de l'enfance.

1. La division de l'*Émile* repose sur la conception

de diverses phases que traverse tour à tour le développement de la nature enfantine et que l'éducation a le devoir de respecter.

Les deux premières sont déjà séparées par une crise dont Rousseau explique la nature en opposant l'un à l'autre les deux mots par lesquels la langue latine désigne l'enfance, *infantia* et *pueritia*. Ce dernier mot signifie l'enfance proprement dite, et l'autre (composé de *in* privatif et de *fari*, parler) exprime la première enfance, considérée comme l'âge où l'on ne parle point encore. Quelquefois, pour exprimer cette période tout à fait initiale, les Romains unissaient les deux mots; on trouve, par exemple, dans Valère Maxime, *puerum infantem*. Nous voyons donc que la première crise de la nature enfantine est la *crise du langage*.

Rousseau n'est pas sans avoir entrevu quelques-uns des traits essentiels qui la caractérisent. On peut dire, cependant, qu'il se place pour l'apprécier à un point de vue beaucoup trop restreint, quand il ne voit en elle que l'apparition d'un nouveau moyen de communication par lequel les rapports de l'enfant avec les personnes qui l'entourent se trouvent modifiés. L'enfant, dit-il, ayant alors à sa disposition un langage nouveau, tend naturellement à se déshabituer du premier langage que la nature avait mis à sa disposition, le langage des cris; ou, du moins, s'il continue à crier, ce n'est plus par besoin, mais par caprice, et après s'être aperçu qu'il se fait obéir de ceux qui l'entourent lorsqu'il les importune par ses cris : « Sitôt que les enfants peuvent dire qu'ils souffrent avec des paroles, pourquoi le diraient-ils avec des cris, sinon quand la douleur est trop vive pour que la parole

puisse l'exprimer? S'ils continuent alors à pleurer,
c'est la faute des gens qui sont autour d'eux. » Rousseau en tire cette conséquence pratique qu'il faut
déshabituer les enfants de crier en ne se rendant à
leur appel que quand ils ont cessé leurs cris : « Si l'enfant se met à crier pour rien, en rendant ses cris inutiles et sans effet, j'en taris bientôt la source. Tant
qu'il pleure, je ne vais pas à lui ; j'y cours sitôt qu'il
s'est tu. »

— Tout cela est un peu superficiel, et d'une valeur
pratique assez douteuse. Evidemment, la crise du
langage est plus profonde que ne le suppose Rousseau.
Mme Necker de Saussure a complété heureusement sur
ce point les indications de l'auteur de l'*Émile*. Elle a
vu nettement que cette crise de l'apparition de la parole est surtout une crise intérieure de la pensée.
C'est une véritable révolution intellectuelle qui s'opère
chez l'enfant, lorsqu'un langage analytique et susceptible d'un progrès indéfini se substitue à un langage synthétique, très expressif sans doute, mais
nécessairement très borné.

Tant que l'enfant ne parle pas, dit-elle, quels que
puissent être ses points de contact avec nous, il ne
nous ressemble pas encore véritablement : «Désirs, affections, peines, plaisirs, tout est vif, tout est prononcé chez lui. Il nous ressemble donc en plusieurs
points ; mais *il ne pense pas en paroles*, et c'est par
là qu'il diffère de nous. » Lorsque, vers la troisième
année, il se met à parler, alors, comme, parmi « les
pas de l'intelligence » les premiers sont les plus merveilleux, il franchit en quelques mois « l'intervalle
immense qui séparait sa vie toute sensitive de la vie

intellectuelle de l'homme ». Cette différence est si considérable, cette transition est à tel point décisive, que nous avons quelque peine à nous en faire une idée nette. Il faudrait pour cela que nous pussions nous mettre à la place de l'enfant et nous rendre compte du peu qu'est sa manière d'exister, tant qu'il ne parle point : « Le langage nous est tellement familier qu'il fait partie de nous-mêmes, et nous ne savons pas ce que nous serions sans son secours. L'homme est, suivant l'expression des Hébreux, *une âme parlante.* Le fil de son discours ne s'interrompt guère au dedans de lui. Or, les enfants et les animaux ne sont pas ainsi; *les choses mêmes* se présentent à leur esprit, *et non les termes* qui en sont les signes. Penser, pour eux, *c'est revoir*, c'est éprouver les sensations que l'objet réel aurait excitées. Tout se passe dans leur tête en tableaux ou plutôt en scènes animées où la vie se reproduit partiellement. »

2. Une seconde crise, non moins profonde peut-être, mais qui soulève une question beaucoup plus controversable, est placée par Rousseau (assez arbitrairement, croyons-nous) vers la douzième année. Il faut avouer qu'il la décrit d'une manière un peu vague, bien que sa théorie contienne, en somme, une certaine part de vérité, et qu'elle ait plutôt besoin d'être remaniée dans la forme que dans le fond. C'est, d'après lui, l'époque où, « le progrès des forces ayant passé celui des besoins, l'enfant, encore *absolument faible,* devient *fort par relation* ». « Comme homme, ajoute Rousseau, il serait très faible; comme enfant, il est très fort. » Ce qui se produit alors, c'est donc, en d'autres termes, un état où l'enfant « peut plus qu'il

ne désire » ; ce n'est pas le temps de sa plus grande
force absolue, mais c'est celui de sa plus grande force
relative. A travers ces expressions embarrassées et
abstraites, voici ce que Rousseau veut faire entendre :
c'est qu'il y a alors dans l'enfant un excédent de force,
un superflu dynamique, et qu'il faut profiter de cette
surabondance d'activité pour lui faire amasser des
provisions dont, plus tard, il tirera parti : « Voici donc
le temps des travaux, des instructions, des études ; et,
ajoute Rousseau, comme s'il voulait s'excuser, remar-
quez que ce n'est pas moi qui fais arbitrairement ce
choix, c'est la nature elle-même qui l'indique. »

— Ici, nous voyons, une première fois, apparaître
clairement le danger spécial de la théorie qui partage
en périodes trop tranchées l'évolution de l'enfance.
C'est que, quoi que dise Rousseau à la fin de sa phrase,
elle prête à l'arbitraire. Si l'écrivain qui la propose n'a
pas commencé par observer de près le développement
à la fois intellectuel et moral des enfants, et d'enfants pris en grand nombre, il détermine les phases
de ce développement non d'après les indications
de l'expérience, mais d'après les hasards de sa
fantaisie ou d'après les exigences d'un système pré-
conçu.

C'est ce qui arrive évidemment ici à Rousseau. Il
place trop tard cette crise, qui est réelle et que d'autres
observateurs ont finement démêlée, mais qui ne se
détache pas aussi nettement que la crise du langage
ou que la crise ultérieure dont il nous reste à parler ;
et ce qui le pousse à la rejeter ainsi beaucoup trop
loin, c'est son parti pris contre les livres, contre l'instruction proprement dite, c'est son ignorance voulue

des complications de la science et des lenteurs nécessaires de la méthode.

Pour réagir contre l'éducation des collèges, il a
résolu de maintenir aussi longtemps que possible son
élève en face de la nature seule ; il aboutit finalement à
resserrer ses études dans l'étroit espace qui va de la
douzième à la quinzième année.

— Trois ans ! L'élève de Rousseau étudiera pendant
trois années, pas une de plus. Et de quelle manière ?
Au hasard de son désir, de son caprice, lorsque son
précepteur, à la suite de détours infinis et de prépara-
tions laborieusement machinées comme des trucs de
féeries, lui aura suggéré, un certain jour, la fantaisie
d'apprendre une science dont, jusque-là, il n'avait
jamais entendu parler.

Ce sera, une fois, l'astronomie. Le précepteur d'Emile
aura perdu toute une demi-journée à faire semblant
de l'égarer dans la forêt de Montmorency. L'enfant,
pressé par la faim, se désolera de ne pouvoir retrouver
le chemin de la ville, ou au moins la direction, pour
pouvoir couper à travers bois. C'est là que l'attendait
son *ami*. Il choisit ce moment favorable, *unique*, pour
lui apprendre qu'il existe un moyen de s'orienter, de se
retrouver, en observant la position des astres. Cette
science se nomme l'*astronomie*. C'est par elle que les
marins se dirigent sur les vastes espaces de la mer.
Emile bat des mains et, dans un moment d'enthousiasme, il est décidé qu'on apprendra l'astronomie.

Mais, comment l'apprendra-t-on ? Sans instruments ;
par la vue directe des choses. La sphère armillaire est
une machine confuse et mal agencée, qui effarouche
les enfants par son « air de grimoire ». On procédera

plus simplement : Rousseau mènera l'enfant voir lever
le soleil à la Saint-Jean ; *six mois après,* on l'ira voir
lever à Noël. L'enfant s'étonnera, se récriera : Le soleil
ne se lève donc plus à la même place ! Il y a donc un
orient d'été et un orient d'hiver ! L'étonnement sera
ici, comme partout, le principe de la curiosité et de la
science : « Jeune maître, vous voilà sur la voie. Ces
exemples *vous doivent suffire* pour enseigner *très clairement* la sphère, en prenant le monde pour le monde
et le soleil pour le soleil. »

Il faut bien, cependant, Rousseau finit par l'avouer,
quelques instruments pour étudier plus à fond soit
l'astronomie, soit la géométrie, soit la géographie. On
les construira soi-même, on les rabotera plus ou moins
grossièrement ; on prélèvera encore, sur cette période
si restreinte qui a été réservée aux études, le temps
nécessaire pour façonner ces prétendus instruments de
précision, avec lesquels on ne fera, bien entendu, que
de la science amusante et absolument superficielle.

Une autre fois, ce sera la physique qu'il s'agira de
faire apprendre à Émile. Ici, Rousseau introduit une
étonnante histoire de bateleur de foire, avec lequel le
jeune maître s'est entendu pour faire donner à son
élève une leçon indirecte, qui se trouve être à la fois
une leçon de physique et une leçon de morale, de
convenance, de modestie, etc. Mais, pour en arriver là,
deux jours entiers ont été encore gaspillés dans des
visites à une baraque de la foire, dans des conversations stériles sur un simple tour de physique amusante ;
et, pendant ce temps, l'enfant a été livré, bien inutilement, à un état d'agitation stérile, en même temps
que son précepteur l'a exposé à être tour à tour ap-

plaudi et hué par une assemblée de badauds et, finalement, tancé par un saltimbanque.

On sent combien tout cela est factice et puéril. Nous
n'oublions pas que, parmi toutes ces bizarreries, de
très féconds principes ont été, chemin faisant, formu-
lés par Rousseau sur la nécessité de mettre l'enfant en
présence des choses plutôt que des signes, ou bien de
ne lui faire d'abord rien apprendre qu'il ne puisse
voir et toucher. Mais ces excellentes idées, dont notre
pédagogie moderne a tiré grand profit, n'en sont pas
moins assez chèrement achetées par une grave erreur
de psychologie de l'enfance, qui consiste à retarder
une des crises auxquelles la nature soumet, en effet, le
développement de l'enfant, pour en tirer la confirma-
tion d'une théorie paradoxale d'après laquelle l'instruction proprement dite ne serait qu'un élément
subordonné et secondaire de l'éducation.

— Mme Necker, n'ayant pas les mêmes raisons que
Rousseau pour modifier l'ordre vrai des choses, remet
à une plus juste place cette seconde crise du développement de l'enfance et la rapporte à peu près à la hui-
tième année. En outre, et toujours en plus grande
conformité avec la nature, elle y voit une crise de la
sensibilité et du caractère plutôt que de l'intelligence.

Cette crise provient bien, comme l'a vu Rousseau, de
ce que l'enfant commence à sentir ses forces. Ses besoins, à ce moment, étant assez nombreux, il éprouve,
en effet, le sentiment d'une sorte de surabondance
d'énergie. Par conséquent, il s'éveille à la vie du
moi; il n'a plus besoin de se mettre dans la dépendance des autres, de se serrer contre eux pour s'abri-
ter et pour se protéger; dès lors, la sympathie des pre-

mières années diminue; il devient moins tendre, moins
affectueux, moins caressant; c'est comme un courant
froid qui passe sur son âme. Mme Necker emploie, en
effet, cette métaphore : « Le froid du premier matin »
se fait alors sentir.

C'est l'époque où *la vie de l'instinct fait place à la
vie de réflexion;* où l'enfant, qui, jusque-là, n'a fait que
suivre des mouvements spontanés, des *impulsions,*
commence à avoir des *intentions.* Il imite encore les
grandes personnes, mais ce n'est plus par sympathie
irraisonnée, c'est par amour-propre; « il veut s'élever
au-dessus de son état présent et il essaye de sa condition d'homme; » avant de se livrer à un bon mouvement, il calcule, il raisonne, il semble fixer lui-même
jusqu'où il ira et s'inquiéter d'en être quitte à aussi peu
de frais que possible : « Cette période est ainsi, plus
que toute autre, une *période de transition;* c'est un
passage de l'instinct à la connaissance, de la sympathie inaperçue aux sentiments reconnus; » et il faut
ajouter qu' « il y a nécessairement bien du désordre
dans cet intervalle », puisque la sûreté de l'instinct
primitif n'existe plus, et que la fermeté du caractère
et de la raison ne peut pas être pleinement constituée
dans une nature qui ne fait encore que se chercher.

On le voit, cette crise est, au fond, celle que nous
désignons plus habituellement par l'expression d'*âge
de raison;* car il est bien entendu que cette expression
ne signifie pas l'âge où l'enfant devient nécessairement plus raisonnable, *plus sage,* mais seulement
l'époque où il commence à pouvoir faire, en mal
comme en bien, usage de sa réflexion et de sa raison.

3. Maintenant, après la crise de trois ans (placée à

tort par Rousseau à cinq ans), après la crise d'entre sept et neuf ans (placée à tort par Rousseau entre onze et douze ans), il s'en produit une autre, bien plus grave, bien plus profonde, mais, en même temps, bien plus visible, et sur laquelle personne n'hésite plus; c'est la *crise de la puberté*, c'est le passage de l'enfance à l'adolescence.

Des changements très nets se produisent alors, tant au physique qu'au moral. Il sera nécessaire de revenir ailleurs sur quelques-uns d'entre eux; nous n'en parlons, en ce moment, que pour signaler la force toute particulière qu'ils apportent à la conception d'après laquelle l'âge de l'éducation est coupé par des crises, de telle sorte qu'il serait absurde et contraire à la nature de vouloir appliquer à l'éducation elle-même une continuité absolue. A des modifications profondes dans la nature doivent correspondre des modifications non moins profondes dans la discipline, dans la méthode, dans les objets d'étude et dans les exercices. Un des mérites de Rousseau, c'est d'avoir tout particulièrement appelé l'attention sur ce point. Depuis l'*Émile*, les parallèles entre l'enfance et l'adolescence sont partout; les hygiénistes, les médecins, les moralistes se sont attachés à les bien préciser. Mais c'est Rousseau qui a mis sur la voie; il importe donc de s'arrêter un moment sur ce qu'il en dit, pour faire la part de la vérité, d'abord, de l'excès et de l'erreur, ensuite.

La part de la vérité est considérable. Pour bien faire saisir la différence qui sépare des quatorze ou quinze premières années l'adolescence, cette floraison de la vie, Rousseau a trouvé une formule à la fois très ingénieuse et très saisissante. Il y a, dit-il, pour l'homme deux naissances : « Nous naissons deux fois, l'une pour exister, l'autre pour vivre. » L'adolescence est cette seconde naissance qui, seule, nous enfante véritablement à la vie, en ouvrant largement notre cœur, en nous rendant capables d'aimer toutes les choses qui font que la vie est précieuse. Rousseau a raison d'ajouter que, jusqu'à l'époque de l'adolescence, les soins de l'éducateur n'ont été encore que des jeux d'enfant : « Ils ne prennent qu'à présent une véritable importance, et cette époque où finissent les éducations ordinaires est proprement celle où la nôtre doit commencer. »

— D'autre part, Rousseau est encore très bien inspiré dans quelques-uns des traits par lesquels il décrit cet âge si intéressant.

Ainsi, les principaux caractères physiques de l'adolescence sont notés par lui d'un crayon très sûr. On sait qu'à cette époque de la vie le corps arrive au terme de sa croissance et prend sa forme définitive. La poitrine se dilate, le cœur achève de grossir, le sang devient plus riche en globules rouges, la circulation se fait d'une manière plus active, les muscles se développent et dessinent sous la peau leurs saillies franchement accusées. Comme signe de cette plénitude de développement, l'activité physiologique de l'adolescent se manifeste au dehors par la première croissance de la barbe : « Le coton ras et doux qui croît au bas de ses joues brunit et prend de la consistance. » En même temps, sa voix change ; elle *mue*, comme on dit habituellement, et, à la place du timbre féminin qu'elle avait eu jusque-là, elle prend le timbre viril. A vrai dire, comme Rousseau le remarque ingénieusement, l'adolescent la *perd :* « Il n'est ni enfant ni homme et ne peut prendre le ton d'aucun des deux. » Un autre trait, plus important encore, c'est que « sa physionomie se développe et s'empreint d'un *caractère* ». On peut dire, en effet, dans un certain sens, que tous les enfants se ressemblent; leur physionomie ne laisse pas encore apparaître le *genre moral* dans lequel ils se rangeront plus tard; rien ou presque rien ne fait pressentir les traits nettement caractérisés par lesquels ils se détacheront les uns des autres et seront vraiment eux-mêmes; c'est après la crise de l'adolescence que tout cela se manifeste et que ce qu'on pourrait appeler la *différenciation humaine* commence à se produire.

— Quant aux traits moraux, ils consistent surtout dans un changement d'humeur, des emportements fougueux, une continuelle agitation d'esprit, un besoin de ne relever que de soi-même, « de n'être plus gouverné[1] ». Et cependant, il y a aussi chez l'adolescent (tant cet âge est complexe et difficile à saisir) une timidité particulière, tout autre que celle de l'enfance, je ne sais quelle gêne provenant de ce que l'adolescent ne se rend pas bien compte de la fermentation que la nature produit en lui, n'en discerne qu'imparfaitement les objets, se sent agité par des mouvements confus et des aspirations indéfinies : « Il devient sensible avant de savoir ce qu'il sent. » De même, saint Augustin avait dit en parlant des agitations de cet âge : Je n'aimais pas encore, mais j'aimais à aimer, *amare amabam.* « Il est inquiet sans raison de l'être. » De là, dans l'adolescence, une sorte de tristesse, d'inquiétude

---

1. *Tandem custode remoto.* (HORACE.)

vague, un besoin de rêverie et de solitude qui succède
à l'insouciance, au besoin de mouvement et aux
bruyants éclats de rire de l'enfance. On voit qu'il y a
ici tous les caractères d'une crise, au sens le plus
rigoureux du mot. Pour des raisons sur lesquelles il
n'est pas besoin d'insister, cette crise est plus forte
chez les jeunes filles, et on sait que, dans *Paul et Vir-
ginie*, Bernardin de Saint-Pierre en a donné une merveilleuse description; mais elle est aussi très intense
chez quelques jeunes garçons, et c'est alors plus que
jamais que l'éducation doit intervenir avec toute la
puissance d'une discipline éclairée et prévoyante.

— Toute cette étude de l'adolescence aurait une
haute valeur pédagogique, s'il ne s'y mêlait une erreur
de psychologie bien plus grave encore que celle dont il
a été question plus haut.

Cette erreur ne doit pas, d'ailleurs, nous étonner
outre mesure. Elle provient de ce que l'*Emile* est un
roman, et que Rousseau n'a pas su se défendre de
traiter surtout en romancier la question des agitations
morales de l'adolescence. Il s'agit pour lui, dans cette
partie de son ouvrage où il étudie les passions
naissantes, de préparer pour le cinquième livre l'éducation de Sophie et le mariage d'Emile. Par suite, il
s'est préoccupé plus exclusivement qu'il n'aurait fallu
des agitations de l'amour et a été entraîné ainsi à
quelques développements déclamatoires.

« Comme le mugissement de la mer précède de loin
la tempête, l'orageuse révolution s'annonce en lui par
le murmure des passions naissantes... Il est vrai que
cela peut venir lentement et vous laisser du temps
encore; mais si sa vivacité se rend trop impatiente, si

son emportement se change en fureur, s'il s'irrite et s'attendrit d'un instant à l'autre, s'il verse des pleurs sans sujet, si, *près des objets qui commencent à devenir dangereux pour lui*, son pouls s'élève et son œil s'enflamme, Ulysse, ô sage Ulysse, prends garde à toi! Les outres que tu fermais avec tant de soin sont ouvertes; les vents sont déjà déchaînés : ne quitte plus un moment le gouvernail, ou tout est perdu. »

Or, pour pouvoir étudier plus à l'aise cette explosion de la sensibilité passionnelle, qu'a fait Rousseau? Par une erreur de psychologie qui semble bien être une erreur factice et voulue, il a confondu avec la sensibilité passionnelle la sensibilité tout entière. Lui, l'apôtre du sentiment, il a retardé jusqu'à l'époque de l'adolescence la première apparition ou du moins le premier développement de la sensibilité proprement dite.

— Voici, en effet, la thèse compliquée et bizarre que l'on trouve, à ce sujet, dans le quatrième livre de l'*Emile :*

« Le premier sentiment d'un enfant, nous dit Rousseau, est de s'aimer lui-même. » A la vérité, « le second, qui dérive du premier, est d'aimer ceux qui l'approchent; car, dans l'état de faiblesse où il est, il ne connaît personne que par l'assistance et les soins qu'il reçoit. » Mais cette affection est tout égoïste ; elle ne devient véritablement de l'amour que quand l'enfant commence à s'apercevoir qu'en lui faisant du bien on a l'*intention* de lui en faire ; il ne devient bienveillant et sympathique qu'en découvrant la sympathie et la bienveillance d'autrui : « L'attachement qu'il a pour sa nourrice et sa gouvernante n'est qu'habitude. Il les cherche parce qu'il a besoin d'elles et qu'il se trouve bien de les avoir; c'est plutôt connaissance que bienveillance. Il lui faut beaucoup de temps pour comprendre que non seulement elles lui sont utiles, mais qu'elles *veulent* l'être; et c'est alors qu'il commence à les aimer. »

Voilà, dira-t-on peut-être à propos de cette dernière ligne, l'apparition de la sympathie désintéressée; elle se montre, sinon dès la première heure, du moins à un âge bien tendre, puisque l'enfant a encore sa nourrice. Mais Rousseau ne l'entend pas ainsi; car, immédiatement après, il explique que cette bienveillance de l'enfant (laquelle n'est, d'ailleurs, présentée par lui que comme une simple tendance) est tenue en réserve et en échec pendant de longues années. L'*amour de soi* mènerait directement l'enfant à la sympathie; mais l'*amour-propre,* qui se substitue bientôt à l'amour de soi et qui en diffère profondément, le dispose, au contraire, aux passions haineuses et irascibles. Le sentiment des dépendances qui lui sont imposées le rend impérieux, trompeur, jaloux, vindicatif; ne saisissant pas la raison des ordres qu'on lui donne, il y voit l'effet de l'arbitraire et du caprice et il se mutine contre eux. Ainsi son âme, qu'on aurait pu croire prête à déborder au premier sentiment des biens de la vie, reste, au contraire, et pour bien longtemps, repliée et refoulée sur elle-même.

A quelle époque donc la sensibilité ainsi entravée se déploiera-t-elle librement? Quand verra-t-on apparaître enfin chez l'enfant la sensibilité vraie? L'auteur du roman d'*Emile* et de *Sophie* n'hésite pas à répondre : A l'époque où Emile sentira vaguement le besoin de rencontrer Sophie : « Sitôt que l'homme a besoin d'une compagne, il n'est plus isolé, son cœur n'est plus seul. Toutes ses relations avec son espèce *naissent* avec celle-là. Sa passion fait bientôt fermenter toutes les autres. »

Et, plus loin, en divers endroits, il reprend encore cette idée :

« Pour être aimé, il faut se rendre aimable; pour être préféré, il faut se rendre plus aimable qu'un autre. De là, *les premiers regards* sur ses semblables; de là *les premières comparaisons* avec eux ; de là l'émulation, les rivalités, la jalousie. Un cœur plein d'un sentiment qui déborde aime à s'épancher; *du besoin d'une maîtresse naît bientôt celui d'un ami.* Celui qui sent combien il est doux d'être aimé voudrait l'être de tout le monde. »

Etrange paradoxe, en vérité, que de rejeter ainsi le développement de la camaraderie et de l'amitié après l'éclosion première de l'amour !

Une si grosse erreur de psychologie suffirait à elle seule pour nous mettre en défiance contre tout l'ensemble du système.

Elle nous fait comprendre combien est difficile et délicate la détermination des phases et des crises de l'enfance, si on ne la fait point reposer sur de sérieuses recherches expérimentales.

Rousseau n'a pas eu conscience de cette nécessité; il ne fonde sa théorie que sur des impressions personnelles ou des considérations systématiques.

Il applique la *méthode négative* précisément à l'âge où la mémoire tendre et souple de l'enfant est capable de retenir et d'emmagasiner un très grand nombre de notions. Il ne voit guère dans les exercices du corps qu'une diversion contre les passions et il les rejette à une époque trop tardive. Il réduit à des proportions presque ridicules le développement et la culture de l'esprit.

Nous n'en conclurons pourtant pas que l'idée même des phases de l'enfance doive être abandonnée; car peut-être allons-nous trouver des inconvénients plus graves encore dans un système qui les supprime.

III

Système de Spencer.

1. Il repose sur une conception explicite de l'évolution. — Doctrine moderne de l'évolution. Ch. Lyell et la théorie géologique des *causes actuel'es*. Darwin et la théorie biologique de la *lutte pour l'existence* et de la *sélection naturelle*. L'évolution morale et l'évolution mentale de l'humanité tout entière.

2. Comment M. Spencer applique ces principes à la théorie de l'éducation. — Lois de l'évolution intellectuelle, chez l'homme et chez l'enfant.— Vérité de la première de ces lois; son importance pédagogique. — Rapide examen critique des deux autres. — Elles s'appliquent plutôt à la pensée réfléchie et scientifique qu'à la pensée spontanée. — Erreur capitale de M. Spencer. — N'admettant pas l'idée de phases et de crises dans l'enfance, il conçoit l'évolution mentale tout entière d'après le type de l'évolution scientifique. Par suite, l'enregistrement des notions prend le pas dans sa pédagogie sur le perfectionnement des facultés.

3. L'éducation définie par M. Spencer la préparation à la vie complète. — Les matières d'enseignement doivent être classées d'après l'ordre d'importance hiérarchique de nos modes d'activité. — Détail de ce classement. — Les belles-lettres et les beaux-arts, « n'occupant que les loisirs de la vie, ne doivent occuper que les loisirs de l'éducation ». — Réfutation de cette conception d'après des principes empruntés à M. Spencer lui-même.— « La parure a précédé le vêtement, » le goût du beau a précédé le goût de l'utile. Donc la culture esthétique doit précéder logiquement la culture scientifique. — De plus, cette culture esthétique n'a pas seulement pour but l'agrément de la vie; elle est une des formes de l'*activité de jeu*, par laquelle la nature exerce les facultés de l'enfant en vue de leur action future. Par conséquent, l'éducation esthétique prépare déjà l'enfant, au moins dans une certaine mesure, à la vie active.

4. Critique du plan général d'études de M. Spencer. — Examen spécial de ses idées sur l'enseignement de l'histoire. Il veut qu'on donne pour objet à cet enseignement « l'histoire naturelle de la société » et qu'on en fasse une préparation à l'accomplissement des devoirs du citoyen. — Cette réforme, excellente pour la jeunesse, ne le serait pas pour l'enfance. Il faut s'adresser d'abord, dans l'enseignement de l'histoire, aux facultés imaginatives et aux facultés actives de l'enfant. — En dernière analyse, la préparation à la vie complète, c'est l'élaboration graduelle des facultés dans l'ordre même où la nature les fait apparaître.

1. Ce système (c'est celui de M. Spencer) ne repose plus simplement d'une manière implicite, comme celui de Rousseau, sur l'idée d'une évolution de l'enfance ; il développe explicitement cette idée et la rattache à la grande conception scientifique moderne d'après laquelle toutes choses, dans la nature, s'expliqueraient par une évolution continue, ininterrompue, ayant son principe dans l'incessante accumulation de différences infinitésimales.

Commençons donc par rappeler brièvement les traits généraux de cette conception, qui a été développée en géologie, en biologie, en sociologie, par Ch. Lyell, par Darwin, par M. Spencer lui-même, et qui a exercé sur la pensée contemporaine une influence considérable.

La nature n'admet aucune solution de continuité. Il faut la concevoir comme une chaîne infinie de phénomènes et d'êtres qui sortent les uns des autres d'après la double loi de la *transformation des forces* et de la *transformation des espèces*. Il n'y a nulle place en elle pour les changements soudains et pour les

interventions créatrices. Tout s'y tient, tout s'y relie.
Là où nous serions tentés, au premier abord, de voir
les traces de révolutions violentes, de cataclysmes
brusques, qui auraient *renouvelé la face du monde*,
une observation plus attentive a montré qu'il y avait
toujours, en réalité, une suite de lentes modifications,
de transitions insensibles, un simple amoncellement
de différences légères, qui, multipliées par l'infini du
temps, rendent compte de faits en apparence merveilleux.

Ainsi, en géologie, tout ce qu'une ancienne école
expliquait par des soulèvements ou des affaissements
prodigieux et, en quelque sorte, instantanés des
couches terrestres, une école nouvelle, celle de
Ch. Lyell, l'attribue aujourd'hui à l'action cent et mille
fois séculaire des *causes actuelles*, c'est-à-dire de ces
mêmes agents physiques que nous voyons continuellement modifier sous nos yeux, avec la plus majestueuse
lenteur, la configuration des continents ou le relief des
montagnes : tels le flux et le reflux, qui rongent les
côtes ; les alluvions des fleuves, qui, au contraire, les
prolongent ; les pluies, les orages, la lente descente
des glaciers, qui démolissent peu à peu, qui ravinent
dans tous les sens les massifs montagneux. De même,
d'après Darwin, les espèces végétales et animales sont
sorties lentement les unes des autres, grâce à l'apport
continu de modifications favorables qui, transmises
par l'hérédité, ont donné à une espèce nouvelle un
avantage, si minime qu'il fût, dans la *lutte pour
l'existence* et lui ont permis d'éliminer des espèces
moins parfaites. Ce ne sont pas seulement les caractères
organiques qui se sont modifiés ainsi dans l'animalité ;

ce sont également les caractères moraux; les instincts n'ont pas moins de plasticité que les formes; ils s'adaptent aux conditions d'un milieu extérieur qui subit des modifications séculaires, et les œuvres les plus merveilleuses que nous offrent tels instincts animaux sont, comme tout le reste, l'œuvre de l'accumulation héréditaire et du temps. L'humanité a suivi la même voie. Pour elle aussi, il y a une évolution continue et lente, dont l'histoire nous trace les grandes lignes, mais dont elle nous dérobe en même temps les détails. Sous les grands changements qu'on appelle les *révolutions* nous ne voyons pas l'apport incessamment renouvelé d'éléments infinitésimaux qui ont modifié peu à peu les mœurs, les institutions, les industries, les conditions de l'échange, et qui ont préparé l'avènement de races mieux douées, dont le génie propre s'est manifesté par quelque progrès de la civilisation et de la moralité humaines. C'est ainsi que, grâce à une évolution insensible, l'humanité a franchi les étapes qui séparent l'état sauvage de la culture la plus raffinée et qui mènent de la lourde intelligence d'un Papou au génie d'un Shakespeare ou d'un Newton.

— Or, d'après M. Spencer, dont l'esprit encyclopédique a relié dans un vaste système les parties les plus diverses de la doctrine de l'évolution, la pédagogie doit s'inspirer à son tour des principes qui ont renouvelé toutes les autres sciences. Elle doit admettre non seulement une évolution par laquelle la pensée de l'homme se dégage progressivement de la pensée enfantine, mais encore une loi qui contraint cette évolution individuelle à reproduire toute la marche de

l'évolution collective; ainsi, l'histoire de l'humanité
entière se refait et se résume en chacun de nous. Dans
sa vie morale et mentale, l'enfant traverse tous les
degrés par lesquels l'humanité s'est élevée de la barbarie à la civilisation, comme on pourrait ajouter que,
dans son développement embryologique, il avait déjà
traversé tous les degrés qui relient l'animalité à l'humanité. Au point de vue moral, l'humanité a commencé par l'*égoïsme*; de là elle s'est élevée par degrés à l'*altruisme*, en suivant toute une série de
sentiments intermédiaires, que M. Spencer appelle les
sentiments ego-altruistes. L'évolution de l'enfant
passe à son tour par ces divers degrés. Spencer
développe cette idée sous la forme la plus énergique,
en déclarant à plusieurs reprises que l'enfant est
d'abord un *petit sauvage*, et qu'il ne faut point espérer
de lui un haut degré d'excellence morale. « Rien,
dit-il, ne serait plus déraisonnable que d'attendre
beaucoup et rien ne serait plus absurde que de beaucoup exiger de la moralité des enfants. Tout le monde
sait aujourd'hui que la précocité intellectuelle n'est
nullement à désirer; or, la précocité morale ne serait
pas moins dangereuse. Les hautes facultés morales
étant, comme les hautes facultés intellectuelles, d'une
extrême complexité relative, l'évolution des unes et
des autres doit être lente et tardive; si l'on voulait
hâter leur maturité, ce ne serait qu'aux dépens de leurs
progrès futurs. » Au point de vue mental, la loi de
développement est la même. L'humanité a passé par
une longue série d'expériences, qui lui ont permis
d'aborder des problèmes toujours plus complexes et
d'y appliquer, de siècle en siècle, une plus haute

puissance de réflexion analytique et synthétique ; l'enfant doit refaire une à une ces expériences, et suivre de nouveau les diverses étapes qu'a suivies l'évolution mentale de son espèce.

2. Spencer a résumé dans trois lois bien célèbres cette évolution commune de l'humanité et de l'enfance au point de vue intellectuel.

La première, c'est que l'esprit va *du simple au composé :* « L'esprit, dit-il, se développe ; et, *comme toutes les choses qui se développent*, ses progrès consistent à passer de l'homogène (c'est-à-dire du simple) à l'hétérogène (c'est-à-dire au composé). »

La seconde, c'est que l'esprit va *de l'indéfini au défini :* « Le développement de l'esprit, *comme tous les autres développements*, est un progrès de l'indéfini au défini. »

La troisième, enfin, c'est que l'esprit va « *du concret à l'abstrait* ».

— Il serait prématuré de faire ici, au point de vue des méthodes d'enseignement, un examen critique de ces trois lois. Examinons-les simplement comme expression d'un système sur le développement psychologique de l'enfance ; elles ont, à ce point de vue, une valeur très inégale.

La troisième doit être mise à part ; elle exprime admirablement ce qu'il y a de plus essentiel, de plus frappant dans l'évolution de l'intelligence enfantine. L'enfant part des choses *concrètes*, c'est-à-dire de celles qui, présentant, pour ainsi dire, une *masse*, peuvent être *saisies* par les mains, par les yeux, enfin par l'esprit lui-même, mais à travers une impression distincte, nettement circonscrite. De là, l'esprit va ensuite par degrés à ce qui est *insaisissable*, idéal, *abstrait*.

En achevant, après Rousseau, après Pestalozzi, de mettre en lumière ce fait capital, M. Spencer a exercé sur notre pédagogie contemporaine une influence des plus heureuses ; nous lui devons, en grande partie, le développement de la méthode intuitive, des leçons de choses, la création de nos musées et collections scolaires, la diffusion de tous les procédés par lequels, en arithmétique, en géométrie, en grammaire, en géographie, en lecture même, on mène peu à peu l'enfant du concret à l'abstrait, de ce qui est saisi par ses facultés perceptives à ce qui doit être finalement compris par une réflexion de son esprit.

— Mais les deux autres lois, la première surtout, appellent, en ce qui concerne la psychologie de l'enfance, d'importantes réserves.

Que la pensée réfléchie de l'homme, quand elle se pose des problèmes scientifiques et quand elle poursuit méthodiquement la connaissance des lois de la nature ou des lois de la société, aille, le plus souvent au moins, du simple au composé, cela n'est pas douteux. Mais l'enfant ne commence pas par la réflexion. Il pense d'abord d'une manière spontanée et, dans cette première période, on ne voit pas qu'il ait le souci de passer régulièrement du simple au composé. Loin de là : quand il est livré à lui-même, le plus souvent il s'adresse de suite au composé ; il s'efforce de le comprendre, de le pénétrer directement.

C'est, d'ailleurs, ce qui s'est produit dans l'humanité primitive, et des philosophes appartenant à la même école que Spencer l'ont expressément reconnu. La *loi*

des trois états d'Auguste Comte est précisément fondée sur cette remarque. Le chef du positivisme français
admet, en formulant cette loi, que la pensée humaine
s'attaque de très bonne heure à l'énigme totale du
monde et se flatte, en quelque sorte, de la déchiffrer
d'un seul coup. Ce n'est qu'après les longues spéculations de l'*âge théologique* et de l'*âge métaphysique*
que les hommes s'avisent enfin, dans l'*âge positif* ou
scientifique, d'arriver à la vérité par une autre voie en
prenant leur point de départ dans le connu et le simple
pour s'élever peu à peu au composé et à l'inconnu.

Telle est aussi la marche de l'esprit pendant le jeune
âge. L'étude de l'intelligence enfantine, du moins
chez les enfants bien doués, montre qu'il y a en
elle tout à la fois une aptitude et une tendance à s'at-
taquer très vite au composé, à s'y complaire, en
quelque sorte. Ainsi, pour ne citer que quelques
exemples, l'enfant a de bonne heure le goût des longs
récits, des histoires qui n'en finissent pas. Un conte
n'est jamais trop compliqué pour les enfants; plus les
aventures y sont nombreuses, plus ils en sont charmés; ils réclament beaucoup de détails, beaucoup de
faits, beaucoup de personnages; ils aiment à voir se
débrouiller peu à peu un écheveau fortement emmêlé.
De même, il y a chez l'enfant une merveilleuse aptitude à saisir de suite et à juger dans sa complexité le
caractère d'un de ses camarades; il y reconnaît, il
y démêle des intentions multiples, des arrière-pen-
sées, des calculs d'intérêt, des réticences, des ména-
gements, des perfidies et des hypocrisies, tout un vaste
réseau de mobiles cachés, qu'il sait bien, dans ses
disputes journalières, démasquer et mettre au jour,

avec je ne sais quelle perspicacité de psychologue et quelle verve de satirique.

Mais, ce n'est pas tout. Même dans l'âge adulte, il s'en faut bien que la réflexion régisse exclusivement les démarches de la pensée et leur impose également à toutes la loi de progression qui va du simple au composé, de l'indéfini au défini. On n'expliquerait pas par là les élans du génie, les inspirations du poète et de l'artiste, qui ont généralement leur point de départ dans l'intuition immédiate de quelque chose de défini et de complexe.

— Ainsi, les lois de M. Spencer ne s'appliquent pas à la pensée tout entière, mais seulement à la pensée réfléchie et scientifique. Fondée sur elles, sa pédagogie est nécessairement trop étroite; par un excès contraire à celui de Rousseau, elle ne tient pas suffisamment compte de ce fait qu'il y a des *périodes* dans le développement intellectuel de l'enfant et que la *pensée réfléchie* ne se développe en lui qu'après la *pensée spontanée*.

Encore, dans la première de ces périodes, y a-t-il deux phases assez nettement distinctes. Ce qui se produit d'abord, c'est l'évolution des *facultés perceptives;* pendant cette phase, l'enfant reste surtout passif; il reçoit beaucoup, il donne peu; il se familiarise avec le milieu physique et le milieu social et reçoit de tous côtés des notions que la pensée réfléchie organisera plus tard. Ensuite a lieu le développement des *facultés imaginatives*, et dans ce développement est contenue une première préparation à la vie active; car l'enfant s'exerce pour lui-même à l'action en imaginant d'abord l'action des autres, en la suivant avec ardeur dans les récits qu'on lui fait et dans les lectures auxquelles il s'intéresse.

Perception, imagination, réflexion, ces trois facultés représentent, d'une manière très générale, le développement naturel de l'esprit à travers trois phases auxquelles doivent correspondre, autant que possible, un *enseignement intuitif,* un *enseignement esthétique,* un *enseignement scientifique.*

— M. Spencer, dominé par les exigences de son système, ne conçoit pas ainsi la marche générale de l'éducation. Il lui donne de suite un caractère trop exclusivement *scientifique;* il se hâte trop de rapporter à l'étude directe de la science le développement des facultés d'intuition; et, quant aux facultés imaginatives, il ne leur laisse qu'une place beaucoup trop restreinte, non seulement parce que la littérature et l'art n'ont pour lui qu'une importance secondaire dans la vie sociale, mais encore parce qu'il ne reconnaît à leurs œuvres une vérité et une valeur intrinsèques qu'autant qu'elles s'appuient sur la connaissance des vérités scientifiques[1].

---

1. « C'est par ignorance des principes de la mécanique que l'on commet souvent, dans l'art, les plus grossières méprises. Ainsi, pour qu'une statue se tienne debout, il faut que la verticale qui passe par le centre de gravité, la ligne de direction, comme on l'appelle, tombe dans le parallélogramme de sustentation; voilà pourquoi, dans l'attitude du repos, quand une des jambes soutient le corps, tandis que l'autre reste souple, cette verticale qui passe par le centre de gravité tombe toujours sur la surface couverte par le pied qui porte le corps. Mais, quand les sculpteurs ne sont pas familiarisés avec les lois de l'équilibre, ils représentent assez souvent cette attitude en faisant tomber la ligne de direction entre les deux pieds. L'ignorance de la loi du mouvement entraîne des bévues analogues : témoin la statue admirée du *Discobole* qui, dans l'attitude que lui a donnée le statuaire, tomberait inévitablement en avant aussitôt qu'il lâcherait le disque. » (Herbert Spencer, *l'Éducation intellectuelle, morale et physique;* traduction de M. Alexis Bertrand. Belin, 1887.)

En même temps, un autre principe général de sa pédagogie, sur lequel il convient de nous arrêter quelques instants, le porte encore à concevoir l'éducation sous une forme trop exclusivement, trop étroitement *utilitaire*.

3. Ce principe, c'est que « l'éducation est une préparation à la vie complète ».

Mais il y a deux manières de préparer l'enfant à la vie complète.

L'une consiste (sans négliger ni mépriser pour cela les *connaissances*) à développer d'abord et surtout les facultés, à leur donner toute l'ampleur et toute la force nécessaires pour qu'elles puissent faire face d'elles-mêmes à toutes les circonstances qui se présenteront, même les plus imprévues.

L'autre, plus étroite, moins confiante dans la spontanéité et les ressources de la nature humaine, consiste simplement à entasser, à emmagasiner par avance dans l'esprit de l'enfant toutes les notions relatives aux obligations qu'il devra remplir un jour.

M. Spencer, particulièrement dans cette vaste théorie de la *valeur relative des connaissances* par laquelle débute son ouvrage, ne se préoccupe, comme on va le voir, que de la seconde interprétation.

Partout, dans ce passage, il met l'*acquisition des notions* au-dessus du *perfectionnement des facultés*, le *savoir* au-dessus de la *culture*.

— « Pour décider, dit-il, quelles sont les connaissances les plus précieuses, il faut avoir d'abord soin de classer d'après leur ordre hiérarchique d'importance les modes principaux de l'activité humaine.

» Or, voici comment ces modes se répartissent : Ce

sont : 1° les actes qui ont pour but immédiat la conservation personnelle; 2° les actes qui, en nous procurant les choses nécessaires à la vie, concourent indirectement à cette même conservation; 3° les actes accomplis en vue d'élever et de discipliner les enfants dans la famille; 4° les actes qui assurent le maintien de l'ordre social et qui constituent la vie politique; 5° enfin, cette activité qui se déploie de mille manières pour remplir nos loisirs et pour nous procurer les plaisirs que notre sensibilité et notre goût réclament. »

De ce principe va résulter une distribution des matières de l'enseignement bien différente de celle dont nous avons l'habitude. Ce qui devra être mis en première ligne, ce sera la *physiologie*. Cette étude est, en effet, la plus utile, la plus essentielle de toutes. Seule, elle nous permet de prévenir tant de maladies qui nous menacent, d'affermir notre constitution, d'augmenter enfin la durée moyenne de notre vie.

Ensuite, viendront les sciences qui nous aident à diriger notre pensée et notre conduite dans toutes les occupations essentielles de la société, particulièrement dans l'industrie, dans le négoce, dans toutes les carrières qui ont pour objet la production, l'élaboration, la distribution des choses nécessaires à la vie. Telles sont la *logique*, les *mathématiques*, la *physique* et la *chimie*, l'*astronomie*, la *géologie*, la *biologie*, la *sociologie*.

Nous ne devrons pas oublier ensuite que nos enfants sont destinés à devenir des pères de famille. Qui s'en douterait en parcourant les livres et les programmes de nos classes? Si la fatalité voulait qu'il ne restât de notre civilisation qu'une collection de nos livres de classe ou bien une liasse de compositions de collège, quel ne serait pas l'étonnement d'un antiquaire de l'avenir en constatant qu'il n'y a pas à relever le moindre signe indiquant que nos élèves doivent devenir un jour pères de famille ! « Il faut, se dirait-il, que ce soit là un cours destiné aux célibataires ! » Nous éviterons donc cette bizarrerie et nous munirons nos enfants de toutes les *connaissances pédagogiques* dont ils pourront un jour avoir besoin pour élever eux-mêmes leurs enfants.

A plus forte raison nous n'oublierons pas qu'ils doivent devenir un jour membres d'un État et nous leur donnerons aussi toutes les *notions d'histoire et de sociologie comparée* dont la possession leur sera nécessaire pour émettre des votes éclairés, pour bien remplir l'ensemble de leurs devoirs de citoyens.

Après cela, mais après cela seulement, nous aurons le droit de penser à d'autres choses, qui ne concernent, d'après M. Spencer, que les agréments et les raffinements de la vie ; nous voulons dire les *belles-lettres* et les *beaux-arts*. Ces études n'ont plus, comme les précédentes, un intérêt immédiat et vital. Elles doivent donc céder le pas à celles qui ont pour objet l'accomplissement des devoirs journaliers de la vie. Ne pouvant nous donner que des avantages accessoires, « comme, par exemple, la correction et l'élégance du style », elles ont nécessairement une importance très inférieure à celle d'une science qui nous donne les moyens de bien élever nos enfants ou de contribuer pour notre juste part au bien de l'Etat. En un mot, « ne remplissant que les loisirs de la vie, elles ne doivent occuper également que les loisirs de l'éducation. »

4. Cet ensemble d'idées mériterait d'être soumis à une sérieuse critique au point de vue de la question spéciale du *surmenage* de l'enfant.

M. Spencer, qui a été par avance un des adversaires les plus résolus de ce que nous appelons aujourd'hui le surmenage, croit que l'on a paré suffisamment à ce péril pédagogique, quand on a allégé les programmes d'enseignement de tout ce qui ne se rapporte pas aux besoins de la vie, dans l'ordre direct de leur importance relative.

Nous pensons, au contraire, qu'il n'y a pire danger de bourrage et de surmenage que celui qui résulte d'une conception trop utilitaire de l'éducation.

Ce n'est pas que nous méconnaissions, à cet égard, les incontestables besoins de la société moderne, les exigences, chaque jour plus tyranniques, de cette grande loi de la *lutte pour l'existence* à laquelle les générations nouvelles ne peuvent se soustraire. Nous savons, par conséquent, qu'il faut encourager ou même créer, surtout dans l'intérêt de certaines classes sociales, de nouveaux types d'enseignement et de nouvelles méthodes pédagogiques qui préparent plus directement à la vie réelle.

Mais ces conditions nouvelles de la société ne doivent pas modifier à tel point l'éducation qu'elle devienne un esclavage pour ceux qui la reçoivent.

L'idéal de l'éducation, c'est, sans doute, de préparer l'homme dans l'enfant, mais sans oublier que l'enfant n'est pas tout de suite un homme.

L'enfance vaut la peine d'être vécue pour elle-même.

Il ne faut pas envier à l'enfant le bonheur de son âge et, sous prétexte de le préparer à la lutte pour la vie, le charger immédiatement de tout le fardeau des préoccupations viriles. Ces idées ont inspiré à Rousseau une des pages les plus touchantes de l'*Émile*; elles semblent absolument étrangères à M. Spencer.

Nous n'insisterons pas cependant sur cette considération, qui nous mènerait trop loin. Contentons-nous de trouver chez Spencer lui-même les raisons qui militent en faveur d'une assez large part faite à la culture esthétique dans toute éducation d'enfant.

— La première de ces raisons est précisément signalée dans les premières lignes du livre de l'*Éducation*. Elle repose sur un fait aujourd'hui bien connu et commenté par tous les esthéticiens. C'est que, dans l'humanité, le goût du beau s'est développé avant le goût de l'utile : « L'art a précédé l'industrie; la parure a précédé le vêtement. » Les anciens couchaient sur des lits très durs, mais artistement ornés; telle peuplade sauvage, qui se passe très bien de vêtements, malgré les rigueurs d'un climat glacé, ne se passe pas d'objets de luxe; il lui faut des colliers, des bracelets; les hommes aussi bien que les femmes s'y affublent de verroteries et n'hésitent pas à s'infliger de véritables douleurs pour se couvrir de tatouages.

Or, rapprochons ce fait du principe que l'auteur a posé précédemment : « L'évolution de l'individu reproduit en abrégé l'évolution collective; » il en résultera que le goût du beau précède chez l'enfant la préoccupation de l'utile et que le développement normal de sa nature exige en premier lieu (dans la mesure où les conditions sociales et les nécessités de l'avenir permettent de la lui donner) une culture esthétique.

— Mais (ce qui est beaucoup plus important), Spencer va nous expliquer aussi quelle est la base psychologique de ce goût du beau.

C'est que le beau a de grandes affinités avec le jeu; il détermine en nous, suivant une célèbre conception de Schiller, que Spencer a développée à son tour, ce qu'on appelle une *activité de jeu*.

Or, le jeu est, chez l'enfant, l'exercice naturel de ses facultés et l'ébauche de son activité future. Le petit garçon, en jouant, sous des formes multiples, au jeu de la guerre, prépare de loin les facultés dont il aura besoin un jour dans la guerre véritable. La petite fille, en jouant à la poupée ou à la maîtresse d'école, élabore aussi, de son côté, des aptitudes, des goûts et des dispositions actives qui lui seront plus tard nécessaires.

Par conséquent, la jouissance du beau et l'art, qui sont des jeux d'ordre supérieur, produisent sur l'activité humaine, mais dans des proportions infiniment plus larges, les mêmes effets que le jeu proprement dit; ils l'exercent, l'excitent, la développent de toutes manières.

Les formes les plus élevées de la culture esthétique, la poésie, le dessin, l'étude des œuvres dramatiques, nous mettent en présence d'un idéal sous l'influence duquel nos sentiments s'épurent, nos passions généreuses s'exaltent, notre volonté s'affermit. Par là nous sommes préparés, plus indirectement, sans doute, mais peut-être aussi plus efficacement, à toutes les obligations de la vie que par la connaissance positive et technique qui nous sera donnée plus tard, dans un cours régulier, de tel ou tel devoir du citoyen ou du père de famille.

— M. Spencer commet donc une erreur des plus dangereuses et, en même temps, contraire à quelques-uns de ses propres principes, quand il conçoit l'éducation comme devant être dès l'origine un enregistrement de notions, auquel se mêlent, à titre de simple délassement, quelques rares études esthétiques.

Mais cette erreur se retrouve, sous une forme plus frappante encore, lorsque, après avoir tracé son tableau général des matières d'enseignement, il donne ses idées à lui sur la façon dont telle science particulière, l'histoire par exemple, doit être enseignée.

En effet, il critique vivement la forme qui est généralement donnée aujourd'hui à cette étude. On n'enseigne, dit-il, aux enfants que des *histoires de batailles*, auxquelles s'en joignent quelques autres qui ont pour objet des intrigues de cour, des usurpations, des complots, etc. « Voulez-vous une esquisse de tous nos livres d'histoire? Il y a eu contestation pour le pouvoir souverain, d'où bataille rangée; les généraux s'appelaient de tels noms et de tels noms aussi leurs lieutenants; il y avait tant de mille cavaliers, tant de mille fantassins, tant de pièces de canon; les armées en présence furent disposées dans tel ou tel ordre; à une certaine heure de la journée, désastre; à une autre heure, victoire; dans ce mouvement, tel officier fut tué, dans cet autre, tel régiment fut décimé; finalement, ce fut telle armée qui remporta la victoire, et il y eut de chaque côté tant de tués, tant de blessés, tant de prisonniers. » D'après M. Spencer, l'étude de ce genre de faits n'a aucune importance véritable, parce qu'elle ne peut exercer aucune influence sur notre conduite future. « Si on nous apprend que le chat du voisin a fait ses petits hier, c'est un fait dont on nous informe, mais ce fait est sans valeur ; il est parfaitement inutile à connaître, parce qu'il n'a aucun rapport avec cette vie pleine et complète que nous devons nous efforcer d'atteindre. Il en est de même de la grande masse des faits historiques ; ce sont des faits assurément, mais dont il n'y a rien à tirer et qui sont, si l'on peut dire, *inorganisables.* » On peut les lire pour son plaisir, mais on n'y trouve aucune réelle instruction.

Comment donc faudrait-il enseigner l'histoire pour la faire entrer comme élément utile dans l'organisation générale de nos connaissances? Il faudrait, d'après Spencer, lui donner pour véritable objet l'*histoire naturelle de la société.* Au lieu de s'occuper exclusivement des actions des princes, on s'efforcerait de suivre le développement de la vie nationale dans l'ensemble de ses manifestations. On chercherait, par exemple, « comment se pratiquait autrefois la division du travail ; quels étaient les règlements commerciaux ; s'il y avait des castes, des corporations ; quels étaient les rapports des patrons et des ouvriers ; comment se faisait la distribution des produits ; quels étaient les moyens de communication et les signes représentatifs des valeurs, etc. » On ferait aussi l'histoire des idées morales, en cherchant surtout leur reflet dans les lois, les usages, les proverbes, les actions, etc.

— Nous ne saurions, pour notre part, approuver

sans quelque réserve cette critique et cette réforme ;
elles reposent, en effet, l'une et l'autre sur la négation de ce fait que le développement de l'esprit traverse plusieurs phases et que, par suite, dans le cours
des études de l'enfant, une même science doit quelquefois lui être enseignée à plusieurs reprises sous
des formes notablement différentes.

Ce que M. Spencer propose ici, au sujet de l'enseignement de l'histoire, ne peut qu'être approuvé s'il
s'agit d'adolescents ou de jeunes gens ; car il est bien
certain que, pour eux, l'histoire commence à être
un élément de la *sociologie*. Mais on ne saurait appliquer cela aux premières périodes de l'éducation. Ce
qu'il faut d'abord à l'enfant, c'est un enseignement
dramatique de l'histoire, s'adressant par-dessus tout
à son imagination et, par elle, à ses facultés actives.
Qu'avons-nous, en effet, à former d'abord et surtout
chez l'enfant? L'activité. Nous devons donc mettre
sous ses yeux *la vie*, lui faire connaître les hommes en
lui montrant le jeu et le conflit des volontés, des intérêts et des passions. C'est là ce qui s'étale sur le
théâtre de l'histoire, dans ces événements saisissants
dont M. Spencer proscrit absolument l'étude. Et,
d'autre part, qu'est-ce que l'enfant lui-même désire
surtout connaître? Précisément ces batailles, ces intrigues, ces complots, toutes ces choses qui ouvrent
à son imagination de vastes horizons. Le tort de l'ancienne méthode qu'on appliquait dans nos collèges, en
France aussi bien qu'en Angleterre, ce n'était point
d'apprendre aux enfants *ce genre de faits*, mais *de
les leur apprendre mal*, en les réduisant (sous prétexte
de tout dire) à de sèches formules, à de simples listes

de noms ou de dates, au lieu de mettre en lumière la physionomie propre, le détail caractéristique par lequel chaque événement se détache des autres. A ce point de vue, nous avons inauguré de sages réformes ; mais il faut les diriger dans le bon sens, et savoir faire un juste discernement des âges. Ce qui convient d'abord aux enfants, ce sont ces biographies de grands hommes qu'on a récemment introduites dans notre enseignement élémentaire et qui les disposent à s'éprendre des belles actions, à admirer, avec les œuvres utiles, les innovations hardies, à saisir dans le passé de l'humanité tout ce qui a été vivant, brillant, palpitant, les entreprises héroïques, les dévouements sublimes. Ce serait une grande erreur que de vouloir substituer prématurément à cela une étude toute dogmatique et toute positive des conditions scientifiques de développement des sociétés contemporaines, comme si l'utilité première de l'enseignement de l'histoire n'était pas de mettre l'enfant en contact avec des caractères et des volontés d'hommes ; et comme si, d'une manière générale, cette « préparation à la vie complète, » dont M. Spencer fait le but dernier de l'éducation, n'était pas, par-dessus tout, l'évocation successive des diverses facultés dont l'enfant aura besoin plus tard pour devenir lui-même un homme !

CHAPITRE IV

THÉORIE PÉDAGOGIQUE DES FACULTÉS DE L'AME

I

Théories sur la nature des facultés de l'âme.

1. Théorie réaliste. — Les facultés sont des pouvoirs de l'âme. Parallèle entre les facultés, les propriétés et les fonctions. La pluralité des facultés ne compromet point l'unité de l'âme. — Critique de cette théorie. — Elle semble accorder aux facultés une réalité et une indépendance substantielles. Par suite, elle introduit dans la vie morale une complication bizarre. Elle fait obstacle à l'étude scientifique des transitions et des transformations.

2. Théorie nominaliste. — Les facultés ne sont que des groupes de faits psychiques, n'ayant d'autre réalité que celle des mots qui les représentent dans notre esprit et nous permettent de les classer.

3. Possibilité d'une conception intermédiaire. — Les facultés sont les formes diverses du pouvoir que l'âme possède de s'emparer des divers modes de son activité et d'en relier les manifestations dans l'unité d'une même fin. — Exemples. — Cette conception est, au fond, la doctrine propre de Jouffroy. Théorie du pouvoir personnel. — Mais ce pouvoir de direction que nous avons sur notre âme est en même temps la susceptibilité de recevoir d'autrui une éducation. — Les facultés de l'âme sont, en dernière analyse, les diverses formes de l'éducabilité, soit par nous-mêmes, soit par les autres.

Mais ce mot *facultés*, dont nous venons de faire usage, doit-il être maintenu dans le langage de la psychologie proprement dite? Doit-il, à plus forte raison, être introduit dans le langage de la psychologie de l'éducation?

A notre avis, c'est particulièrement dans cette partie de la science psychologique qu'il a sa place toute marquée. Lors même que notre idée classique des facultés de l'âme devrait être plus ou moins profondément modifiée, et qu'à la théorie *réaliste* de notre école française il conviendrait de substituer, dans une certaine mesure, la théorie *nominaliste* des psychologues anglais, il resterait toujours vrai que les facultés représentent chez l'homme, et surtout chez l'enfant, l'aptitude des faits de notre nature à être développés et perfectionnés par l'éducation.

En d'autres termes, la vraie théorie des facultés de l'âme pourrait bien être une théorie essentiellement pédagogique.

Mais, avant de revenir sur ce point, il faut dire un mot de l'importante controverse qu'a soulevée la théorie réaliste, telle que l'entendaient en France, dans la première moitié de ce siècle, les Maine de Biran, les Jouffroy, les Adolphe Garnier.

1. L'âme, disaient ces psychologues, est, suivant la formule de Leibniz, *une force qui a conscience d'elle-même, qui dispose d'elle-même, qui se meut* (c'est-à-dire qui se détermine) *elle-même*. Or, cette force a sous sa dépendance des énergies subordonnées qu'elle met en œuvre, comme autant d'organes distincts, pour accomplir les différentes catégories d'actes dont la nature lui a donné l'initiative, et ces pouvoirs, qui sont comme enveloppés dans l'énergie souveraine de l'âme, nous les appelons ses *facultés*.

L'étymologie même du mot exprime bien que ce sont, au suprême degré, des causes, des principes premiers d'action. Par là, elles se distinguent des *propriétés* ou même des *fonctions*, qui représentent simplement, dans un corps brut ou dans un tissu vivant, l'aptitude à être, sous certaines conditions déterminées, le théâtre de tel phénomène, ou à réagir, d'après certaines lois fixes, contre l'action de tel excitant. Ainsi, les acides rougissent la teinture bleue de tournesol : c'est leur *propriété*. Les membranes de l'estomac entrent en jeu sous l'action de la nourriture qui pénètre dans ce viscère et accomplissent d'une manière automatique le mouvement vermiculaire qui la réduit à l'état de chyme : c'est sa *fonction*.

Les *facultés* ont, au contraire, dans toute la force du terme, un caractère dynamique. Ce sont les capacités naturelles de l'âme, capacités réelles, actives, permanentes, qui ne s'épuisent pas dans leurs manifestations, qui subsistent à l'état de virtualités fécondes même quand elles n'agissent pas. Ce sont des *pouvoirs*, avons-nous dit ; mais, entendons bien par là que ce sont des pouvoirs *de l'âme*, inséparables de l'âme elle-même : « Ces pouvoirs, dit Adolphe Garnier, ne sont pas hors les uns des autres, ni hors de l'âme, et ils n'en brisent pas l'unité... Ils se rapportent tous au même *moi*, au *moi* simple, qui se retrouve entier et indivisible dans la connaissance, dans la croyance, dans l'amour, dans la volonté. Toutes nos facultés se pénètrent donc mutuellement ; il n'y a pas le *moi* de l'intelligence, le *moi* de la volonté ; il n'y en a qu'un seul pour toutes... Les facultés sont indépendantes les unes des autres, mais sans diviser l'âme et sans la multiplier. »

— Cette théorie, on le voit, ne contient pas les exagérations qui lui ont été quelquefois attribuées un peu à la légère. Elle ne confère point aux facultés de l'âme je ne sais quelle réalité substantielle. Mais si elle

ne les érige point en *êtres réels*, il semble bien qu'elle
en fasse, du moins, ce qu'on a appelé des *êtres de
raison*, des *entités*. C'est encore une certaine manière
de les réaliser, au détriment de l'unité de composition
que la science cherche de plus en plus à découvrir, dans
le monde moral non moins que dans le monde matériel. Aussi a-t-elle été vivement attaquée, en Angleterre, par les principaux représentants de l'école associationniste, en France, par M. Taine et par M. Ribot.

Le principal reproche qu'on lui ait adressé, c'est,
en effet, d'introduire dans la vie morale une complication inutile et bizarre, qui empêche d'en saisir et
d'en expliquer la savante harmonie. Sous l'influence
de cette conception, les psychologues renoncent à
chercher les rapports qui unissent entre elles la mémoire, l'association des idées, l'imagination; ils
trouvent plus simple de les considérer comme autant
de principes irréductibles, et ils se désintéressent de
l'étude éminemment scientifique des transitions et des
transformations : « On en vient ainsi, dit ingénieusement un philosophe anglais, cité à ce sujet par M. Ribot, à représenter les facultés comme agissant à la
manière d'agents indépendants les uns des autres,
comme donnant naissance à des idées, se les passant
mutuellement, faisant entre elles leurs affaires. Dans
cette espèce de phraséologie, l'esprit apparaît souvent
comme une sorte de champ dans lequel la perception,
la mémoire, l'imagination, la raison, la volonté, la
conscience, les passions produisent leurs opérations,
comme autant de puissances alliées entre elles ou en
hostilité. Parfois, l'une de ces facultés a la suprématie
et les autres sont subordonnées; l'une usurpe l'auto-

rité et une autre cède; l'une expose et les autres
écoutent; l'une trompe et l'autre est trompée...D'autres
fois, on nous montre ces facultés traitant avec leur
propriétaire ou maître, lui prêtant leur ministère,
agissant sous son contrôle ou sa direction, lui four-
nissant de l'évidence, l'instruisant, l'éclairant par leurs
révélations, comme si lui-même était détaché et à
part des facultés qu'on dit qu'il possède, commande et
écoute. »

2. Pour échapper à toutes ces singularités, il suffit,
d'après M. Taine et M. Ribot, de concevoir la division,
d'ailleurs très utile et très commode, des facultés de
l'âme comme n'ayant qu'une valeur purement *nomi-
nale*. Cette division ne correspond pas à des réalités
substantielles ou dynamiques; elle sert uniquement à
répartir les faits psychiques en groupes nettement
distincts, à l'aide desquels on édifiera une classification, analogue à celle des sciences naturelles. Ainsi,
d'après cette théorie, les facultés ne sont rien de plus
que des *noms communs*, des étiquettes, des signes
représentatifs de groupes; les mots *sentiment, raison,
volonté*, nous servent à embrasser d'un seul coup
d'œil et à retenir, fortement liés les uns aux autres,
des états de conscience qui, sans ces termes généraux, se disperseraient, s'éparpilleraient en une pous-
sière de faits incohérents.

3. Entre ces deux conceptions si opposées, on en
peut, à notre avis, concevoir une autre d'après laquelle
les facultés générales de l'âme, sensibilité, entendement, volonté, et les facultés plus particulières qu'on
distingue encore en elles se rattacheraient aux diverses
fins de notre nature et seraient simplement constituées

par le pouvoir que nous avons de relier fortement les uns aux autres, d'*organiser* en quelque sorte un certain nombre de faits psychiques en les rapportant à l'unité d'une de ces fins.

Ainsi, par exemple, si, au lieu de dire que l'homme a des sensations et des sentiments, nous disons qu'il a la *faculté de sentir*, cela ne signifie rien de plus sinon qu'il possède, à un degré dont la détermination importe peu ici, le pouvoir de dominer et de maîtriser sa sensibilité, d'agir sur ses émotions, de réprimer les unes et d'étendre les autres, de modifier leur orientation, et surtout de créer en lui-même tout un ordre nouveau de plaisirs et de douleurs, de désirs et d'aversions, que la nature ne lui avait pas immédiatement donnés. Nous entendons, en d'autres termes, qu'à côté de sa *sensibilité actuelle* il y a en lui une *sensibilité potentielle* dont le développement et la direction relèvent de son initiative. Mais, s'il peut ainsi évoquer en lui-même des émotions latentes, d'autres peuvent également le faire en exerçant sur lui une action morale, qui est tantôt l'influence de la douceur et de la persuasion, tantôt l'ascendant de l'autorité. Cela revient à dire, en dernière analyse, que sa puissance d'éprouver des émotions est une puissance *éducable*, dont la nature n'a pas déterminé absolument la forme et qu'elle n'a point enfermée dans d'infranchissables limites. On comprend déjà, par ce premier exemple, que, si une faculté n'est point un être à part, une substance, ni même une force proprement dite, susceptible d'être mesurée par je ne sais quel dynamomètre, il s'en faut bien plus encore qu'elle se réduise à une simple dénomination.

De même, si, au lieu de dire simplement qu'il y a en nous des idées, des souvenirs, des raisonnements, nous disons que l'homme a la *faculté de penser,* ou encore, qu'il a la faculté de percevoir, ou celle de se souvenir, ou celle de raisonner, cela signifie que nous sommes, au moins dans une certaine mesure, maîtres de notre intelligence, que nous pouvons y pénétrer plus avant par l'analyse, en faire jaillir des idées latentes, la développer et la féconder par l'expérience, la réflexion et l'étude; cela veut dire, en d'autres termes, que la pensée peut toujours être élevée à une forme supérieure par l'éducation qu'on se donne à soi-même ou par l'éducation qu'on reçoit des autres.

De même encore, si, au lieu de reconnaître simplement dans la nature humaine des faits volontaires, nous disons que l'homme a la *faculté de vouloir,* nous exprimons plus énergiquement par là que nos déterminations ne sont pas de simples phénomènes qui se passent en nous, mais des actes que nous créons nous-mêmes, et qui ne se produiraient pas sans l'énergie personnelle qui les tire de leur virtualité.

Ainsi, par le mot *facultés,* entendu de cette manière, nous désignons simplement, en dernière analyse, les diverses formes de l'empire que l'homme exerce sur les énergies spontanées de sa nature pour les concentrer, pour les diriger et pour les rapporter à leurs fins.

— Mais Jouffroy, par exemple, n'entendait pas autre chose, lorsque, dans une belle page que nous allons citer, il ramenait toutes nos facultés à n'être que l'action d'un *pouvoir personnel* qui s'empare, pour en

user avec réflexion, des capacités primitives et spontanées que la nature a mises en nous.

« L'homme, disait-il, possède des capacités naturelles qui ont leur mouvement propre et leurs lois
propres, en vertu desquels elles se développeraient
sans le secours du pouvoir personnel, si celui-ci ne
survenait pas. Quand le pouvoir personnel se montre,
il tourne à son but ces forces qui existent et qui se
meuvent sans lui; mais il ne les crée point et ne saurait changer leurs lois naturelles, pas plus que le meu-
nier ne crée ni ne change les lois du cours d'eau qu'il
exploite. Nous nous servons de l'intelligence, de la mémoire, de la sensibilité, de la capacité locomotrice ;
mais nous trouvons en nous ces capacités toutes faites
et soumises à leurs lois propres, et nous sommes obligés de nous en servir telles qu'elles sont et de nous
plier à leurs lois pour en tirer parti. En un mot, avant
de s'emparer d'elle-même et de se gouverner, notre
nature existait et était douée de certaines capacités
qui se seraient développées en elle comme de simples
propriétés, si, devenant tout à coup maîtresse d'elle-
même, elle ne les avait assujetties à son empire, subordonnées à son mouvement et transformées en instruments de ses volontés. Nos facultés ne sont donc que
des forces naturelles, apprivoisées à notre service.

« Il s'ensuit qu'en soi les facultés et les propriétés
sont choses parfaitement identiques, et que la seule
différence qui les distingue, c'est que les facultés sont
gouvernées par le pouvoir personnel d'un être libre,
tandis que les propriétés ne le sont pas. Supprimez
le pouvoir personnel dans les êtres libres, leurs facultés
deviennent des propriétés; créez ce pouvoir dans les

choses, leurs propriétés deviennent des facultés; et en devenant, celles-ci des facultés, celles-là des propriétés, les propriétés et les facultés ne changent pas de nature; elles restent les mêmes capacités naturelles qu'elles étaient auparavant. Une seule circonstance est changée, et cette circonstance leur est extérieure, savoir : leur dépendance d'un pouvoir personnel qui peut s'en servir, mais qui, en s'en servant, ne saurait les altérer. »

— Seulement, cette idée du pouvoir personnel, Jouffroy ne songeait point à l'étendre au delà du domaine de la vie morale proprement dite. C'est là qu'on peut modifier heureusement sa doctrine en y faisant entrer l'idée plus large de l'éducation. Qu'est-ce, en effet, que cette prise de possession de nous-mêmes par laquelle nous nous emparons des tendances spontanées de notre nature pour les élever à un plus haut degré de cohésion, de convergence et d'unité? C'est, en dernière analyse, une éducation que chacun de nous se donne à lui-même pendant tout le cours de son existence. Mais cette éducation se complète par une autre, bien plus variée et bien plus puissante, que nous recevons sans cesse de nos semblables et qui s'exerce seule, ou à peu près seule, pendant la longue période de l'enfance et même de l'adolescence. A l'idée du pouvoir personnel nous pouvons donc substituer l'idée plus compréhensive de la *puissance de l'éducation* et concevoir finalement les facultés de l'âme comme les formes diverses que revêt en nous la faculté générale de l'éducabilité et du progrès.

II

Il y a d'abord en nous de véritables facultés physiques.

Elles répondent à celles de nos fonctions organiques qui, étant en partie sous la dépendance de notre pouvoir personnel, peuvent être considérées comme éducables. — Faculté nutritive et faculté motrice, décrites par Aristote. — Faculté de combinaison et d'organisation des mouvements.

De cette nouvelle définition des facultés humaines nous tirerons une première et très importante conséquence, c'est qu'il y a d'abord dans l'homme de véritables facultés physiques. En effet, parmi les fonctions de notre vie organique on peut, on doit même établir deux classes. Les unes échappent absolument ou, du moins, à peu près entièrement à l'action de notre pouvoir personnel, aussi bien que de tout pouvoir étranger qui voudrait, par la puissance de l'éducation, se substituer à ce pouvoir personnel. Ainsi nous n'exerçons aucune action appréciable sur la fonction organique de la circulation du sang; elle n'est donc à aucun degré une faculté. Nous pouvons en dire à peu près autant de la fonction respiratoire; le pouvoir que nous avons de précipiter ou de retenir nos mouvements d'aspiration ou d'expiration n'a qu'une importance tout à fait secondaire; il ne peut s'exercer que dans de très rares circonstances, et il est incapable de modifier sérieusement en bien ou en mal la fonction elle-même; on ne peut donc considérer non plus cette fonction comme une faculté.

Au contraire, d'autres fonctions organiques sont mêlées dans une large mesure au courant de la vie morale et, par suite, tombent partiellement soit sous l'action directe de notre volonté, soit sous l'action indirecte des personnes qui agissent elles-mêmes sur cette volonté; en d'autres termes, elles sont soumises à l'influence de l'éducation, soit d'ailleurs qu'il s'agisse de l'éducation que nous nous donnons à nous-mêmes ou de celle que nous recevons des autres.

On en peut citer trois. D'abord la *fonction nutritive;* elle dépend de la volonté par le choix des aliments, par la direction des instincts de chasse et de ruse, qui se rencontrent chez l'homme aussi bien que chez l'animal, enfin par le pouvoir que l'homme possède, ainsi que nous le verrons plus loin, de régler et de diriger les deux grands appétits qui s'y rapportent, ceux de la faim et de la soif. Elle peut donc être justement appelée une faculté. On en peut dire autant de la *fonction motrice.* Aristote, dans son *Traité de l'âme,* y voit aussi une véritable faculté. En effet, bien qu'elle appartienne à la vie inconsciente par les actes réflexes et par les impulsions automatiques coordonnées qu'elle gouverne, elle rentre plus largement encore dans le domaine de la conscience, de la volonté et de l'éducabilité, par la conception du but, par la direction donnée à toute la machine, par l'exercice régulier et l'assouplissement méthodique des muscles. Enfin, nous pouvons voir une troisième faculté physique dans le pouvoir que nous avons d'établir entre nos organes moteurs ce genre particulier de corrélations et d'harmonies d'où résultent l'habileté, l'adresse, l'ingéniosité mécanique. Tout cela est *dirigeable,* tout cela est *éducable,* et nous verrons ailleurs que l'éducation physique consiste surtout à stimuler et à régulariser, spécialement par le jeu et la gymnastique, l'action si essentielle de ces deux dernières facultés physiques, qui, une fois mises sous notre entière dépendance, prêteront à la volonté le plus précieux concours.

III

Facultés proprement dites. Sensibilité, entendement, volonté.

1. Principe généralement admis pour la division des facultés. Autant de facultés dans l'âme que de groupes irréductibles de faits psychiques. — Caractères différentiels de la volonté, de la sensibilité et de l'entendement.
2. Critique de cette théorie. Son caractère arbitraire et factice. — Principe plus vrai et plus simple de la division des facultés.

1. Les facultés que nous venons de passer en revue sont bien des *facultés de la nature humaine;* mais, pour pouvoir dire que ce sont, à proprement parler, des *facultés de l'âme,* il faudrait être en mesure de démontrer une thèse sur laquelle nous croyons inutile d'insister ici, la thèse *animiste,* d'après laquelle l'âme serait le principe direct des faits physiologiques, comme elle est le principe direct des faits psychiques, c'est-à-dire, en d'autres termes, la cause de la vie en même temps que la cause de la pensée.

Arrivons donc aux facultés proprement dites, aux vraies facultés de l'âme.

Les psychologues en reconnaissent généralement trois : la *sensibilité,* l'*entendement* et la *volonté.*

Généralement aussi, ils aboutissent à cette division en appliquant la méthode suivante :

Ils posent en principe que l'âme doit posséder

autant de facultés qu'il y a en nous de groupes de faits psychiques absolument irréductibles les uns aux autres.

Et cette irréductibilité elle-même résulte, pour eux, de l'opposition des caractères que présentent, par exemple, les faits intellectuels et les faits sensibles, comparés ensemble aux faits volontaires, ou les faits sensibles, comparés isolément aux faits intellectuels.

Ainsi, dit-on, les faits sensibles et les faits intellectuels présentent les uns et les autres un caractère de *fatalité*. Nos émotions de plaisir ou de douleur ne sont pas sous la dépendance de notre libre arbitre; nous ne pouvons, en présence d'un objet utile ou nuisible à la conservation et au développement de notre être, nous empêcher de les éprouver; les passions, de leur côté, se développent ou, tout au moins, apparaissent fatalement dans notre âme; elles fondent sur elle à l'improviste et la surprennent; en admettant que nous puissions plus tard les combattre, nous ne pouvons, du moins, les empêcher de naître. D'autre part, l'action de l'entendement, elle aussi, doit être considérée comme fatale; nous ne pouvons, à notre gré, rejeter un axiome, nier un théorème régulièrement démontré, croire à la non-existence des objets de nos perceptions. La volonté, au contraire, est *libre;* nous avons conscience que nos résolutions dépendent de nous et qu'il nous est également possible de faire ou de ne pas faire une chose. De tout cela nous devons conclure que les faits volontaires sont irréductibles aux autres faits intérieurs, et par conséquent considérer la volonté comme étant, dans l'âme, une faculté indépendante.

Si maintenant on compare les faits intellectuels aux faits sensibles, on constate encore qu'ils sont séparés les uns des autres par un caractère différentiel assez notable. C'est que les faits sensibles sont purement *subjectifs*, c'est-à-dire limités au sujet qui les éprouve ; en d'autres termes, ils se réduisent à de simples modifications d'une conscience, n'impliquant l'affirmation de rien en dehors de cette conscience elle-même. Les faits intellectuels, au contraire, sont *objectifs;* c'est-à-dire qu'ils se rapportent, *se terminent* à un objet ; ils consistent donc toujours plus ou moins directement dans l'affirmation d'un rapport entre cet objet et le sujet pensant. A cette distinction il faut ajouter que, dans un fait complexe, à la fois intellectuel et sensible, une piqûre ou une blessure, par exemple, *la sensation est en raison inverse de la perception*. Si je me pique avec une épingle, la sensation, restant assez faible, me laisse penser surtout à la cause qui l'a produite, à la pointe de l'épingle ; si au contraire je reçois une blessure violente et subite, tout entier à la sensation, je n'ai pas le temps de réfléchir à la forme de l'instrument qui m'a frappé et je ne songe point à m'en faire une représentation précise.

2. Telle est la méthode habituellement suivie pour la détermination des facultés de l'âme et pour l'explication des rapports qui les unissent entre elles.

Cependant, malgré l'autorité des psychologues qui l'ont recommandée, on peut penser qu'elle est, à certains égards, arbitraire et factice.

Si la nature a établi une division des modes de notre activité, n'est-il pas étrange que cette division ne nous soit révélée qu'indirectement, par l'étude analytique de caractères différentiels tout abstraits?

Ces caractères, d'ailleurs, sont évidemment trop tranchés. Ils creusent un abîme entre des faits que la nature a rattachés les uns aux autres par un lien de continuité. Ainsi, on prétend que la volonté seule est libre, tandis que le désir est fatal; mais est-il bien certain que le désir ne se donne jamais à lui-même la mesure sans l'intervention d'un pouvoir étranger? Et, de même, est-il absolument certain que l'attention, qui est un acte intellectuel, ne soit pas libre par elle-même et ne reçoive que du dehors cette puissance d'application raisonnée qui la constitue?

D'autre part, c'est aussi en considérant les facultés comme séparées les unes des autres par des caractères différentiels permanents qu'on est conduit à fausser leurs rapports et à se poser, sous une forme trop absolue, des questions comme celles-ci : Dans quels cas et sous quelles formes les facultés s'aident-elles ou s'entravent-elles mutuellement? La sensibilité est-elle pour l'intelligence un auxiliaire ou un adversaire? Comprend-on mieux ou comprend-on moins bien, quand le cœur est vivement ému? Or, ce sont, ici, des questions oiseuses et bizarres ; car elles sont susceptibles, suivant les cas, de solutions absolument opposées et, sous la forme abstraite qu'on leur donne, elles ne pourraient avoir de sens que si la sensibilité et l'intelligence étaient deux *personnes*, capables d'être amies ou ennemies?

Nous n'attacherons donc qu'une médiocre importance à ces *curiosités*, qui n'ont aucune valeur pédagogique, et nous nous en tiendrons à cette conception simple et claire, que, s'il y a en nous trois facultés, c'est parce qu'il y a d'abord en nous trois formes de la vie morale, qui sont la *vie du cœur*, la *vie de l'esprit*, la *vie de l'action* ou *vie de la volonté*, correspondant elles-mêmes à trois fins, que nous poursuivons par tous les actes, par toutes les démarches de notre nature, à savoir le *bonheur*, la *science* et la *vertu*. Nous sentons que notre vie est incomplète, que la plénitude de notre nature n'est pas atteinte, si une de ces trois choses nous fait défaut. N'est-ce pas là une intuition nette et directe qui devrait nous dispenser d'établir la division de nos facultés sur de lourdes distinctions scolastiques ?

DEUXIÈME PARTIE

LA SENSIBILITÉ

Importance de cette faculté au point de vue pédagogique.

La sensibilité ne doit pas seulement être disciplinée, elle doit aussi être cultivée pour elle-même. — Deux parties en elle : la sensibilité passive ou faculté de jouir et de souffrir ; la sensibilité active ou faculté de désirer et d'aimer. — Faits principaux de sensibilité, inclinations, émotions, passions. — Dans quelle mesure les émotions reposent sur les inclinations et les inclinations sur les émotions.

La sensibilité n'a évidemment pas, au point de vue pédagogique, la même importance que les deux autres facultés de l'âme, car elle ne se rapporte pas aussi directement aux fins essentielles de la nature humaine. Sans doute, elle a aussi son but, sa finalité, qui est le bonheur ; mais, dans la poursuite même de cette finalité, c'est encore à l'intelligence et à la volonté que revient la part la plus considérable ; en dehors de quelques cas exceptionnels, nous sommes suffisamment heureux et *la vie vaut* pour nous *la peine d'être vécue*, lorsque nous arrivons, d'une part à la vertu, de l'autre à la science. Malgré ces réserves, l'étude de la sensibilité réclame toute l'attention des maîtres de la jeunesse, car ils ont le double devoir de la *discipliner*, afin que ses mouvements tumultueux n'entravent point l'essor des autres facultés, et de la *cultiver* pour elle-même, à cause qu'elle contient en germe nos plus hautes aspirations.

Sans la sensibilité, ni l'intelligence ni la volonté, en admettant même qu'elles pussent entrer en jeu, ne donneraient toute leur mesure; la raison resterait froide, la détermination manquerait de chaleur et d'élan. Nous découvririons peut-être le vrai, mais sans nous y intéresser; nous accomplirions peut-être le devoir, mais sans nous y complaire.

La sensibilité est donc en nous la faculté *impulsive*, qui met en branle tout le reste; on peut voir aussi en elle la faculté *sympathique*, qui nous relie à tout dans la nature et nous fait véritablement vivre de la vie universelle; par elle nous sommes, comme disaient les Stoïciens, *les membres d'un grand corps;* tout ce qui intéresse l'ordre de la nature et le bien de l'humanité retentit dans notre conscience.

L'enfant possède en germe cette faculté d'impulsion et de sympathie, mais sous une forme incomplète et fragmentaire. Il y a de grandes lacunes dans sa sensibilité, et ces lacunes portent précisément sur les choses les plus essentielles. Absorbé tout entier par quelques satisfactions dont la nature a mis en lui le désir immédiat, il s'y livre avec fureur, il ignore tout le reste. L'œuvre de l'éducation, sur ce point spécial, consiste à combler ces lacunes et à introduire ainsi dans l'âme de l'enfant un élément de cohésion et d'harmonie. Mais, pour combler ces lacunes, il faut les connaître, et pour cela avoir présentes à l'esprit toutes les parties dont se compose la sensibilité de l'adulte, afin de noter celles qui font défaut chez l'enfant et qu'on doit savoir exciter chez lui au moment favorable.

— La sensibilité humaine est à la fois une fa-

culté passive et une faculté active; à ce double titre, elle contient deux ordres principaux de faits, qui sont les *émotions* et les *inclinations;* elle est tout ensemble, dans sa partie passive, la *faculté de jouir et de souffrir* et, dans sa partie active, la *faculté de tendre sponta-nément, par le désir et par l'amour, vers les choses qui déterminent en elle la jouissance et la souffrance.*

Mais de ces deux ordres de faits quel est le plus immédiat, le plus fondamental, celui qui explique et qui produit l'autre? Est-ce, comme l'ont prétendu des philosophes que nous retrouverons ailleurs sous le nom d'*empiristes*, l'émotion souvent renouvelée de plaisir qui produit en nous, à la longue, l'inclination vers son objet, ou bien est-ce l'inclination préalable-ment mise dans l'âme, comme le soutiennent les *na-tivistes*, qui nous rend capables d'éprouver du plai-sir, quand nous possédons son objet, ou de la douleur, quand nous en sommes privés?

Peut-être ne convient-il pas de donner à cette question une solution trop absolue, soit dans un sens, soit dans l'autre.

Les nativistes semblent avoir, dans cette controverse, la plus grande part de raison. D'une manière générale, en effet, ce sont les émotions qui reposent sur les incli-nations. Comment pourrions-nous jouir, en présence de certaines choses, que nous appelons des *biens*, s'il n'y avait en nous un besoin, une aspiration à laquelle elles répondent? et comment pourrions-nous souffrir, en présence d'autres choses, que nous appelons des *maux*, si elles ne faisaient obstacle en nous à quelque mouvement spontané, qui nous porte vers une des fins de notre être?

Mais, d'un autre côté, ceux qui mettent l'émotion à la base de l'inclination ne sont pas sans avoir découvert une partie de la vérité. Fausse comme explication d'ensemble, leur théorie répond néanmoins à deux faits très importants. Le premier, c'est que, là même où l'inclination précède le plaisir, où l'aversion précède la douleur, elles s'accroissent néanmoins et s'affermissent l'une et l'autre à mesure que s'accroît l'expérience des plaisirs et des douleurs qui y correspondent. Le second, c'est qu'il se fait continuellement dans la nature humaine une création de nouvelles tendances et de nouvelles aversions. L'homme de tous les pays et de tous les temps a un certain nombre de penchants, de besoins, de désirs factices, dont le principe réside dans des plaisirs auxquels il ne s'attendait pas, qui sont venus véritablement le surprendre et auxquels il s'est attaché peu à peu après les avoir plusieurs fois éprouvés. La nature n'a pas mis directement en nous l'amour des substances enivrantes ou stupéfiantes, telles que l'opium, le tabac, la morphine; c'est l'homme qui s'est donné à lui-même cet amour, en s'attachant par degrés au plaisir que ces substances lui procuraient.

— Nous allons étudier tour à tour, dans l'homme et dans l'enfant, ces deux ordres de faits, les inclinations et les émotions. Mais ces faits ne représentent point la sensibilité tout entière. Il faut y joindre les *passions*, dont nous aurons aussi à esquisser brièvement la théorie; car, si l'enfance proprement dite ne connaît point les passions, du moins sous la forme de ces redoutables agitations qui bouleversent de temps en temps l'âme humaine, l'adolescence, en tout cas, est troublée par leur première fermentation.

CHAPITRE PREMIER

LES INCLINATIONS

I

Division générale des inclinations. Les inclinations personnelles.

1. Toutes les inclinations du cœur humain peuvent-elles se ramener à l'amour-propre? Examen critique de la théorie de La Rochefoucauld. — Il y a en elle : 1° une conception de pessimisme moral, qui doit être éliminée; 2° une thèse de psychologie métaphysique, qui peut être admise.

2. Les besoins et les appétits. La faim. La soif.

3. Les inclinations personnelles proprement dites. — L'amour de l'être, l'amour du bien-être. — L'amour de la propriété. Le besoin de domination. Le désir d'estime.

4. Les inclinations personnelles chez l'enfant. — L'émulation. — Théorie des maîtres de Port-Royal; théorie de Rousseau. — Conclusion.

1. Quand on dresse sans parti pris le tableau des inclinations de la nature humaine, on les voit se partager naturellement en trois catégories : 1° les *inclinations personnelles* ou *égoïstes;* 2° les *inclinations sociales* ou *sympathiques;* 3° les *inclinations idéales* ou *supérieures.*

Cette distinction a, cependant, été contestée par divers moralistes, et surtout par La Rochefoucauld.

Le système de l'auteur des *Maximes* peut se résumer à peu près ainsi : l'amour-propre, c'est-à-dire l'amour de soi, est l'unique mobile de tous nos actes. Nous n'agissons jamais que par intérêt, même quand nous avons l'illusion d'être vertueux. Ainsi, « toutes nos vertus se perdent dans l'intérêt comme les fleuves dans la mer »; en d'autres termes, « toutes nos vertus ne sont que des vices déguisés ». Nous croyons avoir des affections désintéressées, qui nous attachent directement à nos semblables; c'est une erreur : ce que nous appelons libéralité, justice, amitié, n'est jamais que vanité, ou peur, ou calcul : « la libéralité est la vanité de donner, que nous aimons mieux que ce que nous donnons; » « la pitié n'est qu'une habile prévoyance des maux où nous pouvons tomber; » le courage n'est que le désir d'obtenir des louanges; l'amitié n'est qu'un échange de bons offices, un ménagement réciproque d'intérêts, « un calcul où l'amour-propre se propose toujours quelque chose à gagner ». Comme nous n'avons vraiment pas d'inclinations sociales, nous n'avons pas non plus d'inclinations supérieures, qui se rapporteraient, abstraction faite de nous-mêmes, à l'idéal du bien et du juste : « notre amour de la justice n'est que la crainte de subir l'injustice. »

Pour bien apprécier cette théorie, il convient de distinguer en elle deux éléments :

1° *Une conception de pessimisme moral.*

Peut-être cette conception morose a-t-elle été inspirée à La Rochefoucauld par le spectacle des intrigues de la Fronde; peut-être aussi, comme semble le suggérer Sainte-Beuve, a-t-elle son principe dans l'influence des idées jansénistes qui commençaient alors à se répandre. En tout cas, elle n'a point la portée systématique qu'on lui attribue assez généralement. La Rochefoucauld atténue d'ordinaire ses observations par des réserves comme celles-ci : « le plus sou-

vent, » « dans la plupart des hommes, » etc. Il a vu
en noir la nature humaine, cela n'est pas contestable;
mais il ne l'a pas faussée de parti pris. Il n'eût point
nié que les mères soient désintéressées dans leur
affection pour leurs enfants; il n'eût point contesté
qu'en fait les hommes se dévouent quelquefois à leurs
semblables jusqu'à en mourir. Nous ne nous arrête-
rons donc point à discuter sous ce point de vue sa
théorie; elle se retrouvera plus loin, en ce qui concerne l'enfance, lorsque nous examinerons, à propos
de l'éducation du cœur, cette question si controversée :
« L'enfant est-il naturellement bon ou naturellement
mauvais? »

2° *Une thèse de psychologie métaphysique.*

La Rochefoucauld discerne, avec beaucoup de perspicacité et de justesse, que l'homme ne peut s'abstraire
de son *moi*, se détacher de sa propre conscience. Il ne
peut aimer les autres hommes sans *se plaire* à les
aimer, souffrir pour eux sans *se complaire* dans le sentiment du courage qui lui fait accepter cette souffrance.
De même, il ne peut aimer la vertu sans *trouver du
bonheur* à l'aimer, pratiquer la justice sans *se savoir
gré* de la pratiquer. Mais il n'y a rien là dont nous
devions rougir. Dieu lui-même, d'après Malebranche,
n'aime directement que sa propre nature; les autres
êtres ne lui sont précieux que dans la mesure où ils
participent à sa suprême perfection; c'est encore lui
seul qu'il aime en les aimant. On ne peut donc nous
faire aucun reproche si, en nous dévouant pour nos
semblables, en mourant pour eux, comme Décius,
comme d'Assas, nous trouvons du plaisir dans ce
sacrifice dont nous sommes fiers. Ce n'est pas là de

l'égoïsme? A la vérité, Pascal pense autrement :
« C'est, dit-il, pour qu'on en parle! » Mais combien
ne faut-il pas que nous estimions nos semblables et, au
fond, que nous les aimions, pour préférer leur « qu'en
dira-t-on? » qui ne frappera même pas nos oreilles,
à la vie, qui nous tient par de si puissantes attaches,
et à tous les biens que la vie nous assure? Elevé à
cette hauteur, l'égoïsme (en admettant que ce soit
encore de l'égoïsme) n'a plus rien qui nous dégrade ;
car, si *nous trouvons du plaisir* à faire notre devoir,
à pratiquer la justice, finalement à nous sacrifier, ce
n'est pas *pour goûter ce plaisir* que nous nous sacri-
fions.

Laissons donc de côté cette discussion préliminaire
et entrons dans le détail des inclinations de l'homme,
pour voir jusqu'à quel point elles se retrouvent dans
l'enfant.

2. La première classe, avons-nous dit, est celle
des *inclinations personnelles.* Mais cette classe se subdivise à son tour et contient : 1° des *inclinations
d'ordre matériel,* besoins ou appétits, 2° des *inclinations d'ordre immatériel.*

— Une simple nuance sépare les *besoins* des *appétits.* Elle consiste en ce que les besoins ont un caractère
plus exclusivement organique ; ils n'ont qu'une relation un peu plus éloignée avec la vie proprement dite
de l'âme. Ainsi, il faut à l'enfant, comme à l'homme,
de l'air pour ses poumons, du mouvement pour ses
muscles, du sommeil pour la réparation de sa substance nerveuse. Ce sont là de simples besoins. La
faim et la soif, au contraire, bien qu'elles reposent,
au fond, sur des besoins, doivent être appelées des

appétits, à cause des éléments psychiques qui s'y mêlent en plus grand nombre.

La *faim* est un besoin de réplétion qui se produit en nous, lorsque l'estomac, vide d'aliments, réclame une nourriture nouvelle et commence à accomplir les mouvements préparatoires de la fonction qui lui est propre. La sensation particulière que nous éprouvons alors porte le nom très expressif d'*inanition* ou sentiment de *vide*. Cette sensation amène à sa suite un désir, qui est la faim proprement dite ; puis, la satisfaction modérée de l'appétit est accompagnée d'un plaisir, auquel succède plus tard la satiété, ou même le dégoût.

La *soif* a pour cause un autre besoin, celui d'introduire dans l'organisme les éléments liquides nécessaires à la bonne condition des tissus, au bon fonctionnement des organes ; c'est comme le *graissage* de la machine humaine. La succession des phénomènes affectifs y est la même que dans l'appétit de la faim : un désir, que suit une satisfaction, aboutissant elle-même à la satiété.

— Les appétits, comme les besoins, sont *périodiques;* ils renaissent à des intervalles plus ou moins réguliers : satisfaits, ils s'apaisent ; privés de leur objet, ils s'exaspèrent par degrés.

Mais surtout, ils sont *susceptibles d'éducation;* c'est même sur eux que doit commencer à s'exercer une première éducation morale. Si, en effet, on leur lâche la bride, ils deviennent de plus en plus exigeants ; si on les domine et si on les contient, ils en arrivent à se contenter de ce qui leur est strictement nécessaire.

3. Les inclinations personnelles de l'ordre immatériel sont d'abord l'*amour de l'être* et celui *du bien-être*. On peut voir dans ces formes de l'*amour de soi* les deux inclinations absolument fondamentales de notre nature. Le désir de l'être se manifeste par l'*instinct de conservation*, base commune de tous les instincts particuliers, et par l'*appréhension de la mort*, ainsi que des divers maux qui aboutissent à la mort. Le désir du bien-être est l'appétition instinctive de toutes les choses qui rendent la vie facile et heureuse. Chez la plupart des hommes, le désir de l'être est plus vif que celui du bien-être, et La Fontaine a exprimé cela dans sa fable intitulée *la Mort et le Bûcheron;* mais cette vérité générale n'est pas sans admettre des exceptions assez nombreuses, qui se manifestent par le *spleen*, par la fréquence des suicides, surtout à certaines époques de découragement, de pessimisme et de décadence.

— A ces inclinations générales, il faut ajouter diverses inclinations particulières qui présentent chez l'adulte beaucoup de degrés; telles sont l'*amour de la propriété*, le *besoin de domination*, le *désir d'estime;* il suffira de signaler brièvement ici quelques caractères de l'amour de la propriété.

Cet amour consiste essentiellement dans le besoin de posséder quelque chose en propre. Réduit à son élément fondamental, il est à peu près indéracinable, parce qu'il exprime la supériorité de l'homme, qui se possède lui-même, sur les choses, qui, ne s'appartenant pas, sont faites pour être appropriées. Aussi a-t-on remarqué souvent qu'un religieux, après avoir fait vœu de pauvreté, désire encore garder quelque petite chose tout à fait en propre, par exemple un carré de

5.

jardin, quelques livres de piété, quelques menus objets. Sainte-Beuve, dans le premier volume de *Port-Royal*, a raconté, au sujet de cette inclination tenace, une curieuse et touchante histoire [1].

La première application sociale de cet instinct se rapporte à quelques-unes des conditions les plus essentielles de la vie humaine. L'homme gagne sa vie par son travail; mais il n'est pas sûr de pouvoir toujours travailler; il faut qu'il prévoie la vieillesse, les maladies, les accidents, les chômages de l'industrie qu'il exerce. De là pour lui le besoin et le désir de mettre en réserve un peu de superflu et de l'augmenter progressivement par l'épargne. Ce superflu, si modeste qu'il soit, c'est un *capital*, c'est-à-dire quelque chose qu'on possède non pour en faire actuellement usage, mais simplement pour l'avoir sous la main et en tirer, s'il est possible, un *revenu;* c'est déjà une *propriété*.

Si nous le considérons maintenant dans sa forme la plus élevée, l'amour du capital et de la propriété répond au besoin que l'homme éprouve d'agir en grand

---

1. C'est un épisode de la réforme de Port-Royal par la Mère Angélique, lorsque les religieuses, sur la proposition de l'abbesse, décidèrent de mettre *tout en commun.*

« Une autre vieille religieuse, la sœur Morel, la plus ancienne de la maison, avait une grande répugnance à mettre sa petite part en commun. Elle s'y résigna pourtant, hors sur un point auquel elle tenait trop : elle rendit tout, excepté *un petit jardin* qui lui était particulier, et qui faisait, dit-on, son idole. Nous avons tous *un petit jardin,* et l'on y tient souvent plus qu'au grand. Si l'on pouvait toucher à un mot de l'Écriture, je dirais, en rappelant le saint verset : « ... Et le jeune homme s'en alla » triste, car il avait *un petit* bien. » Dame Morel entrait dans de grandes colères, si quelque religieuse ou quelque bon Père capucin lui parlait avec affliction de cette réserve illégitime. Enfin, un jour, sans qu'on lui en eût parlé, et par pur miracle intérieur, elle se rendit; elle envoya, dans une lettre, la clef du jardin, comme d'une dernière citadelle; en effet, c'était la clef de son cœur. »

sur la nature, par l'exploitation d'un domaine, par l'installation d'une industrie, par la mise en œuvre d'agents naturels, qu'il a d'abord besoin d'avoir à sa pleine et entière disposition. Or, pour produire largement ces derniers résultats, il faut que la propriété dépasse les limites de la vie individuelle et se complète par l'hérédité.

4. L'enfant possède en germe ces diverses inclinations. On trouve en lui, au plus haut degré, l'amour de l'être et du bien-être. Il a aussi celui de la propriété, du moins sous sa forme initiale; il est heureux de posséder quelque chose qui soit bien à lui et à lui seul, ses jouets, par exemple, ou quelques pièces de monnaie, obtenues comme récompense. De même, le goût de la domination se manifeste clairement dans ses jeux; l'enfant aime à commander aux autres, à être *le chef*. Il veut qu'on l'estime, qu'on l'envie, qu'on lui obéisse. Quelquefois cette ardeur se manifeste en lui sous des formes déviées ou même perverses. S'il ne peut être estimé pour de bonnes qualités, il lui suffit de l'être pour des défauts; s'il doit renoncer à être le premier des bons élèves, il se fait le chef des mauvais, le meneur des insoumis et des rebelles; il lui faut, sous une forme quelconque, du prestige et du panache.

— Quant au désir d'estime, il présente, au point de vue pédagogique, une importance capitale, quand il donne lieu au sentiment de l'*émulation*.

On sait, en effet, que l'émulation est le plus puissant mobile qu'il nous soit donné de faire agir sur l'enfant pour stimuler son ardeur ou pour déterminer ses progrès.

Mais, de ce que ce mobile est puissant, doit-on conclure que son emploi est légitime, et surtout moral?

Quelques dissentiments se sont produits à ce sujet parmi les pédagogues.

Ainsi, les maîtres de Port-Royal ont considéré l'émulation comme un mobile dangereux, et ils l'ont proscrite absolument dans leur système d'éducation.

Rousseau, bien que pour d'autres raisons, a partagé leur opinion. Il voit dans ce mobile la source de défauts plus graves que ceux qu'on veut le faire servir à corriger. Ce qu'on craignait à Port-Royal, c'était que l'enfant, excité par l'émulation, ne s'écartât de l'humilité chrétienne et ne s'abandonnât, dans l'ivresse du triomphe sur ses égaux, à la *concupiscence de l'esprit;* Rousseau redoute surtout que ce sentiment ne donne lieu à des jalousies, à des haines, à des pensées basses et envieuses.

Aussi propose-t-il, sinon de le supprimer entièrement, au moins de le modifier dans une large mesure, en remplaçant l'émulation vis-à-vis des autres par l'émulation vis-à-vis de soi-même.

« Du reste, dit-il, jamais de comparaison avec d'autres enfants; point de rivaux, point de concurrents, même à la course, aussitôt qu'Emile commence à raisonner. J'aime cent fois mieux qu'il n'apprenne point ce qu'il n'apprendrait que par jalousie ou par vanité. Seulement, je marquerai tous les ans les progrès qu'il aura faits; je les comparerai à ceux qu'il fera l'année suivante. Je lui dirai : vous êtes grandi de tant de lignes; voilà le fossé que vous sautiez, le fardeau que vous portiez; voici la distance où vous lanciez un caillou, la carrière que vous parcouriez d'une haleine, etc. Voyez maintenant ce que vous ferez. Je l'exciterai ainsi sans le rendre jaloux de personne. Il voudra se surpasser. Je ne vois aucun inconvénient qu'il soit l'émule de lui-même. »

— Est-il besoin cependant de faire remarquer que cette substitution, si on prétend l'appliquer d'une manière absolue, est une pure chimère?

Le seul moyen sérieux d'apprécier les progrès et de mesurer les efforts, c'est de les soumettre à la loi de la concurrence, la seule qui permette aux forces intellectuelles et morales de l'homme, aussi bien qu'à ses forces physiques, de donner leur maximum d'intensité.

L'individu ne peut trouver en lui-même la vraie mesure de la puissance humaine, parce que cette mesure est une moyenne, et qu'une moyenne ne peut s'extraire que d'une pluralité. Nous ne sommes pas des êtres abstraits; nous sommes liés à une espèce; c'est par une continuelle comparaison avec notre espèce que nous nous rendons compte du degré où nos forces peuvent atteindre, lorsqu'elles dépassent leur mesure ordinaire. C'est seulement en voyant tout ce que peuvent faire les autres que nous arrivons à bien comprendre tout ce que nous pouvons faire nous-mêmes.

Si cela est vrai de l'homme, à plus forte raison est-ce vrai aussi de l'enfant. Livré à son expérience seule, l'enfant ne pourra pas savoir pour lui-même, et son précepteur ne le saura pas davantage en son lieu et place, quelle est l'extrême limite où ses forces peuvent atteindre sans s'épuiser. L'enfant ne peut pas indéfiniment sauter des ruisseaux de plus en plus larges, porter des fardeaux de plus en plus lourds; il y a un moment où la possibilité du progrès s'arrête, parce que la nature ne le comporte plus. Si on ne compare pas l'enfant avec ses camarades, on ne pourra connaître ce moment ; et alors, quand l'heure sera venue où le progrès doit nécessairement s'arrêter, l'enfant s'épuisera en efforts inutiles ou se découragera sans raison de ne plus pouvoir faire mieux.

La méthode de Rousseau, transportée des exercices physiques aux choses de l'ordre intellectuel ou de l'ordre moral, serait incapable de remédier à un affaissement collectif des esprits ou des caractères, à une détente qui se ferait, sans concert préalable, dans toutes les âmes à la fois. C'est que le ressort de l'action est la vue même de l'action ; le spectacle de l'effort appelle et suscite l'effort. Jamais un coureur, seul dans la carrière, ne trouvera en lui-même la puissance d'excitation que lui communique la lutte avec d'autres coureurs, alors qu'il les sent sur ses talons, prêts à le dépasser.

D'ailleurs, la concurrence est la loi universelle de la nature et de la société ; partout nous trouvons, dans l'une et dans l'autre, la *lutte pour la vie* et la *lutte pour l'empire*. Que cette loi nous étonne, nous scandalise même, peu importe. Il faut bien, puisqu'elle existe, que nous en tenions compte pour préparer l'enfant à sa destinée individuelle et à sa destinée sociale.

II

Les inclinations sympathiques ou sociales.

1. Le besoin de sociabilité, la sympathie, la bienfaisance, la pitié, la charité, la philanthropie. — Les affections de famille. — Les affections électives. L'amour. L'amitié. Les affections corporatives. — L'amour de la patrie; analyse du patriotisme.
2. La sympathie chez l'enfant. Son caractère superficiel et instable. Elle ne devient que lentement la sympathie active. — La camaraderie. — Ce qu'elle est chez l'adolescent et chez l'homme; son caractère égoïste; ses ridicules et ses abus. — Ce qu'elle est chez l'enfant; ses biens et ses maux. Charme de la camaraderie enfantine; son caractère respectable. — La dénonciation.

1. Nous passerons plus vite sur les autres catégories d'inclinations, car elles sont moins complètement représentées dans la nature enfantine.

Chez l'adulte, les inclinations sympathiques constituent un ensemble complet, se rapportant à toutes les parties, à tous les degrés de la société.

'D'abord, le *besoin même de sociabilité*, l'affection générale pour les hommes en tant qu'ils sont simplement hommes, présente, dans cette période de la vie, toute une série de formes étagées. A la base est la *sympathie*, ou disposition générale à partager les joies et les souffrances d'autrui. A la vérité, la sympathie n'a pas exclusivement l'homme pour objet. Elle nous porte à nous mettre en harmonie de sentiments avec tous les êtres en qui nous pouvons découvrir ou même soupçonner un germe quelconque de sensibilité, c'est-à-dire avec tous les êtres qui ont la vie ou la simple apparence de la vie. Ainsi, d'après Adam Smith, nous sympathisons, par exemple, avec l'oiseau qui chante et qui saute de branche en branche ; sans que nous y pensions, notre humeur se met à l'unisson de la sienne. Mais, c'est dans nos rapports avec nos semblables que la sympathie se déploie surtout de mille manières. D'abord, nous ne pouvons nous passer d'eux, vivre sans eux. La solitude nous affole ou nous tue. Ensuite, nous ne pouvons percevoir sur leur visage l'expression d'un sentiment sans l'éprouver aussitôt à un certain degré. C'est ainsi que le rire et les larmes sont contagieux. Il en est de même de l'admiration. Au théâtre, nous *partons*, en quelque sorte, *tous ensemble*

A tous les beaux endroits qui méritent des *Ah !*

Mais la sympathie de l'adulte ne reste pas inactive. Elle devient de l'*intérêt*, de la *bienveillance*, finalement de la *bienfaisance*. Lorsqu'elle s'adresse particulièrement à des douleurs, elle s'appelle la *pitié* ou la *compassion;* et la pitié, devenue à son tour agissante, c'est la *charité* et le *dévouement*. Enfin, quand la raison mêle à la sympathie ses prévisions, ses calculs, son besoin d'organisation et de stabilité, elle en fait la *philanthropie*, laquelle ne tend à rien moins qu'à envelopper l'humanité tout entière dans un réseau d'institutions qui soulagent, qui préviennent même, autant que possible, toutes les formes de la douleur humaine.

C'est sur le fond de cette affection générale pour nos semblables que vont se détacher maintenant divers groupes d'affections plus particulières, d'autant plus vives qu'elles sont plus concentrées.

— D'abord, les *affections de famille*. Elles s'adressent à des personnes que la nature a mises tout auprès de nous, qui nous sont unies par une plus étroite solidarité et qui ont ainsi les premiers droits à notre affection comme à nos bienfaits. Dans la famille elle-même il y a de nombreux degrés, auxquels correspondent des formes diverses d'affections naturelles et d'obligations, que l'adulte s'efforce de bien déterminer et de bien reconnaître pour rendre à chacun ce qui lui est dû.

— Ensuite, les *affections électives*, qui ne sont plus créées par la nature, sinon très indirectement, mais qui reposent sur le choix. L'une d'elles, plus importante que toutes les autres, l'*amour*, est destinée précisément, dans les conditions normales, à renouveler et à étendre les liens de la famille. Une autre, l'*amitié*, ajoute aux charmes de la vie, en nous faisant distinguer, parmi nos semblables, ceux qui ont avec nous les plus grandes affinités de caractère, pour nous lier plus intimement avec eux et pour leur confier nos pensées, nos sentiments, nos espérances, nos chagrins. En dehors même de ce choix qui, dans l'amour ou dans l'amitié, se rapporte à des individus, l'homme, par cela seul qu'il choisit une carrière, une profession, ou qu'il entre dans des sociétés formées par d'autres hommes pour la diffusion de la science ou pour celle de la charité, trouve encore des occasions naturelles de donner satisfaction à son besoin de sympathie ; de là résultent les *affections* dites *corporatives*, qui rattachent plus étroitement entre eux, par exemple les membres de la magistrature, de l'armée, de l'université, ou ceux qui exercent un même genre de commerce ou d'industrie, ou encore ceux qui font partie d'un même cercle, etc... Ces affections, qui peuvent sembler, au premier abord, purement factices, ont cependant une base naturelle, puisqu'elles reposent sur la communauté des goûts, sur l'identité des aptitudes, et elles ont, en outre, une haute portée sociale, puisqu'elles nous permettent, par exemple dans les associations de secours mutuels, d'atténuer, par un lien de confraternité réfléchie et raisonnée, les excès et les rigueurs possibles de la concurrence.

— Enfin, nous nous trouvons attachés par des liens que nous n'avons pas établis nous-mêmes en vertu d'un choix personnel, mais que nous confirmons avec joie, le plus souvent même avec enthousiasme, à un vaste groupe, à une large confédération d'hommes, que nous appelons nos compatriotes. Il n'est pas difficile de démontrer encore que ces liens, à la fois si doux et si puissants, ont quelque chose de naturel sous leur apparence factice. Sans doute, la plupart de nos compatriotes sont destinés à nous rester, dans un certain sens, aussi étrangers que s'ils habitaient les steppes de la Russie ou les pampas de l'Amérique du Sud ; nous ne les verrons jamais, nous n'aurons avec eux aucun rapport direct. N'importe ; ils sont et ils doivent être, pour diverses raisons, plus *voisins de notre cœur* que les autres hommes. D'abord, ils habitent la même terre, et, quelles que puissent être les différences qui séparent les diverses régions d'un grand pays comme le nôtre, nous sentons tous que cette expression : *la terre de France*, nous représente quelque chose. Mais, ce n'est pas tout. Ils ont, en général au moins, sous la diversité des caractères et des tempéraments locaux, un fonds d'idées, de mœurs, de sentiments qui leur est commun avec nous ; en général aussi, ils parlent la même langue, ils professent la même religion ; en tout cas, ils obéissent aux mêmes lois, ils vivent sous le même gouvernement, ils ont de communes traditions, de

communes espérances, des souvenirs communs de
gloire ou d'épreuve; par-dessus tout, ils participent à
ce qu'on peut appeler *un même esprit national;* le
génie commun de leur race s'est affirmé et doit s'affirmer encore dans le monde par ses arts, sa littérature,
sa civilisation, par un certain groupe d'idées qui sont
comme enveloppées dans les plis du drapeau et qui
exercent leur action partout où le drapeau lui-même
apparaît. C'est à tout cela que notre cœur s'attache
dans l'*amour de la patrie.*

2. Tel est l'ensemble, bien abrégé sans doute,
des inclinations sociales qui sont toutes plus ou moins
présentes dans un cœur d'homme. Evidemment, elles
ne sont pas, elles ne peuvent pas être toutes également
développées dans un cœur d'enfant. Cela tient à la
faiblesse de la nature dans le premier âge. L'enfant
ne peut étendre encore sur un très vaste horizon ni
son action ni sa pensée. Ainsi, il y a incontestablement dans son âme une disposition à la sympathie;
elle est même très vive, très ardente, pour les êtres
qui vivent autour de lui; il a un serrement, un bri-
sement de cœur pour son petit oiseau qui vient de
mourir; il a une façon à lui de s'apitoyer sur les
souffrances dont il est témoin, de dire : *Pauvre
maman!* quand il voit sa mère couchée et malade,
ou *Pauvre petit!* quand on lui montre un petit mendiant qui grelotte dans la rue, un des petits de la
chatte qu'on s'est décidé à noyer. Est-il besoin d'ajouter que cette sensibilité est *à fleur de peau;* elle
s'évanouit en quelques minutes; et tel enfant qui
vient d'assister à une scène poignante de famille saute
et court une demi-heure après dans le jardin et *n'y*

pense plus, sans que personne songe à le lui reprocher.

Par la même raison qu'elle est superficielle et toute passagère, cette sympathie ne saurait guère être active; c'est par une initiation à la fois très lente et très patiente qu'on habitue l'enfant à faire quelque bien autour de lui, et surtout à le faire d'une manière vraiment désintéressée, c'est-à-dire en se retranchant réellement quelque chose, sans espérer qu'on le lui rendra.

D'autre part, le cercle de ses affections est excessivement restreint. La patrie, dont on lui parle de bonne heure, ne lui est représentée encore que par une idée assez vague; il l'aime, parce que tout le monde l'aime autour de lui, mais il ne la voit encore qu'à travers quelque lointaine rêverie de drapeau et de gloire; il concentre la famille dans quelques personnes qui lui tiennent de plus près, qui le soignent plus que les autres ou qui le gâtent davantage; enfin, les affections électives et corporatives se réduisent pour lui à une forme spéciale, d'ailleurs parfaitement légitime et dont il faut dire ici quelques mots; c'est la *camaraderie*.

— Pour bien apprécier la camaraderie chez l'enfant, il faut avoir soin de ne pas la confondre avec les formes moins pures que présentera plus tard ce même sentiment, prolongé à travers d'autres âges de la vie. A partir de l'adolescence ou de la première jeunesse, la camaraderie, *toutes les fois qu'elle ne s'est pas transformée en amitié*, subit une véritable crise et change entièrement de nature. Elle était un besoin de liaison désintéressée; consciemment ou non, elle devient une association proprement dite, fondée non pas toujours sur le discernement clair, mais au moins sur la prévision instinctive du besoin qu'on aura de se serrer les uns contre les autres pour faire ensemble sa trouée dans le monde. Excusable, néanmoins, jusque-là et même encore, à certains égards, sympathique, elle devient ensuite, dans la vie proprement dite, une source inépuisable d'abus et d'injustices; elle se transforme de plus en plus en un égoïsme collectif, souvent même en un favoritisme éhonté ; un camarade, devenu puissant, protège ceux que le hasard lui a donnés autrefois pour compagnons au détriment d'hommes qui ont, peut-être, plus de valeur, plus de mérite et plus de droits. De là résultent les étroitesses de l'esprit de coterie, les basses complaisances, l'indulgence de mauvais aloi qui fait fermer les yeux sur les torts des camarades, une sorte d'assurance mutuelle pour des admirations ou des compromissions réciproques. Cette camaraderie entre hommes n'est plus qu'une pitoyable parodie de l'amitié, et nous avons là une preuve entre mille que ce qui convient dans un âge de la vie peut être ridicule ou odieux dans un autre.

Chez l'enfant, au contraire, la camaraderie est à la fois le plus naturel et le plus utile des sentiments ; plus utile, dans les premiers temps, que l'amitié elle-même; car elle représente une petite société complète, tout à la portée de l'enfant et au milieu de laquelle il fait peu à peu l'apprentissage des qualités qui lui seront un jour nécessaires dans la société proprement dite. Cette société, en effet, différente en cela de celle de la famille, qui lui présenterait la vie sous un jour trop décevant parce qu'il serait trop agréable, apporte à l'enfant un juste mélange de joies et de peines; les

parties de jeu y sont mêlées de disputes et de brouilles
où l'on se familiarise par degrés avec les notions du
tien et du *mien*, du droit et du devoir, du juste et de
l'injuste ; la vie commune, à l'école ou au collège, a ses
difficultés, ses épreuves mêmes ; car la camaraderie,
ne l'oublions point, n'a que *la forme* de l'amitié, elle
n'est point l'amitié elle-même. Le groupe des *camarades* (c'est-à-dire, étymologiquement, de *ceux qui
partagent la même chambre*) n'est pas constitué par
un pur choix ; il est déterminé par des convenances de
famille, par des relations de voisinage, par le hasard
qui, au jour d'une rentrée, met ensemble dans une
étude ou dans une cour de collège trente ou quarante
enfants, de conditions de famille quelquefois assez
diverses et venus des quatre coins de l'horizon. Il y
aura parmi eux les camarades qu'on aime et les
camarades qu'on n'aime pas, ou qu'on n'aime qu'à
moitié, les *bons camarades* et les *mauvais camarades*.
Ils seront, d'ailleurs, aussi utiles les uns que les autres ;
car les camarades qu'on aime apprendront de bonne
heure à l'enfant l'art d'obliger, de se sacrifier même,
et lui donneront une première notion de la *solidarité,*
mais les autres lui rendront un service encore plus
grand peut-être en lui représentant le milieu auquel il
faut s'adapter, les gens avec lesquels il faut vivre,
qu'on aimerait autres qu'ils ne sont, mais qu'il faut
savoir néanmoins prendre tels qu'ils sont.

En somme, on le voit, avec ses biens et ses maux, la
camaraderie est *le milieu naturel de l'enfant,* c'est son
véritable horizon social ; il ne se forme pleinement que
sous son influence. A ce point de vue, nous devons la
considérer non seulement comme une chose utile, mais

comme une chose charmante et, ajoutons-le, *respectable*.

C'est à dessein que nous employons ce dernier mot. Il se rapporte, en effet, à une question de pédagogie morale, celle de la *dénonciation*. Nous pensons que le maître doit s'imposer pour loi absolue de respecter le lien de camaraderie qui unit entre eux les enfants et qui, sans devenir pour cela une cause d'hostilité contre lui-même, leur donne néanmoins le droit de se serrer les uns contre les autres et de se protéger. De là il résulte qu'on ne doit jamais non seulement encourager, mais même accepter la dénonciation. C'est à l'habileté du maître qu'il appartient d'y suppléer par d'autres moyens : « Du moment où des élèves sont réunis dans un collège, dit très justement à ce sujet M. Barrau, un devoir naît pour eux de leur situation respective, et ce devoir oblige leur conscience. Ils comprennent instinctivement que la cohabitation serait impossible s'ils étaient obligés de se défier les uns des autres et si chacun d'eux devait se concentrer uniquement dans soi-même. La confiance entre eux est donc une nécessité et un devoir. Heureux avantage ; car les enfants s'accoutument ainsi à la loyauté, à la franchise, à la discrétion, qualités qui dans la suite feront l'honneur de leur vie ! »

III

Les inclinations supérieures ou idéales.

Amour du vrai, du beau, du bien. Sentiment de l'ordre. Désir
de la perfection. Amour de Dieu. — Ces inclinations sont
développées chez l'homme. — Elles sont, chez l'enfant, en
voie de développement. — Évolution de la curiosité enfantine. Formes de l'amour du beau et de l'amour de l'art chez
l'enfant. Premier sentiment de la justice.

Quelques mots maintenant sur les inclinations supé-.
rieures. Ces inclinations, largement développées chez
l'adulte à l'état de civilisation, se rapportent à trois objets
principaux, le *vrai*, le *beau*, le *bien*; or, il ne serait pas
difficile de démontrer que ces trois grandes choses ont
elles-mêmes un objet commun, l'*ordre*, qui, à son tour,
est comme une image de la *perfection* dans les choses
contingentes et imparfaites. Ainsi, le vrai, c'est l'ordre
des choses, c'est l'ensemble de leurs proportions et de
leurs harmonies en tant qu'il est révélé à notre entendement; et cette révélation elle-même, élevée à son plus
haut degré, c'est ce que nous nommons la *science*. Le
beau, c'est encore l'ordre, manifesté non plus à la
pensée proprement dite, mais à la pensée esthétique,
par le libre jeu de notre sensibilité et de notre
imagination, réjouies et excitées elles-mêmes par
le mouvement, la variété et la vie des choses; or, ce
libre jeu du sentiment et de l'imagination, quand il
passe à la forme active, c'est le principe de l'*art*. Le
bien, enfin, c'est l'ordre, en tant qu'il est proposé
comme un idéal dont la réalisation par notre volonté
libre constitue la *moralité*. Ainsi, de toutes manières,
nous tendons vers l'*idéal*, c'est-à-dire vers la perfec-

tion relative, qui peut être réalisée soit dans les choses, soit dans nos propres actions. Mais, ce n'est pas tout encore : au delà même de cette *perfection relative* l'homme a toujours cherché à saisir la *perfection absolue ;* de là l'inclination religieuse, qui se manifeste par le *besoin*, le *tourment de l'infini*, par l'*aspiration vers l'absolu*, par l'*amour de Dieu*.

— Chez l'homme fait, ces inclinations présentent divers degrés, qui les rapprochent peu à peu de leur fin.

Ainsi, l'amour du vrai change profondément de caractère, suivant qu'il a seulement pour objet la réalité des faits, quelquefois insignifiants, ou la vérité des lois. L'homme vulgaire ne s'intéresse qu'aux faits. Il veut savoir ce qui se passe aujourd'hui, ce qui s'est passé hier, dans la ville ou dans le quartier qu'il habite, entendre parler de ce qui se dit, de ce qui se fait, être au courant des nouvelles. L'homme supérieur veut connaître les raisons des choses, c'est-à-dire leurs causes et leurs lois. Il le veut avec une ardeur qui atteint parfois à l'héroïsme. C'est ainsi qu'un savant consacrera sa vie entière à la découverte de la vérité ; qu'un autre ira explorer, près du pôle, des régions inhabitables où ne doit jamais s'ouvrir aucune route, et cela dans le seul but d'arracher à la nature un de ses secrets.

On en peut dire autant des autres inclinations idéales : chacune d'elles suit à travers les âges un certain développement. L'amour du beau n'est d'abord, chez certaines peuplades, que l'instinct de la parure, le besoin, tout matériel, tout *sensoriel*, de couleurs brillantes, qui plaisent à l'œil ; au dernier terme de son évolution, dans le goût des chefs-d'œuvre de la musique, de la poésie, de l'art plastique, il est le désir, beaucoup plus relevé, de faire épanouir au contact des choses toutes les puissances que notre âme possède pour l'admiration, pour l'imitation et pour l'action. De même, l'amour du bien n'est d'abord qu'une certaine spécialisation de l'instinct social, amenant l'intelligence obtuse d'un sauvage à comprendre, dans tel ou tel cas déterminé, qu'il ne lui est pas permis de faire, pour sa propre satisfaction, quelque chose de contraire au bien de la communauté, et lui donnant ainsi un premier pressentiment de la justice; à son plus haut degré, il est l'habitude vertueuse, la soumission de la vie entière au devoir, l'absolu désintéressement.

— Nous devons donc nous attendre à ce que, chez les enfants, les inclinations idéales ne nous présentent que leurs formes rudimentaires et inférieures. Ainsi, de l'amour du vrai, l'enfant n'a d'abord que la *curiosité*. C'est beaucoup, sans doute; c'est, comme on l'a si bien dit, l'*appétit intellectuel*, et avec cet appétit, la nourriture se changera peu à peu en chair et en sang; les impressions sensorielles, élaborées par la réflexion et par la raison, deviendront peu à peu la connaissance. Il n'en est pas moins vrai que cette curiosité de l'enfant est d'abord agitée, confuse et inquiète; elle s'adresse de préférence aux petites choses ou, du moins, ne discerne pas les grandes; elle est plus souvent un besoin d'interroger à outrance, de mettre à contribution les grandes personnes, de *se faire répondre*, qu'un désir sincère de s'instruire. D'autre part, l'amour du beau se réduit d'abord chez lui à l'*amour du joli*; l'enfant recherche de préférence les choses qui répondent à un besoin d'excitation de ses organes sensoriels ; comme les sauvages, il aime les *couleurs vives*, tranchées, voyantes et criardes ; de même, ce qu'il cherche surtout dans les sons, c'est leur bruit ; ce qu'il aime dans la musique, c'est la partie cadencée et rythmique, qui favorise en lui le besoin de sauter, de danser, disons le mot, de se *trémousser ;* il ne faut point lui demander encore d'aimer en elle *ce qui va à l'âme.* Enfin, les inclinations morales ne sont pas absentes du cœur de l'enfant ; mais elles y sont d'abord réduites à la forme bien particulière, bien étroite, d'un certain sentiment de la justice *en ce qui le concerne lui-même,* sentiment à la fois exclusif et passionné. L'enfant éprouve à l'occasion d'une injustice dont il a été victime, d'un passe-droit qu'on lui a fait, une indignation sincère et profonde. Mais, chose curieuse, et qui montre bien à quel point il y a des défectuosités et des lacunes dans sa nature, il ne sent l'injustice qu'en ce qui le concerne individuellement, ou bien, un peu plus tard, en ce qui concerne quelques camarades avec qui il s'est étroitement solidarisé. Mais c'est là, déjà, un cas exceptionnel ; car, avec ces mêmes camarades, il n'hésite pas à commettre continuellement telle injustice contre laquelle il vient de protester violemment lui-même ; c'est ce qui se voit tous les jours dans ses disputes, dans ses roueries et ses tricheries ; il sent le droit pour lui, il ne l'étend pas aux autres ; il fait, l'instant d'après, ce qu'il a reproché à ses camarades l'instant d'auparavant, et il s'indigne si on le lui reproche.

Quant au sentiment religieux, il existe, à coup sûr, chez l'enfant, bien que, souvent aussi, il présente chez lui des formes assez défectueuses ou même assez grossières ; mais cette question ne pourra être traitée avec les développements qu'elle réclame que dans la partie purement pédagogique de cette étude.

CHAPITRE II

LES ÉMOTIONS

I

Les émotions chez l'homme et chez l'enfant.

1. Division des émotions en deux classes : sensations et sentiments. — Subdivision des sensations en sensations internes et sensations externes.

2. Les sensations internes. — Sensations des fonctions de nutrition, de respiration, de circulation. — Sensations du tissu musculaire et du tissu nerveux : ce qu'elles sont chez l'enfant.

3. Sensations externes. — Leur variété ; une théorie de M. Sully-Prudhomme. — Cette variété n'existe pas chez l'enfant, à cause qu'il n'est pas capable d'analyse.

4. Sentiments.

1. Il en est des émotions de l'enfant comme de ses inclinations. Elles sont vives, parce qu'elles sont exclusives, c'est-à-dire peu nombreuses et peu variées. Rien n'approche chez lui de la complication et de la diversité des joies et des tristesses plus contenues de l'homme fait. Sa sensibilité est tellement ardente qu'elle semble être sa vie tout entière ; ses plaisirs et ses chagrins vont de suite jusqu'au paroxysme ; il rit aux éclats, il pleure à chaudes larmes ; mais, quand on remonte aux causes qui produisent ces grandes joies et ces gros chagrins, on trouve, le plus souvent, qu'elles ne sont pas très graves et que ce sont toujours les mêmes.

Il suffit pour s'en convaincre de passer rapidement en revue les diverses catégories auxquelles se rapportent nos émotions de plaisir et de douleur.

— Les psychologues partagent ces émotions en deux grandes classes, les *sensations* et les *sentiments*, correspondant, d'une part, aux inclinations de la vie physique, c'est-à-dire aux besoins et aux appétits, de l'autre, aux inclinations de la vie morale.

Les sensations se rapportent au corps ; ce sont des plaisirs et des douleurs que l'âme n'éprouve qu'en tant qu'elle est liée à un organisme plus ou moins bien constitué ; ils sont tout à fait indépendants de la conscience qu'elle peut avoir de sa propre perfection.

Les sentiments, au contraire, se rapportent directement à l'âme ou, du moins, ils n'ont dans certaines modifications du corps que leur cause purement occasionnelle ; leur principe est toujours dans une *idée*, qui nous représente un bien ou un mal, un perfectionnement ou un amoindrissement de notre nature morale.

— Mais les sensations, à leur tour, doivent se partager en deux catégories, celle des *sensations internes*, qu'on peut appeler aussi *sensations organiques*, et celle des *sensations externes*.

Les sensations internes ont leur point de départ dans notre corps lui-même et nous avertissent de l'état de santé ou de malaise de ses tissus et de ses organes ; les sensations externes nous viennent des corps étrangers, par l'intermédiaire des sens, et nous avertissent des qualités utiles ou nuisibles que peuvent présenter ces

objets. Les unes et les autres ont pour antécédent une
impression, c'est-à-dire une *excitation nerveuse*, qui
se propage à travers les nerfs pour aboutir au cerveau,
à peu près comme le courant électrique se propage à
travers les fils du télégraphe ; mais, dans les sensations
internes, cette excitation nerveuse part d'un organe,
comme l'estomac ou les intestins, tandis que, dans les
sensations externes, elle part d'un objet extérieur, qui
entre en contact direct ou indirect avec un de nos
sens.

2. Les sensations internes avaient été, jusqu'ici,
négligées par la psychologie. Sous l'influence de l'école
anglaise, cette lacune a été enfin comblée. On reconnaît
aujourd'hui autant de groupes de sensations internes
qu'il y a dans notre organisme de fonctions nettement
distinctes.

Le premier, le plus important peut-être de ces
groupes, vient de la fonction de nutrition ; il comprend
non seulement les plaisirs et les douleurs directement
attachés à l'appétit de la faim ou de la soif, plaisirs et
douleurs dont nous avons déjà parlé, mais encore ceux
qui se produisent dans toutes les phases de la fonction
elle-même, par exemple les douleurs d'estomac, telles
que les nausées, ou celles qui ont pour siège les intestins.

En ce qui concerne l'enfant, ces sensations doivent
être mises à part ; il est évident qu'elles ont dans la
première phase de sa vie une part prépondérante.

Mais nous avons beaucoup d'autres sensations internes ; par exemple celles qui viennent des fonctions
de respiration et de circulation. Ainsi, c'est un plaisir
que d'aspirer un air vif et pur qui remplit et dilate les

poumons, comme sur le bord de la mer, sur le sommet des montagnes pendant les belles excursions d'été ; c'est, au contraire, une souffrance que de se sentir plongé dans un air malsain et méphitique.

D'autre part, le tissu musculaire et le tissu nerveux ont aussi leurs sensations propres. Celles du tissu musculaire sont excessivement nombreuses ; il faut y rattacher, indépendamment des blessures profondes qui le déchirent, toutes les impressions extérieures qui l'attaquent à un degré quelconque dans sa substance, telles que les brûlures, coupures, meurtrissures, etc... De même, les nerfs, indépendamment des sensations qu'ils transmettent de tous les points de l'organisme jusqu'au cerveau, ont leurs sensations spéciales, déterminées par l'état de tension ou de détente de leur propre tissu ; telle est, par exemple, la *fatigue nerveuse*, si nettement distincte de la *fatigue musculaire*.

L'enfant éprouve sous une forme très intense quelques-unes de ces sensations, particulièrement les douleurs du tissu musculaire, auxquelles se rapportent le plus souvent ses pleurs et ses cris. Il fait aussi connaissance avec les autres, lorsqu'elles sont déterminées en lui, à certains moments, par le travail de l'évolution organique. Ainsi, par exemple, lorsqu'il commence à *s'appliquer*, il éprouve parfois de violents maux de tête, qui forcent sa famille à lui faire interrompre quelque temps son travail. Mais ensuite, comme ses organes sont jeunes, sains, dispos, en pleine voie d'accroissement, il ne ressent plus ces douleurs ou, du moins, ne les remarque plus que d'une manière accidentelle, tandis que, dans la vie de l'homme, elles reprennent beaucoup plus de place à l'époque où les organes commencent à se fatiguer ou à s'altérer.

3. Quant aux sensations externes, l'enfant, qui en est, pour ainsi dire, assiégé dès sa naissance, les ressent vivement en bloc, mais il ne pénètre que peu à peu dans leurs détails.

L'analyse psychologique, en effet, lorsqu'elle s'applique à ces sensations, découvre en elles une très grande variété. Ainsi, pour les seuls sens de l'odorat et du goût, les savants en ont fait de véritables classifications. M. Paul Janet, résumant, dans son *Traité de philosophie,* quelques-uns de ces systèmes, signale, par exemple (pour ne citer que des odeurs agréables), les catégories suivantes : « odeurs aromatiques (telles que celles d'œillet ou de feuilles de laurier); odeurs fragrantes (par exemple le lis, le safran, le jasmin); odeurs ambrosiaques (celles de l'ambre, du musc); odeurs fraîches (l'air pur ou le parfum des bois); odeurs appétissantes, etc... » De même, en ce qui concerne le goût, on peut distinguer « les saveurs douces (telles que le sucre et le lait), les saveurs amères (quinine, gentiane), les saveurs acides (vinaigre), les saveurs ardentes, etc... » Les autres sens donneraient lieu à des divisions analogues. M. Sully-Prudhomme, dans son curieux livre, intitulé *l'Expression dans les beaux-arts,* a montré de combien de manières les sensations esthétiques peuvent charmer l'artiste et l'homme de goût. Les formes architecturales ou les formes plastiques ont chacune un genre de beauté qui leur est propre, un charme spécial par lequel elles nous enchantent. Un peintre coloriste sait procurer aux yeux les joies les plus variées, tantôt par la pureté des couleurs, dont chacune a sa valeur intrinsèque, tantôt par leurs combinaisons et leurs contrastes. Le musicien dont l'oreille est exercée éprouve des satisfactions multiples, dont les unes lui viennent du rythme musical, les autres de la hauteur ou de l'amplitude des sons, d'autres encore de leur timbre, c'est-à-dire de cet accompagnement de notes harmoniques qui, s'unissant dans une sensation commune avec un son fondamental, constitue la différence d'une voix à une autre voix, d'un instrument à un autre instrument.

Or, il paraît certain que l'enfant n'éprouve pas tout d'abord cette grande diversité d'impressions sensorielles ou esthétiques. Il faudrait pour cela que ses sens eussent acquis tout leur développement analytique; que chacune des petites fibres nerveuses qui s'épanouissent à leur surface eût pris, en quelque sorte, conscience de sa *tonalité* propre, de son aptitude spéciale à discerner tel élément, au premier abord imperceptible, de la sensation d'ensemble. C'est ce qui nous arrive, plus tard, quand nous faisons, par l'étude approfondie de la musique, l'éducation de notre oreille. Mais cette puissance de développement analytique est limitée chez l'enfant, et, à beaucoup d'égards, il vaut mieux qu'elle le soit. Il n'y aurait aucun avantage et il pourrait y avoir, au contraire, beaucoup d'inconvénients à ce qu'un enfant fût, de suite, un délicat, un raffiné. Nous n'avons pas besoin d'avoir parmi nos enfants des *impressionnistes*, et autant vaut-il, à cet âge, qu'ils soient gourmands que gourmets.

4. Enfin, pour ce qui concerne les sentiments, c'est-à-dire les plaisirs et les douleurs qui ont leur principe dans la vie de l'intelligence, ou dans celle de la volonté, ou encore dans celle de la sensibilité esthétique et morale, on peut dire que, chez l'adulte, leur variété est en quelque sorte inépuisable. Il faudrait citer, pour en faire la liste, toutes les joies et toutes les tristesses, toutes les satisfactions et toutes les déceptions que l'homme est susceptible d'éprouver en présence de la nature, de l'art, de la société. On y trouverait l'infini.

Mais, pendant plusieurs années, ces émotions, en admettant qu'elles soient quelquefois ressenties, glissent, sans y laisser des traces bien profondes, sur l'âme tout ensemble impressionnable et oublieuse de l'enfant. Sa sensibilité morale ne se développe et ne s'affine que peu à peu sous l'influence de la culture littéraire ou artistique, des lectures auxquelles il s'intéresse, des conversations de grandes personnes auxquelles il assiste, et des relations de société qui deviennent chaque jour pour lui plus nombreuses.

II

Les plaisirs et les douleurs chez l'enfant.

1. Leurs caractères spéciaux s'expliquent par les lois mêmes du plaisir et de la douleur. — Le plaisir est lié à l'activité. Formule d'Aristote. Théories d'Hamilton et de M. Fr. Bouillier. — Mais l'activité ayant des formes nombreuses, chacune d'elles a ses plaisirs, comme elle a aussi ses souffrances. — Il en résulte, chez l'homme, une pénétration mutuelle du plaisir et de la douleur, qui se tempèrent l'un par l'autre. — Le souvenir du passé et la prévision de l'avenir influent aussi sur nos joies et nos tristesses du moment présent. — Apologue du *Phédon*. — Cette pénétration mutuelle et ce mélange des émotions contraires ne se font point au même degré chez l'enfant. — D'abord, parce que les formes de son activité sont moins nombreuses. — Ensuite, parce qu'il pense moins au passé et prévoit moins l'avenir.

2. Une autre différence entre les plaisirs et les douleurs de l'homme et ceux de l'enfant s'explique par la fin générale de la sensibilité. — Le plaisir a pour fin de stimuler l'action. — La douleur aussi a diverses fins. — Elle protège l'homme par la révélation immédiate des dangers qui le menacent. Elle suscite de diverses manières son initiative. Le progrès industriel. Le progrès moral. — Réserve à faire. — En liant le plaisir à tout déploiement d'action, la nature ne l'a pas toujours mis *avant*; pour les formes les plus importantes de l'activité, elle l'a mis *après*. — La douleur de l'effort. Nous achetons le plaisir au prix de la peine. — Conséquences en ce qui concerne l'enfant. Explication générale de l'insouciance et de la paresse enfantines. — Les récompenses et les punitions, les encouragements et les menaces sont des plaisirs et des douleurs factices par lesquels nous suppléons à l'irrationnalité des plaisirs et des douleurs établis par la nature.

1. Les lois, aujourd'hui bien connues, du plaisir et de la douleur nous expliquent suffisamment pourquoi la sensibilité enfantine est ainsi tout à la fois si vive pour certaines choses, si indifférente pour beaucoup d'autres, et pourquoi elle présente tant d'inégalités, de contradictions et de lacunes.

En effet, la première, la plus importante de ces lois, c'est que *le plaisir est lié à l'activité.* « Le plaisir, dit Aristote, achève l'acte ; il s'y ajoute, *comme à la jeunesse sa fleur.* »

Divers psychologues modernes, Hamilton, M. Fr. Bouillier, ont repris et précisé cette loi. Ils ont montré que, d'une manière générale, le plaisir est lié à l'exercice de l'activité, surtout lorsque cette activité s'exerce d'une manière normale, c'est-à-dire réglée, mesurée, conforme à la nature. La douleur, par contre, se produit, tantôt sous une forme négative, comme dans la langueur et l'ennui, tantôt sous une forme positive et directement affective, comme dans la plupart des souffrances organiques et des chagrins moraux, toutes les fois que notre activité ne peut se déployer, faute d'excitants, ou ne se développe qu'au milieu de difficultés et d'obstacles, dans des conditions anormales, c'est-à-dire contraires à la nature.

— A cette loi essentielle plusieurs autres se rattachent. Voici d'abord la plus générale et la plus simple. C'est que l'activité de l'homme n'étant pas une, mais multiple, il en résulte une continuelle pénétration de nos émotions les unes par les autres. Il y a d'abord en nous l'activité physique et l'activité morale ; mais ensuite, chacune d'elles se divise, puis, plus tard, se subdivise en un nombre considérable de formes secondaires. Il suit de là qu'à tout moment de notre vie nous pouvons à la fois jouir et souffrir, être gais pour une raison et tristes pour une autre, loger simultanément en nous ces deux hôtes qu'on ne s'attend guère à rencontrer ensemble, la joie et le chagrin.

Ainsi, une grande complexité peut déjà se produire dans nos sentiments en vertu de ce fait qu'une forme de l'activité physique, par exemple, se déploie librement en nous au même moment où une forme de l'activité morale est contrariée et entravée, ou *vice versa*. Mais, en outre de cela, nous sommes maîtres du passé par la mémoire, de l'avenir par l'imagination ; nous pouvons donc continuellement les évoquer l'un et l'autre et les mêler au présent. Les philosophes et les poètes n'ont pas toujours, en ce qui concerne le passé, été d'accord entre eux sur l'effet de ce mélange ; Dante, on le sait, a soutenu

> Qu'il n'est pire douleur
> Qu'un souvenir heureux dans les jours de misère,

et Alfred de Musset lui a répondu

> Qu'un souvenir heureux est, peut-être, sur terre
> Plus vrai que le bonheur;

toujours est-il que ce mélange existe et, en ce qui concerne les choses futures, personne ne conteste que la perspective d'un avenir heureux ou malheureux console ou assombrisse le présent. Ainsi, nous *déversons*, pour ainsi dire, nos joies et nos douleurs les unes sur les autres; nous les tempérons, nous pouvons du moins les tempérer par le mélange et égaliser le ton général de notre vie.

— C'est ce qu'avait compris Platon, dans un célèbre passage du *Phédon*, où il nous montre Socrate conversant sur ce sujet avec ses disciples, au moment où le gardien de la prison vient de lui enlever ses fers; à la place de la douleur qu'il ressentait auparavant, le philosophe éprouve une impression de plaisir, et il s'écrie : « L'étrange chose, mes chers amis, que ce que les hommes appellent plaisir, et comme il a de merveilleux rapports avec la douleur, que l'on prétend son contraire! » Puis, il raconte à ses disciples un apologue à la manière d'Esope : Jupiter voulut, un jour, réconcilier ces deux ennemis, le Plaisir et la Douleur[1]; n'y réussissant pas, il les a liés à la même chaîne, et voilà pourquoi les hommes voient toujours arriver ou le plaisir à la suite de la douleur ou la douleur à la suite du plaisir. Il y a, en effet, dans la nature humaine un continuel mélange de ces deux choses; elles se succèdent, mais en se pénétrant mutuellement; le plaisir

---

1. Il faudrait pouvoir traduire par deux termes masculins les deux expressions qu'emploie Socrate, τὸ ἡδύ, τὸ λυπηρόν.

présent garde comme une réminiscence de la douleur passée, contient je ne sais quel pressentiment de la douleur future : « De la source même des délices, s'écrie le poète latin Lucrèce, jaillit quelque chose d'amer, qui nous attriste jusque dans le parfum des fleurs. » C'est que, indépendamment des explications déjà rappelées, nous ne pouvons, dans notre condition mortelle, goûter une joie sans faire un mélancolique retour sur le peu que nous sommes, sur le peu qu'elle durera. Nous sentons tout de suite le fond du plaisir, parce que nous sentons tout de suite les bornes de l'activité dont il est l'expansion fugitive. D'autre part, la douleur ne peut se produire en nous sans susciter une force de résistance par laquelle nous essayons de la surmonter, et, comme toute activité amène à sa suite du plaisir, un atome de joie se mêle à notre peine, nous aide à la supporter ou nous en console.

— Voilà l'explication de quelques-uns des caractères les plus essentiels que présentent, chez l'homme fait, les émotions de plaisir et de douleur. Elles sont : 1° très nombreuses et très diverses, parce que, chez l'adulte, l'activité est largement développée, non pas seulement dans son ensemble, mais dans la variété de ses formes possibles ; 2° relativement modérées, calmes et maîtresses d'elles-mêmes, parce que, en se mélangeant, elles se *contiennent* mutuellement, se tempèrent les unes par les autres.

Mais qui ne voit que cette explication des caractères de la sensibilité chez l'adulte explique, du même coup, les caractères absolument opposés de la sensibilité chez l'enfant?

Si les plaisirs et les douleurs de l'homme sont très nombreux et d'espèces très diverses, à cause que son activité est à la fois très développée et très divisée, il faut bien, au contraire, que les plaisirs et les douleurs de l'enfant soient peu nombreux et toujours à peu près les mêmes, puisque cette division, cette *segmentation* de l'activité ne s'est pas encore produite en lui.

Et si, d'autre part, les plaisirs et les douleurs de l'homme sont généralement modérés, parce que, chez lui, une douleur physique est, d'habitude, tempérée par quelque joie de l'âme et un plaisir actuel tenu en échec par quelque souvenir d'épreuve passée ou quelque prévision de chagrin futur, il faut bien, au contraire, que ceux de l'enfant soient excessifs, immodérés, puisque cette fusion d'états de conscience opposés se fait rarement en lui, et qu'il n'appartient guère à cet âge de se préoccuper outre mesure du passé ou de l'avenir et de les mettre en balance avec le présent.

2. Il faut maintenant signaler encore, au sujet du plaisir et de la douleur, un autre ordre de considérations dont on va voir que l'importance pédagogique est capitale.

Ces considérations se rapportent à la finalité de l'un et de l'autre.

La fin du plaisir peut se résumer dans une formule bien simple : il est le plus énergique *stimulant* de notre activité.

Sous l'excitation du plaisir, toutes nos forces disponibles entrent en jeu pour produire un maximum d'effet; il se crée entre elles une convergence spontanée, une concentration naturelle qui diminue l'effort; car il n'y a véritablement effort que quand nous sommes

obligés d'entrer en lutte soit contre les facultés de notre
âme, soit contre les membres de notre corps, de soulever les uns, de secouer les autres. Lorsqu'ils se
mettent d'eux-mêmes en mouvement, avec entrain,
avec élan, l'effort n'existe plus ou presque plus. Ainsi,
sous l'influence du plaisir ou, au moins, de l'intérêt
porté à une action (ce qui n'est encore qu'une variante
du plaisir), nous répétons, presque sans nous en apercevoir, des actes, des mouvements qui, en eux-mêmes,
sont très compliqués, souvent très difficiles. Par là
s'affermissent les tendances, par là se créent les habitudes.

—Quant à la douleur, sans nier, comme les Stoïciens,
qu'elle soit un mal, nous pouvons lui reconnaître plusieurs fins, ménagées par la sagesse de la Providence.

D'abord, elle est la protection la plus efficace de
l'homme contre tous les dangers qui le menacent continuellement, et surtout contre le danger de la mort.

Les avertissements de la douleur sont sans réplique;
ils sont nets, brefs, saisissants, catégoriques; on n'y
échappe pas par la distraction, par la *remise au lendemain;* il faut en tenir compte de suite, au moment
même où ils se font entendre.

Des philosophes ont tourné et retourné la question,
pour voir si Dieu n'aurait pas pu mettre avantageuse-
ment autre chose à la place de ces avertissements de
la douleur, par exemple quelque pressentiment certain, quelque *idée claire* du péril qui nous menace,
idée qui surgirait tout à coup, on ne sait en vertu
de quel mécanisme, des profondeurs de notre conscience. Tout cela est vain, chimérique. A moins de
changer absolument les conditions de l'univers entier,

il faut reconnaître que rien, à ce point de vue, ne vaut la douleur, la douleur présente, immédiate. L'intempérant a beau avoir l'idée claire des dangers auxquels il s'expose, des graves maladies qui, un jour ou l'autre, le cloueront sur son lit, il n'en tient pour cela aucun compte. De même et à plus forte raison, l'enfant est peu ému des avertissements qu'on lui donne de ne pas s'approcher d'une lumière, d'un poêle, etc. Mais, qu'il s'y brûle une fois, et le voilà maintenant averti pour toujours.

A côté de cette première fin de la douleur il est facile d'en signaler plusieurs autres.

On montre, par exemple, qu'elle est aussi, à sa manière, un *stimulant* de l'activité. Pour échapper à la douleur, l'homme devient habile, entreprenant, industrieux. Les peuples que les conditions ingrates de leur sol ou de leur climat exposent le plus à la douleur sont ceux qui deviennent les plus actifs, les plus inventifs, les plus civilisés, finalement les plus heureux; ils se livrent au commerce, font affluer sur leurs marchés les produits les plus variés et les plus agréables. Ceux, au contraire, que la nature ne dégourdit point par la souffrance mènent une vie monotone, insignifiante, pleine d'ennui et de misère.

D'autre part, la douleur n'est pas moins le principe du progrès moral que du progrès industriel ou du progrès social. Sans elle, sans ses épreuves, la personnalité ne se développerait pas; nous ne connaîtrions ni, pour nous-mêmes, les vertus individuelles, courage, fermeté, patience, résignation, ni, pour les autres, ces vertus sociales, qui sont la charité, l'abnégation, le dévouement, etc.

— Mais c'est ici que se manifeste une imperfection, une *anomalie*, si l'on veut, de la nature enfantine.

Puisque le plaisir est le meilleur stimulant de l'activité, il semble que la nature aurait dû en faire de suite, et dans l'enfance même, l'accompagnement de toutes les formes de l'activité, c'est-à-dire, en d'autres termes, pousser immédiatement l'enfant vers elles par l'attrait du plaisir.

Or, cet arrangement, qui nous paraîtrait si simple, n'est pas celui que la réalité nous présente.

L'homme, quand il est courageux et ferme, arrive bien, sans doute, un jour ou l'autre, mais par l'exercice personnel et l'habitude, à lier à peu près également le plaisir à toutes les formes de son activité, soit physique, soit morale. Il se livre, par exemple, à l'exercice de la chasse, comme l'enfant à l'exercice du jeu, et il trouve du plaisir à chasser ; mais, quelques heures après, il se met au travail, *il s'attelle*, comme on dit familièrement, au labeur de la fonction qui lui est propre, et il trouve du plaisir à travailler, à faire son devoir, au moment même où il le fait.

Dans la période de l'enfance, les choses ne se passent pas ainsi. La nature n'a pas voulu, pendant cette première phase de la vie, attacher également et directement le plaisir à toutes les formes de l'action.

A la vérité, elle l'a fait, dans une certaine mesure, pour l'activité physique. Là, elle a mis généralement le plaisir *avant* l'acte ; elle l'y a mis comme une sollicitation et comme un attrait.

Mais, pour l'activité intellectuelle et pour certaines formes de l'activité morale, elle a agi tout autrement ;

elle n'a peut-être pas donné au plaisir qui leur correspond une place moins large, mais ce plaisir, elle l'a mis *après* l'action, notablement après ; elle l'a caché (pour reprendre ici la métaphore contenue dans une jolie fable enfantine de Florian) sous la peine et sous l'effort, comme elle a caché un fruit agréable sous une écorce dure et amère, qu'il faut briser avec les dents. L'enfant doit donc le *découvrir* d'abord, le *conquérir* ensuite.

— Des philosophes très anciens avaient déjà noté ce caprice ou cette intention de la nature. Xénophon, dans ses *Mémoires sur Socrate*, nous cite, à ce sujet, une belle pensée d'Hésiode : « Les dieux, dit-il, ont mis la sueur *en avant* de la vertu ; » et cette autre encore du vieux poète sicilien Epicharme : « Les dieux nous *vendent* tous les biens au prix du labeur. » De même, Florian, dans la petite fable dont nous parlions un peu plus haut, rappelle aux enfants

> Que, sans un peu de peine, il n'est pas de plaisir.

Nous devons donc *acheter* tous les biens, et non seulement la vertu ou le bonheur, mais encore et surtout la science. « Les racines de la science, dit un proverbe souvent cité, sont amères, mais les fruits en sont doux ; » et, quelque abus qu'on ait fait quelquefois de ce proverbe pour imposer à l'enfance des exercices fastidieux, il restera toujours vrai d'une manière générale. C'est là que se trouve cette anomalie de la nature à laquelle l'éducation doit remédier. Puisqu'elle a dissimulé à l'enfance les plaisirs dont la vertu et la science sont la source, puisqu'elle les a rejetés *en arrière* et qu'elle n'a mis *en avant*, d'après la forte expression du poète grec, que la sueur et l'effort, nous avons le devoir de modifier autant que possible cet ordre par des moyens factices, et c'est sur cette nécessité que reposent tous les procédés qui constituent, comme nous le verrons plus tard, la méthode pédagogique du *travail attrayant*.

— D'autre part, la nature n'a réalisé aussi que très imparfaitement chez l'enfant la finalité de la souffrance. Elle le mène bien, sans doute, par *la crainte immédiate* de la douleur, à fuir un péril qu'il a déjà couru; mais elle ne le pousse pas, par *la prévision* de la douleur, à se garantir de périls futurs, à travailler, par exemple, pour éviter la misère à venir; et elle ne le pousse pas non plus, par *le mépris* de la douleur, à se faire de bonne heure un caractère fortement trempé. Sur tous ces points, il faut que nous reprenions, par l'éducation, l'œuvre de la nature; que nous sachions suppléer par des douleurs ou par des épreuves factices, infligées à l'enfant comme exercices ou comme punitions, aux épreuves et aux douleurs qu'elle aurait dû mettre immédiatement sur sa route; et c'est à cet ordre de faits que se rattache toute la partie pénible de la méthode, toute la partie rigoureuse de la discipline.

CHAPITRE III

LES PASSIONS

I

Divers sens donnés au mot « passions ».

Sens métaphysique. La passion confondue avec la passivité. — Sens psychologique. Les passions sont des mouvements de l'âme. — Mais la nature de ces mouvements n'a pas toujours été suffisamment spécifiée. — Définition, théorie et division des passions, proposées par Bossuet.

Il nous reste à parler des passions, phénomènes mixtes, qui se rattachent tout ensemble aux inclinations et aux émotions; aux inclinations, en ce qu'elles sont des mouvements, des impulsions, des élans de l'âme; aux émotions, en ce qu'elles sont aussi des états affectifs, c'est-à-dire agréables ou douloureux, mais d'une nature particulièrement intense, allant parfois jusqu'à l'ivresse d'une part, de l'autre jusqu'à la torture.

Pour savoir exactement jusqu'à quel point leur étude intéresse la pédagogie, il faut passer en revue les principales définitions qu'on en a données; car, suivant qu'on entend le mot « passion » dans un sens plus ou moins large, les faits psychiques exprimés par ce mot sont susceptibles de s'étendre à une période plus ou moins considérable de l'enfance.

— Ainsi, par exemple, si on voulait s'en tenir à la définition purement étymologique, d'après laquelle la passion n'est rien de plus que *le contraire de l'action*, il est évident que l'enfance devrait être considérée comme l'âge passionné par excellence.

« Un être, dit Leibnitz dans la *Monadologie*, est *actif*, toutes les fois que ce qui se passe en lui sert à rendre compte de ce qui se passe dans les autres, et il est *passif*, toutes les fois que ce qui se passe dans les autres sert à rendre compte de ce qui se passe en lui. »

A ce point de vue, il est clair que la passion occupe une large place dans la nature enfantine, puisque l'enfant, étant un être faible, subit continuellement des influences étrangères et, à tous égards, reçoit beaucoup plus qu'il ne donne.

Mais, évidemment aussi, cette définition confond l'une avec l'autre deux choses absolument distinctes, la *passion* et la *passivité*, et nous avons besoin d'en chercher une autre d'un caractère plus strictement psychologique.

— Les Cartésiens ont proposé sur la nature des passions tout un ensemble de théories qui les rattachent déjà plus intimement à la vie propre de l'âme. Contentons-nous de signaler la plus célèbre, celle de Bossuet.

D'après l'auteur du *Traité de la Connaissance de Dieu et de soi-même*, les passions sont « des mouvements de l'âme, qui, touchée du plaisir ou de la douleur ressentie ou imaginée dans un objet, s'en approche ou s'en éloigne ».

Cette définition pourrait être considérée comme parfaite, si l'expression *mouvements de l'âme* y était prise dans le sens antique d'agitations, de troubles, de *perturbations* de l'âme ; mais il suffit de lire le reste du chapitre pour voir que *mouvements* signifie simplement ici *émotions*. Les passions, telles que les entend Bossuet, ne sont guère autre chose que des modes généraux de l'émotion, agréable ou pénible, c'est-à-dire des alternances d'exaltation et de dépression, de confiance et d'abattement, qui se produisent dans notre âme, suivant qu'elle se voit plus ou moins rapprochée de l'objet auquel s'adresse son désir ou qu'elle tend vers lui avec une énergie plus ou moins grande.

Partant de cette définition générale, Bossuet reconnaît onze passions essentielles, qui sont l'*amour* et la *haine*, le *désir* et l'*aversion*, la *joie* et la *tristesse*, l'*audace* et la *crainte*, l'*espérance*, le *désespoir* et la *colère*. Il rattache les six premières à l'*appétit concupiscible* des anciens, et les cinq dernières à l'*appétit irascible*.

Mais toutes, en dernière analyse, se ramènent à l'amour. La haine elle-même s'y réduit; car elle n'est pas une passion primitive, mais une passion dérivée : « Je ne suis point née, s'écriait l'Antigone de Sophocle, pour haïr, mais pour aimer. » Bossuet s'inspire de la même idée. La haine, d'après lui, n'est qu'un amour traversé et contrarié; nous ne haïssons une personne ou une chose que parce qu'elle nous prive de la chose ou de la personne aimée.

En un mot, conclut Bossuet, « ôtez l'amour, vous supprimez toutes les passions, et posez l'amour, vous les faites naître toutes. »

— D'après cette acception, on pourrait concéder encore que la passion occupe une large place dans la vie psychique de l'enfant; nous savons, en effet, combien sa sensibilité est mobile, inégale, saccadée; avec quelle facilité elle passe à travers des alternatives de joie ardente et de chagrin profond.

Mais ce sens donné par Bossuet au mot « passions » est-il bien encore le sens véritable ? Est-ce là ce que nous entendons, quand nous parlons, par exemple, des *passions de la foule*, des *passions du jour*, des *passions d'une époque ;* quand nous pensons aux *ravages des passions* ou à leur *fatalité ;* quand nous disons que les romanciers ou les poètes dramatiques *peignent les passions, excitent les passions, mettent en jeu les ressorts des passions ?* Cela n'exprime-t-il que ces alternances de joie, de désir ou de désespérance, qui passent sur nos âmes comme des alternances d'ombre et de soleil sur les campagnes ? Est-ce là encore ce que nous entendons, au point de vue de l'éducation ou de la morale, quand nous disons, par exemple, que l'homme *doit dominer ses passions* ou que la pédagogie *doit surveiller chez l'adolescent l'approche des passions ?* Evidemment, il suffit de réfléchir quelque peu pour voir que le sens cartésien ne répond ni à l'acception populaire ni à l'acception littéraire du mot « passions », et qu'il ne répond pas non plus à ce qu'il y a d'essentiel dans son acception pédagogique.

II

Véritable sens philosophique du mot « passions ».

1. Définition conforme au sens littéraire et populaire. Les passions sont des mouvements de l'âme, mais des mouvements tumultueux et désordonnés. Ce sont des inclinations exaltées ou perverties, qui altèrent l'équilibre de l'âme.

2. Classification des passions correspondant à la classification des inclinations. — Passions résultant des inclinations physiques ou appétits. — Passions résultant des inclinations égoïstes. L'avarice. L'ambition. La passion du jeu. La passion du luxe. Rapport de la passion, particulièrement de la colère, avec la folie. — Passions résultant des inclinations sociales. Il y a de nobles et généreuses passions. L'héroïsme en est une. Les passions de l'amour; la jalousie. Les formes passionnées du patriotisme. — Passions résultant des inclinations idéales. Les exaltations et les déviations de l'amour de la science. Les passions religieuses.

1. La psychologie a donc dû essayer de mettre en lumière un sens plus profond, d'après lequel les passions ne sont point de simples modes de notre sensibilité, plus ou moins agitée par le souvenir ou par l'espérance, plus ou moins émue par la représentation interne de son objet, mais de véritables mouvements de l'âme, des perturbations plus ou moins tumultueuses de notre activité.

Pour bien comprendre que telle est, en effet, la nature essentielle des passions, il faut les mettre soigneusement en parallèle avec les inclinations.

Rappelons donc que l'inclination est la tendance naturelle et parfaitement légitime par laquelle l'âme se porte vers une des fins qui lui sont assignées et s'attache aux objets qui peuvent l'aider à atteindre et à réaliser cette fin.

Il résulte de là que, dans l'institution première de notre nature, une inclination est essentiellement modérée. En poursuivant la fin qui lui est propre, elle n'empêche pas les autres inclinations de poursuivre aussi la leur; elle se laisse contenir et modérer par elles, comme elle les modère et les contient à son tour; elle tend ou, du moins, elle ne répugne pas à se mettre avec elles en état d'harmonie et d'équilibre.

Une passion, au contraire, c'est la *rupture de cet équilibre* au profit d'une inclination particulière qui, surexcitée ou faussée par quelque cause intérieure ou

par quelque influence étrangère, dépasse les justes limites qui lui sont fixées, se développe outre mesure
au détriment des autres inclinations légitimes, devient, par conséquent, exclusive, outrée, violente,
quelquefois même véritablement aveugle et folle.

Une passion est donc *une inclination* non seulement
exaltée, mais, le plus souvent, *pervertie*, qui se met à
poursuivre exclusivement son bien propre, en se désintéressant du bien général de notre nature [1].

2. En partant de ce principe, on voit que la liste des
passions doit être faite d'après un tout autre point de
vue que celui où se sont placés Bossuet et les principaux philosophes cartésiens.

Il faut, si on veut la dresser méthodiquement, prendre
pour point de départ la liste même des inclinations. On
remarque alors que chacune d'elles est susceptible de
s'exalter ou de se pervertir de plusieurs manières et de
donner ainsi naissance à un certain nombre de formes
passionnées.

C'est ainsi que, tout d'abord, les inclinations physiques ou appétits, la faim, la soif et tout particulièrement l'appétit sexuel, deviennent en s'exaltant, en se
détachant de leurs fins naturelles pour ne songer qu'aux
satisfactions qui accompagnent ces fins, des passions
redoutables, qui nous mènent droit aux plus grands
excès et aux vices les plus honteux, *sensualité, gour-
mandise, intempérance, ivrognerie, incontinence,
luxure*. Quelquefois, l'influence pernicieuse de ces
passions ne s'arrête pas là; elles se transmettent

---

1. On pourra trouver le développement de cette théorie dans notre
ouvrage intitulé *l'Essence des passions, étude psychologique et morale.*
(Hachette, 1878.)

héréditairement, elles passent dans le sang, et alors elles n'amènent plus seulement la perversion d'un individu, mais la dégénérescence et l'extinction d'une race.

— Les inclinations égoïstes ont aussi leurs passions très nombreuses et très intenses. L'amour de la vie, soit sous sa forme directe, soit sous la forme plus instinctive de la crainte de la mort, devient extrême et passionné, quand il nous attache à la vie pour la vie elle-même, abstraction faite des fins supérieures pour lesquelles il vaut la peine de vivre. Alors nous en arrivons à vouloir vivre au prix de tout, même au prix de l'honneur ; pour conserver le souffle matériel de la vie, nous renonçons, dit Juvénal, à tout ce qui donne du prix à la vie ; cette disposition passionnée, c'est la *couardise* ou *lâcheté*. L'amour de la propriété, en s'exaltant et en dépassant sa fin naturelle, qui est la conquête de la sécurité pour nous-mêmes et pour les nôtres, devient l'*avidité* ou *rapacité*, lorsqu'il reste surtout un besoin de s'enrichir avec excès pour se procurer de nombreuses jouissances ; et il devient l'*avarice*, lorsque, sous une forme sinon plus passionnée, au moins plus pathologique encore, il consiste plutôt dans la fureur d'amasser des biens sans en jouir et tout particulièrement d'entasser de l'or. L'amour de la domination et du pouvoir, légitime tant qu'il reste un simple désir de manifester, pour le bien de tout le monde, la supériorité qu'on a pu recevoir de la nature et de faire servir sa prépondérance et son autorité personnelles au triomphe d'idées justes, revêt, au contraire, une forme passionnée et devient *l'ambition*, quand un homme s'attache au pouvoir pour le pouvoir seul et quelquefois n'hésite pas à sacrifier, pour le conquérir ou pour s'y maintenir, un grand nombre de vies humaines. Ce n'est pas tout : l'homme n'a pas besoin seulement de satisfactions réelles; il y a aussi en lui un besoin d'excitation, de vie imaginaire et factice, auquel correspondent les joies du jeu chez l'enfant, les plaisirs de l'art dans l'âge mûr. Ce besoin, comme les autres, est susceptible de déviations passionnées. Telle est la *passion du jeu* proprement dite, la folie des jeux de hasard; telle aussi, chez certains peuples, la passion des jeux cruels et sanglants, des jeux du cirque chez les anciens Romains, des combats de taureaux dans l'Espagne moderne. Il faut également y rattacher la très importante *passion du luxe*, déterminée par une sorte de surexcitation du besoin de briller et, plus encore, du besoin d'éblouir.

Ce sont là, on le voit, de véritables passions, au vrai sens, à la fois populaire et littéraire, du mot. Quand on considère ainsi les passions, on comprend pourquoi les anciens y voyaient non pas seulement des mouvements, mais des troubles, des *maladies de l'âme*. Leur nature est, au fond, quoique sous une forme moins grave, analogue à celle de la folie; l'une d'elles, la colère (et celle-là, bien qu'elle figure sur les listes cartésiennes, est une vraie passion) a été définie par les anciens une courte folie : *Ira furor brevis*. Ce qui les distingue, en effet (bien que tous les psychologues ne soient pas d'accord sur ce point), c'est leur caractère transitoire, intermittent, quelquefois saccadé; il y a en elles, comme dans les appétits, une sorte de rythme qui les fait éclater à certains moments et dans certaines circonstances, et qui les apaise ensuite quand elles ont jeté tout leur feu. Ce n'est pas que quelques-unes d'entre elles ne se tournent finalement en habitudes, mais alors elles ne sont plus des passions au sens propre du mot et elles deviennent des vices.

—Les inclinations sociales, même les plus naturelles, les plus légitimes, donnent, à leur tour, naissance à des passions de nature et de valeur très diverses. Il convient, en effet, de rappeler ici que toutes les passions ne sont point nécessairement mauvaises; il y en a, au contraire, qui sont bonnes, nobles, utiles, fécondes, et qui se présentent même quelquefois sous une forme sublime. Telles sont, dans certains cas, la *haine* et la *colère* elles-mêmes. Il est de saintes colères, il est des haines généreuses

> Que doit donner le vice aux âmes vertueuses.

A plus forte raison trouverons-nous des passions de ce genre dans l'ordre social. Citons, par exemple, l'*héroïsme*. Avant d'être une vertu, l'héroïsme est une passion; c'est une véritable exaltation du sentiment social, par laquelle nous sommes portés à nous oublier, à nous sacrifier pour les autres, à affronter par le plus généreux des entraînements une mort quelquefois affreuse, soit sur les champs de bataille, soit dans les salles des hôpitaux. Or, il n'est aucune de nos affections qui ne soit susceptible de revêtir cette forme supérieure. Une mère qui aime passionnément son fils (et combien n'y a-t-il pas de ces passionnées!) est toute prête à mourir pour lui; de même un ami pour son ami, un sujet pour son prince, un brave soldat pour ses compagnons d'armes.

Quant aux déviations vraiment pathologiques de

nos affections, elles sont excessivement nombreuses.
L'amitié a les siennes ; elle dégénère quelquefois en
un exclusivisme jaloux. Le patriotisme n'en est pas
exempt ; lorsque, par exemple, il nous porte à aimer
de telle sorte notre pays que nous ignorons ou mécon-
naissons systématiquement tout ce qui est au delà de
ses frontières, lorsqu'il nous dispose surtout à nous
enivrer de la gloire militaire pour cette gloire elle-
même, indépendamment des biens supérieurs qui doivent l'accompagner, triomphe de la justice, établissement de la liberté, bonheur des peuples, etc., il
devient alors ce qu'on a appelé le *chauvinisme*. Quant
à l'amour proprement dit, ses formes passionnelles
sont tellement variées qu'on les peut dire inépuisables ;
le théâtre et le roman ne cessent de les exploiter.

— La même loi régit également les inclinations
idéales. Elles aussi sont susceptibles de se transformer
en passions, et si, parmi leurs formes passionnées,
quelques-unes sont excellentes, d'autres peuvent être
soit dangereuses, soit ridicules, soit blâmables.

N'en citons que quelques exemples :

Rien n'est plus noble que l'amour de la vérité et la
poursuite de la science : « Il n'y a rien, dit quelque part
Cicéron, qui touche de plus près au fond même de la
nature humaine. » Aussi cette inclination est-elle la
source de nombreuses passions, dont quelques-unes
sont véritablement des formes de l'héroïsme. Telle est
la passion qui animait Augustin Thierry, lorsque, déjà
vieux et devenu aveugle, il poursuivait encore ses
recherches et ses études ; telle est aussi celle de tant
de savants, chimistes ou physiologistes, qui n'hésitent
point à faire des expériences périlleuses, dans les-

quelles ils peuvent trouver une mort terrible. Mais, à côté de ces formes superbes, la passion de la science n'est point sans présenter aussi quelques formes pathologiques ; telle est la passion des utopistes, des chercheurs d'absolu[1], de tous ceux qui ont lancé leur esprit sur la piste de quelque chimère, la quadrature du cercle, le mouvement perpétuel, le progrès indéfini, l'âge d'or dans l'avenir, ou qui consument leur santé et leur fortune dans la poursuite d'une insaisissable invention.

On en peut dire autant de l'inclination religieuse ; elle est le point de départ des passions les plus ardentes qui aient jamais agité le cœur humain ; mais ces passions se divisent en deux classes : les unes, qu'on peut rattacher au *prosélytisme*, ont été pour l'humanité une cause de progrès ; les autres, dont le type est le *fanatisme*, l'ont, au contraire, rejetée à diverses époques dans la plus extrême barbarie.

Le prosélytisme, en effet, c'est l'ardent besoin de répandre une foi dont on est pénétré, de convertir les autres hommes à un idéal de vérité, de justice ou de sainteté. Celui que cette passion transporte croit travailler au bonheur suprême de ses semblables, en même temps qu'il croit obéir à un ordre de Dieu, et, sous l'influence de cette double conviction, il court avec joie au-devant de toutes les épreuves, au-devant même du martyre :

Si mourir pour son prince est un illustre sort,
Quand on meurt pour son Dieu, quelle sera la mort !

---

1. Voir le caractère si merveilleusement tracé de Balthasar Claës, dans le roman de Balzac : *la Recherche de l'absolu*.

Mais, c'est par la communication de sa foi, c'est par la persuasion et la douceur qu'il veut mener les hommes à Dieu; il ne méconnaît pas leurs droits. L'amour divin qui brûle dans son cœur ne combat pas les autres affections; il ne fait que les compléter et les transfigurer.

Le fanatisme est, à ce dernier point de vue, une passion bien différente du prosélytisme. Sans doute, il poursuit le même but; mais avec quelle différence dans l'intention et dans les moyens! Le prosélytisme s'adresse à la raison et à la liberté; le fanatisme les étouffe. Le prosélytisme est une passion large, qui tend à unifier toutes les affections humaines dans une affection supérieure, l'amour de Dieu; le fanatisme (qui, d'ailleurs, n'est nullement limité, comme quelques-uns se le figurent, aux choses religieuses, mais qui s'étend aussi bien aux idées morales, politiques, sociales, etc.) est, au contraire, la passion exclusive, étroite par excellence, la passion des sectaires, des persécuteurs. Quand il s'est établi dans une âme, il y étouffe tous les autres sentiments, il y fait taire souvent la voix de la pitié. Pour assurer le triomphe des idées qui lui sont chères, le fanatique, soit dans l'ordre religieux, soit dans l'ordre politique, n'hésite point à sacrifier par milliers ses adversaires, et c'est avec une effrayante sécurité de conscience qu'il allume les bûchers de l'Inquisition ou qu'il dresse en permanence devant la statue de la liberté la hideuse guillotine.

III

L'enfance a-t-elle des passions ?

Si on prend ce mot dans son sens large, l'enfance est agitée par une infinité de passions. Théorie platonicienne de l'âme passionnée. Si on le prend dans son sens précis, les passions ne commencent à se développer véritablement que dans l'adolescence. — Quelques passions de l'enfance proprement dite. La jalousie et la colère. — Légitimité de ces premières passions. Il faut les modérer, non les extirper. — Principe général de l'éducation future des passions.

Nous retrouvons ici la question laissée tout à l'heure en suspens. L'enfance a-t-elle vraiment des passions ?

On ne peut que répondre d'une manière affirmative, si l'on fait du mot « passions » un simple synonyme soit de passivité, soit d'agitation désordonnée et de turbulence.

Ce que Platon appelle l'*âme passionnée* prédomine longtemps chez l'enfant. Il est assiégé d'abord par une infinité de sensations qu'il ne peut encore dominer et coordonner ; elles l'entraînent tantôt dans un sens, tantôt dans un autre, et le font agir ou parler au hasard : « Il ne peut, dit Platon, tenir dans un état tranquille ni son corps ni sa langue, et sans cesse il fait des efforts pour se mouvoir et pour crier. » L'auteur de la *République* et des *Lois* en conclut qu'il faut faire prédominer dans un système raisonné d'éducation l'art de la musique et l'art de la danse, qui ont l'un et l'autre pour effet de calmer peu à peu la passion en faisant pénétrer dans l'âme le sentiment de l'ordre, de la mesure et de l'harmonie.

Mais si l'on donne au mot « passions » le sens précis

que nous avons expliqué tout à l'heure, si l'on voit
dans ces mouvements de l'âme une rupture d'équilibre
déterminée par l'exaltation ou la perversion de tel
désir naturel, de telle tendance spontanée, il est clair
que l'enfance proprement dite ne peut avoir beaucoup
de passions; car les facultés sous l'influence desquelles les passions se développent, l'imagination
d'une part, la réflexion de l'autre, n'existent encore
en elle que sous une forme très rudimentaire.

Ce qui produit le développement des passions chez
l'adulte, leur première effervescence chez l'adolescent,
c'est d'abord l'*imagination;* elle surexcite les impulsions de la sensibilité; elle donne l'éveil à des dispositions héréditaires qui sommeillaient en nous; elle
nous fait chercher un idéal de bonheur dans la satisfaction isolée, exclusive, de tel penchant et change pour
nous les véritables proportions des biens et des joies
de la vie.

C'est ensuite la *réflexion*, qui ajoute aux passions
naturelles des passions factices; elle fait du cœur *la
dupe de l'esprit* et crée en nous des affections ou des
haines auxquelles la nature, livrée à elle-même, ne
nous aurait point portés.

Mais l'enfant ne songe guère encore à ce double
travail de l'imagination et de la réflexion; il laisse ses
sentiments et ses désirs suivre leur cours naturel; il
ne se préoccupe point de les pousser à l'excès et de
les faire dévier.

— Il n'y a donc en nous, jusqu'aux approches de
l'adolescence, qu'un petit nombre de passions. Deux
seulement existent d'une manière bien caractérisée
chez le tout jeune enfant, parce qu'elles tiennent aux

conditions les plus essentielles de sa vie et de sa croissance : ce sont la *jalousie* et la *colère.*

L'enfant est jaloux. Tous les observateurs du premier âge l'ont remarqué. Il veut pour lui tout seul le
sourire de sa mère, le sein de sa nourrice ; il est
jaloux de toute personne qui fait mine de lui disputer
l'un ou l'autre. On aurait tort de s'en étonner. Le sein
de la nourrice, les caresses de la mère sont les seuls
biens, les biens propres de l'enfant. Le monde physique et le monde moral tiennent tout entiers pour lui
dans ces deux choses ; ce sont les seules qu'il cherche
à tout moment, qu'il reconnaisse d'abord à distance ;
ses rêves mêmes en sont obsédés.

Un peu plus tard, cette jalousie ne cesse pas, mais
elle change de caractère. Elle devient un besoin plus
idéal d'être aimé, d'être *préféré.* Des enfants négligés
par leurs parents, sacrifiés à leurs sœurs ou à leurs
frères, tombent dans une mélancolie profonde ; ils
sont rongés par un chagrin qui les fait dépérir. On a
quelques exemples de suicides d'enfants ; ils sont tous
ou presque tous produits par cette cause.

Étant jaloux, l'enfant est facilement colère. Il entre
dans une véritable fureur, si on fait mine de lui
prendre son biberon ou, à plus forte raison, de téter à
sa place. Beaucoup d'autres causes encore déterminent
ou entretiennent en lui cette disposition irascible ; ce
sont les souffrances imméritées dont la nature l'abreuve
dès ses premiers jours. On ne doit pas plus s'étonner
et surtout s'indigner de ces accès de colère que des
accès de jalousie qui les amènent le plus souvent. Les
moralistes qui ont étudié de près l'enfance voient dans
la colère enfantine un sentiment fécond. C'est une

révolte spontanée contre ce qui apparaît et doit apparaître à l'enfant comme le mal véritable, et cette révolte se tournera plus tard contre toutes les choses qui mériteront d'être haïes : « La colère, dit à ce sujet M. Perez, est légitime chez le petit enfant, quand elle exprime sa révolte inconsciente contre les premières douleurs de la vie, convulsions, coliques, mal de gencives, malaise produit par la fièvre, le besoin d'air, de locomotion et de sommeil. Ce sont pour lui des mouvements et des bruits qui ont pour effet de le distraire jusqu'à un certain point du sentiment de la douleur, et pour ses protecteurs nés ce sont des avertissements dictés par la nature. De même est-il entièrement dans son droit, lorsque, dans ses maladroits essais de langage, l'expression ayant trahi sa pensée, il hurle, il frappe la terre avec son pied, s'indigne de si bien dire et d'être si mal compris. Il est encore en droit de se fâcher, lorsque, lui ayant donné une mauvaise habitude, telle que celle de le bercer, de le laisser dormir sur les bras, ou de le coucher avec de la lumière, on vient à interrompre tout à coup une de ces habitudes ; et plus encore dans son droit, quand, au mépris de sa tendre et délicate personnalité, nous voulons lui imposer un acte rebutant pour lui de prime abord ou qui lui déplaît d'habitude, le forcer à avaler une potion âcre, à supporter sans se plaindre une privation, à embrasser une personne antipathique. » « Et, d'ailleurs, ajoute encore le même écrivain, il est certaines impatiences qui dénotent un caractère franc et généreux et qui sont mêlées à l'éclosion des premières vertus morales. »

— Malgré ses écarts possibles, la passion est déjà

chez l'enfant ce qu'elle sera un jour chez l'homme fait,
le plus énergique moteur de l'action utile et féconde,
et nous pouvons pressentir dès maintenant que l'éducation ne devra point se proposer pour but de l'extirper, mais seulement de la contenir et de la diriger.

TROISIÈME PARTIE

L'ENTENDEMENT

Caractères et formes de l'entendement.

L'intelligence ou entendement est à la fois une faculté d'adaptation
et une faculté de domination. — Grandeur et importance de la
pensée. — Les principaux noms de cette faculté. — Division de
l'entendement. — Facultés d'intuition. Facultés de conservation
et de combinaison. Facultés d'élaboration.

La seconde faculté de l'âme, celle que nous appelons
entendement ou intelligence, restera toujours, quoi
qu'on fasse, la plus importante au point de vue pédagogique. On aura beau réclamer (et, pour notre part,
nous n'y manquerons pas) un système d'éducation qui
donne aux autres facultés de l'enfant, à ses facultés
physiques d'abord, ensuite à son cœur et à son caractère, toutes les satisfactions qui leur sont dues, l'intelligence ne cessera pas d'être, dans la nature humaine,
la faculté essentielle dont la culture réclame le plus
de continuité et de soins. Il n'est pas nécessaire d'en
chercher bien loin les raisons. Elles sont dans l'incomparable grandeur d'une faculté qui permet à l'homme
d'embrasser le système entier des choses et de faire
entrer dans les étroites limites de son cerveau toute
une représentation ordonnée de l'univers. C'est par la
pensée que l'homme est supérieur à tous les autres
êtres de la nature : « Quand même, dit Pascal, l'univers l'écraserait, l'homme serait toujours plus noble

158

que ce qui le tue, parce qu'il sait qu'il meurt, et l'avantage que l'univers a sur lui ; l'univers n'en sait rien. Ainsi, toute notre dignité consiste dans la pensée. C'est de là qu'il faut nous relever, non de l'espace et de la durée, que nous ne saurions remplir. Travaillons donc à bien penser. »

Cette grandeur de l'entendement peut être établie de plusieurs manières. D'abord, comme la vie et comme la sensibilité, mais à un degré plus haut, l'intelligence est une *faculté d'adaptation*, qui a pour but de nous mettre en harmonie avec le milieu dans lequel nous sommes destinés à vivre ; que ce soit, d'ailleurs, le milieu organique, c'est-à-dire notre propre corps, le milieu physique, c'est-à-dire la nature, ou enfin le milieu moral, c'est-à-dire la société.

« L'intelligence, dit Herbert Spencer, est un ajuste-ment de rapports internes à des rapports externes. » Cela signifie que, grâce à elle, nous organisons nos états de conscience de telle sorte qu'ils répondent aussi exactement que possible à l'arrangement des choses dans l'univers. Par là, nous devenons capables de nous conduire au milieu de la complication infinie des êtres et des faits ; nous mesurons notre action, nous calculons nos démarches, nous gouvernons notre vie d'après les conseils de l'expérience et les pressen-timents de la sagesse.

Mais, en même temps (et par là elle diffère profon-dément de la sensibilité), l'intelligence est une *faculté de domination*. Par elle, après nous être pliés aux conditions de la nature et de la société, nous soumet-tons la société et la nature aux conditions de notre pensée. Appliquant aux choses les principes de notre raison et les hypothèses de notre imagination, nous pénétrons jusqu'aux causes des faits naturels, jusqu'aux lois des événements historiques ; puis, une fois maîtres des lois et des causes, nous produisons à notre gré les faits naturels, nous influons, dans une certaine mesure au moins, sur la production des événements qui entreront plus tard dans le domaine de l'histoire. La science se complète en nous par la puissance, conformément à la grande parole de Bacon : « Savoir, c'est pouvoir. »

— Les noms si variés qui expriment les formes principales de l'action de l'intelligence mettent bien en lumière la supériorité incontestable de cette faculté. Il suffira d'en rappeler ici quelques-uns. Le mot même d'*intelligence* (*inter legere*) signifie l'action de *choisir entre plusieurs choses*, par conséquent de débrouiller ce qui est confus, de distinguer l'essentiel de l'accidentel, de dégager, parmi plusieurs explications possibles, celle qui est la meilleure, parmi plusieurs partis à prendre, celui qui est le plus raisonnable. L'intelligence est donc, d'après cela, le *flair de la pensée*, la faculté de discernement et de sagacité qui fait découvrir, par exemple, les meilleurs développements pour la composition d'une œuvre littéraire, les meilleurs arguments pour la démonstration d'une vérité, enfin, en toutes choses, les idées les plus fines, les plus délicates, les plus précises. Le mot *pensée*, tiré du latin *pensare*, qui signifie *peser*, *mettre en balance*, représente plus particulièrement l'action intellectuelle en tant qu'elle considère à la fois le *pour* et le *contre*, assigne à chaque chose sa vraie place, à chaque motif sa juste valeur. Sous une forme plus concentrée et plus intense, la pensée devient la *médi-tation*, dont le nom (*medium, intermédiaire*) exprime l'acte de l'esprit en tant qu'il cherche et découvre les moyens termes pour aller d'une idée à une autre, d'un principe à sa conséquence ou réciproquement, pour résoudre une difficulté, pour se délivrer d'un doute.

De même, les verbes *connaître, entendre, comprendre*, expriment encore des aspects divers, des nuances importantes de l'action de la pensée. *Connaître*, c'est *voir ensemble* plusieurs choses, les saisir d'un même coup d'œil; c'est embrasser, par exemple, dans son unité toute la série des événements dont se compose l'histoire d'un peuple ou celle d'un siècle, toute la série des espèces et des variétés entre lesquelles se partage, se segmente un genre naturel. *Entendre* (du latin *intendere*, qui désigne un effort suivi et une direction constante de la réflexion), c'est pénétrer jusqu'au fond même des choses pour en saisir l'essence, pour en obtenir une idée nette et adéquate. Enfin, le mot « comprendre » désigne la plus haute démarche de la pensée; *comprendre*, c'est synthétiser, c'est relier fortement dans l'unité d'une théorie, d'un système, tous les éléments d'une question, toutes les parties d'une science.

—Ainsi considérée dans son ensemble, la pensée apparaît comme un véritable organisme, dont toutes les parties se soutiennent et se complètent. En d'autres termes, l'intelligence n'est pas une faculté unique, dont l'éducation puisse se faire en bloc; c'est un ensemble de facultés, qui ne se développent pas toutes simultanément, qui présentent un certain ordre d'évolution et dont chacune exige une culture particulière.

On les répartit habituellement en trois catégories.

La première est celle des *facultés d'intuition*. Il faut voir en elles les différentes sources de nos idées ; elles nous mettent en relation avec les diverses séries d'objets que nous pouvons connaître. Ce sont : 1° la *perception extérieure*, par laquelle nous connaissons les corps, leurs phénomènes et leurs propriétés ; 2° la *conscience* ou *sens intime*, par laquelle nous atteignons le *moi* et les états du *moi*; 3° la *raison* ou *faculté métaphysique*, qui nous met en face de l'idéal et nous fait découvrir les choses éternelles et nécessaires.

La seconde catégorie comprend les *facultés de conservation et de combinaison*, qui constituent ce que l'on peut appeler la *vie spontanée* de l'esprit. Bien qu'elles aient à jouer un rôle considérable dans la science, elles n'ont pas directement la science pour objet. Leur fonction propre est de présider en nous au mouvement, à l'échange, à la circulation naturelle des idées. Ce sont : la *mémoire, l'association des idées* et l'*imagination*.

Enfin, une troisième classe est formée par les *facultés d'élaboration* ou *opérations intellectuelles*. On peut voir en elles la *vie réfléchie de l'esprit*. Leur objet commun, c'est de mettre en œuvre la matière brute de la pensée, d'organiser la connaissance, de l'élever par degrés à la forme supérieure de la science. Nous les étudierons en dernier lieu sous les noms d'*attention*, d'*abstraction*, de *généralisation*, de *jugement*, de *raisonnement inductif* et *déductif*.

PREMIÈRE SECTION

FACULTÉS D'INTUITION

Ordre de développement des trois facultés d'intuition.

Priorité de l'intuiton sensible. — Raisons de cette priorité. — La
forme et la matière de nos connaissances. — La matière vient
des sens, la forme vient de l'esprit. — L'enfant a besoin d'acquérir d'abord la matière de ses connaissances.

En donnant à la perception, à la conscience et à la
raison le nom commun de facultés d'intuition, nous
n'exprimons, à vrai dire, qu'une hypothèse ; cela signifie simplement pour nous que les choses se passent
comme si l'homme était en rapport avec trois ordres
d'objets ; comme si le regard de son intelligence
s'ouvrait sur trois mondes distincts : le *monde physique* ou la matière, le *monde moral* ou l'âme, le
monde métaphysique ou l'absolu ; mais nous verrons
plus loin dans quelle mesure il convient, pour telle
ou telle de ces facultés, de restreindre cette hypothèse.

Ces trois facultés si essentielles ne se développent
pas, dans la première période de la vie, d'une manière simultanée et parallèle. L'enfant ne vit d'abord
ou ne semble vivre que par les sens. Tout ce qui
n'a pas été pour lui l'objet d'une impression sensorielle glisse, en quelque sorte, à la surface de son
âme ; il ne s'y intéresse point, ou s'en détache vite.
C'est donc l'intuition des sens qu'il faut, d'après le
vœu très clair de la nature, favoriser en premier lieu ;
mais on aurait tort de tirer de là, comme le font étour-

diment certains pédagogues contemporains, des conséquences favorables à une éducation sensualiste,
positiviste, matérialiste même; la prédominance de
l'intuition sensible est, en effet, chez l'enfant, toute
provisoire; elle ne tient qu'à une loi très simple de
l'évolution intellectuelle.

Cette loi consiste en ce que nos connaissances renferment deux éléments, l'un expérimental et sensible,
l'autre rationnel et idéal, qu'il importe de distinguer
soigneusement. Si je dis, par exemple, que tel fait
historique s'est passé à telle époque ou en tel lieu;
que le traité qui a mis fin à la guerre de Crimée a été
signé en 1856 et à Paris; sous ces deux affirmations
concrètes sont cachés deux jugements abstraits, qu'une
intelligence non avertie ne discerne pas tout d'abord,
mais qui n'en sont pas moins la base nécessaire sur
laquelle ces affirmations reposent. C'est, d'une part,
que *tout fait se produit dans l'espace*, et de l'autre,
que *tout fait se produit dans le temps*. De même, si
je porte ce jugement général : *La chaleur dilate les
métaux*, ou ce jugement particulier : *Le bloc de pierre
qui obstrue cette route a été détaché de la montagne
par la gelée*, dans les deux cas, sous un jugement
dont j'ai conscience en est impliqué un autre auquel
je ne pense peut-être pas, du moins en ce moment :
c'est que *tout phénomène a une cause*. En d'autres
termes, il y a dans toutes nos connaissances une
matière et une *forme*. La matière vient des sens, la
forme vient de l'esprit. Mais, si des personnes même
relativement instruites ne remarquent pas la *forme*
de leurs connaissances, tant qu'elles n'ont pas réfléchi
sur les lois et sur le mécanisme de la pensée, à plus

forte raison n'est-il pas possible à l'enfant de la découvrir.

Ce fait ne saurait nous étonner. Le premier besoin de l'enfant, c'est de rassembler en grand nombre les matériaux de sa pensée future ; or, ces matériaux lui viennent tous ou presque tous de l'expérience sensible ; le premier devoir de l'éducateur est donc de lui apprendre à faire promptement usage de ses sens, à les exercer dans de bonnes conditions, à lès perfectionner enfin en même temps qu'il les exerce.

CHAPITRE PREMIER

LA PERCEPTION EXTÉRIEURE

I

Les sens.

1. Les cinq sens proprement dits ou sens extérieurs. — Hypothèse de l'unité de composition de l'organisme sensoriel. — Le toucher : son organe général, la peau ; son organe spécial, la main. — Le goût et l'odorat. Ce sont des prolongements directs du toucher. — L'ouïe et la vue. Dans quel sens leurs impressions sont encore des impressions tactiles.

2. Les sens rangés d'après le point de vue de leur importance et de leur dignité. — Sens de la vie matérielle. — Le goût et l'odorat. — Comment ils se rapportent d'une manière indirecte à la vie morale et sociale.

3. Sens de la vie intellectuelle. — L'ouïe. Sa valeur esthétique et sociale. — La vue. Elle nous donne la révélation de l'infini et le sentiment de l'ordre de l'univers, du *cosmos*. Sa valeur scientifique reste néanmoins subordonnée à celle du toucher. — Le toucher. Son dédoublement en deux parties. Le toucher passif. Le toucher actif. Rapports de ce dernier avec le sens musculaire.

1. On attribue généralement à l'homme cinq sens, parce que l'on pose d'abord en principe qu'un sens a nécessairement un organe nettement perceptible, ouvert, comme une sorte de fenêtre, sur la réalité extérieure.

Ces sens, que tout le monde connaît, sont : le *toucher*, le *goût*, l'*odorat*, l'*ouïe* et la *vue*. Suffisent-ils à nous donner la connaissance complète du monde matériel, ou faut-il y ajouter quelque autre sens plus intérieur, dont l'organe n'apparaîtrait point à la surface du corps? Nous verrons un peu plus loin comment il faut répondre à cette question.

N'examinons en ce moment que les cinq sens extérieurs. L'ordre dans lequel ils viennent d'être cités se rapporte à une hypothèse proposée par M. Spencer et d'après laquelle il y aurait entre eux une véritable *unité de composition.* Le toucher devrait être considéré comme le sens essentiel, fondamental; tous les autres n'en seraient que des formes de plus en plus spécialisées et délicates.

Ce qui distingue, en effet, le toucher de tous les autres sens, c'est qu'il se montre d'abord à nous comme répandu sur la surface entière du corps. A ce point de vue, son organe est la peau, qui, elle-même, a pour partie essentielle le *derme*, dans lequel plongent les extrémités excessivement ramifiées des nerfs tactiles. Par le sens du toucher, ainsi considéré dans toute son étendue, nous percevons d'abord le *froid* et le *chaud*, qui nous apparaissent illusoirement comme des fluides dans lesquels nous serions plongés et qui affecteraient également toutes les parties de notre corps, si quelques-unes, le visage surtout, n'étaient fortifiées contre leurs atteintes par l'action endurcissante de l'habitude. C'est, de même, par toute l'étendue de la peau que nous percevons les divers degrés de *mollesse* ou de *dureté* des corps, le caractère rugueux ou poli de certaines surfaces; ainsi, nous éprouvons continuellement, quoique d'une manière assez faible, des impressions de ce genre au contact des étoffes dont se composent nos vêtements.

Mais, en même temps qu'il est répandu sur tout le corps, le toucher est aussi concentré spécialement dans la main. Là, il acquiert des aptitudes plus déterminées, grâce à la diversité des parties dont se compose cet organe et surtout à la mobilité des doigts, qui peuvent palper et manier les objets. C'est ainsi qu'il nous donne, dans une mesure qu'il faudra d'ailleurs préciser plus loin, la perception des *formes* et celle des *relations dans l'espace*.

— Le goût et l'odorat sont de véritables prolongements du sens du toucher. Comme lui, en effet, ces deux sens nous mettent en contact direct avec la substance même des corps, mais dans des conditions nouvelles dont il importe de se rendre exactement compte.

Un corps sapide aurait beau être appliqué contre la langue, il ne serait que *touché*, il ne serait pas *goûté*, si ses parties n'entraient en dissolution dans le liquide qu'on appelle la salive. Le goût nous fait donc percevoir non plus les qualités générales de la matière compacte, mais les propriétés chimiques que possèdent les éléments isolés de certaines substances nutritives, lorsque ces éléments sont mis en contact avec les diverses ramifications du nerf glosso-pharyngien.

De même, ce n'est pas par l'application directe contre la muqueuse nasale où aboutissent les ramifications du nerf olfactif que pourraient être perçues les propriétés spéciales des substances que nous appelons odorantes. Pour que ces corps affectent l'odorat, il faut que leurs particules se répandent d'abord dans l'atmosphère et ne viennent au contact du sens que par l'intermédiaire de l'air, où elles sont tenues en suspension.

— L'ouïe et la vue ne touchent plus directement les corps, ni même les particules qui en émanent; mais c'est toujours, d'après M. Spencer, sous la forme d'un certain contact que leur action s'exerce. Ce qu'elles touchent, ce sont les ondulations d'un certain milieu, air ou éther, dans lequel les corps lumineux ou sonores ont la propriété d'exciter des mouvements vibratoires. Ainsi, la rétine, qui tapisse le fond de l'œil et à la surface de laquelle s'épanouit le nerf optique, est une membrane particulièrement sensible à l'action de la lumière et qui est, littéralement, touchée par elle comme les autres sens, plus grossiers, sont touchés par les objets eux-mêmes.

2. Si, maintenant, au lieu de considérer les cinq sens au point de vue de leur différenciation progressive, nous nous préoccupons plutôt de l'importance relative des notions qu'ils nous fournissent, nous les voyons se ranger dans un ordre un peu différent, qui est un ordre d'importance et de dignité.

A la base se placent les sens du goût et de l'odorat, qu'on appelle les *sens de la vie matérielle;* car ils ne nous font guère connaître la réalité extérieure que dans ses rapports avec notre constitution organique, avec nos besoins animaux, et ne nous donnent que des satisfactions d'ordre inférieur. L'un et l'autre se rapportent essentiellement à la nutrition. Le goût, malgré quelques erreurs, qui semblent avoir pour but de tenir en éveil la perspicacité des animaux, discerne les qualités utiles ou nuisibles des substances dont ils peuvent être tentés de se nourrir. L'odorat est, à ce même point de vue, une annexe du goût. Il lui sert d'avant-coureur. Les animaux flairent avant de goûter et s'écartent prudemment de toute substance qui ne satisfait point leur odorat. Chez l'homme, ces deux sens de l'odorat et du goût conservent, au fond, la même finalité ; toutefois, ils finissent par se rapporter dans une certaine mesure, bien qu'indirectement, à quelques intérêts de la vie morale et sociale. En effet, l'homme étant un animal omnivore, la diversité et la richesse de son goût, susceptible d'être satisfait par des substances très variées, sont une des causes qui ont amené graduellement la multiplication des échanges, le progrès du commerce, par suite les relations entre les diverses races, en même temps que le charme et la joie des festins rapprochaient les individus et créaient la communication des sentiments et des pensées. Quant à l'odorat, moins subtil, à certains égards, chez l'homme que chez l'animal, à cause qu'il a perdu par désuétude quelque chose de son aptitude *prédégustative*, il est, à d'autres points de vue, plus développé, puisqu'il permet à l'homme d'apprécier toutes les senteurs, dont quelques-unes ont un véritable caractère poétique, et de faire usage des parfums que nous tirons de tant d'essences naturelles pour combattre les exhalaisons putrides, pour en écarter, s'il se peut, jusqu'à l'idée, et qu'il contribue ainsi au progrès de la civilisation et à l'affinement des mœurs par la diffusion des habitudes d'élégance et de délicatesse.

3. Les autres sens, l'ouïe, la vue, le toucher (celui-ci ayant, d'ailleurs, un caractère mixte et se rapportant à la vie organique par quelques-unes de ses perceptions les plus immédiates), sont désignés en commun sous le nom de *sens de la vie intellectuelle*, parce qu'ils contribuent tous à l'édification de la connaissance, mais dans une mesure excessivement inégale et dans des conditions qu'il importe de bien préciser.

Considérée en elle-même, l'ouïe n'aurait, peut-être, encore qu'une importance scientifique assez médiocre. En effet, ce sens ne nous donne aucune indication sur le fond même des choses, les phénomènes qu'il perçoit n'étant, pour ainsi dire, que des phénomènes de surface. A ce point de vue, on pourrait certainement le mettre au-dessous du goût et de l'odorat, puisque les données de ces deux sens, si nous étions à même de les bien interpréter, nous feraient pénétrer dans la constitution intime des corps et nous révéleraient jusqu'aux secrets de leur structure moléculaire et atomique. C'est donc seulement d'une manière indirecte que le sens de l'ouïe contribue à notre connaissance, et plutôt en ce qui concerne le monde moral qu'en ce qui regarde le monde physique. Il y contribue d'abord comme sens esthétique ; car, si les bruits de la nature, tels que ceux des vents, de la mer, des cascades, ne nous révèlent pas les lois de la matière, ils nous font connaître, du moins, certaines harmonies qui existent entre les choses et nous. Les sons musicaux ont un privilège plus précieux encore : c'est de nous donner des révélations sur nous-mêmes ; c'est d'évoquer à la surface de l'âme des émotions, des sentiments, qui, sans eux, resteraient cachés dans les profondeurs de la vie inconsciente. Mais, en outre, le sens de l'ouïe est, comme sens social, le principe le plus actif peut-être de l'extension de notre connaissance, puisque, en nous faisant communiquer avec nos semblables, il nous permet de recueillir les fruits accumulés de leur expérience ; seulement il faut rapporter l'honneur de cette expérience elle-même aux deux autres sens, la vue et le toucher.

— De ces deux sens, quel est, en ce qui concerne la connaissance, le plus essentiel? Il semble, au premier abord, que ce soit la vue. Par elle, en effet, nous atteignons sinon jusqu'aux limites inaccessibles de l'univers, du moins jusqu'à de telles distances et à de telles profondeurs que notre imagination en demeure confondue. C'est donc par elle que nous est révélé l'*infini*. Par elle aussi nous saisissons l'ordre, l'unité, l'harmonie du *cosmos*. Elle est, comme l'ouïe, un sens esthétique, qui nous fait découvrir la beauté dans les œuvres de la nature aussi bien que dans les œuvres de l'art. Comme l'ouïe également, elle est un sens social; car les yeux font, par la perception des signes écrits, ce que fait l'oreille par la perception des signes oraux, avec cette différence, tout à leur avantage, qu'ils nous mettent en communication avec l'humanité entière; ils nous font percevoir la pensée de ceux qui vivent loin de nous, comme de ceux qui ont vécu avant nous. Par-dessus tout, il semble que la vue nous donne les indications les plus précises sur les formes, les distances, les mouvements, en un mot, sur toutes les relations que les objets ont les uns avec les autres dans l'espace ; mais on verra plus loin que ces connaissances, les plus essentielles de toutes, viennent, en réalité, du sens du toucher et que le sens de la vue, après les avoir reçues du toucher par une véritable éducation, ne fait que les transporter, en quelque sorte, sur un plus vaste théâtre.

— C'est donc le toucher qui est, en dernière analyse, le sens essentiel ; lui seul nous met vraiment en rapport immédiat avec la réalité matérielle et nous fait percevoir les qualités absolument constitutives des corps ; par lui, nous les manions, nous les pesons, nous les mesurons, nous apprécions avec une parfaite exactitude les moindres différences qu'ils présentent au point de vue de leurs propriétés mathématiques, auxquelles se réduisent toutes les autres.

Toutefois, même au sujet de ce sens fondamental, une réserve est encore nécessaire, et nous allons voir que la perception d'un certain nombre de ces propriétés mathématiques doit ou bien être transportée à un autre sens, ou bien n'être attribuée pleinement au toucher qu'autant que l'on aura commencé par faire en lui un véritable dédoublement.

Considérons, en effet, ce qui se passe quand nous tenons à la main, et le bras tendu, un objet d'un certain poids, une lampe par exemple. L'analyse psychologique distingue facilement ce qui, dans la perception complexe éprouvée alors par nous, appartient évidemment au toucher et ce que nous devons rapporter à autre chose que le toucher proprement dit.

La *fraîcheur* du marbre ou du métal dont cette lampe est faite, le caractère plus ou moins lisse ou rugueux de sa surface, enfin l'ensemble des qualités qui nous permettent de distinguer un marbre d'un autre marbre, un métal d'un autre métal, tout cela, évidemment, est perçu par le toucher, et par le toucher seul. Mais il n'en est plus de même de la *pression* que cette lampe exerce sur notre bras et que nous apprécions approximativement quand nous disons qu'elle est légère ou qu'elle est lourde. Si la sensibilité propre de l'extrémité des nerfs tactiles était abolie, ou si notre main était couverte de callosités qui l'empêcheraient absolument de sentir les qualités de surface, le poids continuerait encore à être perçu par nous et, en réfléchissant sur cette sensation, nous nous apercevrions bien qu'elle n'a plus pour siège la main, mais qu'elle est éprouvée dans le bras, dans l'avant-bras, dans l'épaule, partout enfin où se produit un effort, une tension des muscles mis en action par le fait de saisir ou de soulever quelque chose.

Nous sommes donc ramenés à l'idée d'un *sens intérieur* qui collaborerait avec les sens proprement dits pour nous donner la perception nette et surtout la notion scientifique du monde matériel.

Ce sens, on l'appelle ordinairement le *sens musculaire*, et on le rattache lui-même à un autre sens, plus intérieur encore, qui est le *sens vital*. Nous aurons occasion de montrer plus loin que le sens vital nous donne la première notion d'une extériorité, qui n'est point encore l'extériorité proprement dite, c'est-à-dire celle de la nature vis-à-vis de nous, mais simplement l'extériorité de notre corps vis-à-vis de notre âme, et que, d'autre part, le sens musculaire a pour fonction propre de nous faire passer, par la perception du mouvement, de cette extériorité organique à l'extériorité proprement dite. Nous réservons simplement la question de savoir si, dans cette connaissance très essentielle qu'il nous donne, le sens musculaire agit, à proprement parler, comme sens spécial, ou s'il ne suffirait pas de voir en lui un *toucher interne et actif* en face du *toucher extérieur et passif*.

II

La perception du monde extérieur par les sens.

1. Préjugé naturel, d'après lequel cette connaissance serait une intuition immédiate et passive. — Théorie de Démocrite; théorie d'Empédocle. — Conception plus savante d'Aristote; la sensation, acte commun du sentant et du sensible.
2. Position de la question. — Distinction des qualités premières et des qualités secondes. Les qualités secondes ne nous représentent la matière qu'à travers nos états de conscience; les qualités premières semblent nous représenter directement la matière. — Polémique contre cette distinction. — Tentative pour ramener les qualités premières à n'être que des qualités secondes. Conséquences qui en résulteraient; idéalisme de Berkeley; phénoménisme de David Hume.
3. A quel point de vue on peut maintenir la distinction des deux ordres de qualités. — La perception du monde extérieur est une construction de notre esprit. — Comment cette construction se fait pour les qualités premières; comment elle se fait pour les qualités secondes. — Quel sens il faut donner à la formule de M. Taine : « La perception du monde extérieur est une hallucination vraie. »
4. Double principe de l'éducation des sens.

1. Quoi qu'il en soit de cette réserve, voilà les sens qui sont à la disposition de l'homme. Nous les supposons tout formés, pleinement développés, en possession de leurs organes sains et dispos, et nous avons maintenant à nous demander comment se fait par eux la perception des objets extérieurs.

Un préjugé très naturel nous porterait à répondre
que cette perception se fait d'une manière toute passive, que nos sens, pareils à des instruments enregis-
treurs, reçoivent purement et simplement l'empreinte
exacte des objets qui nous entourent et que, par
conséquent, ils n'ont aucun besoin d'une éducation
quelconque, puisque leur fonction s'accomplit en
quelque sorte d'elle-même, dans des conditions qui
la rendent immédiatement parfaite.

C'est ce que soutenait une école sensualiste de l'antiquité. D'après Démocrite, les *idées* que nous avons
des choses matérielles sont les *images* mêmes de ces
choses, images qui pénètrent en nous par nos divers
sens, surtout par le sens de la vue, et qui se déposent
sur notre *sensorium*. Ainsi l'esprit ne met rien de lui-
même dans la connaissance qu'il a des objets; il est
un simple miroir, une glace limpide, sur laquelle ces
objets viennent se peindre.

Un autre philosophe ancien, Empédocle, proposait
encore une explication assez semblable. Partant de
ce principe : « C'est le semblable qui connaît le semblable, » il admettait dans la substance dont notre âme
est formée des éléments divers, répondant à toutes les
parties constitutives des corps. Ainsi nous percevons
l'eau par les parties subtiles d'une eau qui est en
nous; de même, nous percevons l'air par l'air, le
feu et la terre par les éléments de terre et de feu que
la nature a fait entrer dans la composition de notre
être.

— Après ces premiers essais d'explication grossièrement matérialiste, Aristote, le premier, a posé la
question sur son véritable terrain en déclarant que, si

les objets laissent dans la perception quelque chose
d'eux-mêmes, nous y mettons aussi, à notre tour,
quelque chose qui vient de nous; ainsi, il définissait
profondément la sensation en disant que c'est l'*acte
commun du sujet sentant et de l'objet senti.*

Mais, si ingénieuse qu'elle soit, cette formule
d'Aristote laisse bien des choses dans le doute; elle ne
nous apprend point quelle est la part de l'*objet* et
celle du *sujet* dans la perception; elle ne nous dit pas
si l'esprit, en mettant quelque chose de lui-même dans
la connaissance de l'objet, altère ou bien, au contraire,
complète par l'interprétation qu'il en donne la nature de cet objet. Le problème restait donc intact. La
psychologie moderne a dû le reprendre en s'appuyant
sur la distinction essentielle des *qualités premières* et
des *qualités secondes* de la matière.

Voici en quoi consiste cette distinction.

2. Considérons de nouveau quelque objet facilement maniable. Ce sera, si l'on veut, un bâton de
soufre. Il présente une certaine couleur jaune, de
nuance caractéristique; si je le laisse tomber, il rend
un certain son particulier; si je l'approche du feu,
il dégage une certaine odeur qui lui est propre. En
même temps, sous la pression de ma main, il offre
une assez grande consistance; sa dureté, cependant,
est loin d'égaler, par exemple, celle d'un métal; je ne
puis le faire plier comme une cire molle, mais je
pourrais le casser. Je perçois surtout sa forme cylindrique; je me rends compte de l'étendue qu'il occupe
dans l'espace; je sens, d'autre part, son poids et le
compare mentalement à celui de plusieurs autres
substances qui me sont familières. J'exprimerai tout

cet ensemble de qualités, en disant qu'il est coloré,
qu'il est sonore et qu'il est odorant, au moins dans
certaines conditions, que sa surface est lisse, légèrement froide, qu'il est dur, pesant, de forme cylindrique, etc.; et, en employant cette expression : « il
est, » je lui attribuerai au même titre ces qualités
si diverses.

Cependant, quelques expériences suffiront pour me
convaincre que toutes ces qualités ne lui appartiennent pas de la même manière et au même titre. En
effet, quand je dis, par exemple, qu'il est coloré ou,
plus spécialement, qu'il est jaune, j'entends qu'il possède la propriété de produire sur ma rétine une certaine impression, qui est celle de couleur jaune; mais
si, ensuite, je veux me rendre compte de ce qu'est
objectivement cette propriété, je découvre qu'elle n'a
rien de commun avec l'impression éprouvée par moi;
elle consiste exclusivement dans ce fait que le soufre,
comme toutes les substances colorées, absorbe certains rayons lumineux et en réfléchit d'autres; or, ces
rayons lumineux eux-mêmes se réduisent à des vibrations plus ou moins nombreuses, se produisant dans
un milieu élastique qu'on est convenu d'appeler *éther*.
Encore une fois, rien, dans tout cela, ne ressemble à
la sensation, c'est-à-dire à l'état de conscience qui
s'est produit en moi. Il paraît donc bien que j'ai eu
tort de dire : «le soufre est jaune ; » j'aurais dû dire simplement : « le soufre est une substance qui a la propriété de produire en moi la sensation de jaune. »
Que, maintenant, on examine encore à ce même point
de vue quelques-unes des qualités citées plus haut, par
exemple l'odeur, le son, la saveur, on verra que ce ne

8.

sont pas non plus, à vrai dire, des *manières d'être* réellement présentes dans le soufre; ce sont simplement des *états de ma propre conscience* déterminés en moi par la présence et par l'action de ce corps. Au contraire, quand je dis que le soufre est dur, qu'il est pesant, qu'il est de forme cylindrique, je sens ou, du moins, je crois sentir que ces qualités sont bien réellement en lui telles qu'elles sont représentées dans ma conscience; en affirmant que ce corps les possède, je ne saisis plus simplement une action, une influence que le soufre exerce sur moi; j'atteins réellement quelque chose de sa nature intrinsèque et objective.

— Ainsi que nous l'avons déjà vu, on exprime cela sous une forme générale, quand on dit qu'il y a dans les corps deux ordres de qualités nettement distinctes les unes des autres, qui sont les *qualités secondes* et les *qualités premières*.

Le nom de *qualités secondes* s'explique de lui-même. Il signifie que ces qualités ne nous représentent point, à vrai dire, la matière, sinon indirectement, *secondairement;* en d'autres termes, elles ne nous mettent pas en relation immédiate avec la substance des corps, mais nous la font simplement affirmer à travers les états de notre conscience, les modes de notre sensibilité. Elles tiennent donc aux conditions particulières de notre organisation physique ou mentale, et elles changeraient, si ces conditions venaient elles-mêmes à changer. Les transporter dans les corps telles qu'elles nous apparaissent, ce serait transporter en eux les modalités de notre propre nature. Si nous voulions soutenir, à la lettre, que le feu *est* chaud, que la glace *est* froide, nous devrions nous résigner à l'entendre dans ce sens absurde que *le feu a chaud* et que *la glace a froid;* car le froid et le chaud ne sont qu'en nous; ce ne sont pas les vraies propriétés de ces substances, mais simplement les signes par lesquels ces propriétés, en elles-mêmes mystérieuses, sont représentées dans notre conscience; ce sont, pouvons-nous dire encore, des *sensations* déterminées en nous par les phénomènes physiques qui se passent dans certains corps, mais n'ayant, en réalité, avec ces phénomènes aucun rapport de ressemblance.

Au contraire, les *qualités premières* sont ainsi nommées parce qu'elles sont, en quelque sorte, des qualités *de premier degré*, constituant véritablement l'essence même des corps, dont les *qualités secondes* ne sont que le vêtement.

— Cette distinction, on le voit, éclaire, au moins provisoirement, la question laissée en suspens par Aristote. Elle nous permet, par exemple, de dire que, dans la perception des *qualités secondes*, nous imposons à la matière des formes qui ne lui appartiennent pas réellement, qui ne sont qu'en nous, en d'autres termes, des formes illusoires, qui nous éloignent de sa connaissance scientifique; tandis que, dans la perception des *qualités premières*, c'est, au contraire, la forme même des choses, leur forme précise, positive, scientifique, qui pénètre en nous et qui façonne notre pensée à sa ressemblance.

Toutefois, nous ne devons point trop nous hâter d'accepter cette solution; elle est tenue en échec par une objection redoutable et dont les conséquences pourraient avoir une extrême gravité au point de vue non seulement de la science, mais aussi de la moralité humaine.

Cette objection consiste à soutenir que les prétendues *qualités premières* des corps ne sont toujours, en dernière analyse, que des *qualités secondes,* c'est-à-dire, en d'autres termes, qu'elles ne nous représentent encore que notre propre conscience et non pas la réalité matérielle.

— Voici comment on se flatte de le prouver.

L'étendue, la forme (qui n'est qu'une détermination de l'étendue) et la résistance, telles sont, dit-on, les principales qualités qui seraient, d'après certains métaphysiciens, des *qualités premières* et qui auraient le privilège de nous faire pénétrer de plain-pied dans la substance même des choses corporelles.

Or, ajoute-t-on, la représentation de l'étendue, aussi bien que celle de la couleur ou celle de la température, contient un *élément subjectif,* qui dépend des conditions particulières de notre organisation sensorielle et qui varierait si cette organisation venait elle-même à varier. En effet, nous nous représentons l'étendue corporelle sous la forme d'une *continuité;* mais, au fond, cette continuité n'est que dans notre esprit; car l'expérience démontre que tous les corps sont poreux, qu'ils sont compressibles, et qu'il existe des interstices entre les éléments dont se composent les substances même les plus solides et les plus compactes. Ce sont donc toujours les conditions de notre propre conscience que nous substituons à celles de la matière dans notre représentation mentale de l'étendue ou de ces déterminations particulières de l'étendue que nous appelons des formes.

Et il n'en est pas autrement pour la résistance ; l'idée que nous en avons contient encore un élément tout subjectif ; c'est le sentiment d'un *effort* par lequel nous nous efforçons de déplacer un corps en exerçant sur lui une pression ou, au contraire, d'annuler la pression qu'il exerce sur nous et par laquelle il tend à occuper la place que nous occupons nous-mêmes ; or, la nature de ce sentiment est liée à notre organisation ; elle s'évanouirait ou se modifierait avec elle.

— Il est facile de comprendre quelle serait la gravité de cette objection, si on parvenait à l'établir solidement. Il en résulterait que jamais, *absolument jamais,* nous ne pouvons être en contact avec les corps ; par conséquent, il nous serait impossible de démontrer que le monde matériel existe tel qu'il nous semble être, bien plus, qu'il y ait au dehors de nous un monde matériel quelconque. On aboutirait ainsi soit à l'*immatérialisme* de Berkeley, qui rejette l'existence des corps pour ne laisser subsister que celle des esprits, soit même au *phénoménisme,* au *nihilisme* de David Hume, qui, supprimant à son tour les esprits, ne reconnaît plus autre chose dans l'univers que des états de conscience, sans substantialité aucune, et ne les relie même pas les uns aux autres par la loi de causalité, mais simplement par les lois de l'association et de l'habitude. Par suite, ce que nous appelons le monde extérieur (monde physique et, peut-être, monde moral) ne serait qu'une construction arbitraire de notre pensée et nous verrions disparaître, avec l'objet de la science, le théâtre même sur lequel doivent s'exercer notre activité et notre moralité.

3. Heureusement, nous pouvons échapper à des

conséquences si extrêmes en nous représentant sous une autre forme la distinction des *qualités premières* et des *qualités secondes*.

Il suffit pour cela de comprendre que, si notre connaissance du monde matériel est bien, dans un certain sens et dans une certaine mesure, une *construction* de notre esprit, c'est une construction dont les bases nous sont fournies par la réalité matérielle elle-même, mise en contact direct avec nous par nos sens les plus essentiels et les plus fondamentaux.

En effet, rendons-nous bien exactement compte du résultat auquel aboutit la critique des *qualités secondes*, telle que nous l'avons résumée plus haut. Elle aboutit à démontrer non pas que notre expérience n'atteint absolument rien sous les *qualités secondes*, telles que la couleur, le son, la chaleur, etc., mais simplement que ces phénomèmes, étudiés à fond par la physique, se réduisent toujours finalement pour nous à des vibrations, à des ondulations, c'est-à-dire à des mouvements, supposant eux-mêmes des forces qui les produisent et une étendue dans laquelle ils se déploient.

Or, le mouvement, l'étendue, la force (manifestée par la résistance), voilà l'objet propre auquel s'applique le toucher, passif ou actif. Nous sommes donc amenés de nouveau à considérer le sens du toucher comme le sens primordial, sur lequel reposent tous les autres; c'est-à-dire comme le sens qui juge et qui contrôle finalement, par les perceptions qui lui sont propres, les perceptions des autres sens.

Par suite, nous pouvons admettre que les *qualités premières*, aussi bien que les *qualités secondes*, sont

simplement les éléments d'une construction que nous
faisons en nous-mêmes de la réalité matérielle; mais
avec cette différence capitale que par les *qualités premières*, étendue, forme, résistance, nous reconsti-
tuons la réalité sensible telle ou à peu près telle
qu'elle est en elle-même (ces qualités ayant un caractère essentiellement idéal, à peine voilé par un faible
mélange d'éléments subjectifs); tandis que par les
qualités secondes, couleur, son, chaleur, nous ne faisons que projeter sur elle nos propres sensations, dont
nous sommes obligés ensuite de la dépouiller pour
reconnaître qu'au fond des phénomènes correspondant à ces qualités il n'y a jamais, en dernière analyse,
que de l'étendue, de la force et du mouvement.

— M. Taine a exprimé tout cela sous une forme
saisissante, quand il a dit que la perception extérieure
est une *hallucination*, c'est-à-dire une construction
idéale, projetée au dehors, mais en ajoutant que c'est
une hallucination *vraie*, c'est-à-dire au sujet de laquelle nous pouvons nous assurer ultérieurement, par
une vérification expérimentale, qu'elle correspond aux
traits essentiels de la réalité. Seulement cette vérification se fait beaucoup plus sûrement et beaucoup plus
vite pour les *qualités premières*. Il ne nous faut, en
effet, qu'un petit nombre d'expériences pour dégager
de nos impressions sensorielles l'idée claire de la
résistance, de l'étendue ou du mouvement, et pour
constater, en ce qui concerne ces qualités, une parfaite
corrélation entre la suite des phénomènes naturels et
la série des prévisions fondées sur nos calculs. Au
contraire, pour les *qualités secondes*, nous ne passons
que beaucoup plus lentement de la sensation à l'idée.

En transportant dans la matière les modalités de couleur, de son, de température, qui ne sont qu'en nousmêmes, nous ne projetons d'abord sur elle qu'une sorte d'ornementation; plus tard seulement, et à l'aide d'expériences multiples, renouvelées et diversifiées de mille manières, nous finissons par nous apercevoir que ce qui se cache sous ces phénomènes de température, de son et de couleur, ce sont toujours des phénomènes susceptibles d'être réduits à des situations et à des mouvements dans l'étendue. Alors seulement devient possible pour nous une explication totale de l'univers physique, considéré comme un système savamment ordonné de *mouvements des masses*, de *mouvements ondulatoires* et de *mouvements moléculaires*.

4. On peut maintenant comprendre toute la profondeur de la formule d'Aristote : « La sensation est l'acte commun du sentant et du sensible. » Traduite en langage plus moderne, elle signifie que la perception extérieure n'est pas une *pure intuition passive*, immédiatement déterminée en nous, sans aucun concours de notre esprit, par les simples impressions sensorielles; c'est une *construction* qui se fait en nous d'une manière inconsciente par le concours spontané des divers sens, subordonnés eux-mêmes à un sens principal, qui est le toucher (et réserve faite des divisions que nous aurons de nouveau à reconnaître tout à l'heure dans le toucher lui-même).

Cette construction s'opère surtout pendant les années de l'enfance, bien plus de la première enfance; mais elle peut ensuite être reprise, rectifiée et complétée, sous l'influence de la réflexion. Nous sommes amenés ainsi à concevoir l'idée d'une éducation raisonnée des sens ; éducation qui sera expliquée ailleurs dans ses détails, mais dont nous pouvons signaler de suite les éléments essentiels.

1° Puisque tous les sens (et il n'y a même pas d'exception absolue pour ceux de la vie matérielle) contribuent à la construction mentale par laquelle chacun de nous se représente le monde extérieur, l'œuvre première de l'éducation des sens consiste à les développer, à les affiner, à augmenter, pour chacun d'eux isolément sa double puissance d'analyse qualitative et d'analyse quantitative.

2° Puisque les sens se prêtent un mutuel concours en associant leurs impressions et que le toucher, en particulier, exerce sur les autres sens de la vie intellectuelle une influence éducative qui étend considérablement leur portée, le second et le plus important devoir de l'éducation proprement dite des sens, c'est de soumettre à une discipline raisonnée cette influence naturelle et d'en tirer tous ses effets utiles, spécialement en ce qui concerne le redressement des erreurs et des illusions sensorielles.

Mais ceci exige quelques explications préalables sur le mécanisme de l'éducation spontanée des sens.

III

L'éducation spontanée des sens.

1. Les perceptions primitives et les perceptions acquises. — Perceptions acquises de l'ouïe ; perceptions acquises de la vue. — Les perceptions acquises s'expliquent par une influence éducative du toucher sur l'ouïe et sur la vue. — Cette influence elle-même a son principe dans la puissance de l'asso-

ciation des idées. — Théorie de la perception visuelle des
distances. — Théorie de la perception visuelle des formes.

2. Cette explication des perceptions acquises par l'action du
toucher appelle une double réserve. — D'abord le toucher
ne pourrait faire l'éducation de la vue, pour les distances et
les formes, de l'ouïe, pour les distances seules, si ces deux
sens n'avaient une légère aptitude à percevoir par eux-mêmes
ces qualités. — Explication spéciale de cette aptitude en ce qui
concerne la vue. — Pourquoi la vue et l'ouïe ne peuvent, à
leur tour, communiquer au toucher des perceptions acquises et
faire qu'il entende et qu'il voie dans une certaine mesure.

3. Ensuite, ce n'est point, à proprement parler, le toucher, mais
le sens musculaire qui instruit la vue à juger des formes et des
distances. — Les deux degrés de l'extériorité. — Comment le
sens vital nous fait connaître notre propre corps comme un
premier objet extérieur à l'âme. — Comment le sens musculaire nous révèle les limites de notre propre corps. — Acquisition graduelle de l'idée de distance et de l'idée de forme par
le sentiment de la marche et par la mesure des objets.

1. Chacun de nos sens a ses perceptions qui lui
sont propres et qui sont déterminées par son organisation même. Ainsi l'odorat a pour objet spécial la
perception des odeurs et le goût celle des saveurs.
Mais ces deux sens ne peuvent jamais percevoir autre
chose que les qualités qui leur sont propres; il n'y
a donc pas lieu de poser, en ce qui les concerne, la
question des *perceptions primitives* et des *perceptions acquises*. Au contraire, parmi les autres sens,
deux, l'ouïe et la vue, sont susceptibles d'arriver
indirectement à percevoir autre chose que leurs sensibles propres; on distingue donc, en ce qui les
concerne, les deux ordres de perceptions.

En effet, l'ouïe (pour commencer par elle) ne perçoit
naturellement et originairement autre chose que des
sons; c'est à cette seule perception que son mécanisme interne est adapté; cependant, à partir d'une
certaine époque (et cette époque remonte très loin

dans l'enfance), nous devenons capables d'apprécier, avec une certaine exactitude relative, la distance à laquelle se trouve un objet sonore. Nous savons, sans voir le chasseur, qu'un coup de fusil que nous venons d'entendre a été tiré à cent, à deux cents mètres ; nous savons, sans voir le clocher ou le beffroi, que telle cloche, tel carillon, doit être à un quart de lieue, à une demi-lieue de nous.

Quant à la vue, son aptitude à cet égard est bien plus merveilleuse encore que celle de l'ouïe. En effet, ce sens arrive très promptement, sous l'influence de l'habitude, à juger non seulement des distances (et il le fait avec une exactitude bien plus surprenante que celle de l'ouïe), mais encore des proportions et des formes. Et cependant il est certain que la puissance de la vue est, tout d'abord, strictement limitée à la seule perception de la lumière et de ces accidents de la lumière que nous appelons les couleurs. Il est vrai que ces couleurs lui apparaissent comme étendues ; elles se répartissent sur des surfaces, soit séparées les unes des autres par des arêtes plus ou moins vives, soit fondues les unes dans les autres par des nuances et des transitions insensibles ; la vue perçoit donc, concurremment avec les couleurs, l'étendue visible, c'est-à-dire l'étendue bornée à deux dimensions, hauteur et largeur ; mais cette étendue plate, sans profondeur, sans relief, n'est qu'un des éléments abstraits dont se composera la forme ; elle n'est, à aucun degré, la forme elle-même.

— C'est ce qui fut bien prouvé, dès le dernier siècle, par la célèbre expérience de Cheselden. Lorsque ce praticien fit pour la première fois sur un aveugle de

naissance l'opération de la cataracte, on put se convaincre que, dans les premiers jours, l'opéré ne percevait que des surfaces colorées et non point des distances ou des formes. Il ne reconnaissait pas par la
vue les objets les plus usuels, qu'il avait mille fois
maniés. De plus, ces surfaces colorées qu'il percevait
pour la première fois lui apparaissaient comme collées
contre son œil; il ne les voyait point *situées* au dehors,
et il lui fallut plusieurs semaines pour pouvoir juger,
par la vue seule, de leurs véritables situations dans
l'espace aussi bien que de leurs formes réelles.

Mais ce qui se passa chez l'aveugle de Cheselden
se reproduit pour chacun de nous dans les premiers
temps de la vie. Observons avec attention un tout petit
enfant à l'époque où il commence à s'intéresser au
monde extérieur, et nous verrons qu'il n'a d'abord
aucune perception nette soit de la distance, soit de la
forme. Les perceptions visuelles ne lui apparaissent
pas non plus comme situées hors de lui. En détour-
nant la tête pour suivre la lumière d'un flambeau, il
obéit à une stimulation tout intérieure; il fait exactement ce que nous faisons nous-mêmes pour mieux
percevoir l'impression d'une senteur agréable. Il
étend gauchement la main pour palper, en quelque
sorte, l'espace, allant chercher trop loin des objets
qui sont tout près de lui et se flattant, au contraire,
de saisir des objets très éloignés. De même la curiosité
avec laquelle il manie et tourne dans tous les sens
un petit objet, un étui, par exemple, ou un lorgnon,
qu'on vient de lui mettre dans les mains, après qu'il
l'avait vu de loin et désiré, montre qu'il ne connaissait
pas la forme de cet objet et qu'il cherche à la fixer

dans son esprit en s'aidant des indications du toucher.

— Mais comment ces deux sens de l'ouïe et de la vue acquièrent-ils ainsi des propriétés qui ne leur avaient point été immédiatement données par la nature? Il faut voir là (et c'est ce qui fait l'intérêt pédagogique de ce problème spécial de psychologie) l'effet d'une *éducation spontanée*, qui a son principe dans l'influence du toucher sur les deux autres sens de la vie intellectuelle.

Et cette idée d'éducation elle-même s'explique finalement par un fait capital, sur lequel nous aurons à revenir plus loin pour en expliquer toute l'importance : c'est le fait de l'association des idées, particulièrement sous la forme de ce que nous appellerons l'*association indissoluble*. Nos perceptions tactiles s'associent continuellement dans l'expérience avec nos perceptions visuelles et nos perceptions auditives, et elles arrivent ainsi à former avec ces dernières des groupes solidement constitués, qui, bientôt après, sous l'influence de l'habitude, nous apparaissent comme indécomposables. Dès lors, en même temps qu'elles nous envoient leurs perceptions propres, la vue et l'ouïe nous donnent aussi, relativement aux mêmes objets, des perceptions de forme et de distance, qui n'appartiennent originairement qu'au toucher.

Voici, en effet, très en abrégé, comment les choses se passent, quand nous arrivons à percevoir par la vue seule soit les distances, soit les formes des objets.

— Pour la perception visuelle des distances, le point de départ est la représentation de la grandeur habituelle d'un objet, vu, pour ainsi dire, à sa distance normale. Ainsi, la distance normale des objets maniables, dont nous nous servons continuellement, par exemple de ceux qui sont sur notre table de travail, tels que livres, porte-plumes, encriers, presse-papier, etc., est représentée à peu près par la longueur du bras, étendu pour les saisir ; ce sont, comme nous disons, des objets *à portée de la main*. Pour les meubles qui garnissent un appartement, cette distance moyenne est un peu plus grande. Pour des maisons, pour des arbres, elle l'est davantage encore ; c'est celle où nous pouvons commodément embrasser ces objets d'un seul coup d'œil, mais avec quelque chose qui les enveloppe, c'est-à-dire à peu près comme un tableau dans son cadre. Partant donc de cette représentation d'une grandeur habituelle et ayant suffisamment remarqué, dès nos premières expériences, que la grandeur apparente d'un objet varie d'après une certaine proportion suivant que cet objet s'est éloigné ou rapproché, nous prenons rapidement l'habitude d'associer l'idée de telle grandeur apparente, le plus souvent vérifiée par le toucher, à l'idée de telle distance et de faire de cette grandeur l'équivalent de cette distance ou, quelquefois aussi, réciproquement.

Alors, les deux choses s'unissent à tel point qu'elles *forment groupe* ensemble. Instantanément, sans avoir besoin de réflexion ni de calcul, sans faire même un raisonnement rapide, dont notre jugement serait la conclusion, *nous traduisons la grandeur apparente en distance*. Cela se fait d'instinct. De là les illusions de la *perspective linéaire* dans le dessin et dans la peinture. Il suffit qu'on nous représente un objet très petit pour que notre œil le juge très éloigné ; il suffit qu'on rapetisse graduellement, en les rapprochant l'une de l'autre, deux files d'arbres pour que, sur une toile plate, nous croyions voir une allée de deux ou trois kilomètres. Ainsi s'espacent pour nous sur plusieurs plans les objets représentés sur un tableau ; dès lors, si c'est un vaste paysage qu'on nous montre, nous avons l'illusion de percevoir plusieurs lignes de collines et, tout au bout de l'horizon, des montagnes lointaines.

— Quant à la perception visuelle des formes, elle s'acquiert, plus naturellement encore, par l'association de certaines perceptions actuelles de la vue avec des perceptions ou des souvenirs de perceptions tactiles.

Lorsque nous voyons à quelque distance un objet sphérique, ou conique, ou cylindrique, ce que notre œil perçoit directement et de lui-même, ce qui constitue, à cet égard, sa perception primitive, c'est simplement une certaine distribution des ombres et des lumières à la surface de cet objet ; et cette distribution caractéristique est variable, suivant qu'il s'agit de telle ou telle forme : celle qui se fait sur la sphère ne ressemble pas à celle qui se produit sur le cylindre, à plus forte raison sur la pyramide. Dans telle de ces figures, les zones d'ombre ou de lumière forment des courbes ; dans telle autre, elles s'étendent en ligne droite ; ici, elles se fondent les unes dans les autres par des nuances insensibles ; ailleurs, elle sont séparées par de vives arêtes. La vue ne perçoit pas autre chose ; mais, aussitôt que le toucher s'applique à un objet déjà connu par la vue et saisit les détails de sa forme, nous ne pouvons nous empêcher de lier ensemble ces deux ordres de qualités si différentes ; nous notons la corrélation de tel creux avec telle forme d'ombre, de telle saillie avec telle répartition de lumière; la fréquence des observations fixe dans notre esprit ces corrélations toujours les mêmes, dont les termes finissent par être tellement liés dans notre pensée que nous ne pouvons plus les détacher l'un de l'autre. Par là encore s'explique, dans la peinture, l'illusion du *relief;* cette troisième dimension, par laquelle l'étendue tangible diffère de l'étendue visible, se trouve ainsi exprimée, aussi bien que les deux autres, par l'habileté de l'artiste à imiter tous les jeux et tous les effets de la lumière.

2. Toutefois, après qu'on a proposé cette explication générale des perceptions acquises de l'ouïe et de la vue par une association, devenue indissoluble, entre les impressions actuelles que nous envoient ces deux sens et des souvenirs d'impressions tactiles, il est nécessaire de restreindre et de modifier à deux points de vue cette explication.

D'abord, la puissance de l'association ne suffit point ici à tout expliquer. Si l'association entre deux ordres de perceptions était l'unique principe de l'aptitude que possèdent l'ouïe et surtout la vue à nous révéler les qualités ordinairement connues par le toucher, il faudrait, inversement, que le toucher, lui aussi, pût acquérir une aptitude à nous faire percevoir des sons ou des couleurs. Or, les choses ne se passent point ainsi. Quand nous touchons un objet sans le voir ou sans l'entendre, sa perception visuelle ou sa perception auditive nous est bien, à vrai dire, représentée d'une certaine manière; mais, en y réfléchissant, nous voyons qu'elle est simplement *conclue,* simplement *remémorée,* elle n'est pas *sentie* et *perçue;* au contraire, quand nous voyons un objet sans le toucher, sa forme, en tant qu'objet tactile, est véritablement *perçue*, sentie par l'œil. Quand, par exemple, nous manions, sans les regarder, des objets tels qu'une lampe ou un chapeau, nous retrouvons bien par association leur forme visuelle, mais *nous ne les voyons point pour cela avec les doigts*[1]; au contraire, en les regardant sans les palper, nous ne nous souvenons pas simplement de leur forme tactile, on peut dire que *nous les touchons véritablement avec les yeux*. Quelle est donc la raison de cette différence, puisque la part de l'association est aussi grande dans les deux cas? C'est, en dernière analyse, que le toucher n'a pas en lui une prédisposition quelconque, même infinitésimale, à percevoir la lumière ou les couleurs, tandis que la vue, au contraire, possède, bien qu'à un degré très faible, une réelle prédisposition à percevoir le relief et la forme.

— Cette prédisposition, nous allons en indiquer brièvement les causes et les limites.

En ce qui concerne d'abord la perception de la distance, l'examen attentif des faits montre que le sens de la vue, livré à lui-même, est, pour deux raisons distinctes, capable de nous la donner dans une certaine mesure.

La première de ces raisons s'applique surtout à la perception des grandes distances et vaut même pour

---

1. Il faut, cependant, faire ici une réserve au point de vue esthétique. Michel-Ange, devenu aveugle, goûtait encore les joies de son art en palpant les chefs-d'œuvre qu'il ne pouvait plus voir. De même, Gœthe, parlant aussi du plaisir de la statuaire, a dit dans une de ses *Poésies :* « Je vois d'un œil qui touche, je touche d'une main qui voit. »

la vision par un seul œil ou *vision monoculaire*. C'est
le fait de la *perspective aérienne*.

A mesure que les objets se répartissent sur des plans
de plus en plus éloignés, leurs contours deviennent
plus vagues, plus indécis; ils *s'estompent* en quelque
sorte; et on peut faire remarquer en passant que l'imitation de cette perspective aérienne est encore un des
artifices dont les peintres font usage pour nous donner,
sur leur toile plate, l'illusion des espacements et des
distances.

La seconde, qui, au contraire, explique plutôt la
perception de petites distances, tient à une des conditions les plus essentielles du mécanisme de la vision
par les deux yeux ou *vision binoculaire*. Pour distinguer nettement un objet, s'il n'est qu'à une faible
distance, nous faisons converger vers lui nos deux
axes visuels, de telle sorte que les rayons qui en
émanent tombent bien sur la partie la plus délicate,
la plus sensible, de l'une et l'autre rétine.

Si donc nous tenons, par exemple, à peu de distance
de nos yeux un objet tel qu'un porte-plume et que nous
l'approchions de nous graduellement, nous sentons que
notre effort pour maintenir nos deux yeux fixés ensemble sur lui par la convergence des axes visuels
est d'autant plus grand que cet objet est plus rapproché, et finit par devenir une véritable fatigue lorsqu'il
est appliqué tout contre notre visage; alors nous
éprouvons un véritable soulagement à *détendre*, pour
ainsi dire, nos yeux et à les reporter plus au loin.
Ainsi, le changement de direction des axes visuels
et l'effort qui l'accompagne deviennent pour nous
des signes qui nous permettent d'apprécier les faibles

distances, c'est-à-dire, en d'autres termes, qui nous les font percevoir.

C'est absolument pour des raisons identiques que l'ouïe, de son côté, est, dans une certaine mesure, capable de nous faire percevoir les distances et peut recevoir, dans ce sens, une certaine éducation.

Il y a, en effet, une perspective aérienne pour les sons comme pour les objets de la vue ; la distance ne les rend pas seulement plus faibles, elle les rend plus diffus, plus sourds, plus vagues ; elle les estompe, eux aussi, non moins que les couleurs et les formes.

D'autre part, comme le sens de l'ouïe a un organe double, il se produit spontanément en nous (bien que cela se remarque beaucoup mieux chez certains animaux, dont l'oreille externe est plus ample et plus mobile) une convergence spontanée pour recueillir le plus favorablement possible les ondes aériennes, et cette convergence, variant avec la distance des objets d'où vient le son, est encore, indirectement, un signe par lequel cette distance est appréciée et conclue.

—Considérons maintenant la perception de la forme. La vue possède également une certaine aptitude à nous la faire apprécier quelque peu, à nous en suggérer du moins une certaine idée, lorsqu'il s'agit d'objets à la fois très petits et très voisins de nous.

Si, par exemple, nous tenons (toujours à peu de distance de nos yeux) un dé à jouer, les deux images de ce dé, gravées sur les deux rétines, ne sont pas identiques ; l'œil droit perçoit un pan du dé qui est caché à l'œil gauche, et réciproquement. Par suite, la synthèse mentale qui réunit les deux images dans l'unité d'une perception commune a pour résultat une rectification, un *redressement*, d'où nous vient, avant toute réflexion, le sentiment du relief, c'est-à-dire de ce troisième élément qui, seul, constitue la forme. C'est, d'ailleurs, par cette même loi de la pensée inconsciente que s'expliquent, sur une plus large échelle, les illusions du *stéréoscope;* nous y voyons des monuments ou des montagnes espacés sur plusieurs plans, uniquement parce que deux images, qui ont été prises de deux points un peu distants l'un de l'autre et qui, par conséquent, ne sont point concordantes, se trouvent présentées isolément à chaque rétine et donnent lieu à cette même rectification d'où résulte le sentiment du relief.

Ainsi, l'association ne fait, en réalité, qu'étendre une aptitude naturelle du sens de l'ouïe à percevoir, dans une certaine mesure, les distances, et une aptitude naturelle du sens de la vue à percevoir, également dans une certaine mesure, à la fois les distances et les formes.

Et voilà aussi pourquoi, si le sens du toucher peut, en ce qui concerne ses perceptions à lui, faire l'éducation du sens de l'ouïe et du sens de la vue, ces deux sens ne peuvent point inversement, en ce qui concerne leurs perceptions propres, faire l'éducation du toucher.

3. L'autre réserve à faire (et elle est plus importante encore), c'est que, à tout prendre, ce n'est peut-être pas le toucher proprement dit ou *toucher passif*, mais plutôt le *toucher actif* ou *sens musculaire* qui instruit la vue à juger des distances et des formes.

Remarquons bien, en effet, que le toucher proprement dit, laissé à lui-même, ne nous donnerait pas, à un degré beaucoup plus élevé que les autres sens, la perception de l'étendue.

Pour que le sentiment de l'étendue se produise, il ne suffit nullement qu'un sens soit affecté sur une certaine surface. S'il en était ainsi, tous nos sens devraient nous donner, dans une certaine mesure, ce sentiment; car il n'en est pas un seul qui, dans l'acte de se perception, soit affecté sur un point unique, en quelque sorte indivisible. De plus, comme tous nos sens ont un organe double (car nous avons deux yeux, deux oreilles, deux narines, et la langue elle-même est divisée en deux par une ligne médiane), ils devraient, en outre, nous donner au moins la perception de l'étendue qui sépare l'une de l'autre leurs deux moitiés. Or, malgré cela, est-il sérieusement possible d'admettre qu'un être qui, par hypothèse, n'aurait que le sens de l'ouïe ou celui de l'odorat, et dans des conditions telles que ce sens resterait absolument immobile, obtiendrait par lui seul l'idée nette de l'étendue? Il faut, pour arriver à concevoir que l'étendue, même dans des limites très restreintes, soit perçue par un de ces sens, ajouter au moins à sa faculté propre de perception une certaine faculté de mouvement. Il faut que le sens de l'ouïe, par exemple, soit lié à la faculté de mouvoir la tête à droite et à gauche pour percevoir de préférence le son par l'une ou l'autre oreille; il faut que le sens passif de l'odorat se complète par la faculté active de gonfler les narines pour aspirer et pour flairer. De même, c'est par la faculté de mobilité de la langue que le sens du goût peut percevoir comme étendu l'aliment qui est mis en contact avec lui. Sans cette faculté de mobilité, les diverses impressions partielles éprouvées simultanément par un sens se fondraient toujours,

dans le *sensorium*, en une impression unique, indécomposable. La vue même n'échappe pas à cette
loi ; nous ne distinguons les diverses parties d'une
sensation visuelle que grâce au mouvement musculaire, si imperceptible qu'il soit, qui déplace continuellement le globe de l'œil pour nous permettre de
fixer tour à tour les diverses parties de l'objet.

Mais, il en serait de même pour le toucher, si on le
supposait absolument immobile. Toutes ses impressions partielles se fondraient en une impression unique,
ou du moins ne se distingueraient que faiblement les
unes des autres, comme les éléments d'une sensation
qualitative ou quantitative complexe, mais sans localisation précise, si ce sens n'était étroitement uni à un
autre (le sens musculaire), qui, spécialement concentré
dans la main, à cause de la multiplicité et de la souplesse des muscles qui font mouvoir les doigts, nous
permet de manier, de mesurer, de palper, de tourner
et retourner les objets, et si, de plus, ce sens musculaire, avant de s'exercer tout spécialement par la main,
n'avait commencé par nous donner l'idée de notre
propre corps, de son extension dans l'espace et de la
séparation des divers membres ou des divers tissus
dont il se compose.

— On ne remarque pas suffisamment, en effet (et
c'est cela surtout qui a trop souvent empêché de bien
comprendre la vraie nature de la perception extérieure), qu'il y a deux degrés de l'*extériorité*, et que,
avant de percevoir la matière comme extérieure à notre
être tout entier, nous percevons d'abord notre propre
corps comme extérieur à notre âme.

La première perception de l'extériorité se fait par le

sens vital, pris dans son ensemble, et spécialement par le *sens musculaire*.

Le sens vital, considéré d'une manière générale, nous donne d'abord conscience d'une *diffusion* de notre être matériel ; nous sentons vaguement qu'il y a en nous plusieurs organes, et que ces organes n'occupent pas la même place. Fussions-nous réduits à une immobilité absolue de tous nos membres, nous n'en aurions pas moins, dans une certaine mesure, l'idée d'une *région* où bat notre cœur, d'une autre où pense et réfléchit notre cerveau. Mais, en outre, nous avons la faculté interne du mouvement. Nous pouvons ployer nos membres, tourner la tête, déplacer notre corps. En accomplissant ces mouvements, nous sentons des actions et des résistances réciproques dans toutes les parties de notre organisme. Nous avons donc conscience que ces parties sont distinctes et, par suite, qu'elles sont extérieures les unes aux autres, comme, en même temps, elles sont extérieures à l'âme.

Ainsi donc, l'idée de l'extériorité s'élabore déjà en nous, avant même que nous nous occupions expressément de distinguer de nous-mêmes le monde extérieur proprement dit.

C'est alors que le sens du toucher, à un moment donné, entre en jeu chez l'enfant.

Un de ses bonheurs, quand il est encore tout petit, c'est de regarder et de mouvoir ses bras, de promener ses mains sur son corps, mais surtout de saisir son pied à pleines mains et de s'apercevoir que cet objet, qui intéresse vivement sa curiosité, *est encore à lui*. Par là il acquiert peu à peu une certaine idée de la forme et des limites de son propre corps. Au delà commence pour lui le domaine de l'extériorité proprement dite, avec laquelle il se familiarise alors en maniant, en déplaçant, en arrangeant de toutes sortes de manières les objets qui lui plaisent.

Voilà comment le toucher proprement dit entre finalement en jeu, mais seulement à la suite et comme annexe du sens musculaire, et commence la longue élaboration de la connaissance des formes, des distances, des relations dans l'espace.

— Lors donc qu'on attribue au toucher cette merveilleuse éducation du sens de la vue par laquelle s'achève et s'étend presque à l'infini notre connaissance du monde extérieur, il faudrait comprendre qu'elle appartient seulement au toucher déjà *éduqué* lui-même par le sens musculaire ; car, en réalité, ce ne sont pas des souvenirs de perceptions tactiles, mais bien des souvenirs de perceptions musculaires, qui sont impliqués dans nos jugements visuels sur les distances ou sur les formes. Quand nous percevons une distance quelconque, que ce soit celle des divers objets qui meublent notre chambre, notre salon, notre cabinet de travail, ou celle des collines, des montagnes qui bornent notre horizon, dans les deux cas, ce que retrouve notre conscience, ce sont les souvenirs des pas plus ou moins nombreux que nous avons faits, des efforts musculaires plus ou moins fatigants que nous nous sommes imposés pour prendre un livre dans notre bibliothèque, pour atteindre ou pour gravir une montagne. Dans ces divers cas, la perception tactile du contact plus ou moins répété de notre pied avec la terre est vraiment bien peu de chose en comparaison des nombreuses perceptions musculaires qui accompagnent la marche, surtout lorsqu'elle est prolongée et difficultueuse. Quand donc nous disons que notre bibliothèque est à quatre mètres de distance, ou telle montagne à vingt kilomètres, ce jugement a pour cause l'évocation en nous de tout un vaste système de perceptions musculaires remémorées à l'occasion de la perception visuelle que nous avons actuellement ou de cette bibliothèque ou de cette montagne. Et, de même, quand nous percevons par la vue toutes les délicatesses de forme d'un objet finement ciselé, ce qui se représente à nous mentalement, c'est le groupe des sensations musculaires que nous avons plusieurs fois éprouvées en promenant nos doigts sur cet objet ou sur d'autres semblables et en accomplissant les mouvements musculaires qui étaient nécessaires pour en mesurer les creux et les saillies.

Ainsi, pour résumer tout cela, notre perception du monde extérieur est une véritable *construction*, qui, dans ses parties les plus essentielles, se fait par le sens musculaire ; ce sens prend pour auxiliaire le toucher, et celui-ci, à son tour, complète ses données par celles de la vue ; alors sur la matière, ainsi *édifiée* par le commun travail des sens fondamentaux, nous projetons le reste de nos états de conscience, nos sensations purement affectives, dans lesquelles nous voyons les effets et les symboles d'autres qualités matérielles plus intimes, plus mystérieuses, qui ne nous seront que plus tard connues objectivement et en elles-mêmes, quand l'expérimentation scientifique nous aura mis en mesure de les ramener peu à peu à des modes du mouvement.

IV

Principes généraux de l'éducation raisonnée des sens.

1. Développement et affinement des sens. Rectification de leurs erreurs. — Deux manières de corriger les erreurs des sens chez l'enfant.— Méthode empirique, consistant à le détromper à la suite d'une erreur isolée.

2. Méthode rationnelle, consistant à familiariser par degrés l'enfant avec les conditions dans lesquelles les sens s'exercent et avec les illusions nécessaires qui en résultent. — Conditions organiques de l'action des sens. — Conditions physiques; puérilité de quelques-unes des objections courantes contre la véracité des sens. — Conditions psychiques.

Nous pouvons maintenant reprendre avec plus de fermeté les principes généraux de l'éducation des sens.

Cette éducation doit se faire sous une double forme, directe et indirecte.

Sous sa forme directe, elle consiste à tirer de chacun des sens tout ce qu'il peut donner, soit seul, soit avec le concours des autres sens, pour que cette *construction* mentale de la réalité extérieure qui est le fond même de la perception se fasse d'une façon aussi normale que possible. Sous sa forme indirecte, elle cherche à rendre l'enfant capable de corriger lui-même ses erreurs et illusions sensorielles, qui ne sont, en dernière analyse, que des imperfections provisoires du travail mental inconscient par lequel se forme en lui le concept de la matière.

Mais quelques explications théoriques sont encore nécessaires sur ce dernier point.

1. Il y a deux manières d'amener l'enfant à corriger ces erreurs des sens, auxquelles il ne peut d'abord se soustraire.

La première est étroite et stérile, parce qu'elle est tout empirique. Elle consiste à faire simplement remarquer à l'enfant telle erreur particulière, afin que désormais il ne la commette plus.

Dans un ciel parsemé de nuages que pousse un vent violent la lune semble se mouvoir avec une rapidité extraordinaire; elle *court* véritablement dans le ciel; et peut-être est-ce par la symbolisation poétique de cette observation que les anciens en avaient fait *Diane chasseresse.* Cependant, elle est immobile ou, du moins, n'accomplit que sa très lente révolution autour de la terre, laquelle ne produit en apparence qu'un déplacement insensible. L'enfant s'écriera étourdiment: *Comme elle court vite!* Qu'allez-vous faire pour le détromper? Vous avez à votre disposition plusieurs ressources. Vous pouvez, par exemple, le mener à un endroit où il apercevra la lune tout à la pointe d'un clocher, « comme un point sur un *i* ». Il découvrira, par cette simple expérience, que la lune ne change point de place, et qu'il a été victime d'une erreur; ce sont les nuages qui marchent. Vous pouvez également employer un autre moyen, tout aussi simple que le premier. Vous lui faites remarquer que, si la lune courait d'un tel pas, elle aurait en moins de rien atteint les limites de l'horizon. Or, voilà un quart d'heure que l'enfant remarque sa course échevelée; comment se fait-il qu'elle soit toujours dans la même partie du ciel? Au contraire, le nuage noir derrière lequel la lune semblait passer tout à l'heure, nous pouvons l'apercevoir maintenant très loin, près de disparaître sous l'horizon. L'enfant est détrompé, cela va de soi, mais seulement au sujet de cette erreur particulière; demain il en commettra une autre du même type, au sujet de laquelle vous serez obligé encore de le détromper, en imaginant une autre expérience. De plus, ainsi éclairé d'une manière tout empirique, l'enfant se persuadera peut-être que la nature contient des bizarreries, des étrangetés, des anomalies, qu'elle nous environne de prestiges, et l'impression qui restera dans son esprit sera, en somme, mauvaise.

Cette méthode équivaut, on le voit, à ce qu'est dans le raisonnement la *réduction à l'absurde,* qui force l'esprit à rejeter une erreur, mais sans bien comprendre pourquoi c'est une erreur et quel lien la rattache à d'autres illusions possibles, dont il faudrait se garantir du même coup.

2. C'est donc surtout d'une autre manière, à la fois plus large et plus simple, qu'il faut combattre chez l'enfant les erreurs des sens. Il suffit pour cela de prendre, quand l'occasion s'en présente, quelques cas bien choisis, au sujet desquels on lui fait clairement saisir les conditions particulières de l'exercice des sens.

La fonction des sens n'est pas de nous donner à eux seuls la vérité absolue; ils nous font seulement connaître une vérité relative, à l'occasion de laquelle nous nous élevons ensuite plus haut, en faisant usage de notre réflexion personnelle.

C'est ce que Bossuet exprime avec une parfaite netteté, lorsqu'il dit, dans le premier livre du *Traité de la Connaissance de Dieu et de soi-même :* « Les sens *donnent lieu* à la connaissance de la vérité; mais ce n'est pas précisément par eux que je la connais. »

En d'autres termes, les intuitions des sens ne

peuvent être vraies qu'à la suite d'une interprétation et, le plus souvent, d'une rectification de l'esprit.

— Cette rectification s'exerce d'abord au sujet des conditions organiques des sens eux-mêmes.

Nos organes sensoriels sont imparfaits; ils sont sujets à l'altération dans leur substance, à la fatigue dans leur action. Si le globe de l'œil est, comme il arrive dans certaines maladies, plus ou moins rempli d'une humeur jaune, tous les objets nous apparaissent teintés de cette couleur. Si nous sommes atteints d'une autre affection, aujourd'hui très répandue, qu'on nomme le *daltonisme,* nous ne pouvons percevoir certaines couleurs, spécialement la couleur rouge, qui se confond pour nous avec le vert. Nos sens nous trompent alors accidentellement, par suite d'une perturbation fonctionnelle. Néanmoins, dans la plupart des cas, une fois avertis de cette cause d'erreur, nous pouvons en tenir compte et y échapper indirectement par certains moyens de contrôle.

— Mais ce sont là des maladies, plutôt que des erreurs proprement dites. Les vraies illusions sensorielles tiennent aux conditions extérieures, suivant lesquelles il faut nécessairement que les impressions des objets nous arrivent. Quoique tous les arbres d'une longue allée qui s'étend devant nous soient sensiblement égaux, nous ne pouvons nous empêcher de les voir de plus en plus petits. Qu'y a-t-il là d'étonnant, puisque les lois merveilleusement simples de l'optique veulent que, l'impression visuelle nous arrivant en ligne droite, les rayons émanés d'objets plus lointains fassent avec l'horizon des angles de plus en plus aigus? Si nous mettons une pièce de monnaie au fond d'une cuvette et si nous nous plaçons nous-mêmes de façon à ne plus l'apercevoir, dès que nous remplissons d'eau cette cuvette, nous voyons aussitôt la pièce de monnaie se redresser. Là encore, rien d'anormal, puisqu'une loi de la nature, appelée *loi de réfraction*, veut que les rayons dévient, quand ils passent d'un milieu dans un autre. Et rien d'anormal non plus à ce que nous voyions les astres au-dessus de l'horizon un peu avant le moment où ils vont se lever, un peu après le moment où ils viennent de se coucher, ou bien encore, comme dans le phénomène du mirage, à ce que nous apercevions accidentellement des objets, des arbres ou des lacs encore couchés sous l'horizon, puisqu'il n'y a là que des effets divers de *redressement*, tenant toujours à la grande loi de la réfraction.

S'il nous semble que ces erreurs sont causées par nos sens, c'est que nous partons d'une fausse conception *a priori*. Nous croyons à tort que, pour être véridiques, les sens doivent nous fournir la connaissance *toute faite*, toute élaborée, et non pas simplement les données indispensables pour la faire nous-mêmes.

Mais, en réalité, dans des cas de ce genre, loin de nous tromper, les sens nous instruisent ; c'est à eux, c'est à leurs prétendues erreurs que nous devons la révélation d'une loi de la nature qui, sans eux, nous resterait à jamais cachée.

Et, d'ailleurs, quelques-unes de ces objections qu'on a élevées contre la véracité des sens sont simplement puériles. Si les sens ne nous trompaient pas, dit-on, les objets devraient nous paraître renversés, puisqu'ils font sur notre rétine une image renversée. C'est oublier que chacun des éléments dont se compose l'impression rétinienne est remis à sa place, par ce fait que, dans la perception, nous transportons au dehors nos impressions; ainsi, en traversant le cristallin, les parties inférieures de l'image rétinienne sont remises en haut et les parties supérieures remises en bas. Qu'importe, d'ailleurs, puisqu'il n'y a point de haut et de bas absolu dans la nature et que, si tout était renversé, rien ne le serait!

—Enfin, une autre catégorie d'illusions sensorielles a sa cause dans certaines conditions psychiques, par exemple dans des jugements inconscients qui influent sur nos perceptions. C'est là, on peut le croire, la cause principale de l'illusion par suite de laquelle la lune nous paraît plus grande à l'horizon qu'au méridien, bien que des mesures précises démontrent que c'est alors le contraire qui est vrai. Mais ayant l'habitude de voir à l'horizon des objets, tels que des maisons ou des arbres, dont nous rétablissons mentalement la grandeur normale toutes les fois qu'ils se montrent à nous diminués par la distance, il n'est pas étonnant que nous étendions inconsciemment au soleil ou à la lune, quand nous les voyons à l'horizon, le même travail d'agrandissement rectificatif[1].

— Ainsi, en résumé, nos illusions sensorielles tiennent à des causes organiques, physiques et psychiques, dont nous pourrions, si nous en étions avertis à propos de quelques cas frappants et vraiment décisifs, tenir compte de très bonne heure dans ce travail de construction mentale qui constitue la perception proprement dite.

1. Nous ne donnons ceci que comme une simple opinion personnelle sur une question, d'ailleurs, très controversée.

Ce sont ces avertissements qu'il convient de donner à l'enfant. Le soin de rectifier une à une toutes ses impressions erronées serait puéril. Contentons-nous de donner plus de force à sa pensée. En s'affermissant, elle se délivrera elle-même de ces erreurs de détail, comme une constitution devenue plus robuste se guérit elle-même de ses premiers malaises. En tout cas, habituer de très bonne heure l'enfant à se rendre compte des principales causes perturbatrices de nos jugements, ce sera donner à son intelligence une sûreté de coup d'œil et une fermeté qui suffiront à le prémunir même contre les erreurs qu'on n'aura point eu le temps de lui signaler expressément.

CHAPITRE II

LA CONSCIENCE

La vie de la conscience ne se développe qu'après la vie des sens.

Raisons de ce fait. — Le mouvement primitif de la pensée est centrifuge. Répugnance instinctive de l'enfant à se replier sur lui-même. — Deux parties dans l'éducation de la conscience : 1° Elever, autant que possible, à la forme de la conscience ce qui se produit d'abord en nous sous la forme de la spontanéité inconsciente ; 2° amener l'enfant à se connaître lui-même, dans sa nature générale et dans sa nature individuelle.

Si la vie des sens s'épanouit de bonne heure chez l'enfant, il n'en est déjà plus de même de la vie de la conscience. Celle-là ne se développe, au contraire, qu'avec une sorte de lenteur et même de paresse. Laa

raison en a été souvent expliquée : c'est que le mouvement primitif de la pensée est *centrifuge*. L'enfant
éprouve une véritable joie à se répandre au dehors, à
promener d'objets en objets sa contemplation insou-
ciante. Quand, au contraire, on lui demande de regarder en lui-même, il est pris d'une sorte de peur, comme
si on l'amenait devant quelque caverne mystérieuse
et effrayante ; il y jette à peine un coup d'œil inquiet
et se reporte aussitôt vers les choses extérieures, qui
sont si variées et si riantes.

Que faudrait-il pouvoir faire pour diminuer cette
appréhension de l'enfant vis-à-vis de sa propre nature ?
Il faudrait pouvoir lui apprendre que cette nature est
plus variée, plus riche, plus riante surtout, qu'il ne le
soupçonne au premier abord.

Ce qu'il admire et ce qu'il aime tant au dehors de
lui, c'est la beauté des choses, c'est leur éclat. Que ne
peut-on lui faire comprendre de suite que tout cela est
en lui, rien qu'en lui seul ; que toute cette diversité
est celle de sa propre nature ; que toutes ces choses
charmantes qu'il appelle les couleurs, les sons, les senteurs, n'ont de réalité que dans son âme et que, lorsqu'il les admire dans la nature extérieure, c'est qu'il
s'en dépouille lui-même pour l'en parer !

Tout cela, cependant, n'est que strictement vrai. Les
fleurs n'auraient point ces couleurs et ces parfums qui
nous charment en elles, si nous n'étions organisés physiologiquement de manière à les percevoir, et mentalement de manière à les interpréter dans un sens poétique. C'est le mécanisme de notre oreille et c'est aussi
notre besoin de rêverie qui prête un charme si profond
au chant du rossignol. D'une manière générale, c'est

en nous que réside la beauté des choses ; elle n'est, a dit un poète, que « notre amour pour elles ».

Mais il est certain que cet ordre de considérations est trop élevé pour l'enfant, et qu'il vaut mieux renoncer à lui faire prendre les choses de ce biais. Contentons-nous donc de ramener à deux points tout à fait essentiels l'éducation première de la conscience.

— D'abord, la psychologie moderne a démontré de bien des manières depuis Leibniz qu'il y a dans la nature humaine une large part de spontanéité inconsciente. En d'autres termes, la vie psychique n'est pas contenue tout entière dans la vie du *moi ;* beaucoup de choses se passent en nous qui ne retentissent point dans la conscience. Or, ce qui est vrai pour l'âge adulte l'est bien plus encore pour l'enfance. Ce que la philosophie contemporaine appelle d'un terme un peu ambitieux l'*Inconscient* occupe une large place dans les premières années de la vie. L'enfant a le sentiment confus de beaucoup de faits intérieurs dont les détails et les nuances lui échappent ; il les saisit en bloc, il n'en démêle pas les éléments. A ce premier point de vue, nous allons voir que l'éducation de la conscience consiste à faire, autant que possible, apparaître chez lui, sous la forme de la réflexion, ce qui se cache dans la nuit ou au moins dans la pénombre de la vie inconsciente.

Mais une autre chose est bien plus importante encore. Lorsque l'enfant a pris conscience de tout ce que sa nature contenait sous une forme latente, de tout ce qu'il portait *en lui* sans le savoir, il lui reste à se découvrir, à se connaître *lui-même ;* et cette connaissance, la plus essentielle de toutes, renferme, à son tour, deux parties : il y a en germe, chez l'enfant, une *nature générale*, qui est la nature humaine proprement dite, avec son caractère essentiel d'activité raisonnable et libre ; mais, à côté de cette nature générale, il y a aussi en lui une *nature individuelle*, constituée par un ensemble de dispositions et d'aptitudes qui forment son originalité propre, qui ébauchent sa personnalité future et qui, une fois bien connues, lui permettront à lui-même ou permettront à ceux qui veillent sur lui de pressentir sa vocation et de fixer son avenir. Amener l'enfant à se connaître ainsi dans ce que sa nature contient de commun à tous et dans ce qu'elle contient de personnel, c'est le second degré de l'éducation de la conscience.

I

Premier degré de l'éducation de la conscience. Passage de la spontanéité inconsciente à la conscience et à la réflexion.

1. Théorie des perceptions inconscientes ou perceptions sourdes. — Les faits. — Le bruit de la mer ; la forêt lointaine ; la journée maussade. — Théorie de la cérébration inconsciente. — Le travail du poète ; la découverte de la rime.

2. Interprétation des faits. — Ils doivent s'expliquer non par l'inconscience absolue, mais par la *subconscience*. — Ce qui se passe dans l'animal ; ce qui se passe dans l'homme. — Le cerveau ne joue peut-être, dans la vie psychique, que le rôle de *général en chef.*

3. Application des faits à la pédagogie. — Les premiers procédés de l'éducation morale et de l'éducation intellectuelle consistent à provoquer le passage de l'inconscience à la conscience, de la spontanéité à la réflexion. — C'est là que se présentent les plus grosses difficultés pédagogiques. — Opinion de M. Michel Bréal sur l'enseignement de la langue maternelle ; de M. Legouvé sur l'enseignement de la lecture expressive. — Il ne faut pas vouloir donner à la pensée et à l'activité de l'enfant la forme continue de la réflexion. — Rôle nécessaire et considérable de l'instinct et de l'habitude.

1. Leibniz est le premier philosophe des temps modernes qui ait soupçonné la présence dans l'âme humaine d'une sorte de *vie sous-jacente,* qui circule dans les profondeurs de notre être et qui alimente nos principales facultés, à peu près comme les nappes d'eau souterraines circulent à travers les couches profondes de l'écorce du globe, et alimentent les torrents, les rivières et les fleuves qui coulent à la surface.

Cette vie sous-jacente, il l'a décrite dans sa curieuse théorie des *perceptions inconscientes,* auxquelles il donne bien souvent aussi le nom, plus exact peut-être, de *perceptions sourdes.*

Pour bien comprendre cette théorie, dont nous signalerons tout à l'heure quelques applications pédagogiques, il convient de diviser les perceptions inconscientes dont parle Leibniz en deux catégories; les unes se rapportant à la réalité extérieure et les autres à la vie même de l'âme.

— Au sujet des premières, Leibniz a développé quelques exemples bien connus.

Nous nous trouvons, par exemple, à quelque distance de la mer, et de là nous entendons la rumeur des vagues qui se brisent contre le rivage. Nous sommes tentés de croire que ce bruit est quelque chose de parfaitement un, mais c'est, de notre part, une illusion. Ce bruit est *un total;* il a pour éléments composants chacun des chocs particuliers que produisent les gouttes d'eau frappant la terre. La preuve qu'il est ainsi, c'est que si, par hypothèse, on supprimait chacun de ces petits chocs, la chute de la vague ne serait plus perçue; et, si l'on supprimait le bruit particulier de chaque vague, le bruit général de la mer serait supprimé du même coup. Cependant, même tout au bord, nous n'entendons pas le bruit de chaque goutte d'eau, et à une demi-lieue nous ne distinguons pas le bruit de chaque vague. Leibniz se croit en droit d'en conclure que, dans les faits psychiques, *un tout conscient est formé d'éléments inconscients*, et, par suite, qu'il se produit continuellement en nous une infinité d'impressions qui nous échappent, bien qu'elles soient les facteurs très réels de nos idées et de nos connaissances.

A la place de cet exemple on peut en citer d'autres, tout aussi clairs. La perception d'une forêt vue dans le lointain nous présente aussi la forme de l'unité; mais cette forme, peut-on dire encore, n'est qu'une apparence. La forêt est composée d'arbres, qui, eux-mêmes, sont composés de branches, et chacune de ces branches est à son tour recouverte de feuilles; or, il faut bien que nous percevions réellement, d'une certaine manière, non pas seulement les arbres et les branches, mais même les feuilles, puisque, en automne, les feuilles ayant changé de couleur, et, dans les mois d'hiver, les feuilles étant tombées, l'aspect général de la forêt change de caractère. Cependant, non seulement, à cette distance, nous ne percevrions pas une feuille isolée, mais une branche même ou peut-être un arbre nous resterait invisible. Ici encore, on voit clairement qu'un tout saisi par la conscience est formé d'éléments qui n'affectent pas la conscience et qui, malgré cela, doivent être perçus de quelque façon pour que le tout lui-même soit perçu.

—Si, maintenant, de ces perceptions du dehors nous

passons à celles du dedans, il semble bien qu'elles présentent, elles aussi, dans beaucoup de cas, une forme inconsciente.

Ainsi, il nous arrive à tous d'avoir quelquefois, sans raison apparente, des journées de mauvaise humeur ou d'ennui. Supposons, par exemple, que je me sente aujourd'hui inquiet et morose, disposé à tout prendre du mauvais côté. Quelle peut bien être la raison de cette humeur désagréable? Elle m'échappe tout à fait. J'ai beau y réfléchir; je ne vois pas que j'aie lieu aujourd'hui, plutôt qu'un autre jour, de me plaindre particulièrement de la destinée; il ne m'est rien arrivé, que je sache, de beaucoup plus fâcheux qu'à l'ordinaire. Mais, en réfléchissant ainsi sur mon état, je ne m'aperçois pas qu'une infinité de petites causes, dont aucune n'est assez forte pour affecter directement la conscience, contribuent à me jeter dans l'inquiétude. A défaut d'une blessure franche, j'ai reçu, sans m'en douter, un certain nombre de petites piqûres. Il fait sombre ou froid aujourd'hui; une lettre que j'attendais n'est pas arrivée; un détail de conversation m'a infligé je ne sais quelle souffrance d'amour-propre; j'ai été agacé et froissé par un de ces mille petits incidents que nulle prévoyance ne peut éviter. De tout cela résulte un état d'âme qui est perceptible dans son ensemble, mais qui ne l'est pas dans ses éléments, et que Leibniz explique encore en disant qu'*un tout perçu par la conscience est formé d'éléments que la conscience ne saisit pas.*

— Cette conception de Leibniz se retrouve aujourd'hui dans la psycho-physique; elle y a donné lieu à la théorie de la *cérébration inconsciente*.

Quelquefois, après avoir longtemps agité un problème, nous renonçons à le résoudre; nous n'y pensons plus ou croyons, du moins, n'y plus penser; mais, tout à coup, au moment où notre esprit en est entièrement détourné, sa solution jaillit en nous. On parle même de mathématiciens qui auraient résolu en dormant des problèmes longtemps et inutilement étudiés à l'état de veille. Quelle est l'explication de faits de ce genre, auxquels il faudrait peut-être rattacher tous ceux qui concernent l'inspiration et le génie? C'est que, sous le travail apparent de la réflexion, il s'en produit concurremment un autre, qui se déroule dans les couches plus profondes de la substance cérébrale; travail que nous ne surveillons pas; qui est *nôtre* cependant, d'une certaine manière; car, s'il ne provient pas de notre volonté actuelle, il représente le trésor accumulé de nos expériences, de nos recherches et de nos réflexions antérieures. Un poète, par exemple, a préparé sa période; il sent qu'une certaine rime, qui lui échappe, venant au bout d'un vers, qui lui échappe également, en fournirait le complément désiré; il sent en même temps que cette rime et ce vers qui lui manquent sont à l'état de germination dans son cerveau. Qu'il cesse d'y réfléchir trop longtemps, qu'il en détourne momentanément ses idées et les porte sur autre chose; c'est peut-être le meilleur moyen d'en provoquer l'apparition; il laisse faire le travail inconscient de la fermentation intérieure et, tout à coup,

Il trouve au coin d'un bois le mot qui l'avait fui.

2. Voilà les faits. Quelle interprétation convient-il d'en donner? La meilleure (et c'est précisément à

celle-là que Leibniz pensait, lorsqu'il employait de préférence le terme de *perceptions sourdes*), c'est peut-
être, à vrai dire, qu'il n'y a pas en nous d'inconscience
proprement dite, mais plutôt une série de dégrada-
tions infinies de la conscience, s'évanouissant peu à
peu et s'éteignant dans la nuit de l'âme.

La conscience, d'après cette hypothèse, n'aurait
d'autres limites que l'organisation nerveuse; il y aurait une conscience obscure inhérente à tous les centres
nerveux du système cérébro-spinal, et même à tous
les ganglions nerveux dont se compose le *plexus* du
grand sympathique; les faibles lueurs de ces diverses
consciences subalternes se perdraient dans la pleine
lumière de la conscience cérébrale, comme les lueurs
des étoiles se perdent, sans être pour cela supprimées,
dans le plein jour de la lumière solaire. Et alors, de
même que, pendant la nuit, l'éclat du soleil étant
supprimé, les lueurs des étoiles deviennent perceptibles, de même, lorsque la grande conscience, la
conscience du cerveau, serait voilée et abolie, la conscience des centres nerveux secondaires se trouverait
augmentée et comme exaltée. Cela rendrait compte d'un
certain nombre de faits qui se produisent soit dans la
vie psychique de l'animal, soit dans celle de l'homme.
Considérons, par exemple, ce qui se passe chez une
grenouille à qui on a enlevé les hémisphères cérébraux et que l'on soumet à une excitation douloureuse en touchant sa cuisse avec de l'acide acétique;
elle a, malgré l'ablation de son cerveau, l'*idée* d'essuyer l'acide avec la face dorsale du pied correspondant à cette cuisse; qu'on pousse plus loin l'expérience, et qu'on lui coupe ce pied, en appliquant

de nouveau l'acide au même point ; la grenouille essaie d'abord de recommencer ce qu'elle a fait et d'essuyer encore l'acide avec le même pied ; mais, n'y réussissant pas, puisque ce pied lui manque, elle se montre un moment agitée et inquiète ; elle cherche un nouveau moyen ; finalement, elle a encore l'*idée* d'essuyer l'acide avec le pied du côté opposé. Ainsi donc, en l'absence du cerveau, il semble que la conscience sourde des centres nerveux de la moelle épinière éprouve une sorte d'exaltation, qui leur permet de remplacer momentanément l'action propre du cerveau. Or, des faits analogues peuvent être constatés dans la nature humaine. Quand l'activité cérébrale est suspendue ou diminuée en nous, les actes réflexes s'accomplissent avec plus de régularité et de perfection ; on voit, chez le fou, la vie instinctive reprendre une intensité nouvelle ; chez le vieillard qui tombe en enfance, l'automatisme de l'habitude s'exalter de nouveau et suppléer dans une certaine mesure aux défaillances de la pensée et de la volonté. Ainsi, partout, sous l'activité consciente proprement dite, on dirait qu'il a une ou plusieurs consciences virtuelles, qui n'attendent qu'une occasion pour s'élever momentanément à un rôle supérieur. Le cerveau, dans l'ensemble de notre organisation mentale, joue le rôle de *généralissime* : « C'est lui, dit M. Fouillée, commentant à ce sujet une théorie du psychologue anglais Lewes, qui contrôle, dirige, inspire les actions de tous les officiers subordonnés ; » mais il n'en résulte nullement que ces officiers subordonnés n'aient pas aussi leurs fonctions indépendantes, leur part d'initiative et de responsabilité : « Généraux, colonels, capitaines, sergents, ca-

poraux, simples soldats, tous sont des individus comme
le généralissime, avec un pouvoir inférieur et des
fonctions différentes, selon leurs positions respectives.
Mais, si le commandant en chef est tué, l'armée a
encore ses généraux; si les généraux sont tués, les
régiments ont encore leurs colonels. Bien plus, par un
effort énergique, un caporal peut faire tenir ferme à
sa compagnie. » Bien plus encore, pourrait-on ajouter,
à la place du commandant en chef, un général, un
colonel, un simple capitaine peut-être prend sa place,
assume ses fonctions, pour lesquelles il avait une aptitude latente, qui ne demandait qu'une occasion de se
manifester. C'est ainsi que la vie inconsciente peut
quelquefois en nous, par une inspiration heureuse,
prendre la place de l'activité supérieure et réfléchie.

3. Mais laissons de côté les hypothèses et revenons
à l'enfant. Il est facile de démontrer sans grand appareil scientifique que cette vie sourde, cette vie subconsciente dont nous venons de parler existe en lui de très
bonne heure. C'est à elle qu'on s'adresse quand on
évoque ses premières réflexions, quand on lui fait
commencer ses premiers exercices d'invention et de
composition. Les reproches qu'on lui adresse après une
faute ont pour résultat d'y faire entrer déjà une certaine lumière : pendant qu'il les écoute, la tête baissée,
les yeux fixés à terre, la lèvre boudeuse, prêt à pleurer, il se fait en lui un démêlement, un débrouille-
ment d'idées, et il s'éclaire sur la valeur relative de tel
instinct sous l'influence duquel il a agi, mais dont il ne
se rend compte qu'à ce moment. De même, si, à l'occasion de quelque désobéissance dont il doit demander pardon, on réussit, en s'y prenant bien, à lui faire

écrire une petite lettre sincère, partie du cœur, cet exercice si familier, si simple, aboutit encore à lui faire explorer quelque chose de lui-même; il découvre quelques nuances, non encore remarquées, de l'affection qu'il porte à ses parents, du regret qu'il a de les avoir affligés, du pouvoir qu'il possède de mieux faire à l'avenir et de rester fidèle à ses résolutions; c'est-à-dire, en somme, qu'il entre plus à fond dans la conscience de sa nature tout entière et qu'il prend possession de sa sensibilité comme de sa volonté.

— La nature inconsciente et instinctive de l'enfant est si riche que, sur certains points, la grande difficulté de son éducation consiste précisément à lui faire refaire, sous la forme de la réflexion, ce qu'il a commencé par très bien faire, mais sans le savoir, sous la forme de la spontanéité.

Il est facile dé l'expliquer par quelques exemples.

Ainsi, M. Michel Bréal, dans une des pages les plus connues de son livre[1], a montré tout ce qu'il y avait d'absurde, d'irrationnel, dans l'ancienne méthode par laquelle on apprenait aux enfants à parler leur langue maternelle comme on leur eût appris à parler une langue étrangère ou une langue morte. C'était oublier qu'ils commencent par parler spontanément cette langue avec une facilité souvent merveilleuse, avec une véritable verve inconsciente : « Ecoutez, dit M. Bréal, les enfants avant qu'ils entrent dans la salle d'école; les mots leur manquent-ils pour se communiquer leurs idées, ou pour convenir de quelque pro-

---

1. *Quelques mots sur l'Instruction publique en France.* (Hachette, 1872.)

jet, ou pour discuter un incident qui les touche? Je
suppose qu'une discussion s'élève sur le *tien* et le
mien : sont-ils embarrassés de trouver les pronoms
personnels ou les adjectifs possessifs? Ou bien qu'une
question de la vie de tous les jours les divise : comme
le français coule de source, et comme ceux qui tout
à l'heure auront l'air hébété et muet sont peut-être
les plus éloquents! Non seulement ils disposent de
tous les mots correspondant aux idées de leur âge,
mais ils ont les tours, la construction, et (chose non
moins précieuse) le ton et le geste. Mais à peine sont-
ils assis sur les bancs de la classe, que ces avocats
si diserts sont traités comme s'ils avaient le français
à apprendre et comme s'ils avaient été sourds et
muets jusqu'au jour de leur entrée à l'école. Soyez
donc surpris que cette étude les laisse froids! » C'est
qu'en effet l'art du maître, s'il reposait davantage sur
une base psychologique, devrait consister à relier
fortement la forme consciente de la pensée à sa première forme inconsciente. Vous apprenez aux enfants
les pronoms personnels ou les adjectifs possessifs, et
vous vous étonnez que « cette étude les assomme » ;
mais c'est que vous ne leur faites pas comprendre
qu'ils possèdent déjà, d'une certaine manière, ce que
vous leur enseignez. En leur donnant ces notions
qu'ils trouvent si abstraites, on semble, au premier
abord, les entretenir de choses étrangères; en réalité,
on ne les entretient que d'eux-mêmes; on leur fait
remarquer, toucher du doigt ce qu'ils font tous les
jours; on leur dévoile le mécanisme de leur pensée
et de leur parole; par suite, on ne leur apprend au fond
que ce qu'ils savent déjà et on les amène simplement

à répéter, avec plus de suite et plus de méthode, ce qu'ils font d'eux-mêmes depuis longtemps. Arrangez-vous donc de telle sorte qu'ils se reconnaissent dans cette étude, qu'ils y retrouvent sous une nouvelle forme le mouvement naturel de leur esprit; alors ils s'y intéresseront, comme à une chose qui les touchera de près; car l'enfant ne désire rien tant que de bien faire ce que son impulsion naturelle le dispose à faire.

M. Legouvé a repris cette même idée à un autre point de vue spécial, celui de la lecture expressive. Il a montré, à son tour, que, livrés à eux-mêmes, à l'élan premier de leur nature, les enfants s'expriment très bien; ils mettent le ton à ce qu'ils disent, et ce ton est parfait, comme tout ce qui vient de l'instinct : « Les enfants sont d'admirables maîtres de diction. Quelle vérité! Quelle justesse d'intonations! La souplesse de leurs organes se prêtant à toutes leurs mobilités de sensations, ils arrivent à des audaces d'inflexions que les plus habiles comédiens n'imagineraient pas! Avez-vous jamais écouté une enfant racontant quelque secret qu'elle a surpris, quelque scène mystérieuse à laquelle elle a assisté, comme Louison du *Malade imaginaire?* Elle imitera toutes les voix! Elle reproduira tous les tons! Vous croirez voir les personnages, les entendre! » Et cependant, lorsque l'enfant, qui parle si bien, se met à lire, lorsque d'une action qui est en lui spontanée il passe à la même action, reproduite sous une forme factice et voulue, tout son talent, tout son art naturel s'évanouit. Plus d'expression, plus de vivacité, plus de vérité d'intonations; rien qu'un ton de complainte, monotone et niais. D'où vient cela? Toujours de la barrière que la nature a élevée entre la spontanéité et la réflexion, entre la vie inconsciente et la vie consciente. Passer de l'une à l'autre, en répétant les mêmes actes, voilà, on peut le dire, la suprême difficulté contre laquelle doit lutter la pédagogie.

— On voit par là combien est importante cette première partie de l'éducation de la conscience par laquelle nous amenons l'enfant à prendre possession de tout ce que sa nature contient implicitement et à s'emparer de ses dispositions et aptitudes naturelles pour les affermir, les discipliner, s'en servir avec réflexion, continuité et méthode. Il ne faudrait pourtant pas exagérer le principe sur lequel cette éducation repose et se figurer, par exemple, qu'il convient d'amener toute la vie psychique de l'enfant à la forme de la conscience et de la réflexion continues. Ce serait une surcharge contraire aux plus évidentes intentions de la nature. Tout, en effet, dans notre organisation, a été disposé de telle sorte que l'activité inconsciente fût à la fois au commencement et à la fin, à la base et au sommet. A la base, la nature a mis l'*instinct;* elle nous a, comme disaient les anciens, *confiés à lui;* elle a voulu particulièrement qu'il eût la garde de presque toutes nos fonctions organiques; là, il est préférable que nous n'intervenions pas, sinon très accidentellement ; l'instinct s'acquitte mieux que nous de cette surveillance et nous n'avons qu'à le laisser faire. D'autre part, elle a mis au sommet l'*habitude,* qui a pour effet de ramener à la forme inconsciente la plupart des choses que nous avons laborieusement acquises par l'effort de la volonté, par

la fatigue de la réflexion. Grâce à elle, tous les sentiments et toutes les nuances de sentiments que nous
avons peu à peu découverts en nous explorant nous-
mêmes, toutes les liaisons raisonnables d'idées que
nous avons peu à peu établies, tous les modes d'activité que nous avons reliés en faisceau pour accomplir quelque œuvre difficile, tout cela prend la forme
du mécanisme, se fait désormais en nous sans notre
intervention et, par conséquent, laisse disponible
notre activité personnelle, qui peut se porter dans de
nouvelles directions, se livrer à de nouvelles entreprises. Vouloir transformer sans cesse en actes pleinement conscients toutes ces démarches que la nature se
charge de faire pour nous bien mieux que nous ne les
ferions nous-mêmes, et qu'elle se contente d'éclairer
d'une lueur diffuse, afin que nous n'y restions pas
absolument étrangers, ce ne serait point aider, chez
enfant, l'évolution de la nature; ce serait, au contraire, l'arrêter net dès ses premiers pas.

II

Second degré de l'éducation de la conscience.
Connaissance de soi-même.

1. Pour donner à l'enfant la connaissance de lui-même, il faut
d'abord lui apprendre qu'il y a en lui une âme, un principe
d'action raisonnable et libre. — Notions essentielles de la conscience. — L'idée de causalité. — Polémiques sur son origine.
Théories de Locke, de David Hume, de Kant. — Elle est puisée
en nous-mêmes dans le sentiment de l'effort. Théorie de Maine
de Biran. — L'idée de finalité. — Notion supérieure de la responsabilité. — L'enfant, comme l'homme primitif, transporte
au dehors cette notion; il attribue aux choses, plutôt qu'à lui-
même, une volonté et un caractère moral. L'éducation l'amène
peu à peu à reprendre ce qui lui appartient. — L'intuition

morale. Théorie de M. Buisson. — Développement graduel du sentiment de la responsabilité.

2. Il faut ensuite amener l'enfant à découvrir ce qu'il y a en lui d'individuel, ses aptitudes, ses goûts, sa vocation. — Comment Socrate pratiquait cet art sur les adolescents. — L'enfant, bien dirigé, ne répugne pas à s'interroger ainsi lui-même.

1. Malgré son importance déjà considérable, cette transition de l'inconscience à la conscience, de la pensée spontanée à la pensée réfléchie, n'est pas encore la *connaissance de soi-même*, au sens socratique de cette expression.

Quand Socrate faisait du « Connais-toi toi-même » la base de sa pédagogie en même temps que de sa philosophie proprement dite, il entendait qu'il faut, de bonne heure, révéler à l'enfant la supériorité de son âme sur son corps et lui apprendre qu'il a en lui un principe de détermination éclairée et libre, qui est le type parfait de la causalité.

L'âme, disait-il, est quelque chose *qui se sert de corps*, comme l'artisan se sert de ses instruments de travail. Par son corps, l'homme est soumis au déterminisme de la nature ; par son âme, par sa raison et par sa volonté, il est maître de ses actes, et la conscience de cette autonomie est pour lui le point de départ de la responsabilité, du mérite et de la vertu.

— Notre psychologie française a repris, sous une forme scientifique, cette pensée de Socrate et montré que, parmi les choses à nous connues, l'âme seule est véritablement une cause.

Sa théorie de la causalité est même la partie la plus essentielle de toute une polémique qu'elle a soutenue contre diverses écoles pour rapporter à la conscience, et à la conscience seule, quelques-unes des notions fondamentales de la pensée humaine.

Locke, en effet, avait essayé de soutenir, au nom du sensualisme, que l'idée de cause a son origine dans la seule expérience des sens et qu'elle *entre en nous par les yeux*, quand nous voyons un phénomène quelconque en amener un autre à sa suite.

Mais David Hume, appliquant à cette question une subtile analyse, démontra contre Locke que, quand même nous verrions, non pas une ou deux fois par hasard, mais cent, mille, dix mille fois, une bille en choquer une autre sur un billard et lui communiquer son mouvement, tout ce que nous aurions le droit de conclure, après ces dix mille expériences, ce serait qu'il y a une *succession habituelle*, constante, nécessaire même, si l'on veut, entre les deux éléments du phénomène et qu'ils sont liés l'un à l'autre par une loi de la nature, mais non pas qu'il y a et que nous avons perçu un pouvoir, une *énergie causatrice*, par laquelle une de ces billes mettrait en mouvement la seconde.

Seulement, David Hume, après avoir renversé par sa critique la thèse sensualiste, ne voulait voir rien de plus dans l'idée de cause (en tant qu'elle dépasse l'idée de succession) qu'une simple création illusoire de notre esprit. Kant, de son côté, la réduisit à n'être qu'une *forme*, une catégorie purement subjective de la pensée humaine. C'est alors que Maine de Biran intervint : il montra que cette idée répond à une réalité interne et qu'elle a son principe dans le sentiment de l'effort par lequel nous mettons en mouvement notre bras tout de suite après avoir pris la résolution de le mouvoir. L'*effort volontaire,* voilà donc pour nous le prototype de la cause; et cette idée une fois trouvée en nous-mêmes par la conscience, nous la transportons dans la réalité extérieure. Partout où notre expérience constate une succession habituelle, c'est-à-dire un phénomène antécédent à la suite duquel se produit invariablement un phénomène conséquent, nous affirmons que cet antécédent est la *cause* de ce conséquent; mais ce jugement de causalité est le résultat d'une induction, non plus d'une perception.

—Cependant, l'idée de causalité n'est pas la seule qui nous vienne ainsi de la conscience. Lorsque nous pénétrons en nous-mêmes par la réflexion, nous y trouvons encore d'autres idées qui, une fois acquises, sont érigées par nous en principes d'explication universelle. Telle est, en première ligne, l'idée de *fin.* Quoi que nous fassions, une *finalité,* une *intention* (sérieuse ou futile, naturelle ou factice, peu importe) préside toujours à nos actes. Inconsciemment même, nous nous représentons sous la forme d'une finalité nos actions les plus insignifiantes. Nous allons nous promener, mais c'est *pour* prendre l'air, c'est-à-dire *pour* donner un surcroît d'activité nécessaire ou, au moins, utile à nos fonctions organiques de respiration et de circulation. Ce que nous ne faisons pas sérieusement, nous le faisons *pour* rire; c'est-à-dire, en d'autres termes, que cet acte nous est imposé ou suggéré par un besoin de délassement, de détente et de récréation, qui nous suit à travers tous les âges et toutes les conditions de la vie. Ainsi, une *intention,* consciente ou inconsciente, réside au fond de tous nos actes et amène la *convergence* de toutes leurs parties, de toutes leurs phases, vers un même but. Partant de là, nous croyons qu'il y a de même une *intention* partout où nous saisissons dans la nature une *convergence*, une harmonie, une adaptation, un ensemble de parties, liées entre elles pour concourir à un même résultat, en un mot, une *organisation.*

Il serait facile d'étendre cette liste et de montrer que beaucoup d'autres caractères, que nous croyons trouver directement dans les choses, ne sont en réalité puisés qu'en nous-mêmes. Nous croyons percevoir la *durée* des phénomènes ou des événements ; en réalité, nous la concluons simplement de notre durée personnelle, c'est-à-dire de la durée des impressions que ces événements ou ces phénomènes excitent en nous. Vraisemblablement aussi, nous ne jugeons de l'*étendue* qu'à travers la durée des mouvements que nous faisons pour atteindre ou pour mesurer les objets. En tous cas, l'origine de la notion si importante d'*unité* ne doit être cherchée que dans la conscience. Ce serait à tort, en effet, que nous croirions percevoir l'unité dans une foule de choses qui ne la comportent pas et qui, en réalité, ne la possèdent qu'autant que nous l'y mettons nous-mêmes. Quand nous disons : *un* livre, *une* table, etc., l'expression, à tout prendre, est impropre ; car ces objets sont composés de parties qui n'ont entre elles aucune connexion, mais sont simplement reliées *pour nous* dans l'unité d'une perception simultanée et d'une finalité commune.

— Ainsi, en résumé, la causalité véritable, c'est-à-dire la causalité libre, qui, seule, est vraiment un principe d'action, et, avec elle, la finalité, la responsabilité, le mérite et le démérite, telles sont les choses que l'homme, toutes les fois qu'il scrute sa conscience, y trouve comme lui appartenant en propre et comme constituant le caractère distinctif qui le sépare de tous les autres êtres.

Mais, ici, nous rencontrons une des ressemblances les plus curieuses qui existent entre la nature de l'enfant, telle que nous la montre l'expérience de tous les jours, et la nature de l'homme primitif, telle qu'elle nous est révélée par l'archéologie et par l'histoire.

Dans la première période de son évolution, l'homme s'ignore véritablement lui-même ou, du moins, il n'a qu'une idée vague de la supériorité de sa nature; à peine a-t-il puisé dans sa conscience une certaine notion de la liberté, de la responsabilité, de la personnalité, qu'il transporte au dehors de lui ces caractères et en fait illusoirement les attributs des choses; c'est même sur cette tendance que repose le naturalisme primitif, c'est-à-dire la divinisation des forces aveugles et brutales de la matière.

Or, l'enfant fait absolument de même. A peine a-t-il acquis un premier sentiment de sa vie morale que, loin de s'en réserver le privilège, il le partage avec les êtres qui l'entourent et s'imagine voir partout dans la nature des manifestations de libre arbitre.

Les idées du *bien* et du *mal*, encore qu'elles se dissimulent assez longtemps pour lui sous une première enveloppe esthétique et qu'il les exprime plutôt par les noms de *joli* et de *vilain*, apparaissent de bonne heure dans son esprit. Mais il glisse sur l'application qu'il pourrait s'en faire à lui-même. C'est à d'autres êtres qu'il les applique de préférence, et non pas seulement à ses frères ou à ses petits camarades, mais

tout aussi bien aux animaux domestiques dont il a
reçu quelque coup de griffe ou quelque coup de dent,
et même aux objets inanimés. La porte qui s'est
ouverte, poussée par le vent, et qui lui a fait une
bosse au front *l'a fait exprès;* elle est une *mé-*
chante; il la *punit* en trépignant contre elle ou en la
battant.

Un des principaux soins de l'éducation première
doit donc être de combattre chez l'enfant cette illusion et d'enrayer cette tendance? Il faut, par divers
moyens que nous retrouverons ailleurs, le ramener en
face de lui-même, afin qu'il prenne conscience de sa
supériorité et qu'il se décide à exercer sur les choses
ce que l'on pourrait appeler, d'un terme juridique,
des *reprises* morales.

—Ce n'est pas là, d'ailleurs, une chose compliquée
et difficile; on y arrive par une simple extension de
la *méthode intuitive,* appliquée aux choses intérieures.

M. Buisson l'a établi dans une conférence célèbre,
où il montre que l'intuition, malgré quelques préjugés
contraires, ne s'applique pas uniquement à la connaissance du monde sensible. Ce serait, dit-il, s'arrêter
à la lettre de l'enseignement intuitif et n'en pas saisir
l'esprit, que de l'appliquer exclusivement à l'étude des
choses matérielles. Privé des lumières que projette
sur lui l'investigation de la conscience, cet enseignement est, au contraire, frappé de stérilité. Il en arrive
peu à peu, comme chez certains pédagogues ridicules
d'outre-Rhin, à n'être plus qu'une stérile et fastidieuse
énumération des qualités ou des parties d'un objet,
n'apprenant en rien à observer, à pénétrer, à comprendre, ne donnant à la pensée ni sagacité, ni sou-

plesse, ni finesse; il finirait par être quelque chose « de plus enfantin que l'enfance, de plus naïf que la naïveté ».

C'est que l'intuition sensible n'est rien, si elle ne se complète par l'intuition intellectuelle; car « nous ne devons apprendre à juger par les sens qu'afin de pouvoir arriver précisément à nous passer des sens ».

Or, cette intuition intellectuelle, c'est l'art de se mettre en rapport avec tout ce qui est simple, clair, lumineux, évident; c'est l'art d'apercevoir la vérité partout où elle se montre, et, par conséquent, dans notre âme aussi bien qu'au dehors : « Nous procédons par intuition, toutes les fois que notre esprit, soit par les sens, soit par le jugement, soit par la conscience, connaît les choses avec ce degré d'évidence et de facilité que présente à l'œil la vue distincte d'un objet. Ainsi, l'intuition n'est pas une faculté à part, ce n'est pas quelque chose d'étranger et de nouveau dans l'âme humaine, c'est l'âme humaine elle-même apercevant spontanément ce qui existe en elle et autour d'elle. »

Or, ce qui existe surtout, bien qu'en germe, dans l'âme de l'enfant, c'est cette causalité libre qui s'appellera bientôt la volonté et qui sera le principe de la responsabilité et du devoir. C'est cela qu'il faut, aussi vite que possible, amener l'enfant à découvrir, en lui persuadant que ses actes dépendent de son initiative, de sa résolution, en commençant à lui faire honneur de ce qu'il fait de bien, honte de ce qu'il fait de mal, en lui répétant, fût-ce d'abord avec un peu d'excès, que tout ce qu'il veut sérieusement, il le peut, et que quand il n'a pas réussi dans une tâche qu'on lui avait assignée, c'est qu'il n'a pas suffisamment *voulu*.

2. Mais, en donnant à l'enfant cette intuition, ce qu'on lui fait connaître, ce n'est pas seulement la nature générale de l'homme, présente en lui comme elle l'est chez les autres; c'est une certaine nature individuelle, une personnalité distincte, qui s'ébauche déjà dans son âme.

Cette cause, qu'on s'efforce de lui faire saisir en lui-même, ce n'est pas une cause *quelconque;* ce n'est pas la causalité *indéterminée;* c'est ce que Maine de Biran appelle si énergiquement la *cause-moi.*

En d'autres termes, c'est une cause liée à une certaine nature propre, à un certain ensemble de qualités, de dispositions, d'aptitudes, d'aspirations, de goûts, on pourrait presque dire de talents à l'état virtuel; et ces aptitudes, ces talents, dessinent déjà à l'avance chez l'enfant l'homme qu'il sera un jour. Il faut donc tout particulièrement le préparer à en prendre de bonne heure possession, si l'on veut que, plus tard, il soit *quelqu'un;* si l'on est jaloux de faire de lui un être libre, qui sache marcher dans son propre sillon; si, à un autre point de vue, on veut le mettre en mesure de bien discerner sa vocation, de bien choisir la carrière où il pourra se rendre utile.

—Socrate pratiquait admirablement cet art avec les adolescents. On voit presque à chaque page des *Entretiens mémorables* qu'il pénétrait en eux plus profondément qu'ils ne faisaient eux-mêmes; il démêlait avec une admirable sagacité ce en quoi chacun d'eux pouvait exceller et il les remettait dans le droit chemin lorsqu'ils s'en écartaient.

L'un allait se jeter étourdiment dans les affaires publiques, bien qu'il n'eût pas le sérieux nécessaire pour suivre les études qui y préparent. Socrate l'avertissait de se tourner vers une autre carrière et de ne point s'exposer à faire le malheur de ses concitoyens.

Un autre, par timidité et réserve excessive, hésitait, au contraire, à prendre sa part de l'administration de l'Etat, bien qu'il eût pour cela toutes les qualités requises. Socrate triomphait de ses hésitations en lui représentant que, si les honnêtes gens se désintéressaient de la chose publique, elle deviendrait bientôt la proie des ambitieux vulgaires et des écervelés.

—Mais, c'est quand il s'exerce sur l'enfance que cet art de faire éclore les aptitudes naturelles et les vocations devient infiniment précieux. Nous en trouvons chaque jour la preuve dans l'empressement que mettent les familles à consulter sur l'avenir de leurs enfants, sur la direction dans laquelle il faut les pousser et sur la profession qu'il convient de leur faire choisir, des maîtres en qui elles ont confiance.

Toutefois, dans ce genre d'avis, bien des écueils sont à redouter. Si les enfants sont exposés à se tromper sur eux-mêmes, les maîtres ne le sont pas moins à se tromper sur leurs élèves. Il leur arrive quelquefois de prendre pour une inaptitude durable ce qui n'est que l'effet d'un découragement passager; faute de bien connaître les lois de l'évolution mentale, ils déclarent impropre à l'étude des mathématiques, par exemple, des enfants ou des adolescents pour qui la phase de prédominance de l'imagination s'est prolongée au delà de ses limites habituelles et qui n'en deviendront pas moins, grâce à ce retard même (à cause qu'il aura rendu le terrain plus ferme), d'excellents mathématiciens, des esprits nets et précis. D'autres erreurs du même genre sont également possibles sur l'*avenir moral* d'un enfant, trop vite présagé d'après des indices trompeurs ou des crises accidentelles.

Il faut donc, dans une sage mesure, associer l'enfant à ces pressentiments, à ces pronostics, et, pour cela, lui donner l'habitude de s'interroger lui-même, sans illusion vaniteuse comme sans parti pris de défiance.

L'enfant ne répugne pas à cet examen personnel et, si on ne l'influence pas dans un sens ou dans un autre, il le fait quelquefois avec une certaine sagacité naturelle. Il aime à se comparer avec ses camarades, pour découvrir son *fort* et son *faible;* il se rend justice à lui-même, ne se plaçant ni beaucoup trop haut ni beaucoup trop bas. Il se rend compte non seulement de ce qu'il a et de ce qui lui manque, mais encore de la juste mesure de ses qualités et de ses défauts. Il a surtout sur son maître l'immense avantage de prévoir, à un moment donné, telle crise intellectuelle ou morale, telle fermentation d'idées ou de sentiments qui se prépare en lui. Le maître ne fonde ses inductions que sur l'état présent; l'élève fait entrer en ligne de compte l'approche, plus ou moins clairement sentie, d'une métamorphose qui commence à le travailler sourdement. On le voit quelquefois sourire d'un jugement pessimiste émis par son maître; il ne s'en inquiète pas outre mesure, averti intérieurement par une sorte d'instinct qu'il n'y a pas encore de temps perdu et que ce qu'on attend va paraître. Il y a, chez tout enfant bien doué, un observateur psychologue qu'il s'agirait simplement de faire parler pour recueillir de sa propre bouche les indications les plus utiles au succès de son éducation.

CHAPITRE III

LA RAISON

L'apparition de la raison ne se produit qu'après celle des deux autres facultés intuitives.

L'*âge de raison*. Principaux traits distinctifs de cette époque de la vie.

Dans l'évolution de la pensée humaine, le développement de la raison est postérieur encore à celui de la conscience; car on ne saurait assigner une date, même approximative, aux premières manifestations de la conscience; cette faculté se déploie peu à peu dans les toutes premières années de la vie. Il y a, au contraire, une *époque* où la raison commence clairement à se montrer et, une fois apparue, accomplit en très peu de temps de notables progrès. Cette époque, qui se détache d'une manière si nette, est bien connue sous le nom d'*âge de raison*.

Plusieurs caractères distinguent de tout ce qui le précède ce moment de la vie. C'est l'âge où l'on commence à pouvoir *faire entendre raison* à l'enfant, le *raisonner*, comme on dit, lui faire admettre certains principes, lui adresser des remontrances, l'habituer à rendre compte aux autres de sa conduite ou à s'en rendre compte à lui-même, l'initier enfin au sentiment de son libre arbitre et de sa responsabilité. Comme une sorte d'apaisement se produit alors, d'une manière assez appréciable, entre les années où règnent les agitations de l'enfance proprement dite et celles où commencent

à se former et à gronder sourdement les passions plus
redoutables de l'adolescence, on peut dire que l'âge
de raison, en même temps qu'il constitue un sérieux
progrès dans la pensée, marque aussi le vrai commencement de la vie morale; d'autre part, c'est encore à ce moment que les diverses confessions religieuses, avec quelques différences qui tiennent surtout à la précocité plus ou moins grande des races du
nord ou des races du midi, font commencer pour
l'enfant la vie spirituelle.

I

Caractère mixte de la raison.

Dans le sens populaire du mot, la raison est d'abord un état moral, un équilibre de l'âme. Elle s'oppose alors, d'une part à la
passion, de l'autre aux différentes formes de la folie. Dans son
sens philosophique, elle est la faculté d'intuition de l'absolu. —
Ces deux éléments sont inséparables; ils se complètent mutuellement. — On peut commencer dans un sens ou dans l'autre
l'éducation de la raison.

Ce caractère mixte, à la fois intellectuel et moral, de
la raison s'explique facilement, si l'on songe que le mot
raison lui-même est susceptible de deux acceptions
assez différentes et que nous l'employons concurremment pour désigner deux choses qui ne se confondent
nullement l'une avec l'autre, bien qu'un peu de réflexion suffise pour saisir entre elles une intime relation.

Dans un premier sens, qui est, en quelque sorte, le
sens usuel et populaire, la raison est un certain état
de l'âme, caractérisé par l'équilibre, la mesure, l'harmonie des sentiments, des idées, des mouvements

mêmes. Quand nous disons, dans mille circonstances, qu'un homme *a* ou *n'a pas sa raison*, que *sa raison est intacte* ou que *sa raison est troublée*, nous ne pensons pas expressément encore à cette forme supérieure de l'entendement qui conçoit les principes de la vérité et de la science. Nous voulons dire simplement que cet homme *est* ou *n'est pas maître de lui*, que sa nature possède ou ne possède pas la juste pondération qui lui serait nécessaire pour réaliser ses fins. En ce sens, la *raison* s'oppose à la *folie* d'une part, à la *passion* de l'autre. Sous ses deux formes les plus importantes, qui sont la *manie* et la *monomanie*, la folie proprement dite ou folie intellectuelle est un manque d'équilibre des facultés mentales; c'est un dérangement et, pour employer le terme familier, qui est tout à fait exact, un *détraquement* de l'esprit, tantôt emporté dans une course folle à travers mille idées incohérentes, tantôt absorbé et comme figé dans une préoccupation unique à laquelle il ramène de force, en les faussant, en les *tordant* pour ainsi dire, toutes les impressions qui lui arrivent du dehors; incapable, dans l'un et l'autre cas, de dominer et de maîtriser sa pensée. Mais la folie intellectuelle n'est pas à beaucoup près la folie tout entière; les progrès de la psychologie pathologique ont montré qu'il y a une *folie des sentiments,* une *folie de la volonté,* une *folie* même *des mouvements.* L'homme qui est en proie à la *manie impulsive* et qui, s'armant d'un couteau ou d'un revolver, descend dans la rue et frappe la première personne qu'il rencontre, ou bien encore l'homme que secoue la *chorée,* « cette folie des muscles, » ne déraisonne point, au propre

sens du mot; mais il a une partie de sa nature qui
est « sortie des gonds » et qu'il est devenu incapable
de dominer et de diriger. D'autre part, nous savons
déjà que la passion est, au fond, de même nature que
la folie; elle est une impuissance momentanée à se
rendre maître de soi; un de ses effets les plus fréquents est de nous enlever l'intuition nette, le juste
discernement des choses; elle aussi, nous livre tout
entiers à la tyrannie d'une idée fixe, qui nous cache
tout le reste. Emporté par elle, l'homme est semblable à un navire désemparé ou, pour rappeler la
comparaison virgilienne, à un équipage dont les chevaux se sont emportés et ne sentent plus les rênes[1].

Dans un autre sens, qui est le sens philosophique,
la raison est tout autre chose C'est la faculté d'intuition métaphysique qui, en nous révélant au-dessus
de la sphère des phénomènes l'ensemble des vérités
éternelles, des principes nécessaires, nous met à même
d'introduire un élément absolu dans notre connaissance et notre conduite. *Raison spéculative* ou *raison pratique*, elle est une lumière supérieure qui se
répand sur nos pensées et sur nos actes pour les
rapporter à l'idéal et les élever ainsi au plus haut point
possible de cohésion et d'unité.

— Mais, malgré la différence de ces deux formes
sous lesquelles elle nous apparaît, la raison n'en est
pas moins en elle-même profondément une. Elle est à
la fois et indivisiblement, d'une part, l'ordre et l'apaisement dans l'âme, de l'autre, l'intuition du nécessaire et de l'absolu, de telle sorte qu'on aurait beau-

---

1. *Fertur equis auriga neque audit currus habenas.*

coup de peine à décider quel est celui des deux
éléments qui précède et amène l'autre. Est-ce l'apaisement intérieur qui détermine l'intuition des principes, en dissipant je ne sais quels nuages qui les
voilaient en nous (opinion soutenue par Platon dans
une de ses théories sur l'état psychique de l'enfance)?
Est-ce, au contraire, l'intuition des principes qui, en
se produisant dans les hauteurs de la pensée, amène
l'apaisement de l'âme, y calme l'impétuosité première
des instincts, y met chaque chose à sa place? Il n'est
guère facile de bien répondre à cette question. Peut-
être la solution la plus simple consiste-t-elle à croire
que chacun de nous, d'après ses dispositions personnelles, d'après *son tempérament moral*, a surtout en
lui la raison comme *faculté de l'absolu* ou comme
faculté de l'ordre, et que, par conséquent, l'éducation
de la raison doit se faire tantôt dans un sens, tantôt
dans l'autre, allant chez les uns des dispositions spontanées de la volonté et du caractère aux intuitions de
l'esprit et suivant chez les autres l'ordre contraire.

II

Les notions et les vérités de la raison.

1. Notions rationnelles pures; idées de l'infini, de l'absolu, du
parfait. — Notions rationnelles à base expérimentale; idées de
l'éternité et de l'immensité; de la cause première et de la fin
dernière; du vrai, du beau et du bien.
2. Vérités rationnelles. — Théorie de Leibniz. Principes d'identité et de raison suffisante. — Principes analytiques; principes
synthétiques.
3. Caractères essentiels des notions et des vérités de la raison.

Considérée d'abord comme faculté de l'absolu, la
raison met en nous tout un ensemble de connaissances

qu'on peut, malgré leurs rapports très étroits, diviser en deux groupes : d'une part, les *idées rationnelles* ou *notions premières;* de l'autre, les *principes rationnels* ou *vérités premières.*

En voici le tableau très résumé :

1. Les notions rationnelles sont des intuitions d'ordre supérieur par lesquelles l'intelligence humaine dépasse la sphère de l'expérience. On peut, à leur sujet, proposer une subdivision très simple : les unes sont des *notions rationnelles pures,* c'est-à-dire dans la formation desquelles l'expérience ne joue aucun rôle; les autres sont des *notions rationnelles à base expérimentale,* c'est-à-dire dans lesquelles l'expérience fournit un concept initial que la raison transforme et complète par son action propre.

— Les notions rationnelles pures correspondent elles-mêmes à quelques-unes des catégories les plus essentielles de la pensée humaine. Aussi peut-on presque indifféremment prendre l'une ou l'autre comme point de départ. Pour certains philosophes, c'est la notion de l'*infini*, correspondant à la catégorie de la *quantité,* qui est le concept fondamental de la raison, celui d'où provient tout le reste; pour d'autres, c'est le concept du *parfait,* répondant à la catégorie de la *qualité;* pour d'autres encore, celui du *nécessaire* ou de l'*absolu.*

Sous ces diverses formes, la raison conçoit l'*Être pur*, celui qui n'est soumis à aucune limitation comme à aucune condition, à aucune défaillance comme à aucune dépendance, et, quand elle le saisit dans l'indivisible unité de tous ces caractères, elle le désigne par le mot *Dieu.*

Quant aux notions rationnelles à base expérimentale, elles répondent aux principales idées dont nous avons trouvé l'origine dans la conscience.

Ainsi, la conscience nous donne l'idée de la *durée* et peut-être (du moins est-ce une thèse défendable) contribue-t-elle pour une large part à nous fournir aussi celle de l'*étendue*. Mais la raison s'empare de ces notions; elle leur applique, en quelque sorte, son concept propre, qui est le concept de l'infini; elle en fait l'idée d'un temps infini, sans division et sans succession, que nous appelons l'*éternité*, et celle d'un espace infini, lieu idéal de tous les possibles, auquel nous appliquons le nom d'*immensité;* puis, ces deux notions une fois créées, elle en trouve l'objet dans une substance infinie, dans un être qui subsiste par lui-même et qui est le principe d'où découlent toutes choses.

De même, quand l'expérience nous a fait trouver au fond de notre conscience l'idée de *cause* et l'idée de *fin*, la raison, appliquant à ces notions son même concept essentiel de l'infini ou de l'absolu, nous pousse à chercher partout des fins et des causes. Elle nous fait ainsi affirmer, par delà toute la série des causes contingentes qui relient entre eux les phénomènes de la nature, une *cause première et nécessaire;* par delà toute la série des fins auxquelles se rapportent les faits présents, une *fin suprême et dernière*, dont dépend l'ordre entier des êtres.

De même enfin, lorsque notre conscience, en explorant l'infinité des faits naturels et sociaux qui constituent le milieu dans lequel notre vie se développe, a découvert que l'idéal, l'ordre et la perfection s'y rencontrent sous les trois formes du *vrai*, du *beau* et du *bien*, la raison, appliquant toujours à ces nouvelles catégories son concept propre de l'infini ou de la perfection, conçoit un idéal vivant de bonté, de vérité et de beauté, qu'elle réalise et personnifie encore en Dieu.

2. Passons maintenant aux principes rationnels. On peut les considérer à la fois comme des *intuitions supérieures* qui nous révèlent la vérité absolue, et comme des *lois régulatrices* qui dirigent notre pensée dans toutes ses démarches en lui rendant possible la connaissance synthétique de l'univers.

Leibniz, jaloux d'établir en toutes choses une idéale simplicité, croit pouvoir les ramener à deux.

« Nos raisonnements, dit-il, sont fondés sur deux grands principes, celui de la *contradiction*, en vertu duquel nous jugeons faux tout ce qui en enveloppe (c.-à-d. *tout ce qui enveloppe en soi une contradiction*), et vrai tout ce qui est opposé ou contradictoire au faux.

» Et celui de la *raison suffisante*, en vertu duquel nous considérons qu'aucun fait ne saurait se trouver vrai, ou existant, ni aucune énonciation véritable, sans qu'il y ait une raison suffisante pourquoi il en est ainsi et non autrement. »

On peut cependant élargir quelque peu cette division de Leibniz, d'abord en rattachant au principe de contradiction un certain nombre de vérités rationnelles, d'un caractère analytique, qui expriment, dans les sciences de pur raisonnement, l'accord de la pensée avec elle-même; ensuite, en rapportant au principe de raison suffisante plusieurs autres vérités du même ordre, qui ont un caractère synthétique et servent de base à l'ordre entier des sciences expérimentales.

— Parmi les principes analytiques, le plus fondamental est celui que nous appelons de préférence *principe d'identité*. Il est généralement exprimé par quelqu'une des formules suivantes : *Ce qui est est; ce qui
n'est pas n'est pas; A = A; non A = non A*. On
aurait tort de considérer de telles formules comme des
tautologies naïves; elles expriment toutes la loi essentielle de notre pensée, qui est de rester d'accord avec
elle-même, quand elle passe logiquement d'une proposition à une autre. C'est en vertu de ce principe que,
dans les mathématiques par exemple, quand nous
avons posé l'axiome, nous admettons le théorème; car
l'axiome se retrouve dans le théorème, ou, en d'autres
termes, le théorème est identique à l'axiome. Par conséquent, nier le théorème, après avoir affirmé l'axiome,
ce serait affirmer à la fois que l'axiome est vrai et qu'il
est faux, qu'il est et qu'il n'est pas.

On voit ici le passage du principe d'identité à celui
que Leibniz appelle expressément *principe de contradiction*, et qui s'énonce ainsi : *Une même chose ne
peut à la fois et sous le même rapport être affirmée et
niée*. Toute affirmation faite par l'esprit lui interdit
l'affirmation contradictoire. Il se nierait lui-même en
niant ce qu'il a précédemment affirmé ou en affirmant à la fois des choses contradictoires, comme, par
exemple, un cercle carré ou la rencontre de deux
lignes parallèles.

Enfin, cette même affirmation logique de l'accord de
la pensée avec elle-même se retrouve encore sous une
troisième forme dans le *principe du tiers exclu*, par
lequel on affirme qu'*il faut qu'une chose soit ou ne soit
pas*, et, par conséquent, que, *de deux contradictoires,*

si l'une est vraie, il faut nécessairement que l'autre soit fausse, et réciproquement; d'où il résulte comme application particulière qu'on peut démontrer une proposition par l'absurde, c'est-à-dire en établissant l'absurdité de la proposition contradictoire.

— Quant aux principes synthétiques, les plus importants doivent être considérés comme des formes diverses du *principe de raison suffisante* ou *d'universelle intelligibilité*, qui s'exprime par cette formule générale : *Ce qui est a nécessairement une raison d'être.*

Mais la raison d'être d'une chose peut, suivant les cas, être cherchée dans des directions très divergentes. S'il s'agit, par exemple, d'un phénomène, nous pouvons la demander tantôt *à une cause qui le produit,* tantôt *à une fin à laquelle il se rapporte,* tantôt *à une loi qui le régit.*

De là trois principes essentiels, qui trouvent continuellement leur application dans les sciences expérimentales ; ce sont :

Le *principe de causalité.* Il s'énonce ainsi : *Tout ce qui commence a une cause; rien ne peut être sans cause; rien ne vient de rien.* C'est un principe synthétique. On verra ailleurs, dans la théorie du jugement, l'explication détaillée de cette dénomination. D'une manière générale, elle signifie que ce principe n'exprime pas simplement, comme le principe d'identité par exemple, le résultat d'une analyse faite par la pensée sur son propre contenu; l'attribut n'y est pas enveloppé à l'avance dans le sujet; il s'y ajoute par une synthèse nécessaire de l'esprit, et cette synthèse se fait *a priori,* indépendamment des révélations de l'expérience, puisqu'elle précède et domine l'expé-

rience elle-même. Aussi convient-il de remarquer qu'on
changerait complètement le caractère de ce principe et
qu'on lui enlèverait toute sa valeur, en le réduisant à
une pure tautologie, si, au lieu de dire : Tout phénomène a une cause, on disait étourdiment : Tout effet a
une cause;

Le *principe de finalité*. Il peut s'énoncer sous diverses formes, les unes plus générales, les autres plus
déterminées, comme, par exemple : *Tout a une fin
dans la nature*, ou : *Rien, dans la nature, ne se fait
en vain; tout arrangement se rapporte à un but; tout
organe suppose une fonction;*

Le *principe d'ordre* ou *d'induction*, qu'on exprime
généralement par les formules suivantes : *Tout, dans
la nature, se fait par des lois*, ou : *Les mêmes causes,
dans les mêmes circonstances, produisent partout et
toujours les mêmes effets.*

D'autres principes, sur la portée exacte desquels
nous pourrons revenir un peu plus loin, ont leur usage
aussi dans les sciences expérimentales, mais surtout
quand il s'agit d'en dégager une explication dernière
du système des choses. Ce sont :

Le *principe de continuité*, qui se formule ainsi :
*Tout se tient dans la nature; tout s'enchaîne dans la
création; il n'y a pas de vides, d'hiatus, dans le développement de l'univers;* ou encore : *La nature ne fait
pas de soubresauts (natura non facit saltus);*

Le *principe des indiscernables*, qui a été proposé
par Leibniz et qui n'a peut-être pas une indiscutable
valeur en dehors de la conception particulière de ce
philosophe, mais qui présente, du moins, une réelle
utilité pratique dans la science, en ce qu'il engage les

savants à pousser aussi loin que possible le discernement des différences; en voici, d'ailleurs, la formule : *Il n'y a pas, dans la nature, deux êtres* (deux
feuilles, par exemple, ou deux gouttes d'eau) *absolument semblables l'un à l'autre;*

Le *principe de moindre action*, d'après lequel *la
nature emploie toujours les moyens les plus simples,
va toujours à son but par les voies les plus courtes.*

3. Ces principes et ces concepts de la raison présentent en commun un certain nombre de caractères,
tels que l'*universalité*, l'*invariabilité*, l'*impersonnalité*.
Les uns et les autres, bien que plus ou moins clairement aperçus, sont les mêmes dans tout esprit humain;
ils restent les mêmes à travers les âges; ils sont en
nous, mais ils ne sont pas notre œuvre. Quand nous
découvrons, au fond de notre entendement, ces vérités
éternelles et immuables, nous ne les créons pas :
« Nous les trouvons vérités, dit énergiquement Bossuet, nous ne les faisons pas telles. »

Ce sont, en d'autres termes, des *vérités nécessaires.*
Nous ne pouvons ni les nier absolument, ni les concevoir altérées ou modifiées. Il n'y aurait plus de vérité,
de science, de pensée même, si nous supposions un
moment ou que ce qui existe peut en même temps ne
pas exister, ou que la somme des parties peut ne pas
être égale au tout, ou que quelque chose enfin peut
être sans qu'il y ait une raison pour que cela soit.

A la vérité, un grand philosophe, Emmanuel Kant,
a proposé ce doute suprême que la nécessité des principes de la raison pourrait bien être une *nécessité pour
nous*, une *nécessité subjective*, et non une *nécessité en
soi et objective*. Ainsi, la raison humaine ne serait

peut-être pas liée à la raison absolue ; elle aurait ses formes à elle, qui pourraient ne pas correspondre aux formes de la réalité.

Mais c'est là un de ces doutes métaphysiques qui inquiètent la raison humaine sans la détourner de sa voie, sans la décourager un moment de chercher le vrai, ou le beau, ou le bien, avec l'absolue confiance que quelque chose répond au dehors de nous (et Kant l'a reconnu d'une certaine manière en ce qui concerne le bien) à l'objet de notre recherche.

— Toutefois, en considérant les vérités de la raison comme universelles et nécessaires, c'est-à-dire comme présentes dans toutes les intelligences humaines, dont elles sont la loi commune, nous n'avons pas le droit d'affirmer qu'elles y apparaissent toutes ensemble et qu'elles y remplissent toutes, au même titre, le rôle de révélatrices d'une vérité absolue. Il faut réserver ici le double problème de l'évolution de la raison et, par suite, de l'éducation qui doit être donnée à cette faculté. Mais cet ordre de questions exige qu'on ait étudié d'abord le problème plus général de l'origine des idées et de l'innéité.

III

Problème de l'origine des idées.

1. L'empirisme et le nativisme. — Leur opposition. — Un point de contact entre eux : ils cherchent l'un et l'autre à expliquer comment les idées et les vérités de la raison sont *gravées* dans l'esprit humain.

2. L'empirisme ancien. — Démocrite et les *Idées-images.* — Locke et la *Table rase.*

3. Le nativisme. — Théorie platonicienne de la *Réminiscence.* — Théorie cartésienne des *Idées innées.*

4. L'empirisme réformé. — Son point de départ dans Condillac et David Hume. — Stuart Mill et la théorie de l'association. — Lois de l'association des idées. Tentative d'explication du caractère nécessaire des vérités rationnelles par la loi d'association indissoluble. — Herbert Spencer et la théorie de l'hérédité. — Les vérités nécessaires ne peuvent résulter des seules expériences de l'individu. En quel sens elles sont innées. Ce sont des habitudes mentales, fruit de l'hérédité. Elles se développent en même temps que le cerveau, dépositaire des expériences accumulées de l'humanité tout entière.

5. Difficultés et lacunes de cette théorie. — Il faut revenir à la conception nativiste, dépouillée de toute idée d'*empreintes déposées dans l'esprit*. La connaissance rationnelle est essentiellement active. — Théorie de Leibniz. — Il n'y a d'inné que la puissance organisatrice de l'esprit. — Les idées et les principes de la raison représentent les tendances actives de notre pensée, son aspiration vers l'infini, son besoin d'ordre. — Théorie de M. Ravaisson. — Ce n'est pas la raison qui repose sur l'association, c'est l'association qui s'explique par l'action organisatrice de la raison.

1. Réduit à ses termes les plus simples, ce problème peut être formulé ainsi : Toutes les choses que nous savons ont-elles leur unique source dans l'expérience? L'expérience elle-même se réduit-elle tout entière à l'expérience sensible? Par suite, devons-nous croire, suivant un adage célèbre, qu'*il n'y a rien dans l'entendement qui n'ait été d'abord dans le sens* (*nihil est in intellectu quod non prius fuerit in sensu*); ou bien faut-il penser que quelques-unes au moins de nos connaissances sont immédiatement en nous d'une manière virtuelle, depuis le commencement de notre vie, depuis la formation même de notre esprit?

Remarquons en passant que cette question si controversée serait facilement résolue, si nous pouvions pénétrer dès le début dans l'intelligence de l'enfant et nous rendre compte de la forme sous laquelle se produisent en lui les premières intuitions.

Malheureusement, nous ne pouvons pas faire cette observation directe et nous ne pouvons pas non plus y suppléer par nos souvenirs personnels, qui sont totalement effacés. Il faut donc rester en face des systèmes, mais en les contrôlant dans une certaine mesure par l'étude et par l'interprétation des premières manifestations de la vie mentale chez l'enfant.

Ces systèmes se réduisent à deux. L'un est l'*empirisme* (du mot grec *empeiria*[1], qui signifie *expérience*); et on lui donne aussi le nom de *sensualisme*, quand il soutient d'une manière expresse qu'il ne peut y avoir d'autre forme de l'expérience que l'expérience des sens. L'autre est le *nativisme*, qu'on trouve souvent aussi désigné par le mot *idéalisme*, bien que ce terme ait l'inconvénient d'être plus vague et de s'appliquer à un certain nombre de conceptions, psychologiques, esthétiques, métaphysiques, très différentes les unes des autres.

Nous allons mettre en parallèle ces deux systèmes; mais non sans avoir remarqué d'abord que, dans leur développement historique, ils présentent, malgré leur opposition fondamentale, une ressemblance inattendue : c'est que, dans l'un et l'autre, les notions fondamentales de la pensée sont conçues comme *imprimées*, comme *sculptées* dans l'esprit de l'homme. Ils s'appuient tous les deux sur cette même métaphore, et le débat qui divise leurs représentants porte, en dernière analyse, sur la façon dont on interprète de part et d'autre cette métaphore et dont on conçoit que les notions et les principes de la raison sont *gravés* en nous.

---

1. Ἐμπειρία.

2. D'après l'ancien empirisme (et par là nous entendons l'empirisme antérieur à Condillac), c'est l'expérience qui imprime en nous ces connaissances, qui les dépose dans notre entendement, à peu près comme le cachet dépose son empreinte sur la cire. Le caractère commun à tous les représentants de cette école, c'est qu'ils voient dans l'esprit une simple capacité de recevoir des impressions, des idées et des images, en un mot, une pure réceptivité.

Démocrite, dès les premiers temps de la philosophie grecque, a introduit cette conception. Assimilant à tort l'action de tous les sens, et particulièrement de la vue, à celle de l'odorat, il se représentait nos idées comme les images des objets gravées sur le *sensorium;* il admettait des *espèces sensibles,* qui se détacheraient continuellement des objets par une sorte de radiation et qui viendraient frapper nos sens; c'étaient pour lui de véritables *effluves,* par lesquels la substance même des choses pénétrait dans notre esprit et y laissait comme une légère couche, comme une mince *pellicule.* Epicure compléta cette doctrine par une conception qui n'est pas sans quelque rapport avec celle que nous rencontrerons plus loin chez quelques philosophes contemporains; il admettait que notre connaissance, issue des sens, s'achève par des *anticipations de l'esprit;* mais ces anticipations n'avaient aucun rapport avec ce qu'on a appelé depuis des *idées innées;* c'étaient simplement, pour lui, des traces laissées dans l'esprit par nos expériences passées et nous permettant de pressentir, de devancer, dans certains cas, l'expérience future.

Locke, dans son *Essai sur l'entendement humain,*

ne fait encore que reprendre la conception de Démocrite. L'entendement, pour lui, n'est rien de plus, à l'origine, qu'une *table rase*, c'est-à-dire , si l'on veut remplacer cette métaphore antique par une comparaison qui nous soit plus familière, une *feuille blanche*, ne portant encore aucun caractère d'écriture ou d'imprimerie ; et c'est l'expérience (c'est-à-dire la sensation, complétée par la réflexion) qui gravera en lui toutes les idées et toutes les vérités, en y déposant peu à peu l'empreinte du monde réel.

— Il serait inutile de réfuter longtemps une doctrine qui, sous cette forme outrée, n'a plus certainement aujourd'hui aucun partisan sérieux. Contentons-nous de signaler brièvement les principales objections qui ont été dirigées contre elle non seulement au nom de la doctrine adverse, le *nativisme*, mais encore par les fondateurs d'un *empirisme réformé*, sur lequel nous aurons à revenir un peu plus loin.

D'abord, au point de vue de la psychologie, l'empirisme de Démocrite et de Locke est absolument impuissant à expliquer que des notions absolues et des vérités nécessaires puissent avoir leur source dans l'expérience, puisque l'expérience ne nous met jamais en rapport qu'avec des choses relatives et contingentes.

D'autre part, on pourrait démontrer aussi que la conception de Locke, mal interprétée, peut-être, dans le sens d'un développement trop passif de l'esprit, a exercé une influence néfaste sur le mouvement philosophique, social, pédagogique, du siècle dernier.

Elle a donné lieu de croire que tous les hommes

partent du même point, et que ce point est une sorte
de zéro; que l'individu n'a pas d'attaches avec ses
ancêtres, avec son milieu; que chaque naissance
d'homme est une création nouvelle de l'humanité, ramenée, en quelque sorte, à sa condition initiale; que,
si nous avons par hasard en nous quelque chose qui
nous vienne de la société dont nous faisons partie, il
faut commencer par l'extirper, en y appliquant la *méthode négative;* que tous les hommes enfin ont une
égalité primitive non seulement de droits, mais de nature, qui les rend capables de s'élever tous au même
niveau, de telle sorte que l'éducation peut transformer
immédiatement un sauvage en homme civilisé, sans
qu'il ait besoin de franchir des étapes intermédiaires
et de secouer le poids de l'hérédité. Tout cela, pour
nous, n'a plus aucune valeur; l'étude approfondie de
l'histoire et des sciences sociales nous a appris de
toute manière que l'action du temps est indispensable
pour mettre dans les esprits ces profondes empreintes
des choses qui, d'après Locke, se produiraient dès la
première rencontre et surtout pour créer les caractères
intellectuels et moraux par lesquels les races se distinguent les unes des autres.

Mais c'est M. Spencer qui a dirigé contre cette conception étroite l'objection la plus directe et, si nous
pouvons ainsi parler, la plus *topique.* Il a montré que,
du moment où l'on conçoit l'acquisition des connaissances sous la forme d'une simple *empreinte* déposée
en nous par les choses, il n'y a pas la moindre raison
pour que l'intelligence d'un animal ne soit pas aussi
développée que l'intelligence humaine. C'est, en effet,
la même réalité qui pénètre dans l'une et dans l'autre

par la voie des impressions sensorielles : « Si, à la naissance, dit-il, il n'existe rien qu'une réceptivité passive d'impressions, pourquoi un cheval ne pourrait-il pas recevoir la même éducation qu'un homme? Et si l'on objecte que c'est le langage qui fait la différence, pourquoi alors le chat et le chien, soumis aux mêmes expériences que leur donne la vie domestique, n'arriveraient-ils pas à un degré égal et à une même espèce d'intelligence? » Evidemment, il y a là d'infranchissables distances, qui ne sauraient être expliquées par la seule action de l'expérience individuelle et qui, comme nous le verrons tout à l'heure, amènent forcément la philosophie à reprendre, au nom même de l'expérience, l'hypothèse de l'innéité [1].

1. Malgré la justesse de ces critiques et malgré son incontestable insuffisance, la doctrine de Locke, quand on la considère au point de vue de l'histoire de la philosophie, garde une très haute valeur, à cause des progrès que représente déjà la méthode de ce philosophe.

Parmi ces progrès, nous pouvons citer, en première ligne, un commencement d'observation de l'enfance : « Suivez, nous dit Locke, un enfant depuis sa naissance, observez les progrès que le temps produit en lui et vous trouverez que l'âme, venant à se fournir de plus en plus d'idées par le moyen des sens, se réveille, pour ainsi dire, de plus en plus, et pense davantage à mesure qu'elle a plus de matière pour penser. Quelque temps après, elle commence à connaître les objets qui ont fait sur elle de fortes impressions, à mesure qu'elle est plus familiarisée avec eux. C'est ainsi qu'un enfant vient par degrés à connaître les personnes avec qui il est tous les jours, et à les distinguer d'avec les étrangers; ce qui montre, en effet, qu'il commence à retenir et à distinguer les idées qui lui viennent par les sens. Nous pouvons voir par le même moyen comment l'âme se perfectionne par degrés de ce côté-là, aussi bien que dans les autres facultés qu'elle a d'étendre ses idées, de les composer, d'en former des abstractions, de raisonner et de réfléchir sur toutes ces idées. »

L'erreur même de Locke, consistant à croire que la sensation *introduit* directement les idées dans l'esprit, provient du soin scrupuleux que met ce philosophe à conformer strictement la formule de son système aux données de l'expérience : « Si on demande quand c'est que l'homme commence d'avoir des idées, je crois que la véritable réponse qu'on puisse

3. Quand le *nativisme* s'applique, à son tour, au problème de l'origine des idées, c'est, en somme, de la même manière ou, du moins, sous une forme très semblable qu'il conçoit les notions essentielles de la pensée comme présentes dans l'esprit humain. Pour lui aussi, elles y sont imprimées et sculptées. La seule différence, c'est que, au lieu d'y être déposées peu à peu, dans les premières années de la vie, par les impressions multiples de l'expérience, elles y sont immédiatement mises par Dieu lui-même, dès la naissance ou même avant la naissance, « comme le sceau de l'ouvrier sur son ouvrage ».

Des formules de ce genre se rencontrent couramment chez les philosophes de l'antiquité.

Ainsi, par exemple, Cicéron, parlant de la croyance universelle à l'existence des dieux, dit que la notion

faire, c'est de dire : « Dès qu'il a quelque sensation. » Car, puisqu'il ne paraît aucune idée dans l'âme avant que les sens y en aient introduit, je conçois que l'entendement commence à recevoir des idées justement dans le temps qu'il commence à recevoir des sensations. »

On se tromperait, d'ailleurs, si l'on exagérait cette idée que Locke réduit l'esprit à une simple faculté de recevoir des idées, quitte, ensuite, à réfléchir sur ces idées une fois qu'elles sont entrées en nous. Cette réflexion qu'il ajoute, comme seconde source de nos idées, à la sensation, est déjà pour lui, dans une certaine mesure, un principe d'explication de la *genèse* de l'esprit. Toute idée d'une évolution de la pensée (au moins de la pensée individuelle) n'est pas absente de son système, pourvu qu'on sache le bien interpréter et le bien comprendre. Loin de là : « Le grand mérite de Locke, dit M. Marion, c'est de considérer l'esprit comme un être vivant en voie de formation et de transformation incessante, comme une plante dont on peut suivre la « croissance » depuis le germe (très simple) et les racines (en très petit nombre) jusqu'à la plus exubérante production de rameaux, de fleurs et de fruits. S'il eût seulement ajouté (ce qu'en réalité il n'entendait point nier, j'en suis sûr) que la graine contient déjà en puissance et comme *préformée* en elle toute la frondaison, et qu'elle la donne selon des lois constantes et universelles, sous l'action combinée des circonstances et de sa spontanéité propre, je ne vois pas, quant à moi, ce qu'on pourrait lui reprocher. » (*J. Locke, sa vie et son œuvre.*)

de la divinité est innée et sculptée en nous, *innatum et insculptum esse deos.*

C'est le fond de la doctrine platonicienne de la *Réminiscence.*

L'âme humaine, dans une vie antérieure, a eu l'intuition directe des essences idéales et des vérités nécessaires. Cette intuition, elle en conserve au plus profond d'elle-même l'empreinte cachée, mais indestructible. Les *idées* du bien, du vrai, du juste, résident dans la partie la plus reculée, la plus mystérieuse de notre être; nous les y découvrons toutes les fois que nous rentrons en nous-mêmes par la méditation et par l'étude. Momentanément submergées, à l'époque de la naissance, sous le flot des sensations qui assiègent l'âme et qui l'étourdissent, elles reparaissent en nous, sous forme de réminiscences, dès que notre esprit devient capable de réfléchir. A l'occasion des traces de beauté que nous présentent les objets naturels ou à l'occasion des vestiges de vérité ou de justice que semblent nous offrir les paroles ou les actions des hommes, nous retrouvons au fond de notre pensée et nous ramenons au grand jour de la conscience les impressions oubliées, mais non détruites, de la vérité, de la beauté et de la justice absolues.

Ce que nous faisons ainsi sur nous-mêmes par la réflexion, nous pouvons le faire également sur les autres par la puissance de l'éducation. Instruire un enfant, un adolescent, ce n'est pas prendre une vérité dans notre esprit pour la faire entrer dans le sien; c'est diriger *le regard de son âme* vers la vérité qu'il porte en lui-même; c'est combattre son étourderie naturelle, pour qu'il fixe avec plus d'attention cette vérité et qu'il la discerne enfin, éclairée par la lumière intérieure.

Ainsi, dans un célèbre passage du *Ménon*, qui se retrouvera ailleurs avec les explications nécessaires, Platon nous montre un jeune esclave auquel on propose un problème compliqué de géométrie et qu'on amène, en tournant le regard de son esprit vers cette lumière du dedans, non point (comme on le dit quelquefois) à découvrir, mais, du moins, à comprendre et à reconnaître la solution de ce problème.

En d'autres termes, la géométrie est *innée* dans tout esprit humain, et il en est de même des vérités essentielles de la morale. Pour transformer l'enfant en homme, l'ignorant en savant, le méchant en homme de bien, l'éducation n'a donc besoin que d'*orienter* l'âme vers des vérités qu'elle porte dans son propre sein, mais qu'elle n'y trouverait pas spontanément, si elle n'était avertie de les y remarquer.

— Ebauchée par le platonisme, la théorie de l'innéité a trouvé dans la philosophie de Descartes son expression la plus complète.

Nos idées, d'après Descartes, se divisent en trois catégories. Les unes « sont étrangères et viennent du dehors »; Descartes les appelle *idées adventices*. D'autres « sont faites et inventées par nous-mêmes »; telles les idées de « cheval ailé » ou de « montagne d'or », auxquelles convient le nom d'*idées factices*. Enfin une troisième catégorie est celle des *idées innées*, c'est-à-dire de celles qui « nous semblent être nées avec nous ».

L'idée de l'infini, par exemple, et celle de Dieu sont dans ce cas. La notion de l'infini ne saurait nous venir de l'expérience; car nous ne percevons rien, ni en nous-mêmes ni au dehors de nous, qui soit infini; et, d'un autre côté, on ne peut soutenir qu'elle soit formée par l'addition de grandeurs finies à d'autres grandeurs finies; car cette opération de l'entendement ne nous donnerait que l'*indéfini* et non pas l'*infini* véritable. Descartes concluait de là que l'idée de l'infini est «née et résidante en nous».

C'est dire encore, en d'autres termes, que l'idée de l'infini et les autres idées rationnelles qui s'y rattachent sont *gravées* dans l'esprit humain. Il semble même que Descartes ait entendu d'abord cette expression dans un sens presque littéral et considéré les notions rationnelles comme étant, dès les premières périodes de la vie, l'objet direct d'une intuition intérieure.

Cependant ses adversaires lui objectèrent que «l'idée de l'infini ne peut être présente dans les âmes de ceux qui dorment profondément et sans aucune rêverie.»

Plus tard, on fit intervenir l'*enfant*, et l'on demanda à Descartes s'il pensait que l'idée de Dieu ou celle de l'infini fût «née et résidante» dans l'âme de l'enfant qui est encore au sein de sa mère.

Sous le coup de ces objections, Descartes, particulièrement dans une réponse à Hobbes, se décida à bien préciser le sens dans lequel il voulait qu'on interprétât sa doctrine.

« Lorsque je dis, écrivait-il, que quelque idée est née avec nous ou qu'elle est naturellement empreinte dans nos âmes, je n'entends pas qu'elle se présente toujours à notre pensée; car ainsi il n'y en aurait aucune; mais j'entends seulement que nous avous en nous-mêmes la faculté de la produire. »

Cette dernière expression est très remarquable ; car elle laisse déjà pressentir la transformation de la doctrine de l'innéité dans le sens d'un développement intérieur, d'une évolution par laquelle l'esprit, sans rien recevoir du dehors, tire de lui-même les concepts rationnels et les fait passer de la forme inconsciente et implicite à la forme explicite et réfléchie. Cette transformation, Leibniz la complétera et, amendant la doctrine dans un sens éclectique, il sacrifiera les *idées innées* pour ne maintenir que l'*innéité de l'entendement*. Néanmoins, la conception d'empreintes mises immédiatement dans l'esprit est tellement puissante que, chez Leibniz lui-même, elle se retrouve encore, sous une forme détournée, quand il compare les dispositions virtuelles de l'entendement « à des veines » qui dessineraient à l'avance une statue dans le bloc de marbre dont elle doit être tirée.

4. Enfin il appartenait à une forme nouvelle de l'empirisme de reprendre une dernière fois, avec des explications plus précises et plus systématiques, la conception d'après laquelle les principes et les idées de la raison sont *gravés* et comme *burinés* dans l'esprit.

Cette fois, il ne s'agit plus simplement d'empreintes déposées dans l'entendement par les choses ou par Dieu, mais de tout un travail d'organisation de l'esprit et d'accommodation des habitudes de la pensée aux conditions et aux formes de la réalité.

Le point de départ de cette conception est dans Condillac, dont le sensualisme diffère profondément de celui de Locke en ce sens qu'il ne s'attarde plus à concevoir l'esprit comme une capacité vide, dans laquelle

viennent s'entasser des sensations, mais qu'il constitue l'esprit lui-même, la conscience, le *moi*, avec
les sensations reliées les unes aux autres et, pour ainsi
dire, agglomérées.

Le *moi*, pour Condillac, n'est rien de plus que la
collection de nos sensations. David Hume adopte la
même formule, mais en rejetant plus expressément
encore toute idée d'une substantialité de l'esprit.
Cette substantialité, il la remplace par l'*habitude*. Ce
que nous appelons notre pensée n'est qu'une suite
d'états de conscience solidement liés les uns aux
autres, et les prétendus principes de la raison ne sont
autre chose que des habitudes plus fermes et plus
stables, qui nous apparaissent illusoirement comme
des lois objectives, auxquelles seraient soumises toutes
nos habitudes mentales.

— Héritière de Condillac et de David Hume, l'école
de psychologie anglaise qu'on désigne sous le nom
d'*école associationniste* s'est emparée de cette idée de
l'habitude pour en tirer une explication nouvelle de
l'origine des principes de la raison et du caractère de
nécessité avec lequel ces principes nous apparaissent.

D'après Stuart Mill, ce caractère de nécessité universelle et immuable provient simplement d'une habitude très forte, finalement indestructible, qui, elle-
même, a sa source dans le jeu naturel de l'*association
des idées*.

Il suffit, pour s'en convaincre, de passer en revue
les lois fondamentales de l'association, lois qui expliquent la pensée tout entière et qui jouent dans le
monde de l'esprit un rôle équivalent à celui des lois
de l'attraction dans le monde de la matière.

La première s'appelle *loi de similarité*. Elle se formule ainsi : « Quand deux objets nous ont été donnés dans l'expérience, ne fût-ce qu'une seule fois, comme semblables l'un à l'autre, il se produit dans notre esprit une *ten lance* à associer leurs idées ; en d'autres termes, si l'idée d'un de ces objets reparaît dans notre esprit, elle *tend* à évoquer l'autre à sa suite. »

La seconde est la *loi de contiguïté*. En voici la formule : « Quand deux objets nous ont été donnés dans l'expérience, ne fût-ce qu'une seule fois, comme contigus l'un à l'autre soit dans l'espace, soit dans le temps (et nous ferons remarquer, en passant, que la contiguïté dans le temps se produit elle-même sous deux formes distinctes, la simultanéité et la succession), il se produit dans notre esprit une *tendance* à les penser ensemble ; l'idée d'un de ces objets *tend* à évoquer en nous l'idée de l'autre. »

Quant à la troisième loi, nous l'appellerons, si l'on veut, *loi d'habitude*, et nous pourrons l'énoncer à peu près ainsi : « A mesure que l'expérience nous a présenté un plus grand nombre de fois deux objets comme semblables ou comme contigus, la *tendance* à les penser ensemble se transforme de plus en plus en *habitude* ; et cette habitude s'affermit en proportion directe de la répétition des expériences. »

Voici enfin la quatrième loi dont l'importance est capitale ; on l'appelle *loi d'association inséparable* ou *indissoluble*, et on l'énonce de la manière suivante : « Lorsque deux objets nous ont été présentés dans *toutes* nos expériences comme semblables ou comme contigus, la tendance à les penser ensemble devient *irrésistible ;* nous ne pouvons plus dissocier leurs idées; par conséquent, l'apparition de l'une de ces idées dans notre esprit amène *nécessairement* l'apparition de l'autre; en d'autres termes, elles sont désormais liées l'une à l'autre dans notre esprit par une *association indissoluble*, et le rapport qui les unit nous apparaît comme un *rapport nécessaire.* »

— Voilà, d'après Stuart Mill, l'origine expérimentale des principes rationnels. Il est facile de voir à quel point cette conception, qui repose sur une solide base psychologique, est supérieure à l'empirisme vulgaire.

Elle nous permet de comprendre, au moins dans une certaine mesure, comment l'expérience, bien qu'elle porte toujours sur des faits contingents, peut néanmoins nous donner le nécessaire. C'est que la nécessité dont il s'agit ici n'est, au fond, qu'une nécessité subjective; ce n'est pas une *nécessité en soi,* mais une *nécessité pour nous;* c'est la nécessité d'une habitude qui s'est créée dans notre esprit et qui, fondée sur une accumulation d'expériences toutes concordantes et formant un solide faisceau, ne saurait être dissociée et détruite que par des expériences contraires.

La nécessité du principe de causalité, par exemple, s'est créée ainsi pour nous dès les premières années de notre vie. Elle provient, d'après Stuart Mill, de ce que toutes nos expériences, sans exception aucune, nous ont toujours et partout montré qu'un fait qui se produit est lié à un antécédent, que nous appelons sa cause. Ce rapport, toujours et partout perçu, est devenu pour nous un rapport nécessaire, attendu qu'il nous est impossible d'en faire abstraction et de concevoir ses termes sans le concevoir lui-même.

— Cependant, quand on examine plus à fond cette théorie de Stuart Mill, on y découvre une erreur de psychologie tellement grave qu'elle semble, au premier abord, compromettre la valeur du système et le rejeter au-dessous de celui de Locke.

En effet, au temps de Locke, et quand on ne savait pas encore à quel point une connaissance est une organisation d'idées, on pouvait, à la rigueur, se figurer qu'une vérité nécessaire est acquise, du moment que plusieurs couches d'impressions semblables les unes aux autres se sont imprimées sur la substance inerte de l'esprit.

Mais, du moment qu'une vérité nécessaire est considérée comme une *habitude* contractée par l'esprit, habitude ferme, solide, inébranlable, il n'est plus possible de comprendre que les quelques expériences, si peu nombreuses, que l'enfant a pu faire depuis le premier éveil de sa conscience et que, d'ailleurs, il a à peine remarquées, aient suffi à créer en lui la foi robuste qu'il a évidemment au principe de causalité, puisque, comme nous l'avons vu, il cherche avec une sorte d'inquiétude la cause de tout ce qui se produit autour de lui, d'une porte qui s'ouvre, d'un rideau qui s'agite, soulevé par le vent?

A la vérité, Stuart Mill peut nous dire : cette habitude de l'esprit, cette foi robuste, c'est le résultat d'une attente, d'une *expectation*, devenue très forte, parce qu'elle n'a jamais été déçue.

Mais qui oserait soutenir sérieusement qu'un tout jeune enfant ait assez de fermeté dans l'esprit pour remarquer le rapport de deux faits au point d'attendre l'un uniquement parce qu'il a remarqué l'autre; et sur-

tout qu'une attente de ce genre n'ait jamais été déçue;
puisque, précisément (pour ne citer que ce simple
fait), le jeu favori des personnes qui entourent l'enfant
et qui cherchent à le distraire, consiste à l'étonner, à
lui faire attendre des choses qui ne se réalisent pas?

Nous ne concluons pas de là que l'attente n'existe
point dans l'esprit de l'enfant; elle y est, au contraire,
et ce n'est pas en cela que Stuart Mill se trompe;
mais elle y résulte de l'innéité, non de l'expérience.

— C'est ici que la conception de Stuart Mill fait
place à la conception beaucoup plus large d'Herbert
Spencer et que la doctrine de l'association se complète
par celle de l'évolution mentale et de la transmission
héréditaire des expériences.

La grande originalité de M. Spencer, c'est d'avoir,
tout en conservant l'empirisme, rompu avec la longue
tradition de cette doctrine, dont le dogme fondamental
se réduisait à ceci : Rien n'est inné dans la nature
humaine; la sensibilité de l'enfant est vide d'inclinations; son intelligence est vide d'idées; il n'y a pas
de germes instinctifs de sa volonté. Une *caisse vide*,
où l'on peut mettre ce que l'on veut, voilà l'homme à
son origine.

Pour M. Spencer, au contraire, la nature humaine,
à son origine, est pleine de dispositions et d'aptitudes
de toutes sortes; elle a, en particulier, des tendances
intellectuelles, très nettement déterminées, qui se ma-
nifesteront de suite dans les premières pensées et les
premières recherches de l'enfant. Il y a donc en nous
une large part d'innéité. Seulement, cette innéité provient indirectement de l'expérience; elle est le résultat
d'une transmission héréditaire d'idées et de connais-

sances, qui ont elles-mêmes leur source dans l'accumulation et dans l'organisation des expériences séculaires
de l'humanité.

Appliquons cela au principe de causalité. Nous verrons que les hommes n'ont pas eu à l'origine l'idée
de l'universelle causalité et des lois de la nature.
Non seulement ils ne l'ont pas toujours eue, mais,
en un certain sens, tous ne l'ont point encore; chez
les foules humaines, elle n'arrive pas à éclosion; elle
reste, tout au plus, à l'état de vague tendance, et voilà
pourquoi il ne leur répugne pas de croire la nature
soumise au hasard, à l'arbitraire ou au caprice. C'est
l'accumulation incessante des expériences qui l'édifie
peu à peu et qui crée dans le cerveau des connexions
moléculaires, héréditairement transmissibles, par lesquelles les générations humaines sont de plus en plus
disposées à lier leurs idées d'après la loi de causalité
et à considérer cette loi comme régissant tout l'ensemble de l'univers. Plus les sciences se développe-
ront, plus le cerveau humain se façonnera ainsi à
l'image de la réalité extérieure; plus aussi les rapports internes qui lient nos idées les unes aux autres
s'ajusteront étroitement aux rapports externes et
feront de notre pensée le vivant miroir de la réalité.
Mais, quels que doivent être les progrès ultérieurs de
cette évolution, elle est, dès aujourd'hui, assez avan-
cée pour que, chez les races humaines supérieures, le
cerveau des enfants porte empreint dans sa substance le principe de causalité. Ce principe est donc
bien réellement *inné* en nous, non pas sous la forme
directe qu'imaginaient les nativistes purs, mais en ce
sens qu'une habitude mentale conforme à ce principe

est présente dans l'esprit de l'enfant et n'a besoin que d'être rapidement confirmée par les premières expériences du jeune âge.

Ainsi, la connaissance du principe de causalité et des autres vérités essentielles de la raison ne résulte pas, comme le croit encore Stuart Mill, des seules expériences de l'individu. « Ceux qui défendent une pareille hypothèse oublient que l'évolution mentale est due, par-dessus tout, au développement propre du système nerveux ; ils tombent ainsi dans une erreur aussi grande que s'ils voulaient attribuer tout le développement du corps à l'exercice, sans tenir compte de la tendance innée à prendre la forme adulte. » Si le cerveau de l'enfant avait de suite son développement complet, on pourrait, à la rigueur, soutenir cette conception ; mais, « en fait, le développement de l'intelligence pendant l'enfance et la jeunesse est beaucoup plus dû à l'achèvement de l'organisation du cerveau qu'à l'expérience individuelle, » et l'on en trouve la preuve dans ce fait que « l'adulte est quelquefois doué, à un très haut point, d'une faculté qui, durant son éducation, n'avait jamais été mise en jeu ». Ainsi, les habitudes mentales, fruit de l'hérédité, qui sont contenues en germe dans le cerveau, n'apparaissent que successivement, aux époques fixées par la loi naturelle de l'évolution. Les expériences individuelles sont alors nécessaires pour que l'esprit prenne possession de ces habitudes qui apparaissent en lui et qui y ont été gravées à l'avance par le travail séculaire de l'humanité. A ce point de vue, il est exact de dire que les observations journalières de l'enfant ont pour effet de faciliter et de fortifier les obscures connexions nerveuses qui sont en train de se développer spontanément dans son cerveau, comme ses gambades de tous les jours aident à l'accroissement de ses membres; mais cela ne donne pas le droit de conclure que son intelligence est produite entièrement par ces observations et par ces expériences de la vie individuelle.

5. La savante conception d'Herbert Spencer n'est cependant pas la solution définitive du problème. Même en faisant intervenir l'action de l'hérédité, on n'explique pas les principes rationnels, puisque les exceptions constatées par l'expérience tendraient à dissoudre ces principes et leur enlèveraient ainsi tout caractère absolu; à plus forte raison n'explique-t-on pas les idées rationnelles, auxquelles l'accumulation héréditaire ne saurait rien ajouter.

Ce serait en vain que les expériences s'ajouteraient les unes aux autres; elles ne créeraient pas les vérités absolues de la raison, si ces vérités n'existaient en germe dans l'esprit, c'est-à-dire sous la forme de tendances spontanées, de véritables besoins.

Leibniz avait posé la question sur son véritable terrain en expliquant qu'il n'y a point à proprement parler d'*idées innées*, mais que c'est l'*entendement seul* qui est inné à lui-même. L'entendement contient en germe toutes les conceptions rationnelles, et c'est en se développant lui-même qu'il les développe et les fait apparaître au grand jour de la conscience.

Si nous n'avions pas déjà en nous, d'une certaine manière, le pressentiment et le besoin de l'ordre, jamais la loi d'association indissoluble ne trouverait occasion de s'exercer; elle se heurterait partout à l'exception, au moins apparente. L'idée de la gravitation

universelle, a-t-on dit, serait ébranlée, détruite même
dans notre esprit, si l'expérience nous révélait un
seul fait en opposition évidente avec elle, comme la
croyance d'après laquelle tous les cygnes devaient
être blancs a été détruite d'un seul coup par la première apparition d'un cygne noir. De même, l'idée de
l'universelle causalité serait sans cesse tenue en échec
dans notre esprit, si notre nature ne la désirait pas, ne
se portait pas au-devant d'elle par un mouvement
spontané, puisqu'il nous arrive encore aujourd'hui
(et, à bien plus forte raison, cela devait-il arriver
souvent aux premiers hommes) de percevoir un phénomène sans découvrir en même temps la cause dont
ce phénomène dépend.

Loin que la raison soit créée en nous par le simple
jeu de l'association des idées, c'est, au contraire, l'association des idées qui est dirigée en nous, même à
notre insu, par l'influence latente des principes innés
de la raison.

« Si deux perceptions, dit M. Ravaisson, s'associent
et se rappellent l'une l'autre, ce n'est pas uniquement
parce que, en fait, elles se sont trouvées ensemble;
c'est aussi et surtout parce qu'elles *entrent de droit*,
pour ainsi dire, dans une même conscience, parce
qu'elles forment comme des parties d'une même idée
et que par l'une l'esprit complète l'autre. Comme l'œil,
à l'aspect d'une couleur, voit aussitôt tout autour la
couleur qui en est le complément; comme l'oreille, en
entendant un son, entend aussitôt des sons différents,
avec lesquels il forme des accords; de même, l'intelligence, lorsqu'une notion se présente à elle, conçoit
immédiatement ce qui, d'une manière ou d'une autre,

complète cette notion, non seulement dans les circonstances extérieures et accidentelles par lesquelles elle le conçut autrefois, mais, bien plus encore, dans ce qui lui est semblable ou contraire, dans ce qui dépend d'elle ou ce dont elle dépend. En d'autres termes, *le principe de l'association des idées n'est autre que la raison.* »

Ainsi, c'est le besoin inné de l'ordre qui, agissant dans l'esprit humain à la manière d'un ferment, le porte à constituer sous leurs formules précises les principes rationnels. On voit par là à quel point il est vrai de dire que la raison est indivisiblement la faculté d'intuition métaphysique et la faculté de l'ordre. Nous allons en tirer cette première conséquence pédagogique que, quand on familiarise l'enfant avec les notions et les principes de la raison, on développe par cela seul en lui une disposition inconsciente qui le porte vers le bien et vers l'ordre; nous verrons ensuite dans quelle mesure peut être également admise la relation inverse.

IV

Éducation de la raison comme faculté de l'absolu.

1. Bien qu'elles soient également innées en nous, les idées et les vérités de la raison n'apparaissent pas toutes ensemble dans l'esprit. — Évolution des idées rationnelles. — La priorité semble appartenir à la notion d'infini. Son apparition dans l'esprit de l'enfant. Comment les autres doivent être graduellement évoquées à sa suite.

2. Évolution des vérités rationnelles. — Les premières en date sont le principe de causalité et le principe de finalité. L'enfant est toujours occupé du *comment* et du *pourquoi* des choses. — Il a, au contraire, besoin d'être aidé pour tirer de sa pensée le

principe d'ordre ou de loi. — Apparition plus tardive encore
des principes de continuité et de moindre action. — Caractère
spécial de ces principes.

3. Nécessité de soumettre à une discipline l'application même
des principes de causalité et de finalité. — Écarts et erreurs
possibles. — Effets moraux produits indirectement par l'éducation donnée à l'enfant au sujet des principes de la raison.

1. Toutes les connaissances dont nous avons trouvé
le principe dans la raison ont beau être également innées, elles n'apparaissent et ne se développent chez
l'enfant que dans un certain ordre.

D'abord, en ce qui concerne les notions rationnelles,
l'observation de l'enfance autorise à croire qu'une de
ces notions apparaît avant toutes les autres, parce
qu'elle n'est pas seulement comprise par l'enfant, elle
est *éprouvée*, elle est véritablement *sentie* par lui.

C'est la *notion de l'infini*. Elle se révèle d'assez
bonne heure à son esprit, non pas sous sa forme pure,
mais plutôt sous les deux formes de l'*immensité* et de
l'*éternité*. Il y a une heure, dans la vie de certains enfants, de ceux surtout dont la nature est quelque peu
méditative, où ils voient apparaître tout à coup à leur
pensée, dans une intuition soudaine, quelquefois effrayante, l'idée de cette « sphère infinie dont le centre,
dit Pascal, est partout et dont la circonférence n'est
nulle part ». Ils la sentent se développer, *s'enfler*, pour
ainsi dire ; ils perçoivent, avec une sorte d'effarement,
« le silence éternel de ces espaces sans bornes ». Et
l'idée de l'infini une fois entrée dans leur esprit, le
mystère de l'*infiniment petit*, de la divisibilité indéfinie de l'étendue, ne les sollicite pas moins que le
mystère de l'*infiniment grand*. Il se creuse dans leur
pensée un double abîme et il s'y produit presque simul-

tanément un double vertige. Mais c'est plutôt encore la révélation de l'*éternité* que celle de l'*immensité* qui se fait en eux avec je ne sais quel sentiment d'angoisse et de terreur; mêlée à l'idée religieuse de la destinée suprème de l'homme, elle les agite et quelquefois les bouleverse. On a vu des enfants s'évanouir sous l'influence de la crise mentale que déterminait en eux le saisissement de cette redoutable intuition.

Les autres notions rationnelles ne produisent pas cet effet sur l'âme de l'enfant. On aura beau, dans un premier enseignement religieux donné avec toute la clarté désirable, lui expliquer de très bonne heure la notion de l'absolu divin, l'idée d'un être qui est en soi et par soi, qui ne dépend de rien et de qui tout dépend, il ne saisira pas de suite cette idée, parce qu'il ne sera pas d'abord *saisi par elle*. L'idée même de perfection ne pénètre vite dans son esprit que par le côté accessible à sa nature sensible, c'est-à-dire par l'idée de bonté. Le *Dieu parfait*, c'est, pour lui, une idée abstraite; le *bon Dieu*, c'est un concept précis et concret.

— On peut conclure de là que l'éducation de la raison, au point de vue spécial des notions rationnelles, consistera à faire pénétrer par degrés dans l'esprit des enfants les concepts plus abstraits et plus scientifiques, en les liant étroitement aux concepts plus concrets et plus sensibles qui sont déjà développés en eux. De cette révélation première de l'infini, qui frappe si vivement leur imagination, mais qui parfois aussi risque de l'ébranler, on les conduira à l'idée de perfection, en les habituant d'abord à considérer la *perfection relative*, c'est-à-dire l'*idéal*, dans chaque ordre déterminé d'objets, puis en fixant surtout leur attention sur la *perfection morale*, telle que chacun de nous peut s'ef_forcer de la réaliser en lui-même par une volonté bonne et droite. Ensuite, on les familiarisera avec les idées, plus abstraites encore et plus difficilement accessibles, du *nécessaire* et de l'*absolu*, en les lui montrant l'une et l'autre, sous la forme de la *loi physique*, dans les phénomènes naturels, et sous la forme de la *loi morale* ou du *devoir*, dans les actions humaines.

2. Quant aux principes rationnels, ils n'entrent pas non plus tous ensemble dans l'esprit de l'enfant; il y a, pour eux aussi, un certain ordre naturel de développement.

Nous n'insisterons pas, à cet égard, sur les principes analytiques. Ceux-là, représentant la loi absolument fondamentale de la pensée, sont, pour ainsi dire, en dehors du temps. A ce point de vue, on peut dire qu'ils sont *les premiers présents* dans l'intelligence enfantine; mais il convient d'ajouter qu'ils y sont, en même temps, *les derniers aperçus*. La pensée s'y conforme sans le savoir dans toutes ses démarches. L'éducation ne peut rien de plus, en ce qui les concerne, que les faire un jour ou l'autre remarquer à l'enfant; elle n'y apporte aucun développement, elle ne réalise en eux aucun progrès.

Il n'en est plus de même des principes synthétiques, qui se développent en nous de deux manières. D'abord, ils ne sont pas tous contemporains dans notre esprit; ils apparaissent les uns après les autres et se complètent peu à peu. Ensuite, même les premiers apparus sont susceptibles de recevoir une application de plus en plus raisonnée et prudente.

— La priorité appartient incontestablement au *prin-*

cipe de causalité et au *principe de finalité*. De bonne
heure, ils font l'un et l'autre leur apparition dans l'esprit de l'enfant. Ce qui le prouve bien, ce sont les per-
pétuelles questions qu'il nous adresse sur le *comment*
et le *pourquoi* des choses. Tout le monde sait qu'il
nous importe de questions de ce genre. Souvent
même, nous en sommes embarrassés, soit parce
que ces questions portent sur des choses qui ne regardent pas l'enfant, soit parce qu'il nous en coûte de
lui faire comprendre, dans certains cas, que peut-être
n'en savons-nous pas beaucoup plus que lui sur ce
qu'il désirerait connaître.

Au contraire, un autre principe, très voisin des précédents, reste jusqu'à une époque assez tardive presque
entièrement étranger à l'esprit de l'enfant; c'est celui
que nous avons appelé le *principe d'ordre* ou *de loi*.

Cela étonne au premier abord; car ce principe n'est,
au fond, qu'une application particulière du principe de
causalité. Si, après avoir vu plusieurs fois l'eau bouillir
à 100 degrés, nous croyons qu'une autre fois, dans les
mêmes circonstances, elle bouillira encore à la même
température, c'est que, pour empêcher son ébullition,
il faudrait l'apparition d'une cause nouvelle, qui y
fît obstacle; or, évidemment, cette cause n'existe pas,
puisque les circonstances sont les mêmes; donc, ce que
nous continuons toujours de croire en appliquant le
principe d'ordre, c'est qu'un changement ne peut se
produire sans un antécédent qui le détermine, c'est
que rien n'arrive sans cause. Mais l'enfant ne s'élève
pas de suite à cette application complexe du principe
de causalité; elle est *enrayée* chez lui et tenue en
échec, comme chez l'homme primitif, par sa tendance

naturelle à croire au changement, à la mobilité, au caprice, à cause qu'il est lui-même mobile, capricieux et changeant.

Il résulte de là que l'éducation, en familiarisant l'enfant avec le principe d'ordre, ne détermine pas seulement un progrès dans sa raison comme faculté spéculative ; elle en fait faire un autre, absolument équivalent, à sa raison comme faculté active. Par là, en effet, on l'habitue encore à comprendre, sous une forme nouvelle, que *la loi* est partout dans l'univers, qu'elle est dans la volonté aussi bien que dans la nature et que, rien absolument n'étant livré au hasard et à l'arbitraire, au-dessus de la loi extérieure, *qui contraint*, il y a une loi intérieure, *qui oblige*.

— La même remarque s'applique aux deux principes de *continuité* et de *moindre action*. Ils ne peuvent apparaître très vite dans l'intelligence enfantine, parce qu'ils sont restés et ont dû rester assez longtemps pour l'humanité elle-même à l'état de vague tendance spéculative.

Il convient, d'ailleurs, de remarquer que ces deux principes n'ont peut-être, en dernière analyse, ni tout à fait le même caractère ni tout à fait la même portée que les principes de *raison suffisante*, de *causalité* et de *finalité*. Nous pouvons, en effet, nous poser au sujet de tous les principes rationnels une importante question. Représentent-ils dans notre esprit le fond même des choses, ou bien ne sont-ils que des lois régulatrices auxquelles la pensée scientifique est soumise, de telle sorte que nous avons intérêt à les appliquer jusqu'au bout pour aller aussi loin que possible dans la conquête de la vérité, mais sans qu'il soit absolument certain pour cela que ces lois directrices de notre pensée correspondent exactement à la vraie loi de la nature? L'idéalisme s'est donné carrière à propos de cette question inquiétante; il est parti de là pour suggérer que peut-être le fond même des choses nous est à jamais inaccessible.

Ce doute doit-il atteindre les principes essentiels, ceux de *causalité* et de *finalité?* Nous retrouverons tout à l'heure cette question. Mais, certainement, il atteint dans une certaine mesure les principes de *continuité* et de *moindre action.*

La prudence nous ordonne, en effet, de les considérer surtout comme des principes régulateurs de notre pensée scientifique, et de ne pas conclure trop vite de leur *utilité subjective* à leur *vérité absolue et objective.*

— Ainsi, d'après le *principe de continuité,* la nature va graduellement et comme pas à pas d'une forme à une autre, d'une loi à une autre, en traversant toujours une série infinie d'intermédiaires.

Rien n'est plus utile à la science que la foi à ce principe. C'est en s'appuyant sur lui que la *paléontologie,* par exemple, a comblé les principales lacunes de l'évolution naturelle; que la *linguistique* a relié les unes aux autres des langues qui, au premier abord, semblaient n'avoir entre elles aucun lien; que l'*astronomie* même essaie de faire sortir d'une loi primordiale unique toutes les lois qui président aux mouvements des corps célestes.

Mais cela ne nous donne pas absolument le droit de conclure qu'il n'y a jamais eu dans la nature des révolutions plus ou moins brusques, ni d'admettre

12.

comme une vérité indiscutable et démontrée l'hypothèse d'après laquelle toutes les formes vivantes seraient issues d'un seul prototype.

— De même, nous avons un intérêt scientifique de premier ordre à pousser aussi loin que possible l'explication des choses en supposant, d'après le *principe de moindre action* ou *d'économie*, que la nature fait tout ce qu'elle fait par les moyens les moins compliqués. Mais cela ne nous donne pas le droit de conclure, sans réserve aucune, que la *loi d'économie* représente la forme universelle de l'action de la nature. Nous devons à cette loi quelques-unes des généralisations les plus grandioses, c'est-à-dire des simplifications les plus hardies de la science; il n'en résulte nullement que la nature veuille et poursuive la simplicité à outrance. Loin de là; nous avons quelques raisons de nous arrêter dans cette voie; car, si c'est une loi simple que les planètes tournent autour du soleil en décrivant des ellipses dont le soleil occupe un des foyers, il serait plus simple encore qu'elles décrivissent des circonférences. Pourquoi la nature serait-elle *a priori* si économe, si avare, soit de ses moyens, soit de ses forces, quand elle a à sa disposition des ressources inépuisables et une puissance infinie? Pourquoi serait-elle si pressée, puisqu'elle est éternelle? L'expérience même nous prouve qu'en bien des choses la nature ne se presse pas. Les anciens exprimaient cela finement, quand ils disaient : *Jupiter s'amuse*. La nature, en effet, s'amuse en chemin; elle fait l'école buissonnière; elle prend des détours pour réaliser, après bien des essais et bien des variations, une œuvre qu'elle aurait pu produire directement; elle s'arrête à orner et à polir son œuvre de mille manières, après l'avoir créée.

— N'importe. Quel que soit le degré de leur valeur objective, la révélation des principes de *continuité* et de *moindre action* n'en a pas moins pour l'enfant une importance considérable, au point de vue de l'activité comme au point de vue de la pensée. En effet, après s'être montrés d'abord comme des lois régulatrices de la pensée, ces principes féconds ne tardent pas à apparaître aussi comme des lois régulatrices de la volonté. Ils commencent par donner à l'esprit de l'enfant des habitudes de fermeté et de méthode qui le rendent capable d'aborder l'étude des sciences; mais ensuite leurs effets pratiques ne sont pas moins précieux. Quand l'enfant ou l'adolescent s'est habitué à mettre de la continuité dans ses conceptions et dans ses expériences, il n'en met pas moins dans ses actions, dans son caractère, dans sa conduite. Après s'être persuadé que la nature va droit à son but, ne gaspille pas ses ressources, ne stérilise pas ses propres efforts par des indécisions ou par des contradictions, il acquiert peu à peu une disposition morale analogue; il s'habitue à aller, lui aussi, droit au but, à économiser ses forces, à ne pas morceler sa vie.

3. Revenons maintenant aux principes de *causalité* et de *finalité*. Leur présence immédiate dans l'esprit de l'enfant ne dispense pas l'éducation de leur imposer une certaine *discipline,* qui prévienne, en ce qui les concerne, quelques erreurs d'application et quelques écarts possibles.

Ainsi, quand on a admis, par exemple, le principe de causalité avec toute sa valeur objective et absolue, on peut encore se tromper, et de la manière la plus grave, en réduisant à tort toutes les causes à un type unique.

C'est, en effet, une erreur qui s'est produite bien souvent, et dans deux sens opposés.

A l'origine, l'homme, trouvant surtout la causalité en lui-même sous la forme d'une volonté libre, a peuplé la nature de volontés analogues à la sienne et, comme elle, plus ou moins inquiètes et passionnées. Or, tant qu'a duré cette erreur, la connaissance scientifique du monde était impossible; on ne pouvait même en avoir l'idée; car la *science de la nature* est inséparable du *déterminisme de la nature*.

Aujourd'hui, le danger se produit en sens contraire. Le déterminisme de la nature est établi; la cause, dans l'ordre des choses naturelles, est réduite à l'antécédent invariable et nécessaire; l'expérience a prouvé que la cause d'un fait physique est simplement un fait antérieur, qui lui-même est lié à un autre, et que la succession de ces phénomènes est déterminée par l'action d'une loi inflexible qui se continue et se prolonge à travers toute la série. Or, les progrès de la science ayant ainsi familiarisé les esprits avec ce type de la causalité, il en est résulté une tendance à concevoir toute cause sur le modèle de la cause physique, à faire passer le déterminisme de l'ordre de la nature dans l'ordre de la volonté, à supprimer le libre arbitre; et, par suite, c'est maintenant la réalité, l'indépendance du monde moral qui risque de se trouver compromise.

On comprend, dès lors, qu'il y ait intérêt à prémunir de bonne heure les enfants contre une application du principe de causalité qui pourrait devenir dangereuse au point de vue moral.

— Mais cette question se retrouvera plus loin. Insistons donc de préférence sur la discipline du principe de finalité.

C'est ici surtout qu'il faut savoir mettre beaucoup de discernement et de mesure. La raison en est facile à comprendre : c'est que ce principe a un caractère complexe. La diversité même des formules par lesquelles on l'exprime prouve suffisamment que si, à certains égards, il a une valeur objective et qui vient de la réalité des choses, à d'autres points de vue il n'a plus peut-être qu'une valeur purement subjective.

Quand nous disons, en effet, que « tout a une fin dans l'univers », sommes-nous bien sûrs qu'il y ait vraiment une fin déterminée et spéciale pour chaque grain de sable du rivage, pour chaque vague qui jette son écume dans l'immensité de l'Océan?

Non, sans doute. Cette formule signifie que tout, dans l'univers, *a un sens;* que tout *se rapporte*, directement ou indirectement, *à un bien;* mais cela ne veut pas dire que chaque élément de la création, si minime qu'il puisse être, ait son utilité immédiate et pratique.

Beaucoup de choses dans la nature n'ont évidemment pas d'utilité, au moins *actuelle*. Indépendamment de l'énumération qu'on pourrait faire d'organes ou de parties d'organes dont la science ne découvre pas l'usage, il se pourrait que certaines formes de l'être, le beau par exemple, eussent précisément pour essence de ne se rapporter à rien qu'à elles-mêmes, par conséquent de n'être pas *utiles*. Une récente théorie sur l'esthétique de la nature consiste à soutenir que la beauté est continuellement créée avec les débris de ce qui a été d'abord l'utilité. Ainsi, lorsque, dans l'évolution générale des êtres, un organe cesse de pouvoir remplir la fin à laquelle il avait été d'abord destiné, la nature ne le supprime pas brusquement, mais elle le modifie, elle en fait un ornement, *elle transforme l'utile en beau.* Le philosophe et naturaliste américain Emerson en cite pour exemple la structure d'un coquillage de mer : « On y voit, dit-il, que les organes qui, à une certaine époque, ont été la bouche se trouvent à une autre époque de la croissance rejetés en arrière et deviennent des nœuds et des épines dont le coquillage est paré. » C'est même là à tel point une *loi* pour la nature que, quand elle a paré ses propres œuvres, il semble qu'elle prenne plaisir à parer aussi les œuvres de l'homme; elle décore les ruines de nos monuments; elle leur communique, en les recouvrant de mousse et de lierre, une poésie que n'avaient pas ces monuments eux-mêmes à l'époque de leur splendeur[1].

Il y a ainsi une finalité esthétique à côté de la finalité proprement dite. Si donc on habituait les enfants à interpréter trop rigoureusement le principe de finalité, on les ferait tomber, par exemple, dans l'erreur des gens grossiers qui méprisent l'art comme inutile et qui croient qu'une œuvre de poésie ou une pièce de théâtre ne peuvent être bonnes qu'à la condition de prouver quelque chose.

A plus forte raison, si l'on veut donner à leur esprit des habitudes de sagesse et de mesure, con-

---

1. Voir les *Essais d'esthétique, de science et de morale*, d'Herbert Spencer, traduction de M. Burdeau.

viendra-t-il de les mettre en garde contre l'erreur de certains philosophes ou naturalistes qui réduisent toute finalité à la simple utilité de l'homme.

Ainsi, des *cause-finaliers* à outrance ont voulu prouver que tout dans la nature avait été créé pour nous, ménagé en vue de nos besoins; que les étoiles, par exemple, avaient pour but de nous éclairer pendant la nuit. Les marées, a-t-on osé écrire, sont faites pour permettre aux navires d'entrer dans les ports!

Si nous voulons prémunir un jeune esprit contre de pareilles aberrations, nous devrons l'habituer à considérer souvent la loi de finalité d'après le point de vue qui a été indiqué tout à l'heure, c'est-à-dire comme une loi régulatrice de la pensée scientifique. Nous avons intérêt à pousser aussi loin que possible la recherche des fins dans la nature; cela nous aide puissamment à unifier, à organiser nos connaissances; mais, en même temps, nous devons avoir la sagesse de ne considérer l'existence d'une fin comme démontrée que quand cette fin se montre à nous si étroitement liée à tout un système de moyens, qu'elle est évidemment la *raison d'être* de ces moyens, la *cause* de leur rapprochement et de leur agencement; qu'elle en est, en un mot, la *cause finale*.

Il suffira toujours d'avoir présente à l'esprit cette distinction pour se prémunir contre les applications imprudentes ou grossières du principe de finalité.

Ainsi, de l'admirable agencement que nous découvrons dans les diverses parties de l'œil de l'homme ou de l'aile de l'oiseau, nous pouvons conclure sans témérité que l'œil a pour fin la vision et que l'aile a pour fin le vol; car le vol, d'une part, et la vision, de l'autre,

nous apparaissent comme étant en même temps les
causes sans lesquelles ni l'œil ni l'aile n'auraient été
formés ; ils sont donc, comme on l'a si bien dit, les
causes (au point de vue de la finalité) *de leurs propres
causes* (au point de vue du mécanisme)[1] ; en un mot, ils
en sont les *causes finales*. Mais, quand l'étude de la
nature nous a donné des raisons assez sérieuses de
croire que l'oiseau, par exemple, accomplit dans la
nature une *œuvre d'élimination*, en détruisant des insectes nuisibles à l'agriculture, ou bien que l'insecte
lui-même accomplit une *œuvre d'épuration*, en détruisant toute pourriture par laquelle l'air serait vicié, nous
ne sommes plus aussi absolument certains que cette
œuvre soit partout et toujours une *fin*. De même, bien
qu'il soit suffisamment démontré peut-être que les po-
lypes, en formant les îles madréporiques, préparent des
continents nouveaux, il y aurait de notre part une certaine témérité à voir là une fin véritable qui leur serait assignée par la nature.

— En résumé, tout progrès qui s'accomplit dans
l'intuition rationnelle amène à sa suite un progrès ou,
tout au moins, une disposition au progrès dans l'ordre
des choses pratiques, en donnant à la fois à l'esprit et
à la volonté des habitudes de mesure et de prudence ;
la conduite tend alors à se régler d'elle-même sur la
pensée, et la discipline intellectuelle créée en nous par
l'éducation de la raison se complète spontanément par
une discipline morale.

1. P. Janet, *les Causes finales*.

V

Éducation de la raison comme faculté de l'ordre.

1. Passage du sens commun et du bon sens à la raison proprement dite. — Le sens commun. — C'est, avant tout, un état d'équilibre sensoriel et moral. — Le bon sens. — C'est une justesse et une rectitude naturelles de l'esprit liées à une justesse et à une rectitude naturelles de l'âme tout entière. — Le bon sens est-il, oui ou non, la chose du monde la mieux partagée? — Opinions contraires de Descartes et de Nicole. — La fausseté de l'esprit déterminée par un état d'instabilité et de fluctuation morales. — La *vraie raison* est d'abord l'équilibre dans l'âme; elle devient ensuite l'équilibre dans la pensée.
2. Application importante de ces principes à l'éducation de la raison française. — Observations pédagogiques de M. Michel Bréal sur le manque d'équilibre et de pondération de notre caractère national.

1. Inversement, toute discipline morale qui calmera chez l'enfant les premières turbulences de sa nature aura en même temps pour résultat de préparer l'équilibre et la pondération de son esprit. Or, cet équilibre, c'est déjà, d'une certaine manière, la raison; car c'est seulement à sa faveur que pourra se produire l'éclosion des idées et des vérités rationnelles.

On exprime indirectement cette vérité, quand on dit que le *sens commun* et le *bon sens* sont déjà la raison elle-même sous une forme implicite.

En effet, le bon sens, mais surtout le sens commun, bien qu'ils se manifestent surtout l'un et l'autre par un certain discernement du vrai et du faux, sont d'abord, à notre avis, des *dispositions de l'âme,* des états d'équilibre plus ou moins stable de la volonté.

On en trouve la preuve dans ce fait que, tous les jours, nous appliquons ces expressions aux choses de la vie pratique aussi bien qu'aux choses de l'intelligence, quand nous disons, par exemple, qu'*il n'y a pas de bon sens* dans les actions ou dans les projets d'un homme, que sa conduite *n'a pas le sens commun*, etc.

— Le sens commun (pour commencer par lui) est essentiellement une certaine manière générale de percevoir et de sentir qui, indépendamment de toute réflexion, met un homme en harmonie, en sympathie intellectuelle et morale avec ses semblables, le dispose à penser et à agir, dans une circonstance donnée, comme tout homme ayant la plénitude de la nature humaine penserait et agirait à sa place.

En conséquence, pour qu'un homme ne possède pas le sens commun, il faut qu'il y ait en lui, soit à cause de quelque arrêt de développement, comme chez l'idiot, soit par suite de quelque disposition pathologique ou de quelque vice de tempérament, une impossibilité de sentir comme les autres hommes et de recevoir des impressions normales, d'où sortiront des idées justes. Dans cette situation, un homme n'est pas précisément fou, mais il a ce qu'on appelle, d'une manière très heureuse, le *tempérament fou*. C'est ce qui se produit chez les *originaux*, les excentriques, les écervelés, les gens fantasques et à manies.

Quant au bon sens, c'est quelque chose de plus déterminé, mais surtout de plus voisin de la raison que le simple sens commun. On peut le définir une faculté de sentir, de juger et d'agir, non pas simplement, comme tout à l'heure, dans les limites de la condition normale de l'humanité, mais avec une certaine justesse et une certaine rectitude naturelles, qui n'ont plus besoin que de se rendre compte d'elles-mêmes pour être tout à fait la raison.

— Maintenant, dans quelle mesure le sens commun et le bon sens sont-ils répandus parmi les hommes? C'est une question sur laquelle les philosophes sont loin de s'accorder.

Descartes, par exemple, déclare que le bon sens est également ou à peu près également réparti entre les hommes. « C'est, dit-il, au début même du *Discours de la méthode*, la chose du monde la mieux partagée. »

En d'autres termes, tous les hommes possèdent à peu près au même degré la faculté naturelle de discernement du vrai et du faux; l'humanité, sauf quelques exceptions, est composée d'esprits droits et justes.

Mais, si tel est l'avis de Descartes, ce n'est pas celui de Nicole dans un des *Discours préliminaires* de la *Logique de Port-Royal*.

Après avoir déclaré, en effet, qu' « il n'y a rien de plus estimable que le bon sens et la justesse de l'esprit dans le discernement du vrai et du faux », il ajoute : « Mais on ne saurait croire combien c'est une qualité rare que cette exactitude du jugement. On ne rencontre partout que des esprits faux, qui n'ont presque aucun discernement de la vérité; qui prennent toutes choses d'un mauvais biais; qui se payent des plus mauvaises raisons et qui veulent en payer les autres; qui se laissent emporter par les moindres apparences; qui sont toujours dans l'excès et dans les extrémités; qui n'ont point de serre pour se tenir fermes dans les vérités qu'ils savent, etc. » Et, dit-il encore, « cette fausseté d'esprit n'est pas seulement cause des erreurs que l'on mêle dans les sciences, mais aussi de la plupart des fautes que l'on commet dans la vie civile, des querelles injustes, des procès mal fondés, des avis téméraires, des entreprises mal concertées. »

Or, quelles sont les causes qui produisent cette fausseté d'esprit? Ce sont des causes qui ont, en grande partie, un caractère moral. C'est l'inquiétude de la volonté; c'est le « défaut d'attention », provenant d'une instabilité de caractère qui fait qu'on ne se maintient pas assez longtemps en présence des mêmes choses et qu'on ne les considère pas avec assez de suite. C'est le « peu d'amour que nous avons pour la vérité », déterminé lui-même par le trop d'amour que nous avons pour notre propre personne. La vanité et la présomption nous emportent tantôt dans un sens, tantôt dans l'autre; un jour, nous faisant affirmer témérairement et décider au hasard, parce que nous ne voulons pas paraître mal informés des choses sur lesquelles nous nous prononçons; un autre jour, nous faisant douter sans mesure, parce que nous voulons nous distinguer de la foule et ne point nous laisser aller à la crédulité populaire. Ainsi, « la moindre lueur suffit aux uns pour leur persuader des choses très fausses, et elle suffit aux autres pour les faire douter des choses les plus certaines; mais, dans les uns et dans les autres, c'est le même défaut d'application qui produit des effets si différents. »

— La conclusion pédagogique qui résulte de ces observations, si familières aux philosophes cartésiens, c'est toujours qu'on développe implicitement la raison par cela seul qu'on met dans l'âme cette pondération qui lui manque et qu'on l'établit dans une ferme assiette. « La vraie raison place toutes choses dans le

rang qui leur convient, » parce que la vraie raison
est d'abord elle-même équilibre, fermeté et mesure.
Il faut donc veiller d'abord sur les enfants que quelque
fâcheuse disposition héréditaire, quelque vice congé-
nital d'esprit ou de caractère exposerait à se laisser
entraîner hors des limites mêmes du sens commun ;
il faut de très bonne heure les mettre à l'abri de tout
ce qui pourrait produire dans leur nature des ébran-
lements, des convulsions morales, et les « emporter
hors des gonds ». Pour l'immense majorité des autres,
il suffit de maintenir en eux, au milieu de la turbulence naturelle à leur âge, un principe de fixité qui
leur permette de se reprendre, de se dominer, sinon
toujours spontanément, au moins dès qu'on les avertit,
afin que la voix intérieure de la raison puisse se faire
déjà entendre et calmer leurs entraînements.

2. M. Michel Bréal signale, à ce sujet, une des
choses qui doivent le plus préoccuper les maîtres de
la jeunesse française. C'est que l'éducation de la raison
a besoin d'être spécialement dirigée chez nous dans le
sens d'une réaction contre la mobilité naturelle de
notre caractère national, contre notre besoin d'agitation, de fluctuation dans nos sentiments, nos idées,
nos engouements, contre notre tendance enfin à l'exaltation et aux *emballements* de toutes sortes.

On arriverait, en effet, à établir des contrastes bien
singuliers, si l'on étudiait à fond ce que nous nous
permettrons d'appeler l'attitude de l'esprit français
vis-à-vis de la raison. On découvrirait que nous sommes
à la fois, parmi tous les peuples, le plus enthousiaste
de la raison et le moins raisonnable. A ne considérer
que notre littérature, du moins celle de nos plus

grands siècles, où trouver un génie national plus modéré, plus pondéré, plus raisonnable que le nôtre?
Les plus grandes œuvres dont nous sommes fiers sont
autant de monuments élevés à la raison, quelquefois
(surtout au dix-huitième siècle) à la raison trop abstraite et trop froide. Même dans les œuvres d'imagination, combien la fantaisie n'est-elle pas chez nous
plus réglée et plus timide que dans les littératures
étrangères? Où trouver chez nous rien qu'on puisse
mettre en parallèle avec les bizarreries qui fourmillent
dans Shakspeare ou les monstruosités du *Second Faust?*
Notre art aussi, dans le plus grand nombre des écoles
qui le représentent, est un art essentiellement rationnel. Poussin a été appelé un « peintre de l'idée ». L'école
de David est éprise d'un idéal rationnel sévère jusqu'à
la rigidité. Ingres a conservé cet idéal en le corrigeant
et en le fortifiant. De même, nous sommes le seul
peuple que hante l'idée d'une politique rationnelle, et
dont la constitution découle d'une proclamation idéale
des droits de l'homme ou des principes éternels de la
moralité absolue. Nous avons enfin, et de bien des manières, poussé jusqu'à l'idolâtrie le culte de la raison.
Qui ne serait tenté d'en conclure que nous avons aussi
le tempérament le plus pondéré, le plus maître de
lui-même, le plus raisonnable? Et cependant, notre
histoire la plus récente démontre que c'est tout le contraire qui est vrai. Jamais un peuple n'a eu plus d'instabilité, plus d'*irrationalité* dans le caractère que
nous n'en avons manifesté pendant les douloureuses
épreuves de 1870-1871 : « Le pays a traversé alors
les alternatives les plus surprenantes de confiance
sans limite et de défiance effarée. Les bruits les plus

insensés, les fables les plus grossières ont été accueillis avec une telle foi qu'il était dangereux de les révoquer en doute. Les mêmes hommes, à quelques semaines de distance, ont été considérés comme des sauveurs et comme des traîtres, sans que rien justifiât la certitude anticipée qu'on avait de leur réussite ou l'outrage qu'on jetait à leur insuccès. » Cette absence de fixité dans les sentiments et dans les idées a produit alors en Europe une profonde surprise : « On a été étonné de voir combien la raison du peuple français était peu mûrie et peu ferme. Le courage de la nation s'est montré tel qu'on l'avait connu en tous les temps; mais on a été effrayé de trouver une telle inexpérience de pensée, un si grand désarroi intellectuel. » D'où vient cette opposition si étrange entre deux éléments de notre caractère national? Evidemment, de ce que notre *raison française* est restée trop exclusivement une *raison intellectuelle*, éprise d'idées générales, de concepts absolus, aimant à se griser de formules sonores, qui lui cachent la réalité brutale des faits, et que, sous l'influence de cette disposition générale, elle n'a pas su, comme chez les autres peuples, descendre dans les actes, dans les habitudes et dans les mœurs, pour les ajuster au niveau des circonstances. Nous oublions trop, en France, que l'absolu n'est pas de ce monde, et que la poursuite d'un idéal trop élevé, après avoir donné aux âmes une excitation factice, aboutit finalement à les affaiblir et à les énerver. C'est sur ce point surtout que l'éducation de notre raison a besoin d'être faite, et M. Michel Bréal n'a pas manqué de donner à ce sujet des conseils dont il faudra enfin nous pénétrer : « Entre nations d'égale force, dit-il,

l'avantage n'est pas seulement du côté de la bravoure;
il faut en même temps le sang-froid, le jugement qui
mesure le danger pour y proportionner ses forces, la
fermeté d'esprit qui résiste aux paniques, la confiance
raisonnée qui sait suprorter un échec et la clairvoyance impartiale qui en ose chercher les vraies
causes. » Tout cela, on le voit, c'est l'équilibre de l'esprit, c'est la sage pondération d'une âme qui a su
se rendre maîtresse de ses mouvements intérieurs,
pour les conformer, dans la mesure que comportent
les circonstances, à un idéal de perfection absolue, au
lieu de s'absorber dans la pure et stérile intuition de
cet idéal : « Personne, ajoute M. Bréal, n'est autorisé
à dire que ces qualités manquent à notre race, puisque
rien n'a été fait jusqu'à présent pour les faire paraître
au jour. » Ainsi, nous sommes enclins à porter jusqu'à l'excès l'amour-propre national et à méconnaître
les forces ou les mérites des nations étrangères. C'est là
un défaut que l'éducation devrait s'efforcer de corriger.
Elle l'encourage plutôt et l'exagère : « Il semble que
l'instruction publique, en France, prenne plutôt à
tâche de nourrir nos travers et de cultiver nos fai-
blesses. » En d'autres termes, l'intuition rationnelle,
mal cultivée, reste stérile pour nous, parce que nous ne
savons pas assez faire descendre l'idéal et l'ordre dans
nos actes, sous la forme de la pondération, de la mesure, de l'adaptation raisonnée aux circonstances, et
que nous aimons mieux les contempler stérilement
dans leur forme absolue et nous repaître à leur sujet
de belles pensées générales, aussi vides que sonores.

––––––––––––

DEUXIÈME SECTION

FACULTÉS DE CONSERVATION ET DE COMBINAISON

Les perceptions, une fois acquises, restent dans l'esprit à l'état de dispositions dynamiques, de virtualités actives. — Leur tendance à reparaître sous une forme actuelle. — L'imagination, la mémoire, l'association des idées se rattachent à ce fait primordial.

Les perceptions, une fois acquises, ne restent point dans la pensée à l'état passif, mais bien à l'état vivant; il se fait continuellement dans l'esprit, non moins que dans le corps, un travail de rénovation organique; la loi de l'assimilation et de la désassimilation régit la nutrition mentale aussi bien que la nutrition matérielle. Parmi les éléments idéaux apportés par l'intuition, les uns disparaissent sans laisser de traces; les autres sont plus ou moins retenus et élaborés; ceux-là entrent dans le tissu de notre pensée, dans la substance même de notre conscience, mais ils y entrent sous une forme essentiellement dynamique. Leur activité peut d'abord être conçue comme une sorte de vibration rythmique; conservés sous une forme affaiblie et latente dans les couches profondes de l'esprit, ils tendent spontanément à se reproduire de temps à autre sous une forme plus ou moins vive; ils remontent, *émergent*, en quelque sorte, à la surface de la conscience. Ainsi, après avoir eu le spectacle de quelque chose qui éblouit les yeux en les émerveillant (que ce soit un simple feu d'artifice ou que ce soit une éruption de volcan), nous

gardons une disposition à voir reparaître intérieurement, au milieu de la nuit, ou des fusées multicolores,
des pluies d'or et d'argent, ou des gerbes de feu, des
coulées de lave sortant de la bouche du cratère. Ce
qui se produit pour les perceptions très vives du sens
de la vue a lieu également pour celles des autres sens.
Une saveur qui nous a causé un vif plaisir renaît spontanément en nous à certains intervalles; une mélodie
qui nous a frappés résonne de nouveau à nos oreilles;
quelquefois même elle nous poursuit, nous essayons
en vain de la chasser; elle nous *obsède*. Mais ce n'est
pas tout : en même temps que ces états de conscience,
considérés isolément, se ravivent en nous d'une manière périodique, ils tendent aussi (et c'est la seconde
grande loi de la vie spontanée de l'esprit) à se relier
les uns aux autres en vertu de certaines *affinités électives;* ils s'évoquent, se rappellent mutuellement, sous
des formes et dans des conditions très diverses; de là,
pour l'esprit, une faculté de construire intérieurement
des édifices d'idées qui, quelquefois, se substituent
pour nous à la réalité, soit dans les illusions du rêve
ou de l'état hallucinatoire, soit dans les enchantements
de la poésie et de l'art.

— A tout ce groupe de faits se rattachent les facultés
de la mémoire, de l'association des idées, de l'imagination. Nous pourrions traiter de chacune de ces facultés dans l'ordre même qui vient d'être indiqué; mais
on va voir qu'il y a plus de vraie clarté et de vraie
méthode à suivre l'évolution naturelle des faits en partant de l'acte d'imagination sensorielle ou sensitive,
qui est à la base, pour arriver par degrés à l'acte
d'imagination créatrice, qui est au sommet.

CHAPITRE PREMIER

L'IMAGINATION SENSORIELLE

1. L'image; son rapport avec la perception. — L'image est une sensation spontanément renaissante. — L'image est le *substitut* de la sensation.

2. L'imagination sensorielle sous sa forme normale. — Description qu'en fait M. Taine. — Elle dépend de l'impressionnabilité et varie avec elle. — Son développement, quelquefois extraordinaire, chez les peintres, chez les musiciens.

3. L'imagination sensorielle sous sa forme pathologique. — L'hallucination; ses degrés. — L'illusion. — L'hallucination dont on n'est pas dupe; l'hallucination dont on est dupe. — L'hallucination fixe; l'hallucination mobile. — L'hallucination dans la vie normale de l'esprit; dans la rêverie, dans le rêve, dans la perception elle-même. — Comment l'esprit, pour bien penser, domine sa tendance hallucinatoire. Les *réducteurs* de l'image.

1. Quand une perception précédemment éprouvée renaît spontanément dans notre esprit, elle est presque toujours beaucoup plus faible, plus indécise et plus vague, qu'au moment où elle s'est produite pour la première fois sous l'influence directe de l'objet extérieur. Elle n'est plus alors une perception, mais une simple conception, que l'on désigne par le mot *image*. Ainsi, « l'image, d'après l'excellente définition qu'en donne M. Taine, est une sensation spontanément renaissante, ordinairement moins énergique et moins précise que la sensation proprement dite. » Ce fait, évidemment, tient à des conditions organiques, que les physiologistes parviendront à déterminer de mieux en mieux. Les Cartésiens se le représentaient sous une forme un peu trop simple. Ils comparaient nos nerfs à des cordes fortement tendues, dont les vibrations pouvaient être également excitées par les deux bouts; ils croyaient donc que, dans la perception, l'excitation vient de l'extrémité périphérique du nerf, c'est-à-dire de celle qui, épanouie ou ramifiée dans les organes sensoriels, reçoit l'impression des objets, tandis que, dans l'imagination, elle vient de l'extrémité par laquelle le nerf est en rapport avec un des centres nerveux dont se compose le cerveau. La physiologie contemporaine fournit des explications plus complexes et plus savantes, dans lesquelles elle fait intervenir des chocs et des courants, une « libération » plus ou moins abondante d'énergie nerveuse emmagasinée dans les cellules de la substance grise, etc. Mais, quelle que soit l'explication proposée, l'image est toujours le retentissement intérieur, le renouvellement spontané d'une impression précédemment reçue; elle présente la même nature, elle est régie par les mêmes lois. Ainsi, d'après quelques-uns de nos physiologistes, la ressemblance serait tellement complète que, par un curieux redoublement d'elle-même, l'image, comme la sensation, donnerait lieu, dans quelques circonstances, à ce qu'on appelle une *image consécutive;* il suffirait d'imaginer vivement une certaine couleur pour amener une fatigue du nerf rétinien, à la suite de laquelle on verrait apparaître, bien qu'à un degré excessivement faible, la couleur complémentaire.

Quoi qu'il en soit de ce dernier fait, on peut résumer toutes ces différences par la formule que propose M. Taine :« L'image est le *substitut* de la sensation. »

2. Voilà ce qu'est l'imagination, prise à son origine. C'est la *faculté de réviviscence de nos impressions sen-*

sorielles passées. Il ne serait pas exact de voir là,
comme on le fait quelquefois, une *forme inférieure* de
l'imagination. C'est l'*essence*, le *fond* même de cette
faculté ; c'en est l'élément tout à fait constitutif.
M. Taine en a donné, à plusieurs reprises, une description explicative très nette. Après avoir tracé un tableau
de Paris, vu du quai de l'Arsenal au moment du soleil
couchant, il ajoute : « C'est hier que j'ai vu ce spectacle, et aujourd'hui, à mesure que j'écris, je le revois
faiblement, *mais je le revois;* les couleurs, les formes,
les sons qui m'ont frappé se renouvellent pour moi
ou à peu près. Il y avait hier en moi des sensations
provoquées par le contact présent des choses et par
l'ébranlement présent du nerf. En ce moment, il s'élève
en moi des impressions analogues, quoique à distance,
malgré l'absence de cet ébranlement et de ce contact.
C'est une demi-résurrection de mon expérience. On
pourra employer divers termes pour l'exprimer, dire
qu'elle est un arrière-goût, un écho, un simulacre, un
fantôme, une *image* de la sensation primitive ; peu importe : toutes ces comparaisons signifient qu'après une
sensation provoquée par le dehors et non spontanée
nous trouvons en nous un second événement correspondant, non provoqué par le dehors, spontané, semblable à cette même sensation, quoique moins fort,
accompagné des mêmes émotions, agréable ou déplaisant à un degré moindre, suivi [quelquefois] des mêmes
jugements. »

Mais cette disposition à retrouver en soi, sous forme
d'images, les impressions causées par les choses,
présente bien des degrés et bien des formes. Pour
chacun de nous, elle est attachée à un certain genre

d'*impressionnabilité*, qui nous rend plus ou moins sensibles à l'action de telle ou telle qualité de la matière. Ainsi, pour ne parler que de l'imagination sensorielle de la vue, M. Taine y distingue deux éléments, l'impressionnabilité des formes et celle des couleurs, correspondant, d'ailleurs, à la division des deux catégories de peintres, les *dessinateurs* et les *coloristes*; et il ajoute, en faisant porter sur lui-même son analyse : « Pour mon compte, je n'ai qu'à un degré ordinaire celle des formes, à un degré un peu plus élevé celle des couleurs. Je revois sans difficulté à plusieurs années de distance cinq ou six fragments d'un objet, mais non son contour précis et complet; je puis retrouver un peu mieux la blancheur d'un sentier de sable dans la forêt de Fontainebleau, les cent petites taches et raies noires dont les brindilles de bois le parsèment, son déroulement tortueux, la rousseur vaguement rosée des bruyères qui le bordent, l'air misérable d'un bouleau rabougri qui s'accroche au flanc d'un roc. » Mais une chose surtout « se reproduit en moi intacte et entière; c'est la nuance précise d'émotion, âpre, tendre, douce ou triste, qui jadis a suivi ou accompagné la sensation extérieure et corporelle; je puis renouveler ainsi mes peines et mes plaisirs les plus compliqués et les plus délicats, avec une exactitude extrême et à de très grandes distances; à cet égard, le chuchotement a presque le même effet que la voix. »

— Plus ou moins développée chez les hommes d'un tempérament moyen, cette faculté de l'imagination sensorielle présente chez ces privilégiés, qui sont les artistes ou les hommes d'un tempérament artistique, un développement extraordinaire. Tel peintre a une vision intérieure si profonde et si précise d'une forme précédemment remarquée qu'il peut faire de mémoire un portrait ou une copie : « Certains peintres, dessinateurs ou statuaires, après avoir considéré attentivement un modèle, peuvent faire son portrait de mémoire. Horace Vernet et Gustave Doré avaient cette faculté. On cite un peintre qui, de souvenir et sans l'aide d'aucune gravure, copia un martyre de saint Pierre par Rubens avec une imitation si parfaite que, les deux tableaux étant placés l'un près de l'autre, il fallait quelque attention pour distinguer la copie de l'original. » L'imagination sensorielle de l'ouïe présente chez quelques musiciens de génie un développement tout aussi merveilleux. Un chef d'orchestre avait à tel point cette faculté d'audition interne que, « lisant une partition écrite, il entendait comme dans son oreille non seulement les accords et leur succession, mais encore le timbre des instruments. A la première lecture, il distinguait le quatuor ; à la seconde et aux suivantes, il ajoutait au quatuor les autres instruments, et à la fin il percevait et appréciait distinctement l'effet d'ensemble. » D'autres exemples ne sont pas moins frappants : « Mozart, ayant entendu deux fois le *Miserere* de la Sixtine, le nota tout entier de mémoire. Evidemment, il avait retrouvé en lui-même, comme dans un écho minutieusement exact, ces lamentations composées de tant de parties et promenées à travers une série d'accords si étranges et si délicats. » De même, « lorsque Beethoven, devenu tout à fait sourd, composa plusieurs de ses grandes œuvres, il fallait bien que les combinaisons de sons et de timbres que nous admirons en elles lui fussent présentes, puisque, d'avance et avec une exactitude rigoureuse, il en mesurait l'effet ».

3. Mais on comprend mieux encore la nature de cette imagination sensorielle, de cette faculté de réviviscence spontanée des impressions, lorsqu'on l'examine dans certaines circonstances particulières où elle se produit sous une forme excessive et anormale.

Voici, en effet, ce qui arrive quelquefois.

C'est que, sous l'influence de certaines conditions, soit psychiques, soit physiologiques, la surexcitation intérieure et spontanée des centres nerveux perceptifs se produit avec une intensité extraordinaire. Il en résulte alors ce fait, au premier abord merveilleux, que l'image éveillée en nous a plus de force que la perception actuelle qui devrait provoquer l'action de ces centres nerveux. Alors, la perception qui vient du dehors est tenue en échec par l'image qui surgit du dedans ; cette perception ne peut arriver à la conscience ; elle est comme recouverte par la sensation reviviscente qui se substitue à elle et qui prend littéralement sa place. Il se produit alors une *hallucination*.

— Prenons pour exemple le cas d'un homme qui, enfermé dans son cabinet, croit voir à quelques pas devant lui, sur le fauteuil qui lui fait face, une tête de mort. Voici ce qui se passe chez cet homme. Sous l'influence de la sensation reviviscente qui l'obsède, la partie des centres nerveux de la vision dont l'activité est absorbée par la création de l'image hallucinatoire devient par cela même incapable de percevoir la partie correspondante de l'étoffe rouge ou verte qui recouvre ce fauteuil. La force avec laquelle l'image intérieure est projetée au dehors écarte et repousse l'impression sensorielle émanant de l'objet situé en face de lui. Ce n'est pas que cette impression ne se produise, mais elle est neutralisée, annulée par l'énergie prépondérante de l'image qui occupe le cerveau : « Quand un halluciné, les yeux ouverts, dit M. Taine, voit à trois pas une figure absente et qu'il a devant lui un simple mur tapissé de papier gris à bandes vertes, la figure en recouvre un morceau qu'elle rend invisible ; les sensations que devrait provoquer ce morceau sont donc nulles ; cependant, la rétine et probablement les centres optiques sont ébranlés à la façon ordinaire par les rayons gris et verts ; en d'autres termes, l'image prépondérante *anéantit* la portion de sensation qui la contredirait. »

— Nous voyons ici en grand, et sous sa forme extrême, le phénomène essentiel qui constitue l'imagination sensorielle. L'hallucination est, en effet, un acte d'imagination objectivé au point d'apparaître comme plus réel que la réalité. On s'en convainc facilement en établissant la chaîne des degrés. Et d'abord, il y a des degrés dans le fait pathologique lui-même. Les écrivains qui ont traité ce sujet distinguent d'abord l'*illusion* de l'*hallucination*. La différence qui sépare ces deux choses, c'est que l'illusion a dans la réalité une cause occasionnelle, un prétexte qui la suscite, lui fait prendre corps. Ainsi la peur d'un enfant ou celle d'un paysan superstitieux qui croit voir des fantômes est généralement déterminée par la perception réelle d'un objet blanc, aperçu dans l'obscurité ou dans le crépuscule. Le travail hallucinatoire consiste simplement, dans ce cas, en ce que l'esprit su-

perpose, en quelque sorte, à la forme plus ou moins
vague qu'il perçoit une autre forme dont l'idée l'occu-
pait; une vapeur sur le lac ou dans la montagne devient pour le paysan poltron une *dame blanche;* un
rideau ou un tas de linge dans une pièce où il fait noir
devient pour l'enfant un spectre, qui le poursuit à travers la maison et par lequel il croit se sentir saisi.
L'hallucination, au contraire, est une création de toutes
pièces de quelque chose qui n'existe à aucun degré.
Mais, à son tour, elle présente bien des formes,
parmi lesquelles on peut signaler l'*hallucination fixe*
et l'*hallucination mobile*. Si un homme croit voir un
squelette étendu au pied de son fauteuil, c'est une hallucination fixe; si, comme certains mystiques, il croit
voir des files d'anges qui passent dans le ciel, ou,
comme le libraire Nicolaï, des processions de gens
grotesques qui traversent sa boutique, c'est une hallucination mobile, impliquant un trouble plus grave,
moins local, plus fonctionnel des centres cérébraux.
Une autre distinction non moins importante, c'est celle
des *hallucinations dont on n'est pas dupe* et des *hallucinations dont on est dupe*. Une dame citée par
Brierre de Boismont croyait voir, tous les soirs, un
voleur entrer dans sa chambre et se cacher sous son
lit; mais elle savait en même temps que c'était une
erreur; elle suivait l'apparition dans tous ses mouvements, mais elle n'en ressentait aucun trouble et
gardait toute la fermeté de sa raison; en un mot, elle
n'était pas dupe de sa vision hallucinatoire. Sous cette
forme, le fait pathologique de l'hallucination n'est encore que médiocrement grave; mais, aussitôt que
l'hallucination est suivie de la croyance à la réalité

de son objet et, par conséquent, de toutes les agitations et de toutes les passions qu'exciterait en nous
cet objet, s'il était présent, alors nous sommes jetés
sur la pente qui mène à toutes les formes du délire et
de la folie.

— Il ne faudrait pourtant pas s'imaginer que l'hallucination soit nécessairement un fait pathologique.
Loin de là; une des plus curieuses découvertes de la
psychologie moderne, c'est que la tendance hallucinatoire, sinon l'hallucination proprement dite, se mêle
à de très nombreuses manifestations de la vie normale de l'esprit. Elle est, par exemple, au fond des
phénomènes de la rêverie et du rêve. Un prisonnier
dans sa cellule, un écolier dans l'étude où il s'ennuie,
rêvent la liberté; l'un et l'autre, avec les diversités que
comportent leurs situations respectives, revoient leur
famille, leur maison, la campagne et le plein air; dans
la fixité de leur pensée, dans la tension de leur désir,
un moment vient parfois, si fugitif qu'il puisse être,
où ils croient à leur liberté réelle. Pendant ce court
moment, les murs de leur prison se sont écroulés; la
force de l'hallucination a objectivé et réalisé leur rêve.

C'est également la tendance hallucinatoire qui objective et qui réalise nos rêves nocturnes; et alors il
y a deux raisons pour que notre croyance soit beaucoup plus durable et infiniment plus vive. La première,
c'est que, nos sens étant fermés aux impressions extérieures, tout contact étant rompu entre nous et le
monde réel, rien ne contrarie plus le mouvement de
notre pensée, qui tend toujours à projeter hors d'elle
ses créations. La seconde, c'est que, nos principales
facultés mentales étant, elles aussi, engourdies, l'in-

cohérence même et l'absurdité des choses que nous
rêvons ne suffisent point à enrayer la tendance qui
nous pousse à faire de notre rêve une réalité. Seulement, lorsque le sommeil n'est plus très profond, il
vient un moment où la faculté de juger reprend en
partie ses droits. Alors, une absurdité trop criante
nous choque, nous secoue et, finalement, nous réveille.

Ce n'est pas tout. L'hallucination s'étend plus loin
encore et, d'après quelques psychologues, elle em-
brasse le domaine entier de l'intelligence. Ainsi, nous
savons déjà que, d'après M. Taine, elle est un des
éléments dont se compose la perception elle-même.
Il définit la perception une *hallucination vraie*, c'est-
à-dire dont l'objet, au lieu d'être en désaccord avec
les conditions de la réalité, finit, au contraire, par se
montrer à nous en complète harmonie avec ces conditions. Partout ailleurs, l'hallucination, n'étant que le
résultat de notre travail mental, est nécessairement
fausse ou, du moins, ne peut être vraie que par hasard; dans la perception seule, tout en restant l'acte
propre de l'esprit, elle est déterminée, au point de vue
de sa forme, par l'ensemble des conditions ambiantes;
elle ne peut donc qu'être en rapport avec ces conditions et les représenter fidèlement.

— Quand on s'est bien rendu compte de cette place
immense que l'hallucination occupe dans notre vie
intellectuelle, on comprend mieux un des éléments essentiels dont se compose l'œuvre de la connaissance
raisonnée et scientifique. Cette œuvre consiste, en
grande partie, à dominer, à maîtriser la tendance hallucinatoire, identique elle-même à l'acte d'imagination
sensorielle; c'est-à-dire, en d'autres termes, qu'elle

soumet l'imagination à la perception, les créations spontanées de l'esprit aux vérifications expérimentales. Mais, pour cela, il faut qu'elle ait son point d'appui dans les impressions que les objets extérieurs ne cessent de nous envoyer. L'image tendrait continuellement à envahir l'esprit de l'homme, à y prendre une place prépondérante au détriment de la réalité; mais, continuellement aussi, elle est refoulée par les impressions qui viennent du monde réel. Ces impressions jouent, suivant l'heureuse expression de M. Taine, le rôle de *réducteurs* de l'image. Elles la ramènent en arrière, elles contiennent dans de justes limites sa tendance perpétuelle à l'empiètement. C'est l'absence de ces réducteurs qui nous fait croire faussement dans le rêve à la réalité des choses que la fantaisie nous présente; c'est la diminution de leur énergie, telle qu'elle se produit, par exemple, dans le silence, dans l'obscurité, dans la solitude, qui favorise la naissance des illusions et des hallucinations proprement dites.

Mais cette *réduction* du travail imaginatif spontané ne doit pas être poussée trop loin; elle entraînerait la suspension, la cessation même de l'activité mentale. L'imagination, en effet, même sous cette forme, est déjà une maîtresse pièce de l'intelligence; sans la reviviscence spontanée des impressions que nous avons reçues, sans la fermentation incessante des images dans notre cerveau, tout travail mental s'arrêterait. Nous serions réduits aux impressions actuelles, sans pouvoir relier le présent au passé ni établir entre les choses aucun rapprochement. La mémoire n'est, en effet, comme nous allons le voir, qu'un cas particulier de l'imagination, et la transition se fait de l'imagination proprement dite, d'une part, à la mémoire proprement dite, de l'autre, par cette faculté intermédiaire qu'on nomme la *mémoire imaginative*.

CHAPITRE II

LA MÉMOIRE IMAGINATIVE

Comment cette faculté tient le milieu entre l'imagination sensorielle et la mémoire proprement dite. — Deux manières de se souvenir. — Un fait de mémoire imaginative emprunté aux *Confessions* de Rousseau.

On peut se souvenir de deux façons très différentes, et un exemple des plus simples va nous permettre d'en bien saisir la différence.

Voici deux personnes qui ont pris part l'une et l'autre à notre guerre de défense nationale et qui revoient un même champ de bataille où elles ont assisté à la même action militaire. Elles peuvent se rappeler cette action sous deux formes nettement distinctes, à certains égards même opposées. L'une, en effet, se souviendra surtout avec la mémoire proprement dite, celle que nous appellerons tout à l'heure la *mémoire des idées ;* c'est-à-dire qu'elle racontera exactement comment les choses se sont passées, à quelle heure et sur quel point précis s'est produit tel épisode de la bataille; elle dira quel régiment français, quel régiment prussien ou bavarois était posté à tel endroit, quelle manœuvre a été accompli, combien son bataillon ou sa compagnie a perdu d'hommes, quel incident a déterminé la marche en avant ou la retraite; elle renseignera ainsi parfaitement un officier d'état-major qui prendrait des notes pour la rédaction définitive de l'histoire de cette bataille, et ses indications auront une netteté, une précision irréprochables. L'autre personne se souviendra tout autrement. En approchant de ce champ de bataille, elle éprouvera une vive émotion, qu'il lui sera peut-être difficile de contenir; puis, quand il s'agira de le visiter en détail, chaque localité revue éveillera, dans son cœur plutôt encore que dans son esprit, des impressions vives et profondes, qui manqueront peut-être d'exactitude rigoureuse, de précision technique, mais qui auront, à un autre point de vue, l'avantage d'être *les sensations elles-mêmes*, les sensations d'autrefois, sous une forme présente et vivante. Elle ne pourra pas raconter en détail la bataille même, mais elle reverra tel corps mutilé gisant à tel endroit, tel cheval éventré, perdant ses entrailles; elle entendra, comme si elle y était encore, le bruit de la fusillade, tel grondement lointain du canon, telle explosion de bombe, tel gémissement de blessé. En d'autres termes, les impressions éprouvées par elle au cours de l'engagement se reproduiront dans son esprit sous formes d'images; or, ces images, elles aussi, pourront être des matériaux, non plus pour un officier d'état-major, mais pour un peintre d'actions militaires, pour un Neuville ou un Detaille.

— Ainsi, la mémoire imaginative, c'est la réviviscence de notre vie passée, reparaissant en nous avec l'énergie presque intacte de ses émotions, de ses sentiments, de ses états de conscience de toute sorte. C'est la faculté que possèdent, par exemple, certains écrivains de se rappeler soit leur enfance en général, soit quelque épisode de leur vie enfantine, avec une si grande précision de détails, avec une telle lucidité de vision rétrospective, que la passion éprouvée par eux, il y a trente ou quarante ans, se ravive telle qu'elle a été ressentie, avec la même forme, la même intensité, et susceptible, après un si long espace de temps, d'être analysée comme si elle ne datait que de la veille. On en trouve un spécimen bien saisissant dans la célèbre page des *Confessions* où Rousseau raconte un épisode de son éducation chez M. Lambercier, lorsque, pour une peccadille légère, vraiment misérable, dont il était accusé à tort avec un petit camarade, on fit venir un vieil oncle à lui, qui le fouetta sans pitié. N'est-ce pas l'émotion même, le sentiment profond de l'injustice subie qui remonte tout entier dans son âme, lorsqu'il s'écrie : « La douleur du corps, quoique vive, m'était peu sensible ; je ne sentais que l'indignation, la rage, le désespoir. Mon cousin, qu'on avait puni aussi d'une faute involontaire comme d'un acte prémédité, se mettait en fureur à mon exemple et se montait, pour ainsi dire, à mon unisson. Tous deux, dans le même lit, nous nous embrassions avec des transports convulsifs, nous étouffions ; et, quand nos jeunes cœurs un peu soulagés pouvaient exhaler leur colère, nous nous levions sur notre séant et nous nous mettions à crier cent fois de toutes nos forces : *Carnifex, carnifex, carnifex!* Je sens, en écrivant ceci, que mon pouls s'élève encore, et ces moments me seront toujours présents, quand je vivrais cent mille ans. »

— La mémoire imaginative est donc une bien précieuse faculté, car elle établit entre toutes les périodes de notre existence un véritable lien sympathique et contribue par la permanence des mêmes impressions à l'unité du caractère. Mais il faut reconnaître qu'elle a aussi ses inconvénients; elle nous laisse trop sous la dépendance de notre impressionnabilité individuelle et ne nous permet pas assez de voir les choses ou les personnes telles qu'elles sont, indépendamment de nos aversions et de nos répulsions instinctives.

CHAPITRE III

LA MÉMOIRE PROPREMENT DITE

I

La mémoire comme faculté de notation spontanée et réfléchie.

1. La mémoire proprement dite a pour objet non plus des images, mais des idées. — Elle n'en reste pas moins sous la dépendance indirecte de l'impressionnabilité. — Comme l'image est le *substitut* de la sensation, l'idée est, dans un certain sens, le *substitut* de l'image. — Mais ce qui constitue essentiellement la mémoire, c'est qu'elle est une faculté de notation. — Elle retient le plus souvent les choses en y attachant des *marques*, en notant leurs circonstances concomitantes. — Exemples. — La mémoire est une écriture mentale.

2. Quelques problèmes de la mémoire. — Y a-t-il plaisir à se rappeler le bonheur passé, souffrance à se rappeler la misère d'autrefois?

3. Royer-Collard a-t-il eu raison de dire : « Nous ne nous souvenons jamais que de nous-mêmes »?

1. Il n'en est plus ainsi de la mémoire proprement dite, à laquelle on peut donner, par opposition à la *mémoire imaginative*, le nom de *mémoire intellectuelle* ou *mémoire des idées*. Cette faculté, véritable base de toute la vie mentale, s'étend infiniment plus loin que l'autre et peut être considérée indirectement comme un *pouvoir d'acquisition* non moins que de *conservation* des connaissances, à cause qu'il s'y mêle un élément de réflexion et de volonté qui n'intervient pas dans la mémoire imaginative.

La mémoire imaginative, en effet, ne conserve, sous forme d'images, que les impressions réellement éprouvées par nous dans le cours de notre vie passée avec un caractère affectif ou émotif plus ou moins intense ; au contraire, la *rétentivité* qui constitue la mémoire intellectuelle est beaucoup plus large ; elle s'étend à toutes les choses qui ont été pour nous des objets d'expérience, même lorsque ces choses n'ont pu affecter d'une manière appréciable notre nature sensible.

En d'autres termes, la mémoire proprement dite a pour objet non plus des *images,* c'est-à-dire des impressions directement reviviscentes, mais bien des *idées.*

— A la vérité, il ne faudrait point exagérer cette différence et vouloir rompre tout lien entre la mémoire intellectuelle et l'impressionnabilité. Ce serait méconnaître la loi de continuité qui rattache nos facultés les unes aux autres. La mémoire des idées n'est point absolument séparée de la mémoire des images et de l'impressionnabilité ; elle a, au contraire, en elles son point de départ.

L'image, avons-nous dit plus haut, est le *substitut*

de l'impression sensible; c'est-à-dire qu'elle en est comme un extrait, elle en conserve la partie la plus essentielle; elle supplée enfin à la sensation absente et, dans beaucoup de cas, en remplit le rôle aussi bien que ferait la sensation elle-même. L'idée, pourrions-nous ajouter, est de même, en un certain sens, le *substitut* de l'image.

Dans l'idée de maison, par exemple, ou dans l'idée de cheval est contenu tout ce que présentent de commun les diverses images de maisons ou de chevaux qui ont été imprimées en nous par l'expérience, abstraction faite de la partie affective de chacune de ces images.

L'idée, qui exprime l'essence même des choses, est donc, sans aucun doute, quelque chose de plus que leur simple représentation imagée; mais, malgré cela, c'est toujours, en dernière analyse, à la puissance de l'image qu'elle doit tout ensemble son individualité et sa force. Pourquoi, en effet, une idée ne peut-elle se confondre dans notre esprit avec une autre idée? C'est parce que cette confusion, toutes les fois que nous sommes sur le point de la faire, est enrayée et combattue en nous par la sourde révolte des images qui sont impliquées en elle et dont, à certains égards, elle n'est que la synthèse. Si nous étions tentés, par exemple, d'élargir de telle sorte l'idée de maison que nous y ferions entrer les chaumières, les tentes et les huttes, ou de telle sorte aussi l'idée de cheval, que nous y ferions entrer les mulets et les ânes, nous en serions empêchés par une sorte de fermentation des images dont le lent assemblage a déposé en nous ces notions. Et peu importe en cela qu'il s'agisse des idées générales ou des idées individuelles. Quand nous avons l'idée du jardin des Tuileries et que nous prononçons ce simple mot : « les Tuileries, » nous n'apercevons pas l'ensemble d'images par lequel ce jardin est représenté en nous; mais ces images n'en sont pas moins virtuellement présentes. Nous pourrions les évoquer. Si nous ne le faisons pas, c'est que cela n'est pas nécessaire. En attendant, l'idée joue exactement le même rôle que cet ensemble d'images; elle tient dans le tissu de notre pensée la même place qu'elles-mêmes y tiendraient; et s'il est impossible à un homme qui a vu Londres et Paris de lire sans soubresaut la phrase suivante : « Londres, la capitale de l'Angleterre, renferme plusieurs beaux jardins, Hyde-Park, Regent's-Park, *et les Tuileries,* » c'est que le groupe d'images virtuelles qui nous représente, même quand nous n'y pensons pas, le jardin des Tuileries et ses alentours, refuse de se laisser placer et encadrer dans le milieu où cette phrase le transporte.

— Ainsi, on le voit, indirectement la mémoire des idées, comme la mémoire des images, a sa base dans l'impressionnabilité; elle est seulement le résultat d'un travail de cérébration plus intense, qui a fondu ensemble un plus grand nombre d'impressions et les a plus profondément transformées. La mémoire imaginative nous renvoie, à un moment donné, l'impression vive, l'image nette et présente d'un événement ou d'un objet dont nous avons été fortement frappés et qui se détache pour nous de tout le reste; la mémoire intellectuelle nous restitue, sous forme d'idées, les images affaiblies de toutes les choses sur lesquelles a porté l'expérience de notre vie entière et qui sont entassées, fondues ensemble dans les couches plus intimes de l'organisme cérébral. A ce point de vue donc, la différence n'est pas absolue ; elle ne porte que sur le degré. Mais voici maintenant ce qui appartient tout à fait en propre à la mémoire intellectuelle.

C'est qu'elle est essentiellement une *faculté de notation,* tour à tour spontanée et réfléchie. Il faut entendre par là que son aptitude à conserver en nous les connaissances est subordonnée à une aptitude préalable, et peut-être plus précieuse encore, consistant à faire entrer dans notre conscience des choses qui n'y entreraient pas d'elles-mêmes par la puissance de l'impression sensorielle et de les lui confier d'une manière durable, quelquefois ineffaçable, en mettant, pour ainsi dire, sur chacune d'elles une *marque* distincte. Analysons, en effet, l'immense majorité de nos souvenirs et nous verrons que la plupart des choses que renferme notre mémoire y sont conservées non par le *résidu* même de l'impression qu'elles ont produite en nous, mais par la notation de toutes les circonstances de lieu, de temps, de personnes, etc., qui les ont accompagnées, c'est-à-dire, en d'autres termes, par la synthèse mentale que nous avons faite de tous les *concomitants* qui les circonscrivaient.

Si, par exemple, en revoyant quelques personnes amies, je me rappelle que, la dernière fois que je me suis rencontré avec elles en tel lieu, en telle année, je n'ai pu prendre part à la conversation, parce que j'avais un violent mal de tête ou parce que j'étais sous le coup de quelque chagrin récent, ce qui revient à mon esprit, ce n'est point, dans ce cas, la *morsure* même de la souffrance physique ou morale, c'est simplement l'ensemble des circonstances au milieu desquelles j'ai éprouvé cette souffrance ; en d'autres termes, je me rappelle comme un fait réel, comme un fait certain, que je souffrais à cette époque, mais il ne se produit en moi aucun *retentissement actuel* de ce que j'ai souffert.

Bien plus, chez des personnes peu impressionnables, il peut arriver que même des douleurs très vives, comme celle d'une opération subie dans une salle d'hôpital ou sur le champ de bataille ne soient plus, à la longue, remémorées que de cette manière ; ce n'est plus par le renouvellement intérieur des impressions éprouvées qu'elles se représentent à la conscience, mais par la simple reconstitution mentale de tous les éléments de la scène. Nous pouvons raconter très en détail tout ce qui s'est passé, mais nous n'éprouvons plus aucun contre-coup, nous ne sentons plus aucun arrière-goût de ce que nous avons enduré à cette époque.

La mémoire est donc, à ce point de vue, la faculté qui nous permet d'*inscrire* dans notre conscience tout ce que nous avons intérêt à y conserver ; on peut voir en elle une véritable *écriture idéale*[1].

---

1. Cette analogie de la mémoire avec l'écriture est indirectement confirmée par un des faits les plus curieux que nous présente l'histoire de la pensée humaine dans les premiers siècles. C'est la défiance qu'excita à l'origine, dans certains esprits, l'invention de l'écriture proprement dite. On craignit que cet art de notation factice n'affaiblît ou ne supprimât l'aptitude à la notation spontanée. Platon nous a conservé dans un curieux passage du *Phèdre* l'impression de ces inquiétudes. Il nous raconte que Teuth, inventeur de l'écriture, faisant part de son invention à Thamus, roi de Thèbes, lui dit : « Cette science, ô roi, rendra les Égyptiens plus savants et soulagera leur mémoire. C'est un remède que j'ai trouvé

C'est par là aussi que la mémoire dépasse chez l'homme la sphère de l'impressionnabilité personnelle pour s'étendre à la sphère de la réalité extérieure, de la vérité objective, impersonnelle, et pour devenir ainsi la base sur laquelle s'édifieront l'expérience raisonnée et la science.

2. Cette distinction des deux éléments constitutifs de la mémoire éclaire un certain nombre de questions intéressantes et controversées.

En voici une, par exemple, que nous avons déjà rencontrée indirectement.

Y a-t-il plaisir à se souvenir d'un plaisir passé, douleur à se souvenir d'une douleur d'autrefois?

Si on peut donner à cette question des réponses très diverses, c'est qu'elle change d'aspect suivant qu'il s'agit de la mémoire imaginative ou de la mémoire intellectuelle.

Quand nous nous rappelons par la mémoire imaginative une période heureuse de notre existence, il se produit réellement en nous une joie, puisque l'impression agréable se ravive d'une manière réelle; si donc nous pouvons alors nous livrer tout entiers à cette

---

contre la difficulté d'apprendre et de savoir. » Le roi répondit : « Industrieux Teuth, tel homme est capable d'enfanter les arts, tel autre d'apprécier les avantages ou les désavantages qui peuvent résulter de leur emploi. Père de l'écriture, par une bienveillance naturelle pour ton ouvrage, tu l'as vu tout autre qu'il n'est. Il ne produira que l'oubli dans l'esprit de ceux qui apprennent, en leur faisant négliger la mémoire. En effet, ils laisseront à ces caractères étrangers le soin de leur rappeler ce qu'ils auront une fois confié à l'écriture et n'en garderont eux-mêmes aucun souvenir. Tu n'as donc pas trouvé un secours pour la mémoire, mais simplement pour la réminiscence, et tu n'offres à tes disciples que le nom de la science sans la réalité; car, lorsqu'ils auront lu beaucoup de choses sans maîtres, ils se croiront de nombreuses connaissances, tout ignorants qu'ils seront pour la plupart, et la fausse opinion qu'ils auront de leur science les rendra insupportables dans le commerce de la vie. »

joie reviviscente comme à un rêve heureux, c'est-à-dire en faisant abstraction complète de la situation présente et de manière à échapper au contraste, la joie que nous éprouvons est semblable à celle que nous procurerait un roman; elle est même plus vive, puisqu'elle est constituée par des états de conscience qui sont, pour ainsi dire, à l'état vif.

D'autre part, même si nous sommes actuellement heureux, nous pouvons souffrir d'une manière très réelle d'une souffrance remémorée en nous par l'imagination du passé; car, si nous nous abandonnons tout entiers à cette réminiscence, de manière à neutraliser l'effet de contraste que produirait le présent, ce qui renaît en nous, ce n'est pas l'idée impersonnelle d'un malheur possible, c'est l'impression vivante d'un malheur réel, personnel, qui a laissé ses traces, souvent profondes, dans notre conscience.

Ainsi, à ce point de vue et dans cette mesure, c'est une joie réelle que de se rappeler une joie, c'est un tourment réel que de se rappeler un tourment.

— Mais cela ne saurait être appliqué à la mémoire proprement dite, dans laquelle l'impression du passé n'est plus assez forte pour endormir et pour annuler le présent. Lorsque nous nous rappelons simplement, au milieu de circonstances douloureuses, d'autres circonstances dans lesquelles nous avons été heureux, ce souvenir, qui n'apporte avec lui aucun élément d'illusion et d'oubli, ne fait que rendre plus sensible et plus douloureuse la misère présente. Inversement, le souvenir d'une épreuve pénible, se produisant au milieu de circonstances heureuses, ne troublera pas notre bonheur; il ne fera, au contraire, que le relever par le contraste. C'est ainsi que les épreuves courageusement supportées sont comme une réserve de joie et de légitime fierté pour l'avenir, conformément à la belle parole du poète latin : « Un jour, peut-être, vous aurez plaisir à vous rappeler ces angoisses[1]. »

3. Une autre question qu'éclaire également le parallèle de la mémoire imaginative et de la mémoire intellectuelle est celle qui se rapporte au véritable objet du souvenir.

Royer-Collard a dit : « Nous ne nous souvenons jamais que de nous-mêmes. »

En d'autres termes, l'objet direct du souvenir est toujours un fait intérieur, un état ou un acte du *moi*.

Cette formule est, en elle-même, suffisamment exacte; il faut, cependant, l'interpréter de deux façons très différentes, suivant qu'il s'agit de la mémoire des images ou de la mémoire des idées.

Elle est vraie à la lettre pour toute cette partie de la mémoire qui repose sur l'*impressionnabilité* et qui ne nous présente guère que des images.

En reparaissant dans notre conscience, les images nous rapportent réellement une partie, un élément de notre vie passée; c'est quelque chose de nous-mêmes que nous retrouvons en elles et par elles.

Mais on ne peut plus en dire autant pour l'autre partie de la mémoire, celle qui a son principe dans la *faculté de notation*.

Lorsque nous nous rappelons la nature d'un objet, une maison, par exemple, ou un cheval; parce que

---

1. ... *Forsan et hæc olim meminisse juvabit.* (VIRGILE.)

nous avons noté dans notre mémoire les divers éléments dont cet objet se compose et les rapports qui unissent ces éléments, ou bien lorsque nous nous souvenons de la réalité d'un fait parce que nous avons pris exactement note de tous les *concomitants* de ce fait et que nous pouvons ainsi le reconstituer dans toute sa suite, il est bien vrai que chacune de ces *marques* que nous avons faites dans notre esprit est un état, un acte de notre conscience; mais cet état, cet acte, n'est pour nous qu'*un signe;* nous ne nous proposons pas de le rappeler *pour lui-même,* mais bien *pour la connaissance objective qu'il nous donne,* et alors il est évident que le véritable objet auquel se rapporte notre souvenir est, en dernière analyse, quelque chose d'extérieur à nous; c'est la suite des choses que nous voulons retrouver à travers la suite de nos idées. Le langage usuel a donc raison contre Royer-Collard, et ce sont bien véritablement les choses elles-mêmes que nous nous rappelons.

II

La conservation des idées.

1. Les idées sont conservées dans la mémoire sous une forme essentiellement active. — Comment il faut entendre les métaphores qui expriment cette conservation. — Explication psychologique. — Dans quel sens et dans quelle mesure les idées peuvent à la fois être et n'être pas dans la conscience.
2. Explication physiologique.

Il n'était pas inutile de faire d'abord ce parallèle. Nous sommes maintenant plus à l'aise pour bien définir et pour bien analyser la mémoire proprement dite.

La mémoire est une faculté complexe, dans laquelle il faut étudier tour à tour deux éléments aussi essentiels l'un que l'autre.

Ces deux éléments sont : 1° la *conservation de nos expériences;* 2° (pour employer d'abord un terme aussi général que possible) la *restauration de ces mêmes expériences.*

Le premier de ces deux actes mérite de fixer un moment l'attention; c'est celui qui reste pour nous le plus mystérieux.

1. La mémoire *conserve* d'une manière latente nos diverses connaissances.

En d'autres termes, ces connaissances, une fois acquises, *restent présentes en nous* d'une certaine manière, alors même que nous n'y pensons pas.

Il faut l'entendre dans ce sens que cette conservation est déjà quelque chose d'actif et interpréter en conséquence les métaphores, d'ailleurs très expressives, dont on a coutume de se servir pour en définir la nature. La mémoire, dit-on souvent, est le *trésor de nos idées.* Entendons par là que c'est un trésor toujours prêt à étaler spontanément ses richesses. De même, Fénelon, reprenant quelques autres comparaisons qui avaient cours déjà dans l'antiquité, nous dit que la mémoire peut être comparée à un livre, mais à un livre dont les feuillets se tourneraient d'eux-mêmes pour nous présenter la page dont nous avons besoin; à une galerie, mais à une galerie dont les tableaux se déplaceraient d'eux-mêmes pour venir tour à tour se mettre sous nos yeux. Les idées, aussi bien que les images, ont une vie propre, une véritable spontanéité; elles ne sont pas dans l'esprit comme des marchandises dans un magasin, comme des bijoux dans un écrin; elles sont livrées à une sorte de fermentation qui tend à les faire reparaître en nous suivant une loi rythmique.

On peut encore exprimer cela d'une autre manière en disant que la mémoire est la *virtualité acquise de l'entendement.* Mais quelle idée faut-il se faire de cette existence virtuelle que conserveraient en nous les idées et les expériences passées? Sans aucun doute, la *subconscience,* dont la théorie a été précédemment résumée, doit jouer ici un grand rôle. Il y a une infinité de choses auxquelles, à tout moment, nous pensor d'une certaine manière, en ce sens que nous les sentons enveloppées dans nos pensées actuelles; nous avons le sentiment vague qu'elles sont à notre disposition, sous notre main, et que nous pourrions y penser expressément, si nous le voulions. Elles ne sont pas sous une forme actuelle dans notre conscience, mais nous les sentons toutes prêtes à y rentrer. Il nous suffirait de diriger dans tel ou tel sens l'effort de notre réflexion pour les faire reparaître sous la forme vive; ce sont comme des points obscurs de notre vie mentale sur lesquels nous avons conscience que nous pourrions à tout moment projeter un rayon de lumière. Que chacun de nous réfléchisse sur le nombre considérable des événements qui ont rempli sa vie, des personnes avec qui il s'est trouvé en relation, des connaissances de toute sorte, scientifiques, littéraires, historiques, etc., qu'il a acquises, il sentira que toutes ces choses sont, en quelque sorte, *dans le champ de sa vision intellectuelle.* Il est, à leur égard, comme un voyageur sur une tour très élevée, d'où il peut embrasser un vaste horizon circulaire; son regard ne fixe que quelques points isolés de cet horizon, mais tous les autres néanmoins l'affectent et le sollicitent dans une certaine mesure; il n'a qu'à laisser tomber ses yeux sur un de ces points pour que la perception confuse qu'il en a fasse place à une perception distincte. De même, parmi toutes les choses qui ont occupé notre conscience, il y en a continuellement un grand nombre qui fermentent dans notre esprit, qui le sollicitent à se fixer sur eux. Il faut donc se décider à dire que, *dans un sens, nous pensons ces choses* et que, *dans un autre sens, nous ne les pensons pas.* Cela n'enferme aucune contradiction; il y a des moments où nous sentons se former en nous des idées dont l'intuition claire ne se produira que plus tard. Le mot « subconscience » est le seul qui puisse exprimer cet état intermédiaire de la pensée, et, comme dans cet état lui-même il y a de nombreux degrés, nous pouvons sans paradoxe rattacher aux diverses couches de la pensée subconsciente la conservation des idées par la mémoire.

2. Cette conception, d'ailleurs, en appelle nécessairement une autre qui la complète. Nous n'oublions pas que le moral est étroitement lié en nous au physique, la pensée au cerveau, l'état de conscience au fait nerveux (quelle que soit la forme : choc, vibration, phosphorescence[1], sous laquelle on se représente ce fait).

---

1. « J'appelle phosphorence la curieuse propriété que possèdent les éléments nerveux de persister, pendant un temps plus ou moins long, dans l'état vibratoire où ils ont été mis par l'arrivée des incitations extérieures. » (J. Luys, *le Cerveau.*)

La conservation du souvenir est donc une manifestation d'activité cérébrale en même temps que d'activité mentale.

Maintenant, à quelles dispositions ou à quels mouvements de la substance cérébrale est-elle liée? Ce problème, depuis longtemps posé, n'a donné lieu encore qu'à des hypothèses; mais ces hypothèses deviennent de plus en plus précises, de mieux en mieux coordonnées. D'après quelques physiologistes contemporains, il faudrait, pour bien comprendre cette conservation des souvenirs et son caractère essentiellement actif, se représenter le cerveau sous la forme d'un arbre extraordinairement ramifié, plein de cellules nerveuses, qui sont comme des réservoirs d'énergie mentale, et de fibres nerveuses, qui sont comme des voies de communication par lesquelles se fait, d'une manière quelconque, un accord sympathique, une orientation commune, une vibration concordante entre ces diverses cellules, elles-mêmes dépositaires de diverses séries d'impressions, d'images ou d'idées.

Cette conception générale est confirmée par ce fait que, dans les importants phénomènes d'abolition ou de surexcitation pathologiques de la mémoire qu'on appelle les *amnésies* et les *hypermnésies,* c'est par groupes nettement distincts, bien que pouvant être constitués à des points de vue très différents, que se produisent les oblitérations ou les exaltations de nos souvenirs. On en trouvera plus loin, spécialement en ce qui concerne l'amnésie, quelques exemples très concluants.

III

La restauration des idées.

1. Deux classes de souvenirs : spontanés et volontaires. — Deux degrés dans la restauration des idées; distinction entre *se souvenir* et *se rappeler*.

2. Analyse du souvenir; ses trois éléments. — La représentation, la reconnaissance, la localisation. — La réminiscence; diverses espèces de réminiscence. — Mécanisme de la localisation; comment on arrive peu à peu à l'abréger par la création de points de repère; les vides de la mémoire.

3. L'oubli. — Parallèle entre l'amnésie et l'oubli. — Caractère pathologique de l'amnésie. — Les amnésies générales; les amnésies à forme périodique; les faits de double personnalité. — Les amnésies partielles. — L'amnésie est une désorganisation de la mémoire. — Caractère physiologique de l'oubli: loin de désorganiser la mémoire, il est, pour elle, à certains égards, une condition de force et de santé.

4. Différences essentielles entre la mémoire de l'enfant et la mémoire de l'adulte.

Mais la faculté de *conserver* les idées dans la mémoire, même sous une forme aussi dynamique qu'on puisse essayer de l'imaginer, n'a de valeur que parce qu'elle est indivisiblement unie à la faculté de *restaurer*, de reconstituer ces mêmes idées, de les faire reparaître sous la forme actuelle, de nous rendre le passé dans le présent, par suite, de relier les uns aux autres nos états de conscience dans l'unité d'un même *moi* indivisible, d'une personnalité continue.

C'est par là que la mémoire, qui n'est, au fond, que la *conscience continuée*, apparaît sinon comme la plus importante de toutes nos facultés, au moins comme la plus fondamentale, puisque toutes les autres ne vivent véritablement que par elle, lui empruntent, en quelque sorte, toute leur substance.

Voyons donc comment renaissent en nous tous les

états, tous les actes de notre conscience et comment ils passent de nouveau de la forme latente à la forme vive, de la puissance à l'acte. Sur ce point encore, quelles que soient les lacunes de notre science, il est évident qu'il doit y avoir une corrélation profonde, un continuel échange d'action et d'influence entre le physique et le moral, entre l'organisme cérébral plus ou moins parfait dont chacun de nous est doué et la puissance d'initiative personnelle et de réflexion dont il dispose. Pour bien saisir cette corrélation et cet échange, prenons comme point de départ ce fait d'observation interne absolument incontestable, qu'il y a en nous deux ordres de souvenirs nettement distincts l'un de l'autre : celui des *souvenirs involontaires ou spontanés*, celui des *souvenirs réfléchis ou volontaires.*

1. On appelle *souvenirs spontanés* ceux qui renaissent en nous sans avoir été cherchés et plus ou moins laborieusement évoqués. Ils reviennent, en quelque sorte, d'eux-mêmes à la surface de la conscience. Aussi Schopenhauer les a-t-il ingénieusement comparés à des bulles gazeuses qui remontent à la surface de l'eau. C'est ainsi qu'un nom, une date, une physionomie, surgissent tout à coup dans notre mémoire, sans aucun besoin, sans aucun désir de notre part. Ces faits de mémoire sont à tel point involontaires qu'ils se produisent quelquefois contre notre volonté et nous apportent des souvenirs importuns, obsédants, qui *s'accrochent*, si l'on peut ainsi parler, à notre conscience et dont nous ne pouvons plus nous défaire.

On appelle, au contraire, *souvenirs réfléchis* ceux que nous sommes obligés de tirer, par un effort plus ou moins prolongé, des profondeurs de notre conscience. Je cherche, par exemple, le nom du cap qui termine la presqu'île de l'Inde ou l'Amérique du Sud, ou bien je me demande, l'ayant oublié, comment se dit *cap* dans telle langue ancienne ou étrangère : ces détails ne se représentent pas d'eux-mêmes à mon esprit. Il faut, pour les atteindre, que je plonge à travers des couches plus ou moins épaisses d'idées qui m'en séparent, que je creuse, en quelque sorte, dans ma pensée des galeries souterraines. C'est là un acte essentiellement volontaire. Souvent, il reste sans résultat, et ce qui se passe alors est un fait des plus curieux, qui montre à quel point l'activité de la mémoire est liée en nous à l'activité fonctionnelle du cerveau. Bien qu'oublié, le mot dont j'ai besoin est présent d'une certaine manière à mon esprit; je sens clairement dans quelle direction il faut que je le cherche; j'ai conscience, à un certain moment, de m'en éloigner; à un autre, de m'en rapprocher, de le toucher presque; il semble qu'une simple cloison m'en sépare; mais, parfois, cette cloison est impénétrable et je suis obligé finalement de renoncer à ma poursuite; *j'ai*, comme on dit, *ce mot sur la langue* et je ne réussis pas à le retrouver. Dans certains cas cependant, ce même travail, resté d'abord stérile, finit par produire ses résultats et, ramené de couche en couche, le mot désiré rentre un peu plus tard dans ma mémoire, au moment où je ne le cherche plus.

On voit que nous avons eu raison de désigner d'abord par le terme général de *restauration des idées* l'acte par lequel la mémoire retrouve les idées précédemment acquises. L'expression « rappel des idées »

14.

ne serait pas toujours exacte. Quelquefois la restauration de nos états de conscience se fait sans aucun concours de notre part ; c'est le souvenir proprement dit, c'est-à-dire le souvenir spontané, et nous disons alors que *nous nous souvenons* d'une chose ou, plus exactement (puisqu'il s'agit d'un fait qui se passe en nous sans notre concours) qu'*il nous en souvient*. *Se rappeler* est, en effet, quelque chose de plus que *se souvenir ;* c'est ramener comme de force dans sa pensée ce qui s'en est échappé, c'est faire revenir de loin ce qui était comme perdu dans les profondeurs de l'inconscience.

2. Quelle que soit, d'ailleurs, sa forme, spontanée ou réfléchie, le souvenir, lorsqu'il est complet, présente toujours un certain nombre d'éléments dont il est nécessaire, pour l'éducation de la mémoire, de bien noter l'importance respective.

Le premier est la *représentation intérieure d'un objet*, soit sous la forme d'une image, soit sous la forme d'un mot, qui, suivant le mécanisme expliqué plus haut, contient implicitement cette image. Ainsi, pour que je me rappelle les *Tuileries*, il faut d'abord que ce jardin me soit *représenté*, c'est-à-dire *présenté à nouveau*, sinon par son image pleinement épanouie, du moins par cette image ou cet ensemble d'images toutes prêtes à renaître que contient virtuellement le mot.

Le second est la *reconnaissance de cet objet*. Il faut distinguer là deux choses : d'abord le fait lui-même, puis la raison et la portée du fait. Reconnaître un objet, c'est d'abord affirmer qu'on l'a déjà connu et rapprocher le souvenir actuel d'une perception d'autrefois.

C'est par là que l'acte propre de la mémoire se distingue de l'acte d'imagination. Si j'ai la vision intérieure d'une ville ou d'un château, sans pouvoir les reconnaître ou sans avoir, du moins, la conviction que je les ai déjà vus, c'est une construction spontanée de mon imagination, ce n'est pas un souvenir. Pour que ce soit vraiment un acte de mémoire, il faut que je reconnaisse cette ville, ce château, dont j'ai la vision intérieure ou dont on me présente l'image, et que je puisse dire : c'est Lyon, ou c'est Marseille; c'est Chambord, ou c'est Chenonceaux. Mais, en outre, reconnaître une chose, c'est affirmer qu'on est resté la même personne qui l'a connue autrefois; c'est établir un lien substantiel entre deux moments de sa vie. Par là, comme nous l'avons déjà vu, la mémoire est le principe du sentiment continu que nous avons de notre personnalité; c'est en nous souvenant que nous constituons et saisissons en nous une véritable identité substantielle.

Enfin, le troisième élément du souvenir complet, c'est la *localisation*. On ne saurait trop insister sur l'importance de cet élément. C'est par lui, en effet, que la mémoire humaine diffère de la mémoire animale et la mémoire adulte de la mémoire enfantine. Il est le principe de ce que l'on pourrait appeler l'*organisation d'une conscience*.

— Dans une mémoire où les souvenirs ne sont pas localisés, tout est vague, indéterminé et flottant; non seulement il n'y a pas de précision dans les idées, de distribution sérielle dans la représentation intérieure des objets et des événements, mais même, quand ce défaut de localisation dépasse certaines limites, un moment vient où nous ne distinguons plus entre *ce qui est à nous* et *ce qui nous est étranger*, de telle sorte que nous faisons entrer illusoirement dans le tissu de notre vie des pensées, des actions ou des œuvres qui ne nous appartiennent pas réellement.

C'est ce qui arrive dans le fait si curieux qu'on nomme la *réminiscence*.

La réminiscence peut être définie un souvenir incomplet, dans lequel manquent la localisation et, par suite, dans beaucoup de cas, la reconnaissance elle-même.

D'une manière générale, toutes les fois qu'une idée revient à notre esprit sans que nous en puissions rapporter l'objet à quelque phase nettement distincte de notre expérience passée, il nous semble qu'elle tombe du ciel et qu'elle est en nous comme l'écho lointain d'une autre vie. Nous pouvons déjà appeler cela une « réminiscence ». C'est ainsi que Platon, d'après un ensemble d'idées pythagoriciennes, voyait une réminiscence dans l'intuition des vérités rationnelles, que nous ne nous souvenons pas d'avoir apprises et que nous ne rapportons, par conséquent, à aucune période de notre jeunesse ou même de notre enfance.

Mais on applique surtout ce nom aux souvenirs inconscients qui nous arrivent soit dans l'improvisation oratoire, soit dans la composition artistique ou poétique. Nous croyons inventer, nous ne faisons que nous ressouvenir. Quelquefois, nous nous ressouvenons simplement de nous-mêmes; nous faisons alors, sans nous en apercevoir, rentrer dans une œuvre ultérieure ce que nous avions déjà mis dans une œuvre précédente; mais, le plus souvent, c'est aux œuvres d'autrui que nous empruntons ce qui nous semble provenir d'une inspiration personnelle. Nous croyons alors, de la meilleure foi du monde, inventer sur le moment même des choses dont nous n'avons, en réalité, que le souvenir. D'autres les reconnaissent à notre place ; *ils saluent*, comme disait Fontenelle, *de vieilles connaissances;* nous, sans aucune intention de plagiat, nous sommes dupes d'une solution de continuité dans notre mémoire. Cela peut arriver, d'ailleurs, aux artistes et aux écrivains les plus consciencieux comme les plus éminents. Rossini et Meyerbeer ont eu des réminiscences de vieux compositeurs ; ils ont eu des réminiscences d'eux-mêmes, et ils ont donné à ceux qui sont venus après eux l'occasion de réminiscences plus nombreuses encore.

La réminiscence, on le voit, est un *souvenir inorganisé,* qui n'a pas pris place dans la vie du *moi,* qui ne représente pas un moment déterminé de l'évolution de notre conscience et, par conséquent, ne contribue pas à ce qui est la fin essentielle de la mémoire : l'unité, la continuité de notre vie intellectuelle et morale.

—La localisation des souvenirs fait, au contraire, de notre mémoire un tout vraiment organique, dont les diverses parties se soutiennent, s'appellent, se complètent les unes les autres ; elle établit déjà une certaine solidarité entre tous les événements dont se compose notre vie ; elle prépare la solidarité beaucoup plus étroite que l'expérience et la méthode établiront entre toutes nos idées ; par elle, les choses que nous connaissons s'arrangent en systèmes; elles se distribuent ou tendent, du moins, à se distribuer d'une manière régulière dans l'ordre de l'espace et dans l'ordre du temps, reliés l'un à l'autre par le fait du mouvement.

Le mécanisme de la localisation a été très bien étudié par quelques psychologues contemporains. M. Ribot l'explique par une tendance de nos états de conscience à se lier les uns aux autres par leurs deux bouts, de manière à former comme des files rectilignes, qui peuvent se prolonger indéfiniment. Le point de départ est notre état présent : « Remarquons que ce présent est un état réel, qui a sa quantité de durée. Si bref qu'il soit, il n'est pas, comme les métaphores du langage portent à le croire, un éclair, un rien, une abstraction analogue au point mathématique ; il a un commencement et une fin. De plus, son commencement ne nous apparaît pas comme un commencement absolu ; il touche à quelque chose avec quoi il forme continuité. Quand nous lisons (ou entendons) une phrase, au cinquième mot, par exemple, il reste quelque chose du quatrième. Chaque état de conscience ne s'efface que progressivement ; il laisse un prolongement analogue à ce que l'optique physiologique appelle une *image consécutive*. Par ce fait le quatrième et le cinquième mot sont en continuité ; la fin de l'un touche le commencement de l'autre. C'est là le point capital. Il y a une contiguïté, non pas indéterminée, consistant en ce que deux bouts *quelconques* se touchent ; mais en ce que le bout *initial* de l'état actuel touche le bout *final* de l'état antérieur[1]. »

Théoriquement, la localisation d'un souvenir quel-

---

1. *Maladies de la mémoire*, pages 35 et 36.

conque, sa projection dans un point plus ou moins éloigné du passé exigerait, on le voit, la reconstitution régressive de tous les états de conscience intermédiaires. Evidemment, les choses ne se passent point ainsi. Nous simplifions cette marche régressive par la création de *points de repère*. On appelle ainsi des événements saillants et notables, qui se détachent d'une manière nette et qui résument tout un ensemble de petits événements secondaires, groupés autour d'eux. Dès lors, pour rapporter à sa vraie date un événement qui remonte, par exemple, à plusieurs années, au lieu de suivre la série entière de nos états de conscience antérieurs, ce qui (en admettant que ce fût possible) exigerait un temps prodigieux, nous passons d'un de ces points de repère à un autre, puis à un autre encore, abrégeant autant le chemin que si un voyageur, au lieu de suivre à pied toute la route, pouvait sauter « de clocher en clocher ». Par là nous arrivons à *situer* l'objet de notre souvenir. S'agit-il, par exemple, de quelque événement dont nous avons été témoin autrefois, mais auquel nous n'avons plus pensé depuis longtemps, nous le localisons d'abord d'une manière approximative en le rapportant à notre enfance, ou bien à notre adolescence, ou bien à telle ou telle période de notre jeunesse. Mais ensuite nous précisons davantage ; nous évoquons un certain nombre d'autres événements de la même période et nous voyons que l'événement qui nous occupe doit être situé après quelques-uns d'entre eux comme avant quelques autres ; de proche en proche, par un mouvement de bascule, nous resserrons le cercle et nous finissons quelquefois par obtenir une détermination excessivement précise. Ce que nous fai-

sons pour le temps, nous le faisons aussi pour l'espace ;
nous distribuons les événements de notre vie antérieure dans les divers milieux où elle s'est écoulée ;
nous rattachons ainsi, autant que possible, nos actes
aux conditions d'existence qui les expliquent. Si ce
travail pouvait s'étendre à l'infini, nous reconstitue-
rions toute la suite de notre vie passée. Mais il n'en est
pas, il n'en peut pas être ainsi. De grandes lacunes
subsistent ; des trous énormes sont creusés dans notre
conscience ; par suite, certaines séries d'événements
nous paraissent comme suspendues dans le vide ; nous
ne pouvons, faute d'intermédiaires, les rattacher à une
partie déterminée de notre existence et elles restent en
nous à l'état d'éléments inorganisés, qui ne s'harmo-
nisent point avec l'ensemble.

3. Ces lacunes de la mémoire nous mènent du fait
de la *réminiscence*, qui est l'imperfection du souvenir,
au fait de l'*oubli*, qui en est l'abolition.

L'oubli émiette la mémoire, la déchiquète en quelque sorte ; sous son influence, elle se réduit peu à peu
à des fragments ; il semble donc que l'oubli doive être
considéré comme la maladie même de la mémoire.

Et cependant cela n'est pas exact, au moins sans
quelques restrictions ; nous allons voir, en effet, qu'il
faut distinguer entre un oubli *pathologique*, qui
exerce dans cette faculté de profonds ravages, au point
de mettre obstacle à sa finalité même, et un oubli normal, *physiologique*, qui est, au contraire, une des
principales causes de sa santé et de sa vigueur.

La maladie essentielle de la mémoire, c'est l'*amnésie ;* mais l'amnésie ne ressemble à l'oubli que par sa
forme extérieure. En considérant de près les deux

choses, on voit qu'il y a entre elles des différences qui sont de véritables oppositions.

— L'amnésie, sous ses diverses formes, soit générales, soit partielles, est une désorganisation de la mémoire, par suite de la conscience, de la personnalité.

Les *amnésies générales*, en abolissant le souvenir de toute une période plus ou moins longue de notre vie, affectent plus ou moins gravement en nous l'unité de l'être intellectuel ou moral. Quelquefois, dans les cas les moins graves, elles nous forcent à apprendre de nouveau, soit par le témoignage d'autrui, soit par une éducation nouvelle, ce que nous avions déjà appris. Une femme, dans un accès d'amnésie générale, a totalement perdu le souvenir de quelques années de sa vie, celles qui précèdent et suivent son mariage ; il faut qu'elle se fie au témoignage de ses proches, à l'autorité de ses parents, pour admettre auprès d'elle son mari, son enfant, qu'elle ne reconnaît pas. Une autre a oublié toutes les connaissances, soit théoriques, soit pratiques, qu'elle avait eues auparavant ; il faut qu'elle apprenne de nouveau à lire, à écrire, à chanter, à jouer aux cartes, à tricoter ; tout cela, à la vérité, elle le retrouve assez vite, mais sans reconnaître qu'elle l'a déjà su, sans lier aucunement cette nouvelle phase de sa vie aux phases antérieures. Dans cet état, on le voit, les malades sont condamnés à une nouvelle période d'enfance, avec les mêmes agitations, les mêmes caprices, les mêmes révoltes que dans l'enfance proprement dite, la même dépendance de tout ce qui les entoure.

Mais, dans d'autres cas d'amnésie générale, le désordre est bien plus profond encore. Ce sont les cas d'*amnésie à forme périodique*, où le malade, après un premier accès de torpeur, perd le souvenir de sa vie passée et est obligé de tout rapprendre, puis ensuite, après une autre crise analogue, retrouve tous les souvenirs de l'état antérieur, mais, en revanche, oublie tout ce qui s'est passé entre les deux accès. A partir de ce moment, une alternance s'établit entre ces deux périodes ; elles reviennent à tour de rôle, apportant chacune les expériences et les souvenirs qui lui sont propres. Deux, consciences', deux personnalités, se constituent ainsi dans un seul être ; mais, comme les impressions et influences de toutes sortes sous l'action desquelles a dû se former chacune de ces personnalités sont très différentes les unes des autres, le plus souvent ces deux personnes, qui coexistent chez un même individu, ne se ressemblent pas : l'une, qui a gardé le souvenir d'une éducation lente, soignée, méthodique, est adroite, ingénieuse, sûre d'elle-même ; l'autre, qui s'est constituée sous l'influence d'une rééducation hâtive, est, au contraire, timide et gauche. Chez Félida, la malade du Dr Azam, les deux états alternants, la *condition première* et la *condition seconde* présentent des caractères tout opposés : « Dans son état normal ou condition première, cette femme est sérieuse, grave, réservée, laborieuse ; dans sa condition seconde, son caractère a changé : elle est devenue gaie, turbulente imaginative, coquette. » Ainsi, l'amnésie, en brisant la continuité d'une vie humaine, brise en même temps l'unité du caractère, altère profondément les conditions de l'activité et, avec elles, les conditions de la responsabilité morale et du bonheur.

Quant aux *amnésies partielles*, si elles n'affectent pas aussi directement la personnalité, leur action sur la conscience n'en est pas moins essentiellement destructive; elles exercent sur elle des ravages analogues à ceux qu'un chancre produit dans l'organisme; elles en arrachent littéralement des morceaux. Tel amnésique perd la connaissance des nombres ou celle de la musique, tout le reste de ses connaissances restant intact; tel autre, qui savait plusieurs langues, en oublie une entièrement, et continue à bien parler toutes les autres. Quelquefois les cas sont extrêmement bizarres. Un malade ne peut plus se rappeler son propre nom; un autre, à la suite d'une blessure à la tête, oublie entièrement pendant trois jours qu'il a une femme et des enfants; un autre encore perd la mémoire de tous les mots qui commencent par la lettre *f*. Évidemment, dans tous ces cas, des groupes plus ou moins étendus de cellules cérébrales sont atteints par une dégénérescence soit accidentelle, soit chronique, ou deviennent incapables d'entrer dans quelques-unes de ces associations dynamiques qui sont nécessaires à la formation des souvenirs complexes.

—On le voit clairement par tous ces exemples : l'amnésie, c'est l'oblitération anormale, pathologique, portant aussi bien sur des souvenirs utiles, nécessaires, que sur des souvenirs insignifiants et, par suite, amenant le désordre et la perturbation de la pensée. Tous les faits que nous venons de citer présentent, à des degrés divers, des caractères communs : ils désorganisent la vie mentale; ils jettent le désarroi dans la conscience; ils scindent la personnalité, en donnant quelquefois au malade deux caractères entièrement opposés; ils expliquent les illusions des personnes qui se croient possédées et qui portent en elles un hôte étranger et importun, un maître qui les tyrannise, un démon qui les tourmente. Chez ces personnes, l'amnésie confine plus ou moins à la folie; car une partie de leur *moi* est comme projeté en dehors d'elles et leur apparaît sous une forme objective, ou bien encore elles ont la sensation d'un vide dans leur être moral, correspondant au vide qui s'est produit dans leur cerveau par l'abolition de tout un vaste groupe de cellules dans un ou plusieurs centres nerveux.

Il en est tout autrement de l'oubli proprement dit, de l'oubli modéré et normal. Comme il ne porte que sur des choses secondaires, qui nous encombreraient inutilement, loin de désorganiser la personnalité, il lui apporte, au contraire, un surcroît d'énergie; loin de troubler la pensée, il est bien plutôt une des conditions essentielles de sa souplesse et de sa force. Une mémoire sans oubli serait une mémoire fermée, immobilisée, qui ne vivrait plus; elle ne s'accroîtrait que par le dehors, il ne se ferait en elle aucun travail de rénovation interne et organique.

Sans les vides produits par l'oubli, la pensée ne pourrait se mouvoir, ou elle ne le ferait que très lentement. Pour retrouver un souvenir ancien, nous serions obligés, à la lettre, de soulever le poids de tous les états antérieurs; nous ne pourrions courir de sommets en sommets, abréger les distances, brûler les étapes inutiles. L'aptitude merveilleuse de la mémoire à se porter dans tous les sens, à voyager dans toutes les parties du temps et de l'espace, serait abolie, si tous nos souvenirs, également conservés, l'arrêtaient au passage, réclamaient une égale part de son attention, lui interdisaient les généralisations rapides et les vastes synthèses. On a vu plus haut que l'organisation physiologique du cerveau est un *complexus* de cellules nerveuses qui se prolongent dans toutes les directions, donnent lieu à des courants, semblables à nos courants électriques, et font ainsi vibrer à l'unisson des pensées très diverses, mais susceptibles de s'orienter dans plusieurs sens et d'entrer dans des combinaisons infinies. Tout cela serait entravé par des souvenirs trop nombreux qui éterniseraient dans notre conscience les impressions superficielles et les événements vulgaires.

En un mot, l'oubli donne de l'air et de la lumière à l'intelligence ; il agit sur elle comme ces coupes bien réglées qui permettent aux plus beaux arbres d'une forêt de prendre tout leur développement.

« A mesure, dit M. Ribot, que le présent rentre dans le passé, les états de conscience disparaissent et s'effacent. Revus à quelques jours de distance, il n'en reste rien ou peu de chose : la plupart ont sombré dans un néant dont ils ne sortiront plus et ils ont emporté avec eux la quantité de durée qui leur était inhérente ; par suite, un déchet d'états de conscience est un déchet de temps. Or les procédés abréviatifs par lesquels se fait la localisation supposent ce déchet. Si, pour atteindre un souvenir lointain, il nous fallait suivre la série entière des termes qui nous en séparent, la mémoire serait impossible, à cause de la longueur de l'opération.

» Nous arrivons donc à ce résultat paradoxal qu'une condition de la mémoire, c'est l'oubli. Sans l'oubli

total d'un nombre prodigieux d'états de conscience et
l'oubli momentané d'un grand nombre, nous ne
pourrions nous souvenir. L'oubli, sauf dans certains
cas, n'est donc pas une maladie de la mémoire, mais
une condition de sa santé et de sa vie. Nous trouvons
ici une analogie frappante avec les deux *processus*
vitaux essentiels. Vivre, c'est acquérir et perdre ; la
vie est constituée par le travail qui désassimile autant
que par celui qui fixe. L'oubli, c'est la désassimilation[1]. »

4. Ces notions sur les éléments dont se compose
la mémoire permettent déjà de poser d'une manière
assez nette le problème de son éducation. Il est facile,
en effet, de déterminer, d'après elles, les caractères
qui séparent la mémoire enfantine de la mémoire
adulte. Le premier de ces caractères, c'est, évidemment, la prédominance de l'impressionnabilité sur la
notation. L'enfant retient assez nettement, avec sa
mémoire toute fraîche, les impressions qui lui
arrivent pêle-mêle du dehors ; il se soucie peu de confier lui-même à sa mémoire des observations précises
ou des connaissances raisonnées. En second lieu, il
localise à peine ses souvenirs ; il n'a qu'une idée très
vague du temps et de la distribution des choses dans
le temps. Tout ce qui est passé lui apparaît à peu près
comme également distant ; sauf les souvenirs d'hier ou
d'avant-hier, tous les autres flottent pour lui, dans un
horizon indéterminé, dans un vague *lointain*. Surtout,
l'enfant ne sait pas oublier ; nous voulons dire par là :
livrer volontairement à l'oubli les choses secondaires,

---

1. *Maladies de la mémoire*, pages 45 et 46.

se désintéresser des détails, des menus faits, des événements vulgaires. L'éducation de la mémoire devra donc consister, d'une manière très générale, à amener graduellement en lui la prédominance de la notation, qui met les choses sous la dépendance de notre pensée, sur l'impressionnabilité, qui laisse, au contraire, notre esprit sous la dépendance des choses.

Mais nous allons retrouver cette conclusion en étudiant maintenant les variétés de la mémoire, ainsi que ses qualités, naturelles ou acquises.

IV

Les variétés de la mémoire.

1. *Variétés provenant de l'impressionnabilité.* — La mémoire pittoresque, la mémoire musicale; diverses espèces de mémoire topographique.

2. *Variétés provenant de la notation.* — La mémoire des nombres. — Parallèle entre la mémoire de la poésie et la mémoire de la prose.

3. *La mémoire des mots.* — Comment l'idée est liée au mot. — Impossibilité, dans certains états pathologiques, de passer de l'idée au mot; aphasie. — Difficulté, pour beaucoup de personnes, à passer, au contraire, du mot à l'idée. — Comment cette difficulté se produit; comment elle est entretenue par la paresse de l'esprit et par l'irréflexion. — Automatisme verbal; psittacisme.

4. *Conséquences pédagogiques.*

Il y a des *variétes* dans la mémoire humaine. Cela veut dire, tout d'abord, que, dans chaque individu, il n'y a pas *une mémoire* unique, mais plutôt *des mémoires.* Car la faculté de conservation et de restauration des actes psychiques appartient directement aux pouvoirs que l'âme possède et, dans la mesure signalée précédemment, à chacun des centres nerveux du cerveau auxquels ces pouvoirs sont liés.

La mémoire générale d'un individu résulte donc d'une fusion qui s'opère peu à peu entre ses diverses *mémoires partielles ou locales,* mais dans des conditions telles cependant que, presque toujours, une de ces mémoires reste chez lui prépondérante et donne le ton à la pensée tout entière.

De là une grande diversité d'aptitudes intellectuelles et morales, dont il y aurait intérêt à dresser méthodiquement la liste; mais cette étude se rapporte plutôt à la science des caractères qu'à la psychologie proprement dite; il suffira donc de donner, à ce sujet, quelques indications.

1. Parmi les variétés de la mémoire, plusieurs dépendent visiblement de l'impressionnabilité. Telles sont la *mémoire musicale* et la *mémoire pittoresque.* Nous savons déjà que toutes nos facultés perceptives ont une aptitude à reproduire spontanément leurs impressions; mais cette aptitude ne peut devenir une *mémoire,* au large sens du mot, que pour les deux sens de l'ouïe et de la vue, qui, seuls, contiennent assez d'éléments intellectuels pour que la prédominance des perceptions qui leur sont propres imprime au caractère ou à l'esprit d'un homme une direction déterminée. C'est ce qui arrive chez les vrais musiciens et chez les vrais peintres. Les uns n'ont besoin que d'étudier quelque peu une partition pour que tous les morceaux, toutes les parties d'orchestre se fixent promptement dans leur esprit; les autres voient en passant un paysage et d'un seul coup d'œil ils en saisissent si profondément le caractère, âpre, ou gracieux, ou mélancolique, que, plusieurs années après, ils le reproduiront avec une merveilleuse exactitude. Voilà, dans toute la force du terme, des *variétés de la mémoire*, c'est-à-dire des formes déterminées, particulières, susceptibles de coexister quelquefois avec une étrange inaptitude à se rappeler toute autre chose.

On pourrait encore rapporter à la même catégorie un certain nombre d'autres variétés, auxquelles convient assez bien en commun le nom de *mémoires topographiques*. Elles consistent toutes, en effet, à retenir moins les choses elles-mêmes que leur arrangement, leur distribution dans l'étendue. La plus fréquente, c'est la *mémoire des lieux accoutumés*, mémoire dans laquelle il faut faire quelquefois une large place à l'instinct ou peut-être à une habitude héréditaire. C'est ainsi que, grâce à une impressionnabilité d'un genre spécial, à peine mélangée d'un élément de notation, le sauvage, l'homme habitué par le métier qu'il exerce à vivre en contact perpétuel avec la nature, par exemple le contrebandier, qui connaît toutes les passes d'un pays montagneux, le braconnier, qui connaît tous les défilés d'une région forestière, se représentent avec une lucidité de somnambules le réseau compliqué des routes qu'ils peuvent suivre. La même disposition, affermie par l'étude, se montre encore chez toute une catégorie de géographes, ceux qui ont une aptitude spéciale à se représenter intérieurement le relief d'un pays, l'ossature d'une région montagneuse, les sinuosités d'un fleuve, et qui dressent de mémoire une carte sans oublier aucun détail important.

Ces variétés de la mémoire impressionnelle peuvent, d'ailleurs, se multiplier à l'infini. Telle personne se rap-

pelle, avec une exactitude surprenante, la place de
chaque meuble, de chaque objet, dans les diverses
maisons qui lui sont familières ; telle autre, qui, dans
ses lectures, ne retient que médiocrement la suite
même des idées, se rappelle, au contraire, avec une
parfaite précision, à quel endroit d'une page se trouve
telle expression qui l'a frappée ; chez une autre
encore, ce sont les arbres généalogiques qui se
gravent facilement, avec tout le détail de leurs ramifications. Certains joueurs d'échecs voient mentalement,
d'une manière à la fois si vive et si nette, l'échiquier
et les divers arrangements possibles des pièces qu'ils
en arrivent à pouvoir jouer, les yeux bandés, plusieurs parties à la fois contre différents partenaires.
Telle personne a la mémoire spéciale des physionomies ; tel amateur de théâtre se rappellera tout particulièrement les timbres de voix des nombreux acteurs
qu'il a entendus depuis sa jeunesse.

2. D'autre part, la réflexion et toutes les facultés
qui s'y rattachent gardent aussi le souvenir des opérations qui leur sont propres. L'abstraction a ses variétés de mémoire, dont la plus importante est la *mémoire des nombres*. La généralisation aussi a les
siennes. Beaucoup de personnes ont une aptitude
toute spéciale à retenir les classifications, les tableaux
synoptiques, les systèmes.

Suivant que la réflexion y intervient plus ou moins,
certaines formes de la mémoire sont susceptibles de se
dédoubler. Il en est ainsi, par exemple, de la *mémoire
des morceaux littéraires*. On sait que certaines personnes apprennent plus facilement les vers et d'autres
la prose. La raison en est que chez les premières

c'est l'impressionnabilité qui domine, et chez les autres la réflexion. Quand on apprend des vers, l'idée est comme soutenue par la forme poétique ; elle est intimement liée au sentiment de la mesure et de la rime ; au contraire, la mémoire de la prose exige surtout l'aptitude à noter et à fixer dans son esprit le développement rationnel d'une suite d'idées.

3. Mais, maintenant, voici une autre variété de la mémoire qui doit attirer tout particulièrement notre attention, non seulement parce qu'elle est très importante en elle-même, mais encore parce que son étude touche à un grand nombre de questions pédagogiques : c'est la *mémoire des mots*.

Pour bien comprendre cette variété de la mémoire et le rôle qu'elle joue dans la vie mentale, il faut la rattacher à un fait plus large, dont elle n'est qu'un cas particulier : c'est le pouvoir que l'homme possède de lier ses pensées à des signes qui en deviennent les équivalents, mais qui sont plus faciles à retenir et à rappeler que ces pensées elles-mêmes, attendu qu'ils font sur nous une *impression* sensible, susceptible de reviviscence spontanée, et qu'ainsi nous pouvons toujours, par des moyens factices, les avoir à notre disposition.

Parmi ces signes il n'en est pas de plus importants que les *mots*. Le mot est lié à l'idée par un ensemble d'actes moteurs dont nous n'avons pas conscience, à cause qu'ils portent simplement sur les muscles très délicats qui président au jeu des cordes vocales et qui règlent l'émission des divers sons articulés. Or, cette liaison de l'idée au mot, dès qu'elle a été effectuée, ne fût-ce qu'une seule fois, devient, à partir de ce moment, objet de mémoire. En nous rappelant la connexion que nous avons établie, nous descendons, à notre gré, de l'idée au mot ou remontons du mot à l'idée. Divers faits, étudiés récemment par les psychologues, ont bien mis en lumière cette vérité très importante. Ainsi, on a montré que certains états morbides, tels que l'*aphasie*, l'*agraphie*, etc., tiennent précisément à l'oubli du rapport qui lie nos idées à leurs signes vocaux ou graphiques. L'aphasie n'est pas, en effet, comme on serait tenté de le croire d'après la simple étymologie du mot, l'impossibilité absolue de parler; c'est simplement l'impossibilité de retrouver le mot correspondant à l'idée qu'on a dans l'esprit. De même, l'agraphie n'est pas l'impossibilité absolue de tracer des caractères d'écriture, mais simplement l'impossibilité de retrouver les caractères qui correspondent à telle idée qu'on veut exprimer. Il y a donc, de part et d'autre, un fait d'oubli pathologique, portant sur le rapport qui unit les choses aux signes, les idées aux mots. Or, ce même oubli tend beaucoup plus souvent à se produire en nous sous la forme inverse, qui, étant plus naturelle et infiniment plus répandue, reste, sans doute, une faiblesse de l'esprit, mais ne doit plus être considérée comme ayant, à proprement parler, un caractère pathologique. C'est alors une difficulté, plus ou moins grande, à remonter du mot à l'idée. Le mot, une fois gravé dans l'esprit comme signe de l'idée, tend à se substituer à l'idée elle-même. Il devient une valeur représentative, dont nous prenons l'habitude de nous contenter, en nous désintéressant peu à peu de ce qu'elle représente, comme un porteur de billets de banque qui se désin-

téresserait de savoir si la banque est toujours debout
et s'il est sûr de pouvoir se faire rembourser ses billets.

C'est ainsi que se crée, par opposition à la *mémoire
des choses*, la *mémoire des mots*. Nous glissons peu à
peu de l'une dans l'autre sans nous en apercevoir. Une
personne qui s'est mise à apprendre la chronologie de
l'histoire de France ou de l'histoire d'Angleterre, ou la
liste des souverains des deux pays, ou la nomencla-
ture des chefs-lieux de comtés anglais ou de départements français, ne l'a fait d'abord que pour avoir dans
l'esprit des *notes abréviatives*, destinées à fixer dans
sa mémoire une grande quantité de choses plus concrètes : la physionomie des faits ou des personnages,
les caractères d'une civilisation ou d'un gouvernement, les richesses, les productions, les industries
d'une région, etc.; mais peu à peu les *choses notées*,
c'est-à-dire les seules qui valussent la peine d'être
retenues, ont fini par disparaître, tandis que les
notes subsistaient, maintenues stérilement dans son
esprit par le jeu tout mécanique de l'impressionnabilité cérébrale, qui est elle-même une forme diminuée
de l'impressionnabilité proprement dite.

Or, cette substitution toujours possible d'une mémoire mécanique à une mémoire intellectuelle doit
attirer au plus haut point l'attention des éducateurs ; car
elle ne se fait pas seulement, comme on pourrait être
tenté de le croire, à une époque où l'intelligence commence à se fatiguer et à décliner. Elle se fait tout de
suite. Parmi les enfants qui apprennent des leçons,
combien y en a-t-il qui se préoccupent habituellement
des choses ou qui tiennent longtemps leur attention

fixée sur les idées? *Presque tous n'apprennent que des mots;* soit, d'ailleurs, qu'ils créent immédiatement dans leur esprit, par la répétition continuelle des mêmes formules, un mécanisme purement verbal, soit que, après avoir remarqué un moment le rapport des idées aux mots, ils laissent ce rapport s'effacer et disparaître par une prompte désuétude.

4. Nous sommes ici en présence d'un fait à la fois très curieux et très important, et l'on va voir tout à l'heure quelle est la conséquence pédagogique qui en résulte.

Ce fait, c'est que la mémoire, livrée à elle-même, est viciée par une sorte d'impuissance à se mettre et surtout à se maintenir en face des idées.

Dans sa première phase, qui est celle de l'enfance proprement dite, elle ne retient guère que des impressions personnelles, plus ou moins désordonnées, incohérentes; mais ensuite, lorsque, sous l'influence de l'éducation, elle cherche à relier ces impressions les unes aux autres pour en faire des idées, des notions, des connaissances, comme il lui faut pour cela des signes, elle subit la tyrannie de ces signes, particulièrement celle des mots. Ainsi, à la mémoire purement impressionnelle succède, presque sans transition, une mémoire toute mécanique.

La vraie vie de l'esprit, sa vie réfléchie et libre, ne se montre donc que d'une manière toute fugitive entre la période où la pensée est l'esclave des impressions et celle où elle tend à devenir l'esclave des mots. Lors donc que l'éducation s'empare de l'enfant pour mettre dans son esprit des idées, elle se trouve immédiatement en face d'un des plus grands dangers contre lesquels elle ait à lutter : le danger du mécanisme verbal, qu'on appelle en pédagogie le *psittacisme*[1].

La mémoire de l'enfant était d'abord livrée, sans règle et sans loi, à la mobilité et au hasard des impressions; à peine commence-t-on à l'*endiguer*, à la *canaliser*, qu'elle risque aussitôt de perdre toute spontanéité, toute initiative, et de s'engourdir, en quelque sorte, dans la routine verbale.

Il résulte de là qu'un des premiers soins de l'éducation doit être de maintenir cette faculté *alerte et vivante*, en l'exerçant de très bonne heure à dégager les idées des impressions, puis ensuite à retrouver les idées sous les mots.

Cette activité, cette *vitalité* de la mémoire, c'est, à tout prendre, sa qualité essentielle, qui résume tout et qui suffit à tout. Nous allons, néanmoins, la retrouver analytiquement dans l'énumération des qualités proprement dites qu'on attribue généralement à cette faculté.

V

Les qualités de la mémoire.

1. La mémoire est une espèce d'habitude. — Peut-on dire, inversement, que l'habitude soit une espèce de mémoire? — La mémoire, essentiellement constituée par le rapport des idées à l'unité du *moi*, à la continuité de la conscience, à l'organisation d'une personnalité mentale.

2. Premier ordre de qualités de la mémoire. — La facilité. — Prédominance de la facilité chez l'enfant. Raisons de cette prédominance. Faits à l'appui. — La ténacité. — Est-elle en raison inverse de la facilité? — La promptitude. — La mémoire scolaire. — De l'absence de la mémoire scolaire chez

---

1. Du mot grec ψίτταχος, perroquet.

certains enfants peut-on conclure à la privation de toute mémoire?

3. Second ordre de qualités de la mémoire. — L'ampleur. — La
fidélité. — La souplesse.

1. Pour ne pas faire au hasard et arbitrairement
cette énumération des qualités de la mémoire, il faut
partir d'un principe que les diverses écoles de psychologues s'accordent aujourd'hui à reconnaître, c'est que
la mémoire est une habitude.

Une habitude, c'est-à-dire une manière d'être constante, une disposition permanente, une virtualité
toujours prête à devenir actuelle.

Cela est vrai de toutes les formes, de tous les degrés
de la mémoire. Une impression vive qu'a faite sur
nous un objet ou un événement est déjà une *habitude
mentale;* c'est une *trace* laissée dans notre esprit, c'est
un *pli* donné à notre pensée.

A plus forte raison cette formule est-elle vraie d'un
souvenir actif, créé dans l'esprit par l'activité même
de l'esprit et résultant d'une notation, fondée elle-
même sur une étude ou une observation attentive.

Ainsi, tout acte de mémoire est un fait d'habitude;
bien plus, la mémoire elle-même, prise dans son ensemble, peut aussi être définie par l'habitude. Elle tient
dans l'ordre de la pensée exactement la même place que
l'accoutumance dans l'ordre de l'activité. La mémoire
de chacun de nous est le système plus ou moins bien
lié et coordonné de ses habitudes intellectuelles.

On pourrait exprimer encore la même idée par
d'autres formules, qui, à notre avis, mettent de mieux
en mieux en lumière la vraie nature et surtout la
haute finalité de la mémoire. On pourrait dire, par

exemple, que la mémoire est *l'habitude de la conscience*, ou, encore, qu'elle est la *personnalité mentale*. Cette dernière formule est particulièrement importante au point de vue pédagogique; bien comprise, elle nous rappelle que le but de la mémoire
(et c'est par-dessus tout à ce but que l'éducation doit
se rapporter) n'est pas tant de contenir et de conserver
pêle-mêle beaucoup de choses que de les relier le
plus possible les unes aux autres dans l'unité d'une
conscience homogène et d'une personnalité cohé-
rente. On voit alors apparaître le lien profond qui
unit en nous la pensée et l'action; car c'est l'unité de
la vie mentale qui contribue le plus directement à
créer et à maintenir l'unité de la vie morale.

— Mais peut-être quelques-uns des psychologues
qui font de la mémoire une habitude s'exposent-ils à
compromettre la vérité profonde de cette formule en
ajoutant que l'habitude, à son tour, est une espèce de
mémoire et en disant que, si un muscle se contracte
plus facilement la dixième fois que la première,
c'est qu'il a conservé la *mémoire* de ses contractions
antérieures.

Sans doute, il est bien vrai que la mémoire des
actes ou mouvements volontaires aboutit à créer une
habitude organique et *se perd* finalement dans cette
habitude. Ainsi, le danseur de corde, qui accomplit,
presque sans y penser, les mouvements les plus compliqués et les plus hasardeux, garde en un sens, sous
la forme de l'habitude, le souvenir des exercices qui
ont assoupli ses membres. Mais de ce que cette habitude, fondée sur la pensée et sur la volonté, *contient
implicitement* une mémoire, il ne résulte pas qu'elle

soit elle-même et surtout que toute habitude soit une mémoire.

Ceux qui acceptent à la lettre cette dernière formule sont conduits logiquement à mettre une mémoire jusque dans les choses inanimées et à dire, par exemple, que le sillon laissé par un navire sur la surface de la mer est, au sens propre du mot, un *souvenir*.

Nous ne pouvons accepter une identification aussi absolue ; elle repose, en effet, sur la méconnaissance plus ou moins systématique de cette vérité que ce qui constitue essentiellement la mémoire, c'est de relier les souvenirs dans l'unité d'un *moi*, dans la continuité d'une conscience ; c'est de les faire *siens*. Pour identifier absolument ces deux choses, la mémoire et l'habitude, il faut, comme certains psychologues contemporains, M. Ribot par exemple, déclarer que la conscience est dans la mémoire un élément secondaire, « surajouté ; » il faut, en d'autres termes, considérer comme l'*accident* ce qui est l'*essence*.

Or, c'est là un point que nous ne saurions concéder. La mémoire est pour nous la continuité substantielle d'une conscience. Ainsi en est-il, en tout cas, de la mémoire humaine, et on ne peut, à notre avis, constituer en dehors de cette vérité une pédagogie sérieuse de la mémoire.

Nous concluons donc : la mémoire est *une espèce*, dans l'habitude, qui est *un genre;* par suite, toute mémoire est une habitude, mais on ne peut pas dire, inversement, que toute habitude soit une mémoire.

Maintenant, cette réserve faite, il reste vrai que ces deux facultés présentent, à défaut d'identité, une très profonde analogie, et la preuve en est que les qualités de la mémoire, dont nous allons donner la liste, sont à peu près les mêmes qui se retrouveront plus tard, dans la théorie de l'activité, comme constituant l'habitude.

2. Ces qualités, il convient de les partager en deux catégories. Elles forment, en effet, deux degrés. Les unes sont absolument essentielles; non en ce sens qu'elles existent également développées dans toute mémoire, mais parce que, si l'une d'elles faisait entièrement défaut, la mémoire elle-même n'existerait pas; par suite, leur présence, leur équilibre même, ne constitue encore que les *bonnes mémoires*. Les autres achèvent, perfectionnent cette faculté; elles constituent les *mémoires d'élite*.

Dans la première catégorie nous plaçons la *facilité*, la *ténacité*, la *promptitude;* c'est-à-dire trois qualités qui répondent évidemment à l'habitude, considérée tour à tour sous ses trois aspects essentiels.

— La *facilité* de la mémoire, en effet, c'est la possibilité même d'acquérir des habitudes mentales et de faire entrer dans le tissu de la conscience le plus grand nombre possible d'idées ou de suites d'idées.

Cette qualité est, évidemment, celle qui doit prédominer chez les enfants; on en découvre facilement la raison. La mémoire est, de toutes nos facultés intellectuelles, la plus étroitement liée à l'organisme. Or, c'est pendant la période de l'enfance que l'accroissement organique pris dans son ensemble et surtout l'accroissement cérébral présentent le plus d'intensité. L'aptitude à l'acquisition et à l'enregistrement des impressions et des connaissances est alors à son maximum. Des deux courants dont se compose le mouvement de la vie mentale, celui de l'assimilation est de beaucoup le plus fort; par suite, le gain est immense, le déchet presque nul. On peut donc, à la seule condition d'éviter les choses abstraites ou celles qui exigeraient un grand effort de réflexion, confier beaucoup à la mémoire de l'enfant sans la fatiguer et sans la surcharger. C'est, en particulier, l'époque éminemment favorable à l'étude des langues, en tant qu'elle se réduit à l'acquisition des mots, des locutions courantes et de quelques règles simples, liées à des exemples frappants. La matière cérébrale étant alors particulièrement tendre et délicate, les mots s'y gravent comme des médailles; chacun d'eux laisse son empreinte nette et profonde sur cette substance qui n'a pas été encore labourée en divers sens. C'est là une vérité d'expérience commune. Elle est confirmée par ce fait bien connu que, dans les autres âges de la vie, la même aptitude décroît visiblement, au point de devenir à peu près nulle dans la vieillesse. Tout le monde sait que les vieillards oublient les faits récents plutôt que les faits anciens; souvent ils ne se rappellent plus les choses, même importantes, qu'ils ont faites la veille et, en revanche, ils reviennent en interminables récits sur les événements de leur jeunesse ou de leur enfance.

L'observation scientifique, à son tour, confirme, sur ce point, l'expérience de tout le monde. Elle fait voir que, dans les *amnésies à forme progressive*, ce sont les acquisitions les plus nouvelles qui se perdent les premières, tandis que celles qui remontent à des époques de plus en plus éloignées opposent à la destruction une résistance de plus en plus grande; les souvenirs de l'enfance sont tout à fait les derniers à disparaître. De même, il y a des *hypermnésies à forme régressive* qui ramènent en dernier lieu dans notre esprit les connaissances acquises au début même de la vie, comme si ces connaissances avaient subsisté à l'état latent, emmagasinées dans les couches les plus profondes, dans les plus secrets replis de la conscience.

— Quant à la *ténacité*, c'est l'aptitude à conserver les habitudes mentales une fois acquises.

On croit assez généralement (mais ce fait ne représente qu'une vérité d'expérience vulgaire et comporte de notables exceptions) que cette qualité de la mémoire est opposée à la précédente et se concilie difficilement avec elle. La facilité et la ténacité sont, dit-on, en raison inverse l'une de l'autre. Qui apprend péniblement retient longtemps. On peut traduire cette formule, d'ailleurs contestable, par une métaphore que Molière a rappelée dans un passage du *Malade imaginaire* : « On grave bien plus malaisément sur le marbre que sur le sable, mais les choses y sont conservées bien plus longtemps. »

— Enfin, la *promptitude*, elle aussi, rattache intimement la mémoire à l'habitude.

Une habitude, en effet, est une disposition virtuelle, latente, qui a son principe dans l'action, et dont le mérite consiste à pouvoir être promptement ramenée à l'acte.

Or, certaines mémoires sont suffisamment remplies de connaissances durables, mais elles ne les retrouvent que laborieusement, une à une, et quand il n'est plus temps. Ce sont des mémoires lentes, molles, paresseuses, rebelles.

La *promptitude* est, au contraire, la qualité essentiellement dynamique grâce à laquelle une bonne mémoire ne garde pas seulement le dépôt du passé, mais est toujours prête à le rendre, pour ainsi dire, à la première réquisition. Grâce à elle, le contenu de notre pensée est toujours sous notre main, à notre disposition, *in promptu*. Par suite, nous ne sommes pas obligés de *courir après nos idées*, de les chercher longtemps, de nous faire attendre nous-mêmes et de faire attendre les autres. Nous retrouvons, au moment voulu, ce qui nous est nécessaire pour une explication, pour une réfutation, pour une repartie, etc. Largement développée, cette qualité de la mémoire crée l'aptitude à l'improvisation, ainsi que l'esprit d'à-propos et l'esprit de saillie.

— L'ensemble de ces qualités constitue une bonne mémoire d'homme; il constitue aussi une bonne mémoire d'écolier. La mémoire scolaire par excellence, qui est l'aptitude à bien apprendre les leçons, contient un heureux mélange de ces trois choses. Un écolier dont la mémoire est facile apprend en cinq minutes une leçon qui demande à d'autres un quart d'heure ou une demi-heure. Un écolier dont la mémoire est tenace sait encore au bout de l'année ce que d'autres ne savent plus au bout d'un mois ou d'une semaine. Enfin, un écolier dont la mémoire est prompte récite sans broncher, sans se reprendre, une leçon qui ne revient que par fragments à la mémoire de ses camarades et qu'ils récitent, comme on dit, en ânonnant.

Il ne faut pas croire, cependant, que cette *mémoire*

scolaire soit la seule forme que puisse présenter chez l'enfant la faculté de se souvenir, et qu'un écolier qui ne la possède point ou ne la possède que médiocrement doive être à jamais incapable d'apprendre ou de retenir quoi que ce soit.

Beaucoup de jeunes garçons et de jeunes filles, qui ont traversé l'école sans pouvoir rien ou presque rien apprendre de ce qui s'y enseigne, montrent ensuite, dans le métier qu'ils exercent, une *mémoire spéciale* très suffisante. Ils font mentalement les comptes, n'oublient rien de ce qui leur est dû, ou même de ce qu'ils doivent, savent parfaitement, sans tenir des livres, les adresses et changements d'adresses des clients auxquels ils ont affaire, retiennent toutes les commandes, tous les détails et toutes les minuties des observations qui leur sont faites, deviennent, en un mot, pour leurs parents ou pour ceux qui les emploient de très utiles auxiliaires.

D'ailleurs, dans la mémoire scolaire elle-même il y a encore bien des variétés. De ce qu'un enfant ne peut apprendre une certaine espèce de leçons il ne résulte pas qu'il n'en apprendra aucune ; de ce qu'il est rebelle à toute étude de leçons, quelles qu'elles soient, il ne résulte pas qu'il ne peut, qu'il ne pourra jamais rien étudier. L'incapacité même dont on se plaint cédera peut-être un jour à l'emploi de quelque moyen détourné, de quelque méthode nouvelle, cadrant avec la disposition d'esprit particulière à cet enfant. En tout cas, la sagesse veut que nous sachions céder quelquefois sur ce point aux résistances de la nature, admettre dans la rétentivité de l'esprit quelques incapacités invincibles et ne pas appliquer sans relâche certaines mémoires d'enfants à un genre d'exercices qui, incontestablement, leur répugne.

3. Voici maintenant, le second groupe, celui des qualités qui donnent à la mémoire toute sa perfection. Elles ne diffèrent pas foncièrement des précédentes, mais en représentent plutôt des nuances délicates et supérieures. Ce sont l'*ampleur*, la *fidélité*, la *souplesse*.

L'*ampleur* n'est pas sans rapport avec la *facilité*, mais elle ne se confond point avec elle. La *facilité* est l'aptitude à apprendre vite un grand nombre de choses, mais de choses qui peuvent être toutes du même ordre et nous laisser confinés dans un seul ordre d'occupations et d'études. L'*ampleur* est l'aptitude à apprendre des choses variées, qui élargissent notre conscience et qui l'égalent, autant que possible, à la diversité de l'univers. On peut dire, en effet, que nous tenons à tout dans le monde dont nous faisons partie. Il faut, pour être vraiment et pleinement hommes, que nous sachions mener concurremment une vie spéculative et une vie pratique, une vie publique et une vie privée, une vie sérieuse et une vie familière, et que nous puissions passer, sans brusques secousses, de l'une à l'autre de ces formes multiples de notre activité. Ceux qui ne sont pas capables de le faire restent enfermés dans une *spécialité*, en dehors de laquelle ils perdent toute valeur; ils sont embarrassés, dépaysés, dès qu'on les arrache un moment au genre particulier d'affaires ou d'études qui les absorbent. Il faut prémunir de bonne heure l'enfant contre cet exclusivisme, afin qu'il ne devienne pas un de ces hommes dont on entend dire tous les jours :

« En dehors de son métier, il ne sait rien. En dehors de ses livres, c'est un sot. »

De même, la *fidélité* touche à la *ténacité*, mais sans se confondre non plus avec elle. On peut, en effet, retenir beaucoup de choses dans sa mémoire et les brouiller les unes avec les autres. Platon a donné, par une comparaison des plus ingénieuses, une idée assez exacte de ce défaut de mémoire. Il parle, au sujet de l'erreur, d'une *volière*, dans laquelle on aurait rassemblé des oiseaux d'espèces très variées. L'erreur consiste, d'après lui, à saisir un oiseau d'une espèce en voulant et croyant en prendre un d'une autre espèce. C'est ce que fait continuellement une mémoire *infidèle*. Dans la multitude de ses souvenirs elle plonge à l'aventure et *prend*, comme on dit familièrement, *marte pour renard*. Au contraire, quand une mémoire est *fidèle, présente, précise,* elle a surtout pour caractère de nous mettre à l'abri des illusions et des confusions de cette sorte. Elle nous fait reconnaître distinctement toutes les choses qui nous ont été déjà présentées et nous empêche de prendre une personne pour une autre personne, un mot pour un autre mot, à cause de quelque ressemblance vague ou de quelque hasard d'assonance.

La *souplesse* enfin est l'aptitude de la mémoire à se modifier, à renouveler le fonds d'idées qu'elle manie, *à se tenir*, en quelque sorte, *à jour.* Cette qualité se rencontre souvent chez les hommes les plus simples et dans quelques-unes des conditions les plus modestes de la vie. Qui ne l'a quelquefois remarquée, admirée presque, par exemple chez un conducteur d'omnibus, qui doit, la journée entière, noter au passage les physionomies qui défilent devant lui, pour savoir, à chaque instant, qui a payé sa place et qui ne l'a pas payée ; chez un garçon de restaurant, qui, de minute en minute et presque de seconde en seconde, doit retenir les nouvelles commandes qui lui sont faites, oublier celles dont il avait, un instant auparavant, chargé sa mémoire, effacer ainsi et inscrire sans relâche ? Sous une forme plus relevée, cette *plasticité* de la mémoire est nécessaire à l'homme qui, dans la suite de sa vie, devra occuper tour à tour des situations très différentes ou se livrer, de temps en temps, à un nouvel ordre d'études. C'est là surtout qu'éclate la ressemblance de la mémoire avec l'habitude ; elle est, comme l'habitude, une *adaptation ;* elle doit, comme l'habitude, se plier aux circonstances et rester toujours en mouvement, pour ne pas s'endormir dans la routine.

VI

Principe général de l'éducation de la mémoire.

1. Parmi les moyens de développer la mémoire, les uns se rapportent à l'impressionnabilité, les autres à la notation. — Première catégorie. — Donner, autant que possible, à l'enfant des impressions vives et nettes. — Suppléer, dans certains cas, à la faiblesse de l'impressionnabilité par des moyens factices, surtout par la *répétition,* qui creuse plus profondément les sillons de l'esprit.

2. Seconde catégorie. — Habituer l'enfant à mettre des *marques* sur les choses. — D'abord, en les liant les unes aux autres par des procédés artificiels ; la mnémotechnie ; l'art de la mnémotechnie n'est pas absolument irrationnel ; mais il ne rend que des services partiels ; il ne donne qu'une mémoire fragmentaire ; il ne développe cette faculté de l'esprit qu'au détriment d'autres facultés, plus précieuses encore.

3. Ensuite, en portant son attention sur les rapports réels et intrinsèques qui relient les choses en systèmes ; liaison naturelle des faits ; liaison logique des idées.

1. De cette théorie de la mémoire, de ses formes et de ses qualités, nous pouvons conclure que l'éducation de cette faculté consiste d'abord à fortifier l'aptitude naturelle de l'enfant à recevoir et à conserver des impressions.

Il y a là un art qu'on ne peut guère soumettre à des règles précises et techniques. Il s'exerce moins à l'école ou au collège que dans la famille ; il exige du tact, de l'à-propos ; certaines circonstances lui sont spécialement favorables : par exemple, la fortune, les nombreuses relations de famille ou d'amitié ; elles permettent de multiplier pour l'enfant les impressions vives, variées, imprévues, qui laisseront des traces durables dans sa conscience.

Mais la mémoire humaine se distingue de la mémoire animale en ce que, au lieu de recevoir simplement les impressions que les choses lui envoient, elle peut aller au-devant d'impressions nouvelles ; c'est-à-dire arriver, en employant des moyens factices, à être indirectement impressionnée par des choses qui, d'elles-mêmes, ne nous causeraient aucune surprise, ne provoqueraient en nous aucun intérêt.

Or, ce sont des impressions de ce genre que l'éducation fait entrer dans l'esprit de l'enfant, quand elle fixe, par exemple, son attention sur des leçons, littéraires ou autres. Ces impressions, par elles-mêmes très faibles, comment leur donnera-t-on assez de force pour qu'elles se gravent et persistent dans la pensée ? Ici, évidemment, il faut avoir recours à des moyens factices, dont le principal est le procédé scolaire, si simple et si banal, de la *répétition*, véritable soc de charrue repassant plusieurs fois sur le même point.

L'enfant répète plusieurs fois de suite, soit intérieurement, soit à haute voix, une leçon qu'il étudie.
Même si cette leçon ne l'intéresse à aucun degré, s'il
ne pense pas à ce qu'il apprend, les mots, à force
d'être répétés, finissent, à la longue, par déposer leur
empreinte dans son esprit, par y creuser leur sillon, et,
quoi que l'on puisse dire à juste titre contre l'étude
des leçons machinalement apprises, ils laissent, en
définitive, dans ce sillon quelque germe des idées
qu'ils représentent.

Aussi toute pédagogie sérieuse doit-elle, dans l'intérêt de la mémoire, laisser une large place à cette
méthode, un peu décriée aujourd'hui, de l'étude et
de la récitation fréquente des leçons.

2. Mais l'éducation de la mémoire consiste surtout
à développer dans cette faculté son aptitude à retenir
les choses en les *notant*, c'est-à-dire en les attachant
à d'autres choses qui nous les rappelleront.

Seulement, il y a deux manières de lier ainsi les
choses à des signes. On peut le faire soit par un lien
factice et purement accidentel, soit par un lien rationnel et logique.

— A la première méthode se rapportent les procédés mnémotechniques.

La *mnémotechnie* est l'*art de se rappeler les choses
par des moyens détournés et artificiels.*

On l'emploie spécialement pour fixer dans l'esprit
des connaissances abstraites qui n'auraient sur la mémoire aucune prise naturelle. S'agit-il, par exemple,
de se rappeler les *dix catégories* d'Aristote ou les
quatre figures du syllogisme, on construit des vers,
latins ou français, dans lesquels la suite des mots,

déterminée par les lois mêmes de la construction prosodique, rappellera mécaniquement à l'esprit la suite et la relation des idées[1].

De même, des *vers mnémotechniques* aideront, par exemple, à retenir les dates principales de l'histoire ou quelques détails difficiles de géographie.

On sait que cet artifice a été également employé dans le fameux *Jardin des Racines grecques* de Lancelot comme moyen de faire apprendre et retenir toute la série des mots essentiels de la langue grecque. Mais les personnes qui ont été soumises à cet exercice, aujourd'hui tombé en désuétude, se rappellent aussi quel en est le vice absolument rédhibitoire : c'est que, dans toute cette longue suite de vers fastidieux dont on a chargé leur esprit, deux ou trois surnagent, grâce à leur singularité ou à leur bizarrerie, celui-ci par exemple :

> *Onos*[2], l'âne, *qui si bien chante* ;

tout le reste, au bout de quelques jours à peine, est profondément oublié.

— En raison de ce défaut capital, la mnémotechnie est tombée dans un assez grand discrédit.

Il convient, cependant, de remarquer, au point de vue psychologique, qu'elle n'est pas à tous égards irrationnelle. Loin de là : son principe est, au fond, le même sur lequel repose la culture raisonnée et vraiment méthodique de la mémoire.

1. De même en mathématiques. « La mnémotechnie y produit parfois des résultats surprenants : l'abbé Moigno raconte qu'il étonnait et agaçait le savant François Arago en lui indiquant de mémoire les chiffres des altitudes des principales montagnes du globe, ou en lui récitant sans broncher les soixante premières décimales du nombre π. (BUISSON, *Dictionnaire de pédagogie*.) — 2. Ὄνος.

Toute la différence, c'est que les applications en sont bizarres et ne peuvent donner lieu qu'à des connaissances désordonnées ou fragmentaires.

Pratiquement, on aurait tort de vouloir proscrire d'une manière absolue l'emploi des moyens mnémotechniques; ils correspondent, en effet, au privilège si curieux que la mémoire possède *naturellement* de rendre *inoubliables* des choses par elles-mêmes peu sensibles en y attachant des *marques* qui les retiendront, les fixeront dans notre esprit. Lors donc que, dans une circonstance quelconque, nous avons besoin de retenir à tout prix un ensemble d'indications utiles, les moyens mnémotechniques sont à leur place et il n'est nullement absurde de les mettre à contribution. Pour ne pas oublier quelque démarche, quelque visite de convenance, nous faisons un nœud à notre mouchoir. Rien de plus simple et de plus naturel. Où donc commence l'abus de ces moyens? C'est quand nous croyons pouvoir les appliquer à l'étude de choses qui s'enchaînent naturellement les unes aux autres (auquel cas c'est par leur continuité seule, par leur *solidarité*, qu'elles doivent s'évoquer mutuellement) ou bien qui présentent une telle complication que, pour les retenir dans leur ensemble, et non par morceaux détachés, il faudrait toute une suite régulière et savamment ordonnée de signes. Prenons, à ce dernier point de vue, un exemple. S'agit-il de retenir un simple détail de géographie de la France, j'y arrive facilement par un procédé mnémotechnique.

Va, lance tes chevaux dans le vaste hippodrome!

Après avoir lu ce vers, qui ne manque pas d'une

certaine facture, je n'oublierai jamais que *Valence* est le chef-lieu du département de la *Drôme*. Mais, puis-je employer ce procédé pour apprendre d'une manière régulière et systématique toute la suite des chefs-lieux de nos départements? Non, sans doute. Dès lors, à quoi bon? N'est-il pas évident qu'on ne peut se faire, à l'aide de procédés de ce genre, qu'une mémoire morcelée? De même, si, à la dernière heure de la préparation d'un examen dont peut dépendre son avenir, un élève a oublié le théorème du carré de l'hypoténuse, rien ne sera plus naturel que de lui en faire entrer à jamais la formule dans la mémoire en lui apprenant le célèbre quatrain :

> Le carré de l'hypoténuse
> Est égal, *si je ne m'abuse*,
> A la somme des deux carrés
> Construits sur les autres côtés.

Le « *si je ne m'abuse*, » aussi ridicule que le « *quoi qu'on die* » des *Femmes savantes*, produira, au moment voulu, son effet utile. En conclurons-nous qu'on doive apprendre de cette façon les mathématiques tout entières et mettre la géométrie en sonnets ou en rondeaux? Ce serait puéril. La mnémotechnie ne saurait donc être *érigée en méthode*, d'autant plus qu'elle présente quelquefois le grave inconvénient de fausser le goût en habituant l'esprit à des rapprochements baroques. Elle ne peut, elle ne doit rendre que des services partiels. Mais, dans cette mesure, son utilité est réelle et son emploi peut être considéré comme suffisamment légitime.

3. Maintenant, quelle est, en face de ce procédé

secondaire et factice, la marche naturelle à suivre
pour la culture raisonnée de la mémoire? Il est évident que c'est l'appel à l'attention, à la réflexion, aux
habitudes de méthode. Grâce à cette discipline, l'enfant, au lieu de lier simplement ses idées à des choses
qui n'ont avec elles qu'un rapport superficiel, prend
l'habitude de les rattacher solidement les unes aux
autres, de telle sorte que, désormais, elles fassent
corps ensemble, s'arrangent en systèmes, se rappellent mutuellement. Devenues alors les éléments solidaires d'un même tout, elles sont pour longtemps,
pour toujours peut-être, inséparables; il suffit qu'une
d'elles reparaisse pour que les autres soient évoquées
à sa suite. Ainsi, tout se lie, tout se tient dans la pensée, non moins que dans la réalité; l'ordre des choses
se reflète dans l'ordre de nos idées; la mémoire devient le principe d'une véritable unité intellectuelle,
qui se complète naturellement par une autre unité plus
précieuse encore, celle de la vie morale et de la personnalité; car c'est la forte cohésion de nos expériences passées qui nous permet d'introduire à la fois
dans notre pensée et dans notre conduite, dans nos
jugements et dans nos résolutions, toute la fermeté et
toute la continuité désirables.

Mais ceci nous ramène à l'étude, déjà commencée
plus haut, de l'association des idées.

CHAPITRE IV

L'ASSOCIATION DES IDÉES

1. Les lois de l'association des idées, telles qu'elles ont été formulées par l'école associationniste, n'expliquent pas cette faculté tout entière; elles laissent en dehors tout ce qu'il y a en elle de spontané, de vraiment personnel. — Elles ne rendent pas compte des principaux caractères de nos rêves et de nos rêveries. — Elles n'expliquent pas la diversité des sentiments et des pensées chez des personnes qui vivent dans un même milieu et qui sont soumises aux mêmes influences.

2. Il y a dans l'association des idées un élément personnel, provenant de ce que l'association n'est pas une empreinte mise en nous par les choses, mais une libre construction de notre esprit. — Toute association véritable est précédée d'une dissociation et se fait à l'aide d'éléments obtenus par cette dissociation. — Par suite, les rapports qui la déterminent sont des rapports *notés* par nous-mêmes et portant la marque de notre *tour d'esprit* personnel. — Comment on explique par ce principe certains cas d'association indirecte signalés par Hobbes et par Stuart Mill.

3. L'association personnelle des idées se fait d'après des rapports nombreux et variés. — Théorie de Dugald Stewart.

4. Conception insuffisante de la pédagogie de l'association, fondée sur cette théorie. — Deux familles d'esprits, déterminées par la prédominance des associations d'après des rapports soit accidentels, soit essentiels. — Il faut établir une subdivision dans la première famille; les diseurs de bons mots et les vrais hommes d'esprit. — Il ne faut pas sacrifier absolument les hommes d'esprit aux hommes de raison et de jugement.

5. D'après quel principe doit être dirigée l'éducation de la faculté d'association. — Diverses causes de perversion possible de l'association des idées. — Influence perturbatrice des coexistences accidentelles; préjugés et superstitions populaires. — Influence de la sensibilité personnelle. — Influence des jugements d'autrui; contagion des imaginations fortes. — En quoi consiste la véritable association rationnelle des idées. — Qu'elle est le principe du bonheur de la vie et de l'empire sur les passions.

1. Ce que nous avons vu précédemment, c'est la théorie dite *associationniste*, qui, exagérant, à certains égards, l'importance de l'association des idées, prétend expliquer par elle l'intelligence tout entière, y compris la raison, et, d'autre part, l'expliquer tout entière elle-même par l'action répétée que les choses exercent sur l'esprit, au double point de vue de leur similarité et de leur contiguïté dans le temps et dans l'espace.

Or, cette théorie est évidemment exclusive et incomplète. Elle ne représente que l'action de la réalité extérieure sur le cours de nos idées; elle néglige tout ce qu'il y a de spontané, d'original, de personnel, dans la faculté même par laquelle nous créons en nous ce qu'on pourrait appeler un *courant mental*.

Si les lois posées par les associationnistes étaient les seules qui gouvernassent notre faculté d'association, beaucoup de faits de la vie mentale devraient nous apparaître très différents de ce qu'ils sont en réalité.

— Ainsi, nos rêves, par exemple, auraient un caractère beaucoup moins irrationnel. Fondés, eux aussi, bien qu'indirectement, sur les lois de similarité et de contiguïté, ils s'éloigneraient beaucoup moins qu'ils ne font des conditions habituelles de notre expérience.

Ce qui fait, au contraire, l'incohérence, l'insanité de nos rêves, c'est, précisément, qu'ils dépendent surtout de conditions intérieures, sous l'influence desquelles la trame formée dans notre esprit par la similarité et la contiguïté des choses se trouve brisée de mille manières.

Parmi ces conditions, plusieurs sont physiologiques. Ainsi, l'unité de la vie mentale est d'abord interrompue en nous par ce fait que, dans le sommeil, chaque centre cérébral non atteint par l'engourdissement vit de sa vie propre et *bat*, pour ainsi dire, *la campagne*. D'autre part, M. Alfred Maury, dans ses savantes études sur le sommeil[1], a montré que nos rêves sont bien souvent déterminés par l'état de nos différents viscères, par les maladies ou les malaises dont nous souffrons, par les menaces mêmes et les obscurs pressentiments de maladies qui ne sont pas encore déclarées.

Mais, à côté de ces influences organiques, il faut faire aussi et surtout une place considérable au *tour particulier* de notre sensibilité et de notre caractère, c'est-à-dire à certaines dispositions latentes sous l'influence desquelles s'accomplit en nous une sélection bizarre des impressions reçues pendant la veille. S'il était vrai que l'association par similarité et par contiguïté fût la loi souveraine de notre intelligence, si les impressions les plus fortes et les plus fréquemment éprouvées étaient toujours les plus prêtes à renaître, il devrait y avoir une corrélation beaucoup plus intime entre les pensées qui traversent notre sommeil et celles qui nous occupent pendant le jour. Loin de là, beaucoup de personnes ne pensent presque jamais dans leurs rêves aux choses qui occupent le plus de place dans leur vie. En revanche, des incidents qui avaient passé inaperçus pendant la journée deviennent pour elles le point de départ de rapprochements étranges, qui font reparaître dans leurs songes des personnes oubliées ou à peine remarquées, des événements qui semblaient, eux aussi, n'avoir laissé au-

---

1. *Le Sommeil et les Rêves; études psychologiques sur ces phénomènes et les divers états qui s'y rattachent.* (Didier, 1861.)

cune trace dans leur esprit, quelquefois même des sentiments tout à fait étrangers à la direction habituelle de leur conduite.

— De même, bien qu'à un degré moindre, nos rêveries pendant la veille résultent le plus souvent d'influences qui n'ont presque rien de commun avec les rapports de ressemblance et de contiguïté qui unissent les choses les unes aux autres dans le monde réel.

Ce sont les conditions particulières de notre tempérament ou de notre caractère, jointes à l'influence de quelques-unes de nos conversations ou de nos lectures, qui nous prédisposent, quelquefois inconsciemment, à une rêverie calme ou inquiète, gaie ou mélancolique.

La *pente de la rêverie* ne nous ramène pas dans les sillons creusés en nous par l'habitude journalière de la vie; elle nous en éloigne plutôt, et c'est par là qu'elle nous repose; car la rêverie, comme la poésie et comme l'art, a justement pour principe le besoin que nous avons d'échapper aux chaînes de la réalité et de construire le monde tel que nous désirerions qu'il fût, au lieu de le subir tel qu'il est.

Des tendances, des impulsions et des goûts qui ont été comprimés en nous par le hasard des circonstances ou par les exigences de la vie prennent leur revanche dans nos rêveries et nos rêves et nous font parcourir des sentiers nouveaux où l'expérience ne nous avait jamais conduits.

— A un autre point de vue encore, si nos associations dépendaient aussi étroitement que le prétendent les associationnistes des conditions de la réalité extérieure, le cours des sentiments et des idées devrait être beaucoup plus uniforme chez différentes personnes, lorsqu'elles sont soumises à l'action continue des mêmes influences.

Il n'en est pas ainsi. Dans des circonstances analogues, presque identiques, nous ne sommes pas tous affectés et nous ne pensons pas tous de la même manière. Partis d'un même point, nous nous avançons dans les directions les plus divergentes. Une même campagne s'étend sous nos yeux et nous envoie à tous une impression initiale commune, mais tel de nous la voit en artiste, tel autre en agronome; l'un est sensible à sa beauté, à son charme poétique; l'autre à la fécondité de ses terrains, dont il suppute le rendement probable. Même parmi les artistes, tous ne la voient pas encore des mêmes yeux. Dressez devant un même point de vue vingt chevalets de peintres, vous n'aurez pas vingt tableaux semblables. Chacun de ces peintres, pourvu que ce soit vraiment un artiste, et non pas un copiste, aura interprété, rendu à sa manière ce *coin de nature*, dont l'image est cependant sur sa rétine ce qu'elle est sur toutes les autres; il l'aura vu à travers les dispositions personnelles de son âme; il y aura mis un sentiment de son cœur, une conception de son esprit. Ainsi le cours de nos idées n'est pas déterminé seulement par l'action des objets; il l'est bien plus encore par un ensemble d'aspirations ou d'aptitudes qui constituent ce que l'on pourrait appeler, au sens antique du mot, le *génie* propre de chacun de nous.

2. Pour rectifier, sur ce point, la théorie associationniste, il faut d'abord mettre en lumière un fait très important, dont les psychologues ne se sont pas toujours suffisamment préoccupés.

Ce fait, c'est que l'association des idées n'est pas,

comme on se le figure au premier abord, un acte simple de l'esprit ; c'est un acte complexe, dont l'*association proprement dite* ne représente que le second élément ; le premier, presque toujours passé sous silence, n'est pas moins essentiel ; c'est une *dissociation préalable*.

Pour associer vraiment nos idées, c'est-à-dire pour les lier les unes aux autres d'une manière personnelle, il faut que nous commencions par rompre ou, du moins, par relâcher les liens qui les tiennent fortement agrégées les unes aux autres dans les premières associations concrètes qui ont été formées en nous, mais sans notre concours, par le hasard des impressions extérieures.

Si nous ne sommes pas capables de faire ce travail, nos associations d'idées gardent un caractère tout passif, tout machinal ; elles ne sont pas vraiment *nôtres*. Nous restons esclaves de nos perceptions, nous ne les dominons point. Dans cet état de servitude l'action de l'esprit n'est pas encore la pensée.

Nous ne commençons vraiment à penser que quand nous relions nos idées d'après des rapports *notés* par nous-mêmes, choisis et approuvés par nous.

Cela ne signifie pas que toutes nos associations d'idées, pour être dignes de ce nom, doivent être des associations réfléchies et volontaires. Loin de là : beaucoup se font spontanément, presque inconsciemment ; mais elles n'en sont pas moins déterminées par une aptitude de notre esprit à *noter*, à *détacher*, à *choisir* particulièrement certains rapports, élimination faite de tous les autres.

C'est cette aptitude qui explique le tour particulier

de notre esprit, la forme personnelle, quelquefois originale, de notre pensée.

— Par là aussi s'explique un ordre bien connu de faits, que la plupart des psychologues ont signalés, mais dont la théorie reste très imparfaite tant qu'on ne se décide point à donner le premier rôle dans l'association des idées à la spontanéité, à la libre initiative de chaque esprit.

On a remarqué bien souvent que, quelquefois, deux idées qui se succèdent dans notre esprit n'ont entre elles, du moins à première vue, aucun rapport direct soit de ressemblance ou de contraste, soit de causalité. Mais alors, ajoute-t-on, elles sont liées l'une à l'autre par une *idée intermédiaire* que la réflexion finit toujours par découvrir.

C'est ce qui est arrivé, par exemple, dans le célèbre cas d'association dont Hobbes nous a conservé le souvenir.

On causait, un jour, dans une société, de la mort de Charles Ier, roi d'Angleterre, quand un des assistants demanda tout à coup combien valait le denier romain. Cette question n'avait, en apparence, aucun rapport avec le sujet de la conversation et l'on put croire que celui qui la faisait tombait des nues. Mais, réflexion faite, on s'aperçut qu'il avait passé de la mort de Charles Ier à la valeur du denier romain par l'*idée intermédiaire* de trahison; le roi d'Angleterre livré à ses ennemis par un traître l'avait fait penser à la trahison de Jésus par Judas, et celle-ci aux trente deniers qui en furent le prix.

La même explication pourrait être également proposée pour un autre fait, non moins curieux, que

Stuart Mill raconte dans sa *Philosophie de Hamilton*[1].

Songeant, un jour, à une montagne d'Ecosse, le Ben Lomond, il fut surpris de penser tout de suite après à l'éducation en Prusse. Au premier abord, il n'y avait ni ne pouvait y avoir aucun rapport entre ces deux idées ; néanmoins, en y réfléchissant davantage, il finit par en découvrir un ; c'était cette circonstance que, l'année précédente, il avait rencontré un officier allemand sur le sommet de cette montagne.

Il est, cependant, facile de se convaincre que cette explication pourrait bien être insuffisante ou, du moins, ne s'appliquer qu'à la partie superficielle du phénomène. En effet, partant de l'idée d'un événement politique, tel que la mort de Charles Ier, le personnage cité par Hobbes pouvait penser à beaucoup d'autres choses qu'à la passion de Jésus-Christ et à toutes les circonstances qui l'ont accompagnée. De même, partant du souvenir d'une excursion d'été, Stuart Mill, même après s'être rappelé le fait accidentel de l'officier allemand rencontré sur la montagne, pouvait penser à mille autres choses qu'à un système d'éducation. Mais, vraisemblablement, chez l'un et chez l'autre, il y avait une certaine disposition spéciale de l'âme, un certain *tour particulier du caractère ou de l'esprit* qui le portait à s'engager dans cette direction plutôt que dans toute autre. Chez le personnage de Hobbes, ce pouvait être quelque disposition religieuse ou mystique, inclinant généralement sa pensée vers les réminiscences bibliques ; chez Stuart Mill, ce pouvait être la préoccupation constante de certaines idées sur l'éducation,

---

1. Chapitre XV : *les Modifications mentales inconscientes.*

dont on trouve, par exemple, la trace dans ses *Mé-moires*. Par suite, la *dissociation préalable*, que nous venons de voir liée, comme antécédent, à tout fait d'association, avait pour résultat *de rendre libres*, pour l'un et pour l'autre, *certains éléments idéaux* qu'ils ont ensuite fait entrer dans une combinaison d'idées à laquelle les portait de préférence la nature de leurs pensées habituelles.

Or, c'est ainsi, vraisemblablement, que les choses se passent pour tout le monde et à peu près en toutes circonstances. La *dissociation préalable* met à notre disposition des éléments d'autant plus nombreux que cette dissociation elle-même a été plus profonde. On peut même penser, d'une manière générale, que la puissance d'association, c'est-à-dire, au fond, la spontanéité, l'originalité de l'esprit, est en raison directe de la puissance de dissociation, à laquelle elle emprunte les matériaux qui lui sont indispensables.

3. Ce fait capital une fois rappelé, il est maintenant facile de comprendre que l'association des idées doit se faire avec infiniment plus de variété que ne l'admettent les associationnistes, volontairement confinés dans l'étude trop exclusive des seuls rapports de similarité et de contiguïté.

Les psychologues écossais, qui, bien avant eux, avaient eu le mérite d'ébaucher une intéressante théorie de l'association, nous présentent, à ce sujet, dans leurs ouvrages, un ensemble d'idées plus large et plus vrai.

Ainsi, Dugald Stewart, dans un chapitre important de sa *Philosophie de l'esprit humain*, réfute expressément David Hume, le précurseur des associationnistes, et lui reproche d'avoir réduit toutes nos associations d'idées aux trois seules catégories de la ressemblance, de la contiguïté dans le temps ou dans le lieu et de la relation de cause à effet.

D'après lui, au contraire, « il n'y a pas une seule relation entre les objets de notre connaissance qui ne puisse servir à les unir dans notre pensée, et, par conséquent, toute énumération, quelque étendue qu'on lui donne, peut difficilement être complète. »

D'ailleurs, les relations qui existent entre les choses « ne sont pas le seul fondement de l'association de nos idées ». Celles-ci, très souvent, s'unissent encore d'après les rapports des mots qui les expriment, par exemple d'après une ressemblance de son ou d'après quelque autre circonstance aussi peu importante. Ainsi, « l'allitération, si commune en poésie et dans les expressions proverbiales, paraît dépendre, au moins en partie, d'associations fondées sur des circonstances tout à fait accidentelles, par exemple sur ce fait que deux mots, qui expriment deux idées très différentes l'une de l'autre, commencent par la même lettre. »

Ce n'est pas tout encore. Il arrive bien souvent que « deux choses entre lesquelles nous ne saisissons aucun rapport, lorsque nous les envisageons en elles-mêmes, s'associent néanmoins dans notre esprit, parce qu'elles l'affectent de la même manière. »

En multipliant ainsi les rapports qui servent ou qui peuvent servir de base à l'association de nos idées, Dugald Stewart laisse déjà suffisamment entendre que les dispositions individuelles de chaque esprit jouent un grand rôle dans la formation de ses habitudes mentales, puisque c'est en vertu de sa constitution

personnelle que chacun de nous est porté plus particulièrement à considérer de préférence les rapports des
choses ou les rapports des mots, ou bien à être affecté
de la même manière par des objets qui semblent à
d'autres personnes complètement différents les uns des
autres.

— Mais, après avoir dressé cette liste, le psychologue écossais montre, en outre, que l'attention, la
volonté et l'habitude, toutes choses qui sont essentiellement individuelles, exercent aussi une influence considérable sur nos associations.

Ainsi, la volonté nous permet de choisir, à notre
gré, une de nos pensées, « de la retenir présente et d'en
faire l'objet spécial de notre étude »; par là, nous saisissons jusqu'aux moindres relations qui existent entre
nos idées « et nous faisons dériver nos pensées dans
un canal nouveau. »

L'habitude, qui, elle-même, a son principe dans les
dispositions du tempérament et du caractère, « fortifie
également tel ou tel principe d'association, au point
de nous donner un empire assuré sur toutes celles
d'entre nos idées qui reposent sur ce principe. »

L'attention enfin présente, à ce point de vue, une
importance capitale. »

« En effet, dit Dugald Stewart, sans vouloir faire
une énumération complète des principes d'association
qui unissent entre elles nos idées, il y a cependant
lieu de signaler à cet égard une distinction que j'em-
ploierai fréquemment et que, jusqu'ici, les philosophes
ont, je crois, entièrement négligée; c'est que les relations sur lesquelles se fondent certaines associations
d'idées s'offrent d'elles-mêmes à l'esprit, tandis que

celles qui fondent d'autres associations exigent, au contraire, pour être aperçues, un effort d'attention. »

Et il ajoute :

« Au premier genre se rattachent les relations de ressemblance et d'analogie, de contrariété, de voisinage soit de temps, soit de lieu, celles qui naissent de la coïncidence accidentelle des sons dans différents mots. Ces relations lient entre elles nos pensées, lorsque nous les laissons suivre leur cours naturel, sans effort ou presque sans effort de notre part. Au second genre se rapportent les relations de cause à effet, de moyen à fin, de principe à conséquence. »

4. Cette dernière distinction est particulièrement importante, car elle mène droit à une théorie psychologique qui, elle-même, se rapporte directement, comme on va s'en convaincre, au problème de la pédagogie de l'association.

Sous l'influence des doctrines écossaises, et surtout de la théorie de Dugald Stewart dont nous venons de rappeler les principaux traits, nos psychologues se sont habitués à partager les esprits en deux familles nettement distinctes. Prenant pour base de cette division les habitudes mentales créées par l'association des idées, ils mettent d'un côté les esprits qui, d'une manière plus ou moins capricieuse, associent de préférence leurs idées d'après des rapports *accidentels* (rapports qu'on pourrait appeler aussi, dans certains cas, *émotionnels*, parce qu'ils tiennent surtout aux conditions particulières de notre impressionnabilité), et de l'autre ceux qui les associent plutôt d'après des rapports *essentiels, logiques, rationnels*.

De là résultent deux catégories non moins tranchées

d'aptitudes et de talents; car les individus qui ont reçu, soit de l'éducation, soit de la nature, une disposition particulière à saisir les rapports superficiels et fortuits des choses sont plus aptes que les autres à briller dans le monde, à réussir dans la société, à charmer et à plaire par l'imprévu de leur conversation; mais, d'autre part, ils n'approfondissent pas les questions dont ils s'occupent; il leur suffit de *jouer*, en quelque sorte, *à la surface des choses;* et quand on a ri un moment de leurs traits, de leurs saillies, de leurs boutades, on découvre bientôt qu'il y a beaucoup de vide dans leur pensée, comme il y a beaucoup de légèreté dans leur caractère ou dans leur conduite. Au contraire, ceux qui ont plutôt l'habitude de lier leurs pensées d'après des rapports rationnels sont des esprits calmes, mesurés, sérieux, méthodiques, maîtres d'eux-mêmes, et, s'ils obtiennent moins de succès mondains, en revanche ils ont tout ce qu'il faut pour exceller soit dans les recherches de la science, soit dans les spéculations de la philosophie.

Quand on a une fois établi cette division, on est bien près d'en conclure, au point de vue pédagogique, qu'il faut, par tous les moyens dont l'éducation dispose, déshabituer les enfants de lier leurs idées d'après des rapports accidentels et leur recommander à tous indistinctement les associations fondées sur les seuls rapports que la raison approuve et confirme.

— Cependant, cette conclusion pourrait bien être, à certains égards, excessive. Remarquons, en effet, que, dans cette première famille d'esprits qu'on caractérise peut-être un peu légèrement et trop en bloc en disant que ce sont des esprits superficiels, la nature a introduit des variétés; elle les a partagés tout au moins en deux grandes catégories, de valeur bien inégale.

Quelques-uns ne sont, en effet, capables que de rapprochements superficiels et souvent puérils. Le genre de fantaisie native qui leur est propre s'arrête à la perception de simples rapports d'assonance ou d'allitération, qui ne nous plaisent un moment que parce qu'ils ont d'abord caressé agréablement notre oreille; ce sont des *chocs de mots* plutôt que des *chocs d'idées*, et on y chercherait en vain quelque vue vraiment ingénieuse, quelque aperçu nouveau, original et surtout instructif. C'est le cas de tous ceux qu'on appelle des *diseurs de bons mots*, des *faiseurs de calembours*, etc. Ils excitent, à la vérité, le rire, mais seulement par surprise et, en quelque sorte, par raccroc; s'ils se font admirer, c'est seulement des personnes à l'esprit étroit et vulgaire, pour qui le rire n'est qu'une secousse des nerfs et non pas une joie de l'esprit.

Si donc il n'y avait que cette catégorie d'esprits, en général étroits et faux, parmi les personnes à qui on reproche de considérer surtout dans les choses leurs rapports accidentels et de ne lier leurs idées que d'après ces mêmes rapports, la condamnation pourrait être acceptée sans réserve. Mais, en réalité, il n'en est pas ainsi. Au-dessus des gens qui se plaisent dans les calembredaines et les coq-à-l'âne, il y a les vrais *gens d'esprit*, c'est-à-dire ceux qui par un rapprochement inattendu de mots savent nous rendre sensible un rapprochement d'idées. Ceux-là nous instruisent, d'une certaine manière, en même temps qu'ils nous amusent, et la joie qu'ils nous causent est féconde, parce que

l'excitation qu'ils donnent à notre pensée nous rend
capables de découvrir par nous-mêmes mille vérités de
détail auxquelles, sans eux, nous n'aurions jamais
songé. L'*esprit*, considéré sous cette forme, est un des
dons les plus précieux que l'homme ait reçus de la
nature. Il a d'étroits rapports avec le génie; il lui ressemble par sa vivacité d'allures, par sa verve, son originalité, sa puissance d'invention et de composition;
voilà pourquoi on lui donne souvent les noms d'*ingéniosité*, de *génialité;* bien plus, sous quelques-unes
de ses formes, il se confond entièrement avec lui; la
verve comique d'un Aristophane ou d'un Molière
peut s'appeler tout aussi bien le *génie comique.* Même
dans le sens mondain du mot, sous la forme qu'il
présente dans la conversation des salons, l'esprit est
quelque chose de plus qu'un « art de jouer à la surface
des choses; » il pénètre, à sa manière, dans leurs profondeurs. Un trait d'esprit, une saillie, est comme une
lueur soudaine qui nous fait découvrir entre des idées,
au premier abord très éloignées les unes des autres,
beaucoup de rapports que nous ne soupçonnions pas et
sur lesquels notre attention, une fois éveillée, pourra
ensuite se reporter et se fixer à loisir. C'est ainsi
qu'un homme d'esprit peut contribuer quelquefois
même à la découverte d'une vérité philosophique ou
scientifique. Cette vérité, sans doute, il ne la trouve
pas et il ne nous la fait pas trouver de la même manière que le savant, c'est-à-dire par voie de démonstration régulière et méthodique; mais il nous la fait,
du moins, pressentir et entrevoir. Sur beaucoup de
points, particulièrement en ce qui concerne les vérités de l'ordre moral ou social, il remue en nous des

idées nouvelles; il n'est pas, si l'on veut, *instructif*, au propre sens du mot, mais (ce qui vaut mieux peut-être) il est *suggestif*.

— Ce serait, on le voit, une grave erreur que de considérer *a priori* tout homme qui fait intervenir de préférence dans la liaison de ces idées les rapports extérieurs et accidentels des choses comme nécessairement inférieur à celui qui a contracté l'habitude de lier ses pensées d'après des rapports rationnels, philosophiques ou scientifiques, tels que ceux de cause à effet ou de principe à conséquence. A vrai dire, la nature a voulu, et très sagement, qu'il y eût deux ordres de bons esprits, deux classes d'intelligences d'élite, parce qu'elle a voulu d'abord que la vérité commençât par être pressentie, qu'elle apparût aux hommes par fragments, par parties isolées, par jets et par saillies, et qu'ensuite seulement elle fût unifiée, systématisée, organisée. Voilà pourquoi elle a fait, d'une part, les hommes à l'intelligence vive, originale, prime-sautière, qu'on appelle les *hommes d'esprit*, et, d'autre part, les hommes à l'intelligence réfléchie et méthodique, qu'on pourrait appeler, en parallèle avec les premiers, les *hommes de raison et de jugement*. L'éducation n'a pas plus sur ce point que sur tout autre le droit de détruire systématiquement l'œuvre de la nature; elle doit, au contraire, la compléter et lui faire porter tous ses fruits. Elle irait donc contre son but, si elle combattait systématiquement, chez certains enfants, telle disposition naturelle qui en fera un jour des hommes d'esprit et si elle voulait leur imposer, contrairement à leur génie propre, des associations d'idées exclusivement fondées sur des rapports logiques.

5. Nous concluons qu'il faut entendre autrement et d'une manière plus large ce que doit être le contrôle de la raison sur nos associations d'idées. Il ne consiste pas à faire prédominer uniformément chez tout le monde la considération des rapports rationnels et purement scientifiques sur celle des rapports accidentels (car il est beaucoup de personnes chez qui l'essence ne se révèle qu'à travers l'accident). Ce serait vouloir à tort jeter tous les esprits dans le même moule et il en résulterait un appauvrissement plutôt qu'un perfectionnement de l'humanité au point de vue mental.

Le vrai contrôle de la raison consiste à protéger la liberté, l'originalité de chaque esprit contre un certain nombre d'influences, extérieures ou intérieures, qui tendent à l'entraver dans la reconstitution personnelle qu'il fait de ses idées, après la *dissociation préalable* des premières associations mises en lui par la nature.

La plus commune, peut-être, de ces influences, c'est celle de certaines coïncidences inattendues qui frappent vivement les âmes impressionnables et sont aussitôt transformées par elles en lois ou en fatalités de la nature.

En voici quelques exemples, empruntés de préférence à la vie ordinaire.

— Il est arrivé, par exemple, à une personne de causer avec une autre d'un malheur possible, et le hasard a voulu, un peu après, que ce malheur se réalisât. En voilà assez pour créer dans l'esprit de cette personne (s'il n'est pas fortifié à l'avance par l'éducation ou par la réflexion) une tendance à croire que ce malheur est arrivé *parce qu'elle en a parlé*. Qui ne voit que ce fait si simple, mais si commun, est le point de départ de diverses superstitions, très répandues, par exemple, dans l'antiquité et d'après lesquelles il y aurait des paroles qu'il ne faut pas prononcer parce qu'elles sont de mauvais augure, et qu'elles ne présagent pas seulement les malheurs, mais qu'elles les font arriver?

C'est sous l'influence d'idées superstitieuses de cette espèce que les anciens croyaient désarmer les forces brutales de la nature ou apaiser des divinités malfaisantes en leur donnant des noms favorables ; c'est ainsi que la mer Noire, dont la navigation est si dangereuse, fut appelée le *Pont Euxin,* c'est-à-dire la mer hospitalière, ou que les Furies reçurent le nom d'*Euménides,* c'est-à-dire de déesses bienveillantes.

De même, il a pu nous arriver, par hasard, de rencontrer une personne à l'aspect déplaisant, mystérieux ou sinistre, et le même jour d'être victime de quelque accident. Si nous avons l'esprit faible, il n'en faut pas davantage pour nous donner l'idée que *c'est cette rencontre qui est la cause de cet accident.* Un homme de mauvaise mine, vagabond ou mendiant, s'est trouvé sur notre route et nous a regardé de travers. Cet homme *a le mauvais œil,* il nous *a jeté un sort.* C'est de là que sont venues, avec la croyance aux sorciers, toutes les persécutions, toutes les cruautés dont elle a été le principe à certaines époques d'ignorance et de fanatisme.

Allons au fond des superstitions populaires les plus étranges et nous verrons que presque toutes ont ainsi leur point de départ dans quelque fait accidentel qui a frappé vivement l'imagination de gens simples et qui, par exemple sous l'influence de certaines traditions ou de certains sentiments religieux, a créé dans leurs esprits une habitude mentale indestructible. Ainsi, dans l'antiquité, telle coïncidence fortuite entre une apparition de comète et un malheur public avait créé cette idée singulière qu'une comète amène toujours une catastrophe. Les Romains, le plus superstitieux de tous les peuples, croyaient à l'influence néfaste de certains jours ou de certains nombres; nous avons conservé ces préjugés puérils en les adaptant aux nouvelles croyances. Notre-Seigneur a été mis en croix un vendredi; donc le vendredi est un mauvais jour, où il ne faut rien entreprendre, où il ne faut pas, par exemple, se mettre en voyage. De même, il y avait treize convives à table, le jour du repas de la Cène; donc il ne faut pas se mettre treize à table, si l'on ne veut pas qu'un des convives meure dans l'année. Des associations de ce genre, une fois créées dans quelques esprits sous l'influence d'une impression accidentelle, mais profonde, se transmettent ensuite de génération en génération, et désormais elles ne peuvent plus être détruites par l'expérience; car les esprits où elles se sont implantées sont rebelles à l'expérience; la croyance superstitieuse est confirmée chez eux par tous les cas fortuits qui s'y rapportent, mais elle n'est ébranlée par aucun de ceux qui la contredisent.

— Une autre influence, non moins pernicieuse, et à laquelle nous sommes presque tous soumis, provient de la sensibilité, de ses mouvements irréfléchis, de ses affections et de ses aversions instinctives.

Nous jugeons par le cœur de ce qui ne devrait relever que de l'expérience et du bon sens. Nos croyances ne sont pas déterminées par des raisons, mais par des sympathies, dont quelquefois nous avons à peine conscience. Une personne nous plaît-elle, aussitôt nous acceptons aveuglément et sans choix toutes ses opinions; une autre personne nous est-elle désagréable, nous rejetons en bloc et sans examen tout ce qu'elle pense ou tout ce qu'elle propose. Ce mouvement irraisonné peut avoir assez de force pour nous faire quelquefois rejeter nos propres opinions, dès qu'elles ont le malheur d'être partagées par une personne qui nous est antipathique. Chez un misanthrope, cette disposition contrariante finit par s'étendre à tout le monde indistinctement; Alceste prend le contre-pied de toutes les opinions et de tous les avis, quelle que soit la personne qui les émet,

> Et ses vrais sentiments sont combattus par lui
> Aussitôt qu'il les voit dans la bouche d'autrui.

Nos engouements et nos aversions s'étendent ainsi de proche en proche à toutes sortes de choses; ils s'attachent à l'air du visage, ils s'attachent au nom même de la personne. « C'est ton nez qui m'a déplu, » dit un proverbe latin; *displicuit nasus tuus*. Un trait de physionomie, qui s'est trouvé lié, dans une de nos associations d'idées, au caractère d'une personne ennemie, suffit désormais, en dehors même de tout jugement esthétique, à nous rendre odieuses d'autres personnes en qui il se retrouve par hasard. De même, une personne dont on nous annonce la visite peut nous être à l'avance sympathique ou antipathique, suivant que son nom nous rappelle un ami ou un ennemi, et il faudra quelquefois des années d'accoutumance pour triompher entièrement d'une prévention aussi puérile.

— Mais le cas le plus curieux peut-être de cette *sujétion de la pensée*, c'est celui qui se présente lorsque, par faiblesse ou paresse d'esprit, nous subissons passivement, quelquefois sans résistance aucune, l'influence des idées ou des sentiments de ceux qui nous entourent.

Il y a dans la simple expression de la pensée d'autrui, quand cette expression est ferme et qu'elle offre les caractères extérieurs de l'autorité, une sorte de *prestige*, qui est souvent utile, parfois même nécessaire. Il faut bien, pour que l'éducation porte ses fruits, que l'enfant croie d'instinct à la parole du maître; il faut bien aussi que les hommes supérieurs puissent, dans la direction des affaires publiques, imposer leurs sentiments et leurs vues par la magie de l'éloquence. Ainsi, d'une manière générale, il est utile qu'une association d'idées nous soit, en quelque sorte, *recommandée* par cela seul qu'elle a été déjà reconnue vraie par un autre esprit. Mais, dans les intelligences auxquelles manquent l'énergie et le ressort personnel, la pensée d'autrui n'est pas seulement recommandée; elle est tout aussitôt *imposée*. Il y a, en nombre considérable, d'abord des *esprits moutonniers*, qui suivent en tout les opinions courantes, les modes du jour, ou bien qui, lorsqu'ils assistent à une discussion, sont toujours de l'avis du dernier opinant; ensuite et plus particulièrement des *esprits faibles*, au propre sens du mot, c'est-à-dire qui se laissent dominer par quelques personnes, souvent même par une seule, ne voient que par ses yeux, ne pensent que par elle, la suivent non seulement dans toutes ses opinions, mais même dans toutes ses variations. Malebranche a été un des premiers à bien noter ce fait; il l'a décrit sous la forme spéciale de ce qu'il appelle la *contagion des imaginations fortes* : « Les hommes, dit-il, qui imaginent fortement persuadent tous ceux qui se convainquent plutôt par l'air et par l'impression sensible que par la force des raisons. L'air de leur visage, le ton de leur voix et le tour de leurs paroles, animant leurs expressions, préparent ceux qui les écoutent et les regardent à se rendre attentifs et à recevoir machinalement l'impression de l'image qui les agite. Car un homme qui est pénétré de ce qu'il dit en pénètre ordinairement les autres; un passionné émeut toujours. » Or, dans les cas de ce genre, ce ne sont pas seulement des idées, ce sont aussi et surtout des sentiments et des passions qui passent d'une âme dans une autre avec une facilité extraordinaire. C'est ainsi qu'en politique, par exemple, les meneurs soufflent leurs haines et leurs colères à des gens qui ne les avaient écoutés d'abord que par désœuvrement ou badauderie et arrivent même quelquefois à les transformer en fanatiques. Sous l'influence des journaux, des réunions publiques, des déclamations de café ou de club, on voit naître et grandir peu à peu des passions redoutables ; il suffit de quelque formule sonore, souvent répétée, qui s'implante dans les cerveaux et s'y enfonce avec la puissance d'une idée fixe, pour agiter de mouvements tumultueux des âmes qui, par elles-mêmes, seraient restées calmes, ou même indifférentes, et pour déterminer en elles l'explosion d'espérances, de craintes, de fureurs à la fois violentes et factices.

— Toutes ces influences que l'esprit subit et qui

l'entravent dans sa marche vers la vérité, voilà ce qui représente la part de l'*irrationnel* et de l'*accidentel* dans l'association de nos idées ; c'est à cela, encore une fois, qu'il faut opposer, dans les autres comme en nous-mêmes, l'ascendant, l'autorité d'une raison ferme et sûre d'elle-même.

Ainsi dirigée dans un sens rationnel, l'association des idées introduit l'unité non pas seulement dans notre vie mentale, mais encore dans notre vie morale ; elle fait taire en nous toutes les agitations des passions et elle devient ainsi le principe d'une vie ordonnée et heureuse.

C'est là une idée qu'ont particulièrement développée dans l'antiquité les Stoïciens, dans les temps modernes Descartes et Spinoza. Tous ces philosophes pensent en commun que la liberté, même si elle était exilée du reste de notre nature, se retrouverait encore tout entière dans notre pouvoir d'associer nos idées conformément à la raison et de soumettre volontairement nos désirs à l'ordre nécessaire du monde. Or, le bon usage de ce pouvoir suffit à nous assurer, sous la conduite de la raison, la paix de l'esprit et du cœur, la sécurité de la vie, la sérénité de la conscience ; il contient, à la lettre, tout le secret du bonheur.

———————

CHAPITRE V

L'IMAGINATION CRÉATRICE

I

L'imagination active ou créatrice comme faculté de l'idéal. — Le génie et l'inspiration. — Le talent et le goût.

1. Passage de l'association des idées à l'imagination. — Ce que l'association présente sous la forme successive, l'imagination le présente ou tend à le présenter sous la forme simultanée. — L'imagination est la faculté de composer; mais il y a deux manières de composer : la composition méthodique, raisonnée, réfléchie; la composition immédiate, géniale, inspirée.

2. Le génie. — Définitions diverses dont il a été l'objet. — Le génie est-il une longue patience? — Le génie est-il, sans restriction, le développement harmonieux et le parfait équilibre de toutes les facultés? — Le génie, étant l'originalité dans un ordre supérieur, n'échappe-t-il pas par là à toute définition? — Le génie est essentiellement le don de construction immédiate et simultanée, c'est-à-dire la création. — Exemples empruntés à la littérature et à l'art.

3. L'inspiration; elle se retrouve dans les ordres les plus divers de l'activité humaine : à la guerre, dans la politique, dans la science, dans la vie morale. — Conception mystique de l'inspiration; conception psychologique. — Retour sur l'association des idées. — Toute association étant précédée de dissociation, chacun de nous choisit parmi les idées dissociées les éléments de sa reconstitution personnelle. — L'inspiration est ce choix même, en tant qu'il se fait d'une manière immédiate, sous l'influence d'une intuition irraisonnée ou inconsciente. — Le génie est l'individualité à son degré le plus haut.

4. L'idéal. — Conceptions diverses de l'idéal. — Élément objectif et élément subjectif. — Formule de Bacon : « L'homme ajouté à la nature. » — Théorie de M. Taine.

5. Le talent et le goût; la conception et l'exécution.

6. L'éducation peut-elle exercer quelque influence sur le développement du génie? — Y a-t-il des enfants de génie? — Que faut-il penser des enfants prodiges?

1. Nous arrivons enfin à la forme supérieure des facultés de conservation et de combinaison : c'est l'imagination intellectuelle, à laquelle on donne habituellement les noms d'*imagination* *active* ou *créatrice*.

Cette dernière expression a besoin d'être expliquée. Elle ne doit pas être prise dans un sens absolu. L'imagination, même dans ses plus hautes manifestations, ne crée jamais les matériaux qu'elle met en œuvre (car il serait impossible d'imaginer une couleur, un son, une saveur, que nous n'aurions jamais perçus); elle crée seulement l'ordre d'après lequel sont rapprochés et disposés ces éléments.

On peut donc la définir d'une manière générale : la faculté par laquelle nous rapprochons et coordonnons des éléments fournis par l'expérience, de manière à en former un tout, plus ou moins harmonieux et cohérent, dont les diverses parties se rapportent à une fin commune.

Mais ce rapprochement, cette coordination, comportent eux-mêmes bien des formes et bien des degrés. Pour nous en faire une idée nette, examinons tout d'abord l'étroite relation qui unit l'imagination créatrice à l'association des idées et le lien de véritable *continuité* qui existe entre l'une et l'autre.

— Si l'on ne craignait ici l'apparence même d'une simplification à outrance, on pourrait dire qu'entre l'association des idées et l'imagination créatrice il n'existe, en somme, qu'une seule différence essentielle, caractéristique : c'est que l'imagination créatrice nous présente ou tend, du moins, à nous présenter sous la *forme simultanée* ce que l'association nous présente simplement sous la *forme successive*.

L'association crée dans notre esprit des *séries* d'images, des *suites* d'idées; l'imagination organise ces idées et ces images, de manière à nous présenter des *tableaux*.

A ce point de vue, l'imagination peut être définie la *faculté de composer*, c'est-à-dire de créer des œuvres d'ensemble, dont toutes les parties, semblables à celles d'un organisme, se rapportent étroitement à l'idée du tout, à la finalité commune. Mais on va voir que la composition, par exemple dans les œuvres littéraires et artistiques, où sa nature est particulièrement saisissable, peut se faire sous deux formes très nettement distinctes.

On peut composer *par agencement*, c'est-à-dire par rapprochement méthodique, par combinaison raisonnée et réfléchie, en imaginant, par exemple, dans une œuvre dramatique, une première situation, un personnage principal, puis en allant ensuite, de proche en proche, de cette situation à d'autres qui la complètent, de ce personnage à d'autres qui se groupent autour de lui ou qui font valoir son caractère par le contraste. On fait alors une œuvre qui n'est pas sans rappeler, à certains égards, une mosaïque; d'autant plus que, presque toujours, quand on compose de cette manière, c'est en s'inspirant de divers modèles dont on s'efforce de réunir en soi les qualités.

Ce genre de composition est le seul qui puisse être proposé à tous les esprits; car il n'exige pas des aptitudes absolument supérieures. C'est aussi le seul qu'on puisse demander à des écoliers, enfants ou adolescents, qui doivent d'abord, même quand ils auraient les plus heureuses dispositions, imiter ce qui a été fait avant eux.

Mais on peut composer aussi *par inspiration*, c'est-à-dire en s'abandonnant au libre mouvement d'une conception d'ensemble dont toutes les parties, tous les éléments essentiels sont immédiatement déterminés, de telle sorte que l'œuvre entière est en germe dans le premier trait, dans le dessin primitif.

Cette composition d'ordre supérieur, c'est le secret des *hommes de génie*.

2. Qu'est-ce, en effet, que cette faculté si extraordinaire du *génie*, qui semble mettre absolument à part du reste de l'humanité les hommes qui l'ont reçue de la nature?

Pour arriver à la bien définir, peut-être convient-il de procéder surtout par élimination et de passer d'abord en revue les définitions incomplètes ou inexactes dont elle a été quelquefois l'objet. Contentons-nous d'en signaler quelques-unes; celle, par exemple, qui a été proposée par Buffon :« Le génie est une longue patience. »

Que cette formule mette en lumière une des conditions les plus essentielles en dehors desquelles le génie n'existerait pas ou, du moins, ne pourrait se manifester par des œuvres dignes de lui, nous ne le contestons pas. Mais la *condition* d'une chose n'est ni son *essence* ni sa *cause*. Si l'homme de génie n'avait pas la patience de se préparer à lui-même un terrain d'action, il resterait inutile et même ignoré; il ne produirait rien; la flamme qu'il porte en son sein ne ferait que le consumer stérilement, sans rien éclairer hors de lui. Tout cela doit, évidemment, être concédé;

mais il n'en résulte point que la patience, nécessaire à l'éclosion du génie, soit le génie lui-même, puisque beaucoup d'hommes ont eu cette patience au plus haut degré, se sont livrés à de longues études, à de longs travaux toujours continués dans le même sens, et cependant n'ont jamais été visités par l'inspiration.

La formule de Buffon est donc inacceptable; on peut même dire, à certains égards, qu'elle est le contraire de la vérité; car ce qui nous frappe au premier abord dans le génie, ce sont ses élans; il procède, comme dit Bossuet, « par vives et impétueuses saillies »; il franchit des obstacles et ne s'attarde point à les tourner; une conception de génie est une ardente intuition, une illumination soudaine.

D'autres ont dit que le génie est le merveilleux équilibre et le plein épanouissement de toutes les facultés de l'intelligence et de la volonté, appliquées simultanément à la poursuite d'un même but. Il est vrai qu'à cette conception on en a quelquefois opposé une directement contraire, d'après laquelle le génie serait la prédominance d'une faculté unique, asservissant toutes les autres à son empire et constituant par là même la profonde *originalité* qu'on remarque toujours chez un grand homme. Mais, abstraction faite de toute polémique accessoire, cette théorie peut donner lieu au dilemme suivant : ou bien on suppose que, dans ce large épanouissement de toutes les facultés ensemble, aucune ne dépasse, malgré tout, la mesure de ce que pourrait atteindre en chacun de nous la nature humaine, et alors on ne voit plus clairement la différence qui sépare le *génie* de la simple *supériorité;* ou bien toutes les facultés dépassent ensemble cette mesure, et alors, outre qu'on fait de l'homme de génie un dieu sur la terre, il faut déclarer inapplicable à l'humanité la *loi d'économie* qui règne dans tout le reste de la création, qu'on retrouve, par exemple, en zoologie dans ce que Geoffroy Saint-Hilaire appelait la *loi de balancement des organes*, et d'après laquelle la nature regagne toujours d'un côté ce qu'elle prodigue de l'autre.

Pour échapper à ces difficultés, un de nos plus éminents critiques [1] a suggéré que, peut-être, le meilleur parti serait de ne plus chercher la définition du génie, précisément parce que le génie est un *quid proprium*, qui ne peut rentrer dans aucun genre, et que le génie de Shakespeare, par exemple, n'a pas de caractéristique plus claire que de n'être pas le génie de Racine ou celui de tout autre poète dramatique.

— Quelque solution qu'il faille définitivement donner à ce problème de la nature du génie, une chose, du moins, reste certaine; c'est que le génie, à quelque sorte d'œuvres qu'il s'applique, nous apparaît toujours comme une faculté de *composition immédiate*, vraiment simultanée, dans laquelle le tout ne résulte pas du rapprochement réfléchi et méthodique des parties.

Ce caractère éclate tout particulièrement dans la création d'une œuvre dramatique ou artistique. Ce qui constitue cette création, lorsqu'elle est vraiment l'œuvre du génie, et non pas le simple résultat de l'étude, de l'application et du talent, c'est que ses diverses parties sont, en quelque sorte, posées toutes

1. M. Ferdinand Brunetière.

ensemble dans la conception initiale. Elles jaillissent d'un seul acte d'intuition vivante et féconde. Si *Othello*, par exemple, ou *Andromaque* est une œuvre de génie, c'est qu'il semble vraiment que les trois ou quatre personnages essentiels sur lesquels repose chacune de ces tragédies ont été conçus et créés d'un seul coup. Aucun d'eux ne peut être détaché des autres; il les suppose, comme il est supposé par eux, et toute la suite des péripéties du drame découle, avec une inflexible nécessité logique, de la situation première qui les a mis en face les uns des autres[1]. De même, dans l'œuvre d'un peintre de génie, toutes les parties sont vraiment solidaires; il semble qu'elles lui aient été révélées toutes ensemble dans une seule intuition, immédiate et indécomposable. Ainsi, quoiqu'il ait certainement besoin d'un temps assez long pour exécuter tous les détails de son œuvre, on peut, sans paradoxe, dire en un certain sens que cette œuvre a été faite d'un seul jet. Il faut, suivant l'heureuse formule de M. Ravaisson, qu'un bon tableau « soit peint d'un seul coup de pinceau ».

---

1. Le poète dramatique voit tous ses personnages à la fois, dans leur action réciproque. Ils ne sont pas pour lui des individus distincts, isolés; ils sont les éléments vivants d'une œuvre vivante, où rien ne frémit que tout ne vibre. Ils se supposent, ils s'impliquent. Leurs caractères, leurs passions et leurs actes sont les ressorts qui, par leur concours, poussent l'action, mènent le drame. Cette loi des *contre-coups*, des *réactions*, comme on l'a appelée, résulte de la nature même de la conception poétique; la bonté de Desdémone et la confiance de Cassio sont aussi nécessaires que les perfidies d'Yago pour exaspérer la jalousie stupide du More; quand Andromaque repousse Pyrrhus, il se rapproche d'Hermione, qui s'éloigne d'Oreste; quand Andromaque se rapproche de Pyrrhus, il s'éloigne d'Hermione, qui revient vers Oreste. Les quatre personnages se tiennent; pas un ne peut agir sans entraîner tous les autres dans son action. (Gabriel SÉAILLES, *le Génie dans l'art.*)

— Dans les autres manifestations essentielles du génie, nous retrouvons exactement le même caractère. Ainsi, le génie politique semble bien consister essentiellement dans la conception d'un ordre nouveau de choses qui peut, à un moment donné, sortir d'un concours imprévu de circonstances, si un homme d'Etat a la justesse de coup d'œil et la promptitude de décision nécessaires pour saisir au passage une *occasion* qui, peut-être, ne se retrouvera plus. Ce n'est pas que le génie politique exclue les visées à longue échéance et les projets lentement mûris ; mais il a aussi ses intuitions soudaines et ses résolutions instantanées. Un homme d'Etat vraiment digne de ce nom voit, comme sur un échiquier, la distribution des diverses forces sociales qu'il peut, à un certain moment, grouper sous sa main et mettre en œuvre pour réaliser un plan audacieux d'où sortira l'affranchissement d'un peuple, la grandeur séculaire d'une nation ; à cette heure décisive, son plan d'action diplomatique ou militaire se construit, en quelque sorte, de toutes pièces dans sa pensée, comme une œuvre d'art ou comme un poème.

De même à la guerre. En plein feu de l'action, un grand capitaine conçoit aussi en un moment l'idée de la manœuvre décisive d'où va sortir la victoire. Le point de départ est, sans doute, une donnée expérimentale. C'est, par exemple, la découverte de quelque position favorable où l'on va pouvoir installer l'artillerie, ou bien la nouvelle inespérée de quelque faute de tactique que l'ennemi vient de commettre et dont il faut profiter sur-le-champ. Mais autour de ce *centre de cohésion* s'édifie en quelques instants le plan entier de la bataille, avec la détermination mathématiquement précise du rôle que doit jouer chaque corps d'armée, de l'heure où il doit entrer en ligne, du point sur lequel doit se concentrer son effort.

Les choses ne se passent point autrement dans la science, dans l'industrie, dans la vie morale. Dans la science, c'est par la conception des hypothèses, par la création des systèmes, que se manifestent l'imagination créatrice et le génie. Or, une hypothèse, un système, c'est une construction qui, sans doute, dans la plupart des cas, a été préparée de longue main par toute une série convergente de recherches et d'expériences, mais qui ne s'en fait pas moins quelquefois d'une manière à peu près soudaine, à l'occasion d'une analogie inattendue révélée tout à coup à l'esprit du savant. Une hypothèse, c'est une simplification; c'est l'idée d'une fusion possible de plusieurs lois en une loi supérieure, dominatrice, qui, si elle était démontrée vraie, nous ferait mieux comprendre l'ordre de la nature, la sagesse du Créateur, et nous présenterait l'unité du *cosmos* comme analogue à celle d'une belle œuvre d'art ou d'un beau poème. Cette idée, à peine conçue, relie autour d'elle et organise tous les résultats du travail mental antérieur; elle utilise immédiatement toute une longue série d'expériences ou de calculs. Ainsi, Newton voit tomber une pomme; cette observation si vulgaire, jusque-là restée stérile dans des millions d'esprits humains, suffit à une intelligence toute remplie de faits et de réflexions pour concevoir l'idée que, peut-être, en un certain sens, la lune tombe sur la terre, et, la vérification une fois faite, pour étendre à l'univers entier, sous le nom de *gravitation*, la loi terrestre de la pesanteur. De même, une analogie perçue entre les valvules des veines et la soupape d'une pompe, entre les phénomènes de la foudre et ceux qui se passent dans une machine électrique, suffit à Harvey pour découvrir la circulation du sang, à Franklin pour concevoir l'électricité comme une grande force de la nature et pour ouvrir ainsi la voie à toutes les découvertes qui se sont succédé depuis sur le magnétisme terrestre. Dans l'industrie, une création de machines nouvelles qui diminueront la souffrance de l'homme résulte encore de l'intuition d'un véritable idéal d'ordre et de simplicité. Cet idéal est conçu à l'occasion d'un problème, toujours le même au fond, bien que diversifié à l'infini dans ses formes : « Comment produire un maximum d'effet avec un minimum d'effort, de dépense ou de temps ? » Cette intuition ne se fait, sans doute, que dans un esprit où existent déjà, d'une manière flottante et à l'état inorganique, les éléments de la solution désirée ; mais elle s'y fait, le plus souvent, d'une manière prompte et par une sorte d'illumination. D'autre part, les grands initiateurs du progrès moral, les héros ou les saints qui ont conçu les premiers et répandu parmi les hommes un idéal nouveau de perfection ou de charité, l'ont fait aussi sous l'influence d'une intuition intérieure, qui, en raison même de sa soudaineté, leur est apparue et devait leur apparaître comme l'effet d'une *révélation* divine.

3. Maintenant, de cette faculté, en apparence si étonnante, de conception et de composition instantanées qui constitue le génie, il faut remonter au principe qui en explique les œuvres. C'est l'*inspiration*, avons-nous vu. Mais quelle est la nature même de l'inspiration ?

La première réponse qu'on a dû faire à cette question, faute de données psychologiques suffisantes pour la bien résoudre, a été une réponse mystique.

On a pris pour point de départ l'idée religieuse de l'inspiration prophétique, soit sous sa forme païenne, soit sous sa forme hébraïque et chrétienne.

Quand nous disons que les prophètes étaient inspirés, cela signifie pour nous que *l'esprit de Dieu* était en eux, qu'un *souffle divin* les animait. C'est de la même manière que les anciens se figuraient l'inspiration de la Pythie ; un dieu dictait ses oracles, un dieu vivait en elle. De proche en proche, ils ont cru que, dans tous les cas où l'âme humaine est exaltée, soulevée au-dessus d'elle-même, une communication avec la divinité en est le principe. *L'enthousiasme* était pour eux une influence supérieure que l'homme subit, non sans inquiétude et sans souffrance ; car elle est en lui sans être lui. Etre inspiré, c'était, pour eux, *souffrir le dieu (pati deum)*, et ils comparaient cette influence mystérieuse à une sorte d'effervescence, de bouillonnement, qui se répandrait dans l'âme tout entière : « Il y a un dieu en nous, dit Virgile ; c'est sous son action que notre âme s'échauffe [1]. »

Cette explication métaphorique s'est étendue sans peine à l'inspiration des poètes et des artistes. Le poète invoque sa muse ; c'est elle qui l'inspire, le soutient, le console, comme dans les *Nuits* d'Alfred de Musset. Il est, d'une certaine manière, en communication avec le ciel ; c'est une divinité qui parle par sa voix :

> Je dictais, Homère écrivait.

---

1.   *Est deus in nobis, agitante calescimus illo.*

Quelquefois, à défaut de ce rapprochement direct avec l'inspiration prophétique, les poètes se représentent, du moins, comme dominés par une force mystérieuse et irrésistible contre laquelle ils se débattent en vain. Lamartine et Victor Hugo ont exprimé en termes saisissants cette étreinte de l'inspiration. L'enthousiasme poétique est, pour eux, l'aigle vainqueur qui s'abat, qui *s'étale* (c'est l'énergique expression de Victor Hugo) sur sa victime ; c'est Pégase, qui prend le poète sur ses ailes et, d'un bond, s'élance avec lui jusqu'aux sommets effrayants de l'idéal ; ou bien encore c'est le cheval ardent et indompté qui l'emporte, nouveau Mazeppa, jusqu'aux derniers confins de la pensée et l'y jette, épuisé et sanglant[1].

— Mais cette conception mystique de l'inspiration, considérée comme une révélation du ciel (bien qu'on puisse encore, dans certains cas, dans une oraison funèbre par exemple, essayer de l'étendre aux choses de la guerre ou de la politique), s'appliquerait assez difficilement aux découvertes de l'industrie et de la science. Nous avons donc, même en ne lui conservant que le caractère d'une métaphore, besoin de la compléter et de l'expliquer par une théorie psychologique.

---

[1].

Ainsi, quand un mortel, sur qui son dieu s'étale,
S'est vu lier vivant sur ta croupe fatale,
    Génie, ardent coursier,
En vain il lutte, hélas ! tu bondis, tu l'emportes
Hors du monde réel, dont tu brises les portes
    Avec tes pieds d'acier !
        V. Hugo, *Mazeppa* (*les Orientales*).

Ainsi, quand tu fonds sur mon âme,
Enthousiasme, aigle vainqueur,
Au bruit de tes ailes de flamme,
Je frémis d'une sainte horreur ; etc.
    Lamartine, *l'Enthousiasme* (*Méditations poétiques*).

Or, cette théorie, on la connaît déjà. C'est celle de la *dissociation*, considérée comme le point de départ d'une libre *réédification*, par laquelle toute intelligence d'homme, pourvu qu'elle soit douée d'une certaine originalité, se représente les choses d'une manière personnelle, en utilisant de préférence les éléments idéaux qui cadrent le mieux avec le tour particulier de ses sentiments et de ses idées.

Chacun de nous, par cela seul qu'il est lui-même, et non pas un autre, a un ensemble de goûts, de tendances, de sympathies, qui le portent à analyser d'une certaine manière propre la réalité concrète et à en extraire les éléments spéciaux qui doivent entrer dans sa reconstruction à lui. C'est par là que toute imagination (en dehors même de celle des hommes de génie) est créatrice. Elle refait le monde en harmonie avec une certaine âme, en corrélation étroite et profonde avec une certaine conscience.

Seulement, chez les hommes de génie, à quelque ordre de choses que leur activité s'applique, cette réédification se fait d'une manière particulièrement saisissante ; car tout un fonds de sentiments et d'idées qu'ils ne soupçonnaient pas eux-mêmes jaillit dans leur âme à l'occasion de l'œuvre qui les occupe. C'est une source nouvelle qui s'ouvre en eux, et cette source est tellement abondante qu'on a peine à croire qu'elle vienne de leur propre nature. Faute de savoir combien est complexe la partie inconsciente d'une grande âme (grand esprit ou grand cœur), on attribue à une action divine, à un secours d'en haut, à une *inspiration* enfin, ce qui est simplement la pleine expansion d'une nature supérieure, où l'instinct et la réflexion s'unissent pour produire ensemble une œuvre d'élite.

Le mystère de l'*inspiration* s'explique donc d'une manière toute naturelle par une sorte de *collaboration* de la pensée inconsciente et de la pensée réfléchie. C'est ainsi que l'enthousiasme poétique ou artistique a été compris par les principaux philosophes; par Platon, qui y voit un *délire sacré;* par Schelling, qui considère l'œuvre d'art comme étant à la fois un *produit de la nature* et un *produit de la liberté*, de telle sorte que l'artiste, sous l'influence de l'inspiration, ne manifeste pas simplement sa force propre, mais est, en même temps, comme pénétré par la vie des choses.

4. Enfin, cette manière de concevoir l'imagination créatrice, l'inspiration et le génie, se complète dans notre philosophie contemporaine par une modification importante et heureuse apportée au concept de l'*idéal.*

Sous l'influence d'une tradition philosophique qui remonte jusqu'à Platon et à la doctrine des *Idées*, la plupart de nos esthéticiens se représentaient encore, il y a peu d'années, l'idéal sous une forme qui laissait trop peu de place à l'activité propre de l'esprit, à l'initiative et à l'originalité personnelles.

On le regardait comme une certaine *forme achevée et parfaite des choses* que les esprits d'élite, par exemple les artistes ou les poètes, saisiraient par une intuition immédiate, en dehors et au-dessus de la perception du réel.

C'est la conception qui a été popularisée par une célèbre phrase de Cicéron : « Quand Phidias ou Praxitèle, dit-il dans l'*Orator*, faisait une statue de Jupiter ou de Minerve, ce qu'il contemplait, ce n'était pas le modèle qui posait sous ses yeux; mais dans son génie résidait je ne sais quelle merveilleuse forme de beauté idéale dont il ne détachait pas ses yeux et d'après laquelle il dirigeait son talent et sa main. »

— Bien que séduisante à certains égards, cette manière de se représenter l'idéal soulève d'assez nombreuses difficultés.

Si, en effet, il y a vraiment, au-dessus des objets imparfaits que l'expérience nous présente, des formes de perfection idéale qui se découvrent au génie privilégié de l'artiste, il en résulte que l'art doit avoir pour unique objet de saisir et d'exprimer ces formes, de les révéler à la foule, d'en conserver le dépôt. Or, nous ne pouvons pas être certains, au milieu des causes de perversion du sens esthétique qui nous assiègent de toutes parts, que ces formes idéales ne s'altèrent pas en nous. Mais les anciens ont eu la gloire de les fixer dans des chefs-d'œuvre incomparables. Le plus sûr est donc pour nous d'imiter ces chefs-d'œuvre de l'antiquité, d'en maintenir la tradition intacte et de viser simplement à nous en approcher le plus possible, au lieu d'avoir la prétention de les surpasser.

On aboutit ainsi à enfermer l'art dans des formes consacrées, en quelque sorte *hiératiques;* on lui interdit toute recherche du nouveau; on tarit pour lui les sources de l'inspiration personnelle et de l'originalité. De là une tendance souvent reprochée à l'école qu'on appelle chez nous *académique.*

D'autre part, ces formes de l'idéal, si elles sont conçues comme quelque chose d'extérieur à nous et d'objectif, qui se révèle à notre esprit, mais que notre esprit ne fait pas, doivent par cela même avoir une *réalité*. Bien plus, comme les *Idées* de Platon, elles doivent être plus réelles que le réel lui-même. Mais alors on est amené à se demander combien il y a de ces formes, combien il y en a, du moins, pour un objet donné. Or, cette question est des plus embarrassantes ; car, évidemment, on ne saurait, pour la nature humaine par exemple, se contenter d'un idéal unique. Tout au moins faut-il bien un idéal de l'homme et un idéal de la femme ; un idéal de l'enfant, du jeune homme, du vieillard ; un idéal des diverses passions ; un idéal des diverses races. Mais où trouver une limite ? Si on multiplie outre mesure ces formes de l'idéal, on finit par trouver un idéal personnel de chaque individu, ce qui est contradictoire ; et, si on s'arrête arbitrairement quelque part, on rentre dans la conception de types traditionnels dont il n'est pas loisible à l'artiste de s'écarter ; l'art se trouve ainsi appauvri et mutilé ; il ne lui est plus permis d'être infini, comme la nature elle-même.

— C'est pour se soustraire à toutes ces difficultés que quelques esthéticiens essaient aujourd'hui d'introduire dans la conception de l'idéal un élément subjectif. L'idéal est donc conçu par eux comme résultant d'une *fusion* qui s'opère entre deux éléments : d'une part, la nature physique ou morale avec tous les germes de beauté qu'elle contient ; de l'autre, un certain tempérament de poète ou d'artiste que sa nature propre dispose à faire épanouir et à mettre en pleine lumière tel ou tel de ces germes du beau. Ainsi chaque artiste se crée à lui-même son idéal par la façon dont il interprète la nature d'après les dispositions de son génie personnel ; et ce qui fait

alors l'intérêt de son œuvre, surtout lorsqu'elle provient d'une inspiration supérieure, c'est qu'il s'y
représente lui-même autant et plus peut-être que la
réalité.

Bacon avait déjà exprimé cette idée par une formule profonde : « L'art, disait-il, c'est l'homme ajouté
à la nature, *homo additus naturæ* ». Mais M. Taine l'a
reprise très en détail dans son livre de l'*Idéal dans l'art*
et en a déduit toutes les conséquences.

L'idéal, c'est, pour lui, une modification que le
poète ou l'artiste fait subir à un objet « en le rendant
plus semblable à une idée » qu'il porte lui-même dans
son esprit et qui tient à sa façon particulière de concevoir et de comprendre l'univers. Les êtres qui remplissent le monde physique ou le monde moral ont
chacun un ensemble de caractères, qui, d'ailleurs,
sont loin de présenter tous la même importance. Pour
que ces êtres soient pleinement connus, il faut que
tous leurs caractères aient été, autant que possible,
manifestés. La science et l'art y travaillent chacun de
leur côté, quoique par des moyens bien différents. La
science arrive à ce résultat par ses classifications, qui
mettent en lumière la valeur relative, la subordination
naturelle des caractères. L'art y arrive, de son côté,
par le choix spontané que fait entre ces mêmes caractères (et cela d'après ses dispositions et aptitudes individuelles) le génie propre de chaque artiste. Suivant
le degré d'élévation de sa pensée ou de noblesse de
son cœur, chaque artiste va droit à un de ces caractères ; il s'y intéresse particulièrement ; il le détache,
l'étudie, l'exprime enfin par son œuvre. *Mais, en même
temps, il s'exprime lui-même;* il met en lumière un

certain aspect particulier du génie humain, une certaine manière de sentir, d'aimer ou d'interpréter la nature. L'idéal se trouve être ainsi une conformité qui s'établit entre un objet extérieur et une idée présente dans la pensée d'un artiste, lorsque celui-ci, par sa conception ou par son œuvre, transforme l'objet d'après cette idée. « Les choses passent donc du réel à l'idéal, lorsque l'artiste les reproduit en les modifiant d'après son idée, et il les modifie d'après son idée lorsque, concevant et dégageant en elles quelque caractère notable, il altère *systématiquement* les rapports naturels de leurs parties pour rendre ce caractère plus visible et plus dominateur. »

5. Cette théorie n'est cependant pas tout à fait exacte, et le mot « systématiquement » n'y paraît pas juste. Ce mot, à vrai dire, ne s'applique que d'une manière détournée aux œuvres qui ont leur principe dans l'inspiration et dans le génie; car le génie, tel que nous l'avons défini tout à l'heure, ne délibère pas; l'inspiration ne calcule pas. Il n'a toute sa vérité et ne peut être entendu à la lettre que s'il s'agit simplement du talent, et non plus du génie.

Le talent, en effet, c'est-à-dire la réflexion, l'étude, l'*art* même (dans une certaine acception spéciale du mot), diffère profondément du génie, avec lequel on l'a souvent mis en parallèle. Mais, de toutes les différences qu'on peut signaler, la plus caractéristique est qu'*il ne compose pas de la même manière*. Sans doute, il est encore un don de conception synthétique et de création, mais avec cette différence que, dans son œuvre, les parties ne sont plus au même degré inséparables du tout; elles y sont rapportées comme du

dehors et plus ou moins laborieusement adaptées ; de
même, les moyens d'exécution ont besoin d'être
cherchés, rassemblés l'un après l'autre par un véritable choix, raisonné et réfléchi.

Par suite, l'œuvre de l'homme de talent n'a pas la
même spontanéité, la même verve jaillissante que celle
de l'homme de génie ; elle n'a pas surtout la même
originalité. Le talent, ne se fiant pas à ses propres
ressources, cherche un point d'appui dans l'étude
patiente et dans l'imitation des procédés que suit inconsciemment le génie. Il procède dans la production
de ses œuvres, à quelque ordre qu'elles appartiennent,
par sélection et par juxtaposition. Le peintre de génie
qui fait, par exemple, un arbre le dessine du premier
coup avec une telle perfection d'ensemble que chaque
trait de son œuvre, sans avoir été calculé, est de suite
à sa place ; l'œuvre est tout entière dans le premier
jet ; il n'y a plus qu'à arranger ou à corriger quelques
détails. Le peintre qui n'a que du talent ne fait pas
cela ; il étend une branche dans une direction, une
autre branche dans un autre sens, ensuite il se rend
compte de l'effet ; son œuvre est donc formée de
pièces et de morceaux ; elle résulte d'une série plus ou
moins compliquée d'efforts partiels et son unité péniblement obtenue n'a rien d'organique et de vivant.
Ainsi, la *création*, en descendant du génie au talent,
se réduit peu à peu à la *composition* proprement dite.

On peut exprimer d'une autre manière encore la
même différence en disant que ce que l'artiste de
génie fait *par inspiration*, l'artiste de talent le fait *par
goût*. Il a, lui aussi, le discernement sagace des
choses qui vont ensemble, qui se réclament en

quelque sorte mutuellement, et de celles qui ne peuvent, au contraire, être unies sans former des discordances. En ce sens, on peut concéder que le goût, comme l'inspiration, a son principe dans le sentiment d'un idéal, mais d'un idéal tout extérieur, tout objectif, sans originalité, sans personnalité, simple *modèle*, semblable à celui qu'un écolier copie, et dont la réalisation ne se fait que d'une manière consciente, par un choix réfléchi et raisonné. Voilà pourquoi le goût peut être développé méthodiquement; tous les procédés de la rhétorique ou de la poétique, par exemple, ont pour but de proposer à l'homme de goût des formes, des catégories, des modèles, des *lieux communs*, c'est-à-dire des répertoires d'idées et de développements, auxquels il a recours pour mener à bonne fin une œuvre qui ne se réaliserait pas ou qui ne se compléterait pas d'elle-même par le jeu spontané des forces vives de l'imagination.

6. Ce parallèle du génie et du talent, de l'inspiration et du goût, donne lieu à une question pédagogique qui ne manque pas d'intérêt. Peut-il y avoir une éducation du génie? Et cette question, elle-même, en présuppose une autre. Le génie existe-t-il dans l'enfance? Y a-t-il réellement des *enfants de génie?*

Ces deux questions nous ramènent indirectement à la nature même du génie. Elles sont susceptibles, en effet, de recevoir des réponses bien différentes, suivant que l'on considère le génie comme constitué par la prédominance d'une faculté unique, qui tire en quelque sorte à elle toute la substance de la pensée et ne produit certaines œuvres extraordinaires qu'au détriment de l'équilibre général, ou que l'on y voit, au contraire, le parfait équilibre d'une âme maîtresse d'elle-même.

Dans le second sens, nous ne pensons pas qu'il y ait ni qu'il puisse y avoir des enfants de génie. Ce serait une exception trop flagrante à la loi générale de la nature qui veut qu'aucune perfection ne soit atteinte d'un seul coup. Mais, dans le premier sens, on peut admettre que le génie se manifeste quelquefois de très bonne heure.

Ce qui le constitue alors, c'est un don naturel, c'est une disposition innée à exceller de suite dans un ordre déterminé d'études, par exemple dans un art, tel que la peinture ou la musique.

Presque tous les enfants qu'on peut être tenté d'appeler des enfants de génie rentrent dans cette catégorie. Ainsi, Mozart, Lulli, Rameau ont eu, dès leur plus jeune âge, le *génie*, peut-être vaudrait-il mieux dire, d'un terme plus expressif et plus exact, le *démon* de la musique.

L'enfance de Rameau, par exemple, présente, à cet égard, des particularités bien caractéristiques. Appliqué de suite par son père à l'étude du clavecin, il semble ne s'être pas douté un moment des difficultés de son art; c'était un jeu pour lui que d'en triompher. Momentanément contrariée, sa vocation éclate de toutes manières. On le met au collège : il chante involontairement pendant l'heure des classes ; il répond en chantant au maître qui l'interroge. « Ses cahiers de devoirs, dit un historien de l'enfance, ressemblent plutôt à des recueils d'airs notés qu'à des cours de thèmes et de versions... On essaie si les punitions ne changeront pas ces dispositions peu studieuses. Peine perdue ! Sous la verge du correcteur, l'écolier châtié reste si incorrigible musicien qu'il pleure en mesure. On le met au cachot : l'enfant ne songe à autre chose qu'à composer un air de désespoir, dont il gardera le souvenir pour le placer plus tard dans son opéra de *Dardanus*. »

—Mais voici qui montre bien que c'est là une disposition au génie plutôt que le génie lui-même. A côté d'un Mozart ou d'un Rameau, combien d'*enfants prodiges* ont jeté un rapide éclat pendant quelques années et sont devenus ensuite des hommes ordinaires! Preuve que leur âme était *secouée* plutôt que véritablement *exaltée* et que la disposition qui vibrait en eux était une disposition presque maladive !

Le vrai génie est une puissance d'organisation que viennent affermir ensuite et développer d'autres dispositions de l'esprit ou du caractère, se groupant, pour ainsi dire, autour de la *faculté maîtresse*.

En ce sens, il peut y avoir indirectement une éducation du génie. Ne nous y trompons pas cependant; cette éducation ne doit pas différer essentiellement de celle qu'on donne aux enfants moins favorisés. On ne développe le génie qu'à la condition de le contenir d'abord et de le maîtriser. C'est un torrent qu'il faut contraindre à couler entre des digues et à garder ainsi toute sa force. Si on découvre le génie chez un enfant, il n'en faut pas moins l'astreindre à composer d'après les mêmes formules et les mêmes procédés que ses camarades. Le génie, ainsi protégé contre ses propres écarts, saura bien ensuite se frayer librement sa voie.

M. Ribot soutient que l'éducation « n'a de puissance que sur les natures moyennes »,c'est-à-dire, en d'autres termes, qu'elle n'en a aucune sur le génie. Nous serions tenté de dire plutôt que l'éducation est aussi nécessaire au génie et lui fait autant de bien qu'aux natures moyennes, mais sous cette réserve qu'elle lui sert de frein au lieu de lui servir d'aiguillon et que les exercices dont elle se compose sont pour lui un élément de *discipline*, tandis qu'ils sont surtout pour les autres un élément de *culture*.

II

Les formes de l'imagination chez l'enfant.

L'imagination apparaît d'abord, et dès les toutes premières années de la vie, sous la forme de la fantaisie ou imagination spontanément combinatrice. L'imagination dans un rêve d'enfant. — De bonne heure aussi elle prend la forme allégorique. L'enfant aime à deviner, à pressentir le monde moral sous l'enveloppe symbolique de la fiction et de la fable. — L'imagination créatrice chez l'enfant. Imagination amplificative. Imagination inventive. Imagination de l'avenir.

A défaut du génie ou des promesses du génie, tous les enfants ont, du moins, l'imagination, quelquefois même sous des formes assez variées.

On peut ramener ces formes à trois principales : 1° L'*imagination combinatrice*, qui rapproche les images sans être encore capable d'en saisir les rapports de convenance et d'harmonie. On peut la désigner par le mot *fantaisie*, qui, originairement, est synonyme du mot même d'*imagination*. La fantaisie, maniée par un homme supérieur, est déjà capable de produire des chefs-d'œuvre; c'est à elle qu'il faut rattacher, par exemple, la *Tempête* ou le *Songe d'une nuit d'été* de Shakespeare; l'idéal commence à s'y montrer, bien que d'une manière détournée, à travers des architectures bizarres d'images, d'impressions et d'idées. 2° L'*imagination allégorique*, dont le rôle principal est de trouver et de fixer des rapports, des correspondances entre le monde physique et le monde moral et de relier fortement l'un à l'autre ces deux mondes par un double symbolisme. 3° L'*imagination proprement dite*, c'est-à-dire l'*imagination active* ou *créatrice*.

— L'imagination combinatrice existe de très bonne heure chez l'enfant, elle joue un rôle considérable dans la vie éveillée et dans les rêves du premier âge.

M. Bernard Perez en a tracé un charmant tableau. Il montre combien est varié le groupe de souvenirs imagés qui se pressent dans le cerveau d'un petit enfant de quelques mois, lorsque, à un signe quelconque, par exemple en voyant sa nourrice mettre son bonnet ou son manteau, il *devine* la promenade, la sortie au grand air. Ces souvenirs se rapportent à tout ce qu'il a vu dans une promenade précédente, sur le banc où sa nourrice s'est reposée, sur la place où il se faisait quelque exercice ou quelque parade militaire. Il revoit, par exemple, « le banc vert sur lequel sa nourrice s'est assise avec lui et, avec cette image, toute une série d'images associées : un grand arbre aux branches mouvantes, un beau nuage blanc dans un lambeau de ciel bleu, le gracieux visage d'un petit enfant qui l'a embrassé et lui a fait toucher ses jouets; ensuite un chien tacheté de blanc et de brun, qui est venu mettre ses pattes sur la robe de l'enfant et lui lécher le visage; puis un homme au costume rouge et bleu dont le grand sabre luisait et faisait grand bruit, puis un homme de même apparence qui a passé près de l'allée en frappant sur un tambour; un cheval au

galop qui n'a pas tardé à passer dans la même direction, et plusieurs hommes habillés de rouge et de bleu
avec des bâtons étincelants sur leurs épaules; enfin,
une lourde charrette qui heurtait le pavé à grand bruit,
et tout aussitôt une femme laide, mais souriante,
offrant de beaux gâteaux dans un panier. » Voilà une
suite d'idées, ou plutôt d'images. Mais quelle est la
tendance de ces images, surtout lorsque le cerveau de
l'enfant vient d'être reposé par un sommeil profond et
que le sang y afflue et s'y diffuse ? Cette tendance,
c'est de ne plus former simplement une *suite*, mais de
s'organiser en *tableau*. L'enfant voit ensemble toutes
ces images; il ne s'arrête spécialement sur aucune
d'elles, ou, du moins, il va très vite de l'une à l'autre,
le tableau restant présent dans son ensemble ; et cela
constitue un acte d'imagination, acte complexe où il
y a à la fois évocation et organisation des images, suc-
cédant tout à coup à l'action éparpillée et flottante de
la simple association et de la simple mémoire. Mais
voici maintenant un degré de plus. L'enfant se ren-
dort, d'un sommeil plus léger, plus favorable aux
rêves; et ici, nous allons trouver la preuve du travail
mental intense qui se fait spontanément dans cet esprit
encore si jeune : « Si, en effet, dit M. Perez, la série
conçue dans le rêve était la fidèle imitation des impressions réelles, d'où viendraient ces contractions
violentes de la face, ces contorsions des membres, ce
rire désordonné, ces poses extatiques, ces cris déchi-
rants, ces tressaillements pénibles à voir, tous ces
signes évidents de sensations et d'émotions intenses,
puisque les réalités dont le souvenir forme le tissu des
rêves n'ont pas toujours excité chez l'enfant pareilles

manifestations ? Il faut qu'il se soit produit dans son cerveau halluciné un changement considérable, qui a atteint les proportions des images et leurs rapports mutuels. » Ce travail mental intense, c'est bien déjà vraiment celui de l'imagination poétique, le même qui se retrouvera plus tard chez les artistes, chez les poètes, lorsqu'ils changeront les proportions et les rapports des choses, pour en tirer des effets tantôt gracieux et charmants, tantôt terrifiants et sublimes. L'enfant de quelques mois est déjà un poète à sa manière ; seulement il ne peut l'être qu'à la faveur du rêve, parce que, dans cet état seul, il est assez indépendant des impressions actuelles de la réalité, pour que le mélange et la fusion des images puisse se produire ; et voici, par exemple, comment ils se produiront : « Le grand cheval aura pris la place et le rôle du chien caressant : il avancera, en poussant un hennissement terrible, ses gigantesques naseaux vers le visage de l'enfant ; le gâteau, dont un morceau avait été happé par le chien, sera saisi par les grosses lèvres du cheval, qui s'enfuira emportant la bonne et le petit enfant vers la charrette étourdissante ; et ainsi de suite, jusqu'à ce que l'horreur parvienne à son comble, et qu'après de fortes contorsions l'enfant s'éveille en poussant un grand cri. »

— L'imagination allégorique, qui tient dans les œuvres de l'art et de la poésie une place déjà considérable, car c'est à elle que nous devons les allégories proprement dites, les métaphores et les proverbes métaphoriques, pourrait presque être définie l'imagination des enfants et des peuples enfants ; c'est par elle, en effet, que l'esprit humain a pénétré par degrés dans la sphère des vérités morales.

L'homme n'est primitivement en rapport qu'avec le monde physique, dont les impressions l'assiègent de toutes parts et pénètrent en lui par tous les sens à la fois. Les vérités morales sommeillent au fond de sa conscience. Les premiers sages, qui étaient en même temps des poètes, ont su les en tirer par des paraboles et des fictions.

L'imagination allégorique crée donc surtout des rapports ; en d'autres termes, ses créations ne sont guère autre chose que des *traductions*. Mais qu'importe? Eclairer les choses de l'ordre moral par les choses de l'ordre physique, c'est développer considérablement la moralité humaine ; car, l'homme saisissant plus vite ce qui tombe sous ses sens que ce qui s'adresse directement à son esprit, toute intuition heureuse qui lie fortement une vérité morale à un symbole matériel nous rend par cela seul cette vérité toujours présente et lui permet de porter tous ses fruits.

L'enfant, comme l'homme primitif, a besoin qu'on lui facilite l'accès à la vérité morale, et qu'on lui en déguise l'austérité en y mêlant le charme de la poésie et de la fiction. Plusieurs poètes, par exemple Lucrèce et le Tasse, ont comparé cela au miel dont on recouvre un breuvage amer pour décider l'enfant à le boire et pour lui rendre ainsi la santé. D'autres ont dit que la vérité est nue et que la fiction lui prête son manteau. L'enfant, en tout cas, aime à se laisser conduire au bien par cette voie indirecte. Il aime franchement les contes moraux; il lui plaît de les voir aboutir peu à peu au dénouement juste, à la sage leçon qu'il pressent et qu'il désire; il aime aussi la fable, parce qu'il découvre spontanément en elle un petit drame moral,

qui s'agite entre divers personnages, dont les uns lui
sont sympathiques et les autres antipathiques. Il est
même tout prêt à en comprendre la conclusion détournée, et c'est se défier outre mesure de son intelligence
que de le croire incapable de démêler, par exemple,
tout ce qu'il y a de vérité ironique au fond de la célèbre morale qui termine *le Loup et l'Agneau :*

La raison du plus fort est toujours la meilleure.

Bien commentées par un maître habile, les fables de
La Fontaine constituent pour lui un premier répertoire
de philosophie pratique, qui suffit aux besoins de son
âge et dont les aphorismes sont comme des pierres
d'attente pour un édifice moral qui se construira plus
tard.

— Quant à l'imagination créatrice, on ne peut guère
attendre qu'une faculté si visiblement dominatrice joue
un bien grand rôle dans la pensée, encore si incertaine
et si vacillante, de l'enfant ; elle s'y trouve néanmoins ; on peut en constater la présence et déjà même,
dans une certaine mesure, l'action sous diverses
formes nettement déterminées, qui sont comme autant
d'ébauches d'un développement futur.

Contentons-nous de signaler brièvement les plus
essentielles.

Ce sont, par exemple : 1° L'*imagination amplificative.* Amplifier, c'est déjà, dans une certaine mesure,
idéaliser ; ne pouvant encore concevoir les choses
comme plus belles ou comme plus parfaites, parce que
cela exige une construction mentale compliquée dont les
éléments ne sont point encore à leur disposition, les
enfants aiment du moins à les concevoir plus grandes.

De là l'exagération dans leurs récits, leur tendance à enchérir les uns sur les autres ; de là aussi leur amour du merveilleux, de ce qui dépasse les proportions et les forces de l'humanité.

2° L'*imagination inventive*. Elle se déploie dans leurs jeux ; elle les pousse à en varier les conditions, à reprendre sous une autre forme ce qui ne leur a point réussi, à trouver quelque chose de nouveau, qui, par cela seul, soit *bien plus amusant*.

3° L'*imagination de l'avenir*. C'est par elle que l'enfant découvre et affirme sa vocation. Il s'éprend à l'avance d'un certain genre de vie ; il y place son idéal. Il rêve surtout certaines carrières qui lui paraissent plus brillantes que les autres, sans doute parce qu'il les aperçoit à travers le prestige de quelques dehors brillants, par exemple d'un bel uniforme. Il se voit élève de l'Ecole polytechnique, officier de cavalerie ou officier de marine ; on développe facilement en lui une vocation de marin, en lui parlant du *Borda*[1]. En même temps, il se voit mêlé à de grandes actions, à des entreprises, à des aventures ; il aime à dire, non sans quelque emphase :« Quand je serai grand ! »

III

Les biens et les maux de l'imagination.

1. Importance générale de l'imagination. — Son rôle utile dans la vie morale. Elle est l'auxiliaire de la raison dans l'accomplissement du devoir. Elle est, pour ceux qui n'ont pas souffert, le seul principe possible de la sympathie. — Son influence sur le bonheur de la vie. Joies de la littérature et de l'art. Consolations dans les ennuis et les épreuves.

1. Alphonse Daudet, *l'Evangéliste*.

2. Revers de la médaille. Actions perturbatrices exercées par l'imagination. — Instabilité du caractère et des idées; chez les hommes de génie; chez les natures faibles. — Crédulité pathologique. Les malades imaginaires. Les théophilanthropes; les spirites. Vertige moral et contagion morale. Communication du fanatisme. Propagation des types nouveaux et des raffinements nouveaux de crimes. — Inaptitude à la vie active. Les *imaginaires*. Les esprits chimériques ou romanesques.

3. L'éducation des facultés imaginatives considérée à la fois comme une culture et comme une discipline. — Dans quelle mesure elle est l'une et l'autre, suivant les diverses catégories d'esprits ou de caractères.

1. L'éducation de ces diverses facultés imaginatives tient dans notre système d'études une large place, qu'il est nécessaire de lui conserver, mais tout en tenant compte des indications de l'expérience et de quelques données nouvelles de la psychologie.

On ne saurait, en effet, trop rappeler le rôle important que joue dans le développement intellectuel et moral de la nature humaine cette faculté de l'imagination, que quelques positivistes considéreraient volontiers comme accessoire ou même superflue.

D'abord, bien que la raison soit en nous la faculté la plus essentielle, c'est au concours de l'imagination qu'elle doit toute sa puissance pratique. La *froide raison* discerne le bien, donne la formule de l'obligation; mais elle ne communique point aux âmes (à toutes, du moins) l'impulsion nécessaire pour s'y conformer jusqu'au bout et sans faiblesse. Il lui faut le concours de l'imagination, cette faculté de l'enthousiasme. « Nous n'avons point assez de force, a dit La Rochefoucauld, pour suivre toute notre raison. » Elle nous laisse en chemin. L'idée du devoir, si claire et si précise qu'on ait pu la mettre dans nos esprits, a besoin d'être soutenue par la représentation imagée, vivante, quelquefois passionnée, de ce même devoir.

En outre, pour tous ceux qui n'ont pas souffert eux-mêmes, l'imagination est l'indispensable base de la sympathie. Pour partager les maux d'autrui, pour les soulager surtout, il faut d'abord avoir une aptitude suffisante à se les représenter. « Cœur sec, pourrait-on dire, imagination pauvre ; » et réciproquement. Beaucoup de personnes que nous accusons de dureté de cœur s'attendriraient, sans doute, si leur imagination, plus vive et plus présente, leur mettait sous les yeux des souffrances dont elles ne se représentent pas la poignante réalité.

— Indépendamment de son action sur la vie morale, l'imagination, bien dirigée, exerce aussi une influence considérable sur le bonheur de la vie.

En premier lieu, nous lui devons les joies de l'esprit, les plaisirs de la littérature et ceux de l'art. C'est une vie nouvelle et plus large qui s'ouvre devant nous, mais qui se concilie sans peine avec les exigences et les obligations de la vie proprement dite. Elle nous en repose sans nous en distraire. C'est, comme nous l'appellerons tout à l'heure, une *activité de jeu*, qui répare et qui retrempe nos forces. Après s'y être livré quelque temps, l'homme se retrouve plus sûr de lui-même en face des travaux et des épreuves. On peut croire que cet effet si heureux se produit plus ou moins sur tout le monde. Peu importe que nous ayons par nous-mêmes l'imagination riante ou sombre, l'action pacifiante du beau dans l'art ou dans les lettres se fait toujours sentir à quelque degré. « Je n'ai jamais eu de chagrin, écrit Montesquieu, qu'une heure de lecture n'ait dissipé. » Mais si, en outre, la nature a mis en nous une disposition optimiste, l'imagination nous console facilement des douleurs présentes par les perspectives d'un avenir réparateur. L'espérance est une prise de possession actuelle, parfaitement légitime et parfaitement effective, de ce qui, peut-être, ne se réalisera jamais. Qu'importe donc la réalisation elle-même, puisque l'effet utile est dès à présent produit ! D'ailleurs, cette forme optimiste de l'imagination, qu'on peut toujours ébaucher au moins chez l'enfant par une bonne éducation du caractère et par de douces influences, ne saurait jamais avoir d'effets vraiment pernicieux : « Si elle nous prépare des déceptions pour l'avenir, elle nous aide, dit excellemment M. Marion, à les supporter; elle nous console du mal même qu'elle nous fait, fût-ce en nous préparant déjà d'autres illusions ; car elle est infatigable et ne perd jamais sa vertu inventive. »

2. A la vérité, la médaille pourrait bien avoir un revers. En face de ces bienfaits possibles de l'imagination, divers moralistes ont mis le tableau d'un assez grand nombre de maux, dont elle serait, d'après eux, le seul principe.

D'abord, on l'a accusée de créer en nous une disposition dangereuse à l'instabilité des idées et du caractère, et cela d'autant plus qu'elle est elle-même plus développée.

C'est ainsi que deux physiologistes philosophes, le D* Lélut, dans son *Démon de Socrate*, dans son *Amulette de Pascal*, et Moreau (de Tours), dans sa *Psychologie morbide*, ont soutenu que les hommes de génie sont tout particulièrement exposés à cette instabilité psychique et que, bien souvent du moins, elle confine

chez eux à l'hallucination et à la folie. « Le génie,
a-t-on dit, est une névrose. » D'après cette formule, il
y aurait chez tout homme de génie, en raison même
de l'originalité de sa nature et de la prédominance en
lui des facultés imaginatives, une tendance à la bizarrerie, à l'excentricité, à la manie. Quelques-uns des
plus grands hommes dont l'humanité s'honore, un
Socrate, par exemple, ou un Pascal, n'auraient été, au
fond, que des hallucinés. L'exaltation maladive de leur
sensibilité serait un des facteurs de leur génie, et la
supériorité qu'ils ont eue sur les autres hommes tien-
drait simplement à un heureux concours de circonstances qui aurait empêché la déviation finale de leurs
sentiments et de leurs idées.

Laissons de côté l'évidente exagération paradoxale
de quelques points de cette thèse. Il reste vrai que le
génie a ses petits côtés et que, parfois, il se mêle à son
éclat beaucoup de petits ridicules et de petites misères.
Certains hommes de génie portent dans leurs sentiments, dans leurs enthousiasmes, une exaltation qu'on
peut considérer comme plus ou moins pathologique.
D'autres ont un orgueil intolérable, qui les pousse à
s'isoler du reste de l'humanité, oubliant que, s'ils sont
grands, c'est peut-être qu'ils sont soutenus par un
mouvement d'idées formé en dehors d'eux et que,
comme on l'a dit ingénieusement, « ils sont portés sur
les épaules des autres. » Il en est, enfin, qui paient
d'une autre manière encore la rançon de leur supériorité. Ils se tourmentent de tout, se rendent malheureux comme à plaisir ; leur impressionnabilité
raffinée les dispose à s'exagérer toute cause de chagrin,
à souffrir de la plus petite piqûre d'amour-propre, à

ne pouvoir supporter une contradiction, une épreuve, un échec. En un mot, il y a presque toujours, chez les hommes de génie, soit sous une forme, soit sous une autre, un défaut de pondération et d'équilibre, qui exerce sur leur conduite ou sur leur bonheur une influence funeste.

— Or, si l'imagination crée ainsi, chez des hommes qui représentent l'élite de leur espèce, cette instabilité du caractère ou de l'esprit, à plus forte raison doit-il en être de même pour les natures moins parfaites, en qui elle ne s'allie pas à un ensemble de dons supérieurs. *L'imagination a ses malades*, au premier rang desquels nous trouvons précisément les personnes qu'on appelle, au propre sens du mot, des malades imaginaires. On sait en quoi consiste le désordre de leur esprit. Le moindre trouble organique dont elles ont le sentiment confus les inquiète et les agite. Le moindre craquement qu'elles se figurent entendre dans leur machine les terrifie, les affole. Elles sont *frappées*, et, dans cet état, elles subissent toutes les suggestions. Comme Molière l'a plaisamment noté dans *le Malade imaginaire*, il suffit qu'on leur nomme les maladies pour qu'elles croient aussitôt les ressentir ; elles tombent en imagination « de la bradypepsie dans la dyspepsie, de la dyspepsie dans l'apepsie ». Mais ce n'est là qu'un cas particulier de la maladie propre de l'imagination. Cette maladie est une espèce de *crédulité*, non passive, comme celle du niais ou de l'idiot, mais, au contraire, active, impatiente de se déployer, et qui s'empare de toute suggestion qu'on lui fournit pour entrer en mouvement et pour enchérir sur elle. Il y a autour de nous des milliers de personnes dont l'esprit est dans cet état perpétuel d'équilibre instable, de telle sorte qu'il suffit de la moindre secousse pour déterminer dans leur cerveau l'apparition de quelque idée délirante, le plus souvent endémique ou contagieuse. C'est ainsi que toutes les superstitions courantes, toutes les idées folles qui, à un moment donné, *sont dans l'air*, trouvent en elles une proie facile. C'est parmi elles que se recrutent les adhérents des religions nouvelles, les théophilanthropes de 93, les spirites d'aujourd'hui. Le besoin de merveilleux qui est, à l'état latent, au fond de toutes les âmes prend chez elles des proportions étranges, qui les disposent à accepter, à propager toute pratique bizarre où elles croient trouver une satisfaction à ce besoin, comme, par exemple, il y a une trentaine d'années, celle des *tables tournantes.*

— La surexcitation morbide de l'imagination ne trouble pas seulement les idées, elle trouble aussi les actions. C'est, en effet, une loi, aujourd'hui bien connue, que l'image est essentiellement motrice ; imaginer un mouvement, c'est déjà le produire à un certain degré ; se représenter fortement une action, c'est, même à son insu, donner aux muscles le branle initial qui en prépare la réalisation, qui l'ébauche même dans une certaine mesure. On a expliqué ainsi le *vertige physique ;* c'est, a-t-on dit, l'idée de la chute, présentée à l'esprit sous une forme vive, qui provoque et détermine la chute. L'explication peut être étendue au *vertige moral.* Il consiste, lui aussi, dans le travail intérieur d'une idée qui, de proche en proche, aboutit à un acte. A force de se représenter vivement une vengeance possible, on arrive, sans trop s'en rendre compte, sans le vouloir, du moins, expressément, à tout disposer en soi et autour de soi pour que cette vengeance éclate tout à coup, s'il vient à se produire une circonstance favorable. Voilà pourquoi il y a une grande propriété dans cette expression : « *nourrir* des projets de vengeance. » On croit n'entretenir en soi que des idées inoffensives et impuissantes ; on se trompe : ces *idées* sont des *forces*, et elles grandissent peu à peu. Mais ce n'est pas tout. Le *vertige moral* se complète bien souvent par la *contagion morale*. Ce n'est plus directement, c'est en passant d'un cerveau dans un autre que les idées acquièrent ainsi un caractère dynamique. On le voit bien dans le cas des fanatiques. Presque toujours, ils ne sont que des disciples. L'idée délirante a germé d'abord dans d'autres esprits, où elle est restée, pour ainsi dire, à l'état théorique, ne se répandant que par des prédications plus ou moins déclamatoires, jusqu'au moment où elle trouve son terrain favorable dans une âme ardente, qui la recueille pour la traduire en action. De même, c'est sous l'influence du vertige moral que certains types de crimes nouveaux ou de raffinements criminels s'établissent à une certaine époque, propagés d'une âme à une autre sous l'influence d'une sorte d'*idéal retourné*.

— L'idéal, en effet, a une double face ; il n'est pas moins tourné du côté du mal que du côté du bien ; car, considéré en lui-même, il n'est que la nature d'une chose, bonne ou mauvaise, élevée à son plus haut degré. On peut donc déjà se demander, de ce chef, si l'homme d'imagination n'est pas exposé aussi bien, par la prédominance de cette faculté, à subir l'attrait de la dépravation et du vice que celui de la vertu et du devoir.

Mais quelques personnes vont plus loin. Elles se demandent si l'imagination, comme faculté de l'idéal, n'est pas absolument mauvaise et dangereuse, même quand on ne considère l'idéal que sous ses formes séduisantes et nobles. Elles font remarquer que la préoccupation de l'idéal, quel qu'il soit, détourne l'homme du réel, le rend impropre aux devoirs de la vie et quelquefois l'en dégoûte. Il y a ainsi parmi nous des *imaginaires,* c'est-à-dire des hommes qui vivent dans un rêve éveillé et qui, seuls face à face avec leur chimère, en arrivent à ne plus rien voir de ce qui se passe autour d'eux. Chez d'autres, l'égarement est plus funeste encore : trop épris de quelque idéal de perfection irréalisable, ils cherchent dans cette vie ce qu'elle ne peut leur donner, s'irritent de ne le rencontrer jamais, se désintéressent finalement de tout, tombent dans la mélancolie et la misanthropie, ou, quelquefois encore, par dédain de ce qui est vulgaire, se jettent dans des écarts de condüite ou des extravagances voulues ; de là tous les égarements possibles de ceux que l'on appelle des *esprits romanesques.*

3. Quand on réfléchit sur toute cette diversité des biens et des maux de l'imagination, on voit que l'éducation de cette faculté doit avoir, elle aussi, une double face. Il faut qu'elle soit, tout ensemble, une *culture* et une *discipline.* L'imagination doit être cultivée en vue des biens dont elle est pour nous la source, et elle doit en même temps être disciplinée en raison des excès de toute sorte auxquels elle nous expose. Cette formule, d'ailleurs, a besoin d'être bien interprétée. Elle ne signifie pas que l'éducation de l'imagination doive être également donnée à tous sous cette double forme. Il y a des intelligences naturellement lentes et froides, qui ont besoin d'être continuellement excitées et échauffées; elles réclament donc surtout une culture raisonnée et méthodique de leurs facultés imaginatives; il y en a d'autres, au contraire, qui risquent sans cesse de se laisser entraîner par les ardeurs de leur tempérament et qui ont besoin surtout qu'on les contienne et qu'on les calme; c'est une discipline qu'il leur faut de préférence.

Une sage éducation artistique et littéraire peut remplir également ce double but, c'est-à-dire exciter et contenir à la fois l'imagination dans une juste mesure. Mais nous ne pourrons donner sur ce point que quelques courtes indications, après avoir résumé d'abord les points tout à fait essentiels de l'esthétique.

IV

Notions élémentaires d'esthétique. — Le beau.

1. L'esthétique, science du beau et de l'art. — Caractère complexe de l'émotion esthétique, à la fois sensation et sentiment.

2. Nature du beau. — Différences qui séparent le beau de l'agréable, de l'utile, du vrai et du bien. — L'indépendance de l'art vis-à-vis de la morale et de la science n'exclut pas certains rapports du beau avec le bien et le vrai. — L'émotion esthétique n'est parfaitement pure que quand la beauté s'accorde avec la bonté morale et avec la vérité. — Examen critique de diverses définitions du beau. L'unité dans la variété; la synthèse de l'infini et du fini; la *splendeur du vrai* ou l'idée sous une forme sensible. — Le beau est ce qui détermine en nous une *activité de jeu*, c'est-à-dire l'essor spontané et désintéressé de nos facultés imaginatives.

3. Eléments du beau. — Théorie antique reprise par Schiller. La grâce et la dignité. — Etude de la grâce. Herbert Spencer. M. Fouillée. — Analyse de la dignité : grandeur, puissance, unité, ordre.

4. Degrés du beau. — Le joli, le sublime, le beau proprement dit. — Le domaine esthétique de l'enfance, c'est le joli et le gracieux. — Le joli n'est pas pour l'enfant, comme pour nous, un degré du beau ; c'est le beau tout entier.

5. Problème général de l'éducation esthétique : élever l'enfant du sentiment du joli au sentiment du beau. — Pourquoi l'enfant ne peut franchir immédiatement cette distance. — Conditions psychologiques du sentiment du beau. — La poésie, indépendamment de sa beauté intrinsèque, est l'auxiliaire le plus précieux dont nous puissions faire usage pour exciter et pour élargir les facultés imaginatives de l'enfant.

1. L'esthétique se définit : la *science du beau et de l'art.*

Elle est très bien nommée, du mot grec *esthésis*[1], qui signifie à la fois *sensation* et *sentiment;* car le beau s'adresse à la fois et indivisiblement en nous à la sensibilité physique et à la sensibilité morale ; il les excite à se déployer en parfaite harmonie l'une avec l'autre, abstraction faite de tout intérêt pratique qui leur enlèverait la pleine liberté de leur essor.

Analysons une émotion esthétique, et nous verrons qu'elle a presque toujours un caractère mixte. Quand nous admirons un tableau ou une statue, nos yeux sont d'abord charmés par l'impression toute sensorielle de l'éclat ou du contraste des couleurs, par la pureté des lignes, quelquefois même par la beauté intrinsèque de tel marbre de Carrare ou de Paros dont cette statue est tirée; c'est la *partie matérielle* de l'émotion. Mais ensuite, l'esprit va au delà ; il saisit l'harmonie de ces lignes ou de ces couleurs, la contribution de chacune d'elles à l'effet d'ensemble; il pénètre jusqu'à l'idée qui se cache sous le symbole, il sympathise avec la pensée, avec l'âme du statuaire ou du peintre; c'est l'*élément moral* du plaisir esthétique. De même, quand

---

1. Αἴσθησις.

nous écoutons une sonate de Mozart, une symphonie
de Beethoven, l'oreille est d'abord *caressée* par les sons ;
ensuite seulement, l'âme est *ravie* par les rapports
qui les relient entre eux, par la perception d'un sentiment qui passe de l'âme du compositeur dans la nôtre
sous l'influence du rythme musical.

En d'autres termes, le plaisir esthétique est à la fois
une satisfaction des sens et une joie de l'esprit ; mais
nous allons mieux saisir le rapport de ces deux
éléments qui le constituent en passant en revue les
principales définitions qu'on a données du *beau*, objet
de ce plaisir, et en séparant d'abord le beau lui-même
de tout ce qui lui ressemble, mais sans se confondre
avec lui.

2. D'abord, le beau n'est pas la même chose que
l'*agréable*. Quelques-unes de nos perceptions, par
exemple celles qui nous viennent de l'odorat et du
goût, sont agréables sans être belles. En revanche,
beaucoup de choses sont belles qui, loin de nous
agréer, produisent en nous une impression douloureuse. Médée égorgeant ses enfants nous fait fris-
sonner ; et cependant la représentation dramatique
de la passion qui agite son âme est souverainement
belle.

La différence est, peut-être, plus grande encore
entre le beau et l'*utile*. Ce n'est pas que quelques philosophes n'aient cru saisir entre eux une relation qu'ils
ont poussée jusqu'à l'identité. Ainsi Socrate reliait ces
deux notions dans l'idée commune de la *convenance*.
Il disait qu'une chose est en même temps utile et belle
quand elle convient à sa fin ; il en concluait qu'une
marmite qui supporte bien le feu et dont on peut se

servir utilement est par cela même une « belle marmite. »

Kant, au contraire, a séparé nettement ces deux formes de la convenance quand il a défini le beau une *finalité sans fin*. Cela revient à dire qu'il y a dans les choses belles une *finalité intérieure*, mais non une *finalité externe*. Elles se rapportent dans toutes leurs parties à une fin idéale, qui est leur beauté même ; mais elles ne servent à rien, elles ne sont point *utiles*. Loin de là, beaucoup de choses ne commencent à nous sembler belles que quand nous cessons de les considérer comme utiles ; des armes de luxe, qu'on met dans une panoplie, sont belles, mais on ne s'en sert pas pour le combat ; une coupe ou un plat de Bernard Palissy est une œuvre d'art, mais personne ne songerait à s'en servir à table.

— Le beau ne saurait être davantage confondu avec le *vrai* ou avec le *bien*.

Non qu'il n'y ait entre ces choses une étroite parenté. Nous avons raison, en un certain sens, lorsque, pour exprimer une action généreuse ou héroïque, nous disons : une *belle action*, une *action d'éclat*. D'autre part, ni Boileau n'a eu complètement tort de dire :

> Rien n'est beau que le vrai, le vrai seul est aimable,

ni Alfred de Musset de lui répondre :

> Rien n'est vrai que le beau, rien n'est vrai sans beauté;

mais de ces formules il faut simplement conclure qu'il y a entre le beau, d'une part, le vrai et le bien, de l'autre, une *affinité naturelle* et qu'ils tendent, par une loi de leur propre essence, à se compléter natu-

rellement. Le beau ne doit pas être le serviteur du bien
et du vrai ; il ne doit pas s'y rapporter comme un
moyen se rapporte à sa fin ; il cesserait alors d'être leur
égal, d'avoir un caractère absolu. Le beau et l'art ont
leur valeur indépendante, leur dignité propre ; ils ont,
en un sens, leur fin en eux-mêmes ; l'œuvre d'art n'est
pas forcée de *prouver quelque chose ;* elle ne doit pas
être employée, exclusivement surtout, à dogmatiser
ou à prêcher. A ce point de vue, on peut, on doit
même admettre une formule qui a fait quelque bruit
en son temps : le beau pour le beau, *l'art pour l'art.*
La juste mesure et la vérité sur ce point, c'est
que le beau et l'art ayant pour fin la représentation du libre jeu de nos facultés, s'ils ne s'adressent
pas, dans une certaine mesure, au bien et au vrai, ils
laissent en dehors de leur sphère d'action les deux
choses qui sont les plus dignes de passionner, d'enthou-
siasmer, et qui, par suite, excitent le plus vivement
nos facultés ; ils renoncent à puiser aux deux sources
qui sont à la fois les plus pures et les plus abondantes ;
et, s'ils vont directement contre la moralité ou la vérité,
alors ils soulèvent une protestation de la conscience,
une révolte de la raison ; le libre jeu de nos facultés,
qui est leur fin propre, se trouve ainsi diminué ou
entravé. C'est donc un *intérêt,* presque un *devoir,*
pour l'art que de chercher ses inspirations dans le sens
de ce qui est vrai et de ce qui est bien ; mais il peut
arriver qu'il ne le fasse pas et qu'il reste tout de même
l'art ; le beau s'achève au contact du bien et du vrai ;
mais il peut y avoir des choses belles qui ne soient pas
en même temps ou bonnes ou vraies. Des bœufs au
pâturage de Paul Potter ou de Troyon, une marine de

Vernet, des ruines d'Hubert Robert sont de belles
choses; où est leur moralité? Une chimère, un hippo-
griffe, une centauresse, produisent dans l'art décoratif
de délicieux effets; où est leur vérité? Inversement,
des choses vraies ou bonnes peuvent ne pas être belles;
il n'y a pas de beauté dans un théorème de géométrie;
il n'y en a pas beaucoup plus dans l'accomplissement d'un devoir journalier, lorsqu'il est machinal ou
vulgaire.

— Si le beau n'est ni l'agréable, ni l'utile, ni le vrai,
ni le bien, quelle est donc son essence? On a essayé
de la définir par un certain nombre de formules incomplètes ou vagues. On a dit, par exemple : « Le beau,
c'est l'unité dans la variété. » Mais cette formule peut
convenir à tout ; elle s'appliquerait aussi bien à l'utile
qu'au beau ; une machine, dont toutes les parties, tous
les rouages, convergent vers la même fin, présente
évidemment une variété dominée par l'unité. On a dit
encore : « Le beau, c'est la synthèse de l'infini et du
fini. » Mais il est difficile de comprendre que l'infini,
à moins qu'on ne prenne ce mot dans son acception
antique, puisse être un élément du beau; l'infini n'a
pas de forme et ne peut pas jouer un rôle dans la constitution de la forme. Cette définition ne pourrait donc
être comprise que si on l'entendait dans un des deux
sens suivants : ou bien, le beau est ce qui, à l'occasion
d'une forme finie, éveille dans l'âme le sentiment de l'infini ; ou bien, le beau, c'est ce qui plaît à l'esprit, par
l'intuition d'une forme finie (c'est-à-dire déterminée,
arrêtée), au delà de laquelle l'imagination devine et
poursuit quelque chose d'infini (c'est-à-dire d'indéterminé, de mystérieux). Nous retrouverons, en effet,

cette dernière conception en parlant tout à l'heure de
la poésie.

Une autre définition, qu'on a attribuée à Platon, est
plus profonde et plus voisine de la vérité ; elle doit,
cependant, être finalement éliminée pour les mêmes
raisons qui nous défendent d'admettre une trop étroite
dépendance du beau par rapport au vrai ou au bien.
Le beau, d'après cette définition, serait la *splendeur
du vrai*. On pourrait tout aussi bien dire, dans le même
ordre d'idées : la *splendeur du bien*. Victor Cousin,
par exemple, n'hésite pas à déclarer qu'une vérité
morale est toujours exprimée, d'une manière plus ou
moins directe, par toute œuvre sérieusement belle.
Quant à la formule même : *la splendeur du vrai*, elle
a été traduite en langage plus moderne par cette autre :
l'idée sous une forme sensible. On ne saurait traiter
ces formules avec dédain ; elles signifient non pas que
le vrai est nécessairement beau par lui-même, mais
que le vrai devient beau et que l'idée devient esthétique aussitôt qu'ils se présentent à nous sous une
forme *splendide, saisissante* ou *radieuse,* qui frappe
vivement notre imagination ou nos sens. Ainsi, telles
lois mathématiques qui, par elles-mêmes, n'ont rien
d'esthétique, deviennent belles dans l'ordre du monde,
dont elles sont, pour ainsi dire, les supports. Le vrai
devient beau dans ses manifestations sensibles, pourvu
qu'elles aient un degré suffisant de grandeur ou de
force. De même, le bien et le devoir, qui, dans leurs formules abstraites, n'ont rien d'esthétique, deviennent,
suivant le cas, ou beaux ou sublimes quand l'imagination nous les présente sous la forme d'un acte ou
d'une détermination héroïque. Mais cela même prouve

que ce qui, en dernière analyse, fait la beauté, c'est
l'essor que communiquent à notre imagination les
choses que nous appelons belles.

— C'est là, en effet, qu'il faut arriver. Le beau ne
se fait qu'en nous et par nous. Il est *en puissance* dans
les choses; mais il ne passe *à l'acte* que sous l'influence de l'excitation qu'elles donnent à nos facultés
imaginatives. On exprime cela en disant que le beau
est *ce qui détermine en nous une activité de jeu*, c'est-
à-dire une activité par laquelle nos facultés se déploient
pour elles-mêmes, indépendamment de toute application utile, de tout but pratique, et jouissent de cette
expansion désintéressée qui se produit en elles. Ainsi
le beau est intimement lié à l'imagination, et il lui est
lié par un rapport réciproque; il n'est que par elle,
mais, dans un autre sens, elle n'est que par lui; car,
si c'est l'imagination de l'homme qui crée le beau,
c'est le sentiment et le spectacle du beau qui suscitent
l'imagination de l'enfant.

Mais, avant de revenir sur ce point, il faut étudier
de plus près les éléments, les formes et les degrés du
beau.

3. Les anciens se faisaient une idée très simple et
très nette des éléments dont se compose la beauté.

Ils distinguaient en elle une sorte d'élément féminin,
qu'ils appelaient la grâce (*venustas*), et un élément
plus viril, qu'ils appelaient la dignité (*dignitas*).

« Il y a, dit par exemple Cicéron, deux sortes de
beauté, la *grâce* et la *dignité;* la grâce est le partage
de la femme, la dignité est l'apanage de l'homme. » Et,
tirant de là une leçon à l'usage des jeunes gens, il
ajoute : « Eloignons donc de notre extérieur toute

parure qui ne serait pas digne d'un homme et gardons-nous de tout geste qui aurait quelque chose d'efféminé. »

Cette distinction, familière aux anciens, a été reprise par quelques esthéticiens modernes, spécialement par Schiller[1]. Elle peut, tout au moins, nous servir à passer en revue les parties essentielles du beau.

— Voyons d'abord quelle est la nature de la grâce.

M. Spencer, dans ses *Essais d'esthétique*, a écrit, sur ce sujet de la grâce, un très curieux passage : « Un jour, dit-il, voyant dans un théâtre à Londres une danseuse exécuter, au grand applaudissement des spectateurs, les pirouettes les plus fantastiques, je fus choqué de ce qu'il y avait de forcé dans ses mouve-

---

1. D'après Schiller, ces deux éléments, la grâce et la dignité, sont à tel point nécessaires pour constituer une chose vraiment belle que le triomphe de l'art, c'est d'introduire la grâce dans les actions qui, par elles-mêmes, présenteraient peut-être un excès de dignité et, inversement, d'introduire la dignité dans les choses dont la grâce risquerait de dégénérer en afféterie ou en mollesse. Ainsi, « la dignité étant implicitement contenue dans l'idée de la vertu, qui, par sa nature même, suppose déjà une domination de l'homme sur ses instincts, » ce que nous devons demander, esthétiquement, à la vertu, ce n'est pas la dignité, c'est la grâce. Au contraire, la grâce étant naturelle à l'inclination, « qui est la liberté même de la nature physique et qui exclut toute idée de contrainte, » ce que nous devons demander à l'expression esthétique de l'inclination, ce n'est pas la grâce, mais la dignité.

Pour une raison analogue, « on veut de la grâce chez celui qui oblige, de la dignité chez la personne obligée ». Le premier, pour se défaire d'un avantage qu'il a sur l'autre et qui pourrait blesser, devra donner à son action, bien que sa décision ait été désintéressée, le caractère d'un mouvement affectif, par la part qu'il y laisse prendre à l'inclination, et avoir ainsi l'air d'être celui des deux qui y gagne le plus. L'obligé, pour ne point compromettre en sa personne, par la dépendance où il se met, l'honneur de l'humanité, doit élever ce qui n'est qu'un pur mouvement de l'instinct à la hauteur d'un acte de sa volonté et ainsi, au moment où il reçoit une faveur, paraître en quelque sorte en accorder une autre.

« De même encore, il faut reprendre avec grâce et avouer ses torts avec dignité. Mettre de la dignité aux remontrances, c'est se donner l'air d'un homme trop pénétré de son avantage ; mettre de la grâce dans une confession, c'est trop oublier l'infériorité où nous place notre faute. »

ments, et je ne pus m'empêcher de remarquer que si, parmi ces mouvements, il s'en glissait comme par hasard quelques-uns qui fussent gracieux, c'était précisément ceux qui exigeaient le moins d'efforts. » Il conclut de là que ce qui constitue essentiellement la grâce, c'est l'absence d'effort, ou, peut-être, plus exactement, l'effort dompté et voilé. Il y a de la grâce dans les mouvements, toutes les fois qu'ils s'accomplissent suivant des lignes onduleuses et souples, comme ceux du patinage, et que, ménageant la puissance des muscles, ils atteignent leur but avec la moindre dépense possible de force; il y en a dans les attitudes, toutes les fois qu'elles sont simples, dépourvues d'embarras et de contrainte, comme chez l'homme aux manières distinguées qui, engagé dans une conversation, accoudé sur le rebord d'une cheminée, s'appuie sur une de ses jambes qu'il raidit comme une colonne pour soutenir son corps, laisse l'autre mollement repliée et penche la tête à droite et à gauche avec un mouvement plein d'abandon; il y en a surtout dans certaines formes de la vie particulièrement délicates et flexibles, dans la poétique noblesse du saule, qui laisse mélancoliquement tomber ses branches vers le sol ou vers les eaux, dans les allures aristocratiques du lévrier, dont la constitution générale se prête aux poses les plus élégantes comme aux courses les plus agiles.

Ainsi, la grâce est l'*élément mobile* et elle est aussi ce qu'on pourrait appeler l'*élément vital* de la beauté. Cela n'empêche pas qu'elle ne se rencontre aussi dans les choses inanimées, mais à la condition qu'elles imitent, par la délicatesse de leurs lignes, par la souplesse de leurs contours, le mouvement de la vie. Cette délicatesse, d'ailleurs, et cette souplesse sont essentiellement expressives. Si elles nous plaisent dans les êtres inférieurs à nous, c'est qu'elles nous y apparaissent comme des symboles de nos qualités morales, douceur, abandon, tendresse, sympathie, confiance. La grâce est donc au plus haut degré là où se manifestent directement ces qualités, c'est-à-dire dans le visage humain, et tout particulièrement dans cette détente des muscles de la physionomie d'où résulte le sourire.

M. Fouillée a exprimé aussi, mais à un point de vue plus élevé, plus métaphysique, ce caractère d'abandon et de liberté qui constitue la grâce : « La grâce, dit-il, c'est ce qui, au sein d'un mécanisme nécessaire et d'un organisme où les parties dépendent du tout, exprime un principe affranchi de toute nécessité matérielle ou formelle. La grâce est le symbole de la liberté. Voilà pourquoi elle exclut tout ce qui sent l'effort, le labeur de la réflexion, la sujétion de la volonté ; voilà pourquoi elle exige l'aisance et la facilité naturelles, l'inspiration spontanée qui trouve sans chercher. C'est la surabondance d'une activité qui a plus qu'il ne lui est nécessaire pour réaliser un type ou pour atteindre une fin et qui semble vouloir se répandre au delà de toutes limites. Il y a ainsi dans la grâce une image de l'infinité et de l'absolu, et c'est ce qui la rend divine. »

— Quant à la dignité, elle renferme un certain nombre d'éléments esthétiques, dont les plus importants sont la grandeur, la puissance, l'unité et l'ordre.

La *grandeur*. Malgré quelques réserves qui seront faites dans un instant, nous ne nous décidons pas sans peine à trouver belles les choses qui sont petites, du moins lorsque leur petitesse semble résulter d'un arrêt de développement et exprime une sorte de misère organique. Instinctivement, les hommes ont toujours cherché dans la grandeur le premier élément de la beauté; ils ont fait les dieux plus grands qu'eux-mêmes; ils ont donné aux héros une grande taille, un port majestueux, une allure noble et fière. Eux-mêmes, ils ont cherché à se grandir de diverses façons et en rapport avec leur dignité sociale, en se couvrant de hautes coiffures, en se parant d'aigrettes et de panaches.

La *puissance*. Une forêt nous paraît belle, quand nous devinons dans la variété des essences d'arbres dont elle se compose, dans le plein épanouissement des rameaux, la puissance de la sève qui circule partout. La vie luxuriante, débordante, est un des caractères de la beauté dans les personnages de Rubens; elle tient presque lieu de la beauté absente dans les brutes colossales que peint Jordaëns. La puissance morale est le principal élément esthétique dans les épopées, ces poèmes de l'héroïsme; dans les personnages de Corneille, le vieil Horace, Auguste, Nicomède.

L'*unité*. Une chose ne nous paraît belle que si nous sentons, sous la variété des éléments dont elle se compose, un principe de cohésion qui domine et qui relie ces éléments. Les exceptions sont peu nombreuses, et plus apparentes que réelles. Nous pouvons, dans certains cas, trouver beaux soit un monument soit un ensemble de monuments quelque peu disparates; mais c'est que nous renouons la chaîne des temps pour lier ces diverses parties dans l'*unité*, dans la *continuité* du génie artistique d'une race; encore verrons-nous bientôt que c'est là de la *poésie* plutôt que de la beauté proprement dite. La beauté d'une situation dramatique provient de son unité. Voilà pourquoi l'unité d'action est une *nécessité* dans le drame, et les deux autres, celles de lieu et de temps, sont au moins un *idéal*, dont il convient de se rapprocher autant que possible. La beauté d'un caractère, dans l'histoire ou dans le roman, provient de ce qu'il reste d'accord avec lui-même, de ce qu'il se développe toujours semblable à lui-même, *qualis ab incepto*, jusque dans ses hésitations ou ses contradictions apparentes.

Enfin, l'*ordre*, qui contient lui-même un certain nombre de formes subordonnées, par exemple la *symétrie*. Il y a de l'ordre dans la répétition ou dans l'alternance symétrique de certains motifs d'ornementation, architecturale ou autre. A un degré plus élevé, l'organisation aussi est un ordre, et cet ordre présente, chez les êtres vivants, chez les animaux surtout, une beauté dont la loi de croissance se rapporte à l'opposition essentielle de l'utile et du beau. Plus les organes et les appareils consacrés aux fonctions fondamentales et absolument indispensables de la vie, la nutrition par exemple, sont ramenés à l'intérieur, de manière à laisser une place apparente aux organes des fonctions dans lesquelles intervient l'intelligence, plus aussi, d'une manière générale au moins, l'organisation d'un type animal présente un caractère esthétique. Mais c'est surtout dans les œuvres de l'homme que l'ordre, expression de l'idée, finit presque par absorber en lui la beauté tout entière.

4. La combinaison de ces éléments essentiels donne lieu à ce que l'on peut appeler également les *formes* ou les *degrés* du beau.

Là où la *grâce* domine, et domine à tel point que la *dignité*, sous ses formes essentielles de grandeur et de puissance, n'apparaît point ou n'apparaît qu'à peine, le caractère esthétique de l'objet ou de l'œuvre change de nom; ce n'est plus le beau, c'est le *joli*. Quand, au contraire, la dignité l'emporte à tel point, soit sous la forme de la grandeur, soit sous la forme de la puissance, que tout élément de grâce est à peu près exclu, à la place du beau proprement dit nous avons le *sublime;* et le sublime lui-même se partage, à son tour, en deux grandes formes, le *sublime de grandeur* ou *sublime mathématique*, par exemple celui qui se montre dans l'immensité de l'Océan, dans la profondeur infinie du ciel étoilé, et le *sublime de force* ou *sublime dynamique*, dont nous éprouvons le sentiment soit à la vue d'une tempête, soit en présence d'une grande âme, d'un grand acte d'héroïsme ou de désintéressement. Le *beau proprement dit* résulte d'un égal mélange, d'un tempérament parfait des deux choses.

— Ces diverses formes que présente le beau considéré en lui-même se retrouvent dans les formes, non moins nettement distinctes, du sentiment esthétique.

Ce qui caractérise le *sentiment* même *du beau*, c'est le calme parfait qui l'accompagne. En percevant la beauté, nous ne saisissons pas simplement un ordre quelconque, mais bien un ordre qui est en harmonie avec notre nature, en corrélation avec nos facultés, et qui, pour être senti ou conçu par elles, ne leur impose aucun effort pénible. Pour comprendre et pour goûter le beau, nous n'avons pas besoin de nous hausser au-dessus de nous-mêmes, de tendre les ressorts de notre

nature; il suffit que nos sens et nos facultés imaginatives aient tout leur développement naturel, toute leur
délicatesse et toute leur variété. Le plaisir esthétique
proprement dit, c'est-à-dire le plaisir du beau, est
donc une joie pure, que ne trouble aucun mélange
d'inquiétude ou, à plus forte raison, d'angoisse. Il n'en
est plus de même dans le *sentiment du sublime*. Là,
nous avons l'impression d'une grandeur ou d'une force
qui est en disproportion avec notre nature et qui, pour
être aimée d'elle, exige une exaltation au moins passagère de nos facultés. Cette exaltation est un *effort*, que
nous ne pourrions soutenir longtemps et qu'accompagne nécessairement une conscience, plus ou moins
douloureuse, de notre faiblesse, de notre fragilité, de
notre petitesse, de notre néant. Devant la mer cour-
roucée, comme devant le ciel sans bornes, l'homme
éprouve une espèce de terreur, en songeant au peu de
place qu'il tient dans la nature, au peu de temps qu'il
doit durer.

Une différence analogue, mais en sens inverse,
sépare le sentiment du beau de celui du joli. En présence de choses que nous appelons simplement jolies,
nous sentons, tout en les aimant et en les goûtant, que
notre nature les dépasse, pour ainsi dire, de toutes
parts; nous n'arrivons à les bien apprécier qu'en consen-
tant à nous rapetisser, à descendre jusqu'à elles; d'un
seul coup d'œil nous les avons embrassées tout entières,
nous en avons *fait le tour*; et, pour que le plaisir esthétique trouve occasion de s'exercer à leur égard, il faut
que nous les suivions dans toute la délicatesse de leurs
formes, dans tout le fini de leurs détails. De là une
sorte de commisération sympathique, de pitié attendrie,

qui se mêle au sentiment esthétique dont elles sont la source.

L'art et la littérature s'adressent généralement au beau, mais en inclinant à certaines époques ou vers le sublime ou vers le joli. Ainsi, l'art du dix-huitième siècle, ampoulé, disgracieux ou gauche, quand il veut atteindre jusqu'au beau, a trouvé sa perfection dans la découverte et dans l'exploitation du joli. L'art romantique, au contraire, tend de préférence au sublime ; il cherche le mystère dans la nature, l'infini dans l'homme ; en sculpture, en musique, en littérature, il se plaît à exprimer les grandes aspirations ou les profonds déchirements de l'âme ; il rompt le parfait équilibre que l'art classique par excellence, l'art grec, avait établi entre le corps et l'âme de l'homme ; dans Eschyle ou dans Shakespeare, dans Michel-Ange ou dans Beethoven, il cherche à nous donner, sous diverses formes, le sentiment de l'illimité et du surhumain.

— Le domaine esthétique de l'enfance, c'est le gracieux et le joli. Il n'en peut être autrement ; car, d'abord, ce qui domine dans l'enfant lui-même, ou, du moins, ce qui tend à dominer en lui, pourvu que la maladie ou la misère n'y mette point obstacle, c'est la grâce. Dans les conditions normales, la grâce est partout chez l'enfant. Elle est dans les lignes souples de son corps, dans les expressions mobiles de sa physionomie ; elle est dans ses mouvements, dans ses attitudes, dans ses jeux ; elle est dans la spontanéité et dans l'abandon de toute sa personne, physique ou morale ; elle est dans sa confiance, dans sa naïveté, dans son besoin de gâteries, dans l'explosion sonore

de son rire, dans ses câlineries et dans ses ses mièvre-
ries.

Comme la beauté qui lui est propre est concentrée
tout entière dans la grâce esthétique et ne contient
l'autre élément du beau, la dignité, que dans la mesure
nécessaire pour que la noblesse de la nature humaine
se laisse deviner en lui, ce qu'il aime surtout, exclusivement même, dans la beauté des autres êtres
vivants, c'est la grâce. Voilà pourquoi ses animaux
préférés sont le chat et l'oiseau, dont les formes, les
mouvements et les attitudes instinctives ont quelque
chose de si gracieux.

Dans tous les autres objets qui l'occupent, par
exemple dans ses jouets, ce qu'il recherche encore,
c'est le joli. Remarquons bien, en passant, que le joli
n'a pas pour l'enfant les mêmes caractères que pour
l'homme fait. Pour nous, le joli n'est que le *diminutif
du beau*, et nous ne consentons à l'admirer de temps
en temps que par une sorte de *condescendance;* car
il est trop petit pour pouvoir donner une pleine satisfaction à nos besoins esthétiques. Au contraire, pour
l'enfant, c'est le beau lui-même, c'est le beau tout
entier, en parfaite harmonie avec l'essor dont ses
facultés sont capables; l'enfant lui accorde sans mar-
chander cet équivalent de l'admiration, qui est l'émerveillement.

5. Le problème de l'éducation esthétique, sous sa
forme tout à fait générale, pourrait donc se poser ainsi:
Comment mène-t-on l'enfant du joli au sublime et au
beau?

Ce n'est pas, comme on serait tenté de le croire au
premier abord, en le plaçant trop vite devant les mo-

dèles idéaux de la beauté; car le beau, pour être senti, a besoin d'être d'abord compris, en quelque sorte *assimilé*.

Vous menez, de trop bonne heure, un enfant au Musée du Louvre et vous essayez de lui faire admirer quelque tableau d'un grand maître. Il ne vous contredit pas; il convient, quoique avec un peu d'inattention, que *c'est joli*. Mais ce qui lui a plu, c'est un détail, un accessoire; l'ensemble a été pour lui lettre close. On en voit sans peine la raison. C'est que le sens esthétique n'est pas encore, chez lui, assez développé pour lui permettre de faire la synthèse des divers éléments qui entrent dans ce tableau et d'éprouver dans sa complexité l'impression esthétique qui s'en dégage pour nous.

D'une manière générale, pour qu'une chose belle devienne l'objet d'une émotion esthétique, il faut qu'elle soit *construite* intérieurement par celui qui la sent et qui l'admire.

Or, cette construction, l'enfant ne peut la faire d'abord que pour de petits ensembles. Ainsi, la synthèse mentale qui est nécessaire pour comprendre, par exemple, la beauté d'une fleur ou d'un oiseau n'est pas au-dessus de ses forces. Mais il faut déjà qu'il soit un peu plus âgé pour comprendre la beauté d'ensemble d'un paysage; et quant au charme profond d'un tableau de grand maître, lorsque son évolution mentale sera assez complète pour lui permettre de le bien pénétrer, il y aura longtemps qu'il ne sera plus un enfant.

— Parmi les moyens que nous avons à notre disposition pour développer le sentiment esthétique de l'enfant, le plus efficace, peut-être, c'est *la poésie*.

La poésie, en effet, n'exprime pas simplement à sa manière, comme les arts, des choses belles ou sublimes; elle donne encore à l'âme une vive impulsion, un puissant essor, qui la dispose à chercher, à poursuivre le beau sous des formes de plus en plus hautes, de plus en plus larges.

On explique cela en esthétique par la différence bien connue qui sépare le *beau poétique* du *beau proprement dit*.

Le beau proprement dit reste enfermé dans une forme déterminée, nettement définie; il se suffit à lui-même; il ne réclame pas autre chose qui le complète. Le beau ne nous invite point à dépasser l'impression esthétique actuelle qu'il nous cause; il nous satisfait, nous réjouit, mais *ne nous fait pas rêver*.

Le poétique, au contraire, est quelque chose d'indéfini, qui éveille dans notre âme des échos. Il y a autour de lui comme une auréole, un rayonnement. Il se communique de proche en proche; il *évoque* du fond de notre conscience toute une série d'images, de sentiments et d'idées, qui sont en nous sous une forme virtuelle. Or, précisément parce que ces images sont vagues et flottantes, nous sentons qu'elles touchent à d'autres images, celles-ci à d'autres encore, et c'est ainsi que l'infini même nous semble être confusément enveloppé dans une puissante émotion poétique.

Certaines choses peuvent être médiocrement belles, ou même ne l'être pas du tout, et cependant contenir en elles une véritable poésie. Herbert Spencer en donne pour exemple l'odeur des foins fraîchement coupés. On ne peut pas dire que cette odeur soit belle, car l'odorat n'est point un sens du beau; elle n'est même que médiocrement agréable ; mais elle est au plus haut degré *poétique,* parce qu'elle éveille en nous tout un cortège d'idées ; elle nous fait penser confusément à la campagne, aux beaux jours d'été ; elle ravive en nous de lointaines impressions d'enfance, si notre enfance s'est passée au plein air et à la bonne senteur des champs.

Ainsi, la poésie donne le branle à l'imagination et la met dans la situation la plus favorable pour comprendre et pour aimer toutes les autres formes du beau.

Nous en concluons qu'on doit mettre de bonne heure l'enfant en contact avec la poésie ; et par là nous n'entendons pas seulement qu'il faut lui faire *apprendre des vers*, mais aussi qu'il faut lui révéler, lui faire saisir, partout où elle se montre, la *poésie des choses*, la poésie de l'histoire, la poésie même de la science.

La poésie, en effet, une fois entrée dans le cœur et dans l'esprit de l'enfant, y développera toutes les aptitudes latentes qui le mettront à même d'imiter et de composer ; car la poésie, par définition étymologique et par essence, c'est la *création.*

V

Notions élémentaires d'esthétique. — L'art.

1. Définition esthétique de l'art. — Accord possible entre l'idée esthétique de l'art et son idée au point de vue pratique — L'art, sous toutes ses formes, est à la fois une manifestation du libre génie de l'homme et une conquête de liberté — Les arts manuels et les beaux-arts.

2. Divers systèmes de classification des beaux-arts.— 1° D'après les sens auxquels ils s'adressent. Arts de la vue et arts de l'ouïe. Caractère mixte de la danse, de la poésie dramatique et même de la poésie considérée en général. — 2° D'après le procédé essentiel qu'ils emploient. Arts de construction ; arts d'imitation. Qu'il y a dans tous les arts indistinctement une part de construction et une part d'imitation.

3. L'art considéré spécialement comme imitation de la nature. — Diverses manières de comprendre cette imitation. — Réalisme. — Idéalisme. — Conception intermédiaire.

4. Rapport de cette conception intermédiaire avec la pédagogie. — L'expression dans les beaux-arts. — D'où vient à l'art sa puissance éducative.

1. Comme nous avons défini le beau *tout ce qui détermine en nous une libre activité de jeu*, c'est-à-dire, en d'autres termes, tout ce qui excite nos facultés imaginatives à se déployer librement et pour elles-mêmes, indépendamment d'un but, d'une utilité pratique quelconque, nous pouvons définir l'art *toute manifestation ordonnée de cette même activité de jeu*, en tant qu'elle crée une imitation plus ou moins originale des objets naturels ou des actions humaines, abstraction faite de toute préoccupation du but utile de ces objets ou de ces actions.

A la vérité, cette définition ne se concilie pas sans quelque difficulté avec les autres sens qui sont donnés à ce même mot, « l'art », dans notre langue courante.

D'après ces autres sens, nous opposons l'*art* à la *nature*, comme nous opposons l'*artifice* à la *spontanéité*. L'art de l'homme, c'est son industrie, c'est-à-dire l'ensemble des moyens raisonnés et réfléchis par lesquels il met en œuvre les forces spontanées de la nature pour les appliquer à la satisfaction de ses besoins.

Le savant découvre les propriétés des substances matérielles ou les lois des phénomènes de la nature ; l'artisan tire parti de ces propriétés ou de ces lois pour arriver à la production d'objets essentiellement utiles, qui nous rendent la vie plus agréable ou plus commode. Ainsi l'*art de l'artisan* est par-dessus tout utilitaire et pratique; il semble donc n'avoir aucune relation avec l'*art de l'artiste*, lequel est, au contraire, essentiellement idéal et désintéressé.

Cependant, lorsque l'artisan, menuisier, maçon, serrurier, a fait une porte, ou un plafond, ou une grille, sa tendance naturelle, si les lois sociales qui président à la division du travail humain n'opposent point un infranchissable obstacle à l'essor instinctif de son génie, c'est de compléter son œuvre et d'ajouter le beau à l'utile. A cette porte ou à ce plafond il met des moulures; à cette grille il ajoute des ornements et des arabesques. Après avoir fait le gros œuvre, il ne demande qu'à l'achever par le perfectionnement du détail, par l'arrangement décoratif.

Dans l'artisan livré à lui-même il y a en germe un artiste. Ce sont les conditions sociales qui, seules, ont séparé, à la longue, ces deux aptitudes, étroitement unies l'une à l'autre par la nature. Dans les temps primitifs, le plus humble ouvrier était jaloux de se montrer à la fois artisan et artiste. Aujourd'hui même, combien de nos industries sont essentiellement des industries de luxe, des industries d'art!

Bien plus : si l'on veut aller jusqu'au fond des choses, on découvre qu'un lien très étroit unit l'une à l'autre les deux catégories auxquelles se ramènent tous les arts de l'homme; d'un côté, les *arts manuels*, qu'on appelle aussi industries ou métiers; de l'autre, les *arts proprement dits*, qui sont les *arts libéraux* et tout spécialement les *beaux-arts*.

Ce lien, c'est que, dans les uns comme dans les

autres, l'ingéniosité de l'homme est appliquée, d'une certaine manière, à la conquête de la liberté.

Par les arts manuels, l'homme arrive à s'affranchir des lourdes servitudes que la nature lui impose; en faisant des objets à son usage, il s'affirme comme maître, comme roi du monde physique; il réalise autour de lui les conditions d'une vie plus libre, plus sûre d'elle-même, par conséquent plus heureuse. Par les beaux-arts, il conquiert un degré de liberté supérieur encore en se détachant tout à fait du monde réel, en vivant momentanément dans un monde meilleur, création de sa propre fantaisie.

2. Mais ne nous occupons plus maintenant que des beaux-arts.

Pour arriver à ce qui est l'objet principal de cette étude, la détermination de leur valeur éducative, il faut d'abord préciser leur nature en examinant quelques-unes des divisions qui en ont été proposées.

Deux de nos sens seulement ont un caractère incontestablement esthétique; ce sont la vue et l'ouïe. Il est douteux, en effet, que la forme tangible puisse directement et par elle-même nous paraître belle, si elle est séparée de la forme visible et de son splendide revêtement, la lumière, la couleur.

Aussi a-t-on d'abord, de ce chef, partagé les arts en deux classes, celle des *arts de la vue* et celle des *arts de l'ouïe.*

Les *arts de la vue,* qu'on appelle aussi *arts du dessin* ou *arts plastiques,* sont l'architecture, la sculpture, la gravure, la peinture. Les *arts de l'ouïe,* auxquels peut convenir également la dénomination d'*arts phonétiques,* sont la musique et la poésie.

Cette division est de la plus grande clarté ; mais elle n'a point un caractère absolu ; car elle laisse en dehors d'elle deux arts, qui ont évidemment un caractère mixte : la danse et la poésie dramatique.

La danse appartient aux arts de la vue, en tant qu'elle nous charme surtout par la beauté plastique du corps humain en mouvement ; elle pourrait être définie, à cet égard, une *sculpture vivante*. Mais elle appartient aux arts de l'ouïe par la perception du rythme musical qui, en dehors même d'un accompagnement proprement dit, détermine l'ordre et la mesure de ses mouvements.

De même, l'art dramatique se rattache aux arts de la vue par les péripéties de l'action qu'il met sous nos yeux, par les gestes, les attitudes et les expressions de physionomie des acteurs ; mais il appartient aux arts de l'ouïe par l'expression verbale des situations, des caractères et des passions, par l'accent propre de chaque personnage, par la variété savante des intonations, par le charme de la langue dans laquelle le drame est écrit.

Peut-être serait-il exact de soutenir qu'un élément visuel est impliqué au fond de tous les arts. La poésie, en effet, est un dessin, une peinture (*ut pictura poesis*) ; non en ce sens qu'elle nous met directement sous les yeux des formes ou des couleurs, mais du moins à ce point de vue, déjà signalé plus haut, qu'elle les *évoque*, pour ainsi dire, de toutes parts et que, même quand elle a pour objet des émotions morales, elle les revêt de symboles sensibles. Pour la musique, la question est infiniment plus douteuse et elle a été très controversée. On a écrit de curieux livres d'esthétique[1], pour montrer que, malgré les titres habituels de nos romances, ceux-ci par exemple : « *Brises du soir,* » ou « *Adieux à la mer,* » ou « *Jour d'été en Norvège,* » etc., la musique est absolument impuissante à *peindre* la nature, à mettre sous nos yeux les aspects des choses, à plus forte raison leurs contours précis. Elle ne *peint* pas davantage les événements historiques : « Quand on exécuta, en Italie, *les Huguenots* de Meyerbeer sous ce titre : *les Gibelins à Pise,* en changeant le sujet, l'époque, le lieu, les personnages et les paroles, la transformation, maladroitement faite, put choquer quelquefois l'auditeur qui connaissait l'ouvrage primitif ; mais l'expression purement musicale n'en reçut jamais aucune altération. » Rien n'est plus vrai, en un sens, que ces remarques. Il reste cependant à se demander si la musique n'a pas, malgré tout, une certaine *puissance évocatrice* de sentiments et même d'images, mais avec cette réserve essentielle que, sous l'influence du rythme musical, chacun de nous, suivant ses dispositions personnelles, suivant l'état présent de son âme, retrouve de préférence certains sentiments, tristes ou joyeux, qu'il a précédemment éprouvés et qui sont en rapport avec ce rythme, et qu'ensuite ces sentiments excitent, à leur tour, les images des objets ou des événements à l'occasion desquels ils se sont eux-mêmes produits.

— Une autre division des arts a été exposée par M. Taine dans sa *Philosophie de l'art.* Elle présente, incontestablement, plus de profondeur ; mais peut-être n'a-t-elle pas non plus une valeur tout à fait absolue.

1. Voir, par exemple, Hanslick : *le Beau dans la musique.* (Brandus, 1877.)

C'est celle des *arts de construction*, parmi lesquels on range surtout l'architecture et la musique, et des *arts d'imitation*, auxquels se rapportent particulièrement la peinture, la sculpture, les principales formes de l'art dramatique, tragédie, drame, comédie.

Les *arts de construction* excitent en nous le sentiment du beau par la création ou par l'heureux choix de rapports mathématiques soit entre des grandeurs visibles, comme celles des matériaux de l'architecture, soit entre des vibrations sonores, comme dans la musique. La diversité de ces rapports, librement choisis par l'artiste en dehors de toute imitation, constitue le caractère propre, l'originalité de chaque œuvre, architecturale, décorative ou musicale. Ainsi, tel choix de proportions, de formes, de positions des matériaux, exprime, en architecture, soit « la sérénité, la simplicité, la force, l'élégance, comme jadis en Grèce et à Rome, » soit « l'étrangeté, la variété, l'infinité, la fantaisie, comme aux temps gothiques. » De même, tel choix de rapports simultanés ou successifs de sons donne à un morceau de musique le caractère gai ou sentimental qui le constitue. Ainsi, ces deux arts, en apparence très éloignés l'un de l'autre, présentent en réalité une relation très étroite, puisque leur œuvre consiste essentiellement dans des combinaisons idéales de grandeurs perçues par la vue ou de grandeurs perçues par l'ouïe. « La musique, a-t-on dit à ce sujet, est une architecture de sons; l'architecture est une musique de pierres. »

Dans les *arts d'imitation*, au contraire, ce même sentiment du beau est produit par la manifestation des rapports réels qui, soit dans le monde physique, soit dans le monde moral, unissent entre elles les choses ou les parties des choses et en forment des ensembles harmonieux et cohérents. L'artiste n'y tire pas son œuvre de lui-même, mais bien de la réalité, plus ou moins profondément explorée et sentie.

Cependant, il suffit d'un rapide examen pour comprendre que la *construction* et l'*imitation* ne sont pas choses absolument distinctes et séparées l'une de l'autre. La construction a sa place dans les arts d'imitation ; elle y intervient sous la forme de la *composition*, plus ou moins personnelle, originale ; c'est-à-dire de la modification, de l'altération que l'artiste fait subir aux objets, aux événements, aux caractères, aux passions, en les jetant dans le moule de son esprit. D'autre part, l'imitation garde partout une certaine place, quelque subordonnée qu'elle puisse être. Si la musique n'imite pas les choses elles-mêmes, elle imite, du moins, leur rythme, leur mouvement, leur allure. Si l'architecture, qui a pour principe la satisfaction d'un besoin de l'homme, celui de se garantir contre les intempéries des saisons et les dangers du dehors, ou celui de s'enfermer et de s'isoler pour vivre de la vie de famille, ne peut, en raison même de ces fins spéciales qui lui sont imposées, avoir pour objet direct l'imitation de formes extérieures, son histoire démontre cependant que, dans tel de ses types, elle imite indirectement, ici les cavernes, ailleurs les forêts, et qu'enfin elle emprunte au monde réel quelques-uns des plus beaux motifs d'ornementation qui lui permettent de compléter son œuvre.

3. Ainsi, qu'il s'agisse des arts de la vue ou des arts de l'ouïe, *imiter* et *construire,* voilà les deux

fins essentielles de l'art. En d'autres termes, l'imitation artistique ne mérite ce nom que si elle est essentiellement active, personnelle, créatrice. Il en résulte
cette conséquence très importante que l'étude ou
même la simple contemplation des beautés de la littérature et de l'art produit non seulement sur l'homme,
mais déjà sur l'enfant, un double effet. D'une part,
elle contient une révélation de la nature ; de l'autre,
elle donne à toutes les facultés une énergique impulsion. Or, c'est précisément en cela que consiste la puissance éducative de l'art.

Il est facile de s'en convaincre en examinant les
diverses façons dont on a interprété une des plus
célèbres formules de l'esthétique : « L'art est l'imitation de la nature. »

— La première de ces interprétations, c'est la thèse
réaliste, susceptible elle-même d'être présentée et comprise sous une forme grossière et sous une forme suffisamment raffinée.

En voici d'abord la forme grossière : c'est la théorie
d'après laquelle l'imitation artistique ne serait que la
reproduction aussi exacte, aussi fidèle que possible des
choses réelles. L'imitation, peut-on dire, plaît par elle-
même ; nous éprouvons une satisfaction *sui generis*
à voir bien reproduits sur la toile ou dans le marbre
tel objet, telle physionomie, tel événement, qui, dans
la réalité, ne nous causent qu'un très médiocre plaisir
ou même n'attirent à aucun degré notre attention. Les
sujets favoris des petits maîtres flamands ou hollandais
nous en offrent un exemple bien frappant. Ce n'est
certes pas, pour nous, un plaisir particulièrement vif
que de voir, sur la porte d'une tabagie de faubourg,

un fumeur de pipe ou un buveur de bière, ou d'assister à une rixe de gens du peuple, ou de contempler de la viande saignante à l'étal d'un boucher. Mais ces sujets, si insignifiants en eux-mêmes, nous plaisent sur une toile de Téniers ou de Van Ostade. On croit pouvoir en conclure que l'exactitude scrupuleuse de la reproduction des choses est la source du plaisir esthétique, particulièrement dans la peinture, et que le *trompe-l'œil* est le dernier mot de l'art.

Mais c'est là une erreur, et même grossière. Si l'art bornait à cela ses prétentions, il resterait toujours et forcément bien au-dessous de la nature, par cela seul que la nature *donne la vie* à ses créations et que l'art ne peut le faire, sinon en apparence.

Hâtons-nous d'ajouter que les vrais réalistes protestent contre cette interprétation de leur doctrine. L'art réaliste ne consiste pas, d'après eux, à *copier* servilement les objets, mais à donner le sentiment vif et profond des énergies réelles de la nature.

Voilà pourquoi il en est beaucoup parmi eux qui s'attachent tout particulièrement à reproduire d'une manière aussi savante que possible les jeux de la lumière et de la couleur sur les objets inanimés ou sur les physionomies humaines.

C'est que la lumière est l'agent subtil qui nous fait saisir ou deviner sous les contours des corps, soit inanimés, soit vivants, les forces physiques ou physiologiques qui vibrent, en quelque sorte, dans leurs profondeurs et met notre âme en contact avec l'intimité même des choses.

— Tout autre est la thèse *idéaliste*. D'après elle, imiter la nature, c'est la *continuer* en l'*idéalisant;* c'est

mettre en lumière l'*idée*, qui est, sans doute, au fond
de toutes ses œuvres, mais qui ne s'y trouve jamais
que voilée dans sa perfection, entravée dans son essor,
parce que la nature est un conflit de forces qui se
font obstacle les unes aux autres et qui s'empêchent
mutuellement d'apparaître dans toute leur pureté,
dans le plein épanouissement de leur essence.

Le triomphe de l'art, c'est d'écarter ces voiles, c'est
de supprimer ces entraves, afin que les choses se
montrent non sous la forme incomplète et étriquée
que leur imposent les conditions du monde physique,
mais telles qu'elles seraient, si chacune d'elles pouvait
se déployer complètement d'après son idée. On dit
alors que l'artiste *corrige* la nature; mais l'expression
est inexacte; car, corriger la nature, ce serait lui faire
violence, lui imprimer une direction contraire à ses
vues. L'artiste, au contraire, en idéalisant la nature, la
délivre des chaînes qui pèsent sur elle, lui permet
d'être entièrement, absolument elle-même.

Idéaliser n'est pas non plus, comme quelques-uns
se le figurent, mettre à la place de la nature autre
chose qu'elle-même, lui substituer nos fantaisies et
nos caprices. C'est, au contraire, la *dégager*, la faire
apparaître dans tout son jour. A ce point de vue,
l'idéalisation peut avoir sa place même dans certaines
œuvres qu'on a coutume de rejeter en dehors de l'art.
Ainsi, par exemple, on entend quelquefois soutenir
qu'un portrait est une œuvre d'art, parce que le
portraitiste peut idéaliser son modèle, voiler ses
imperfections, porter ses qualités jusqu'à leur plénitude, tandis qu'une photographie n'est pas, ne
peut pas être une œuvre d'art, parce que le pho-

tographe ne peut reproduire que la réalité, telle qu'elle pose devant lui. Mais cela n'est pas absolument exact. Le photographe de talent, lorsqu'il donne bien la pose, lorsqu'il distribue les lumières et les ombres de manière à faire apparaître les qualités de la personne dont il veut obtenir l'image, idéalise à sa façon ; et, en ce sens, il est quelquefois bien près de mériter le nom d'artiste.

— A tout prendre, il y a une part de vérité dans le réalisme, comme il y en a une aussi, incontestablement plus grande, dans l'idéalisme. L'œuvre d'art, nous l'avons déjà vu, est le résultat d'une véritable coopération entre la nature et l'homme. Le réaliste tend à n'y mettre que ce qui vient de la nature ; l'idéaliste inclinerait à y mettre trop exclusivement ce qui vient de l'homme. Le juste milieu consiste à y voir une *interprétation de la nature par le génie de l'homme.*

Mais c'est précisément cette *interprétation* qui constitue l'*expression* d'une œuvre d'art. La beauté pure, c'est-à-dire celle qui est simplement dans l'objet, n'est pas expressive, ou ne l'est qu'à un faible degré ; il y a, au contraire, *expression* (au sens proprement esthétique du mot), quand la beauté représentée par une œuvre d'art est la synthèse d'un beau sentiment, d'une belle pensée, présente dans l'âme de l'artiste, et d'un beau symbole dans lequel ce sentiment ou cette idée trouve son expression adéquate.

Tous les arts sont susceptibles, bien qu'à des degrés excessivement divers, d'*exprimer* ainsi quelque chose de l'âme humaine. L'architecture a déjà ce privilège. Suivant que les masses de pierre ou de marbre qu'elle élève dans les airs sont plus ou moins sveltes ou pesantes, suivant que les *vides* y prédominent sur les *pleins*, comme dans un théâtre, ou les *pleins* sur les *vides*, comme dans une prison, elle détermine en nous des sentiments de sécurité ou de terreur, de légèreté ou d'oppression ; elle exprime des idées de plaisir ou de souffrance, de joie ou de tristesse, de respect pour la loi sociale ou d'aspiration mystique vers le ciel[1]. La musique (nous l'avons déjà vu) suscite en nous des modes généraux de sentiments, abstraction faite des objets qui les produisent en nous ; elle exprime, comme on l'a dit ingénieusement, des *adjectifs*, qui peuvent convenir à un grand nombre de *substantifs*. Voilà pourquoi elle nous dispose à une rêverie vague, indéfinie. Dans la sculpture, la danse, la peinture, l'expression s'ajoute de plus en plus à la beauté intrinsèque, de manière à peindre l'âme à travers les formes, les mouvements et les couleurs.

4. Or, c'est là qu'il faut chercher le principe de l'action éducative que l'art exerce sur l'homme en général et qu'il peut exercer en particulier sur l'enfant. Du moment que les œuvres d'art les plus dignes de ce nom expriment, en même temps que la beauté propre de l'objet représenté par elles, certaines formes de la beauté, de la grandeur, de la moralité de l'âme humaine, toutes les fois que nous admirons ces œuvres et que notre esprit s'en pénètre, nous tendons à prendre plus pleinement possession des qualités dont elles sont le symbole et à les faire fructifier en nous.

---

1. Voir ce riche sujet merveilleusement développé dans un des plus beaux livres écrits à notre époque, *l'Expression dans les beaux-arts*, de M. Sully-Prudhomme. (Lemerre, 1883.)

Voilà pourquoi il faut, autant que possible, faire vivre l'enfant au milieu des modèles du beau : « C'est, nous dit Platon, comme un endroit sain où ils reçoivent des forces de toutes parts ; les beaux ouvrages des peintres ou des poètes font alors parvenir soit à leurs yeux, soit à leurs oreilles, quelque chose d'honnête, de même qu'un vent agréable qui souffle dans une région saine apporte avec lui la santé. Ainsi tout les portera insensiblement à imiter, à aimer le beau, a établir entre lui et leurs âmes le plus parfait accord. »

M. Ravaisson a repris, sous diverses formes, cette pensée platonicienne. Il voudrait « que l'enfance et la jeunesse de toutes classes, mais surtout l'enfance et la jeunesse appartenant aux classes populaires, fussent élevées avant tout, comme dit un poème d'un temps qu'on représente souvent comme tout à fait barbare, *in hymnis et canticis;* que, sans même s'exercer à imiter aucun modèle, les enfants, les jeunes gens, les adultes fussent, dans nos écoles, entourés de reproductions fidèles des chefs-d'œuvre de l'ordre le plus élevé, afin qu'ils pussent en recevoir soit une féconde inspiration, soit, tout au moins, une utile influence. » « On se plaint, ajoute-t-il, que les heures de loisir soient trop souvent remplies par des distractions ou des joies d'un ordre tout matériel, où les mœurs se corrompent, où l'esprit s'avilit. En serait-il de même, si les classes populaires étaient mises en état de goûter les satisfactions d'ordre supérieur que procurent les belles choses; si elles étaient instruites, fût-ce dans une faible mesure, à se plaire dans cette sorte de divine et salutaire ivresse que procurent, par l'ouïe et par la vue, les proportions et les harmonies[1]? »

Mais la vue même du beau resterait stérile, s'il ne se faisait ensuite un travail personnel d'assimilation du beau. Ce travail, c'est celui de l'imitation et de la composition, sous diverses formes et à divers degrés.

VI

Principe général d'une réforme de la pédagogie de l'imagination.

L'imagination étant la faculté de composer, on la développe en faisant *composer* l'enfant, mais il n'est pas nécessaire de l'appliquer tout d'abord à la composition proprement dite, sous la forme de narrations, lettres, descriptions, etc. — La composition doit suivre les progrès de l'observation; elle commence dès les premiers degrés de l'enseignement. — La composition dans les écoles maternelles; application des idées de Frœbel. — La composition dans les premières classes. Exercices gradués de rédaction. Comment on habitue l'enfant à composer les détails avant d'exiger de lui la composition de l'ensemble.

L'exercice de la composition, sous cette forme spéciale qu'on appelle la *composition littéraire,* peut être considéré comme la cheville ouvrière de notre éducation nationale, non pas seulement dans l'enseignement de nos lycées, mais encore dans celui de nos écoles primaires. En d'autres termes, quel que soit le degré d'enseignement reçu, on estime, chez nous, que la marque essentielle d'un bon esprit et le signe absolument caractéristique d'une culture sérieuse, c'est de savoir bien écrire une lettre, bien rédiger un rapport, décrire habilement ce qu'on a vu, raconter d'une manière intéressante soit une scène familière, soit un événement historique.

1. Article *Art*, dans le *Dictionnaire de pédagogie.*

La composition est le travail essentiel de l'esprit. On peut dire qu'il correspond, dans la vie mentale, à ce qu'est, dans la vie organique, le travail de la digestion : « La terre qui ne travaille pas, dit M. Gréard, ne pousse que des herbes folles, eût-on à la surface jeté la semence à pleine volée. Aussi faut-il que l'esprit absorbe, digère, s'assimile ce qu'il reçoit, par un effort intérieur, approfondi et prolongé. C'est dans la méditation du travail écrit qu'on s'apprend à classer les idées, à les coordonner, à en peser la valeur, à les rendre avec la précision d'un esprit attentif à ne dire que ce qu'il faut et à le dire comme il faut[1]. »

Mais nous ne pouvons nous empêcher de reconnaître qu'un des défauts de notre système d'enseignement, fondé sur l'imitation des chefs-d'œuvre littéraires et particulièrement des modèles anciens, c'était de donner immédiatement à ce travail de la composition littéraire une forme trop élevée et trop complexe ; c'est-à-dire, en d'autres termes, de ne le point faire suffisamment reposer sur ses bases naturelles. On voulait que l'enfant composât avant d'avoir suffisamment rassemblé les matériaux nécessaires à sa composition. C'était vouloir que l'abeille fît son miel avant d'avoir butiné sur les fleurs. M. Gréard exprime encore très heureusement par une autre métaphore le vice étrange de cette méthode : « On ne tire pas, dit-il, sur une caisse vide. » L'esprit ne peut utiliser que ce qu'il a d'abord acquis et emmagasiné sérieusement. Mais ce n'est pas tout : il ne peut composer un ensemble que s'il a réussi d'abord à composer des

---

1. *Education et instruction*, IIIe volume, p. 155.

détails. La formule d'Herbert Spencer, que nous avons critiquée ailleurs dans ce qu'elle a d'excessif : « L'esprit va du simple au composé, » est ici absolument vraie comme précepte pédagogique et doit être rigoureusement appliquée à partir du moment où l'on soumet à une culture raisonnée et méthodique les facultés inventives de l'enfant.

Sur cette double remarque reposent deux réformes essentielles qu'on s'efforce aujourd'hui d'opérer dans l'éducation des facultés imaginatives.

— La première est la simple application d'une des idées maîtresses de Pestalozzi et de Frœbel.

Elle consiste à mettre de très bonne heure l'enfant en face de la représentation imagée des choses réelles, qu'on lui fait saisir et distinguer avec leurs formes caractéristiques et qu'on l'exerce à reproduire d'une certaine façon dès l'époque où il est sur les bancs non seulement des premières classes primaires, mais même des écoles maternelles.

Ainsi, la *composition plastique*, réduite, d'ailleurs, à des éléments très simples, précède, et de beaucoup, les premiers exercices de composition littéraire.

Avec de menus objets qu'on met entre ses mains et quelques modèles qu'on place sous ses yeux, on amène l'enfant à reconnaître d'abord, puis, tout de suite après, à construire lui-même les formes typiques, caractéristiques, des objets au milieu desquels il est appelé à vivre. Et ce travail lui plaît, l'intéresse; car « l'enfant est naturellement géomètre et artiste [1]. »

---

1. Voici comment M. Gréard, dans le chapitre de son livre consacré à l'*Education de la première enfance*, résume ces exercices de composition plastique : « Il faut (après avoir familiarisé l'enfant avec les objets

Ainsi son imagination se développe peu à peu en étroit contact avec la réalité, sans cesser un moment d'être dirigée et contenue par elle. De là une tendance expérimentale, *positive* (au sens modéré du mot), qui tiendra plus tard en échec les ardeurs d'une fantaisie exubérante ou qui prémunira contre les dangereuses langueurs d'une rêverie molle et vague.

Un des reproches que nos réalistes, nos *naturalistes* d'aujourd'hui, adressent à l'idéal, c'est de nous transporter dans un autre monde que celui où nous devons habiter, monde de fantaisie où les choses ont d'autres formes, d'autres conditions d'existence et d'autres relations qu'ici-bas, de telle sorte que, quand nous revenons dans le monde réel, nous y sommes dépaysés et ne savons plus nous y conduire; nous sommes inaptes à profiter des biens qu'il nous offre, parce que nous en avons rêvé d'autres, qui sont chiméri-

sensibles) lui mettre ces objets en main et lui montrer à faire avec des balles de laine teintes des rapprochements de couleur agréables à l'œil, à figurer, avec des allumettes réunies par des boules de liège, des carrés, des angles, des triangles, à dresser des cubes en forme de croix, de pyramides, etc.; — puis, soit à l'aide de bandes de papier colorié pliées en divers sens, croisées les unes dans les autres, tressées comme un tisserand ferait une toile, soit avec le crayon, l'exercer à reproduire, à créer des dessins représentant toutes les formes géométriques, en sorte qu'à l'habitude de l'observation s'ajoute peu à peu la faculté de l'invention. »

M. et Mme Ch. Delon ont consacré leur livre : *la Méthode intuitive ou Exercices et travaux pour les enfants, d'après la méthode et les procédés de Pestalozzi et de Frœbel*, à expliquer en détail ces premiers exercices de composition et à signaler les leçons morales que sait en tirer un maître ou une maîtresse habile :

« A l'aide d'une petite collection de solides géométriques, » on initie l'enfant « à l'analyse et à la comparaison des formes ». Mais, en même temps, on l'exerce à la construction; on l'amène à faire un tout avec des parties. En maniant, sous la direction de la maîtresse, ces petits cubes, ces petits prismes, qu'on met entre ses mains, « l'enfant apprend à les grouper en dispositions symétriques, et son œil s'habitue à juger de la régularité des combinaisons; puis il prend plaisir à réaliser des formes

ques, et à guérir les maux dont nous souffrons, parce que nous n'avons pas pris le temps de les observer.

La culture de l'imagination plastique, telle que nous venons de la décrire, peut parer pour l'avenir à ce danger, qu'on exagère, mais qui est réel.

— Quant à l'autre réforme, elle se rapporte directement à la composition littéraire.

Comme il ne faut pas trop tôt faire marcher l'enfant tout seul, « de peur que ses jambes ne fléchissent ou ne s'écartent », de même il ne faut pas l'appliquer trop tôt à des exercices d'invention personnelle et exiger qu'il tire quelque chose de son cerveau, quand son cerveau ne contient rien ou presque rien encore. C'est un spectacle douloureux que de voir un enfant se frapper le front ou se tenir la tête à deux mains, comme s'il voulait en faire sortir ce qui n'y est pas, ce

rappelant plus ou moins celles de divers objets familiers. » Ainsi deux cubes, placés l'un contre l'autre, lui représentent une boîte ; placés l'un au-dessus de l'autre, ils lui représentent une borne. Avec trois cubes, on obtient déjà un plus grand nombre de combinaisons ; on lui montre tour à tour et on lui fait construire à lui-même un banc de pierre, comme ceux qui se voient sur nos promenades, un escabeau, comme celui qu'il voit dans la classe même pour atteindre un livre dans la bibliothèque, un pilier, un canal, etc. Avec les prismes, la variété devient infiniment plus considérable, et on peut la suivre dans les livres spéciaux ; trois, quatre, cinq de ces petits objets suffisent pour lui faire remarquer et pour lui faire imiter la forme d'un double banc, celle d'une porte, d'une fenêtre, d'une cheminée, d'un pupitre, d'un piano, d'une fontaine, etc., etc. Ces combinaisons qu'on lui présente excitent l'activité de son esprit, non seulement par elles-mêmes, mais aussi en ce qu'il y rattache d'autres idées plus définies que les formes mêmes qui les lui ont rappelées. En même temps qu'il sert au développement intellectuel, ce travail imaginatif et constructif sert aussi au développement moral : « En faisant passer d'une forme à l'autre les combinaisons qu'il réalise, l'enfant, inspiré par la maîtresse, apprend que le travail industriel a pour but la *transformation*. Il sent qu'il n'est pas lui-même uniquement destiné à consommer, mais à travailler, à produire, et qu'il doit, dès maintenant, se préparer à devenir plus tard producteur et transformateur ; non seulement contemplateur, mais réalisateur de formes, d'harmonies. »

qui ne peut pas y être. La sagesse veut qu'avant de
lui faire faire des narrations, des descriptions, quelquefois même de petites dissertations morales, nous
commencions par remplir son esprit d'images, d'idées,
d'expériences, de vérités sensibles et palpables. Quand
on l'aura suffisamment mis en face des choses, il sera
temps qu'il les décrive ou qu'il les raconte de lui-
même. Qu'il acquière d'abord; il combinera ensuite et
inventera. Cela n'empêche pas, d'ailleurs, qu'on ne
l'applique de suite au travail de la composition littéraire, mais en ayant soin de la borner à ce qui est
possible; on commencera donc par lui faire *rédiger*
ce qu'il aura précédemment recueilli dans ses leçons
ou dans ses lectures, mais on lui laissera le soin
de composer les détails, de trouver par lui-même,
dans une proportion graduellement élargie, des idées
et des mots : « Les idées, dit M. Gréard, ne viennent
pas d'elles-mêmes à l'enfant; il faut lui apprendre à
trouver. Encore moins prennent-elles toutes seules
l'ordre et la forme qu'elles doivent revêtir; il faut lui
apprendre à composer. Or, c'est de très bonne heure
qu'on peut commencer ce petit apprentissage avec
profit. Si jeune qu'il soit, l'enfant est capable de trouver lui-même les exemples sous lesquels on lui fait
reconnaître la nature et l'usage des mots de la langue :
il a dans l'esprit les propositions simples toutes faites;
il les possède inconsciemment, mais il les possède. Ses
jeux, les objets qui l'entourent lui en fournissent immédiatement la matière; il ne demande qu'à les exprimer. La seule chose nécessaire alors, c'est de tenir
la main à ce qu'il s'exprime toujours correctement. »

TROISIÈME SECTION

FACULTÉS D'ÉLABORATION

Définition de ces facultés. — Elles ont pour objet commun l'élaboration, la mise en œuvre des données de l'expérience. — Elles assurent à l'homme, par l'intermédiaire de la science, la domination de l'univers.

Il nous reste à étudier un troisième ordre de facultés intellectuelles, celui des *facultés d'élaboration*, que l'on appelle aussi *opérations de l'entendement*, parce que leur rôle commun est de *mettre en œuvre* les données expérimentales et d'édifier par degrés la connaissance réfléchie, c'est-à-dire la science.

L'homme seul est capable d'atteindre à cette forme supérieure de la pensée, qui le met en rapport avec les lois du monde physique et du monde moral et qui fait de lui le maître de l'univers, parce que, en toutes choses, l'action utile et féconde résulte de la connaissance raisonnée et scientifique.

Nous n'entrerons pas dans de très longs détails sur ces opérations, dont l'étude détaillée appartient à la *logique pédagogique* ou *méthodologie de l'enseignement*.

Il suffira d'en bien mettre en lumière la nature psychologique, de formuler quelques-unes des lois essentielles de leur développement, de signaler enfin les principaux problèmes pédagogiques qui se rapportent à leur théorie.

CHAPITRE PREMIER

L'ATTENTION

L'attention chez l'homme et chez l'enfant.

Définition de l'attention. — Controverses des psychologues sur la nature de cette faculté. — L'attention est-elle, comme le veut Condillac, une sensation dominante ? — Est-elle, comme le soutiennent les adversaires de Condillac, un effort de l'esprit, une tension de la pensée. — Théorie de M. Ribot dans sa *Psychologie de l'attention*. — Différence entre l'attention de l'enfant et celle de l'homme. — L'attention est déjà, d'une certaine manière, dans la distraction même et dans la légèreté de l'enfant. — Chez l'enfant, la *convergence*, qui constitue l'attention, ne peut venir que de l'intérêt; chez l'homme, elle peut venir aussi de la volonté.

Toutes les facultés d'élaboration reposent sur un fait essentiel, *l'attention*, c'est-à-dire, comme l'indique suffisamment l'étymologie du mot, l'acte par lequel l'homme *tend* son esprit, fixe et concentre sa pensée sur les objets, afin d'en acquérir une connaissance adéquate, et substitue ainsi aux premières impressions, vagues et confuses, que la réalité lui envoie des idées claires, nettes, précises, distinctes.

La nature de l'attention a été, de la part des psychologues, l'objet d'un important débat, qui intéresse à un très haut degré la psychologie de l'enfance et de l'éducation; car c'est, peut-être, en se plaçant au point de vue spécial de cette partie de la psychologie qu'on en donne la solution la plus simple et la plus naturelle.

— D'après Condillac et son école, l'attention n'est

rien de plus qu'une *sensation dominante*, qui s'impose à l'esprit et qui l'absorbe. Cette sensation, par sa prépondérance, abolit toutes les autres ou, du moins, les rejette dans l'ombre ; maîtresse de l'esprit tout entier, elle n'y laisse, pour ainsi dire, rien subsister en dehors ou à côté d'elle.

Par suite, il ne faut pas la considérer comme un *acte*, mais simplement comme un *phénomène*, comme une *cause*, mais, au contraire, comme un *effet*. L'esprit, dans l'attention, est le prisonnier de la sensation ou de l'idée qui l'occupe.

On voit que cette théorie revient à nier toute initiative, toute spontanéité, tout libre effort de l'esprit. Si elle était vraie, il faudrait chercher le type de l'attention dans tous les états où l'esprit, loin de se mouvoir librement et de disposer de lui-même, est dominé et captif.

L'idéal de l'activité mentale résiderait alors dans la *préoccupation*, dans l'*idée fixe*, dans l'*obsession*, dans tout ce qui tient l'esprit lié et fixé de force aux choses qui l'ont envahi et qui le maîtrisent.

Il n'y aurait pas d'homme plus attentif que le monomane, dominé par une préoccupation constante, qui fascine et immobilise son esprit, tirant à elle, si l'on peut ainsi parler, toute la substance de sa vie mentale.

Or, c'est le contraire qui est vrai. On a démontré que la folie sous toutes ses formes, et particulièrement la folie monomaniaque, est précisément l'*impossibilité de faire attention*.

Le monomane serait guéri, ou bien près de l'être, si on pouvait l'amener à faire attention, c'est-à-dire à porter librement son esprit sur autre chose que sur l'idée obsédante qui le tyrannise.

L'attention, c'est la liberté de l'esprit, et cette liberté, c'est la condition nécessaire de toute connaissance. Condillac ne s'en rend pas compte. Il croit que l'esprit, absorbé par une sensation unique, pourrait connaître l'objet de cette sensation. C'est une erreur. La connaissance n'est possible que par la comparaison. Connaître vraiment une chose, c'est la distinguer de tout ce qui n'est pas elle, c'est la retrouver dans tout ce qui lui est identique. Cela suppose l'indépendance de l'esprit vis-à-vis de la sensation, son pouvoir de s'y appliquer, lequel enveloppe, à son tour, le pouvoir de s'en détacher, de la dominer. Or, d'après Condillac, l'esprit occupé par l'odeur de la rose devient, à la lettre, *odeur de rose;* il est enfermé dans sa sensation, il ne la domine pas, il n'en est pas maître.

— Laromiguière, d'abord disciple de Condillac, commença la réaction contre lui en signalant le premier l'*élément actif* contenu dans l'attention, à savoir, l'application volontaire de l'esprit à son objet, la *tension*, la concentration de la pensée sur une chose. Maine de Biran, Cousin, Jouffroy, et avec eux toute l'école éclectique, ont adopté la même théorie; ils ont fait de l'attention un acte essentiellement volontaire, un *libre effort* par lequel l'esprit s'arrête, se fixe sur une chose pour la bien voir, pour la voir tout entière et pour ne voir qu'elle seule.

Cette théorie se fonde expérimentalement sur ce fait que, tous, nous reconnaissons deux modes, un *mode spontané* et un *mode attentif*, dans l'action de chacun de nos sens, de chacune de nos facultés mentales, et que, du moins pour ce qui concerne les sens, la langue a des mots distincts pour désigner ces deux modes. Ainsi nous disons : *voir* et *regarder*, *entendre* et *écouter*, *sentir* et *flairer*, *toucher* et *palper*, *goûter* et *déguster*.

Malgré tout, on s'aperçoit, en y regardant de près, que cette théorie confond avec l'attention elle-même une simple *condition*, un simple *préliminaire* de l'attention.

Nous pouvons fixer, quelquefois même très énergiquement, l'effort de nos yeux sur un objet d'étude, et cependant, bien que cet objet nous soit très accessible, ne pas le voir ou ne pas le comprendre, s'il ne s'ajoute à notre effort, à notre acte purement volontaire, une autre chose plus importante encore, c'est-à-dire ce *je ne sais quoi* que nous appelons l'*attrait* ou l'*intérêt*.

Bien plus : il arrive souvent que l'attention, lorsqu'elle est réduite à l'effort seul, fait obstacle au mouvement de la pensée, au lieu de l'exciter ou de l'aider. Figé, en quelque sorte, dans sa contemplation stérile, l'esprit *regarde* et *ne voit pas*.

On peut constater cela surtout dans le jeune âge. De là cette boutade d'un enfant : « Moi, quand je fais attention, je ne pense plus. »

Il y a donc autre chose dans l'attention qu'un simple pouvoir de tendre les muscles du corps et, métaphoriquement, les muscles de l'âme.

— M. Ribot, reprenant sur ce point, mais avec les amendements nécessaires, la pensée de Condillac, développe, dans sa *Psychologie de l'attention*, une théorie qui nous paraît susceptible d'être appliquée surtout à la psychologie de l'enfance.

« Il y a, dit-il, deux formes bien distinctes d'attention : l'une, spontanée, naturelle ; l'autre, volontaire, artificielle. » Mais « la première, négligée par la plupart des psychologues, n'est qu'une imitation, un résultat de l'éducation, du dressage, de l'entraînement. Précaire et vacillante par nature, elle tire toute sa subsistance de l'attention spontanée ; en elle seule elle trouve un point d'appui. Elle n'est qu'un appareil de perfectionnement et un produit de la civilisation. »

En d'autres termes, l'attention véritable est celle où la pensée est *prise*, où nous sommes *captivés* par l'objet qui nous occupe et qui nous intéresse. Lorsque l'attention est simplement volontaire, il y a bien, si l'on veut, en elle une certaine *adaptation* de l'esprit à son objet, mais « cette adaptation est le plus souvent incomplète, intermittente, sans solidité » ; il se produit bien une *convergence*, mais elle est molle et lâche ». Au contraire, dans l'attention véritable, qui est, encore une fois, l'attention spontanée, « le corps entier converge vers son objet, les yeux, les oreilles, quelquefois les bras ; tous les mouvements s'arrêtent ; toute l'énergie disponible de l'individu vise un même point. »

— Cette théorie, très vraie en principe, nous semble réclamer quelques modifications de détail en raison de ce fait que l'attention, comme les autres facultés, n'est pas et ne peut pas être absolument chez l'enfant ce qu'elle est chez l'homme.

Il est certain que l'enfant a besoin, pour faire attention, d'être saisi, captivé par l'objet. Or, comme les choses les plus diverses ne cessent de solliciter son esprit essentiellement mobile, on le voit passer des unes aux autres avec une extrême rapidité, et on appelle *distraction* cette impossibilité où il est de se fixer longtemps sur une seule chose.

Cependant, remarquons-le bien, cette distraction de l'enfant n'est pas le contraire absolu de l'attention ; car, dans le court moment où il considère chacun des objets sur lesquels se porte son caprice, il est véritablement absorbé par cet objet, il est *pris* par lui.

Et il faut bien qu'il en soit ainsi, car l'enfant a besoin de se familiariser vite avec un très grand nombre de choses, et il ne peut le faire qu'à la condition de n'accorder à chacune d'elles qu'une attention fort courte.

On pourrait donc dire sans trop de paradoxe que l'attention de l'enfant se confond avec sa continuelle distraction.

C'est par rapport à nous-mêmes que nous jugeons l'enfant distrait; il ne pense pas aux choses auxquelles nous voudrions qu'il pensât. Surtout, il ne pense pas avec suite, avec continuité. Cependant, si instable qu'elle soit, sa pensée, au moment où elle rencontre un objet qui l'intéresse ou qui l'étonne, est absorbée en lui avec cette puissance de concentration, de convergence, d'adaptation, que décrit M. Ribot.

Mais, si l'enfant n'est capable que de ce genre d'attention, l'homme en connaît une autre : c'est l'attention raisonnée, scientifique, dans laquelle la convergence peut être directement produite par la tension de la volonté, avant que l'intérêt des choses auxquelles nous appliquons librement notre esprit se soit encore révélé à nous.

II

La doctrine du travail attrayant.

1. Cette doctrine repose sur la nécessité de mener peu à peu
l'enfant de l'attention spontanée qui lui est propre à l'attention
réfléchie et volontaire. — Forme utopique et charlatanesque.
Théorie de Fourier. — Les *courtes séances*; les *petites hordes*.
2. Forme modérée et partiellement vraie. Théorie de M. Spencer.
— Le plaisir est l'excitant le plus efficace de l'activité. —
L'éducateur doit se borner à surveiller l'évolution intellectuelle
de l'enfant et à lui fournir des matériaux et des méthodes. —
Examen critique; réserves.

1. Le problème de la pédagogie de l'attention se
pose donc de la manière suivante : Comment mène-t-on
l'enfant de cette attention spontanée et morcelée qui
lui est propre à l'attention réfléchie et soutenue de
l'adulte ?

Nous répondons : En lui rendant peu à peu l'effort
supportable, *mais* en l'habituant à l'effort.

Cette opinion n'est pas admise par tous ceux qui
s'occupent de pédagogie. Beaucoup la trouvent « trop
dure », et veulent qu'on s'en remette entièrement, pour
produire cette évolution nécessaire, à l'action de la
nature et à la puissance de l'attrait.

C'est la théorie dite du *travail attrayant.*

Seulement cette théorie s'est produite sous diverses
formes, dont les unes sont utopiques, charlatanes-
ques, les autres modérées et, sinon vraies, au moins
discutables.

— Au premier groupe appartient la célèbre conception de Fourier, le fondateur de la doctrine phalan-
stérienne, le bizarre auteur du système de l'*attraction
passionnelle.*

D'après cet audacieux rêveur, il faut, pour amener l'enfant à devenir, par l'attention et le travail, un membre utile de la société, n'obéir qu'aux seules indications de la nature, laquelle parle de suite à l'enfant, comme elle parlera plus tard à l'homme, par l'irrésistible voix de la passion.

Or, la nature a établi, sur ce point, deux lois essentielles : d'abord elle dispose tout enfant à une action multiple et variée ; ensuite elle met chez les divers enfants, comparés les uns aux autres, des goûts et des aptitudes non pas seulement différents, mais contraires, dont il faut savoir tirer parti pour le bien général de la société.

Examinons tour à tour les deux parties de cette thèse.

La première repose sur une des idées les plus singulières de Fourier. Il y aurait, dans l'âme de l'enfant aussi bien que dans l'âme de l'adulte, une passion appelée la *papillonne*, qui le pousserait à changer souvent d'occupations et à se reposer d'un travail par un autre. Qu'est-ce qui rend le travail pénible, insupportable à l'enfant ? C'est la continuité et la monotonie. Voulons-nous qu'il l'aime, qu'il s'y plaise, sachons y introduire la variété et l'alternance. Au lieu de soumettre nos élèves à des études prolongées et toujours les mêmes, habituons-les à un travail varié, que nous saurons, en outre, leur distribuer à *petites doses* et, pour employer l'expression même de Fourier, *à courtes séances* ; l'ennui et la peine disparaîtront. Ainsi, nous appliquerons l'enfant pendant une heure à l'étude de la grammaire ; pendant l'heure suivante, nous lui ferons couper les foins ; pendant celle d'après, nous lui apprendrons à faire la cuisine. Il se plaira à ces exercices si variés et nous lui aurons rendu l'étude agréable en chassant la contrainte et l'effort.

Voici maintenant le côté social de la théorie.

En même temps que la nature donnait à chaque individu une certaine variété de goûts et d'aptitudes, elle a voulu aussi que ces aptitudes, ces goûts, ne fussent pas, chez tous, absolument identiques. Par là, elle a préparé le bonheur, la prospérité des Etats. En effet, l'harmonie sociale se réaliserait comme d'elle-même si on permettait à chacun de suivre librement sa voie. Il suffirait, pour cela, d'assurer à chaque enfant le genre d'éducation que réclame sa passion dominante. On s'apercevrait ainsi que la nature a pourvu d'avance à tous les besoins de la société. Elle n'a pas créé tous les enfants sur le même modèle ; mais, tandis qu'elle a donné aux uns des instincts élevés, qui les disposent à remplir les plus hautes fonctions sociales, elle a mis dans les autres des instincts humbles, vulgaires, grossiers même, qui les poussent à choisir de préférence les métiers bas et répugnants dont la société ne peut se passer. Organisons en *petites hordes* ces enfants qui se complaisent dans la saleté. Au lieu de prétendre *corriger leurs instincts* par l'éducation, *utilisons-les* plutôt pour le bien général ; nous serons dispensés ainsi de payer de forts salaires à des ouvriers qui aimeraient mieux faire d'autres travaux et nous comprendrons que ces instincts méprisés à tort ont leur place marquée, leur rôle utile *en Harmonie.*

2. Inutile de discuter longtemps ces rêveries démodées. Passons plutôt à la forme modérée et sincère sous laquelle M. Spencer a conçu, à son tour, cette même idée du travail attrayant.

D'après lui, le résultat le plus heureux de la réaction qui s'est produite dans ces derniers temps contre l'*éducation ascétique*, héritée du moyen âge, ç'a été « de rendre l'étude agréable plutôt que pénible ». On était convaincu autrefois qu'il fallait contrarier en tout les tendances naturelles de l'enfant. Du moment qu'une occupation lui plaisait, c'était une raison de la proscrire et d'y substituer quelque étude abstraite, qui fût contraire à ses goûts. Mieux instruits aujourd'hui des lois de l'évolution morale, nous savons qu'il faut appliquer l'enfant aux études qui lui plaisent; « car le plaisir est le stimulant le plus énergique et le plus efficace de l'activité ; » et, d'un autre côté, nous savons aussi que ce plaisir est le signe d'une aptitude qui s'éveille : « Aussitôt qu'un esprit montre du goût pour tel ou tel genre de connaissances, c'est signe qu'il est devenu apte à s'assimiler ces connaissances et qu'elles sont devenues nécessaires à son progrès. »

— A la vérité, M. Spencer, après avoir formulé ce principe, y oppose lui-même une très sérieuse objection : « S'il est vrai, dit-il, que l'esprit, comme le corps, soit soumis à une évolution déterminée et préétablie, si son développement est tout spontané, si son goût pour chaque genre de connaissances s'éveille au moment précis où elles sont nécessaires à son alimentation, s'il possède en lui-même le stimulant de ses facultés, une sorte d'aiguillon qui les excite au bon moment et qui lui donne la meilleure direction, *pourquoi intervenir?* Pourquoi ne pas abandonner *complètement* les enfants à la discipline de la nature? Pourquoi ne pas rester passifs et les bras croisés, en les laissant s'instruire comme ils pourront? Pourquoi ne pas être jusqu'au bout conséquent avec soi-même et reculer devant la conséquence rigoureuse du système, qui est le *laisser-faire* absolu? » Mais cette objection ne l'embarrasse pas outre mesure, et il croit y avoir répondu suffisamment quand il a assigné pour rôle à l'éducateur « d'être là pour fournir à l'esprit de l'élève le nouvel aliment, à l'heure même où il le réclame », mais sans pour cela lui faire violence ni lui rien imposer. « L'enfant, dit-il, *se tourne de lui-même* vers ces nouvelles études. » Il n'a besoin, par conséquent, que d'y être encouragé, et l'œuvre de l'éducation, dans cette nouvelle phase, se borne « à lui fournir des mots, à provoquer sa curiorité, à mettre des livres entre ses mains, à lui proposer des problèmes, sans pour cela troubler ni surtout violenter le moins du monde l'ordre naturel et normal de l'évolution intellectuelle. »

⸺ En vérité, cela est-il suffisant? Est-il à ce point certain que l'enfant se tournera de lui-même vers des études très abstraites, si l'on ne commence par demander à sa pensée l'effort strictement nécessaire pour en comprendre au moins l'utilité et l'intérêt? Nous ne le pensons pas. Au début de toute étude nouvelle, il faut un effort provoqué, c'est-à-dire une fatigue et une peine. Cette première peine, il serait utopique de la vouloir supprimer. L'homme deviendrait pour toute sa vie incapable d'effort, si on renonçait à l'y habituer dès l'enfance. Il convient donc simplement d'adoucir l'amertume d'une première contention d'esprit à laquelle la nature ne se prête pas volontiers. C'est à cela que se réduit le juste rôle du travail attrayant, qui est par-dessus tout une *séduction*, une *amorce* ; il aide à traverser une crise difficile ; par lui, l'enfant, trompé et séduit, atteint le moment où il pourra se résigner à l'effort en vue des dédommagements futurs et, qui sait ? goûter peut-être d'assez bonne heure la joie fortifiante que la nature a finalement attachée à l'effort lui-même.

CHAPITRE II

L'ABSTRACTION ET LA GÉNÉRALISATION

I

L'abstraction et la généralisation chez l'adulte.

1. L'acte d'attention contient deux éléments, l'analyse et la synthèse. — L'analyse et la synthèse proprement dites portent sur des éléments concrets, ayant une existence réelle. — L'abstraction. Elle est une espèce d'analyse, portant sur des éléments idéaux, qualités ou rapports, qui ne peuvent être séparés des objets que par un acte de l'esprit. — La généralisation. Elle est une espèce de synthèse, portant sur les éléments idéaux obtenus par l'abstraction, pour les relier ensemble dans l'unité d'un concept.

2. La comparaison. — Ses rapports avec l'attention. — Elle n'est exclusivement ni la perception d'un rapport sans l'effort de l'esprit, ni l'effort de l'esprit sans la perception du rapport. — Elle est l'unité de ces deux choses. — Elle a son point de départ dans notre besoin d'idées générales.

3. Diverses espèces d'idées générales, abstraites, concrètes, mixtes. — Si les idées générales concrètes répondent à des types réalisés au dehors de nous, elles n'en sont pas moins des créations synthétiques de notre esprit.

1. — Une fois qu'on l'a rendu capable d'attention volontaire, l'enfant commence à jouer un certain rôle dans le développement de sa propre éducation. Il peut *observer,* car l'observation n'est rien de plus qu'une attention suivie et méthodique, ayant pour but la connaissance complète d'un objet extérieur. Il peut *réfléchir,* car la réflexion n'est pas autre chose qu'une attention qui prend pour objet les actes mêmes de la pensée.

Il peut surtout accomplir d'une manière raisonnée les trois opérations essentielles de l'esprit, qui sont la *conception,* le *jugement* et le *raisonnement.*

— Occupons-nous d'abord de la *conception.*

C'est, comme l'indique le mot même, l'acte par lequel l'esprit crée des *concepts,* c'est-à-dire des idées qui expriment les choses dans l'unité de leur essence.

La perception ne nous montre les objets que sous des formes imparfaites, mobiles et fragmentaires; nous ne les saisissons, par elle, que mêlés les uns aux autres et se limitant réciproquement; la conception les dégage de ce mélange et les fait apparaître à notre esprit dans leur plénitude et leur achèvement.

Elle y arrive par le concours de trois opérations particulières, que nous allons maintenant examiner tour à tour : l'*abstraction,* la *comparaison* et la *généralisation.*

— Pour bien comprendre en quoi consistent l'*abstraction* et la *généralisation,* il faut les distinguer nettement de deux autres opérations mentales, l'*analyse* et la *synthèse,* qui sont elles-mêmes les deux éléments essentiels dont se compose un acte complet d'attention.

Toutes les fois que notre esprit se fixe, pour l'étudier, sur un objet quelconque, une plante par exemple, son premier mouvement, après une rapide intuition d'ensemble, c'est de considérer tour à tour et une à une les diverses parties dont cet objet se compose, la tige, la fleur, la racine; dans la fleur elle-même, le calice, la corolle, les étamines, les pistils; dans le calice ses sépales, dans la corolle ses pétales, etc., en s'attachant à remarquer le nombre, la disposition spéciale, le mode d'agencement et de suture de chacune de ces parties. Chez certains esprits, ce travail se fait en quelque sorte de lui-même, sous l'influence d'une curiosité fortement éveillée, qui, une fois satisfaite sur un point, se porte immédiatement sur un autre et descend peu à peu jusqu'aux derniers détails. Mais, ces détails une fois atteints, l'activité mentale se continue en sens opposé; après être descendue aux éléments constitutifs, elle remonte des éléments à l'ensemble; elle remarque le rôle de chacun de ces éléments, son importance relative, ses rapports avec tous les autres. Par ces deux opérations complémentaires, la première impression, vague et confuse, que nous avions de l'objet se trouve remplacée dans notre esprit par une idée claire et distincte.

Ce double travail d'analyse et de synthèse se retrouve partout. Nous ne pouvons, par exemple, saisir la beauté d'un paysage qu'après l'avoir tour à tour décomposé, puis reconstitué; de même, un connaisseur ne goûte tout le charme d'une œuvre d'art, d'un tableau, d'une symphonie, d'un monument, qu'après avoir tour à tour promené sa curiosité sur les détails et sur l'ensemble.

— Cela posé, on peut dire d'abord que *l'abstraction est une espèce d'analyse.*

C'est une analyse qui, au lieu de porter sur des *élé-*

ments concrets, sur des *parties séparables*, porte sur des *éléments idéaux*, sur des *manières d'être, qualités* ou *relations*, qui n'existent pas par elles-mêmes, en dehors des objets auxquels nous les voyons attachées. Si, dans le corps humain, je détache la tête, le tronc, le bras, la jambe, la main ; si, dans une armée, je considère successivement et à part l'infanterie, la cavalerie, l'artillerie, le train des équipages ; si, dans un livre ou dans une pièce de théâtre, je sépare, pour les examiner à loisir, les divers caractères, les diverses situations, ce sont là autant d'analyses, ce ne sont pas des abstractions. La main, séparée du corps, reste une réalité concrète ; l'artillerie, coupée des autres corps d'armée, reste une force réelle, susceptible d'une résistance spéciale ; un acte, détaché d'une tragédie, garde une certaine unité qui lui est propre. L'analyse est donc la réduction d'un objet réel à des éléments qui restent eux-mêmes réels. Si, au contraire, dans le corps humain, je détache mentalement sa forme ; si, dans une armée, je considère à part son ordre ou sa force ; si, dans un livre, je conçois séparément son unité, son intérêt, son mérite, ce que j'obtiens par ce genre d'analyse ne subsiste plus en dehors de l'objet analysé. Dans le soleil, je puis considérer à part sa rondeur, son éclat, sa chaleur ; dans une fleur, son parfum ; dans le caractère d'un ami, sa fermeté, etc. ; aucune de ces choses n'a de réalité en dehors du substratum dont je l'ai détachée ; l'opération par laquelle j'en obtiens l'idée distincte n'est donc plus une analyse proprement dite, c'est une abstraction.

De même, *la généralisation est une espèce de synthèse*, mais différant de la synthèse proprement dite en

ce que celle-ci rassemble des *parties concrètes* pour en
former l'idée d'un *tout concret*, tandis que la générali-
lisation rassemble, après les avoir extraits d'un nombre
plus ou moins considérable d'objets individuels, des
éléments idéaux, des *modes abstraits*, pour en former
l'idée d'un *tout abstrait*, qui représente une certaine
essence et que nous désignons par le mot *genre*. Or,
l'idée de genre ou idée générale, c'est un *concept*, qui
devient pour nous l'équivalent exact, le représentant,
le *substitut collectif* des objets individuels dont il a
été tiré.

2. La généralisation, on le voit, suppose toujours,
au moins implicitement, une *comparaison* préalable.

Pour relier dans l'unité d'un genre une quantité plus
ou moins considérable d'objets, en raison de qualités,
de modes, de manières d'être, que ces objets présentent
en commun, il faut les avoir rapprochés mentalement,
les avoir tenus ensemble sous son regard; il faut, au
moins un moment, les avoir fait *comparaître ensemble*
devant l'unité de l'esprit. L'acte qui provoque cette
comparution simultanée ou qui en résulte, c'est la
comparaison.

Nous disons : « Qui la provoque ou qui en résulte. »
En effet, la polémique que nous avons rencontrée précédemment au sujet de l'attention se retrouve ici
au sujet de la comparaison, qui ne serait, d'après certains psychologues, qu'une attention dédoublée ou
partagée. Il s'agit de savoir si la comparaison, elle
aussi, n'est qu'un *phénomène* ou si elle est un *acte*, si
elle n'est qu'un *effet* ou si elle est une *cause*.

—Condillac, comme on peut s'y attendre, ne voit dans
la comparaison que la comparution simultanée d'une

impression actuelle et d'une impression d'autrefois maintenue en nous par souvenir. Quand, après avoir, par exemple, senti plusieurs fois un œillet, nous sentons actuellement une rose, notre *attention passive*, celle qui se fait par l'odorat, est bien tout entière à l'odeur présente de rose, mais notre *attention active*, celle qui se fait par la mémoire, est partagée entre le sensation d'odeur de rose et le souvenir d'odeur d'œillet. « Or, déclare Condillac, deux manières d'être ne peuvent se partager la capacité de sentir, qu'elles ne *se comparent.* » Lors donc qu'il ajoute ensuite : « Comparer, c'est donner en même temps son attention à deux idées, » il est évident qu'il ne considère pas la comparaison comme un acte de volonté, qui aurait son principe dans une véritable initiative de l'âme. La comparaison est quelque chose qui *se fait* en nous, mais que nous ne faisons pas nous-mêmes.

Au contraire, pour les adversaires de Condillac, la comparaison serait essentiellement, exclusivement, l'acte libre par lequel l'esprit, au lieu de se fixer, comme dans l'attention proprement dite, sur un seul et unique objet, se fixerait à la fois sur deux ou sur plusieurs, afin de découvrir entre eux des différences ou des ressemblances.

— Evidemment, ces deux théories sont l'une et l'autre excessives. Car, si la relation (différence ou ressemblance) qui existe entre les deux objets se révèle immédiatement et d'elle-même, il n'y a pas *comparaison*, au propre sens du mot tel qu'il est entendu par tout le monde ; mais, d'autre part, si nous ne faisons que tenir volontairement notre esprit fixé sur deux choses, sans y être sollicités au moins par une première perception vague du rapport, cette tension de l'esprit ne fait que *préparer une comparaison possible*, mais elle ne constitue à aucun degré cette comparaison elle-même.

On voit donc qu'il faut conclure pour la comparaison comme nous avons fait pour l'attention elle-même. Elle est à la fois un *effort de l'esprit* et un *intérêt excité dans l'esprit*. Le plus ordinairement, c'est l'intérêt qui crée l'effort; mais souvent aussi c'est l'effort qui augmente l'intérêt et qui nous le rend nettement perceptible.

Seulement, cet *intérêt* qui sollicite et provoque la comparaison ne s'adresse plus, comme celui de l'attention, aux choses elles-mêmes, mais seulement à leurs rapports, et surtout aux rapports de ressemblance ou d'identité, qui nous permettent de les rapporter à des groupes. Si nous comparons, c'est que nous avons besoin d'introduire la simplicité, l'ordre, l'unité, dans la masse indéfinie des choses; notre esprit réclame des *idées générales,* parce que, seules, les idées générales peuvent être pour nous objet de science. C'est ce besoin, véritable caractéristique de la nature humaine, qui est le point de départ et le principe moteur de la comparaison.

3. L'étroit rapport qui unit ainsi la comparaison et la généralisation va nous expliquer maintenant les diverses catégories d'idées générales.

On peut être étonné, au premier abord, de voir rassemblées sous la dénomination commune d'idées générales des notions aussi différentes les unes des autres que celles-ci, par exemple : blancheur, petitesse,

rondeur, homme, plante, cheval, vertu, amitié, patriotisme.

En examinant de près cette liste, nous remarquons
que quelques-unes de ces notions, celles de *blancheur*,
petitesse, *rondeur*, ne représentent qu'une qualité
unique; seulement, cette qualité, au lieu d'être détachée simplement d'un seul objet, comme si nous
disions : *chose blanche*, *chose petite*, *chose ronde*, est
considérée, pour ainsi dire, comme existant en soi et
comme pouvant appartenir à un nombre plus ou moins
considérable d'objets, entre lesquels elle établirait un
lien et qu'elle nous permettrait déjà, bien qu'à un
point de vue tout spécial, de regarder comme formant
un groupe. Ainsi, l'idée de *blancheur*, par exemple,
exprime une qualité commune à la neige, au marbre,
au papier, au nuage, etc., et nous permet de relier
toutes ces choses, d'ailleurs si différentes, sous la
dénomination commune de *choses blanches*.

Des idées générales de cet ordre s'appellent *idées
générales abstraites;* ce ne sont, au fond, que des
idées abstraites généralisées, c'est-à-dire étendues de
manière à constituer un cadre, une catégorie, dans
laquelle peuvent entrer beaucoup de choses.

Les idées d'*homme*, de *plante*, de *cheval*, sont tout
autres; elles nous représentent des *natures*, des
essences, des *types;* chacune d'elles répond à une
forme spéciale de la substantialité, de l'activité universelle. L'idée générale d'homme, par exemple, est
l'idée de la nature humaine considérée comme le
principe et comme le lien substantiel de tous les caractères physiques, intellectuels, moraux et sociaux,
qui appartiennent en propre à tous les hommes, abs-

traction faite des différences accidentelles et transitoires. Ces idées ont donc, à cértains égards, un objet
concret et qui semble même posséder un genre de réalité sur lequel nous reviendrons plus loin; aussi les
appelle-t-on *idées générales concrètes*.

—Au premier abord, la distance est bien grande entre
ces deux catégories d'idées générales, dont les unes
ne représentent que des qualités, tandis que les autres
répondent aux substances mêmes qui forment la trame
de l'univers. Il suffit cependant, pour saisir la relation qui les unit l'une à l'autre, de songer à une catégorie intermédiaire, celles des *idées générales mixtes*,
auxquelles nous rattacherons, par exemple, les idées
d'*amitié*, de *vertu*, de *patriotisme*.

En réfléchissant sur une de ces idées, celle d'*amitié*
par exemple, on voit qu'elle est constituée simplement
par la fusion, par la synthèse mentale d'un certain
nombre de qualités, dont chacune, considérée à part,
est abstraite. L'amitié, pourrait-on dire en style arithmétique, c'est l'affection réciproque, + cette circonstance qu'elle se produit entre un petit nombre de
personnes, généralement du même sexe et à peu près
du même âge, + la mutuelle confiance, + la communauté des sentiments et des idées, + une certaine
ressemblance de caractère, + le désintéressement
absolu. C'est en réunissant toutes ces dispositions et
tous ces sentiments qu'on obtient le *concept* de l'ami
vraiment digne de ce nom. On voit, par cet exemple,
qu'il y a des idées générales d'un caractère factice,
constituées par le rapprochement de qualités qui pourraient être groupées autrement qu'elles ne sont et en
nombre plus ou moins considérable; on voit aussi que

les choses auxquelles répondent ces idées ont elles-mêmes, sans que cela enlève rien à leur dignité et à leur valeur, un caractère de création factice. L'amitié est une création des hommes. Cela ne veut pas dire qu'elle ne soit pas aussi un fait naturel; car la nature nous y dispose et nous y prépare; mais elle ne serait pas au nombre des choses de ce monde si la pensée et la volonté de l'homme s'étaient refusées à concevoir, à réaliser le juste mélange d'éléments qui la constitue au même titre et en quelque sorte au même degré qu'une substance chimique. Or, nous pouvons en dire autant, par exemple, de l'idée d'*État*, ou de celle de *patriotisme*, ou de celle de *civilisation*.

Mais ce qu'on voit aussi, en y réfléchissant, c'est qu'une idée générale concrète, comme celle d'homme ou de cheval, est, tout aussi bien qu'une idée générale mixte, une simple combinaison d'idées générales abstraites, un simple mélange d'idées générales de qualités, constitué d'après une certaine formule. Seulement, cette formule est réalisée au dehors de nous sous la forme d'un genre réel, d'un type naturel; nous le trouvons tout fait et nous nous contentons de l'exprimer; nous ne le créons pas nous-mêmes.

La généralisation est donc, sous toutes ses formes et à tous ses degrés, une synthèse de l'esprit, par laquelle nous constituons des groupes, soit simples, soit complexes, soit abstraits, soit concrets, dans lesquels nous nous proposons de faire entrer ensuite et de répartir l'infinité des choses individuelles que la faiblesse de notre mémoire ne nous permettrait pas de connaître isolément, en admettant même qu'il pût y avoir pour nous un intérêt quelconque à les connaître ainsi.

II

L'abstraction et la généralisation chez l'enfant.

1. L'enfant ne répugne point absolument à l'abstraction. — Il y a des abstractions tout imprégnées de sensible et de concret, qui ne représentent les modes de la réalité qu'à travers les modes de la sensibilité et de l'impressionnabilité personnelles. — L'enfant est capable de concevoir des abstractions de ce genre.

2. De même, les généralisations de l'enfant ont un caractère essentiellement personnel. — Divers exemples cités par M. Taine et par M. Perez.

1. « L'enfant, dit-on, répugne à l'abstraction. » Quelques personnes ne s'en tiennent pas là et prétendent qu'il n'aime pas plus à généraliser qu'à abstraire. Peut-être convient-il de restreindre un peu ces deux formules et de croire que l'enfant répugne seulement à une certaine espèce d'abstraction et à une certaine espèce de généralisation.

Ce que l'on peut concéder sans crainte d'erreur, c'est que les enfants, bien qu'il y ait parmi eux quelques calculateurs précoces, n'ont pas et ne peuvent pas généralement avoir le goût des abstractions pures, comme sont, par exemple, les abstractions mathématiques. Mais, avant d'atteindre à cette forme pure, où elle est entièrement détachée du sensible et du concret, l'abstraction s'exerce quelque temps sous une forme moyenne, moins éloignée du réel, plus voisine, par conséquent, de l'analyse, à laquelle nous n'avons aucune raison de croire que l'enfant répugne absolument.

Nous-mêmes, nous usons bien souvent de ces abstractions moyennes, qui ne sont point entièrement exclusives de la réalité. Tous les jours, par exemple, il nous arrive de considérer un individu en dehors de son milieu, de son temps, de la société dont il fait partie et de le traiter momentanément comme s'il était seul au monde. Cet individu ne cesse pas pour cela d'être quelque chose de concret et de réel ; cependant l'opération par laquelle nous le détachons ainsi de tout ce qui l'entoure est une abstraction véritable et non pas simplement une analyse.

C'est un peu d'après ce type qu'il faut concevoir l'abstraction de l'enfant. Suivant M. Bernard Perez, il y a une certaine abstraction « tout imprégnée de sensible et de concret », que l'enfant est capable de pratiquer dès les premières années de sa vie. Elle détache pour lui, du fond indéterminé des choses, certains groupes d'objets, certains ordres de qualités, par lesquels il est vivement affecté, mais qu'il ne lui serait pas possible de fondre et d'harmoniser avec l'ensemble.

L'enfant ne voit pas de suite les choses comme nous les voyons nous-mêmes ; il les voit « par taches isolées ». Ses organes sensoriels, sa vue particulièrement, ne s'adaptent pas, comme les nôtres, aux diverses distances. Il en résulte qu'il ne perçoit pas, comme nous, la réalité tout entière : « Il ne saisit que quelques objets saillants, ou même quelques parties de ces objets. » Prenons, si l'on veut, comme exemples le visage de sa mère, le sein de sa nourrice. Les impressions

produites par ces objets se détachent pour lui,
avec un puissant relief, du fond de la réalité ambiante:
« Or, percevoir distinctement des sensations, en conserver le souvenir distinct en dehors de la complexité
vague des impressions conco..nitantes qui n'ont que très
peu affecté les sens, c'est là un travail de séparation
que l'on peut considérer comme une véritable abstraction rudimentaire. »

Un peu plus tard, ce ne sont plus seulement des personnes ou des objets qui se détachent ainsi pour l'enfant,
ce sont des *modes*. Une couleur brillante, un beau foyer
de lumière, produit en lui une sensation dominante
« qui tend à effacer l'idée des autres objets, à s'en
séparer, à s'en abstraire »; pendant le rêve surtout,
cette sensation doit se reproduire dans son cerveau sous
une forme hallucinatoire; mais elle doit s'y reproduire
d'une manière abstraite, c'est-à-dire « sans être accompagnée des impressions sensorielles plus faibles qui
s'étaient groupées autour d'elle », c'est-à-dire encore
« sans le support d'un objet précis ».

— Mais voici la différence tout à fait essentielle qui
sépare de l'abstraction de l'adulte ces premières abstractions de l'enfant. C'est que nos abstractions à forme
scientifique portent sur les *qualités prises objective-*
ment, telles qu'elles doivent être pour tout le monde
et indépendamment de notre impressionnabilité personnelle. Par suite, elles ne peuvent être fixées dans
notre esprit qu'à l'aide d'un secours extérieur, celui
des mots, ou plutôt d'un ordre particulier de mots qu'on
appelle les *termes abstraits*. Au contraire, l'abstraction
de l'enfant n'a pas, à la rigueur, besoin du secours des
mots, car elle n'a en réalité pour objet que des *faits*

intérieurs, des *états subjectifs*, se reproduisant spontanément, quelquefois avec une grande intensité, sous
l'influence de la loi rythmique qui préside à la reviviscence des sensations. Voilà pourquoi l'enfant n'arrive
pas également vite à comprendre toutes nos abstractions et tous nos mots abstraits. M. Perez en donne pour
exemple ce fait qu'un enfant de deux ans comprenait
très bien le sens de cette phrase : « Le chien est méchant, » tandis qu'à trois ou quatre ans il n'entendait
pas encore cette locution : « La méchanceté du chien. »
C'est que, en songeant au chien méchant, l'enfant retrouve en lui-même, détachés et abstraits d'une série
d'autres impressions, la peur ou le mal que ce chien lui
a causés. C'est quelque chose de subjectif; tandis que
la méchanceté, en tant que cause possible d'autres
souffrances et d'autres peurs, est une qualité abstraite
qui ne correspond plus en lui à la reviviscence d'aucune impression. A ce moment donc, il faut que le
langage intervienne et que, fixant artificiellement par
un mot un simple groupe de sensations possibles, rapidement entrevues dans une intuition momentanée et
caduque, il lui donne ainsi un caractère de permanence
et en permette la réapparition spontanée ou le rappel
volontaire. Or, c'est à ce genre d'abstraction, et à
celui-là seul, que l'enfant répugne presque invinci-
blement.

2. La question ainsi résolue pour les idées abstraites
l'est du même coup pour les idées générales. L'enfant,
pouvons-nous dire, ne répugne pas à toute espèce de
généralisation. Loin de là : on peut croire, à certains
égards, qu'il généralise à outrance. Ce qui répugne à
sa nature d'esprit, ce sont seulement nos généralisations

d'hommes, nos généralisations scientifiques et imper-
sonnelles, dont il ne comprend pas, dont il ne peut pas
comprendre encore la portée.

En dehors de cette différence capitale, il généralise
comme nous, d'après la même loi que nous, c'est-à-
dire en s'appuyant sur des comparaisons, sur des perceptions de ressemblances qui lui permettent de ranger
divers objets dans un groupe, dans un véritable *genre*,
mais sans se préoccuper de savoir si ce genre a dans
la nature une importance sérieuse, en rapport avec celle
qu'il lui attribue par une construction toute personnelle.

M. Taine a donné quelques exemples de ces généralisations dans son livre de l'*Intelligence*, ou plutôt dans
un chapitre de psychologie de l'enfance qui complète
ce livre et qui en justifie les principes.

Il nous parle d'un petit garçon qui, ayant de très
bonne heure voyagé en chemin de fer, avait remarqué
la machine avec son sifflement, son bruit, sa fumée.
On lui avait dit : C'est le chemin de fer. Il répétait : *le
fafer ;* « et désormais, pour lui, un bateau à vapeur,
une cafetière à esprit de vin, tous les objets qui sifflent,
font du bruit et jettent de la fumée furent des *fafer*. »
M. Taine ajoute : « Un autre instrument fort désagréable aux enfants (pardon du détail, il s'agit d'un
clysopompe) avait laissé en lui, comme de juste, une
impression très forte. L'instrument, à cause de son
bruit, avait été appelé un *zizi*. Jusqu'à deux ans et
demi, tous les objets longs, creux et minces, un étui,
un tube à cigares, une trompette, étaient pour lui des
zizi, et il ne s'approchait d'eux qu'avec défiance. Ces
deux idées régnantes, le *zizi* et le *fafer*, étaient comme

les deux points cardinaux de son intelligence ; il partait de là pour tout comprendre et pour tout nommer. »

— Ces exemples de généralisation enfantine se rapportent à des objets qui impressionnent l'enfant. En voici deux autres qui ont un caractère plus intellectuel ; ils se rapportent à des objets qui intéressent simplement l'enfant, qui l'intriguent, excitent sa curiosité et lui font faire des rapprochements volontaires.

Le premier est encore cité par M. Taine. Il s'agit d'une petite fille qui avait au cou une médaille bénite. On lui avait dit : C'est le *bon Dieu ;* elle répétait : le *bo Du.* Un jour, assise sur les genoux de son oncle, elle saisit son lorgnon en disant : C'est le *bo Du* de mon oncle. « Il est clair, dit M. Taine, qu'involontairement et naturellement elle avait fabriqué une classe d'individus pour lesquels nous n'avons pas de nom, celle des petits objets ronds, percés d'un trou et attachés au col par un cordon ; qu'une tendance distincte, correspondant à ces quatre caractères généraux et que nous n'éprouvons point, s'était formée et agissait en elle. »

L'autre exemple a été développé par M. Perez ; il est très intéressant et nous montre sous une forme plus active, plus inventive, ce travail de création d'une idée générale dans la pensée d'un tout petit enfant, d'un enfant de huit mois.

« Il joue pendant trois ou quatre heures par jour, assis sur un tapis au milieu de la chambre. Un de ses jouets favoris est une boîte en fer-blanc, qu'il aime à cause de son bruit métallique, et surtout à cause de son ouverture dans laquelle il fourre tout ce qui peut y entrer et essaie de fourrer tout le reste. Cette habitude de mettre un objet dans un autre lui tient au cœur. Il a constaté que plusieurs des objets qui tombent sous sa main, un seau, une fiole, une trompette, etc., lui offrent cette propriété de pouvoir contenir d'autres objets. Aussi, dès qu'on lui donne ou qu'il rencontre un objet qu'il ne connaît pas, il l'expérimente à cet égard, il le palpe, le retourne, y cherche une apparence d'ouverture. L'autre jour, il mit la main sur une poupée habillée, entre les jambes de laquelle il essaya d'enfoncer une poupée plus petite, puis un morceau de pain, puis le goulot de sa fiole. Une autre fois, on lui donna un bouchon de carafe, que, surtout à cause de sa transparence vitrée, il s'obstina à croire ouvert par le bout cylindrique ; il chercha à faire entrer par là les jambes d'un petit pantin, puis ensuite, d'un air dépité, le bout de son index. Un de ses jeux familiers est de mettre l'index dans les yeux des personnes qui le tiennent sur leurs genoux, ce qu'il exécute en riant beaucoup. En un mot, il y a dans son intelligence l'idée générale de cette qualité, perçue dans plusieurs objets et qu'il cherche dans presque tous, d'ouverture et de capacité. »

III

Éducation de la faculté d'abstraire et de généraliser.

1. Comment on prémunit l'enfant contre les abus et les dangers de l'abstraction.
2. Comment on l'habitue par degrés aux généralisations scientifiques et aux systèmes d'idées générales. — La classification ; son importance dans la science; son importance dans l'éducation.

1. Puisque l'enfant a déjà ses abstractions et ses généralisations à lui, l'éducation de la faculté d'abs-

traire et de la faculté de généraliser n'a pas pour but,
comme on pourrait le croire au premier abord, de
créer en lui ces facultés, mais simplement de les appliquer à leur véritable fin.

Or, cette fin, c'est la connaissance scientifique des
choses ; c'est la détermination de leur essence et de
leurs rapports. Une intelligence incapable d'abstraire
et de généraliser ne soupçonnerait même pas cet ordre
de connaissances, bien qu'ayant à sa disposition les
instruments nécessaires pour y arriver. Ainsi, on a
remarqué souvent que les sens sont de véritables
instruments d'analyse et d'abstraction ; ce sont, disait
Laromiguière, des « machines à abstraire » ; chacun
d'eux découpe, en quelque sorte, une tranche de la
réalité et tend spontanément à décomposer le monde
réel en monde des couleurs, monde des sons, monde
des formes, etc. Cependant l'animal, doué des mêmes
sens que nous, serait incapable de considérer isolément une couleur en tant que couleur, une forme en
tant que forme, et d'en concevoir les propriétés physiques ou mathématiques ; au contraire, pour l'homme,
aidé des mots, l'abstraction devient le principe de la
pensée pure et de la science.

D'autre part, cependant, l'abstraction et la généralisation présentent certains dangers, et, si elles sont le
point de départ de la science, elles sont aussi, à certains
égards, la cause des déviations et des erreurs qui en
compromettent les progrès. L'abstraction, en conférant
momentanément à de simples qualités, à de simples
rapports, le privilège d'une existence à part, risque de
faire prendre au sérieux cette existence et de lui faire
attribuer à tort un caractère substantiel. C'est ainsi

21.

qu'au moyen âge, sous l'influence de la doctrine aristotélicienne mal comprise, on a constitué les *formes substantielles* et les *vertus occultes ;* on s'est figuré que, quand un corps s'échauffe, il reçoit la forme substantielle du chaud, il perd la forme substantielle du froid ; on s'est représenté le *phlogistique* comme une substance qui serait mêlée aux corps et qui s'en dégagerait par la combustion. En même temps, on imaginait la *vertu dormitive* de l'opium, la *vertu pulsifique* du sang dans les artères, la *vertu sonorifique* des horloges, l'*horreur de la nature pour le vide ;* on peuplait la nature d'*entités* chimériques et bizarres, auxquelles on attribuait la réalité et la puissance. Dans l'antiquité, d'ailleurs, la même tendance s'était déjà manifestée et elle n'y avait pas produit seulement la réalisation, mais la personnification, la divinisation des forces de la nature ou des propriétés de la matière. Les dieux, dit Max Müller, ont été à l'origine des noms : *numina, nomina.* La mythologie tout entière est un vaste tissu d'abstractions réalisées.

Quant à la généralisation, ses abus possibles sont peut-être plus nombreux encore. Nous avons d'abord à nous prémunir contre la généralisation imprudente et hâtive qui crée les jugements téméraires. A défaut d'erreurs proprement dites, les personnes qui généralisent à outrance prennent l'habitude de *penser à vide ;* elles se complaisent dans ces affirmations vagues, superficielles et banales, qu'on nomme des *généralités* et tranchent continuellement avec des mots, avec des formules sonores, les questions les plus délicates et les plus complexes. Mais surtout, la généralisation, elle aussi, crée de fausses réalités. Le *réalisme,* au moyen âge

comme chez Platon, transforme en essences immuables
et rigides les nécessités, essentiellement souples, qui
président au jeu des phénomènes naturels, à l'évolution
des formes de la vie, et introduit dans le monde physique et dans le monde moral une fixité qui ressemble
à la mort.

— Il faut donc habituer l'enfant à abstraire, mais en
même temps à ne pas enfermer, à ne pas emprisonner
trop vite sa pensée dans ses abstractions, comme dans
des cadres inflexibles. Maniée avec sagesse et mesure,
l'abstraction est pour l'esprit un principe de liberté.
Ceux qui ne savent point abstraire restent exclusifs et
tranchants dans leurs appréciations, ne comprenant pas
ou ne voulant pas comprendre que les défauts d'une personne, dès qu'on pénètre un peu profondément dans
la complexité de sa nature, peuvent être compensés par
des qualités d'un autre ordre. Il y a en chacun de nous
plusieurs hommes qui se sont succédé ou qui coexistent
et qu'il est souvent bon et juste de savoir séparer les
uns des autres. Ainsi, Louis XII faisait sur lui-même
une abstraction de ce genre, quand il prononçait sa
célèbre parole : « Le roi de France ne venge pas les
injures du duc d'Orléans. » De même, nous avons des
devoirs à plusieurs points de vue : des devoirs comme
hommes, des devoirs comme pères, des devoirs comme
citoyens, administrateurs, gouvernants, etc.; nous
pouvons être répréhensibles à un point de vue et ne point
l'être à un autre. Par conséquent, familiariser l'enfant
avec toutes ces distinctions, c'est dégourdir sa pensée,
la tenir alerte et vivante ; c'est l'habituer à voir les choses
de haut, à tenir compte de tout, à peser le *pour* et le
contre, à être large dans ses jugements et, par suite,

équitable et généreux. Mais, après avoir été un instrument de liberté, l'abstraction, une fois qu'elle a constitué ses catégories de *modes*, risque de devenir tout le contraire ; elle substitue ces modes à la réalité et ne nous permet plus de rien voir, de rien comprendre en dehors d'eux. L'abstraction mathématique, en particulier, si on la faisait prédominer de trop bonne heure, donnerait à l'esprit des enfants de la rigidité et de la sécheresse ; indirectement, elle les mènerait vite à la sécheresse du cœur, à la rigidité du caractère. Elle les disposerait à rejeter dédaigneusement tout ce qui ne se démontre pas, comme on dit, par $a + b$.

2. Quant à la faculté de généralisation, il suffira, pour en tirer bon parti, de donner tour à tour à l'esprit de l'enfant quelques habitudes mentales excessivement précieuses, qui exigent une certaine maturité et qu'il ne serait point capable d'acquérir par lui-même.

La première de ces habitudes, c'est de renoncer vite à ses généralisations personnelles, qui ne représentent qu'une certaine façon particulière de voir ou de sentir, et d'y substituer le système raisonné et cohérent des idées générales qui ont été établies par l'expérience collective de l'humanité.

L'enfant ne pourra rien tirer, pour le développement ultérieur de sa pensée, de la catégorie « des objets qui sifflent », ou de la catégorie « des objets longs, creux et minces », ou même de la catégorie « d'ouverture et de capacité ». Mais la réflexion des philosophes et l'observation des savants se sont employées pendant de longs siècles à créer des catégories vraiment générales, correspondant à l'ordre entier des

objets naturels ou des faits sociaux. Ces idées générales sont les cadres mêmes dans lesquels la nature a
enfermé ses créations. En les communiquant à l'enfant,
on substitue déjà pour lui une vérité objective et systématique à la vérité toute subjective et toute partielle
dont il s'était contenté d'abord, parce qu'elle suffisait
à l'exercice de sa pensée et à la satisfaction de ses premières fantaisies.

Ce pli une fois contracté, une autre habitude, plus
importante encore, suivra bientôt après; on fera comprendre à l'enfant, parvenu à une nouvelle phase de sa
croissance intellectuelle, que ces catégories générales
dans lesquelles peuvent être répartis les êtres naturels
ne sont pas égales, équivalentes, mais qu'elles sont
impliquées, enveloppées les unes dans les autres au
double point de vue de l'*extension* et de la *compréhension*.

On appelle *extension* d'une idée générale l'ensemble
des individus auxquels cette idée s'étend, et *compréhension* l'ensemble des caractères, des déterminations,
que cette idée contient.

Il est facile de voir que ces deux choses sont *en raison inverse* l'une de l'autre.

Si nous comparons, par exemple, les trois idées de
mammifère, de *vertébré*, d'*animal*, nous voyons que
la première est moins *étendue* que les deux autres, car
il y a moins de mammifères que de vertébrés, comme
aussi il y a moins de vertébrés que d'animaux; mais, en
revanche, elle est plus *compréhensive;* car le mammifère contient tous les caractères du vertébré, plus ceux
qui lui appartiennent en tant que mammifère, comme,
de même, le vertébré contient tous les caractères de

l'animal, plus ceux qui lui sont propres en tant que vertébré. Il en résulte que, d'une part, au point de vue de la compréhension, l'idée d'animal est enfermée dans l'idée de vertébré, qui, elle-même, est enfermée dans celle de mammifère, tandis que, d'autre part, au point de vue de l'extension, c'est l'idée de mammifère qui est enfermée dans celle de vertébré et l'idée de vertébré dans celle d'animal.

Sur ce principe repose la *classification*, procédé essentiellement scientifique, qui nous permet d'embrasser dans leur ensemble tous les êtres dont se composent les règnes minéral, végétal, animal, en les répartissant dans des groupes subordonnés les uns aux autres sous les noms d'*embranchements*, *classes*, *ordres*, *familles*, *genres*, *espèces*, *races* et *variétés*.

Familiariser l'enfant avec le principe des classifications, même avant l'époque où on pourra les lui enseigner méthodiquement, c'est le disposer à comprendre et à aimer par avance l'ordre de la nature[1].

---

1. A cette première idée de la classification et du sentiment qu'elle nous donne de l'ordre de la nature, il faut rattacher une importante question, qui touche à la fois à la psychologie, à la logique, à la métaphysique; c'est la *question des universaux*, si agitée au moyen âge. Il s'agissait de savoir s'il y a un objet qui corresponde aux universaux, c'est-à-dire aux idées générales, et quelle est la nature de cet objet. D'après les *réalistes*, non seulement cet objet existe, mais il est une *réalité* substantielle, un type immuable et parfait, auquel les individus ne font que *participer;* il est donc *plus réel* que ces individus; il leur préexiste et leur survit; c'est à lui qu'ils empruntent leur réalité éphémère. Ainsi, Pierre, Paul et Jacques n'existent que par le rapport qui les unit à l'homme universel, à l'*homme en soi*, pour parler le langage de Platon. D'après les *nominalistes*, au contraire, il n'existe que des individus; l'idée générale n'est rien de plus qu'un *nom*, qui ne réveille jamais dans notre esprit que l'image d'un seul individu à la fois; seulement, nous pouvons *promener*, en quelque sorte, ce nom sur plusieurs individus semblables, de manière à en former un groupe, mais un groupe tout

CHAPITRE III

LA FACULTÉ DU LANGAGE

I

Nature, origine et développements du langage.

1. La parole est aussi naturelle à l'homme que la pensée. Son explication doit donc être aussi une explication naturelle. Il ne faut pas l'éluder en imaginant une *faculté expressive* et une *faculté interprétative*.

2. Conceptions diverses sur l'origine du langage. — Théorie de la révélation divine. — Théorie de l'invention humaine. — Rapide examen critique.

3. Conception intermédiaire. La parole est à la fois un don de Dieu et une création de l'homme. — Théorie de Max Müller. La formation du langage comparée à une végétation. Rôle des racines dans cette formation. La racine *ar* et la racine *spac*. — Ce qu'il faut ajouter à cette théorie. — La végétation pri-

factice, tout arbitraire, qui n'existe que pour nous et dont les limites sont essentiellement flottantes. Enfin, les *conceptualistes* cherchaient l'objet de l'idée générale dans un acte de l'esprit, dans un *concept*, par lequel nous relions ensemble et pensons simultanément un nombre plus ou moins considérable d'êtres ou de faits, en raison des *caractères communs* qu'ils présentent, de la *loi commune* qui les régit. — Appliquées à des problèmes qui nous occupent aujourd'hui plus particulièrement, par exemple à l'interprétation philosophique de la nature, ces trois théories correspondent aux trois principales conceptions entre lesquelles se partagent actuellement les esprits. Le réalisme représente la croyance à la fixité absolue des espèces; le nominalisme répond au *transformisme*, c'est-à-dire au système qui fait sortir les uns des autres et dériver d'un prototype unique toutes les espèces végétales ou animales; le conceptualisme, enfin, a d'étroits rapports avec l'opinion de ceux qui, tout en admettant une sorte de souplesse, de plasticité de la nature, et, par suite, une lente variation, une adaptation séculaire des espèces à un milieu toujours changeant, concilient cela avec l'idée de *types dominateurs*, qui représentent les étapes, les *moments* de l'évolution universelle, et qui, éternellement présents à la pensée divine, sont retrouvés, reconstitués par les *concepts* de la pensée humaine.

mitive du langage suppose la préexistence d'un instinct. —
Les onomatopées et les interjections ne suffisent point à expliquer l'origine du langage. — L'instinct créateur de la parole
semble avoir été une disposition de l'homme à imiter par des
sons articulés la physionomie et l'allure des choses. Exemples.
— Extension du langage par la métaphore; expression des
idées morales. — Types et familles de langues. — Rôle accessoire de la *mode* dans le choix des mots. — Il y a pour les
mots une sorte de lutte pour l'existence. — Création continue
du langage chez les races inférieures, chez les classes populaires, chez les enfants.

1. L'homme est à la fois un *animal qui pense* et
un *animal qui parle*. Ces deux définitions peuvent
être considérées comme ayant à peu près une égale importance ; car, si la parole ne vaut que par la pensée,
qui la précède et qui lui sert de base, d'autre part, la
pensée resterait inutile, inféconde, si nous n'avions le
pouvoir de la traduire au dehors, d'y faire participer
nos semblables, d'établir par elle, avec la communication des sentiments et des pensées, le *lien social*,
principe d'un accroissement indéfini de la connaissance, de la vertu et du bonheur.

Mais, en reconnaissant l'importance à peu près égale
de ces deux facultés, on n'a pas toujours bien saisi
ou bien exprimé la vraie nature du rapport qui les
unit l'une et l'autre. C'est ici surtout qu'on a abusé de
l'*explication paresseuse*, qui consiste à créer des facultés, quand il faudrait établir la genèse des faits.

Ainsi, on a imaginé une *faculté expressive*, par
laquelle l'homme traduirait ses émotions ou ses pensées par divers ordres de signes, tels que les gestes,
les expressions de physionomie ou les mots, sans
qu'il y ait aucune *raison naturelle* pour que tel geste,
tel pli des muscles de la physionomie, exprime le com-

mandement plutôt que la prière, la colère plutôt que la pitié, etc., ni aucune *raison logique* pour que telle combinaison de mots corresponde de préférence à telle suite d'idées. Mais, si aucun lien naturel n'existe entre les faits intérieurs et les signes qui les expriment, comment se fait-il que ces signes soient interprétés, qu'ils soient compris? On s'est tiré de cette difficulté comme de la première en imaginant encore une faculté, la *faculté interprétative*, par laquelle tout homme comprendrait d'instinct les signes employés par ses semblables.

C'est là une théorie qu'on peut qualifier d'enfantine. La science y substitue aujourd'hui une autre conception, d'après laquelle le langage en général, la parole en particulier, aurait son principe dans le mouvement par lequel la pensée s'efforce de se saisir et de se fixer elle-même en passant de la forme inconsciente et spontanée à la forme réfléchie et volontaire.

Cette théorie est la seule qui présente un caractère expérimental et qui permette de concilier sagement deux thèses excessives, précédemment émises par divers théoriciens.

2. En effet, quand la question de l'origine du langage s'est imposée, à la fin du dernier siècle et dans la première moitié du nôtre, aux méditations des philosophes, des théologiens et des linguistes, elle a été d'abord l'objet de deux solutions également absolues et radicales.

D'après l'une de ces solutions, celle de l'école traditionnaliste, représentée surtout par de Bonald et par Lamennais, le langage aurait une origine exclusivement divine ; son principe devrait être cherché dans une révélation initiale ; il serait purement et simplement un *don de Dieu à l'homme.*

Cette théorie présente de nombreuses difficultés. Une des plus frappantes, c'est que, si le langage initial a été révélé par Dieu, il a dû être immédiatement parfait ; nous sommes forcés d'admettre en quelque sorte *a priori* que son vocabulaire a été de suite plus expressif que celui de n'importe quelle langue humaine ; que sa grammaire a été l'expression même de la logique absolue. Il découle de là, par voie de conséquence, que toute langue parlée depuis par les hommes n'a pu être qu'une forme plus ou moins dégénérée de ce langage primitif, institué par Dieu lui-même.

Mais ce qu'on peut reprocher surtout à cette théorie, c'est que ses auteurs se sont donné le ridicule de vouloir être sur ce point plus orthodoxes que la Bible elle-même. Max Müller remarque avec beaucoup de raison qu'elle va directement contre le texte formel des premiers chapitres de la *Genèse.* Il est dit, en effet, dans ces chapitres que ce n'est pas le Créateur qui donna des noms à toutes choses, mais Adam : « Le Seigneur Dieu, ayant formé de la terre tous les animaux des champs et les oiseaux de l'air, les amena vers l'homme pour que celui-ci vît comment il les appellerait, et tous les noms que l'homme leur donna, ce sont leurs noms. »

— D'après une autre conception directement opposée à celle-là, le langage serait, au contraire, une pure *création de l'homme,* c'est-à-dire une invention toute factice, semblable à celle qui a donné naissance aux diverses industries ; et cette invention se serait produite à un moment donné, après une période plus ou moins longue de mutisme absolu.

Les objections que soulève cette seconde conception sont peut-être plus graves encore que celles qui s'opposent à la première. Qu'il nous suffise d'en signaler une. C'est celle qui se rapporte à la propagation même du langage oral une fois inventé. On comprend très bien, en effet, la diffusion des autres inventions humaines ; elles se sont communiquées immédiatement par la parole, cet instrument de persuasion par excellence ; c'est le langage analytique de sons articulés qui en signalait, en expliquait les avantages. Mais comment les inventeurs de la parole auraient-ils fait comprendre par des mots les bienfaits de leur découverte ? Comment auraient-ils persuadé par la parole des gens qui, loin de pouvoir attacher un sens précis aux premiers mots entendus, ne devaient même pas soupçonner que ces mots eussent un sens ? Comment, en particulier, auraient-ils fait adopter les termes arbitrairement choisis par eux ? Comment les auraient-ils imposés, soit par autorité, soit par persuasion, à des hommes que, par hypothèse, aucun instinct ne prédisposait à saisir entre ces termes et les choses un lien quelconque de signification et de convenance. Plus on réfléchit au détail de ces difficultés, plus on voit que, si le mot *invention* est pris ici dans son sens rigoureux d'invention voulue et factice, « la parole, suivant un mot célèbre, aurait été nécessaire aux hommes pour inventer la parole. »

3. Une solution intermédiaire s'impose donc. C'est celle qui fait à la fois de la parole un *don de Dieu* et une *création de l'homme*. A la vérité, cette solution moyenne est elle-même susceptible d'être entendue de plusieurs manières, et ce sont les progrès ultérieurs de la linguistique qui l'arrêteront définitivement à une forme précise. On peut, comme Max Müller, voir dans l'évolution de la parole une sorte de *végétation*. La parole aurait existé *en germe* chez les hommes primitifs sous la forme d'une aptitude à exprimer les idées abstraites et générales à l'aide de signes vocaux, d'éléments phonétiques articulés, en d'autres termes de syllabes, dans lesquelles un son fondamental, représenté par une voyelle, est modifié par l'adjonction d'une ou de plusieurs consonnes. Ces éléments vocaux sont appelés des *racines*, parce qu'ils servent de base à des familles de mots qui expriment toute une série d'idées, provenant elles-mêmes de l'idée initiale, comme la tige et les rameaux d'une plante proviennent de sa racine. Max Müller, dans sa *Science du langage*, a montré combien est puissante, féconde, variée, la végétation de ces racines d'où est sortie la parole humaine. La racine *ar*, par exemple, qui se retrouve d'abord dans le nom donné à la race supérieure de l'humanité, les *Aryas* (peut-être parce que les Aryas ont été les premiers inventeurs de l'agriculture), a le sens de *labourer, ouvrir le sol;* à ce titre, elle a donné naissance à tous les mots qui dans les langues indo-européennes désignent soit le *labour*, soit la *charrue*, instrument du labour, soit même, dans quelques-unes, la *richesse*, dont le premier point de départ est encore le labour. C'est d'elle aussi que proviennent, dans plusieurs langues anciennes et modernes, les mots qui signifient la *terre labourée* et, plus simplement, la *terre;* on la retrouve encore dans

le mot *arome*, dont le sens primitif désigne vraisemblablement la bonne senteur des terres labourées, et
dans notre mot *art*, qui ne signifie le travail créateur
du beau ou le travail créateur de la richesse que parce
qu'il a signifié d'abord le travail fondamental, celui
qui ouvre le sein de la terre pour y déposer la semence.
Si, d'autre part, on considère la racine *spac*, on voit
mieux encore combien peut s'étendre et se diversifier
presque à l'infini le sens d'une racine, attachée
d'abord à une idée très simple, mais qui, par segmentation, ou par association d'idées, ou par métaphore, a
produit beaucoup d'autres idées, plus déterminées et
plus complexes. Cette racine signifie *regarder, contempler*. Qui s'attendrait, au premier abord, à en voir
dériver pêle-mêle *respectable, espion, évêque, espiègle, épicier?* Cependant l'*homme respectable* est celui que nous voulons *revoir encore*, après qu'il a passé
auprès de nous : « On passe près des choses ou des
personnes ordinaires sans les remarquer, mais on se
retourne pour considérer celles qui méritent l'admiration, les regards, le respect. » L'*espion* est celui qui
va regarder ce qui se fait chez l'ennemi. Tout le
monde sait qu'*évêque* (lat. *episcopus*, angl. *bishop*)
signifie *surveillant*. L'*espiègle* est, d'après une étymologie curieuse, développée par Max Müller, un personnage qui observe curieusement tout ce qui se passe
pour en tirer occasion de faire mille tours et mille
malices. L'*épicier* enfin, c'est l'homme qui vend des
drogues, c'est-à-dire des spécifiques; les *spécifiques*,
ce sont, dans l'ordre des substances qui peuvent être
utilisées par l'homme, spécialement pour se nourrir ou
pour se guérir, des essences, des types, des espèces;

enfin, les *espèces*, au sens général du mot, ce sont les
groupes dans lesquels nous pouvons rassembler des
choses semblables afin de les voir d'un seul coup
d'œil; ce sont, en d'autres termes, les *catégories de
l'intuition*. Et combien d'autres mots encore, *répit,
dépit, auspice, soupçon, prospectus, spéculation*, etc.,
dérivent de la même racine et expriment des idées qui,
toutes, découlent d'un concept initial! On voit combien
est curieuse cette théorie de Max Müller; cependant
elle ne peut nous satisfaire à tous égards. On lui a
très justement objecté qu'elle n'explique pas l'origine
même du langage, mais seulement une phase très importante de son évolution; en effet, nous ne découvrons absolument aucun rapport entre le son *ar* et
l'idée de *labourer*, entre le son *spac* et l'idée de *voir*,
et tout nous porte à penser que les racines des langues
qui nous sont actuellement connues sont simplement
les débris de vocables plus anciens, dans lesquels
nous surprendrions peut-être, s'ils nous étaient connus, les lois qui ont présidé à la formation tout à fait
initiale des mots.

— Si nous essayons maintenant de remonter, par
voie de spéculation, à cette époque lointaine où les
premiers éléments des langues se sont élaborés, nous
trouvons par delà l'hypothèse d'une *végétation* celle
d'un *instinct*, qui a dû porter les premiers hommes à
imiter phonétiquement les choses, afin d'en éveiller
les idées de la manière la plus simple et la plus
prompte. Mais comment doit-on comprendre cette
imitation phonétique? Evidemment, il faut y voir
l'exercice spontané d'une faculté qui est à la fois
divine et humaine; divine, puisqu'elle a été mise dans

l'homme par Dieu; humaine, puisque c'est l'homme qui en dispose, qui en détermine à son gré les manifestations. « Le spontané, dit un de nos grands penseurs, est à la fois divin et humain. » Pour créer non la parole, mais le vocabulaire à la fois complexe et fixe de ses premières langues, l'homme avait d'abord à sa disposition les *onomatopées*, c'est-à-dire qu'il pouvait reproduire les bruits que rendent certains objets ou que produisent certains phénomènes. Il avait ensuite les *interjections*, qui sont comme les cris, à l'état modéré et contenu, et qui pouvaient lui servir à désigner soit les états de conscience qui se manifestent par les cris, soit les objets dont la présence ou l'action détermine habituellement ces mêmes cris. Toutefois les onomatopées et les interjections n'auraient jamais produit que des langues extraordinairement rudimentaires ; c'est donc à une autre origine qu'il faut rapporter la plus large part de ce que nous appellerons le *matériel* des langues humaines.

Cette origine, voici très sommairement l'idée qu'on peut s'en faire. L'homme est essentiellement *artiste*. Il a reçu de la nature, comme l'un de ses traits les plus caractéristiques, un don merveilleux d'imitation spontanée et surtout d'imitation métaphorique ; c'est-à-dire qu'il peut imiter certaines combinaisons de choses par des combinaisons d'éléments qui appartiennent à un tout autre ordre. Ce serait donc une erreur de croire qu'il soit incapable de représenter les choses physiques autrement que par le dessin et la peinture ; il peut indirectement les exprimer par des sons. En effet, les sons de la voix humaine sont composés de voyelles et de consonnes dont chacune a son caractère particulier, ou qui peuvent, du moins, se partager en groupes. C'est ainsi que nous divisons les consonnes en *labiales*, *dentales*, *gutturales*, *sifflante*, etc. Or, chacun de ces éléments ou de ces groupes d'éléments de la voix a un certain caractère expressif; il est apte à rendre spécialement tel aspect, sinon des choses elles-mêmes, au moins de ce que l'on peut appeler leur *allure*, leur *physionomie*, leur *air;* à certains égards aussi, il peut rendre quelque chose de leur *mouvement*. Certains sons ont de la force, de la dureté, de la rudesse, de l'aspérité; par suite, instinctivement, sans intention raisonnée et réfléchie, l'homme s'adresse à eux de préférence pour exprimer ce qui est rude, heurté, raboteux, brutal; d'autres ont de la mollesse, de la flexibilité, de la souplesse, une sorte de fluidité; tout spontanément aussi, l'homme en fait choix pour exprimer les objets ou les phénomènes qui, dans la nature, présentent des caractères analogues. C'est ainsi que les premières racines, quand elles ne pouvaient pas être des onomatopées, ont dû être cependant des imitations, non plus du bruit, mais de la manière d'être et de l'allure générale des choses. Il semble que nous en trouvions encore aujourd'hui une preuve dans les éléments vocaux dont se composent les termes qui expriment l'eau et les cours d'eau. Des voyelles, et parmi les consonnes celles qu'on nomme *liquides* (*l* et *r*), parce qu'elles ont une aptitude spéciale à se lier aux autres et, pour ainsi dire, à couler, voilà ce que nous y trouvons surtout, soit dans notre propre langue, soit dans des langues relativement récentes. Notre mot français *eau* est tout en voyelles, et on en peut dire presque autant du latin *aqua*, de l'italien *acquà*. L'idée de *couler* s'exprime en latin par le mot *fluo*, en grec par le mot *rhéo*; dans ces trois mots nous trouvons à peu près exclusivement des voyelles et des liquides. Considérons maintenant des noms de fleuves et de rivières : l'*Aa*, l'*Aar*, l'*Eure*, l'*Ebre*, la *Loire*, le *Tibre*, le *Tigre*. Cette liste pourrait être considérablement augmentée; elle suffit néanmoins à mettre en lumière ce que nous voulons dire. En prolongeant cette étude, on verrait que d'autres éléments vocaux sont aptes à exprimer la rapidité ou la lenteur, l'élévation ou l'humilité, l'obscurité ou l'éclat, et que même aujourd'hui, après tant de dérivations et d'altérations de toutes sortes, ils se retrouvent encore en plus grand nombre dans les mots qui expriment des idées correspondantes.

— L'imitation phonétique spontanée, presque inconsciente, voilà donc le facteur essentiel de la création des langues humaines par l'homme lui-même. Les racines produites ainsi par imitation ont exprimé d'abord les idées absolument essentielles; puis ensuite, par voie de dérivation et de composition, les idées accessoires, qui, groupées autour des idées principales, forment avec elles les familles de mots; puis enfin, par voie d'extension métaphorique, les idées d'ordre supérieur, idées morales, notions métaphysiques, etc.

Quant aux divers groupes de langues, ils s'expliquent très bien par cette conception. On sait, en effet, que les linguistes divisent les langues humaines en trois grandes catégories. La première est celle des *langues monosyllabiques,* dont le chinois nous offre encore aujourd'hui le type; dans ces langues, chaque mot, réduit à une simple syllabe, exprime une idée distincte, et l'exprime tout aussi bien comme substantif, comme adjectif, comme verbe, de telle sorte que c'est simplement le rang occupé par le mot dans la phrase qui lui assigne son véritable rôle et son véritable sens. Le second groupe est celui des *langues agglutinantes*, parmi lesquelles on cite le turc; le caractère essentiel de ces langues, c'est que l'idée essentielle y est exprimée par une racine principale, tandis que les idées accessoires, c'est-à-dire celles qui indiquent, par exemple, le lieu ou le temps, y sont exprimées par des racines accessoires qui se sont liées à la racine principale et en quelque sorte fondues avec elle. Enfin les *langues à flexions* occupent le rang le plus élevé; ce sont à la fois les plus riches, les plus souples et les plus expressives, parce que les racines accessoires qui, dans les langues agglutinantes, conservaient, au moins en partie, leur sens propre, y deviennent de simples indices de rapports abstraits et donnent ainsi à la pensée une bien plus grande liberté, en la dégageant beaucoup plus de la servitude des idées sensibles [1].

---

1. Cette division doit être complétée par une autre. Si, en effet, nous rangeons dans le groupe des langues à flexions toutes celles qui ont été et qui sont actuellement parlées par les races supérieures de l'humanité, nous voyons que cet emploi des flexions se concilie dans quelques-unes avec une tendance analytique à exprimer certaines modifications du sens (les cas, par exemple, et les personnes) par des particules distinctes, qui se placent devant les mots qu'elles modifient au lieu de les affecter comme désinences. C'est ainsi que le français se distingue du latin en exprimant le génitif ou le datif par les prépositions *de* ou *à*, au lieu de les exprimer par des désinences telles que *i* et *o* dans la seconde déclinaison latine, ou bien en désignant, par exemple, la troisième personne du singulier par le pronom *il*, au lieu de la désigner par les désinences *at* ou *it* du latin. Il y a donc des *langues analytiques*, comme le français, et des *langues synthétiques*, comme le latin; et un parallèle entre ces deux classes de langues montrerait que les premières sont plus pré-

— Mais, après avoir signalé le grand rôle de l'imitation phonétique, il faut ajouter une remarque peut-être plus essentielle encore : c'est que, à l'origine des langues, cette imitation phonétique s'est faite de plusieurs côtés à la fois ; chacun proposait les mots qui paraissaient les plus imitatifs, et ainsi il s'établissait entre ces mots une sorte de *concurrence vitale;* les meilleurs, les plus expressifs, l'emportaient, au moins pendant quelque temps (car il faut réserver encore, dans cette étude de la formation primitive des langues humaines, l'influence considérable, quelquefois prépondérante, de l'*engouement* et de la *mode*). Ainsi, tant qu'une langue n'était pas encore fixée par une littérature, elle restait dans un état continuel de fluctuation et de rénovation. Or, ce fait, qui a dû occuper une si large place dans les temps primitifs, nous le retrouvons autour de nous sous des formes diverses. D'abord, les voyageurs nous attestent qu'aujourd'hui encore, chez les peuples sauvages, par exemple dans les races de l'Océanie, les langues changent continuellement ; un voyageur qui revient, au bout de vingt-cinq ans, dans telle île du Pacifique, ne comprend plus un mot de la langue qui s'y parle. Chez nous, malgré l'autorité de la langue littéraire, le peuple, surtout dans les faubourgs de nos grandes villes, tend continuellement à se faire une langue à lui, langue des ateliers et des cabarets, langue grossière, quelquefois cynique, mais pleine de hardiesses et de mé-

cises, plus logiques, plus favorables à la philosophie, à la science, à la diplomatie, tandis que les secondes, grâce surtout à l'inversion, qui leur est plus facile, expriment avec plus d'énergie les sentiments ou les passions et conviennent davantage aux élans, aux audaces de la poésie.

taphores. Ainsi, la tendance de l'homme à créer lui-même la langue qu'il parlera est simplement comprimée aujourd'hui, mais non étouffée, par la domination d'une langue et d'une littérature nationales. Enfin, cette même tendance, nous allons la retrouver tout à l'heure chez l'enfant comme un des traits les plus curieux de sa nature en voie de formation.

II

Les langages émotionnels et l'écriture.

1. Les signes. — Deux espèces de signes. — 1º Les signes proprement dits. — Tous les objets et phénomènes de la nature peuvent être signes les uns des autres. — En un certain sens, la nature parle à l'homme; elle parle surtout au poète. Le symbolisme de la nature. — 2º Les signes du langage. — Ils se divisent, à leur tour, en plusieurs classes. — Signes naturels; signes conventionnels ou artificiels. — Signes visuels; signes phonétiques ou auditifs. — La division des langages répond à celle des signes.

2. Langages naturels. Cris, gestes, attitudes, expressions de physionomie — Ils peuvent être appelés aussi langages émotionnels. — Principe général de leur explication; théorie de Ch. Bell; théorie de Darwin. — Les gestes ou attitudes expriment clairement certaines actions, parce qu'ils sont l'ébauche même de ces actions. — Divers exemples. — La suggestion des actes par les gestes chez les hypnotisés; expériences de la Salpêtrière.

3. Langages artificiels. L'écriture. — Que l'écriture a été d'abord un langage naturel. — L'instinct graphique. — Comment l'art graphique s'est partagé en dessin et en écriture. — L'écriture figurative, l'écriture symbolique. — L'écriture phonétique. — L'instinct graphique chez les enfants. — Tendance spontanée des enfants à exprimer leurs sentiments et leurs idées par une adaptation personnelle des divers langages.

1. La parole n'est que la forme la plus parfaite du langage humain. Il faut donc, pour en bien saisir l'importance et surtout pour se faire une idée nette de son développement dans les premières périodes de la vie, la rattacher d'abord aux autres langages et déterminer exactement la place qu'elle occupe parmi eux.

Tout langage est un *système de signes servant à la communication expressive de la pensée.*

Il ne faut point, en effet, confondre les signes dont se compose un langage avec les signes proprement dits.

Un *signe proprement dit* n'est rien de plus qu'un objet ou un phénomène, actuellement perceptible à nos sens, qui nous révèle la réalité et nous atteste la présence d'un autre phénomène ou d'un autre objet que nos sens ne perçoivent pas, au moins d'une manière actuelle, ou qui même ne peut aucunement être perçu par nos sens.

En d'autres termes, pour pouvoir être appelé un signe, il ne suffit point qu'un objet nous fasse, même très naturellement, penser à un autre par voie d'association d'idées ou par *suggestion simple;* il faut qu'il nous le fasse affirmer comme réel; qu'il nous en annonce soit la présence actuelle, soit, tout au moins, l'approche imminente.

En ce sens, il n'est rien dans le monde réel qui ne puisse, à un moment donné, jouer le rôle de signe. Une malle que je vois ouverte, avec des objets épars, en entrant chez un ami, est pour moi le signe qu'il va partir pour un voyage. Le drapeau national, hissé, après une attaque, sur une position ou sur une forteresse ennemie, est le signe que cette forteresse ou cette position vient d'être occupée par nos troupes.

A plus forte raison en est-il ainsi dans la nature. L'éclair, par exemple, est le signe du coup de ton-

nerre qui va suivre ; car il n'y fait pas seulement *penser ;* il le fait *attendre* et *affirmer* comme imminent.
De même, l'apparition des bourgeons est le signe du
printemps ; elle nous en annonce l'approche, elle nous
y fait penser par *suggestion significative.*

A ce point de vue, il est permis aux poètes de dire
que la nature *parle* à l'homme, que les choses ont
leur *langage.* Cela signifie simplement qu'il y a dans
la nature un double symbolisme : symbolisme physique, en ce sens que les phénomènes, profondément
liés les uns aux autres, se font comprendre mutuellement ; symbolisme moral, en cet autre sens qu'il
existe entre les faits matériels et les faits moraux tout
un système non seulement de ressemblances, mais de
relations étroites et profondes, qui permettent au
poète de les exprimer métaphoriquement les uns par
les autres.

— Les *signes du langage* sont quelque chose de
plus que les signes proprement dits ; ce sont des objets,
des phénomènes, des mouvements ou des actes qui, en
vertu de leur nature propre et surtout en vertu des
relations qu'ils ont les uns avec les autres en tant
qu'appartenant à un même ordre de choses, sont susceptibles d'exprimer, d'une manière plus ou moins complète, l'ensemble de nos sentiments et de nos pensées.

Ces signes peuvent être partagés à deux points de
vue différents.

D'abord, il en est parmi eux qui ont le privilège de
nous faire remonter directement et par eux-mêmes
aux choses signifiées. Ainsi, c'est directement que le
rire ou les larmes sur un visage humain nous *font
affirmer* la joie ou la souffrance de celui qui rit ou

qui pleure; c'est directement aussi que l'image d'un arbre ou d'un oiseau tracée devant nous par une personne nous *fait savoir* que cette personne pense à un oiseau ou à un arbre. C'est donc en vertu d'une *liaison naturelle* que ces signes expriment les choses signifiées, et nous les appelons, à cause de cela, *signes naturels*. Les autres ne nous font remonter aux choses signifiées qu'en vertu d'un rapport établi par convention, et il faut, pour les comprendre, que nous ayons été préalablement mis au courant de cette convention. On les appelle donc *signes conventionnels*. C'est ainsi que le myosotis n'exprime le souvenir que parce qu'on est convenu d'établir un lien entre cette fleur et ce sentiment. Si, en outre, ces signes n'existent pas dans la nature et ne sont créés que par l'artifice de l'homme, on les appelle *signes artificiels*. Ainsi, les signes + et — n'expriment les idées de *plus* et de *moins* qu'en vertu d'une liaison non seulement conventionnelle, mais artificielle.

D'autre part comme deux de nos sens, la vue et l'ouïe, sont particulièrement aptes à nous fournir des signes qui nous permettent de pénétrer dans la conscience de nos semblables, il y a des signes qui s'adressent à la vue ou *signes visuels* et des signes qui s'adressent à l'ouïe ou *signes auditifs*, appelés encore *phonétiques*.

A cette double division des signes correspondent quatre catégories de langages :

1° Les *langages naturels s'adressant au sens de la vue;* tels sont : le langage des gestes et des attitudes, le langage des expressions de physionomie; en un mot, les *langages d'action;*

2° Les *langages naturels s'adressant au sens de l'ouïe;* par exemple, le langage des cris;

3° Les *langages artificiels s'adressant au sens de la vue;* le principal est l'écriture; on peut y joindre la notation musicale, le langage des sourds-muets, le langage des signes télégraphiques ;

4° Les *langages artificiels s'adressant au sens de l'ouïe;* tel est le langage des sons articulés, qu'on appelle aussi le langage oral ou la parole.

2. Les langages naturels, soit de l'ouïe, soit de la vue, sont généralement appelés *langages émotionnels*, parce qu'ils ne sont guère susceptibles que d'exprimer des sentiments ou émotions, et, quelquefois aussi, *langages synthétiques*, parce qu'ils n'expriment ces sentiments qu'en bloc, sans les analyser ou même sans les bien spécifier.

L'interprétation des signes dont se composent ces langages a été récemment l'objet de théories très originales. Nous nous contenterons de signaler ici la loi par laquelle on a expliqué dans ces derniers temps le caractère expressif des langages d'action.

Cette loi, formulée par le physiologiste Ch. Bell, reproduite ensuite, avec quelques changements, par Darwin, dans son célèbre livre de l'*Expression des émotions*, est à la fois très profonde et très simple. Elle se résume ainsi : les gestes, les attitudes, les mouvements des muscles de la physionomie sont souverainement expressifs de certains états, de certaines dispositions de l'âme, parce qu'ils sont, en général, l'ébauche même des actes auxquels aboutissent ces dispositions. Un *geste*, en particulier, est, comme l'indique l'étymologie même du mot, une *action*, c'est-à-dire l'abrégé, le linéament de l'acte dont il tend à évoquer l'idée.

Quelques exemples suffiront à bien faire comprendre l'importance de cette théorie.

On sait la place que tenait le geste, la mimique oratoire, dans l'éloquence des anciens. « L'action, disait Démosthène, l'action, et encore l'action ! » A Athènes, à Rome, les discussions judiciaires ou politiques se faisaient, le plus souvent, en plein air. Par suite, un très petit nombre seulement de ceux qui remplissaient l'Agora ou le Forum entendaient les propres paroles de l'orateur; les autres voyaient de loin, rangés sous les portiques, sur les marches des temples. Ils ne percevaient guère que les gestes; mais cela leur suffisait pour suivre le développement général du discours. Le peuple n'avait pas besoin d'entendre tout ce que disait Démosthène pour partager ses sentiments; on criait : « Marchons contre Philippe, » parce que tout, dans l'attitude et dans le geste de l'orateur, donnait l'idée de l'enthousiasme patriotique et de la marche en avant. On croyait tellement alors à la puissance expressive du geste que cette conviction donna quelquefois lieu à des pratiques bizarres; quand la voix d'un orateur était un peu faible, on imaginait, par exemple, de le faire accompagner par un mime, qui traduisait ses paroles en gestes. Aujourd'hui encore, l'art de la pantomime repose sur le même principe. Art inférieur, sans doute, mais éminemment expressif; car chacun des signes dont il dispose est une ébauche d'action, et l'imagination du spectateur n'a d'autre effort à faire, pour comprendre

le spectacle, que de poursuivre et de compléter cette
ébauche.

— Ch. Bell, Gratiolet, Darwin, en se plaçant à des
points de vue légèrement différents, ont appliqué cette
idée à l'étude des principales attitudes et des principaux gestes. Ainsi, l'humilité et ses divers degrés,
par exemple l'assentiment, l'approbation, s'expriment
par des attitudes et des gestes qui, tous, consistent
dans une inclinaison plus ou moins prononcée soit
du corps entier, soit de la tête seule. Or, d'où vient
que cette inclinaison a un caractère si expressif et
qu'elle se rencontre chez tous les peuples indistinctement comme le signe de la déférence ou du respect?
Simplement de ce que l'*inclinaison* est l'ébauche de
la *prosternation*, c'est-à-dire de l'acte par lequel un
esclave pris en faute ou un ennemi désarmé se
jetait aux pieds de celui dont il implorait la grâce
pour bien montrer qu'il se livrait entièrement à sa
discrétion.

Un lien qui nous échappe d'ordinaire, mais que la
réflexion peut retrouver, rattache de même le plus
grand nombre de nos attitudes et aussi de nos expressions de physionomie à des actes dont elles ne sont, en
dernière analyse, que des formes abrégées et condensées. Ainsi, le mouvement de tête par lequel nous
exprimons le refus est une forme réduite du mouvement de l'aversion, qui fait que nous détournons la
tête à droite ou à gauche, pour ne pas voir un objet
qui nous déplaît, et qu'ensuite nous la retournons
dans le sens opposé si on nous présente de nouveau
ce même objet. C'est de cette façon que, de très bonne
heure, l'enfant s'habitue inconsciemment à ce geste,

lorsqu'on s'obstine à lui présenter plusieurs fois le sein, dont il ne veut plus. Il dit *non* énergiquement en remuant plusieurs fois la tête de droite à gauche et de gauche à droite. De même encore, les gestes, les attitudes et les expressions de physionomie qui accompagnent la colère sont des commencements d'action. L'attitude raidie du corps, la tension énergique des poings fermés et crispés constituent une véritable préparation de l'acte par lequel l'homme irrité, s'il se livrait entièrement à sa passion, se jetterait sur son adversaire pour le frapper ou pour l'assommer. Darwin a montré, tout particulièrement, qu'un certain rictus caractéristique, qui, même chez l'homme civilisé, quand il est en proie à une violente colère, retrousse la lèvre supérieure et découvre les dents, est une réminiscence de la vie sauvage et animale où l'on se jetait sur son adversaire pour le mordre, l'action de mordre étant elle-même, à son tour, un abrégé et une réminiscence de l'acte de dévorer.

— Enfin, cette intime relation des attitudes et des gestes avec les sentiments dont ils sont les signes naturels a été mise plus particulièrement encore en lumière par les expériences faites depuis quelques années, spécialement à la Salpêtrière, sur les sujets hypnotisés. M. Charcot et ses élèves ont montré que, dans cet état, il suffit de donner à la personne sur laquelle on opère telle attitude déterminée pour lui inspirer des sentiments conformes à cette attitude et pour lui suggérer l'idée de l'acte qui correspond à ces sentiments. On fait exécuter au sujet le geste de la menace et aussitôt il éprouve des sentiments de haine et de colère; immédiatement après, on lui fait joindre les mains, et il se met à prier ; veut-on rendre l'expérience plus concluante, on agit en outre sur les muscles de la physionomie ; on leur fait prendre une expression extatique, et aussitôt l'extase pénètre réellement dans l'âme ; un sujet peu habitué aux idées religieuses exprime des sentiments mystiques, a des effusions de piété, retrouve des souvenirs lointains de première communion. Il n'est donc pas étonnant que l'idée suggère le geste et s'exprime par lui, puisque, réciproquement, le geste évoque et suscite l'idée.

3. Parmi les langages artificiels qui s'adressent au sens de la vue, le plus important est l'écriture. Elle a commencé, d'ailleurs, par être un langage naturel. Il suffira de rappeler brièvement, à ce sujet, quelques traits essentiels de son histoire.

Sous sa forme actuelle, que nous appelons *phonétique* ou *alphabétique*, elle est devenue un simple auxiliaire de la parole, dont elle traduit les signes auditifs en signes visuels, lui communiquant ainsi la fixité qui lui manque, conformément au célèbre adage: *Verba volant, scripta manent.*

Mais, ce n'est là que sa dernière phase. Avant d'y arriver, elle en a traversé plusieurs autres ; sous les formes que l'on appelle *figurative* et *symbolique,* elle a été à l'origine un langage naturel, qui s'est développé parallèlement au dessin, lorsqu'un art primitif, auquel on pourrait donner le nom d'*art graphique,* s'est scindé spontanément en deux branches.

L'homme est poussé par un véritable instinct à tracer des figures, soit, d'ailleurs, qu'il les tire de lui-même, de son intuition géométrique interne (et c'est le cas pour les cercles, triangles, carrés, lo-

sanges, etc., qui ont servi de base à l'*art décoratif*),
soit qu'il les trouve réalisées au dehors et se contente
de les représenter telles qu'il les voit ou croit les
voir, ce qui constitue l'*art d'imitation*.

Ces figures, dont nous trouvons des spécimens dans
les civilisations les plus primitives, ont été à la fois pour
lui des objets de satisfaction esthétique et des moyens
de communication avec ses semblables ; car, de très
bonne heure, certaines modifications conventionnelles
apportées à ces figures lui ont fourni un moyen commode d'échanger des idées avec ses semblables, soit
en imitant sommairement des objets d'ordre physique
auxquels il voulait les faire penser, soit en traduisant
symboliquement des conceptions morales.

— Or, cet *instinct graphique*, moitié dessin, moitié
écriture, existe de bonne heure chez les enfants. Ils
sont heureux quand on leur met en main un crayon
ou une plume et qu'on leur permet (disons le mot
vulgaire) de *griffonner* tout à leur aise. L'étude de
notre écriture conventionnelle répugne à l'enfant (on
le voit bien à ses grimaces, à ses contorsions, à toute
la peine qu'il se donne pour imiter ses modèles d'écriture) ; elle lui est pénible, d'abord parce que ces
caractères ne lui représentent rien ; ensuite parce qu'il
ne comprend pas immédiatement que, même combinés
les uns avec les autres, ils puissent avoir une signification quelconque. Mais les figures qu'il trace à sa
fantaisie sur le papier lui semblent, au contraire,
susceptibles de signifier quelque chose. Si grossiers
qu'ils soient, ses premiers dessins sont pour lui très
clairs. Avec les trois figures fondamentales, cercle,
rectangle et triangle, il construit un *bonhomme*. Le

cercle, avec quelques barres destinées à figurer les
yeux, le nez, la bouche, lui représente parfaitement la
tête ; le rectangle est le tronc ; les jambes écartées et
reliées l'une à l'autre par la ligne du sol ou les bras
repliés sur les hanches forment des triangles[1]. Dans
cette figure bizarre, il voit très nettement un homme ;
il l'y voit avec une certaine physionomie, hébétée ou
finaude, placide ou batailleuse ; et bien souvent cette
physionomie y est en réalité. La faculté expressive de
l'enfant est si ingénieuse et si perspicace qu'à travers
des petits dessins, des *graffiti* enfantins, tracés sur des
murailles à Pompéi, nous retrouvons l'allure vraie, la
physionomie vivante d'un soldat et d'un gladiateur de
l'époque. Mais, même lorsqu'il n'a pas la prétention
de dessiner, l'enfant voit quelque chose dans les traits
dont il couvre son papier ; il sent confusément que
l'idée qu'il a dans l'esprit au moment où il trace chacun
d'eux n'aurait besoin que d'être adoptée par les personnes qui l'entourent pour devenir entre elles et lui
un instrument de communication sympathique. En un
mot, il y a dans tout ce *barbouillage* dont il couvre ses
livres et ses papiers un continuel effort pour prendre
possession de sa pensée et, implicitement, pour la
communiquer aux autres.

Mais ce qui est vrai pour cette écriture figurative et
symbolique de l'enfant ne l'est pas moins pour les
autres modes d'expression de la pensée ; l'enfant les
emploie immédiatement, spontanément, avec le désir
inconscient d'en faire des moyens de communication
avec ceux qui vivent autour de lui. L'exubérance de sa

1. H. Havard, *l'Art à travers les mœurs.*

nature, quand il est dans les conditions normales et en
bonne santé, fait de lui un être en qui déborde un continuel besoin d'expression instinctive, irraisonnée. Il
est *gesticulateur*, il est *criard*, il est *grimacier*; il est
(cela résume tout) *comédien*. Il invente surtout, avec
une sorte de verve intarissable, des gestes et des
attitudes de moquerie. Loin d'avoir, sur ce point,
quelque chose à lui apprendre, l'œuvre de l'éducation
consiste bien plutôt à ramener dans les limites de la
bonne tenue et de la distinction ce qui s'épanouit
spontanément en lui sans ordre et sans mesure.

III

La parole.

1. Langages artificiels. La parole. — Supériorité de la parole
sur tous les autres modes d'expression. — La parole n'exprime
pas seulement la pensée, elle la développe et l'enrichit; son
rôle dans la création des idées abstraites, des idées générales,
des concepts moraux. — Dans quelle mesure l'homme pourrait penser sans le secours des mots. — Tout progrès de la
parole détermine un progrès de la pensée, et réciproquement.
2. L'enfant ne reçoit pas simplement communication de la parole, il tend spontanément à créer lui-même la parole; il se
fait un langage à lui et cherche à l'imposer autour de lui. —
Evolution de l'instinct de la parole. Théorie de l'Aristote; com-
mentaires de M. Egger. — Première phase du développement
de la parole. — Le cri, la voix, l'articulation. — Deuxième
phase. Efforts pour créer un langage personnel. — Exemples
cités par M. Taine. — Troisième phase. Acceptation du langage de tout le monde. — Ce que l'enfant y gagne. — Profit
général de l'étude des langues.

1. La parole est, pour plusieurs raisons, le langage essentiel de l'homme.

D'abord, c'est le langage analytique par excellence.
Non pas que, dans certaines conditions, d'autres lan-

gages ne puissent le devenir à peu près au même
degré. Le système de signes artificiels qu'on a créé
pour les sourds-muets montre qu'il est possible d'introduire dans le langage des gestes une diversité et une
complication analytiques assez grandes pour lui permettre d'exprimer toutes les nuances, toutes les délicatesses de la pensée. Il est vraisemblable que, si notre
larynx n'avait pas l'admirable organisation qui lui
permet de varier à l'infini et de combiner de mille
manières les sons articulés, l'homme se serait créé
directement, par la spécification inépuisable des gestes
et des signes visuels, un langage équivalent à la parole.
Mais, en fait, c'est la parole qui est, par l'institution
de la nature, le véritable langage analytique de
l'homme, et, par suite, la langue des sourds-muets,
comme l'écriture phonétique, n'en est guère qu'une
traduction, une transposition.

Il faut bien comprendre, d'ailleurs, quand on définit
la parole le langage analytique, qu'elle n'en est pas
moins aussi le langage synthétique par excellence. Ce
qui fait qu'on appelle quelquefois les autres langages
des langages synthétiques, c'est qu'ils expriment la
synthèse immédiate et spontanée que l'homme fait de
certaines choses dès la première aperception qu'il en a.
Ainsi, un seul geste suffira quelquefois à exprimer
d'une manière très condensée tout un ensemble d'états
de conscience. Mais les vraies synthèses, les synthèses
dernières, c'est-à-dire les synthèses réfléchies, exigeant
une bonne analyse préalable, ne se font que par la
parole.

Il résulte de là que la parole est le seul langage
qui exprime véritablement les *idées*. Tandis que les

gestes, les cris, les expressions de physionomie manifestent nos sentiments, tandis que l'écriture, sous sa
forme immédiate, c'est-à-dire figurative, met sous nos
yeux les choses elles-mêmes, la parole seule, en raison de l'étroit rapport qui l'unit à la faculté de généraliser, exprime les *concepts*, c'est-à-dire le résultat
du travail par lequel l'esprit conçoit sous une forme
générale soit ses propres sentiments, soit les choses
extérieures, et en dégage l'essence.

— Ces différences entre la parole et les autres langages en cachent une autre, plus importante et plus
profonde encore.

C'est que seule, parmi tous les langages, la parole
présente assez de flexibilité et de souplesse pour ne pas
exprimer simplement la pensée, mais pour se mêler,
en quelque sorte, à son mouvement, pour la développer, l'enrichir, la perfectionner de toute manière.

Sans la parole, l'homme pourrait, à la rigueur,
quoique d'une manière bien fugitive et bien vague,
avoir les idées des choses concrètes ; il ne pourrait
avoir, du moins à sa disposition permanente, ces
autres idées, dépourvues de tout *substratum* perceptible, qu'on appelle les idées abstraites, les idées générales et, à un autre point de vue encore, les idées
morales.

L'*idée abstraite*, en effet, n'ayant pour objet que des
qualités, des rapports ou des nombres, s'évanouirait
(en admettant même qu'elle pût être conçue un moment d'une manière distincte) aussitôt que l'esprit cesserait de penser à ces qualités, à ces rapports, à ces
nombres, si nous n'avions reçu de la nature le pouvoir
de la fixer, de l'*incarner* dans un signe plus imma-

tériel, plus flexible et plus *disponible* que tous les autres : *le mot*. De même, et à plus forte raison, l'*idée générale*, qui n'a pour objet que des ressemblances ou des groupes de ressemblances entre des qualités ou des rapports, ne pourrait, sans le mot, être retenue et retrouvée ; car, étant essentiellement une idée de groupe, elle tendrait sans cesse à se dissoudre, à rentrer dans la multiplicité des objets ou des faits dont elle a été laborieusement tirée, si ses éléments ne continuaient à être reliés les uns aux autres par le *signe verbal* qui leur a été imposé comme une étiquette commune.

Quant aux *idées morales*, il est absolument certain que, à l'origine, l'homme a eu besoin du langage pour les tirer peu à peu des profondeurs de sa conscience en les assimilant à des objets physiques qui leur ressemblaient sous certains rapports et en leur appliquant avec certaines modifications les mots qui désignaient déjà ces objets physiques. C'est ainsi que la vertu, qui est la force morale, a été conçue à l'image de la force physique et désignée par le même mot (*virtus* vient de *vis*), que la prudence s'est présentée d'abord sous la forme d'une vision en avant et à distance (*prudentia* de *providentia*), que la tempérance a été d'abord pour l'homme un mélange (*temperamentum*), une espèce de dosage, analogue à celui que nous exprimons encore par cette formule familière : « mettre de l'eau dans son vin. »

— « L'homme pourrait-il penser sans le secours des mots? » La science, qui est évidemment impossible sans la parole, ne se réduirait-elle pas, en dernière analyse, « à une langue bien faite » ? Ces questions, agitées par des philosophes de diverses écoles, ne pourraient être résolues à fond que par une étude détaillée du langage. On entrevoit, du moins, le principe général de leur solution. *Oui*, en un certain sens, l'homme pourrait penser sans le secours des mots; car la pensée est le principe moteur de la parole; c'est d'elle que vient l'impulsion première. *Non*, en un autre sens; car la pensée, à peine produite, s'évanouirait aussitôt, si la parole ne la fixait. Chacune de ses conquêtes serait immédiatement perdue, et tout serait sans cesse à refaire, si la parole ne fournissait une base solide, un point d'appui inébranlable pour chaque marche en avant. C'est le mouvement de la pensée qui crée la parole; mais la parole, une fois créée, perfectionne la pensée. Alors se produit un double mouvement qui n'a plus de terme. Un progrès de la pensée détermine un progrès de la parole; ce progrès de la parole détermine un nouveau progrès de la pensée. C'est ainsi que l'homme est arrivé, d'une part, à étendre sa science jusqu'aux dernières limites de l'univers, de l'autre, à créer non seulement toutes ces langues littéraires, qui ont été les instruments de manifestation de son génie poétique ou oratoire, mais encore toutes ces langues scientifiques, toutes ces nomenclatures et toutes ces classifications, où les idées des choses sont distribuées comme les choses elles-mêmes le sont dans la réalité, et qui font de son cerveau le vivant miroir du monde.

2. Puisque la parole est le langage humain par excellence et que l'homme parle en vertu de la même loi qui le fait penser, nous pourrions croire, en quelque sorte *a priori*, que l'enfant ne se borne point à recevoir communication de la parole toute faite, mais qu'il tend de lui-même à parler, c'est-à-dire à créer la parole, à se faire de bonne heure un langage oral pour son usage personnel. Or, cette importante vérité de psychologie de l'enfance a été mise en lumière dans d'excellentes études qu'il suffira de résumer très brièvement.

M. Egger, dans ses *Observations sur le développement de l'intelligence et du langage chez les enfants*, a signalé ce fait, d'importance capitale, qu'il y a trois phases dans l'évolution première du langage. L'enfant commence, dès le berceau, à exercer, à assouplir d'une certaine manière le précieux instrument de la parole ; il articule des sons, sans y attacher un sens, et rien que pour le plaisir, pour la joie d'articuler ; c'est la première phase. Ensuite, il se fait un langage à lui, et cherche à l'imposer aux personnes qui l'entourent. Enfin, trop faible pour triompher dans cette sorte de lutte, il imite par degrés et se décide à adopter complètement le langage de tout le monde.

— La première phase avait été signalée par Aristote, dans un curieux passage de son *Histoire des animaux*, où il se demande « pourquoi de petits enfants, avant l'âge de s'exprimer clairement, articulent et parlent avec netteté, puis reviennent à vivre comme les autres enfants jusqu'au temps ordinaire, ce que beaucoup regardent comme un prodige. »

M. Egger, commentant ce passage, a très bien démêlé qu'il s'agit ici de premiers exercices d'articulation auxquels l'enfant se livre pour se distraire. Ces exercices représentent eux-mêmes un degré supérieur

dans l'évolution tout à fait initiale de la faculté de
parler.

En effet, Aristote distingue dans cette évolution,
qui occupe les premiers mois de la vie de l'enfant,
trois degrés : le *cri;* la *voix,* déjà expressive, mais
encore inarticulée ; enfin le *langage proprement dit*
ou *langage articulé.* Reprenant en détail cette division, M. Egger note à l'âge de cinq semaines le *passage du cri à la voix* et à l'âge de six mois le *passage
de la voix à l'articulation.*

Déjà, dit-il, dans les simples cris de l'enfant on peut
distinguer une grande variété, correspondant à la variété de ses impressions : « Félix a sept mois; je distingue très bien : 1° ses cris de joie; 2° ses cris d'impatience, quand on le fatigue par des opérations de toi-
lette plus ou moins gênantes; 3° ses cris de peur,
quand on paraît le blâmer et le menacer. Ceux-là ont
quelque chose de plus profond et de plus touchant. »
Ceci, à vrai dire, ne constitue point, à proprement parler, un privilège de la nature humaine, puisqu'on remarque chez les animaux supérieurs, chez le chien par
exemple, une variété analogue. Mais, si l'on songe que
l'enfant est alors tout au début de son développement,
il n'est pas sans intérêt de signaler déjà chez lui
des nuances qui deviendront plus tard intention-
nelles.

Vers l'âge de cinq semaines, la voix commence à
se manifester : « A cette époque, je vois la bouche et
la langue s'agiter, même et surtout dans la joie, pour
produire des sons que nos lettres ne peuvent exprimer, mais qui certainement sont moins gutturaux que
les premiers; et c'est cette seconde espèce de sons

qui, en se perfectionnant, produira de véritables articulations. »

Cette voix de l'enfant, en même temps qu'elle n'est
pas encore *articulée*, n'est pas non plus *caractérisée*.
Elle ne présente pas de timbre individuel. « Elle est
forte ou faible, à tel ou tel degré ; mais je ne sais pas de
mère dont l'instinct puisse discerner sûrement, dans
les deux ou trois premiers mois, son *nouveau-né entre*
plusieurs autres, d'après le seul indice de la voix.
Cela vient, sans doute, de ce que les organes vocaux
n'ont pas encore leur forme particulière à l'individu.

Vers l'âge de six mois, l'enfant commence à articuler quelques syllabes, labiales ou dentales. Observons-
le, dans son berceau, aux moments où il ne souffre
pas. Sa pensée, désintéressée de toute autre chose,
semble se concentrer tout entière sur cet objet : produire des sons articulés, qui ne peuvent encore rien
signifier pour lui, mais qui, en attendant, lui plaisent,
le charment. Pendant plusieurs jours il les répète ;
visiblement, il s'y exerce avec une certaine intention ;
puis il les délaisse, n'y pense plus, jusqu'au moment
où il pourra les reprendre volontairement et les utiliser comme signes ; il passe à d'autres, auxquels il
s'exerce à leur tour pendant quelque temps ; il se fait
ainsi son petit trésor, son petit magasin d'articulations
toutes préparées, mises en réserve pour plus tard.

« On est tenté, dit M. Egger, de croire que ces
exercices d'articulation sont calculés, parce que cela
dure quelques jours pour chacun. Mais l'enfant abandonne bientôt sa syllabe de prédilection. Cela fait voir
que la volonté ne s'est pas encore emparée de l'instrument de la parole. Cet instrument agit en quelque

sorte de lui-même, comme les pieds et les mains se meuvent dès les premiers jours de la vie. Ces jeux de voix involontaires vont peu à peu se multiplier, jusqu'à ce que la volonté les reprenne en s'y appliquant, les détermine, les soumette à un renouvellement régulier. Alors seulement ce sera le langage humain.

— Voici maintenant la seconde phase. C'est celle où l'enfant se crée à lui-même un petit langage oral, par l'exercice « d'une faculté qui entre spontanément en exercice, sauf à se développer plus tard avec le secours de l'imitation ».

Cette seconde phase, dont nous avons trouvé l'analogue dans la création des langues humaines, est un sérieux progrès; car on y voit apparaître « une volonté intelligente, qui maîtrise les instruments désormais appropriés à son service ».

« Il n'y a pas, dit M. Egger, un seul de ses besoins pour lesquels l'enfant n'invente un ou plusieurs sons articulés, sans qu'aucun exemple volontaire ou involontaire lui soit proposé. On a vu plus haut que son organe vocal s'exerce cent fois par jour, et sans intention précise, à un nombre infini de combinaisons; mais, ces combinaisons une fois créées ou, après avoir été perdues, une fois retrouvées, l'enfant les applique à différents objets dont il est frappé lui-même ou qu'il veut faire remarquer aux autres. Ces objets ont déjà leurs noms dans le langage de tout le monde; mais l'enfant ne songe point à prendre comme moyens de communication ces mots tout faits. C'est à l'aide de mots inventés par lui-même qu'il veut communiquer avec ceux qui l'entourent; c'est un langage à lui qu'il

prétend que nous devinions et que nous acceptions.
« Ma petite fille, Marie, s'évertue à me *dire* des choses
que je ne comprends pas ; elle s'impatiente, s'irrite de
ma maladresse ; si, par bonheur, je viens à la deviner,
ce sont des transports de joie. » Ainsi, l'enfant se forge
de toutes pièces un vocabulaire qui ne se confond point
non seulement avec le vocabulaire des grandes personnes, mais même avec celui des autres enfants, et
qui n'est véritablement qu'à lui seul.

— M. Taine, dans une importante note de son livre
de l'*Intelligence*, a complété sur ce point les indications
de M. Egger. « L'exemple et l'éducation, dit-il, ne
servent qu'à appeler l'attention de l'enfant sur des sons
qu'il ébauchait ou trouvait de lui-même, à provoquer
leur répétition ou leur achèvement, à diriger de leur
côté sa préférence, à les faire émerger et surnager
dans la foule des autres sons semblables. Mais toute
l'initiative lui appartient. » Cette conclusion peut se
justifier par un grand nombre de cas particuliers. En
voici un pris au hasard (il s'agit d'une petite fille) :

« J'en viens au mot *tem*, l'un des plus notables et
l'un des premiers que l'enfant ait prononcés. Tous les
autres sont probablement des attributifs, et les assistants n'ont pas eu de peine à les comprendre ; celui-ci
est probablement un démonstratif, et, comme ils
n'avaient rien pour le traduire, il leur a fallu plusieurs
semaines pour en démêler le sens.

« D'abord et pendant plus de quinze jours, l'enfant
a prononcé ce mot *tem* comme elle avait prononcé auparavant le mot *papa*, sans lui donner un sens précis, à
la façon d'un simple ramage. Elle exerçait une articulation dentale terminée par une articulation labiale et

s'en amusait. Peu à peu, ce mot s'est associé en elle à une intention distincte ; aujourd'hui, il signifie pour elle : *donne, prends, voilà, regarde.* En effet, elle le prononce très nettement, plusieurs fois de suite, avec insistance, tantôt pour avoir un objet nouveau qu'elle voit, tantôt pour nous engager à le prendre, tantôt pour attirer sur lui notre attention. Tous ces sens sont réunis dans le mot *tem.* Peut-être vient-il du mot *tiens*, qu'on a employé souvent avec elle et dans un sens voisin. Mais il me semble plutôt que c'est un mot créé par elle et spontanément forgé, une articulation sympathique, qui d'elle-même s'est trouvée d'accord avec toute intention arrêtée et distincte et qui, par suite, s'est associée avec les principales intentions arrêtées et distinctes, lesquelles sont aujourd'hui des envies de prendre, d'avoir, de faire prendre, de fixer son regard ou le regard d'autrui. En ce cas, c'est un *geste vocal* naturel, non appris, à la fois impératif et démonstratif, puisqu'il exprime à la fois le commandement et la présence de l'objet sur lequel porte le commandement ; la dentale *t* et la labiale *m* réunies dans un son bref, sec, subitement étouffé, correspondent très bien, sans convention et par leur seule nature, à ce sursaut d'attention, à ce jaillissement de volonté brusque et nette. »

— Reste enfin la troisième phase, celle où les enfants *apprennent à parler.* On voit en quoi consiste cette éducation. Apprendre aux enfants à parler, ce n'est pas précisément leur donner un langage, puisqu'ils en ont déjà un ; c'est simplement leur faire adopter le langage courant. L'enfant résiste autant qu'il peut à cette pression exercée sur lui. S'il le pouvait, il ne cé-

derait pas et nous forcerait à prendre ses mots. C'est à
quoi, d'ailleurs, certains parents se résignent, pendant
quelque temps du moins ; mais, par cette complaisance
mal entendue, ils retardent l'évolution intellectuelle
de leurs enfants. M. Egger établit à la fois qu'il ne faut
pas le faire et qu'il y a quelque difficulté à ne le pas
faire : « Comme je veux que ma fille parle français, et
comme je veux aussi qu'elle n'impose pas trop longtemps à ceux qui l'écoutent la torture de deviner ses
petits mots à elle, je lui impose la fatigue de s'approprier ceux de notre langue. Au son par lequel elle
désignait arbitrairement tel objet d'un usage familier
je la force à substituer celui que nous employons. Mais
cela n'est pas toujours aisé pour elle ; il ne lui suffit
pas de m'entendre pour suivre mon exemple ; ce son
que je lui impose, qu'elle entend, qu'elle comprend
assez pour m'obéir quelquefois et accomplir l'acte ou
apporter l'objet désigné, ce son, elle ne peut le reproduire qu'à deux conditions : 1° c'est que son organe
vocal soit assez développé pour le bien articuler ;
2° c'est que, l'ayant articulé souvent, elle s'en soit
emparée en quelque sorte, l'ait soumis à son commandement et puisse le renouveler à volonté. »

Quand cette substitution nécessaire a été, bien
qu'avec une sage lenteur, entièrement accomplie, le
profit intellectuel qu'en retire l'enfant est considérable.
De suite, il se trouve initié au progrès mental de l'humanité tout entière. Il est mis au courant de la vraie
distribution des choses, dans le monde moral comme
dans le monde physique.

« La langue, en effet, dit M. Rabier, est faite par la
pensée et elle réfléchit l'état de la pensée. Les distinc-

tions, les classifications du langage reproduisent les distinctions, les classifications de la pensée. Par suite, celui qui apprend une langue est initié aux pensées et aux découvertes fondamentales de ceux qui l'ont formée. »

Mais c'est ce même progrès qui se continue ensuite, lorsque de sa langue maternelle l'enfant ou l'adolescent passe à l'étude des langues mortes ou des langues étrangères. En apprenant une langue, surtout si cette étude se complète par celle de la littérature, nous pénétrons dans le génie du peuple qui l'a parlée, nous nous assimilons ce génie, dans une certaine mesure nous le faisons nôtre. Par là nous enrichissons notre nature de nouvelles manières de sentir et de penser. Nous faisons, en quelque sorte, entrer dans la composition de notre âme l'âme de tout un peuple ; car « la langue d'une nation, dit encore M. Rabier, c'est bien véritablement l'âme immortelle de cette nation. » Ainsi, nous participons plus complètement à la nature humaine, dont tous les traits essentiels sont représentés en nous, et c'est à ce point de vue qu'il faut se mettre si l'on veut bien comprendre toute la vérité de cette pensée profonde que « savoir plusieurs langues, c'est être plusieurs fois homme ».

CHAPITRE IV

LE JUGEMENT ET LE RAISONNEMENT

I

Le jugement chez l'homme et chez l'enfant.

1. Avant de juger et de raisonner comme l'homme, il est probable que l'enfant juge et raisonne à sa manière. — Polémique sur l'ordre de développement des trois opérations de l'esprit. — L'idée est-elle antérieure au jugement, ou le jugement à l'idée? Théorie de Locke; objection de V. Cousin; distinction des jugements intuitifs et des jugements comparatifs; opinion de M Renan. — Le jugement est-il antérieur au raisonnement, ou le raisonnement au jugement? Théorie de Wundt.

2. Définition et analyse du jugement chez l'homme. — Formes du jugement, d'après la qualité, la quantité, la modalité. — Distinction des jugements *a priori* et *a posteriori*, analytiques et synthétiques. — Distinction des jugements sans concepts et des jugements fondés sur des concepts. — Le jugement, chez l'homme, n'est pas absolument volontaire, mais il contient, du moins, des éléments qui manifestent une intervention de la volonté.

3. Le jugement, chez l'enfant. — Ses caractères déterminés par la forme que l'enfant donne à ses propositions. — L'enfant ne met point de suite sa volonté dans ses jugements. — L'enfant répugne d'abord aux jugements dans lesquels sont impliqués des concepts généraux.

1. Une fois muni des concepts généraux que met à sa disposition la connaissance de la langue maternelle, l'enfant commence à juger comme l'adulte; puis, peu à peu, à raisonner comme lui, sous les deux formes de l'induction et de la déduction proprement dites; de l'induction, qui s'élève de vérités particulières à des vérités générales, par exemple des faits aux lois; de la déduction, qui descend de vérités générales à des vérités particulières, par exemple des axiomes aux théorèmes.

Il n'en faut pas conclure que ces opérations soient alors toutes nouvelles pour lui. Avant de juger et de raisonner comme l'adulte, il est vraisemblable que l'enfant juge et raisonne d'abord à sa manière; avant de déduire ou d'induire régulièrement, scientifiquement, il pratique d'abord une sorte d'induction et de déduction qui lui appartient en propre et que nous essaierons tout à l'heure de caractériser brièvement.

Mais ceci se rattache à une question plus générale, dont il convient de dire d'abord quelques mots. La science de la pensée humaine nous apprenant qu'il y a trois opérations essentielles de l'esprit, la *conception*, le *jugement* et le *raisonnement*, quel est l'ordre de développement de ces trois opérations? Se succèdent-elles dans la nature comme elles se succèdent dans les traités de logique, c'est-à-dire d'après l'ordre où nous venons de les citer? L'homme commence-t-il par avoir des idées, des conceptions isolées, qu'il rapproche pour en former des jugements; puis des jugements, qu'il rapproche pour en former des raisonnements? Locke et, en général, les sensualistes n'hésitent point à résoudre affirmativement cette question. Mais, depuis Locke, des doutes se sont produits, fondés sur l'hypothèse d'une vie inconsciente qui précède peut-être la vie consciente de l'esprit.

— Ces doutes ont porté d'abord sur la priorité relative de l'idee et du jugement.

Déjà Victor Cousin, dans une polémique célèbre contre Locke, avait montré qu'il y a deux catégories de jugements. Les uns, qu'on peut appeler *compa-*

ratifs, consistent essentiellement, d'après la définition
de Locke, dans l'affirmation d'un rapport de convenance ou de disconvenance entre deux idées et résultent, en effet, d'une comparaison établie par nous
entre deux idées que nous avons d'abord conçues séparément. Mais, à côté de ces jugements, il y en a d'autres, que nous appellerons *intuitifs* et qui ne présentent
plus le même caractère que les premiers. Les termes
n'y préexistent plus à l'affirmation du rapport qui les
unit; ils en sont simplement contemporains; on peut
même dire, à certains égards, qu'ils lui sont posté-
rieurs; car l'idée claire de ces termes se dégage pour
nous du jugement une fois émis. Ainsi, c'est après
avoir émis spontanément ce jugement : « J'existe, »
que nous concevons clairement, distinctement, d'une
part *notre moi*, de l'autre *l'existence*. En d'autres
termes, l'esprit humain commence par porter des jugements *spontanés* d'où il tire, par voie d'analyse, des
concepts qui lui serviront ensuite à former, par voie
de comparaison, des jugements *réfléchis*.

Cette théorie, que V. Cousin appliquait seulement à
l'évolution individuelle des esprits, on l'a étendue
depuis à l'évolution générale de la pensée humaine.
L'étude scientifique des langues, comme celle des
conceptions métaphysiques ou religieuses, a montré
que l'homme (et nous savons qu'il en est de même
pour l'enfant) ne va du simple au composé qu'après
être allé d'abord, en un certain sens, du composé au
simple; il commence par débrouiller analytiquement
des concepts complexes avant de procéder synthéti-
quement du simple au compliqué : « On se figure trop
souvent, dit à ce sujet M. Renan, que la simplicité,

qui, relativement à nos procédés analytiques, est antérieure à la complexité, l'est aussi dans l'ordre du temps. C'est là un reste des vieilles habitudes de la scolastique et de la méthode artificielle que les logiciens portaient dans la psychologie. De ce que le jugement, par exemple, se laisse décomposer en idées ou pures appréhensions dénuées de toute affirmation, l'ancienne logique concluait que la pure appréhension précède dans l'esprit le jugement affirmatif. Or, le jugement est, au contraire, *la forme primitive et naturelle* de l'exercice de l'entendement; l'idée, comme l'entendent les logiciens, n'est qu'un fragment de l'action totale par laquelle procède l'esprit humain. Loin que celui-ci débute par l'analyse, le premier acte qu'il pose est, au contraire, complexe, obscur, synthétique; tout y est entassé et indistinct. Des hommes grossiers ne font rien de simple. Il faut des hommes perfectionnés pour y arriver. »

— Mais, après avoir établi ainsi l'antériorité du jugement sur l'idée, on s'est demandé s'il ne fallait pas aller plus loin encore et mettre tout à fait à la base de la pensée spontanée non le jugement, mais le raisonnement.

Le philosophe allemand Wundt s'est prononcé dans ce sens. D'après lui, l'acte même de juger n'est pas primitif; c'est un état conscient qui ne saurait exister sans une synthèse d'états inconscients. Comme nos idées, ainsi qu'on l'a vu tout à l'heure, sortent de jugements, nos jugements sortent de raisonnements; ils sont les *conclusions conscientes de prémisses inconscientes.* C'est ce qu'on peut constater dans l'acte le plus simple de l'esprit, la perception, qui, au fond, est déjà un jugement. Percevoir un objet, c'est le distinguer de ce qui n'est pas lui, c'est le rapprocher de ce qui lui ressemble ; tout cela suppose un travail mental compliqué qui se fait dans les profondeurs de la pensée inconsciente et dont le résultat seul se révèle à nous sous la forme d'une conclusion consciente. Ainsi, tandis que l'opinion commune admet des idées d'où sortent des jugements, puis des raisonnements, l'étude approfondie des conditions de la vie mentale montre « que la pensée commence par des raisonnements qui conduisent aux jugements, lesquels, à leur tour, forment des idées ».

De toute cette discussion nous ne voulons retenir qu'un seul point : c'est que l'enfant juge et raisonne déjà à sa manière dès le début de sa vie mentale.

Mais quelle forme présentent ces premières opérations de son esprit? On ne peut répondre à cette question qu'après avoir fait l'analyse des jugements de l'adulte, en signalant leurs principales espèces et en les rattachant à leurs principales causes.

2. Comme le jugement s'exprime d'une manière adéquate par la proposition, nous n'avons besoin pour remonter à ses éléments que de distinguer ceux de la proposition elle-même. Or, tout le monde sait que la proposition contient trois éléments : le *sujet*, l'*attribut* et le *verbe*, qui joue le rôle de *copule*. Le sujet est d'ordinaire un substantif ; en tous cas, il exprime soit une substance, soit au moins une chose prise substantivement. L'attribut est généralement un adjectif ou un participe ; en tous cas, il exprime une manière d'être *jointe* à un objet ou, en d'autres termes, à laquelle un objet *participe*. Le verbe exprime l'acte de la pensée

qui relie la manière d'être à l'objet par l'affirmation.
Le jugement présente donc des éléments analogues;
il renferme d'abord l'*idée d'une chose sur laquelle
porte l'affirmation*; ensuite l'*idée d'une manière
d'être affirmée*; enfin l'*affirmation elle-même*.

Tout cela est contenu dans une formule très simple
d'Aristote : « Le jugement, dit-il, c'est l'acte par lequel
l'esprit *affirme quelque chose de quelque chose.* »

— A cette définition se rattachent les principales
divisions qu'on établit d'ordinaire entre les jugements.

Ainsi, au point de vue de la *qualité*, les jugements
sont dits *affirmatifs*, quand l'affirmation est directe,
comme dans : « Pierre est brave. » Ils sont dits *négatifs*,
quand l'affirmation est indirecte, comme dans : « Pierre
n'est pas brave, » c'est-à-dire : « Pierre est non brave. »

Au point de vue de la *quantité*, un jugement est
universel, quand l'attribut est affirmé de la totalité du
sujet, soit, d'ailleurs, que ce sujet représente un
genre ou ne représente qu'un individu. Ainsi : « Les
hommes sont mortels » et « Pierre est mortel » sont
des jugements *universels*. Au contraire, un jugement
est *particulier*, quand l'attribut n'y est affirmé que
d'une partie du sujet, comme dans cette proposition :
« Quelques hommes sont braves. »

Enfin, au point de vue de la modalité, les jugements
ou propositions sont dits *assertoriques, probléma-
tiques, apodictiques*, suivant que le rapport de l'attribut au sujet y est présenté comme réel, ou comme
possible, ou comme nécessaire.

— Voici maintenant d'autres divisions, peut-être
plus essentielles.

Quand le rapport de l'attribut au sujet se présente

immédiatement comme vrai à notre esprit, indépendamment de toute vérification expérimentale, le
jugement est *a priori*. Quand la vérité de ce rapport
ne nous est révélée que par l'expérience, le jugement
est *a posteriori*.

Si le rapport de l'attribut au sujet est un rapport
d'identité naturelle, soit partielle, soit totale, de telle
sorte que l'idée de cet attribut soit implicitement contenue dans celle du sujet et que le jugement ne fasse
que l'en *extraire*, ce jugement est *analytique*. Si, au
contraire, le rapport entre l'attribut et le sujet est, en
quelque sorte, tout extérieur, s'il se réduit à une simple
rencontre, plus ou moins accidentelle, à une simple
liaison, de telle sorte que l'idée de cet attribut ne soit
plus *extraite* de celle du sujet par voie d'analyse, mais
y soit *ajoutée* par voie de synthèse, le jugement est
synthétique. « Dieu est infini ; les corps sont étendus, »
voilà des jugements analytiques. « Ce corps est dur ;
la terre est sphérique, » voilà des jugements synthétiques.

Enfin, une dernière différence intéresse tout particulièrement la psychologie comparée de l'enfant et de
l'homme. C'est que, parmi nos jugements, quelques-
uns n'impliquent pas de concepts généraux ; ils sont
indépendants de la généralisation ou, si l'on veut,
antérieurs à elle, tandis que d'autres consistent soit à
faire rentrer un objet particulier dans un concept général, soit à établir une relation quelconque entre
deux concepts généraux. Dans la première catégorie
rentrent tous les jugements par lesquels on affirme
qu'une chose est identique à une autre ou qu'elle en
est distincte ; qu'elle est avec elle dans une certaine

relation de temps ou de lieu; qu'elle est plus grande ou plus petite. Ainsi : « Pierre est non Paul (ou est une autre personne que Paul); Pierre est plus petit que Paul; Pierre est né avant Paul; Pierre est assis à la droite de Paul, etc. » Voilà des jugements qui n'impliquent pas de concept. Au contraire, quand nous disons : « La neige est blanche, les hommes sont mortels, » c'est comme si nous disions : « La neige est contenue dans la catégorie des choses blanches; les hommes sont contenus dans la catégorie des êtres mortels. » Nous faisons alors rentrer l'idée de *neige* dans le concept de *chose blanche* et l'idée d'*homme* dans le concept d'*être mortel* par un procédé auquel Kant a donné le nom de *subsomption*.

— D'autre part, et sans entrer ici dans l'examen d'une question théorique soulevée par Descartes : « Le jugement, *pris en bloc*, relève-t-il surtout de l'entendement ou de la volonté? » nous pouvons, en fait, diviser encore les jugements en deux classes : 1° les *jugements involontaires*, dans lesquels la croyance nous est imposée irrésistiblement par l'évidence immédiate des choses; 2° les *jugements volontaires*, dans lesquels la croyance résulte d'un acte d'attention, ou de comparaison, ou de réflexion, qui dépend essentiellement de nous, de telle sorte que, si nous nous trompons faute d'avoir *voulu* appliquer suffisamment notre esprit aux choses que nous devions examiner, nous sommes, dans une certaine mesure, *responsables* de notre erreur.

3. D'après cela, il est maintenant facile de reconnaître les différences essentielles qui séparent le jugement de l'homme du jugement de l'enfant.

Suivons, pour les bien spécifier, la même méthode que tout à l'heure; remontons des propositions aux jugements.

Voici quelques exemples, tout simples, tout familiers, de propositions enfantines, prises à l'époque où l'enfant commence à adopter le langage de tout le monde : « Moi, vouloir; moi, pas vouloir; Paul aimer, pas aimer petite mère; Emile plus pleurer, plus désobéir; » ou encore (ce sont quelques exemples à forme exclamative, pris au hasard dans les livres de M. Perez) : « Gentil, bébé; vilain, minet; méchante, petite mère; belle, bien belle, la *mountane!* »

La première remarque qui se présente à l'esprit, quand on considère en bloc ces divers exemples, c'est que la *copule* y fait défaut. En d'autres termes, un jugement se compose de deux parties : la perception d'un rapport (c'est l'élément intellectuel) et l'affirmation de ce rapport (c'est l'élément volontaire). Or, l'enfant répugne non pas *à l'affirmation elle-même* (elle est contenue implicitement dans tous ces exemples), mais *à la forme expresse de l'affirmation*, c'est-à-dire à l'emploi de la copule. D'où vient cela? Ce n'est évidemment pas de la difficulté, puisque cette copule est représentée par un simple monosyllabe, toujours le même. Cela vient de ce que la personnalité de l'enfant est encore très peu développée et que, par conséquent, il hésite à l'*engager*, à l'*impliquer*, comme l'adulte, dans ses affirmations. L'homme qui affirme la vérité s'en porte, pour ainsi dire, garant; il l'adopte, il *la veut*, il *la fait sienne*. Les expériences de l'enfant ne sont pas encore assez nombreuses pour lui donner cette confiance. Même en affirmant, il semble qu'il continue encore à s'enquérir et à interroger.

L'autre différence, non moins remarquable, c'est que l'enfant s'en tient le plus longtemps qu'il peut aux *jugements sans concepts* et qu'il ajourne autant que possible les *jugements par subsomption*. Ceux-là, il s'y exerce; mais il ne les hasarde qu'avec prudence. A vrai dire, il prépare les catégories qui lui permettront un jour de porter avec sécurité les jugements de ce genre; mais il ne les porte point encore. Voilà pourquoi (par une inversion toute naturelle, qui se retrouve, d'ailleurs, dans plusieurs langues) il place l'attribut en premier lieu. Il désigne par lui une qualité, une manière d'être qui le frappe vivement; puis il rassemble peu à peu les objets auxquels cette qualité convient en commun; il se familiarise ainsi par degrés avec l'*extension* d'une idée générale : « Jolie, la maison; jolie, la petite fleur; jolie, la petite bête; joli, le chapeau, le soulier, le manteau, etc. » Il crée ainsi les *cadres* de ses jugements futurs plutôt qu'il ne juge à proprement parler. C'est seulement lorsque ces cadres seront pleinement constitués que ses jugements prendront une autre forme. Plus familiarisé alors avec la qualité, qui ne produira plus sur lui une impression aussi vive, il rejettera l'adjectif à la fin de la phrase et construira sa proposition d'après la forme logique qui s'impose à la pensée de l'adulte.

II

Le raisonnement chez l'homme et chez l'enfant.

1. Le raisonnement se présente chez l'homme sous les deux formes de la déduction et de l'induction. — Théorie générale-

ment admise sur la valeur propre de ces deux formes. — La déduction repose sur le principe d'identité. — Rôle du moyen terme dans les différents jugements déductifs. — L'induction repose sur le principe de loi.

2. Polémique dirigée par Stuart Mill contre cette théorie. — Ni le raisonnement déductif ni le raisonnement inductif n'ont une valeur propre. — L'esprit ne peut conclure légitimement que du particulier au particulier. — Dans les raisonnements déductifs, la proposition générale ou prémisse majeure n'a d'autre certitude que celle qui lui vient des observations particulières dont elle est la formule résumée. — La légitimité de la conclusion ne résulte donc jamais que de son accord avec l'expérience. — La certitude des raisonnements inductifs ne repose pas sur la croyance innée aux lois de la nature. — C'est, au contraire, l'idée de la loi qui a sa source dans la pratique de l'induction. — Comment les hommes sont arrivés graduellement à la conviction qu'il y a des lois dans la nature par la multiplicité et par l'accord des expériences.

3. Conclusion de Stuart Mill. — Le raisonnement de l'homme ne diffère pas de celui de l'enfant, qui lui-même ne diffère pas de celui de l'animal. — C'est l'inférence naturelle ou spontanée. — Examen critique de ce système.

Plus encore que le jugement, le raisonnement se montre chez l'enfant sous une forme particulière, mais qu'il sera peut-être plus facile de déterminer, parce que l'idée qu'il convient de s'en faire se rattache aux conclusions d'une célèbre polémique soulevée par Stuart Mill.

Rappelons d'abord la définition habituellement donnée du raisonnement et les principales formes sous lesquelles il se présente à nous.

1. Comme l'indique assez clairement la ressemblance des noms, le *raisonnement* a d'étroits rapports avec la *raison;* il en est comme l'application, l'usage pratique; par lui les principes directeurs de la raison étendent de proche en proche leur empire; ils nous permettent de progresser méthodiquement *du connu à l'inconnu,* soit que, partant de vérités générales.

nous en tirions, dans l'ordre spéculatif ou dans l'ordre pratique, des conclusions particulières, soit que, prenant, au contraire, notre point d'appui dans des faits particuliers, nous en dégagions peu à peu l'unité de la loi.

En d'autres termes, chez l'homme arrivé au plein épanouissement de sa pensée, le raisonnement se fait sous deux grandes formes : la *déduction*, qui descend du général au particulier; l'*induction*, qui s'élève du particulier au général. Dans la théorie généralement admise, elles sont considérées comme reposant l'une et l'autre sur un principe rationnel.

— A la déduction on assigne pour base le *principe d'identité*. Mais l'identité peut, suivant les cas, intervenir dans nos jugements sous la forme de la *convenance* et sous la forme de la *contenance*. La nuance légère que nous signalons ici répond à la différence signalée plus haut entre les *jugements sans concept* et les *jugements fondés sur un concept*. Dans l'un et l'autre cas, le raisonnement déductif a pour condition nécessaire la conception d'un *moyen terme*, c'est-à-dire d'une idée intermédiaire entre les deux termes d'une question posée. Seulement, le moyen terme peut se présenter sous deux formes nettement distinctes. Quelquefois, il n'est pas un concept général, mais un simple fait, ou objet, ou rapport, qui a la propriété de nous faire saisir directement l'identité ou la non-identité, l'égalité ou la non-égalité de deux faits, ou de deux objets, ou de deux rapports. S'agit-il, par exemple, de savoir si Pierre est plus petit que Paul; je résoudrai la question par le raisonnement suivant :

Pierre a la même taille que Jacques;

Or Jacques est plus petit que Paul;
Donc Pierre est plus petit que Paul.

Ici, évidemment, il n'y a pas de concept. Le raisonnement se fait sous l'influence d'une simple représentation, celle de Jacques, dont l'image reparaît dans mon esprit accompagnée du souvenir de deux expériences : l'une dans laquelle j'ai constaté que Jacques a la même taille que Pierre, l'autre dans laquelle je me suis assuré qu'il est plus petit que Paul. La conclusion jaillit donc d'un simple rapprochement d'idées dont je ne me représente ni l'extension, ni la compréhension. C'est à ce type qu'appartiennent en général les déductions mathématiques. Si je dis, par exemple : $12 + 8 = 20$; $15 + 5 = 20$; donc $12 + 8 = 15 + 5$, l'idée du nombre 20 joue ici le rôle de moyen terme en ce simple sens qu'elle me représente une identité plus claire, plus apparente, à l'aide de laquelle j'arrive à saisir une identité plus complexe et plus cachée. Mais, dans la plupart des cas, c'est d'une autre façon que le moyen terme remplit son rôle d'intermédiaire ; il nous met à même d'unir l'un à l'autre les deux termes de la question, en ce sens qu'il contient dans son extension l'idée du sujet et qu'il est lui-même contenu dans l'extension de l'attribut. Ainsi, dans la déduction suivante :

Tout ce qui rend heureux est aimable;
Or la vertu rend heureux;
Donc la vertu est aimable.

l'idée de *chose qui rend heureux* joue le rôle de moyen terme en ce que, contenant en elle l'idée de *vertu* (car il y a d'autres choses que la vertu qui rendent heureux) et étant elle-même contenue dans l'idée de *chose aimable* (car il y a d'autres choses aimables que celles qui rendent heureux), elle permet d'affirmer indirectement ce qui avait pu ne pas paraître certain au premier abord, à savoir que la vertu doit être aimée. La déduction présente alors la forme syllogistique ; et nous verrons ailleurs[1] que le syllogisme parfait peut être figuré par trois cercles concentriques d'inégal diamètre, le cercle moyen (qui correspond au moyen terme) contenant en lui le petit cercle (qui représente le sujet) et étant à son tour contenu dans le grand cercle (qui représente l'attribut).

— Quant à l'induction, on la fait aussi reposer sur un principe rationnel, qui est le *principe d'ordre* ou *de loi*. C'est, dit-on, une croyance spontanée, instinctive, innée, à l'ordre de la nature, à l'universalité et à la stabilité de ses lois, qui nous permet de dépasser l'expérience et de la dépasser à l'infini, en étendant à l'immensité de l'espace et du temps ce qui n'a été observé par nous que sur quelques points de l'étendue et pendant quelques moments de la durée. Lors donc que l'observation scientifique et l'expérimentation se sont faites dans des conditions assez scrupuleuses pour qu'il soit bien certain pour nous que le rapport qui lie un conséquent à son antécédent n'est pas un rapport accidentel, mais que c'est un rapport nécessaire, une véritable relation causale, nous déclarons que ce rapport est une *loi de la nature* et nous l'étendons sans hésiter à toute la série, connue et inconnue, des cas analogues.

2. Or, toute cette conception du raisonnement

---

1. Dans la *Logique appliquée à la pédagogie.*

déductif et du raisonnement inductif a été vigoureusement critiquée par Stuart Mill.

L'auteur du *Système de logique* soutient d'abord que le raisonnement déductif, tel qu'on l'entend d'ordinaire, est une pure illusion. Jamais l'esprit ne conclut régulièrement du général au particulier, en ce sens que le général aurait une vérité qui lui serait propre. La proposition : « Tous les hommes sont mortels, » n'a de force logique, de vérité et de valeur, que parce qu'elle contient sous une forme condensée la vérité des expériences qui nous ont appris, après l'avoir appris à nos devanciers, que tel individu, puis tel autre, et tel autre encore est mort, sans qu'aucune exception ait été jamais constatée. Lors donc que nous croyons conclure du général au particulier, nous ne concluons réellement que de cas particuliers à un nouveau cas particulier ; seulement tous les cas antérieurs ont été réunis, reliés et condensés par nous dans une formule générale, pour la commodité et pour la brièveté du raisonnement.

D'autre part, le raisonnement inductif, tel qu'on l'entend d'ordinaire, n'est pas moins illusoire ; car, en lui attribuant la propriété de nous faire passer directement du particulier au général, à l'universel même, nous excédons tout à fait notre droit. L'universel, au sens propre du mot, nous est à jamais inaccessible. Ce que nous appelons de ce nom ne représente dans le raisonnement inductif que la forme indéfinie, illimitée, d'une *tendance* qui résulte pour notre esprit de la multiplicité et de la concordance des expériences antérieures, tant qu'une expérience nouvelle et contraire ne vient pas y faire obstacle. Ainsi, tant qu'on n'avait vu en Europe que des cygnes blancs, on était autorisé à dire et à croire que les cygnes sont blancs dans tous les pays et qu'ils le seront dans tous les temps. Mais ce n'était là que l'effet, en quelque sorte mécanique, d'une habitude contractée. Une habitude est une force, et, tant que cette force n'est arrêtée, contenue par aucune autre, tant qu'elle ne rencontre vis-à-vis d'elle aucun antagonisme, il est tout naturel qu'elle tende à se déployer, pour ainsi dire, à l'infini ; mais cette tendance est loin de constituer une certitude ; elle n'est légitime que sous la réserve d'une contradiction possible de l'expérience, et rien ne nous assure jamais que cette contradiction ne se produira pas. De même, d'après Stuart Mill, ayant observé jusqu'ici que tous les mouvements de l'univers sont soumis à la loi de la gravitation, nous ne faisons que suivre une tendance naturelle et parfaitement légitime de notre esprit lorsque nous étendons à l'infini la portée de cette loi ; mais ce doit être toujours sous cette réserve expresse que cette tendance d'esprit, tirant toute sa légitimité de l'accumulation des expériences qui l'ont produite, devra s'arrêter devant la première expérience sérieuse qui la contredira.

— La critique de Stuart Mill va plus loin encore et s'attaque aux principes mêmes sur lesquels on prétend faire reposer le raisonnement, soit déductif, soit inductif. Ainsi, on donne pour base à la déduction le principe d'identité. On admet, par exemple, que, si cette proposition : « Le duc de Wellington mourra, » est certaine, c'est parce qu'elle est identique à cette autre proposition : « Tous les hommes sont mortels. » Mais, si l'on veut faire entendre par là qu'elle en est, pour ainsi dire, un *extrait* et qu'on l'a déjà énoncée implicitement quand on a dit : « Tous les hommes sont mortels, » c'est un sophisme évident ; car, dès que l'on doute, à un moment donné (et on en doute, puisqu'on pose la question et qu'on prétend la résoudre par le raisonnement), que le duc de Wellington doive mourir, comment cette proposition : « Tous les hommes sont mortels, » pourrait-elle être affirmée comme certaine? En réalité, cette proposition générale n'a d'autre *autorité* que celle qui lui vient d'une *habitude* légitimement contractée par nous, tant qu'aucune expérience contraire n'est venue la détruire, mais qui devrait céder devant une seule expérience contraire, pourvu qu'elle fût incontestable ; et, par conséquent, la certitude du principe sur lequel on appuie le syllogisme d'après lequel le duc de Wellington doit mourir un jour est purement subjective, et non pas objective.

— De même, d'après Stuart Mill, quand nous faisons reposer le raisonnement inductif sur le principe de loi, nous changeons arbitrairement en principe objectif et absolu une croyance dont la valeur est toute subjective et toute relative. En effet, loin que la légitimité de l'induction repose sur l'idée innée de la loi, c'est, au contraire, l'idée de la loi qui a pénétré peu à peu dans nos esprits par la pratique même de l'induction. Les premiers hommes ne croyaient point qu'il y eût dans la nature des lois universelles et permanentes ; loin de là : ils rattachaient, au contraire, chaque phénomène particulier à l'action directe d'une volonté spéciale. L'idée de loi n'est toujours que le résultat d'une habitude purement subjective, contractée, à la longue, par la pensée humaine, et qui perdrait son caractère absolu aussitôt qu'une seule expérience nous aurait révélé, dans des conditions indiscutables, l'existence d'un phénomène qui se produirait spontanément, *proprio motu*, sans être lié à une cause et déterminé par une loi.

2. De toute cette critique Stuart Mill conclut que le raisonnement de l'homme, n'allant jamais du général au particulier, ni même du particulier au général, mais simplement du particulier au particulier, ne diffère pas essentiellement de celui de l'animal. En effet, le raisonnement de l'animal n'est rien de plus que l'*inférence spontanée* ou *naturelle*, qui, à la suite d'une consécution de phénomènes une fois remarquée, fait attendre une autre fois la même consécution. Ainsi, un chien qui a été battu après une première faute *s'attend* à être battu de nouveau, s'il a recommencé, et voilà pourquoi il se cache; un chat qui s'est brûlé une fois en trempant sa patte dans l'eau chaude se méfie désormais de l'eau, quelle que soit sa température, et il ne s'en approche qu'avec prudence; d'où le proverbe : « Chat échaudé craint l'eau froide. » Or, pour se convaincre que cette manière de raisonner est bien aussi la seule qui soit naturelle à l'homme, il suffit de remarquer que l'induction de l'enfant, comme celle de l'animal, se réduit à une attente. L'enfant qui a été puni après une première désobéissance *s'attend* à être puni encore après une désobéissance nouvelle, et c'est seulement après s'être brûlé une première fois qu'il se décide à tenir compte de la recommandation qu'on lui fait de ne pas s'approcher du feu ou de ne pas toucher avec ses doigts la flamme de la bougie.

—Mais cette analogie apparente cache une profonde différence, qui n'est pas moins valable pour l'enfant que pour l'homme lui-même. C'est que l'inférence de l'animal est purement et simplement une *habitude;* c'est une disposition toute passive à suivre une impulsion plusieurs fois subie. Au contraire, notre inférence, à nous, repose sur la perception, soit réelle, soit illusoire, d'une *raison permanente* qui détermine la liaison de deux phénomènes et qui ne nous dispose pas seulement à *attendre* le second phénomène à la suite du premier, mais encore à *comprendre* que ce second phénomène se produira nécessairement. Or, comme il est impossible à l'homme, et tout aussi bien à l'enfant, de ne pas chercher, de ne pas supposer cette raison, même quand elle lui échappe, nous sommes forcés de nous tromper souvent, et à tout âge, tandis que l'animal, dont la pensée n'a d'autre loi ni d'autre fin que de suivre son impulsion (toujours légitime, puisqu'elle reste purement subjective), ne se trompe, à vrai dire, jamais.

III

Quelques mots sur les erreurs et les sophismes de l'enfance.

1. En quel sens l'enfant est plus exposé que l'homme à l'erreur. — Les deux causes dominantes de nos erreurs : 1° *la nature finie de notre intelligence;* 2° *l'impatience de notre volonté,* amenant la précipitation de nos jugements. — Ces deux causes agissent plus fortement chez l'enfant que chez l'homme.

2. Son intelligence est plus finie que la nôtre, non pas seulement à cause que ses facultés n'ont pas atteint tout leur développement, mais surtout parce qu'il lui manque un plus grand nombre de données fondamentales et nécessaires. — Causes spéciales d'erreurs chez l'enfant : crédulité, candeur, naïveté ; niaiserie.

3. Sa volonté est plus impatiente que la nôtre. — Nature de la réflexion, d'après la psychologie contemporaine ; elle est essentiellement une *faculté d'arrêt*, de suspension du jugement. — Ainsi définie, elle manque presque toujours chez l'enfant, dont la tendance naturelle est l'étourderie.

4. L'enfant fait instinctivement des sophismes de tout genre. — Sophismes de simple inspection ; sophismes d'induction ; sophismes de déduction. — Base commune de tous ces sophismes. — Comment l'enfant s'exerce au cercle vicieux. — Les *enfants raisonneurs*.

1. Quant à l'enfant, il ne se trompe peut-être pas plus souvent que l'homme, car son esprit touche à un moins grand nombre de questions ; mais, il est, sur certaines choses, plus exposé à l'erreur, en ce sens que les causes qui font que l'homme se trompe agissent sur lui avec une plus grande énergie.

L'homme, en effet, se trompe d'abord (élimination faite des causes et influences secondaires) parce que son entendement est *fini*. Tout étant lié à tout dans l'univers, on peut dire que, rigoureusement et à la lettre, pour bien connaître un détail nous aurions besoin de connaître entièrement l'ensemble ; fondée sur des données incomplètes et fragmentaires, notre connaissance est elle-même pleine de trous et de lacunes.

Cependant, comme l'a si bien remarqué Descartes, cette insuffisance des données sur lesquelles nous prenons notre point d'appui ne serait encore qu'une cause d'ignorance ou de doute, mais non point d'erreur, s'il ne s'y ajoutait autre chose. Cet *autre chose*, c'est la précipitation du jugement, c'est l'impatience de la volonté, c'est l'irrésistible besoin de relier par l'hypothèse ce qui est séparé dans notre expérience.

Or, il est évident que ces deux causes tiennent infiniment plus de place dans la nature de l'enfant que dans la nature de l'homme.

2. D'abord, en ce qui concerne la première, l'enfant, abstraction faite de ses facultés qui sont moins amples, de son expérience qui est moins étendue et moins variée, manque nécessairement de certaines données essentielles qui ne font presque jamais défaut chez les adultes, et dont l'absence explique certaines catégories d'erreurs qui lui sont propres, en même temps que certains traits de son caractère.

Ainsi l'enfant *ne sait pas* que les hommes sont trompeurs. C'est une donnée absolument fondamentale qui lui fait défaut. Nous n'oublions pas, sans doute, qu'il vaut mieux, à tout prendre, que les choses soient ainsi ; on en a vu plus haut les raisons ; mais la conséquence n'en est pas moins qu'il accepte pêle-mêle le vrai et le faux et qu'il se laisse abuser par tous ceux qui ont intérêt à le faire. De là, pour lui, un groupe spécial d'erreurs, les *erreurs de crédulité*.

D'une manière plus générale, l'enfant, au moins pendant quelques années, *ne croit pas* ou ne croit que difficilement au mal. Lacune immense ! C'est tout un côté, toute une moitié du monde moral qui lui échappe. Par suite, toutes les fois que les circonstances l'ont privé de ses protecteurs naturels ou que la destinée l'a mis trop vite aux prises avec les difficultés de la vie, il ne se laisse plus seulement abuser, il se laisse duper et exploiter par le premier venu. On peut voir cela merveilleusement décrit dans *David Copperfield*. Ce sont les *erreurs provenant de la candeur*.

Ce n'est pas tout. L'enfant *ignore aussi* que le mal

est en lui-même ; que, parmi les tendances spontanées qui jaillissent du fond de son être, les unes sont bonnes, les autres sont mauvaises, les unes représentent la partie noble et les autres la partie basse de sa nature. Il ne sait pas qu'il y a des idées, des sentiments qu'il faut garder pour soi-même. A côté des choses qu'il faut dire, il y en a qu'il faut taire. Il dit tout pêle-mêle ; il considère comme également légitime tout ce qui est dans la nature. Ce sont les *erreurs de naïveté.*

Enfin, il est tel ordre de choses que l'enfant *ne peut pas et ne doit pas savoir,* mais dont il aurait besoin cependant de pouvoir tenir compte pour que certains jugements qu'il émet fussent conformes à la réalité. Jusqu'à une certaine époque, les désaccords de ce genre entre ce qui est et ce que dit l'enfant nous font simplement sourire. Un peu plus tard, nous comprenons que, sans *avoir,* comme on dit, *les yeux ouverts* (ce qui est un vice et un malheur), l'enfant, le jeune garçon, la jeune fille, doit deviner délicatement certaines choses dans la mesure nécessaire pour éviter, par une sorte de pudeur intellectuelle en même temps que morale, d'y toucher imprudemment. Ceux qui ne savent pas le faire et qui gardent au delà des limites naturelles l'ignorance absolue, au point de ressembler, déjà grands, à des oiseaux qui sortent du nid, commettent des *erreurs de simplicité ou de niaiserie.*

3. Si maintenant nous considérons l'autre cause principale de l'erreur, la précipitation du jugement, nous verrons que la nature de l'enfant y est beaucoup plus exposée encore ; car les traits les plus caractéristiques de cette nature, ce sont la *légèreté* et l'*étourderie.*

On pourrait présenter comme une loi très générale de l'enfance ce fait que, en toutes choses, la réaction y suit presque sans intermédiaire l'excitation.

Cela est vrai d'abord et surtout pour l'activité proprement dite. L'enfant, comme nous le verrons bientôt, a surtout des désirs. Or, qu'est-ce qu'un désir? C'est une conception impulsive, dont la tendance à se transformer en acte est immédiate et irrésistible. « A l'état naturel, dit M. Ribot, et tant qu'il est encore pur de tout alliage, le désir tend à se satisfaire immédiatement; c'est là sa loi, elle est inscrite dans l'organisme. Les petits enfants, les sauvages en fournissent d'excellents exemples. Chez l'adulte, le désir n'est plus à l'état naturel; l'éducation, l'habitude, la réflexion le mutilent ou le réfrènent. Mais souvent il reprend ses droits, et l'histoire nous montre que, chez les despotes, que leur opinion et celle des autres placent au-dessus de toute loi, il les garde toujours. »

L'enfant est despote. C'est-à-dire que non seulement il se porte lui-même avec une véritable fureur vers toute chose que sa fantaisie lui a présentée à tort ou à raison comme possible, mais encore il exige des autres personnes qu'elles lui donnent cette chose, fût-ce la lune, et qu'elles la lui donnent à l'instant même. En d'autres termes, il est incapable de modérer, de suspendre son désir, en intercalant entre la conception et l'exécution de ce qu'il désire l'acte de recueillement et d'empire sur soi-même que nous appellerons tout à l'heure la *délibération*.

Or, il n'en est pas autrement dans l'ordre de la pensée. Dès qu'une apparence s'est présentée à son esprit, il a un tel besoin d'affirmer, de croire, de savoir, qu'il se jette sur elle en quelque sorte tête baissée et l'adopte sans examen, sans sursis, sans contrôle.

L'enfant *ne réfléchit pas*. La réflexion est essentiellement, d'après la psychologie contemporaine, une *faculté d'inhibition;* disons, à la place de ce terme savant, une *faculté d'arrêt*, d'attente, de suspension. Par elle, l'adulte intercale plus ou moins (suivant qu'il est plus ou moins intelligent et éclairé) des considérations, des raisons, qui lui permettent de voir si l'apparence est sérieuse ou si elle est vaine. En un mot, il *suspend son jugement;* il doute et il examine. L'enfant, au contraire, est à tel point avide d'une explication immédiate et complète qu'il va droit devant lui, à la légère, aveuglément, comme une corneille qui abat des noix, et qu'il se trompe neuf fois sur dix.

4. Nous verrons ailleurs, en reprenant ces questions à leur juste place, que l'enfant ne tombe pas seulement dans des erreurs, il fait aussi des sophismes; c'est-à-dire que, bien que l'instrument du raisonnement, inductif ou déductif, ne lui soit guère encore familier, il l'emploie d'instinct pour affermir, pour défendre ou pour propager ses erreurs.

Il fait d'abord ce genre de sophismes que Stuart Mill, dans son *Système de logique*, appelle *sophismes de simple inspection*, parce qu'ils résulteraient plutôt d'une intuition incomplète et fautive que d'un vice de raisonnement proprement dit. Le point de départ le plus ordinaire de ces sophismes, c'est, d'après Stuart Mill, notre tendance à croire que « ce qui est vrai de nos idées des choses doit être vrai des choses elles-mêmes ». Toutes les erreurs de ce type, bien qu'elles aient été trop souvent reprises et recommandées par les philosophes, sont d'abord les erreurs des enfants ou des peuples enfants. On peut y rattacher les illusions des sens ; l'idée que les qualités des corps sont objectivement ce que, subjectivement, elles nous semblent être ; la croyance que les choses abstraites, étant susceptibles d'être pensées isolément, existent aussi isolément dans la nature, etc., etc[1].

L'enfant fait surtout, par précipitation, préjugé, paresse d'esprit, des sophismes d'induction, provenant, les uns de ce qu'il *observe mal*, les autres (et de beaucoup les plus nombreux), de ce qu'il *n'observe pas* du tout. Il transforme étourdiment en lien de causalité une simple coïncidence fortuite ; il conclut d'un fait accidentel à une nécessité générale ; il étend précipitamment à toute une classe d'individus ce qui n'est vrai que pour quelques-uns, et par hasard. Ce sont les faux raisonnements qu'on appelle en logique l'*erreur*

---

1. Malgré l'autorité de Stuart Mill, on peut penser, en rapprochant sa thèse de la théorie des raisonnements inconscients, que les *sophismes de simple inspection* ne constituent pas réellement une catégorie spéciale. C'est, par exemple, l'avis de M. Liard : « Sans discuter ici les arguments apportés par Stuart Mill à l'appui de sa thèse, nous estimons, dit-il, que tout sophisme, si rapide qu'il soit, contient un raisonnement conscient ou inconscient, explicite ou implicite, exprimé ou latent. » J'ajuste une pièce de gibier qui me semblait se lever à 30 mètres, et qui en fait se levait à 60. Je me trompe, bien que je n'aie pas formulé un raisonnement en règle. « Il y a eu là cependant un raisonnement, dont il est possible de marquer les articulations successives. Nous ne jugeons pas immédiatement des distances ; si la chose nous est devenue facile, c'est un bienfait de l'habitude. Primitivement, un objet extérieur à nous fait une tache sur notre champ visuel, et c'est tout ; peu à peu nous apprenons, en *interprétant* nos sensations, à projeter ces taches visuelles sur des plans inégalement éloignés de nous, et nous *concluons*, d'après nos sensations, que les objets qui les provoquent sont en fait inégalement éloignés ; il y a là raisonnement, et par suite possibilité d'erreur. Si je me suis trompé, c'est que j'ai *mal interprété* les sensations musculaires qui ont servi de point de départ à mon raisonnement et que j'en ai tiré une *conclusion fausse.* » *Logique* (Masson, 1884.)

sur la cause, le *sophisme de l'accident*, le *dénombrement imparfait*.

Les sophismes déductifs ne lui sont pas moins naturels. Il fait continuellement des *pétitions de principe* par cela seul que, ayant généralisé trop vite, il croit tenir des vérités évidentes, quand il n'a que des apparences trompeuses. Dans ses discussions avec ses camarades, il manie instinctivement, presque avec la même habileté qu'un avocat retors, le *sophisme de l'ignorance du sujet*, qui consiste à prouver ce qui n'est pas en question, à réfuter astucieusement un adversaire en lui faisant dire autre chose que ce qu'il a dit. Enfin, dans ses révoltes contre l'homme, dans ses résistances à la volonté et à la raison du maître, il s'exerce indirectement au *cercle vicieux*, en lui tendant des pièges pour l'y faire tomber lui-même.

Nicole a ingénieusement remarqué, dans son chapitre sur les *sophismes d'intérêt et d'amour-propre*, que la plupart de nos faux raisonnements ont une cause morale et proviennent de la haute opinion que nous ayons de nous-mêmes. « Je suis un habile homme et je ne puis me tromper, » telle est la prémisse cachée, mais réelle, de presque tous nos sophismes. C'est aussi la prémisse cachée de presque tous les sophismes de l'enfant dans ses rencontres avec l'homme. Il ne peut nier directement la supériorité de l'adulte, qui a plus d'idées, plus de mots à son service, plus de ressources de toutes sortes à sa disposition ; mais, au fond, il n'accepte pas franchement cette supériorité. Il se mesure avec l'homme, avançant les unes après les autres beaucoup de *raisons*, non avec l'idée de démontrer ces raisons, mais avec le secret espoir qu'il y en aura une parmi elles qui déroutera son adversaire, l'amènera à lâcher pied, le fera tomber dans une contradiction. C'est cela qui constitue le tour vicieux d'esprit et de caractère qui fait ce qu'on appelle l'*enfant raisonneur*.

« *Le maître :* Il ne faut pas faire cela. — *L'enfant :* Et pourquoi ne faut-il pas faire cela? — Parce que c'est mal fait. — Mal fait! Qu'est-ce qui est mal fait? — Ce qu'on vous défend. — Quel mal y a-t-il à faire ce qu'on me défend? — On vous punit pour avoir désobéi. — Je ferai en sorte qu'on n'en sache rien. — On vous épiera. — Je me cacherai. — On vous questionnera. — Je mentirai. — Il ne faut pas mentir. — Et pourquoi ne faut-il pas mentir? — Parce que c'est mal fait, etc. »

« Voilà, ajoute Rousseau, le *cercle* inévitable. » Mais ce n'est pas précisément l'homme qui fait ici un cercle vicieux; c'est l'enfant qui l'y pousse sophistiquement, sachant bien que l'homme, ne pouvant pas aller avec lui jusqu'au fond des choses et lui fournir les raisons dernières de ce qu'il lui commande, finira par donner prise contre lui à un certain moment et par rentrer dans quelque chose qu'il aura déjà dit.

QUATRIÈME PARTIE

L'ACTIVITÉ

**Importance de cette faculté. Ses formes essentielles :
instinct, volonté, habitude.**

On peut, quand on s'en tient à un point de vue tout spéculatif, agiter la question de savoir si la faculté maîtresse de l'homme est la pensée ou la volonté et si la fin essentielle de la nature est plutôt la spéculation ou l'action.

Mais, au point de vue spécial de la pédagogie, la réponse ne saurait être douteuse. *Bien penser prépare à bien agir ;* et, si nous devons donner à nos enfants de solides connaissances, c'est pour que ces connaissances servent de base à leur conduite future.

Rien donc ne doit intéresser plus particulièrement l'éducateur que l'étude de l'activité humaine et des diverses formes qu'elle présente tour à tour dans son développement.

Ces formes sont au nombre de trois : l'*instinct*, qui est l'activité primitive et spontanée, spécifique plutôt qu'individuelle ; la *volonté,* dans laquelle on doit voir l'activité de la personne ; l'*habitude* enfin, qui est comme une synthèse de la volonté et de l'instinct et qui donne lieu à ce qu'on peut appeler des *instincts acquis.*

Quelle est exactement la part de chacune de ces formes d'activité dans la nature enfantine? quel est l'ordre précis dans lequel se produit leur évolution? par quels procédés convient-il de les développer tour à tour? Tels sont les principaux points que nous allons examiner brièvement.

CHAPITRE PREMIER

L'INSTINCT

1. Préjugé naturel d'après lequel l'enfant serait un être purement instinctif. — Définition de l'instinct : une combinaison d'actes réflexes. Justesse de cette définition; exemples. — L'enfant étant d'abord un « être spinal », faut-il en conclure que ses actes réflexes, avant de céder la place à la vie de l'intelligence, s'organisent en instincts, analogues à ceux des animaux? — Opinion de M. Rabier.

2. L'instinct chez les animaux. — L'instinct n'est pas un pur mécanisme physiologique, c'est aussi et surtout un véritable automatisme mental. — Analogies entre l'instinct et le somnambulisme. — L'acte instinctif, chez les animaux, est un système coordonné de mouvements, déterminé lui-même par un système coordonné d'images motrices. — Exemples empruntés à diverses familles d'hyménoptères; l'instinct de la scolie. — Caractères généraux de l'instinct opposé à la volonté. — Ces caractères ne sont pas absolus; ils ne peuvent servir à établir une séparation complète entre l'animal et l'homme; l'instinct n'est pas absolument fatal, absolument aveugle, absolument stationnaire. — Les instincts des animaux sont tout pénétrés d'intelligence; exemples empruntés à diverses espèces d'oiseaux.

3. Inversement, l'intelligence de l'homme et surtout celle de l'enfant sont toutes pénétrées d'instinct. — Seulement, il n'y a chez nous que des *instincts désagrégés*, des *fragments d'instinct*. — Instincts de l'homme : instinct de construction. — Instincts de l'enfant : l'instinct de teter; les appréhensions instinctives; l'instinct d'imitation. — Ce qu'on appelle, d'une manière générale, les bons et les mauvais instincts.

1. La première idée, le premier préjugé, si l'on veut, auquel il semble bien difficile de se soustraire quand on songe à la loi de continuité, c'est que la nature de l'homme doit se développer, physiologiquement et psychologiquement, d'après la même loi que la nature animale. Or, comme l'instinct apparaît dans l'animalité avant les premières lueurs de l'intelligence, on est naturellement porté à en conclure qu'il doit occuper d'abord une place considérable, exclusive peut-être, dans l'existence de l'enfant.

Cette idée semble prendre encore une plus grande consistance, quand on réfléchit aux théories les plus récentes qui se sont produites sur la nature et sur le mécanisme de l'instinct.

Voici, en effet, la plus importante, de ces théories, celle qui a été soutenue par Herbert Spencer dans ses *Principes de psychologie.*

L'instinct, d'après le grand psychologue anglais, est « une combinaison d'actes réflexes » ou « une action réflexe composée » ; et l'acte réflexe, à son tour, est « une contraction ou un ensemble de contractions en réponse à une excitation ».

On peut citer comme exemples d'actes réflexes le clignement des yeux, l'éternuement, les contractions en forme de spasmes que détermine le chatouillement; et l'analyse, en s'appliquant à ces différents actes, y découvre trois éléments constitutifs. Le premier est une excitation transmise jusqu'à un centre nerveux par un nerf dit *afférent;* dans le clignement des yeux, cette excitation est produite par les petites poussières invisibles que l'air tient en suspension et qui irritent le globe de l'œil; dans l'éternuement, elle a pour cause le contact de l'air affectant la membrane olfactive. Ensuite vient une élaboration, ayant pour siège le ganglion nerveux. Enfin, le dernier élément est une contraction ou un ensemble de contractions, transmises à certains muscles déterminés par un nerf dit *efférent;* ainsi, dans le chatouillement, ces contractions, qui ressemblent quelquefois à de véritables convulsions, sont accompagnées en même temps de petits cris et d'éclats de rire saccadés, quelquefois assez violents pour amener à la fin l'asphyxie et la mort. Il est facile de voir que ces trois phénomènes successifs forment une espèce de *circulus,* tout à fait semblable à celui qui se produit dans les hautes sphères de la vie psychique quand une excitation sensible, transmise jusqu'au cerveau par les nerfs sensitifs, détermine une élaboration mentale à laquelle succède un mouvement ou un système de mouvements volontaires. Et ainsi, nous sommes amenés à nous demander si l'acte réflexe, malgré son caractère inconscient (sauf en ce qui concerne son point de départ), n'appartient pas à la vie psychique et n'en constitue pas le degré le plus humble. Or, une réponse affirmative s'impose, si l'on songe que quelques-uns de ces actes entrent comme éléments dans des faits intellectuels; c'est ainsi que l'acte réflexe par lequel le resserrement de l'iris est proportionné à la quantité de lumière qui entre dans l'œil ou celui par lequel le foyer de chaque œil est adapté aux distances entrent comme conditions essentielles dans l'acte mental de la perception et sont susceptibles d'être, dans une certaine mesure, réglés par la volonté.

Cela posé, un acte d'instinct ne diffère pas essentiellement d'un acte réflexe. Il est, avons-nous dit plus haut, une synthèse, une combinaison d'actes réflexes, coordonnés de manière à atteindre tous ensemble une même fin. Ainsi, un gobe-mouches, aussitôt après sa sortie de l'œuf, attrape avec le bec un insecte ; voilà un acte d'instinct dans lequel sont combinés et fortement agencés les uns avec les autres différents actes réflexes. Nous y retrouvons, par exemple, l'acte, signalé tout à l'heure, d'après lequel les foyers des yeux sont ajustés l'un à l'autre ; l'analyse montrerait qu'il y en a plusieurs autres encore, dont le concours est absolument nécessaire pour que la tête soit fixée dans la bonne direction et pour que le bec se ferme au bon moment.

L'instinct n'est donc pas purement et simplement un *mécanisme physiologique* ; c'est aussi et surtout un *automatisme mental* ; car la coordination des divers éléments, eux-mêmes psychiques, dont il se compose n'est possible que par la perception confuse d'une certaine *fin* à laquelle se rapporte la série entière de ces éléments.

Dès lors, nous aurions une raison assez naturelle de croire que la vie de l'enfant est essentiellement instinctive : c'est que les actes réflexes, éléments constitutifs de l'instinct, tiennent une place considérable dans la première phase de son évolution psychique.

« Le nouveau-né, a dit Virchow, est un être spinal. » Cela signifie, d'après le commentaire de M. Ribot, que son activité est purement réflexe ; elle se manifeste par une profusion, par une véritable *diffusion* d'actes réflexes, par une transformation continuelle d'excitations en mouvements. Quelques-uns de ces mouvements peuvent être conscients ou éveiller, du moins, un rudiment de conscience, mais en aucun cas ils ne représentent une activité volontaire; « ils n'expriment proprement que l'activité de l'espèce, ce qui a été acquis, organisé et fixé par l'hérédité; ce ne sont que les matériaux avec lesquels la volonté sera construite. »

Mais tous ces actes réflexes, si nombreux, si variés, correspondant à une infinité de relations anatomiques, s'organisent-ils chez l'homme ou, du moins, chez l'enfant en instincts compliqués et cohérents, analogues à ceux que nous rencontrons chez les animaux? C'est là que se trouve la question vraiment intéressante. Il faut l'examiner d'assez près; car elle a été, sauf une très légère réserve, résolue négativement par quelques-uns de nos philosophes contemporains, surtout par M. Rabier, dans ses savantes *Leçons de psychologie.*

« L'animal, dit M. Rabier, possède l'instinct, qui, chez l'homme, n'existe pas ou existe à peine. »

En revanche, « l'animal ne possède pas ou possède à peine l'intelligence, la raison, qui, chez l'homme, est la faculté maîtresse. »

Peut-être conviendra-t-il de restreindre un peu ces formules, qui aboutiraient à faire une brèche dans la nature et à supprimer la grande loi de continuité; mais déterminons bien d'abord la vraie nature de l'instinct lui-même.

2. Comme le remarque très justement M. Rabier, la meilleure manière de comprendre les phénomènes de l'instinct chez les animaux, c'est de les comparer à ceux qui se passent chez l'homme dans l'état somnambulique.

Or, que se passe-t-il chez le somnambule, quand, les yeux fermés, la perception visuelle du monde extérieur devenue pour lui impossible, il réussit cependant à se conduire dans les détours d'une maison qui lui est familière? On peut le reconstituer à peu près ainsi, avec un très haut degré de vraisemblance, au moins pour la généralité des cas. La vision extérieure est remplacée pour lui par une vision interne, qui est un *rêve en action*, constitué par un système bien lié d'images qu'on peut appeler des *images motrices*, parce que chacune d'elles a le privilège de susciter à sa suite un mouvement qui lui correspond et qui la réalise. La vivacité de ces images intérieures qui lui représentent l'ordre entier de la maison, avec l'arrangement des meubles, avec la disposition des chambres, des portes, des couloirs, est tellement grande; il y a entre ces images une telle connexion; elles sont si bien agrégées les unes aux autres que le somnambule, aidé, en outre, par l'extrême délicatesse des perceptions qui lui viennent des autres sens et surtout du toucher, se dirige sans accident, sans choc et sans blessure, au milieu de tous ces objets. Bien plus, il accomplit une série compliquée et coordonnée d'actions; il s'assied, par exemple, à sa table de travail; il sait où se trouvent sa bougie et ses allumettes; il allume cette bougie, dont il n'a pas besoin; il écrit, cachette ses lettres, range et serre ses papiers, etc.

Or, voilà justement ce qui se passe aussi dans un acte d'instinct proprement dit. L'animal y a la *vision intérieure* d'une série coordonnée et véritablement organisée d'actes qui doivent être accomplis les uns après les autres dans un ordre rigoureux pour que l'œuvre qu'il exécute, la construction d'un nid par exemple, réponde à toutes les exigences de sa finalité, s'adapte à toutes les conditions de la réalité ambiante.

Quand l'oiseau fait son nid, quand le castor édifie sa chaussée, quand l'araignée tisse sa toile, chacun des éléments dont se compose la création de cette œuvre complexe est déterminé par l'influence d'une image motrice, qui suscite le mouvement actuel en le liant fortement à celui qui précède et à celui qui doit suivre.

— C'est surtout chez l'insecte que certains instincts de nutrition, malgré leur caractère cruel, qui fait hésiter à se servir du mot « admirable, » présentent du moins un caractère merveilleux de *lucidité*.

Tel est l'instinct commun aux diverses familles d'hyménoptères, Sphex, Crabrons, Pompiles, qu'on range sous la dénomination générale de Fouisseurs. Ces insectes, lorsqu'ils sont à l'état adulte, se nourrissent de matières fluides, telles que le miel des fleurs ou la sève qui s'écoule des arbres; mais leurs larves ne peuvent vivre que de proie vivante. Il s'agit donc pour eux d'introduire dans les loges où ils ont déposé leurs larves soit des chenilles, soit des larves de coléoptères, et, là, de les immobiliser sans les tuer. « Pour cela, dit M. Blanchard, le fouisseur pique sa proie de son aiguillon; le venin plonge l'animal piqué dans un état de léthargie indéfinissable qui se prolonge fort longtemps, et, dans tous les cas, sans que l'individu piqué puisse se réveiller, revenir à la vie. » On voit combien est savante la combinaison imaginée ici par la nature. La larve qu'il s'agit de nourrir ne parviendrait pas à

ronger un insecte en pleine vie, et, d'autre part, elle
périrait près d'un corps en décomposition. Il faut donc
que les choses soient disposées de telle sorte que cette
larve n'ait rien à craindre de sa victime. C'est ce qui
arrive, en effet, sous l'influence du venin distillé par
le fouisseur. « Les chenilles condamnées à être ron-
gées semblent vivre ; leur corps ne subit aucune décomposition ; sa dessiccation ne commence à se prononcer
que bien au delà du temps où la larve du fouisseur
est parvenue au terme de sa croissance. Le venin
semble avoir agi sur les tissus à la manière d'un agent
conservateur, et des chenilles piquées ainsi par des
hyménoptères ont pu être conservées dans de petites
boîtes pendant plusieurs mois sans manifester d'altération. » M. Fabre, de son côté, explique, plus en détail
encore, comment les choses se passent dans l'instinct
d'un autre hyménoptère appelé la scolie. La larve de
la scolie est fort petite ; elle ne mesure guère que
4 millimètres de longueur sur 1 millimètre de largeur ;
or, la nourriture que sa mère lui prépare est, au contraire, la larve relativement énorme de la cétoine, qui
a 30 millimètres de longueur sur 9 de largeur, et, par
conséquent, un volume 6 ou 700 fois supérieur à celui
du ver nouvellement éclos de la scolie. « Voilà, certes,
une proie qui, mobile, jouerait de la croupe et de la
mandibule et mettrait le nourrisson en terrible danger. » Par quoi ce danger est-il conjuré ? Par la sûreté
de l'instinct de la mère. Elle plonge son stylet dans le
corps de la victime juste au point nécessaire pour produire un engourdissement qui maintiendra l'animal
immobile, mais vivant, jusqu'à ce que tous ses organes
essentiels aient été rongés, et retardera ainsi le moment

de la putréfaction jusqu'à ce que l'évolution du ver soit achevée. La jeune scolie, de son côté, accomplit avec une sûreté merveilleuse son travail de venaison : « Elle ronge de proche en proche et méthodiquement les entrailles de la victime, les moins nécessaires d'abord, puis ceux dont l'ablation laisse encore un reste de vie, enfin ceux dont la perte entraîne irrévocablement la mort, suivie de près par la pourriture... Aux premiers coups de dents, on voit sourdre par la plaie le sang de la victime, fluide puissamment élaboré et de digestion facile, où le nouveau-né trouve comme une sorte de laitage. La cétoine n'en périra pas, au moins de quelque temps... Ensuite sont attaquées les matières grasses enveloppant de leurs délicates nappes les organes internes. Encore une perte que la cétoine peut éprouver sans périr à l'instant. C'est le tour de la couche musculaire tapissant la peau ; c'est le tour des organes essentiels ; c'est le tour des centres nerveux, des réseaux trachéens, et toute lueur de vie s'éteint dans la cétoine, réduite à un sac vide, mais intact. Désormais la pourriture peut gagner cette dépouille ; par sa méthodique consommation la scolie a su, jusqu'à la fin, se conserver des vivres frais ; et la voici maintenant qui, replète, reluisante de santé, retire son long col du sac épidermique et se prépare à tisser le cocon où l'évolution s'achèvera. »

— Tel est l'instinct, sous sa forme achevée et parfaite ; et, quand on le considère ainsi dans ces cas si frappants où il a, en quelque sorte, toute la pureté de son essence, on est bien tenté de se dire que la nature humaine ne doit, en effet, le comporter à aucun degré ; car il a des caractères qui ne sont pas simplement opposés à ceux de notre nature, mais qui semblent être absolument inconciliables avec eux.

L'instinct, tel que nous venons de le rencontrer dans ces formes inférieures de l'animalité, est absolument *fatal*. On pourrait le définir un simple *déroulement* d'actes, qui sont indissolublement liés les uns aux autres et qui forment une chaîne continue. Quand le premier a été suscité, ou simplement suggéré, tout le reste suit avec une indéfectible précision. Il en est ainsi, d'ailleurs, à des degrés plus élevés de l'échelle animale. Cela résulte clairement d'une célèbre expérience instituée par Cuvier. A peine avait-il fait mettre dans une cage de castors nés au Muséum les matériaux nécessaires à leurs constructions que le mécanisme à la fois physiologique et mental de leur instinct était mis en branle par l'action d'une première image motrice, et l'œuvre entière s'exécutait, sans aucun besoin, sans aucune raison, comme elle se serait exécutée au bord des lacs de l'Amérique du Nord, sous la menace des grandes eaux.

La volonté, au contraire, est une activité *libre*, maîtresse d'elle-même, qui n'entre en jeu que sous l'influence de la réflexion et de la raison.

D'autres différences essentielles s'ajoutent, d'ailleurs, à celle-là.

Ainsi, l'activité instinctive est *spéciale;* c'est-à-dire qu'elle reste toujours enfermée dans le même cercle étroit d'œuvres ou d'actions; elle suit toujours la même filière. La volonté, au contraire, est *générale;* elle s'étend, rayonne dans toutes les directions. L'animal est forcément, irrémédiablement *routinier;* l'araignée ne peut faire que sa toile; l'oiseau ne peut faire que son nid, bien plus, que le nid de son espèce ; si grande que soit l'habileté qu'ils déploient dans leur œuvre, ils ne pourraient l'appliquer à une œuvre différente. L'homme, au contraire, applique son industrie à divers genres de travaux ; un ouvrier n'est pas nécessairement confiné dans l'exercice d'un métier unique ; si le chômage vient à atteindre l'industrie qu'il exerce, *il change*, comme on dit familièrement, *son fusil d'épaule* et tâche (du moins s'il n'est pas trop vieux) de gagner sa vie par une autre occupation.

De même, l'activité instinctive de l'animal est *stationnaire;* elle reste identique à travers les générations, les siècles, peut-être même les âges du monde. « Les abeilles, dit Pascal, faisaient leurs cellules il y a six mille ans comme elles les font aujourd'hui, et chacune d'elles construit aussi exactement cet hexagone la première fois que la dernière. » Au contraire, l'activité rationnelle de l'homme, soit dans l'individu, soit surtout dans l'espèce, est essentiellement *perfectible et progressive.*

Si on considère, en outre, que les œuvres les plus étonnantes de l'instinct sont accomplies par des êtres qui n'occupent dans la série animale qu'une place inférieure, on est tenté de résumer toutes ces différences par la formule que Flourens a développée avec tant de conviction : « L'instinct est en raison inverse de l'intelligence. »

— Cependant, il semble bien que quelques restrictions très importantes doivent être apportées aujourd'hui à cette formule.

On ne croit plus aujourd'hui aussi absolument qu'autrefois à l'invariabilité des instincts. Loin de là ;

des faits nombreux, patiemment rassemblés, donnent lieu de croire que certaines espèces animales sont comme à l'affût des circonstances favorables qui peuvent se produire autour d'elles et en profitent pour améliorer leurs conditions d'existence. Ainsi, le loriot, par exemple, qui ne pouvait autrefois garnir son nid qu'avec des brins d'herbe, rôde aujourd'hui autour des habitations humaines pour recueillir des brins de fil, matière plus soyeuse, plus chaude et plus douce. De même, on a vu le castor changer d'industrie, et de constructeur qu'il est sur les bords du Saint-Laurent se faire fouisseur et se creuser des terriers sur les bords du Rhône. Les instincts ne demeurent absolument fixes que quand, de leur côté, les conditions du milieu ambiant restent absolument les mêmes. Dans le cas contraire, les instincts, comme les formes organiques, se modifient et s'adaptent.

L'automatisme mental de l'instinct n'est donc pas absolument exclusif de ce que nous appelons proprement l'intelligence, c'est-à-dire la combinaison, la réflexion et le choix. « Les insectes industrieux, dit M. Blanchard, déploient dans leurs travaux l'art le plus raffiné. L'instinct, porté chez eux au plus haut degré dont la nature offre des exemples, confond la raison humaine. Comme nous voyons les individus d'une même espèce exécuter toujours les mêmes travaux sans avoir rien appris, nous avons raison de dire, d'une manière générale, que l'instinct, et l'instinct seul, les dirige. Mais, pour l'exécution du travail, des obstacles surviennent, des accidents se produisent ; l'individu tourne l'obstacle, il choisit le meilleur endroit pour l'établissement de sa demeure, il pare à l'acci-

dent, il se met en garde contre le danger. Parfois,
gagné par la paresse, au lieu de construire un nid nouveau, il prend possession d'un vieux nid et le répare.
L'insecte, que l'on veut supposer agissant à la manière
d'une machine, donne à chaque instant la pensée qu'il
se rend compte de la situation où il se trouve placé, et
d'une foule de circonstances fortuites, par conséquent
impossibles à prévoir. Or, se rendre compte d'une
situation mauvaise et chercher à la rendre meilleure ;
savoir choisir ; concevoir l'idée de s'épargner un travail
tout en voulant parvenir au même but ; devenir paresseux quand on a été créé pour être laborieux, est-ce là
de l'instinct ? »

.Non, sans doute ; on peut dire hautement que c'est
de l'intelligence. Sans doute, cette intelligence (ce
« subtil *ingegno* », pour rappeler l'expression de
Michelet) est confinée dans des limites excessivement
étroites ; « elle ne se rapporte qu'à un ordre tout à fait
déterminé d'actions qui sont nécessaires à l'animal pour
conserver sa vie, pour protéger ses petits, pour atteindre
sa proie, pour s'assurer sa nourriture. N'importe ; dans
ces limites si restreintes, elle présente quelquefois une
finesse et une perspicacité extraordinaires. N'en citons
qu'un exemple entre mille. Dans la plupart des espèces,
l'oiseau ne choisit point au hasard le lieu où il établira
son nid. La femelle, à qui incombe spécialement ce
soin de faire élection de domicile, se met à la recherche
d'une région où abondent les végétaux ou les animaux
servant à la nourriture de son espèce. Comme il s'agit
de rendre moins pénibles les allées et venues que
nécessiteront le ramassage, la cueillette, la chasse ou
la pêche, « elle établit le nid au centre des opérations

qu'elle prévoit. » Lorsque, dans une contrée, le sol est en jachères, on n'y voit que très peu d'alouettes ; lorsque, une autre année, ce même sol est cultivé en blé, les nichées s'y établissent en beaucoup plus grand nombre. Les hirondelles, avant d'établir leur nid près d'une ferme, *savent* si cette ferme est ou non habitée ; elles se rendent compte de la proportion du bétail, par conséquent de la quantité du fumier qu'il produit et sur lequel vivent les mouches. De même, ce n'est pas le hasard, le caprice, ni même la simple nécessité de la lutte pour l'existence, qui fait que les nids d'une même espèce sont tantôt pressés les uns contre les autres, tantôt plus ou moins isolés. Cela dépend d'une raison et d'un calcul. Lorsqu'il doit y avoir pénurie de nourriture, les nids s'espacent sur une assez large étendue ; quand, au contraire, il est à prévoir que la nourriture sera abondante, les nids se rapprochent dans un intérêt de sécurité et de défense : « Les groupements de nids, en effet, offrent tous les avantages du voisinage. Ainsi, quand un danger menace, il y a toujours quelques oiseaux assez vigilants pour donner l'alarme et faire décider à temps la résistance ou la fuite. Le plus souvent, tous les habitants d'une colonie se mettent à crier et à voltiger de manière à effrayer et à éloigner l'ennemi commun. »

Quand on réfléchit sur des faits de ce genre, quand on se rend compte de cette communication instinctive qui existe entre l'oiseau et les habitants du lieu où il s'installe, on comprend que cette communication s'étend peut-être à l'homme lui-même, dont l'oiseau devine dans une certaine mesure les dispositions à son égard, dispositions changeantes quelquefois sui-

vant les saisons; et on en vient à se demander si La
Fontaine a enchéri beaucoup sur la simple réalité
naturelle dans sa délicieuse fable : *l'Alouette et ses
petits avec le maître d'un champ* :

> « C'est ce coup qu'il est bon de partir, mes enfants.
> Et les petits, en même temps,
> Voletants, se culebutants,
> Délogèrent tous sans trompette. »

3. Mais, si l'instinct des animaux est ainsi tout
pénétré d'intelligence, on peut dire, inversement, que
l'intelligence de l'homme et celle de l'enfant sont toutes
pénétrées d'instinct. Sans doute, il n'y a pas chez nous
d'instincts proprement dits, semblables à ceux que
nous admirons chez les oiseaux, chez les insectes;
mais il y a comme *des débris*, comme *des fragments
d'instinct*. On dirait que, chez l'homme, l'instinct
initial s'est, en quelque sorte, *désagrégé*, afin que ses
éléments pussent être utilisés comme des matériaux
de choix dans les libres reconstructions de la pensée
réfléchie et rationnelle. Déjà, cette désagrégation de
l'instinct est visible chez les animaux supérieurs. Sans
doute, c'est par instinct que le chien de chasse poursuit
ou arrête le gibier; mais qui ne voit que dans cet
instinct la chaîne des images représentant la série des
moyens est bien plus souple et bien plus lâche que dans
les merveilleux instincts de l'insecte ou de l'oiseau? Il s'y
produit continuellement des *vides*, qui, continuellement
aussi, sont *comblés* par l'intelligence; de là les ruses,
les feintes, les calculs qui donnent à cette poursuite
tant d'imprévu et font qu'une chasse ne ressemble pas
à une autre; l'instinct ne fournit ici que la trame sur
laquelle une intelligence déjà affinée brode à sa

fantaisie. A plus forte raison en est-il de même chez l'homme. La nature, en lui donnant la raison, n'a pas pour cela brisé tout à coup la continuité de son œuvre ; elle ne lui a donc point absolument refusé l'instinct, qui reste chez lui, comme chez les animaux, une protection, une sauvegarde. Mais nos instincts ne sont pas, comme ceux des animaux inférieurs, organisés de toutes pièces ; il n'y a guère en eux que la fin qui soit représentée par une image nette ; les moyens ne le sont que par des images confuses et plus ou moins espacées. C'est à nous de combler les vides. Et il faut bien qu'il en soit ainsi ; car l'homme étant essentiellement destiné à la vie réfléchie, tout ce qui s'ébauche en lui par l'instinct doit prendre finalement la forme de la réflexion.

— Il nous semble qu'on pourrait, d'après cette considération, passer en revue les principaux instincts attribués à l'homme et montrer que, dans chacun de ces instincts, il y a au moins l'ébauche d'un mécanisme à la fois physiologique et psychique dans lequel une fin, représentée par une image plus ou moins nette, tend à évoquer un système d'images intermédiaires, correspondant aux moyens. L'homme, pourrait-on dire, a, comme l'animal, un *instinct de construction*. Seulement, cet instinct n'aboutit pas chez lui, comme chez l'animal, à un type unique, invariablement fixé, qui se retrouvera toujours le même, à travers les générations et les âges. Sous l'influence de l'*image motrice* qui lui représente clairement la finalité même de la construction, c'est-à-dire la nécessité d'un abri contre les intempéries des saisons ou contre les attaques de ses ennemis, l'homme, de plus en plus libre à mesure qu'il devient plus intelligent et plus instruit.

réalise de lui-même des types variés et progressifs de demeures, parce que sa réflexion intercale continuellement dans les vides du tissu primitif d'images dont se compose l'instinct initial de construction des moyens nouveaux, de plus en plus parfaits, de mieux en mieux adaptés, dont la série constitue cette *histoire de l'habitation humaine* que Viollet-Leduc nous a racontée, que M. Garnier a mise sous nos yeux.

Les véritables instincts de l'homme, ce sont ses inclinations ; ce sont aussi, surtout peut-être, les aversions et appréhensions irraisonnées qui les complètent. Dans les unes et dans les autres on retrouverait une image motrice qui met en branle un mécanisme monté à l'avance. Quand un homme porte vivement la main à ses yeux pour se protéger contre un projectile ou qu'il se raccroche à une pierre, à une racine, pour ne pas tomber dans un précipice, l'image motrice est une représentation intérieure, très vive, très présente, en quelque sorte sensorielle, de la douleur que lui ferait éprouver la blessure ou la chute, le déchirement de ses tissus, l'écrasement de son corps.

— En ce sens, il ne nous paraît pas douteux que l'enfant ait des instincts. L'*action de teter*, par exemple, si elle n'est pas tout à fait un instinct au sens rigoureux du mot, présente du moins, dans une large mesure, la forme instinctive. Une image (sous cette réserve que c'est une image olfactive plutôt qu'une image visuelle) y met en branle un mécanisme tout préparé ; et rien ne nous assure que d'autres images ne s'intercalent pas pour déterminer l'ordre régulier des mouvements ; car l'ardeur avec laquelle le nouveauné exécute cet acte si complexe montre bien qu'il doit s'y mêler, et peut-être en grand nombre, des éléments imaginatifs, passionnels.

On ne voit pas comment s'expliquerait sans l'instinct une appréhension, une *peur* de l'enfant, puisque l'enfant n'a aucune expérience personnelle du danger. Il se détourne en présence d'un visage renfrogné ou irrité, comme un animal s'enfuit quand il voit paraître un autre animal, d'espèce ennemie. Il faut bien qu'il y ait là un véritable instinct, présentant les mêmes caractères et les mêmes éléments essentiels que les instincts les plus merveilleux des insectes, c'est-à-dire une série coordonnée d'images, déposée dans le sensorium par l'action de l'hérédité et déterminant la série non moins coordonnée des mouvements de l'aversion et de la fuite.

L'*instinct d'imitation*, qui tient une si grande place dans les premières années de la vie, ne semble pas non plus pouvoir s'expliquer autrement. Considérons, en particulier, cette forme toute spéciale de l'imitation enfantine qu'on nomme la *singerie*. L'enfant se moque, en la singeant, d'une personne qui lui semble ridicule. Comment cette singerie pourrait-elle se produire d'une manière si prompte, si réussie, quelquefois si *géniale*, s'il n'y avait pas toute prête dans le cerveau une série d'images motrices qui mettent en branle, du premier coup, le mécanisme monté à l'avance, s'intercalent, pour ainsi dire, entre toutes les parties essentielles de ce mécanisme et révèlent à l'enfant quels muscles ignorés de lui il doit faire mouvoir pour produire l'air de physionomie, le geste ou l'allure qu'il se propose de contrefaire?

— Mais voici où éclate surtout la vérité de ce fait

qu'il y a des instincts chez l'enfant : c'est que l'éducation rencontre sans cesse dans son œuvre soit de *bons instincts*, dont elle peut profiter, soit de *mauvais instincts*, qu'elle est obligée de combattre. Or, ces bons et ces mauvais instincts, ce ne sont pas purement et simplement des inclinations, des tendances; ce sont des *dispositions toutes prochaines*, liées à une ébauche de mécanisme interne qui rend plus facile à certains enfants telle ou telle catégorie d'actions correspondant à ces instincts eux-mêmes.

Un enfant a de bons instincts, qui le portent, par exemple, à la bonté, à la franchise, au courage. Qu'est-ce à dire, sinon qu'il est plus facile à cet enfant d'accomplir des actes de bonté ou de courage, parce qu'il y a dans l'intimité de son organisation cérébrale certaines corrélations, toutes préparées à l'avance, d'images motrices et de dispositions organiques qui lui suggèrent en quelque sorte ces actes?

Cela est, peut-être, plus frappant encore pour les mauvais instincts, parce qu'ils ont, en général, un caractère plus précis, plus déterminé. Ainsi, un enfant est *sournois*. C'est là un mauvais instinct, qui le prédispose, physiologiquement aussi bien que moralement, à cacher sa conduite, à dissimuler ses intentions, à préparer de loin ses manœuvres, à *agir en dessous*, comme on dit, pour faire un mauvais coup à l'improviste et en cachette. Une disposition de ce genre est *dans le sang;* l'enfant l'apporte avec lui; elle est un *produit de l'hérédité.* L'étude des instincts de meurtre ou de vol manifeste, à un bien plus haut degré encore, un mécanisme tout préparé. Le kleptomane, non moins que l'avare, a véritablement *les doigts crochus;*

il y a en lui, quelquefois dès son très bas âge, un ensemble d'impulsions natives qui le disposent à saisir habilement un objet, au moment exact où il sent que, même au milieu d'une foule, personne ne le surveille, et à dissimuler avec une incroyable prestesse ce qu'il a dérobé.

Tout cela vient, avons-nous dit, des influences héréditaires. Ce n'est pas le moment d'étudier en détail l'hérédité, dont l'étude se rapporte plus particulièrement à la pédagogie morale; mais le fait qu'il y a parfois une assez longue suite de générations dans lesquelles une aptitude, une disposition, bonne ou mauvaise, se perpétue et s'affermit d'une manière toute spontanée montre bien que l'instinct s'efforce continuellement de ressaisir, en quelque sorte, l'humanité, de la ramener sous son empire.

CHAPITRE II

LA VOLONTÉ

I

Parallèle de la volonté et du désir.

Examen critique des différences généralement signalées entre le désir et la volonté. — Le désir est infini, la volonté est finie. — Il ne faut pas conclure de là que nous puissions désirer n'importe quoi. — Parallèle entre le désir, d'une part, le rêve et le souhait, de l'autre. — Le désir s'adresse seulement aux choses que nous sentons être approximativement dans la mesure de nos forces. — Le désir est fatal, la volonté est libre. Quelques explications et réserves. — Le désir est agité et inquiet, la volonté est ferme et stable. — Le désir est une

volonté en voie d'organisation. — La force de la volonté lui
vient de la puissance des désirs qui sont contenus en elle et
dominés par elle.

Si l'instinct n'occupe pas dans la vie de l'enfant toute
la place qu'on serait tenté, au premier abord, de lui
attribuer, il n'en faut pas conclure que son activité soit,
comme celle de l'homme, essentiellement volontaire.
La volonté est en germe dans la nature de l'enfant;
elle s'y affirme même par certaines manifestations
caractéristiques, dont nous aurons tout à l'heure à
signaler l'importance; mais elle n'est point encore la
forme essentielle de son activité.

C'est ce qu'on exprime d'ordinaire en disant qu'il n'y
a point de volonté chez l'enfant, mais simplement des
désirs.

Seulement, cette formule, outre qu'elle est inexacte, a le grave inconvénient de creuser entre le
désir et la volonté un abîme qui n'existe point.

Sans doute, le désir peut revêtir quelques caractères
opposés à ceux de la volonté, parce qu'il représente une
phase très différente dans l'évolution générale de l'activité humaine; mais nous allons nous convaincre par
un rapide parallèle qu'il ne lui est point pour cela opposé absolument et en essence.

Voici, en effet, les principales différences qu'on relève d'ordinaire entre le désir et la volonté.

Le désir est *fatal,* la volonté est *libre;* le désir est
agité et inquiet, la volonté est *ferme et calme;* le désir
est *vague, infini,* la volonté est *finie, déterminée,*
précise.

Or, ces caractères différentiels ne peuvent être jugés
en bloc; ils sont partiellement vrais et partiellement

faux. La raison en est que sous la dénomination commune de « désirs » nous enveloppons des faits psychiques nombreux et variés, occupant une vaste série de degrés qui va du pur instinct à la volonté pure.

Il faut donc mettre un peu d'ordre dans leur étude et, pour cela, commencer par l'examen du caractère *infini* qu'on attribue au désir et du caractère *fini* qu'on attribue à la volonté.

— Si, en disant que *le désir est infini*, on entend que le désir porte également, indifféremment, sur toutes choses, sur le possible et sur l'impossible, sur le pratique et sur le chimérique, cela n'est vrai que d'une manière très approximative et avec d'importantes restrictions.

En effet, le désir ne doit pas être confondu avec deux faits psychiques qui lui ressemblent à certains égards et qui occupent l'un et l'autre une très large place dans la nature humaine, mais qui n'en sont pas moins très différents de lui. L'un de ces deux faits peut, dans un certain sens du mot, être appelé le *rêve;* l'autre constitue purement et simplement le *souhait*.

L'homme, en vertu de ce qu'il y a, en effet, d'infini dans sa nature, peut attacher sa pensée à des choses qui sont pour lui absolument irréalisables, mais qui, cependant, *sollicitent sa fantaisie* à cause d'une certaine image de perfection idéale qu'elles portent en elles-mêmes. Il faut se contenter alors de dire qu'il les *rêve;* mais, en les rêvant, il s'y complaît; quelquefois même, sous l'influence de je ne sais quelle surexcitation mentale, il finit par ne plus pouvoir en détacher sa pensée. Avons-nous le droit de dire alors qu'il les *désire?* Descartes semble répondre très judicieusement à cette question quand il déclare, dans un célèbre passage du *Discours de la méthode,* que « nous ne désirons pas (et à plus forte raison ne le voulons-nous pas) avoir les trésors de la Chine ou du Japon, ni des ailes pour voler, comme les oiseaux. »

D'autre part, avons-nous le droit de dire, en nous attachant à la stricte signification des termes, que nous *désirons* qu'il fasse beau demain ou que la prochaine récolte soit abondante? Il ne le semble pas. La vérité, c'est que nous *souhaitons* des choses de ce genre : mais, pour les *désirer,* au propre sens du mot, il faudrait que nous pussions contribuer de quelque manière à leur réalisation. Or, le beau temps de demain ne dépend de nous en aucune façon; et, quant à la qualité de la prochaine récolte, nous ne pouvons exercer sur elle qu'une influence absolument minime, en ce qui concerne notre propre champ, plus ou moins habilement exploité, et abstraction faite des gelées, sécheresses et autres fléaux naturels, contre lesquels nous n'avons aucune action appréciable.

En fait, le souhait, comme le rêve, tend continuellement à se transformer en désir, aussitôt que commencent à apparaître, dans une mesure quelconque, les conditions psychologiques de sa réalisation; et voilà pourquoi nous confondons quelquefois ces choses, qui devraient rester séparées; mais, théoriquement, le *souhait* ne s'applique qu'aux choses qui ne dépendent pas de nous, et le *désir* porte seulement sur les choses qui dépendent de nous; car le désir, quoi qu'on ait dit, est un *commencement de volonté.*

C'est donc d'une autre manière qu'il faut entendre cette formule : *le désir est infini,* ou, si l'on veut quelque chose de plus exact, *le désir est indéfini.* Cela signifie simplement que l'homme ne peut connaître d'une manière précise les limites de sa puissance et que, par suite, il lui arrive bien souvent de les dépasser par l'ardeur inconsidérée de son désir. Plus notre expérience se développe, plus aussi nos désirs se renferment dans la juste mesure de ce qui est réalisable et se rapprochent ainsi de la volonté.

— On ne saurait non plus accepter tout à fait sans réserve la formule d'après laquelle le désir serait une chose absolument *passive* et *fatale*, tandis que la volonté seule serait *active* et *libre*.

Sans doute, certains désirs, d'un caractère très simple, naissent *en nous* pour ainsi dire *sans nous;* ils proviennent d'une excitation extérieure et déterminent dans l'âme une réaction fatale, qu'on peut prévoir et calculer presque à coup sûr, comme celle que nous avons rencontrée plus haut dans les actes réflexes. Cela prouve que ces désirs initiaux et rudimentaires sont ce que nous avons appelé plus haut des *fragments d'instincts.* C'est à ce genre qu'appartiennent les désirs de la première enfance, et un exemple très simple suffira pour en faire comprendre la nature. L'enfant qui voit un pot de confitures ou un plat de gâteaux laissé à sa disposition s'y précipite presque nécessairement; tout au plus, s'il a déjà été grondé, prend-il quelques précautions pour n'être pas découvert. C'est que ce désir est un véritable acte réflexe. L'organisme de l'enfant (nous le verrons plus loin, à propos de l'éducation physique) réclame impérieusement un apport d'éléments sucrés. La vue de ces friandises représente donc ici l'impulsion imaginative qui, dans un instinct, détermine le jeu automatique de certains organes.

Mais, au-dessus de ces désirs tout spontanés, nous en avons d'autres, qui présentent un caractère différent. Ils ne viennent plus du dehors; ils ont leur principe en nous-mêmes, dans une certaine combinaison de sentiments et d'idées. Ce sont des désirs compliqués et profonds; le *moi* les forme véritablement de sa propre substance; ils ne naissent pas d'une sollicitation extérieure, mais d'une sorte de *rumination* de pensées. Ils croissent peu à peu jusqu'à envahir quelquefois l'âme tout entière. C'est alors, suivant l'expression de Virgile et du Tasse, « la fantaisie humaine qui se fait un dieu de son désir. » Dans ce cas, il arrive quelquefois que le désir s'attaque à l'impossible et aboutit finalement, par un miracle d'énergie concentrée, à le rendre possible; il crée, un à un, les moyens de réalisation de ce qui ne semblait être d'abord qu'un rêve insensé. C'est ainsi, pour reprendre les exemples cités plus haut, qu'à force de rêver « les richesses de la Chine ou du Japon », un aventurier finira par réaliser, dans quelque région lointaine, une fortune colossale, comme le Monte-Cristo d'Alexandre Dumas, le Nabab d'Alphonse Daudet; c'est ainsi qu'à force de rêver aux moyens de « voler, comme les oiseaux », un inventeur finira par construire un jour une machine qui lui permettra de se soutenir quelque temps dans l'air sans se rompre le cou. A ce point de vue, *le désir est créateur;* toutes les grandes découvertes ont eu leur point de départ dans l'intensité d'un désir sans cesse fixé sur son objet, quelque irréalisable qu'il pût paraître au premier abord.

— La vraie différence entre la volonté et le désir

semble donc être que le désir est *agité* et *inquiet*, tandis que la volonté est *ferme* et *stable*. En effet, le désir, venant du dehors, domine l'âme et la secoue. Le désir ne peut se donner à lui-même sa mesure; car il est essentiellement une aspiration, une recherche. Il tend vers des fins, mais sans avoir une intuition nette de ces fins et des moyens par lesquels il nous est possible de les réaliser. Aussi le voit-on passer tour à tour de l'une à l'autre de ces fins, essayer successivement tel ou tel de ces moyens; il est *indéterminé* et *flottant*. Toutefois cette fluctuation même a pour résultat de nous faire explorer ces fins et ces moyens, de nous familiariser graduellement avec eux et de préparer ainsi le terrain sur lequel s'établira plus tard la volonté.

On pourrait exprimer cela sous une autre forme en disant que le désir est *la volonté en voie d'organisation*. Un désir est une *volonté partielle et exclusive*, qui n'a point encore trouvé sa juste place et ses vraies limites. Quand la volonté est solidement constituée en nous, elle tempère les désirs, les met en équilibre les uns avec les autres; elle donne ainsi à l'âme la fermeté et la sérénité. Une volonté forte est maîtresse de ses désirs; une volonté faible n'est qu'une apparence de volonté, encore livrée à la fermentation de désirs multiples, qui la tiraillent en divers sens et qui l'empêchent de prendre son assiette.

Descartes conclut de là que le désir est une *forme inférieure* de la volonté; nous dirions plutôt qu'il en est un *élément*. La volonté, à notre avis, est faite de désirs dominés par la réflexion, contenus et apaisés par elle. Plus ces désirs apaisés sont nombreux, plus le support de la volonté est large ; plus aussi est grande sa fixité, sa puissance, son aptitude à oser et à réussir. Séparer la volonté du désir, que l'on prétend être son contraire, ce serait lui enlever sa substance même. On aboutirait à en faire une chose tout abstraite ; car la volonté d'un homme est, en dernière analyse, l'unité de ses aspirations, coordonnées, mises, autant que possible, en harmonie les unes avec les autres.

La volonté manquerait de force, d'ardeur, d'élan, d'efficacité, si elle était purement idéale, purement rationnelle ; si elle n'avait pas englobé en elle nos désirs et ne les avait pas fait entrer dans sa sphère d'action pour les discipliner, les concilier, les rapporter tous ensemble à la fin générale de notre nature. L'œuvre de la volonté consiste donc non pas à détruire nos inclinations et nos instincts (à moins qu'ils ne soient absolument pervers), mais à les organiser, à les dépouiller de leur forme exclusive, impétueuse, passionnelle, pour en faire les éléments de notre caractère et de notre personnalité.

II

Analyse de la volonté.

1. Condition préliminaire de l'acte volontaire ; la possession de soi ; la réflexion.

2. Éléments de l'acte volontaire. — La délibération. — Elle ne consiste pas dans une simple comparaison passive des motifs. — Caractère d'une délibération sincère. Transformation des motifs en mobiles supérieurs.

3. La détermination et l'action. — Passage de l'une à l'autre par l'intermédiaire de l'effort.

1. Il résulte de là que la volonté, mise en parallèle

avec le désir et l'instinct, est essentiellement l'activité libre, réfléchie, personnelle.

Son point de départ est dans la faculté que nous avons de prendre, à partir d'un certain moment, pleine conscience, pleine possession de nous-mêmes et de nous soustraire par l'empire que nous exerçons sur notre activité à l'influence tyrannique des désirs.

Cet empire de l'homme sur lui-même, cette *auto-nomie,* occupe dans la sphère de l'activité la même place que la réflexion dans la sphère de l'entende-ment. C'est aussi une *faculté d'arrêt.* Par elle nous ré-primons nos désirs et suspendons l'effet des impul-sions tumultueuses de l'instinct en permettant à la raison de se faire entendre et de se faire obéir. Comme la réflexion est la condition préalable de la pensée méthodique, l'empire sur soi est la condition initiale de la volonté.

Seulement, il ne faut pas concevoir d'une manière abstraite cette possession de nous-mêmes; ce n'est pas là conscience d'un pouvoir indéterminé d'agir, de faire n'importe quoi et n'importe comment; c'est le senti-ment d'être en mesure de nous déterminer librement à certaines actions, *parce que nous les sentons dans la mesure de nos forces* et que nous avons tout au moins un certain discernement vague des moyens que nous pouvons mettre en œuvre pour les accomplir.

La volonté n'existe véritablement que quand nous avons conscience d'une certaine *chaîne de moyens* qui relie notre désir présent à sa réalisation future. Cette chaîne de moyens joue dans la volonté le même rôle que joue dans l'instinct cette savante coordination d'images motrices qui va de l'impulsion première à la réalisation de l'acte; et la volonté, à ce point de vue, présente avec l'instinct une ressemblance que nous retrouverons sous une forme plus nette encore dans l'habitude active, qui est une volonté organisée et fixée.

2. La conscience d'avoir la pleine possession de soi-même est la *condition préalable* de la volonté; la délibération, la détermination et l'action en sont les *éléments* ou, si l'on veut, les *phases*.

Qu'est-ce d'abord que la *délibération?*

Pour bien comprendre cet élément si essentiel de l'acte volontaire, il faut se défier du mot qui l'exprime, car ce mot cache un piège.

Etymologiquement, délibérer, c'est peser (*libra*, balance); c'est mettre, en quelque sorte, dans les deux plateaux d'une balance les *raisons* opposées, les *motifs*[1] contraires, qui nous poussent soit à accomplir une action ou à nous en abstenir, soit à l'accomplir préférablement de telle ou telle manière.

On verra plus loin le rôle que cette métaphore a jouée dans les controverses sur le libre arbitre. Sans entrer,

---

[1]. Nous croyons devoir n'attacher ici qu'une assez médiocre importance à la distinction courante des *mobiles* et des *motifs*. Sans doute, il convient de séparer ces deux choses. Les mobiles ne sont que des impulsions de la sensibilité, des entraînements de l'instinct; les motifs sont des considérations intellectuelles, des raisons. Mais ce serait une erreur de croire qu'ils entrent pêle-mêle et au même titre dans l'acte de comparaison qui précède ou accompagne la volonté. Un mobile ne devient objet de délibération qu'autant qu'il se transforme dans une certaine mesure en motif. La délibération ne porte, en dernière analyse, que sur des raisons; seulement, comme on le verra tout à l'heure, elle finit, quand elle est complète, par donner à certains motifs la *forme* de mobiles, parce que, après nous avoir montré des raisons de *suivre* telle ou telle ligne de conduite, elle nous montre, en outre, des raisons de l'*aimer*, de *nous passionner pour elle*.

pour le moment, dans aucune discussion à ce sujet, contentons-nous de dire qu'il ne faudrait point, en prenant pour base une comparaison superficielle et inexacte, se représenter la délibération sous une forme toute passive. La délibération n'est pas simplement un acte de comparaison par lequel l'esprit apprécierait la valeur relative de chaque motif, comme si cette valeur était une quantité une fois fixée, analogue à celle que représente un poids mis dans une balance. Elle est, au contraire, essentiellement active; elle consiste d'abord (et on ne le remarque pas toujours assez) à chercher, à rassembler les motifs, à ne point leur permettre de se dissimuler dans les coins sombres de la conscience; ensuite, elle fait en sorte que chaque motif raisonnable reçoive toute la force qui peut lui venir de notre assentiment réfléchi; car un motif n'est pas une *raison purement spéculative*, comme celle qui est contenue dans un axiome et qui en fait sortir le théorème; c'est une *raison dynamique*, qui, d'une part, communique à l'âme la puissance qui lui est propre, mais qui, en même temps, reçoit de l'assentiment de l'âme le complément de force qui lui est nécessaire pour lutter contre les motifs opposés.

— Ces deux parties de l'acte de la délibération sont également indispensables.

La délibération ne serait pas *sincère*, c'est-à-dire *entière*, elle ne serait pas franche, honnête, vraiment digne d'un homme libre, si nous ne laissions arriver à nous que les motifs qui nous plaisent. Or, la nature humaine est ainsi faite que les raisons qui fermentent en nous n'affleurent pas toujours à la surface de la conscience; il suffit alors d'une certaine distraction volontaire, d'une sorte de *détournement d'intention*, pour qu'elles ne soient pas aperçues, encore que le moindre effort eût été suffisant pour nous les faire apercevoir. On se persuade alors ou on cherche à se persuader que, si on n'a pas tenu compte de certains motifs, c'est qu'on ne les a pas connus ; mais il y a là un *compromis de conscience*, un véritable *sophisme moral*. L'acte volontaire est vicié par un *défaut de délibération* ; car il n'y a de délibération vraie et sérieuse que celle qui non seulement *accueille*, mais *suscite* tous les motifs, agréables ou non.

D'autre part, la délibération ne serait pas non plus *sincère* et *complète*, si nous nous bornions à assigner une fois pour toutes à un motif qui apparaît dans notre esprit la valeur qu'il nous semble avoir au moment de cette première apparition. C'est en *roulant* les pensées dans notre esprit que nous leur faisons acquérir peu à peu toute leur valeur. Par cette espèce de fermentation, les plus rationnelles se dégagent des autres, émergent en pleine lumière ; le cœur s'y attache et les adopte ; nous les apprécions mieux, parce que nous commençons à les aimer davantage. Les motifs les plus rationnels deviennent alors des mobiles d'ordre supérieur, pour le triomphe desquels la force de la passion et du désir s'ajoute à celle de la raison.

— C'est ainsi que délibèrent les héros de Corneille. Les motifs auxquels ils obéiront finalement *repassent* plusieurs fois dans leur esprit, fortifiés à chaque reprise par la lutte qu'ils viennent de soutenir contre un mobile contraire. C'est que cette délibération a pour résultat de mettre finalement le cœur du côté de la raison. Quand Rodrigue, à la fin de ces strophes du

premier acte où Corneille semble avoir condensé toute
la poésie de la délibération, s'écrie :

> Endurer que l'Espagne impute à ma mémoire
> D'avoir mal soutenu l'honneur de ma maison !

ou bien :

> Que je meure au combat ou meure de tristesse,
> Je rendrai mon sang pur comme je l'ai reçu ;

on sent que la délibération est finie, épuisée ; l'accord
s'est fait entre toutes les parties de cette héroïque
nature.

3. La *détermination* et l'*exécution* complètent l'acte
volontaire ; ces deux moments du vouloir sont à la fois
différents l'un de l'autre et très voisins ; on peut dire
que l'essence de la volonté réside dans le lien de continuité qui les unit entre eux, dans le passage, dans la
transition de l'un à l'autre.

En effet, l'exécution proprement dite est, à tout
prendre, en dehors de la volonté. Si, quand un homme
a décidé et véritablement résolu un crime, l'exécution
n'est empêchée que par une circonstance extérieure et
indépendante de lui, l'acte volontaire est complet ; la
responsabilité et la culpabilité sont entières. C'est ainsi
qu'une tentative d'incendie ou d'assassinat expose celui
qui s'en est rendu coupable aux mêmes pénalités que le
crime lui-même, si cette tentative « n'a manqué son
effet, comme on dit en justice, que par des circonstances indépendantes de la volonté de son auteur. »
Mais, d'un autre côté, la détermination pure et simple
peut n'être pas encore le fait volontaire proprement dit, si elle reste enfermée dans les limites de

l'activité mentale, si elle n'est pas *accompagnée d'effort*, ou même si l'effort qui l'accompagne n'a pas toute l'intensité qu'il devrait avoir pour produire la plénitude de l'acte. Aristote, analysant le fait volontaire, y avait déjà distingué avec beaucoup de soin la détermination proprement dite de la simple *préférence réfléchie*, qui n'est rien de plus qu'un acte de l'intelligence, proclamant la supériorité tout idéale d'un motif sur le motif opposé, d'une action sur l'action contraire. Or, nous pouvons vouloir une chose par la simple adhésion de l'esprit sans la vouloir encore par l'adhésion, bien autrement essentielle, de notre activité entière, à la fois morale et physique. Alors, suivant la célèbre pensée d'un poète antique, « nous voyons le bien et nous l'approuvons, mais nous nous décidons pour le mal[1]; » la détermination reste à l'état de simple intention, toujours sujette à fléchir : « L'enfer, dit le proverbe, est pavé de bonnes intentions. »

Entre la détermination purement mentale et l'exécution matérielle, la volonté réside essentiellement dans l'effort, mais dans l'effort largement mesuré, de manière à dépasser l'acte plutôt qu'à ne le point accomplir entièrement. L'effort continu, persévérant, soutenu, voilà ce qui nous permet de franchir l'intervalle qui sépare la sphère de la pensée de celle de la réalité et de traduire notre résolution en action raisonnée et libre.

---

[1].   *Video meliora proboque,*
Deteriora sequor.
(OVIDE.)

Je ne fais pas le bien que j'aime,
Et je fais le mal que je hais.
(RACINE.)

III

La volonté chez l'enfant.

La volonté est essentiellement constituée par le sentiment du *moi* et de la faculté de détermination personnelle. — Dès que ce sentiment apparaît, la volonté existe, quelque imparfaite qu'elle soit encore. — Premières manifestations de la volonté. — Le caprice. — L'entêtement. — Puissance de l'encouragement et du défi.

La volonté ainsi analysée, nous retrouvons la question de savoir si elle existe déjà d'une certaine manière chez l'enfant ou si, au contraire, suivant la formule courante, l'enfant n'a que des désirs.

Platon avait déjà rencontré cette question, et il l'avait résolue dans un passage célèbre de la *République* où il soutient que le courage, c'est-à-dire l'appétit généreux (dans lequel il voit l'équivalent de la volonté), préexiste chez l'enfant au développement, à l'apparition même de la raison.

En effet, ce qui fonde véritablement la volonté, c'est le *sentiment du moi;* c'est la conscience de la faculté interne de détermination. Or, ce sentiment du *moi* apparaît de très bonne heure; et, dès que l'enfant commence à le saisir, au fond de sa nature, sous la forme d'une énergie toute prête à s'affirmer et à se déployer pour elle-même, on peut et on doit dire qu'il possède la volonté. Sans doute, cette volonté, par son incohérence, par sa versatilité, par son absence d'organisation, ressemble encore au désir. Morcelée, fragmentaire, elle ne peut pas de suite remplir sa fonction, qui est de prendre la place de l'instinct, d'agir, comme lui, avec fermeté, avec fixité, et surtout de le surpasser de toutes manières en remplaçant sa *clairvoyance sourde* par une *clairvoyance raisonnée*. Mais n'importe ; elle existe, et sa réalité est attestée par tout un ensemble de faits, dont il convient de bien pénétrer la nature.

— Le plus caractéristique de ces faits, c'est le *caprice*.

On pourrait être tenté ici de se récrier et de dire que le caprice est, au contraire, l'état psychique d'un être qui, n'ayant pas de volonté, flotte au hasard de ses désirs. On en donnerait comme preuve ce fait que, quand la volonté d'un homme s'affaiblit, se désorganise, nous le voyons redevenir *capricieux*, comme un enfant. Ainsi, M. Ribot, dans un des plus curieux chapitres de ses *Maladies de la volonté*, a fait voir que, chez les idiots et les déments, la dissolution de la volonté aboutit finalement à un état de fluctuation et d'irrémédiable instabilité, qu'il nomme le *règne des caprices*. C'est le dernier degré d'une dégénérescence morale sous l'influence de laquelle ils deviennent bizarres, fantasques, insupportables, parce qu'ils sont livrés sans défense à toutes les suggestions de désirs contraires, dont chacun, au moment où il se produit, règne en eux sans partage. Mais ces faits, et d'autres encore qu'on y pourrait ajouter, prouvent simplement une vérité bien connue et qui est même une des bases de la doctrine de l'évolution : c'est que des *états transitoires*, qu'un être traverse pendant sa période d'organisation, se reproduisent en sens inverse, quand arrive ensuite pour lui la période de dissolution et de désorganisation. Or, le caprice est un de ces états transitoires. M. Ribot l'a étudié à fond dans la période où il représente la désorganisation de la volonté. Mais, chez l'enfant, il représente, au contraire, la volonté en voie de formation, d'organisation progressive. Si l'enfant est capricieux, c'est qu'il a besoin de prendre possession de sa personnalité naissante en voulant *souvent* et *beaucoup;* voilà pourquoi il veut à tout propos et hors de propos, pour le seul plaisir de vouloir; c'est précisément sa volonté qu'il exerce, quand il la porte, d'une minute à l'autre, sur les objets les plus contraires; dans cette contradiction même de ses résolutions, ce qu'il voit avant tout, et même exclusivement, c'est une occasion de vouloir deux fois au lieu d'une. D'ailleurs, cette fluctuation s'explique encore chez lui d'une autre manière; elle résulte de ce que l'enfant, pour organiser sa volonté, a besoin de chercher partout les intermédiaires, les moyens, par lesquels les fins de cette volonté pourront arriver à leur réalisation; il se porte donc sur beaucoup de choses pour examiner rapidement s'il peut les faire entrer comme moyens dans ce mécanisme de la volonté qui doit tenir lieu chez lui du mécanisme de l'instinct; il *touche à tout,* dans le domaine de l'activité comme dans celui de la pensée, parce qu'il a besoin de faire connaissance avec tout, de tout essayer, de tout expérimenter.

— *L'entêtement,* l'*obstination,* est aussi une manifestation provisoire et, à ce point de vue, naturelle, pour ne pas dire légitime, de la volonté en voie d'évolution. Pourquoi, en effet, l'enfant s'entête-t-il à réclamer une chose qui, souvent, a cessé de lui plaire au moment même où il l'exige avec fureur? Pourquoi s'obstine-t-il, dans ses mutineries et ses révoltes, à vouloir ce que, depuis longtemps peut-être, il ne voudrait plus si on cessait de le lui défendre? C'est préci-

sément parce que, dans ce conflit avec la volonté d'une
personne plus forte que lui, d'une *grande personne*, il
prend mieux possession de sa volonté et de sa personnalité grandissantes. C'est pour cela qu'il résiste jusqu'au bout, essayant par ses trépignements de se donner une force factice ou, tout au moins, l'apparence
de cette force, et ne s'arrête à la fin que vaincu et
brisé, espérant une revanche.

— Un autre fait achève encore de prouver qu'il y a
chez l'enfant une activité volontaire, une prise de possession énergique et continue de sa personnalité : c'est
la puissance de l'*encouragement*, et plus encore la puissance du *défi*. « On peut, dès qu'on a la confiance de
pouvoir[1]. » C'est surtout à l'enfant que s'applique cette
belle pensée des anciens. L'*encourager*, c'est lui persuader qu'il peut faire une chose ; et par cela seul, le
plus souvent, il le peut. Mais le *défier* est, peut-être
(dans certains cas, du moins, dont il ne faudrait pas
multiplier imprudemment le nombre), plus efficace
encore. On pourrait définir le défi en disant que c'est
le plus puissant générateur connu d'énergie morale et
de volonté. En défiant un homme, on décuple chez lui
le désir et le pouvoir de vaincre. De même, en défiant
imprudemment un peuple, on provoque chez lui un
effort dont on ne l'aurait pas cru capable. On crée la
volonté en la niant. Mais cela est surtout vrai d'une
volonté en voie de croissance, comme est celle de l'enfant ; car une sorte de nutrition morale y emmagasine
chaque jour et peu à peu des forces latentes que l'enfant lui-même ne soupçonne point et qui passent tout à

---

1. *Possunt quia posse videntur.* (VIRGILE.)

coup de la *puissance* à l'*acte* sous l'excitation et le coup de fouet du défi.

— Nous concluons qu'il faut entendre à la lettre cette expression souvent employée : « un enfant volontaire ». C'est, en effet, *la volonté* qui se manifeste dans les rébellions et les colères de l'enfant, aussi bien que dans les efforts consciencieux qu'il fait de temps à autre. Mais cette volonté reste longtemps irrationnelle et passionnée et ne peut s'attacher résolument aux choses bonnes et utiles, puisqu'elle est précisément en train de les démêler. C'est donc à l'éducation morale qu'il appartient d'élever à la forme de la fixité et de la raison cette volonté impatiente et mobile et de créer en elle ces instincts acquis que nous appelons *les habitudes*.

CHAPITRE III

LA LIBERTÉ

I

Démonstration directe du libre arbitre.

Le libre arbitre ou liberté morale. — Ses rapports avec la liberté civile, la liberté politique, la liberté de conscience. — Les preuves directes du libre arbitre viennent de la conscience proprement dite et de la conscience morale. — Preuve par le sentiment vif interne. — Objection de Spinoza et de Pierre Bayle. Examen critique. L'idée même de la liberté ne serait pas en nous, si nous n'étions pas libres. — Preuve morale. — Démonstration accessoire par les conditions nécessaires de la vie sociale.

Comme l'enfant a *sa* volonté, en voie de formation,

il a aussi *sa* liberté, *son* libre arbitre, dont la forme n'est pas, ne peut pas être absolument semblable à celle qui se rencontre chez l'homme.

Mais, avant d'insister sur ce point, il faut d'abord établir la réalité du libre arbitre chez l'homme lui-même. Il n'y a pas de problème plus important que celui-là. C'est, en effet, sur la croyance à la liberté morale, au pouvoir de détermination personnelle, que repose toute la vie civile et toute la vie politique. Nos droits les plus essentiels changeraient de nature, ils cesseraient même d'être vraiment des droits, si nous n'étions pas moralement libres. Pourquoi tenons-nous si fort à la *liberté civile*, qui nous assure la liberté de nos mouvements et de nos actions ; à la *liberté politique*, qui nous confère le droit de parler, d'écrire, de penser, de voter librement ; à la *liberté religieuse*, qui nous permet d'adorer Dieu suivant les lumières de notre conscience, sinon parce que nous voyons dans toutes ces libertés autant de garanties et autant de compléments de notre liberté essentielle, qui est la liberté morale, c'est-à-dire le droit de ne relever que de nous-mêmes dans toutes nos résolutions et dans toutes les démarches de notre vie privée ou de notre vie publique ?

Mais c'est surtout l'éducation sous sa forme la plus haute, l'éducation morale, qui repose tout entière sur la vérité du libre arbitre. Comment, en effet, si nous ne croyions pas au pouvoir que l'homme possède de se déterminer par lui-même, pourrions-nous élever en êtres libres les enfants qui nous sont confiés ? Comment les habituerions-nous à voir toujours dans leurs semblables des êtres libres et à les respecter comme tels ?

Comment les formerions-nous eux-mêmes aux mœurs de la liberté sociale et politique[1] ?

Cette démonstration du libre arbitre, qui est la condition même de l'éducation, n'offrirait pas de grandes difficultés, s'il était possible d'isoler la nature humaine de l'ensemble de l'univers dont elle fait partie. Les complications, comme nous le verrons tout à l'heure, ne viennent que du dehors ; elles ne naissent que lorsqu'il s'agit de déterminer le lien qui unit l'homme à la nature et l'individu à la société. Les preuves directes peuvent donc être résumées très brièvement ; n'exprimant, en effet, que des intuitions très simples de la conscience proprement dite et de la conscience morale, elles ont, par elles-mêmes, une parfaite clarté.

— La première et la plus directe de toutes est celle qui repose sur l'attestation en quelque sorte continue du sens intime. Les Cartésiens la désignaient sous le nom de *preuve par le sentiment vif interne de la liberté*. Bossuet l'a résumée ainsi : « Que chacun de nous s'écoute et s'interroge lui-même, il sentira qu'il est libre comme il sentira qu'il est raisonnable. »

Le sentiment de notre libre arbitre n'est pas, en effet, quelque chose qui s'ajoute au sentiment que nous avons de nous-mêmes ; il en est immédiatement insé-

---

1. M. Paul Bourget, dans son beau roman philosophique, *le Disciple*, vient de traiter sous une forme saisissante cette question de la responsabilité morale dans l'enseignement de la philosophie. Il montre quelle imprudence il peut y avoir, quand on s'adresse à la jeunesse, dont les engouements sont si prompts et si irréfléchis, à prendre trop vite fait et cause pour l'hypothèse du mécanisme universel, qui semble entraîner avec elle la justification de toutes les passions. On verra plus loin qu'une autre hypothèse, celle de l'universel dynamisme, laisse intacte la liberté humaine, sans la mettre en conflit, ni même en opposition avec la loi générale de la nature et de la vie.

parable. L'homme peut douter *après coup* de sa liberté, mais il ne peut d'abord s'empêcher d'y croire; il la sent enveloppée dans tous ses actes, dans toutes les phases de ses actes. Avant d'agir, il se croit libre, puisqu'il délibère pour savoir s'il agira ou s'il s'abstiendra; il est donc comme au point de rencontre de deux routes; il sent qu'il lui est également possible de s'engager dans l'une ou dans l'autre. Pendant l'action, il se croit toujours libre, puisqu'il a souvent des hésitations, des inquiétudes, et qu'il lui arrive quelquefois ou de se reprendre ou d'être au moins tenté de se reprendre. Enfin, après l'action, il sent encore rétrospectivement qu'il a été libre, puisqu'il se félicite de son acte ou le regrette et que, si cet acte avait une portée morale, il éprouve soit les satisfactions de la conscience, soit les tourments du remords.

— A la vérité, on peut essayer de soutenir que ce sentiment de la liberté n'est qu'une illusion nécessaire de la conscience. Spinoza a proposé sur ce point un doute célèbre : « Cette liberté, dit-il, dont les hommes sont si fiers, provient uniquement de ce que nous avons conscience de nos actes, mais que la nature nous a laissés dans l'ignorance des causes par lesquelles ces actes sont déterminés. » Pierre Bayle a repris cette idée en comparant l'homme à une girouette qui aurait conscience de se tourner tantôt vers l'est ou vers l'ouest, tantôt vers le nord ou le midi, et qui, ne sachant pas que le vent est la cause de ses mouvements, s'imaginerait qu'elle se meut librement et par elle-même. Mais cette objection ne tient pas devant une sérieuse analyse. Pour que le raisonnement de Spinoza ou de Bayle fût juste, il faudrait que l'homme acceptât l'hypothèse de son libre arbitre en désespoir de cause et comme un pis aller. Or, les choses ne se passent point ainsi. La croyance à la liberté n'est pas une *conclusion*, mais une *intuition*. La nature de notre libre arbitre n'est pas pour nous une inconnue, un x; elle est le type vivant de la causalité substantielle ; c'est d'après elle, ainsi qu'on l'a vu précédemment, que nous imaginons et concevons les autres causes, et l'idée même de liberté, ne pouvant nous venir d'une autre source, serait absente de notre esprit, si nous ne la puisions dans un sentiment clair, que nous donne notre conscience.

— Une autre preuve directe du libre arbitre, non moins importante que celle qui précède, nous vient de la conscience morale, étroitement unie à la conscience psychologique en ce qu'elle nous fait connaître l'*idéal* et la *finalité* du *moi*, dont la conscience proprement dite nous révèle la *réalité*.

C'est la *preuve morale*, que Kant a eu particulièrement la gloire de mettre en lumière.

D'après Kant, la liberté est nécessairement enveloppée dans l'obligation. *Devoir* implique *pouvoir*. L'*impératif* moral est absolu, *catégorique;* il n'admet aucun tempérament, il n'est soumis à aucune condition. La liberté est donc posée *en lui* et *par lui*. Lors même qu'aucune démonstration proprement dite de la liberté ne serait possible (et Kant regarde, en effet, comme autant de sophismes toutes les preuves données dans les écoles), la liberté serait suffisamment établie par son lien avec le devoir. Le libre arbitre, indémontrable en lui-même, est le *postulat* le plus immédiat et le plus directement nécessaire *de la raison pratique*.

— Nous n'insisterons pas sur d'autres arguments, dont on tire en général une démonstration indirecte de la liberté. On dit, par exemple, que, si la liberté n'existait pas, il faudrait changer toutes les bases de la société ; que non seulement les rapports quotidiens entre les hommes seraient profondément modifiés et que nous ne devrions plus user les uns envers les autres de promesses, de prières, de menaces, ni enchaîner par des conventions et des contrats une liberté toute chimérique, mais encore que la société perdrait son droit de récompenser les bons, de punir les méchants. Tout cet ordre d'arguments n'a qu'une valeur relative ; car, s'il est bien vrai que, dans cette hypothèse, le *caractère* des principaux faits sociaux serait modifié, il convient d'ajouter que *ces faits eux-mêmes* ne disparaîtraient pas. Ainsi, à défaut du droit de punir proprement dit, la société conserverait le droit de se défendre contre les hommes dangereux aussi bien que contre les bêtes féroces. Nous glissons donc sur cette partie accessoire de la démonstration du libre arbitre et nous arrivons à la question essentielle : « La liberté humaine disparaît-elle, comme une vaine *entité*, quand on la met en présence de la nécessité universelle et de la loi des choses ? »

II

Le fatalisme et le déterminisme.

1. Parallèle entre ces deux doctrines. — Le fatalisme est moins une négation de la liberté elle-même que de son efficacité et de son action sur le cours des choses. — Formes du fatalisme. — Le *fatum mahumetanum*. — La fatalité antique. — Le fatalisme stoïcien. — Le fatalisme dans la doctrine de la prédestination et de la grâce.

2. Le déterminisme est la négation absolue du libre arbitre. — Il réduit la volonté humaine à n'être qu'une dernière transformation des forces de la nature. — Déterminisme physique; déterminisme psysiologique; déterminisme psychologique. — Objection tirée de l'influence des motifs.

3. Examen critique de cette objection. — Réfutation préliminaire. — Un acte libre ne serait point un fait sans cause. — Deux formes de la causalité; physique et psychique. — La cause physique n'est qu'un antécédent habituel; la cause que nous atteste la conscience est un pouvoir d'initiative, de détermination et de choix.

4. La réfutation définitive n'est possible qu'autant qu'on est en mesure de substituer au système déterministe une autre conception. — Tentatives pour mettre à la base de la nature la spontanéité universelle. — Système d'Epicure : le *clinamen* des atomes. — Système de Leibniz : l'*appétition* des monades. — Insuffisance de la conception de Leibniz.

5. Théorie de la contingence des lois de la nature. — Un élément de spontanéité, c'est-à-dire d'indétermination, est partout nécessaire pour expliquer le passage des formes inférieures aux formes supérieures. — La liberté n'est pas une exception dans la nature; c'est la forme suprême de l'universelle spontanéité.

1. La négation de la liberté humaine s'est présentée successivement, dans l'histoire de la pensée philosophique, sous deux grandes formes, qui ne doivent pas être, d'ailleurs, considérées comme foncièrement distinctes l'une de l'autre ; ce sont : le *fatalisme* et le *déterminisme*.

La différence qui les sépare peut être résumée à peu près ainsi.

Le *fatalisme*, malgré l'apparence et le préjugé contraires, n'est pas absolument et au même titre que le déterminisme une négation de la volonté humaine. En effet, il ne supprime pas cette volonté ; il ne la résout point en autre chose qu'elle-même. Il l'admet comme une réalité. A vrai dire, il la laisse libre ; mais il la déclare impuissante, parce qu'elle se brise fatalement contre le mur d'airain d'une nécessité supé-

rieure, qui est le *destin* (*fatum*, de *fari*, *parler*, c'est-
à-dire la *parole inflexible*, à laquelle rien ne sera
jamais changé).

Le *déterminisme*, au contraire, résout la volonté
en autre chose qu'elle-même. Il y voit un effet et non
une cause, le dernier terme d'une évolution de la
nature et non le point de départ d'un ordre nouveau
de choses. Il fait de même pour la liberté; il la nie
comme *libre arbitre*, c'est-à-dire comme faculté de
choisir entre divers actes, également possibles, et
il ne la laisse subsister que comme *absence d'obstacle* ou comme *conscience de la suppression d'un
obstacle*.

Mais il faut éclaircir ces formules en jetant un très
rapide coup d'œil sur le développement des deux
doctrines.

— La forme absolument grossière du fatalisme,
c'est la croyance à ce qu'on nomme quelquefois, suivant une expression de Leibniz, le *destin à la turque*
(*fatum mahumetanum*).

Cette conception, qu'on peut regarder comme issue
d'un excès du monothéisme, consiste à croire que tout
est fixé inexorablement par une volonté souveraine,
dont les décisions sont, en quelque sorte, inscrites au
livre des destins. Ainsi, l'homme ne peut rien changer
à ce qui doit être, parce que ce qui doit être *est écrit*.
Elle aboutit au *sophisme paresseux*. Puisque nous
ne pouvons rien changer à ce qui doit être, nous n'a-
vons qu'à nous abstenir. Pourquoi combattrions-nous
une peste ou un incendie? C'est inutile, du moment
qu'il est écrit que nous mourrons ou que nous ne
mourrons pas de cette peste, que notre maison brûlera

ou ne brûlera pas dans cet incendie. La sagesse nous commande de *laisser faire*.

On voit où réside l'absurdité spéciale de cette conception. Elle consiste à abstraire la volonté humaine de l'ordre entier des choses naturelles, à la placer en face de la nature comme une quantité ou comme une force qui n'y est point réductible et à soutenir que, quelles que soient nos résolutions et quels que puissent être nos actes, cet ordre des choses restera toujours le même. Ainsi, l'incendie se propagera aussi bien soit qu'on jette de l'eau ou qu'on n'en jette pas, soit qu'on abatte les maisons voisines pour le circonscrire ou qu'on ne les abatte pas. De même, une maladie guérira aussi bien soit qu'on appelle le médecin ou qu'on ne l'appelle pas, qu'on fasse ou qu'on ne fasse pas les remèdes nécessaires. Notre volonté n'entre pas comme facteur dans l'ordre de la causalité universelle et, par conséquent, n'y peut absolument rien modifier.

— Le fatalisme antique, tel que nous le trouvons exprimé dans les tragédies grecques, rentre dans le même ordre d'idées. La volonté humaine, si elle n'y est point absolument sans action, a, du moins, été enfermée par les dieux dans d'étroites limites qu'il lui est interdit de franchir. Aussitôt que la *jalousie des dieux* s'est déclarée contre un homme, quoi qu'il fasse, il ne peut échapper à son destin.

> Il rencontre sa destinée
> *Surtout* par les chemins qu'il prend pour l'éviter.

Œdipe s'enfuit de son pays pour ne pas tuer son père, pour ne pas épouser sa mère. Vain espoir! Toute sa bonne volonté et toute sa finesse échouent contre le décret de la fatalité.

Même conception, sous une forme philosophique, chez les Stoïciens. La volonté de l'homme est libre, mais elle ne peut rien contre ce qui doit être. Il est permis à l'homme de prendre parti pour ou contre l'ordre de la nature ; mais, quoi qu'il fasse, il n'y peut rien changer. Sa destinée s'accomplira, soit qu'il s'y résigne, soit qu'il y résiste[1]. La sagesse consiste donc à accepter ce qui est, à vouloir ce que veut la nature, « à aimer ce qu'elle aime, » à régler ses désirs d'après l'ordre du monde ; la folie, au contraire, à se révolter stérilement contre ce qui est nécessaire et ne peut être changé.

— Enfin, c'est encore une espèce de fatalisme que nous retrouvons dans certaines doctrines qui se sont développées au sein du christianisme. Quand l'idée de la prédestination et de la grâce y prend une forme outrée, comme chez Luther, comme chez les Jansénistes, elle aboutit à l'affirmation du *serf arbitre*, de la volonté impuissante. En dehors de la grâce, l'homme a beau se déterminer librement, sa résolution n'entre point dans l'ordre des décrets de Dieu et ne peut rien pour son salut[2].

---

1. *Ducunt volentem fata, nolentem trahunt.*
2. Le fatalisme théologique aboutit à une très célèbre objection, qui consiste à mettre la liberté humaine en antagonisme avec quelqu'un des attributs de Dieu, puissance, bonté, prescience. Il suffira de dire ici un mot de l'objection fondée sur la prescience. Elle consiste à soutenir que, si nous avions la liberté, Dieu ne pourrait prévoir ni nos actions libres ni les conséquences qui dérivent de ces actions et que, par conséquent, il n'aurait point la science universelle. A la vérité, les partisans du libre arbitre se flattent d'échapper à cette objection en disant que nos actes libres, quoique futurs pour nous, sont actuels pour Dieu, qui voit tout,

2. Le point de vue du déterminisme est tout différent de celui du fatalisme. Cette doctrine ne met plus la volonté humaine en conflit stérile avec la nécessité des choses; elle en fait le dernier terme, la dernière transformation de cette nécessité elle-même.

L'homme, a dit Spinoza, n'est pas dans la nature « comme un empire dans un empire ». Il fait partie de l'univers; il est lié à l'ensemble des choses; il est régi par les mêmes lois qui gouvernent la nature entière et qui fait de tous les êtres qui la composent et de tous les phénomènes qui s'y produisent une indissoluble unité.

Par suite, l'homme est d'abord soumis au *déterminisme physique;* c'est-à-dire qu'il est sous l'étroite dépendance de toutes les forces naturelles et que ces forces, en agissant sur ses organes, déterminent néces-

---

présent, passé et avenir, dans une intuition unique et dans un éternel présent. Mais la difficulté, un moment écartée, reparaît sous la forme plus redoutable d'une objection déterministe. Si Dieu voit l'avenir dans le présent, c'est, réplique-t-on, parce que « le présent est gros de l'avenir. » Le fait futur est enveloppé dans le fait présent, d'où il sortira, à son heure, par la vertu et la nécessité de la loi. Il peut être prévu, parce qu'il est, dès à présent, déterminé. Mais comment un acte libre pourrait-il être prévu puisque, par définition même, il est en dehors du déterminisme universel? L'astronome pourrait-il voir dès maintenant telle éclipse, tel passage de Mercure ou de Vénus sur le soleil, qui ne se produira qu'au vingtième siècle, si, par hypothèse, ces faits devaient se produire librement? — Enoncée sous cette forme plus pressante, l'objection ne peut plus être réfutée que si on fait intervenir des conceptions métaphysiques telles que l'idéalité du temps et la fameuse hypothèse, proposée par Kant, d'après laquelle la volonté humaine, libre *dans la sphère des noumènes,* serait soumise au déterminisme lorsqu'elle pénètre, par une sorte de réfraction, *dans la sphère des phénomènes.* Mais cette hypothèse soulève de nombreuses difficultés, parmi lesquelles nous nous contenterons de signaler celle qui résulte du cas où un homme, *en se convertissant* (soit en mal, soit en bien), donne un démenti à sa vie antérieure, à son *caractère intelligible,* qui, étant éternel, devrait à plus forte raison, d'après le système de Kant, être immuable.

sairement ses passions, ses sentiments, ses résolutions, ses mouvements et ses actes.

Cela n'est pas vrai seulement des individus, mais aussi des races. L'histoire des peuples est déterminée par leur genre de vie ; et ce genre de vie, à son tour, est déterminé par les conditions du milieu et du sol. Montesquieu avait déjà, dans sa *théorie des climats*, appliqué cette conception aux grands faits de l'histoire proprement dite. M. Taine a cru pouvoir l'étendre à l'histoire des idées, des arts, des littératures. Tout, d'après lui, dans la vie morale des peuples comme dans leur vie sociale, dépend de ces trois facteurs, qui, eux-mêmes, ne sont que trois manifestations de la nécessité physique : la *race*, le *milieu* et le *moment*.

Si l'homme est sous la dépendance du milieu extérieur, à plus forte raison dépend-il de ce milieu interne, de cet ensemble de conditions organiques qu'on nomme le *tempérament*. Son *caractère*, qui semble, au premier abord, une chose d'ordre tout moral, résulte en dernière analyse de son état de force ou de faiblesse, de santé ou de maladie ; de la prédominance de tel élément organique, sang, bile, substance nerveuse ; enfin des influences héréditaires de toute sorte qui pèsent sur lui et qui relient sa destinée physique, intellectuelle, morale, à celle de ses principaux ascendants. En d'autres termes, le *déterminisme physique* se complète chez lui par le *déterminisme physiologique*.

— Mais la nouveauté de la doctrine qu'on appelle aujourd'hui le déterminisme provient de ce qu'elle a fait encore un pas de plus et que, prenant pour point de départ la *loi de la corrélation et de l'équivalence des forces*, elle essaye d'établir que les lois de la vie psychique, de la vie morale, de la vie sociale, sont le résultat d'une suprême transformation que subissent, dans le cerveau de l'animal et surtout dans le cerveau de l'homme, les lois éternelles par lesquelles sont régies la matière et la vie. Sous cette dernière forme, le système qui nous occupe prend le nom de *déterminisme psychologique*.

Descartes avait déjà pressenti, il y a plus de deux siècles, et la science contemporaine a établi rigoureusement que tous les faits de la nature, malgré leur apparente variété, se réduisent à un fait unique, *le mouvement*. Ils n'en sont que des formes invisibles. Ainsi, quand le mouvement d'un boulet de canon est arrêté par la cible, il ne faut pas croire que ce mouvement soit perdu; il ne fait que changer de nature et se retrouve sous une autre forme. L'expérience montre que la cible s'est échauffée; or, cette chaleur, c'est un mouvement moléculaire qui s'est substitué par voie de transformation à un mouvement de masse; et ce qui le prouve incontestablement, c'est qu'on a déterminé, par des calculs précis, l'*équivalent mécanique de la chaleur;* on a démontré qu'une calorie, ou unité de chaleur, répond exactement à la quantité de force mécanique nécessaire pour élever un kilogramme à la hauteur d'un mètre. D'après la même théorie, poussée à l'extrême, les phénomènes chimiques ne sont, à leur tour, que des modes du mouvement moléculaire; les forces vitales, que des transformations plus complexes des forces physico-chimiques; les énergies mentales et morales enfin, que des transformations encore plus compliquées des forces de la vie.

Tout, dans la nature, provient d'une source unique,

la force solaire, la même qui, emmagasinée dans le bois et dans la houille, produit la chaleur de nos foyers, le mouvement de nos machines, les merveilles de notre industrie. Cette force unique, modifiée à l'infini, circule à travers tous les degrés de l'être, monde minéral, végétal, animal, et, après avoir été tour à tour chaleur, lumière, magnétisme, force vitale, énergie nerveuse, phosphorescence cérébrale, elle apparaît enfin, au plus haut point de son évolution, sous la forme de ce fait psychique supérieur, le *motif*, vivante synthèse de l'idée, du désir et de l'action.

— C'est, en effet, sur cette conception du motif que repose l'objection capitale du déterminisme, objection que Leibniz avait déjà formulée, mais que les modernes adversaires de la liberté ont reprise en la dégageant de la conception métaphysique par laquelle Leibniz sauvegardait, à défaut du libre arbitre proprement dit, c'est-à-dire de la faculté de choisir entre deux actes également possibles, la spontanéité et l'indépendance de la nature humaine.

L'homme, d'après le déterminisme, n'est jamais libre, parce que sa volonté est toujours et nécessairement *déterminée* soit *par le motif le plus fort*, soit, au moins, *par la plus forte somme de motifs*.

On reconnaît ici la célèbre comparaison qui assimile la volonté humaine à une balance inerte et les motifs à de simples poids jetés dans les plateaux de cette balance. Si elle était exacte, notre volonté n'aurait d'autre rôle que de *constater* un résultat dont les facteurs seraient absolument en dehors d'elle. A la vérité, la tendance actuelle du déterminisme est de laisser un peu de côté cette métaphore démodée et de concevoir autrement les motifs. Au lieu d'y voir des quantités fixes, on y voit des quantités variables ; ce sont des lueurs qui surgissent du fond de notre conscience et qui se projettent sur notre route ; ce sont des forces qui se déploient en nous, et qui tantôt s'unissent les unes aux autres, tantôt se combattent de telle sorte que la victoire reste à celle qui a réussi, en vertu d'on ne sait quelles affinités électives, à grouper autour d'elle le plus grand nombre possible d'énergies secondaires. Mais, dans tous les cas et quelle que soit au juste la forme sous laquelle on se représente les motifs, la volonté ne fait qu'*assister* à leur conflit et en *noter* l'issue, sans y prendre elle-même la moindre part.

3. Telle est la conception, d'ailleurs fortement liée, qui exerce incontestablement sur la pensée contemporaine une sorte de prestige.

Mais cette conception décevante, funeste surtout, puisqu'elle aboutit à supprimer le monde moral, peut-elle être régulièrement réfutée ? Telle est la question qui doit maintenant nous occuper.

— A vrai dire, la réfutation qu'on en donne d'habitude est toute préliminaire. Elle consiste simplement à montrer que la conception opposée, c'est-à-dire celle d'une certaine part faite au libre arbitre dans la trame de l'univers, n'est ni absurde, ni contradictoire, ni même antiscientifique.

Ainsi, la grande raison des déterministes, leur *cheval de bataille* (si on veut nous passer cette expression familière), c'est qu'*il est impossible d'admettre le libre arbitre sans détruire le principe d'universelle causalité.*

Or, à l'objection ainsi présentée il est facile de répondre que la conclusion n'est pas rigoureuse. Pour maintenir, en effet, le principe de causalité en face du libre arbitre, il suffit de concevoir qu'il y a, peut-être, dans l'univers deux sortes de causes : 1° les *causes physiques* qui ne sont que de simples *phénomènes antécédents*, lesquels amènent après eux, en vertu d'une loi dont ils sont, en quelque sorte, dépositaires, des *phénomènes conséquents*, toujours les mêmes; 2° des causes qu'on appellera, si l'on veut, *causes psychiques*, ou *causes morales*, ou *causes métaphysiques*, caractérisées par ce fait que chacune d'elles est une *puissance*, une *virtualité;* mais cette virtualité contient en elle plusieurs déterminations également possibles, et elle se porte vers l'une ou vers l'autre en vertu d'un *choix*, dont la raison, tout interne, loin d'être dépendante du déterminisme naturel, a, au contraire, pour effet de modifier ce déterminisme (encore qu'elle ne puisse le faire que dans une très légère mesure, qui ne mette point en péril l'ordre général des choses).

— On peut résumer cela en disant qu'un acte libre n'est pas un fait sans cause; c'est simplement un fait ayant pour cause une nature qui, au lieu de répondre à une excitation *par un mouvement ou par un acte unique*, peut y répondre *par plusieurs mouvements, par plusieurs actes, entre lesquels le choix lui est réservé.*

En d'autres termes, la cause d'un acte libre, c'est un être qui *se possède lui-même*, qui peut retenir, suspendre, modifier son action, l'adapter à des fins qui ne lui sont pas imposées du dehors, mais qu'il trouve en lui-même.

4. Cette réponse n'a certainement rien d'absurde ni d'antiscientifique; mais elle aurait besoin (et c'est là que réside la profonde difficulté du problème) d'être rattachée à une conception générale de l'univers qui ne le céderait point en largeur à celle du mécanisme universel, tout en gardant sur elle l'avantage de maintenir intact le monde moral.

Pourquoi, *a priori*, le libre arbitre de l'homme creuserait-il un abîme entre lui et tout le reste de la nature? Pourquoi n'y aurait-il pas dans toute l'échelle des êtres des degrés décroissants de spontanéité, qui laisseraient à chacun des éléments de l'univers une certaine part (si minime, si infinitésimale qu'on puisse et qu'on doive la concevoir) d'initiative et d'action propre?

Nous ne connaissons pas la matière. Aussitôt que nous creusons la grossière représentation qui nous fait voir en elle un je ne sais quoi d'inerte, de brut et de massif, sous ces apparences nous découvrons partout le mouvement, la structure et le rythme. Si donc nous pouvions pénétrer encore plus avant et atteindre ce qui se cache sous le mouvement lui-même, qui sait si nous ne découvririons pas que le fond dernier des choses est un élément d'ordre psychique, désir, tendance, volonté?

— Deux systèmes philosophiques bien différents l'un de l'autre nous présentent un curieux effort pour concevoir ainsi l'ensemble des choses.

L'un est le système d'Épicure. Ce philosophe admettait dans chacun des éléments de l'univers une *faculté de déviation*, qu'il appelait le *clinamen*, c'est-à-dire un pouvoir de se soustraire, par un mouvement spontané, à la loi de la nécessité et du mécanisme, « et cela en un point de l'espace et du temps absolument indéterminables et incertains ». L'âme, qui est aussi un élément de l'univers, possède, comme l'atome, cette faculté de déviation; c'est en elle le libre arbitre; par lui, elle échappe, quand il lui plaît, au déterminisme universel, à la loi fatale des passions, et se réfugie dans la paix et la sérénité de l'*ataraxie*.

Le système est ingénieux; mais, évidemment, Épicure y sacrifie un des éléments qu'il s'agit de concilier; « il lâche, comme dirait Bossuet, un des deux bouts de la chaîne; » car on ne comprend pas que l'ordre de l'univers puisse subsister là ou règne un pouvoir d'indétermination absolue, qui se réduit, en somme, au hasard et qui, en échappant à la nécessité physique, ne se sent pas soumis à la loi d'une nécessité supérieure, *idéal* ou *obligation*.

— L'autre système philosophique dans lequel une part a été faite à la spontanéité universelle semble, au premier abord, tenir un plus juste compte des deux éléments nécessaires de la solution. C'est le système de Leibniz. L'ordre de l'univers y est nettement affirmé; car chaque partie s'y rapporte à l'ensemble, et l'ensemble s'y rapporte à chaque partie; mais, d'autre part, chacun de ces éléments, que Leibniz appelle des *monades*, est un pouvoir de détermination spontanée qui n'a qu'en lui-même la raison de ce qu'il est. Ainsi donc, il semble, à première vue, que la *liberté* et l'*ordre* aient trouvé dans ce système leur conciliation. Malheureusement, ce n'est, là encore, qu'une apparence, et la conciliation n'est obtenue qu'au prix d'un artifice. La spontanéité des *monades* de Leibniz n'est pas la véritable spontanéité, c'est-à-dire un pouvoir d'action extérieure, transitive, *efficace;* ce n'est qu'un pouvoir de développement interne. La monade *évolue* d'après sa propre loi, sans subir aucune pression du dehors, mais sans exercer non plus sur le dehors aucune influence; elle n'est qu'un « automate spirituel». De même, la liberté de l'homme n'est pas la vraie liberté, c'est-à-dire un pouvoir de s'inspirer des circonstances, d'y approprier son action en choisissant, à un moment donné, le meilleur parti et d'intervenir dans le cours des choses pour le modifier, le rectifier, le perfectionner; ce n'est toujours que la faculté de suivre sa propre voie, de déployer solitairement sa propre nature, encore que cette nature ait été mise par un décret de Dieu, mais sans aucune contribution de notre part, en rapport harmonique avec toutes les autres. Ainsi, la spontanéité de chaque monade, la liberté de chaque esprit est bien un *élément,* mais non pas à proprement parler un *facteur* de l'ordre universel; et si cet ordre existe, ce n'est pas qu'il résulte du *concours réel,* de la *collaboration effective* des êtres, c'est seulement que, parmi l'infinité des possibles, ceux-là seuls ont été appelés à l'existence qui devaient, par leur nature et par leur action, trouver leur place dans le cadre rigide du plan éternellement conçu par Dieu.

5. Ni le *clinamen* des *atomes* d'Épicure ni la *spontanéité* des *monades* de Leibniz ne représentent donc pleinement la conception qui peut être opposée avec succès au déterminisme absolu. Cette conception s'ébauche cependant et elle a son principe dans l'idée profonde de la *contingence des lois de la nature.* Par cela seul que la nature est en voie d'évolution ou de progrès, ses lois aussi sont en mouvement. Elles se modifient par ce fait même qu'elles se compliquent en passant de la sphère du mécanisme à celle de la vie. Même dans la nature brute, il n'est pas rigoureusement prouvé que les lois les plus générales, celles qui président aux mouvements des corps célestes, soient une simple déduction des lois mathématiques. Les révolutions des astres, qui nous paraissent si uniformes, n'ont pas de périodes absolument identiques. « La loi fixe, dit à ce sujet M. Boutroux, recule devant l'observateur. » De même, il n'est pas rigoureusement établi que les forces vitales soient une simple transformation des forces physico-chimiques. Quelque chose s'y ajoute qui est précisément la vie ; et la vie, c'est la spontanéité ; c'est, a dit Claude Bernard, la *création*. Un élément de spontanéité, c'est-à-dire d'indétermination, absolument irréductible au pur mécanisme, paraît nécessaire pour expliquer comment « les formes supérieures se greffent sur les formes inférieures, en les plaçant dans les conditions requises pour l'éclosion d'un germe nouveau ». D'après une conception nouvelle, qui se trouve dans Schelling, qu'a reprise M. Renan, il y aurait jusque dans les éléments en apparence les plus humbles de l'univers une tendance au progrès, une aspiration vers la conscience. L'ordre de l'univers se réaliserait par la collaboration de volontés en nombre infini, dont la spontanéité, d'abord infiniment faible, s'accroîtrait en raison directe de la part de sentiment et de pensée qui s'éveillerait en elles. Ce serait ainsi une sorte de *suffrage universel*, contenu, sans doute, et éclairé par

de sourdes lueurs, *qui ferait les lois* dans le monde
physique et dans le monde de la vie. Nous avons coutume de déduire l'*histoire* des êtres de je ne sais quelle
nature qui les dominerait; à vrai dire, c'est plutôt
leur *nature* qui résulte de leur *histoire*. La conception nouvelle dont nous résumons ici quelques traits
présente, en tout cas, ce grand avantage que la liberté
humaine n'y apparaît plus comme isolée; elle s'y
montre comme la dernière et la plus haute manifestation d'une spontanéité, d'une *autonomie*, c'est-à-
dire, en somme, d'une *faculté de choix*, qui est le
fond même des choses. A la vérité, cette autonomie,
nous ne pouvons pas la saisir, la constater expérimentalement dans les formes inférieures de l'être. « Là,
dit M. Boutroux, l'extrême stabilité nous dissimule
l'histoire. » La part d'initiative de chaque élément n'y
peut pas être notée, parce qu'elle est infinitésimale.
« Mais, à mesure que l'on considère des êtres plus
élevés, l'essence apparaît de moins en moins comme
primordiale : il devient de plus en plus évident qu'elle
a son principe dans l'action même des êtres. L'homme,
au sommet de la création, est l'auteur de son caractère et de sa destinée. »

III

La liberté chez l'enfant.

Objection. La liberté ainsi conçue introduit l'indétermination dans
l'univers. Discussion. — La doctrine de la liberté d'indifférence.
Comment cette doctrine doit être comprise. — En ce qui concerne l'adulte, elle n'a qu'une portée toute spéculative. Pour
être vraiment libre il faut, théoriquement, que l'homme puisse
s'abstraire des motifs ; mais, en fait, à moins d'être fou, il ne

s'en abstrait pas. La liberté d'indifférence est le plus bas degré de la liberté. — Au contraire, en ce qui concerne l'enfant, cette doctrine exprime une face de la réalité. L'enfant, ne faisant encore qu'essayer son libre arbitre, veut quelquefois sans motifs ou contre les motifs. Mais, en cela même, il a encore indirectement un motif : il veut, pour le motif de vouloir. — L'éducation de la volonté consiste à mettre d'accord chez l'enfant la liberté et la raison.

Cette conception, on le voit, sauvegarde le monde moral et vivifie le monde physique; mais on lui objecte que la liberté, ainsi conçue, est l'indétermination; que le pouvoir d'échapper à la loi est le pouvoir de se soustraire à la raison; que, si l'homme n'est pas lié par les motifs, il peut donc agir sans motifs, bien plus, contrairement aux motifs. Or agir sans motifs, et surtout contre les motifs, c'est se livrer au hasard, se dépouiller de toute sa raison, renoncer à tout ce qui fait la valeur, la supériorité de l'homme.

Cette question nous ramène sur le terrain de la psychologie de l'enfance, en nous permettant d'esquisser le tableau des développements du libre arbitre dans la nature humaine et de préciser la forme sous laquelle la liberté se présente chez l'enfant.

— Il est vrai, pouvons-nous dire, que le libre arbitre, la faculté de choix, est essentiellement, comme l'avaient conçu les Épicuriens, le pouvoir d'échapper au déterminisme, de se soustraire au destin; et cela implique, sous peine de ne plus exister, l'absolu pouvoir de préférer, dans certains cas, le mal au bien, le pire au mieux.

Les partisans du *système de la liberté d'indifférence* n'hésitent pas à le reconnaître et on a tort de le leur reprocher; car soutenir, comme fait de psychologie, qu'il y a, *à la base du libre arbitre et comme sa condition première*, un pouvoir de faire abstraction des motifs et d'agir, *si l'on veut*, comme s'ils n'existaient pas, cela ne signifie point que l'homme doive faire ainsi et que ce soit là l'*idéal de la liberté*.

Au contraire, les plus grands philosophes qui ont admis comme fait la liberté d'indifférence ont déclaré en même temps que cette forme du libre arbitre est le plus bas degré de la liberté, *infimus gradus libertatis*.

Un acte d'absolue liberté d'indifférence ne serait, chez un adulte, qu'absurdité, délire ou folie. Si dans le cours ordinaire de la vie une telle hypothèse pouvait se réaliser, ce serait le pur hasard, l'inintelligible absolu, qui pénétrerait dans les choses humaines et qui menacerait de s'y établir en maître. « Un homme agissant sans motifs, dit M. Fouillée, jouerait le même rôle, dans la science morale, qu'une équation insoluble ou une valeur indéterminée dans les mathématiques. »

« Les rapports sociaux, ajoute le même philosophe, s'évanouiraient comme les rapports moraux, s'ils aboutissaient à ce terme indéterminable : la volonté arbitraire. Vivant en bonne amitié avec un homme de ce genre, vous ne pourriez jamais savoir s'il ne se livrera pas, dans les effusions mêmes de l'amitié, aux plus surprenantes et aux plus dangereuses fantaisies; il serait exactement dans le même cas que ces maniaques qui raisonnent, parlent et agissent comme tout le monde, sauf à éprouver de temps en temps des accès imprévus de folie furieuse; ils vous feront des promesses, signeront des contrats, vous donneront mille preuves d'amitié et de sagesse; mais vous ferez bien d'être toujours sur vos gardes et de ne compter sur rien. Croit-on les fous plus libres que les sages, parce qu'ils peuvent agir sans motif et contre tout motif? L'automate spirituel de Spinoza serait préférable à cette machine détraquée. »

L'homme *n'est pas déterminé par les motifs*, il *se détermine lui-même;* mais son devoir et son mérite, c'est de *se déterminer d'après les motifs*, et *d'après les meilleurs;* c'est de suivre, en toutes choses, les raisons les plus hautes et les plus pures.

Les anciens exprimaient cela par cette belle parole : Obéir à Dieu, voilà la liberté; *servire Deo, libertas est.*

— C'est là le but auquel nous devons atteindre; mais ce n'est pas nécessairement notre point de départ. Si, de parti pris, quand nous sommes arrivés à l'âge mûr, ou simplement à l'âge de raison, nous voulions faire usage, dans quelque circonstance tant soit peu importante, de notre pure liberté d'indifférence et nous désintéresser des motifs, *nous agirions en enfants.* Qu'est-ce à dire, sinon que la liberté d'indifférence est la forme initiale du libre arbitre, et qu'elle tient nécessairement une certaine place dans les premières périodes de la vie?

N'étant pas encore familier avec les motifs et surtout avec leur valeur relative, comment l'enfant échapperait-il à cette nécessité de se déterminer quelquefois sans motifs? Et comment encore, passant très vite de l'intuition d'un motif à celle d'un autre tout opposé, qui lui voile le précédent, ne lui arriverait-il pas quelquefois de se déterminer pour le plus faible (comme on dit à tort), pour le moins rationnel, contre celui qui a le plus de dignité et de véritable valeur?

Il est vrai que, lorsqu'il agit ainsi, il obéit encore

indirectement à un motif. Il veut *pour le motif de vouloir*, c'est-à-dire (et cela est bien quelque chose) de prendre conscience et possession de sa liberté, de se démontrer à lui-même et de démontrer aux autres, fût-ce par de vains caprices, sa personnalité naissante.

C'est là, incontestablement, la forme enfantine de la liberté, mais ce n'en est pas moins une forme parfaitement réelle. Là, comme partout ailleurs, l'éducation n'a point à créer ; elle corrige, elle perfectionne et elle dirige.

C'est à l'éducation et aux habitudes créées par l'éducation qu'il appartient de lier de plus en plus l'une à l'autre les deux facultés essentielles de l'enfant, sa raison et sa liberté, et de lui faire comprendre que, quand il soumet sa conduite aux motifs les plus élevés, les plus purs, les plus rationnels, il ne devient pas esclave; il s'affranchit au contraire, puisque sa soumission est voulue, puisque son obéissance est éclairée et raisonnable : *liberum, rationabile obsequium.*

CHAPITRE IV

L'HABITUDE

1. Etroit rapport de l'habitude et de l'éducation. — Les habitudes se partagent en deux classes : habitudes passives, habitudes actives. Ce qu'il y a entre elles de commun. — Toute habitude repose sur un fonds d'activité virtuelle. Il faut voir en elle une disposition latente, qui passe de la *puissance* à l'*acte* sous l'influence de la continuité ou de la répétition soit des mêmes impressions, soit des mêmes actes. — Il n'y a pas réellement d'habitudes dans le monde physique; l'habitude commence avec la vie. — Sens exact de cette formule : « L'habitude est une seconde nature. »

2. Les habitudes passives. — Elles se résument dans un fait
essentiel : l'*adaptation*. — C'est en nous adaptant à un nouveau milieu que l'habitude émousse notre sensibilité, physique
ou morale. — L'habitude passive chez les plantes ; l'acclimatation. — L'habitude passive chez les animaux ; l'apprivoisement, la domestication. — L'habitude passive chez l'homme ;
l'éducation autoritaire et la discipline.

3. Les habitudes actives. — Elles se réduisent à un autre fait,
non moins essentiel : l'*assouplissement*. — Comment se contractent les habitudes ; la marche, l'écriture, l'étude d'un morceau de piano. — Rapport de l'habitude active et de l'instinct.

4. Utilité de l'habitude. — Elle est la condition essentielle de
tout progrès. — C'est par elle que la moralité s'achève. — La
vertu, supérieure à l'effort. — La fin suprême de la vie morale
est la conquête de la sécurité et de la sérénité dans la pratique continue du bien.

5. Théorie pédagogique de l'habitude dans les *Lettres de famille*
de Mme Guizot. — Les habitudes de principes et les habitudes
d'actions. — Conclusion synthétique. L'habitude donnée à l'enfant de se diriger lui-même. Le *self-government*.

1. Voici maintenant de toutes les facultés humaines
celle qui a peut-être les plus étroits rapports avec
l'éducation. On peut presque dire qu'elle se confond
entièrement avec elle ; *élever un enfant*, c'est, d'un
bout à l'autre, *lui donner ou lui faire prendre des
habitudes*.

Nous avons deux sortes d'habitudes. D'abord, des
habitudes passives. Ce sont celles qui nous viennent
du dehors ; elles ont leur principe dans l'action que les
choses et les personnes exercent continuellement sur
nous. Or, il n'en est pas de plus profondes et de plus
tenaces que celles qui nous viennent de notre éducation, surtout si cette éducation (quel qu'en ait pu être
l'esprit) a commencé de bonne heure et a duré longtemps. Ensuite, des *habitudes actives*. Celles-là, nous
les tirons de notre propre fonds, nous en sommes nous-

mêmes les artisans; mais c'est l'éducation qui nous enseigne et qui nous aide aussi, dans une large mesure, à les contracter.

Sous ces deux formes, l'habitude présente un caractère absolument fondamental qu'il faut mettre en lumière avant tous les autres, car il les dépasse tous en importance : c'est qu'elle développe dans notre nature un *fonds d'activité virtuelle*. Tout être ne peut pas contracter ou simplement recevoir des habitudes. C'est à tort qu'on en cherche aujourd'hui des exemples dans le monde physique; qu'on croit la trouver dans le pli d'une étoffe, dans la trace que laisse sur le papier une clef longtemps exposée au soleil. L'habitude suppose une *virtualité*, c'est-à-dire une distinction entre la *puissance* et l'*acte*, un ensemble de prédispositions déposées en germe chez un être. De là cette remarque d'Aristote : « On aura beau lancer mille fois une pierre en l'air, elle ne contractera pas l'habitude de s'y élever d'elle-même. » Par conséquent, sauf pour un petit nombre de cas sérieusement assimilables à l'habitude, comme celui d'un violon qui s'améliore avec le temps, parce que les molécules dont son bois est composé ont retenu, à la longue, les vibrations sonores et se sont disposées, comme feraient les molécules d'un corps vivant, de la manière la plus favorable pour les bien reproduire, on peut dire que l'habitude ne commence véritablement qu'avec la vie. Et la raison en est bien simple. C'est que, seule, la vie est le développement d'une virtualité, c'est-à-dire d'une nature souple et flexible, qui peut se déployer dans divers sens, s'adapter à diverses circonstances, concilier enfin avec la fixité de ses caractères essen-

tiels et absolument constitutifs une certaine diversité
de manifestations, une certaine aptitude à la varia-
bilité, à la transformation, au *devenir*. On dit quelquefois que l'habitude est « une seconde nature; »
mais ce n'est pas n'importe quelle nature qui peut, à
un moment donné, se substituer en nous à notre constitution première; c'est simplement une *nature la-*
tente, que nous avions déjà en germe, qui était, en
quelque sorte, contenue dans la compréhension idéale
de nos facultés. L'habitude dont chaque être est susceptible a donc des limites, indéterminées sans doute,
mais réelles, et que l'expérience se chargera un jour
de révéler. Or, c'est là un point qu'il importe de bien
remarquer en pédagogie; car le *surmenage* commence
précisément à ce point exact (et qu'il faut savoir découvrir par une sorte de *divination*) où l'on dépasse les
limites imposées par la nature au développement *vir-*
tuel, mais néanmoins *normal*, des facultés de l'enfant.

2. Examinons maintenant les caractères spéciaux
des deux classes d'habitudes.

Celles que nous avons appelées *passives* peuvent se
résumer en un seul mot et se ramener à un seul fait :
l'*adaptation*. Par elles nous nous plions aux circonstances extérieures, nous nous accommodons à l'ordre
réel des choses, nous nous mettons en harmonie avec
le milieu, physique ou social, dans lequel nous sommes
destinés à vivre. C'est à elles que se rapporte un des
plus curieux effets que l'habitude amène à sa suite.
« L'habitude, dit-on, émousse la sensibilité. » Cela
veut dire qu'elle tempère à la fois nos plaisirs et nos
douleurs; elle les tempère par cela seul qu'elle fixe les
événements, intérieurs ou extérieurs, dont ces plaisirs

ou ces douleurs dépendent. C'est de la sensibilité qu'on aurait le droit de dire qu'elle ne s'exerce « qu'en relations ». Nous ne sentons pas précisément le bien ou le mal comme choses absolues : nous sentons le passage du bien au mal et le passage du mal au bien. L'objet propre de la sensibilité, c'est un *changement d'état*. Du moment que cet état se fixe, il cesse d'être senti ou, en tout cas, il l'est moins. C'est ainsi que nous nous accoutumons aux plaisirs et aux douleurs. Aux plaisirs d'abord : les joies les plus vives s'émoussent peu à peu par la continuité ou par la fréquence. Qui passe brusquement de la misère à la richesse éprouve une joie intense, bien justement appelée *une joie folle*, puisque, quelquefois, elle rend fou. Mais cette joie ne reste pas toujours égale à elle-même ; au bout de quelques années ou de quelques mois, le nouvel enrichi ne l'éprouve plus ; celui qui est né au sein de la richesse ne l'éprouve jamais. Inversement, la vie ne serait pas tolérable, si celles de nos douleurs qui sont destinées à durer gardaient toujours la même violence. Les accès de goutte qui reviennent fréquemment sont, à la longue, moins douloureux ; le malade se fait à sa douleur, il y accommode son organisme ; il s'habitue, comme on dit, à *vivre avec son mal*. Les chagrins moraux sont soumis à la même loi ; le temps leur enlève quelque chose de leur âpreté : « Sur les ailes du temps, a dit La Fontaine, la tristesse s'envole. » Nos deuils les plus poignants s'atténuent, se consolent à la fin ; nous oublions peu à peu nos morts, même les plus chers ; nous nous accoutumons à vivre sans eux :

> Hélas ! dans leurs cercueils ils tombent en poussière
> Moins vite qu'en nos cœurs !

— L'habitude passive n'appartient pas exclusivement à l'homme. Commençant, ainsi que nous l'avons déjà vu, avec la vie, elle se rencontre sous diverses formes non seulement chez les animaux, mais même chez les plantes.

Les végétaux sont susceptibles d'un genre d'habitude qu'on nomme l'*acclimatation*. Quand une plante des tropiques, par exemple, est transportée dans une région tempérée, il arrive une de ces deux choses : ou bien l'écart entre les anciennes et les nouvelles conditions d'existence est trop considérable et exigerait, pour être supporté, une énergie potentielle plus grande que celle dont cette plante dispose, et alors, comme il lui est impossible de franchir cet écart, elle s'étiole, dépérit et meurt ; ou bien, ayant en elle-même une énergie virtuelle suffisante pour résister aux causes de destruction et pour surmonter l'épreuve qui lui est imposée, elle se modifie de diverses manières, dans ses formes, dans ses allures ; elle se revêt, par exemple, de téguments plus forts ou elle se réduit à des proportions moindres afin de concentrer davantage ses forces vitales ; alors elle réussit à se conserver en s'adaptant à son nouveau milieu, c'est-à-dire qu'elle contracte de nouvelles manières d'être et de nouvelles manières de vivre ; or, cette adaptation, c'est, comme il a été dit plus haut, le premier degré de l'habitude.

Chez les animaux, le fait de l'acclimatation conserve toute son importance. Certaines espèces ont un habitat qui s'étend sur une sphère considérable ; suivant donc que ces espèces se répandent plus au nord ou plus au midi, leurs dimensions, leur pelage, leurs mœurs se modifient d'une manière parfois considérable ; ainsi, elles s'adaptent, elles aussi, aux conditions du milieu physique. Mais, en outre, l'adaptation présente dans le règne animal deux autres formes, bien plus importantes encore, celles de l'*apprivoisement* et de la *domestication*. Sous l'influence de l'homme qui s'en empare, les dompte, prend leurs petits tout jeunes et réprime en eux les instincts les plus invétérés, on voit les espèces féroces s'adoucir, les espèces sauvages se familiariser, s'assouplir, devenir capables de s'associer à nos travaux. Au bout de quelques générations, il ne reste plus que quelques traces légères des mœurs que leur avait données la nature, et, n'était la *loi de retour* ou *de récurrence*, qui arrête finalement à un certain point les efforts de l'homme, des changements radicaux se produiraient; on verrait se réaliser à la lettre la fiction des poètes : les tigres et les lions se changeraient en agneaux.

Cette action de l'homme sur l'animal, c'est une véritable *éducation*. A plus forte raison l'éducation proprement dite permet-elle à l'homme d'agir sur l'enfant, de le façonner comme la cire, de le modeler à son image.

3. Les habitudes actives ont une bien plus haute importance encore. La formule générale sous laquelle on pourrait les rassembler, c'est celle-ci : l'*assouplissement*. Par l'habitude active, c'est-à-dire volontaire et personnelle, l'homme assouplit ses organes ou ses facultés; il leur rend possibles, faciles même, des actes qui d'abord dépassaient entièrement leur puissance ou, du moins, ne pouvaient s'accomplir qu'au prix d'un effort considérable.

Marcher, lire, écrire, exercer un métier ou jouer d'un

instrument de musique, voilà les habitudes actives par
excellence. L'étude détaillée de ces divers exemples
montrerait tout ce qu'il y a de vérité, au moins partielle, dans la célèbre formule d'après laquelle l'habitude, soit individuelle, soit surtout héréditaire, présente
d'étroits rapports avec l'instinct et peut être définie un
instinct acquis.

— En effet, si nous analysons quelques-unes de ces
habitudes, nous voyons qu'elles se résolvent en ceci :
des mouvements successifs coordonnés, dont chacun
exigeait un acte spécial de conscience et un effort
spécial de volonté, sont peu à peu, et par l'effet de la
répétition plus ou moins fréquente, reliés solidement
les uns aux autres dans l'unité d'un seul acte de conscience et d'un seul effort. Mais cette fusion est absolument semblable à celle qui, au début de la vie physique, relie un certain nombre d'actes réflexes dans
l'unité d'un instinct.

Comme l'instinct, l'habitude active nous offre, au
moins d'une manière latente, une série d'images motrices qui amènent une série régulière de mouvements ;
c'est, en d'autres termes, un mécanisme mental qui
domine et qui dirige un mécanisme physiologique.

L'enfant apprend péniblement à marcher ou à écrire.
Dans l'un et l'autre cas, on lui fait exécuter tour à tour
un certain nombre de mouvements qui ne peuvent
produire leur effet qu'à la condition d'être bien liés les
uns aux autres et dans un certain ordre. Par suite,
lorsqu'un de ces mouvements s'exécute, l'image de
celui qui doit lui succéder se présente à l'esprit ; quand
celui-là s'exécute à son tour, une nouvelle image surgit, amenant, de son côté, un autre mouvement, et ainsi

de suite jusqu'au plein achèvement de l'acte. Mais, peu à peu, ces images intermédiaires s'effacent; puis les mouvements se lient plus étroitement les uns aux autres, de telle sorte qu'ils apparaissent à la fin comme un mouvement unique qui ne coûte plus d'effort et qui présente tous les caractères d'une disposition instinctive et machinale. Il nous semble alors, par une sorte d'illusion rétrospective, que nous marchons, que nous écrivons naturellement. Mais ce qui prouve bien qu'il n'en est pas ainsi, c'est que, si une longue maladie nous a fait perdre l'habitude de marcher ou l'habitude d'écrire, nous avons besoin, pour la reprendre, de retrouver au fond de notre mémoire et de faire reparaître sous la forme de la conscience tous les éléments dont se composait l'action oubliée et toutes les images motrices qui reliaient les uns aux autres ces éléments.

On s'en assure mieux encore, si on applique la même analyse à un fait plus complexe, par exemple à l'étude d'un morceau de piano. Cette étude consiste d'abord à *déchiffrer*, c'est-à-dire à lier fortement l'image d'une certaine note, inscrite sur le cahier de musique, à l'action de mettre le doigt sur telle touche blanche ou telle touche noire, en sorte que, désormais, l'image suscite d'elle-même le mouvement. Ensuite, on lie ensemble plusieurs de ces images et on en fait une image composée, qui suscite, à elle seule, tout un groupe coordonné de mouvements. Alors, tandis que chaque mouvement partiel exigeait un acte spécial de conscience et un acte spécial de volonté, l'exécution d'une mesure, puis d'une série de mesures, puis enfin du morceau tout entier n'exige plus qu'un acte unique de volonté et de conscience, dans lequel sont, pour ainsi dire, fondus tous les éléments composants. Désormais, le pianiste *a*, comme on dit, *le morceau dans les doigts* ; il peut l'exécuter en pensant à autre chose, en causant négligemment avec les personnes qui l'entourent. Un mécanisme physiologique s'est créé peu à peu ; mais sous ce mécanisme physiologique subsiste un automatisme mental, analogue à celui que nous avons rencontré dans l'instinct. Dès que l'artiste commence à oublier son morceau, chacune des images virtuelles qui sont comme les supports cachés de l'habitude reprend momentanément son rôle ; elle reparaît juste à temps pour le soutenir, pour lui *souffler* ce qu'il doit faire et l'empêcher de rester court.

4. On voit, d'après cela, en quoi consiste l'utilité essentielle de l'habitude. En faisant passer dans la sphère du mécanisme ce que nous avons laborieusement acquis par l'application assidue de notre conscience et de notre volonté, elle permet à cette volonté et à cette conscience de se porter dans de nouvelles voies, de s'appliquer à de nouvelles conquêtes. Elle est ainsi une condition, un instrument de progrès à peu près indéfini, surtout si l'on songe qu'à l'habitude individuelle s'ajoute l'habitude collective et héréditaire.

C'est particulièrement dans les choses de la moralité que cet avantage est considérable. L'habitude, en s'appliquant à la pratique journalière du bien, y introduit la fixité, la constance, et de l'action simplement bonne elle fait par degrés la vertu. A la vérité, on peut être tenté de croire, au premier abord, que la pratique du bien est d'autant plus méritoire qu'elle est obtenue par un plus grand déploiement d'effort et de peine. Mais ce n'est là qu'une apparence. L'effort ne vaut que par

la bonne disposition de l'âme dont il est le signe extérieur et par la bonté de la fin à laquelle il se rapporte.
Or, à ces deux points de vue, il est facile de comprendre
que son effacement graduel et sa disparition finale
sont le vœu de la nature. L'effort n'est qu'un intermédiaire par lequel la disposition vertueuse s'étend,
s'affermit et se fixe ; une fois qu'il est surmonté, la
vertu est en pleine possession d'elle-même et rayonne
pleinement. D'autre part, s'il est bon que la fin de la vie
morale soit *poursuivie*, il est meilleur encore qu'elle
soit *atteinte*. La moralité se fait donc par l'effort, mais
elle triomphe par l'habitude vertueuse ; or, c'est ce
triomphe qui est le but suprême de la nature. D'ailleurs,
l'effort ne disparaît pas pour cela de la vie morale. Quand
un degré de perfection est atteint, soit par un individu,
soit par une société, et qu'il est devenu une habitude,
cette habitude, à son tour, devient le point de départ
d'un effort nouveau, qui assurera encore la réalisation
d'un progrès ultérieur.

Rien donc, dans la vie morale, comme dans la vie de
l'esprit, n'est supérieur à l'habitude. Elle est la pleine
et définitive possession de ce qu'il a fallu d'abord conquérir de haute lutte. Nous lui devons la sécurité, le
repos, la joie de ne plus voir sans cesse remis en question les résultats de nos efforts passés ; par elle seule,
nous *sommes véritablement* ce que nous voulons être,
n'ayant plus à redouter (sinon dans cette mesure que
comporte toujours notre faiblesse) la défaillance, la
déchéance de demain. Pour la même raison, l'habitude
présente de remarquables caractères esthétiques : elle
donne à notre conduite la grâce, l'aisance, la souplesse ; elle rend notre vertu aimable et souriante, à la

façon que concevait Montaigne ; elle nous fait atteindre
à ce suprême idéal de la vie : la *sérénité*. Il y a seulement une condition pour qu'elle garde tous ces avantages (mais nous en avons assez parlé au sujet de la
mémoire pour n'avoir plus à y revenir) : c'est qu'elle
se tienne en garde contre l'envahissement graduel de
la routine, qui est, au contraire, en toutes choses,
l'arrêt définitif du progrès, la sécheresse, la rigidité et
la mort.

5. Mme Guizot, dans ses *Lettres sur l'éducation*,
a, d'ailleurs, très heureusement traité au point de vue
pédagogique cette question de l'habitude et, du même
coup, celle de la routine.

Ses deux principaux personnages, M. et Mme d'Attilly, obligés par les circonstances de se séparer et de
diriger chacun de son côté l'éducation de quelques-
uns de leurs enfants, échangent leurs idées sur les principes essentiels de la pédagogie, et, arrivés à cette
question : « Faut-il donner à l'enfant des habitudes ? »
soutiennent deux thèses opposées, qui finissent par se
concilier dans une juste et sage formule.

D'après Mme d'Attilly, il ne faut donner aux enfants
des *habitudes d'actions* qu'après avoir mis en eux
des *habitudes d'idées*, c'est-à-dire après les avoir
munis d'un certain nombre de principes auxquels
ils se référeront dans tout cas particulier, au lieu de
suivre une routine machinale.

« Je n'ignore pas, dit-elle, quel est l'avantage de ce
qu'on appelle *des habitudes :* c'est de rompre toute
correspondance entre nos actions et nos pensées ; c'est
de faire en sorte que notre vie aille et marche sans
que notre volonté réfléchie ait beaucoup à s'en mêler,

comme le mérite d'une main habituée au fuseau est de tourner le fil sans exiger aucun effort d'attention. » « Mais, pour moi, ajoute-t-elle, je ne saurais me résoudre à imprimer un mouvement purement mécanique sans rapport avec la vie intérieure dont il devrait être l'expression. »

Le vice capital des pures habitudes d'actions, c'est de ne développer une qualité qu'au détriment de toutes les autres; de faire trop souvent dégénérer une pratique utile en manie routinière; d'enlever enfin à un être que la nature a doué d'aptitudes multiples la plus précieuse de ses facultés, celle de modifier, quand il le faut, son action et de s'adapter aux circonstances.

« L'habitude accroît certainement chez un danseur de corde l'aptitude naturelle de ses membres aux exercices de sa profession, mais elle lui ôte quelque chose de la faculté naturelle qui lui avait été donnée de s'appliquer à d'autres. » C'est aussi la raison pour laquelle « il n'est pas rare de voir des ouvriers beaucoup plus embarrassés, lorsque l'ouvrage de leur métier manque et qu'il faut chercher des ressources dans un autre travail, que des hommes qui n'ont jamais fait aucun métier ne le sont, dans de grands revers de fortune, pour en apprendre et en exercer un. »

De même, en matière d'éducation. Si on donne à un enfant *l'habitude de ranger*, sans mettre d'abord dans son esprit un principe qui lui fasse comprendre les raisons de ranger et les cas dans lesquels on doit le faire, « il rangera pour le plaisir de ranger, » et son habitude, devenue toute mécanique, s'exercera souvent hors de propos. L'économie est en elle-même une excellente habitude ; mais, si on l'enseigne sans la rattacher « aux principes qui le justifient », elle dégénère quelquefois en avarice, en étroitesse d'esprit, en humeur tracassière.

Dans l'éducation des jeunes filles, les habitudes de timidité et de réserve sont assurément à leur place ; et cependant il serait regrettable que, liées par ces habitudes, les femmes fussent, dans telle circonstance, incapables de faire face aux exigences d'une situation imprévue : « Mes enfants, dit Mme d'Attilly, ne seront que des femmes : *mais les femmes aussi ont leurs jours de bataille.* Rien ne les assure contre la nécessité de déployer à un moment donné le courage ou la résolution les plus contraires aux habitudes dont on leur fait d'ordinaire un mérite et un devoir. Dans les chances les plus communes de la vie, une femme peut être appelée à prendre, en l'absence de son mari, un parti prompt et décisif sur une affaire importante ; elle peut avoir à soutenir le poids des embarras de fortune de sa famille, à se démêler par son activité d'une situation fâcheuse, à l'ennoblir par son courage ; son malheur peut la réduire à se trouver le seul appui de ses enfants ; elle peut être obligée de défendre leur bien contre les prodigalités d'un père dérangé, leur morale contre ses exemples. » Comment donc pourrait-elle être à la hauteur de ces devoirs nouveaux pour elle, si les habitudes de son éducation l'attachaient trop indissolublement à la timidité, à l'obéissance résignée et passive ? « Ce sera du sein d'une vie toute réglée par les devoirs de la soumission et de la réserve qu'elle pourra quelquefois être appelée tout d'un coup à l'exercice des facultés les plus actives ;

où les trouvera-t-elle, si son mérite ne consiste qu'en habitudes ? »

— M. d'Attilly, répondant aux lettres de sa femme, met à son tour en lumière l'autre face de la question et montre que, même si notre âme est munie des meilleurs principes, l'habitude nous est encore nécessaire « pour épargner à chacun de nos actes la nécessité d'une réflexion préliminaire ». « Même dans l'ordre moral, il y a, dit-il, quelque supériorité pour l'homme qui a donné à ses principes le secours de l'habitude. » Il s'en faut bien que l'exercice de la vertu soit toujours « la suite immédiate, naturelle, nécessaire, de notre adhésion aux principes qui le commandent ». Sans cesse, nous nous trouvons arrêtés et entravés dans notre route vers le bien par la lenteur, l'impéritie, l'insuffisance et la révolte non pas seulement de nos organes extérieurs, mais même de nos facultés les plus intimes ; la volonté paresseuse sert mal la raison, et la raison, à son tour, mal exercée à maintenir son empire, se laisse séduire par de mauvaises excuses ; une répugnance nous cache la nécessité d'un acte de devoir ; la vivacité d'un désir nous étourdit et nous fait oublier ce que nous avions de forces pour le vaincre ; rien ne nous est moins assuré que la disposition de nous-mêmes. » Par conséquent, notre première tâche en ce monde doit être d'échapper à ces humiliantes vicissitudes. La possession de nous-mêmes est l'indispensable condition de la vertu, le gage de notre indépendance, le véritable titre de notre souveraineté. Or nous n'arrivons à cette possession de nous-mêmes qu'avec le concours de l'habitude. C'est elle qui amasse peu à peu en nous une réserve de force intellectuelle et de force morale dont nous avons besoin pour accomplir assidûment le devoir. *Elle ajoute à la puissance du jour la puissance du lendemain* et fait de ce que nous avons appris hier une partie de ce que nous saurons aujourd'hui. Elle recueille chaque élément de plaisir que nous avons pu éprouver en accomplissant le devoir et elle en fait un auxiliaire du devoir futur ; elle recueille toute pensée, tout sentiment, toute inspiration généreuse, auxquels nous avons pu avoir recours pour vaincre la paresse ou la répugnance d'aujourd'hui et elle en fait un secours contre la répugnance ou la paresse de demain. « Alors, sans perdre son empire comme devoir, le devoir acquiert en plus la force d'une habitude ; et, lorsque viendront les moments d'indolence et de découragement, l'habitude agira là où le devoir verrait peut-être échouer sa puissance. L'action que j'aurais faite tous les jours échappera, parce qu'elle sera devenue involontaire, à l'inertie générale de ma volonté ; et, en même temps, plus présente à ma pensée, elle deviendra plus indispensable au repos de ma conscience que si la nécessité m'en était rappelée seulement par un principe, affaibli alors comme tout le reste de mon existence morale. »

Si l'habitude est ainsi, pour la volonté affermie de l'adulte, une protection légitime, à plus forte raison est-elle une sauvegarde nécessaire pour la volonté encore chancelante du jeune âge. Elle épargne à l'enfant les combats, souvent douloureux, qui se livreraient, en mille circonstances, entre sa raison et son désir ; elle lui assure une transition facile entre les divers exercices qui s'imposent à son activité. « Celui que vous aurez accoutumé à se voir interrompre au plus vif de ses jeux dès que l'heure l'appellera à l'étude recevra certainement de cette habitude une heureuse facilité à tourner ses pensées du jeu qu'il abandonne au travail qu'il va reprendre, et l'idée du devoir, que le retour d'une même nécessité ramènera toujours plus promptement, lui arrivera toujours plus inévitable et par là plus puissante. » Sous l'apparence d'une servitude, ce sera un affranchissement véritable ; car le devoir perdra ainsi son caractère de contrainte et apparaîtra comme une convenance analogue à celle qui constitue *la loi*, c'est-à-dire, au fond, *le devoir* dans la nature. « A l'idée de la nécessité morale s'ajoutera pour l'enfant cette idée de nécessité journalière que produit dans son esprit tout mouvement périodique, et il ne lui sera pas plus possible de douter qu'il *ne faille* accomplir aujourd'hui le même devoir qu'hier qu'il ne lui entrera dans la tête de mettre en doute que le soleil *ne doive* se lever demain à l'heure accoutumée, que l'hiver *ne doive* toujours suivre l'automne et les arbres reverdir à chaque printemps. »

— Après avoir fait ainsi défendre isolément les deux moitiés de la thèse, Mᵐᵉ Guizot aboutit à la formule synthétique qui clôt le débat : « Ni les principes sans l'habitude, ni l'habitude sans les principes. » Il faut que la volonté humaine garde une certaine flexibilité, une certaine souplesse, qui lui permette de réformer ses habitudes en les rapportant de mieux en mieux aux principes d'où elles ont été tirées. Il se fera ainsi, à travers les diverses phases de la jeunesse, un progrès continu des *habitudes imposées* aux *habitudes contractées*. Dans l'enfance proprement dite, il est certain que les habitudes doivent surtout être imposées : « Une fois que vous aurez fait comprendre le motif de votre volonté, n'hésitez pas à l'imposer toutes les fois qu'il en sera besoin. Sûr d'être arrivé à la raison de l'enfant, n'attendez pas que sa force vous suffise; la vôtre est là pour en tenir lieu. C'est sur votre constance et non sur la sienne que vous devez compter pour lui former des habitudes. » Mais, à mesure que l'enfance s'efface devant l'adolescence, l'adolescence devant la jeunesse, il faut livrer davantage l'élève à lui-même, lui demander de se faire ses habitudes au lieu de les recevoir passivement, l'exercer enfin à la direction personnelle de sa vie, au *self-government*.

CHAPITRE V
LE CARACTÈRE ET LA PERSONNALITÉ

1. **Le caractère.** — Trois sens du mot. — Dans son premier sens, le caractère est l'ensemble des traits distinctifs qui séparent un être de tout ce qui n'est pas lui. Exemples tirés de la nature et de l'animalité. Chez l'homme, le caractère est d'abord le *naturel*, l'individualité morale spontanée, l'ensemble des dispositions instinctives provenant surtout du tempérament et de l'hérédité. — Dans son second sens, le caractère est l'énergie de la volonté. L'enfant peut, de bonne heure, avoir du caractère. — Dans son troisième sens, le caractère est l'individualité morale acquise. Tout homme a le devoir de développer en lui un caractère personnel.

2. **La personnalité.** — Parallèle entre la *chose*, l'*individu* et la *personne*. — Éléments constitutifs et valeur morale de la personnalité.

L'instinct, la volonté et l'habitude se retrouvent dans cette chose éminemment complexe qu'on nomme *le caractère.*

On peut, en effet, donner au mot « caractère » trois acceptions nettement distinctes, dont la troisième est, à certains égards, la synthèse des deux autres.

— Dans son premier sens, *caractère* signifie *marque propre, trait distinctif.*

Ainsi entendu, le mot ne s'applique pas exclusivement à l'homme.

Il désigne d'abord tout ce qui sert à séparer spécifiquement une classe d'objets de toutes les autres. Ainsi, en botanique, en zoologie, les espèces n'existent que parce que les individus dont elles se composent se détachent nettement de tous les autres par des caractères qui n'appartiennent qu'à eux seuls. En minéralogie, en chimie même, bien qu'on fasse plutôt usage d'autres expressions, les qualités qui distinguent les diverses substances et qui nous les rendent perceptibles en les délimitant peuvent aussi être appelées des caractères.

Indirectement, ce mot peut encore, même dans le monde inorganique, exprimer quelquefois ce qui appartient en propre à un individu. Sans doute, il ne faut pas entendre cela dans le sens où Leibniz l'a entendu quand il a formulé son célèbre *principe des indiscernables.* Ce philosophe a beau nous affirmer théoriquement que pas une goutte d'eau dans la nature ne ressemble à une autre goutte d'eau, nous ne plaçons pas pour cela dans chacune de ces gouttes un principe d'individuation et nous ne lui attribuons pas un véritable caractère. Néanmoins, même dans la nature brute, toutes les fois qu'une chose se présente à nous sous une forme bien saisissable et qui nous permet de la reconnaître à première vue, nous n'hésitons pas à dire qu'il y a en elle quelque chose de *caractéristique*. Si une montagne, le Puy de Dôme par exemple, se détache nettement d'un groupe dont elle fait partie; si un promontoire s'avance plus fièrement que les autres dans la mer; si un pic nous frappe par sa forme élancée, par ses vives arêtes, nous n'hésitons pas à dire que cette montagne, ce promontoire, ce pic, a un *caractère* nettement tranché.

Dans le monde de la vie, particulièrement dans le règne animal, chaque individu commence à avoir réellement son caractère à lui. Son caractère physique d'abord. Le poète latin Lucrèce exprime bien finement cette vérité, quand il nous dit, dans un vers célèbre, qu'une vache ne confond pas son veau avec tous les autres, qui sont répandus dans la plaine, et que, quand on le lui a enlevé, il n'est pas possible de donner le change à sa douleur : « Tant il est vrai, ajoute-t-il, que ce qu'elle cherche est quelque chose de propre et de déterminé[1]! » Or, cela est également vrai de ce qu'on pourrait appeler déjà le caractère moral. Dans une portée, chaque petit vient au monde avec des dispositions qui lui sont propres : les uns sont plus vifs, plus pétulants, les autres plus tranquilles et plus mous; quelques-uns sont plus égoïstes, plus âpres à la nourriture, plus furieusement suspendus aux mamelles de la mère, et il faut que celle-ci les écarte d'un coup de corne ou d'un coup de dent pour qu'ils n'absorbent pas à eux seuls toute la nourriture.

Mais c'est dans l'homme que le caractère se montre surtout, et à divers points de vue, comme un en-

---

1. *Usque adeo quiddam proprium notumque requirit.*

semble de traits particuliers et de dispositions personnelles. D'abord, il y a, à la lettre, un caractère dans
la voix, dans la physionomie, dans le ton, l'allure,
les manières de chacun de nous. Chacun a son écriture, et peut-être n'est-il pas tout à fait insensé de
croire que quelque chose de notre physionomie morale s'y révèle à notre insu. Chacun a son style, c'est-
à-dire sa façon à lui d'empreindre quelque chose de
sa nature dans le tour de ses pensées, à tel point que
Buffon s'est demandé si ce n'est pas l'homme tout
entier qui passe dans cette façon de composer et d'é-
crire. Chez quelques privilégiés, particulièrement chez
les artistes et chez les poètes, ce caractère personnel
devient l'*originalité*. Il y a aussi et surtout une originalité morale : quelquefois elle consiste dans des traits
qui sont relativement généraux, et cela constitue des
types analogues à ceux que La Bruyère a décrits dans
son livre des *Caractères;* mais quelquefois aussi ils
sont absolument individuels; un individu se distingue de tous les autres, se détache en plein relief
par telle faculté maîtresse, tel goût dominant, telle
propension et telle humeur, fût-ce une propension
bizarre, une humeur excentrique, qui fait de lui une
espèce, une *spécificité*, à lui tout seul.

Sous cette première forme, le caractère peut se définir l'individualité morale spontanée, le naturel psychique ou, tout simplement, le *naturel*[1].

---

1. L'étude détaillée du caractère, considéré sous cette première forme,
donne lieu à toute une science, qu'on appelle aujourd'hui *éthologie* ou
science du caractère. Son objet est la détermination des différents types
généraux de caractères d'hommes, ainsi que des nombreuses variétés de
bons ou de mauvais caractères, expliquées par les influences multiples
de l'hérédité, du tempérament, de la première éducation. Le domaine de

— Une autre acception du mot « caractère » se rencontre dans les expressions suivantes : *Avoir du caractère, montrer du caractère, être un homme de caractère.*

Ici, *caractère* signifie *force, énergie, décision, fermeté, courage,* c'est-à-dire persévérance dans la résolution une fois prise, impassibilité en face des épreuves, intrépidité devant les douleurs et les périls. C'est la volonté, quelquefois mauvaise, égarée, mais tenace, inébranlable. C'est aussi, à un autre point de vue, cette solidité de l'âme, qui fait qu'un homme est, comme on dit, *tout d'une pièce,* ne dévie pas de son chemin, ne transige pas, suit jusqu'au bout ses convictions, n'accepte aucun compromis, ne fléchit devant aucune considération intéressée ni devant aucune menace. L'enfant est déjà capable d'avoir quelquefois ce genre de caractère, lorsque, par exemple, il rassemble toute son énergie pour supporter ou pour dissimuler une douleur. En voici un simple exemple familier, emprunté à une poésie de Louis Ratisbonne :

> Un jour, Paul, en courant, donna contre une pierre.
> Il était maladroit, mais il fut courageux,
> Et, sans pousser un cri, recommença ses jeux
>   Pour ne pas effrayer sa mère.
> Il avait une bosse au front, mais il riait,
> Disant : « Je n'ai pas mal » à sa sœur qui criait.
> Son père dit : « Bravo! cette bosse, à ton âge,
> Ne t'enlaidira pas : c'est celle du courage. »

— Enfin, quand nous disons d'un homme : « *C'est un caractère,* » nous entendons quelque chose de plus

---

cette science s'étend encore, si l'on songe qu'aux caractères d'hommes s'ajoutent les caractères d'enfants et d'adolescents. Les diverses questions qui s'y rattachent relèvent de la *Morale appliquée à la pédagogie.*

encore. Nous voulons dire que cet homme, par le
bon usage de l'habitude active, a créé ou confirmé en
lui une certaine forme originale de la nature humaine,
qu'on pourra désigner encore par cette autre expression : « une personnalité. »

Cicéron, dans une des plus belles pages de son
Traité des Devoirs, a montré qu'un des principaux
mérites de l'homme, c'est d'édifier ainsi en lui-même
un vrai caractère personnel, qui n'est autre chose
que sa nature première, dépouillée de ses défauts,
affermie dans ce qu'elle a de bon et élevée par là jusqu'à sa forme idéale : « La nature, dit-il, a mis en
nous deux caractères. Le premier, commun à tous les
hommes, nous fait participer à cette raison qui nous
élève au-dessus des bêtes et qui est pour nous le principe de l'honnêteté et de la bienséance. *L'autre est
particulier et personnel à chacun de nous.* » C'est
celui-là que nous devons compléter et perfectionner,
en le traitant, pour ainsi dire, comme la matière
d'une œuvre d'art. Pour cela, nous devons le bien connaître ; car, si nous voulions avoir des talents que la
nature nous aurait refusés et poursuivre une fin qui
serait en dehors ou au-dessus de nos forces, nous
risquerions de perdre notre temps et d'être aussi ridicules que l'âne de la fable. Mais, une fois que ce caractère nous est connu, nous devons faire ce qui dépend de nous pour en tirer tout ce qu'il contient
et choisir en conformité avec lui la carrière que nous
voulons embrasser.

2. Par ce concours de toutes les formes de son
activité, l'homme arrive à réaliser pleinement ce qui
constitue son essence même, ce qui l'élève au-dessus

de tous les autres êtres de la nature : une *personne*.

Il y a, en effet, dans la nature trois degrés de l'être, et ces trois degrés sont nettement séparés les uns des autres ; ce sont : la *chose*, l'*individu*, la *personne*.

Un être est simplement une *chose*, quand nous ne pouvons découvrir en lui un principe d'unité, qui en rattache les uns aux autres par un lien étroit les divers éléments. Ainsi, une pierre, qui peut sans inconvénient, et sans que rien périsse, être brisée en plusieurs morceaux, est une simple chose.

D'une manière générale, l'*individu*, c'est ce qui *ne peut être divisé* sans que quelque chose soit détruit. A la rigueur, un livre ou tout autre objet analogue, créé par l'industrie humaine, peut être considéré comme ayant une sorte d'individualité, bien que ce soit une individualité empruntée ; car, si nous arrachons la couverture de ce livre, si nous séparons les feuillets dont il se compose, cette couverture, ces feuillets subsistent encore, mais le livre n'est plus. Si nous pouvions atteindre l'atome, nous aurions en lui l'absolue individualité. A son défaut, une molécule, une cellule, un cristal, est un individu. La forme la plus parfaite de l'individualité dans la nature, c'est un organisme animal, dont toutes les parties essentielles sont strictement solidaires les unes des autres. Une plante est plutôt une collection d'individus qu'un individu véritable. Quant à l'homme, c'est un *individu* sur lequel doit s'édifier une *personne ;* son individualité est constituée par les caractères métaphysiques de l'unité, de l'identité, de la continuité substantielles ; et, en même temps qu'il est dans la nature un être substantiellement séparé de tous les autres, il est aussi, à un autre point de vue, une molécule sociale.

L'individualité donne aux êtres qui la possèdent une valeur bien supérieure à celle des simples choses, mais bien médiocre encore auprès de celle qui s'attache à la personnalité. Si nous voulons diminuer et mépriser un homme, nous l'appelons un *individu*. La *personne* seule est respectable. Elle l'est déjà par elle-même, indépendamment du prix nouveau qu'elle peut acquérir par la moralité et par la vertu. Kant exprime cela en disant que l'homme est une *fin en soi;* c'est-à-dire qu'il doit toujours être considéré comme ayant une valeur absolue et ne jamais être ravalé à la simple condition d'instrument ou de moyen. Mais ce qui fait surtout la dignité de la personne, c'est l'ensemble des caractères absolument supérieurs qui la constituent et qui convergent tous vers cette fin commune : l'initiative raisonnée et l'action. Une *personne* (du latin *persona*), c'est, étymologiquement, un *rôle*. L'homme seul, dans la nature, joue un rôle personnel, c'est-à-dire dont le principe réside entièrement, exclusivement en lui. Fondée sur la raison, la liberté et la réflexion, c'est-à-dire sur la faculté de concevoir l'idéal, de le réaliser, d'y rapporter en toute circonstance nos pensées et nos actions, la personnalité se complète par la responsabilité morale, par la possibilité du mérite et de ce que les anciens appelaient la *ressemblance à Dieu*[1].

1. Ὁμοίωσις τῷ θεῷ.

CINQUIÈME PARTIE

LES FINS DE LA NATURE HUMAINE ET DE L'ÉDUCATION

Il ne suffit pas que l'éducation développe les facultés; il faut encore et surtout qu'elle les applique à leurs véritables fins.

Cette question des fins de la nature humaine relève plutôt de la morale que de la psychologie. Nous ne la traiterons ici qu'à deux points de vue : d'abord, en traçant un rapide parallèle entre l'animal et l'homme, afin de bien mettre en lumière les fins essentielles de la vie présente; ensuite, en esquissant la théorie métaphysique de la spiritualité de l'âme, afin d'en déduire les raisons d'admettre, avec la croyance à l'immortalité personnelle, une finalité supérieure.

I

L'homme et l'animal.

1. Premiers caractères différentiels entre l'homme et l'animal, recueillis par les anciens. La stature droite; la main; l'esprit d'invention et d'industrie; la raison et le langage. — Autres caractères signalés par les écrivains ou les savants modernes.
2. Principales théories sur la nature animale comparée à la nature humaine. — Théorie cartésienne de l'*animal machine*. — Paradoxe de Montaigne. — Théorie de Bossuet.
3. Étude expérimentale de la question par les savants modernes. — Théorie de M. de Quatrefages. — Les principales facultés de l'homme se retrouvent en germe chez l'animal; mais la religiosité et la moralité appartiennent exclusivement à l'homme. — L'importance de ces deux ordres de caractères autoriserait

à constituer un *règne humain* ou *hominal*. — Efforts de Darwin
pour retrouver dans l'animal l'ébauche de la moralité et même
de la religiosité. — Opinion de M. Ch. Richet.
4. La différence irréductible entre l'homme et l'animal consiste
en ce que l'homme peut, indéfiniment, appliquer ses facultés
à des fins supérieures. — Tableau de ces fins. — Leur importance relative; leur ordre de subordination.

1. De très bonne heure la philosophie s'est préoc-
cupée de déterminer les caractères différentiels qui
élèvent la nature humaine au-dessus de la nature
animale.

Ce qui paraît avoir frappé tout d'abord, ce sont les
caractères physiques. Seul entre tous les animaux,
l'homme a vraiment la stature droite. Son œil regarde
naturellement vers le ciel, et les anciens pensaient déjà
que cette contemplation a été pour lui la cause occasionnelle du sentiment et de l'idée de l'infini.

Anaxagore avait remarqué que, seul aussi parmi
tous les animaux, l'homme possède vraiment la
main, c'est-à-dire l'organe qui permet de manier les
corps, de façonner la matière, de dompter et de discipliner par l'industrie les forces aveugles de la nature.

Les anciens voyaient encore dans l'homme l'être au
génie inventeur, qui a ravi le feu du ciel, asservi les
autres animaux, « employé les briques et le bois pour
construire des maisons éclairées par le jour [1] ».

Enfin, ils considéraient aussi comme un caractère
absolument différentiel la raison, qui, elle-même, est
le principe du langage (*ratio*, *oratio*), et à laquelle
nous devons les liens de société qui nous unissent
non seulement à nos semblables, mais aux Dieux [2].

---

1. Eschyle, *Prométhée enchaîné*. Prométhée est évidemment le symbole du génie de l'homme. — 2. *Societas cum Diis* (Cicéron).

Ainsi les anciens savaient déjà que l'homme est l'*animal raisonnable*, l'*animal social*, l'*animal industrieux*, l'*animal religieux*. Peu à peu d'autres caractéristiques ont été recueillies par les écrivains et par les philosophes. L'homme n'est pas seulement l'animal artisan, c'est aussi l'animal artiste; on peut le définir, en un sens supérieur du mot, l'*animal qui joue*, c'est-à-dire qui peut échapper à la préoccupation exclusive de la lutte pour l'existence, *avoir du loisir*, ajouter à sa vie active une vie imaginaire. Rabelais a dit que, seul, il a le privilège du rire : « Pour ce que rire est le propre de l'homme. » Pascal a montré que, seul, il est susceptible de progrès et que déjà, à ce point de vue, il est « créé pour l'infinité ». Linné, dans sa classification, le définit : *homo sapiens*, l'être capable de science et de sagesse.

2. La philosophie moderne, en étudiant sous une forme systématique cette question des rapports de l'homme et de l'animal, s'est jetée tour à tour dans des exagérations contraires.

On connaît la plus grave de ces exagérations : c'est la théorie cartésienne de l'*animal machine*. Descartes n'admet rien dans la nature entre la sphère de la pure pensée et celle du pur mécanisme. Ne laissant aucune place dans son système à la spontanéité, à la vie et à l'instinct, il refuse aux animaux toute faculté d'adaptation aux circonstances; il ne veut voir en eux que des automates plus habilement construits que ceux qui sortent de la main des hommes.

Mais, d'autre part, Montaigne, dans son *Apologie de Raimond de Sebonde*, avait tellement exalté, aux dépens de la raison humaine, l'ingéniosité et la puis-

sance de l'instinct animal qu'il avait fini par envelopper en lui jusqu'à la réflexion elle-même.

C'est ainsi qu'il nous raconte, d'après Plutarque,
l'histoire d'une pie « qui estoit dans la boutique d'un
barbier, à Rome, et fesoit merveilles de contrefaire
avec la voix tout ce qu'elle oyoit. Or, un jour, il adveint
que certaines trompettes s'arresterent à sonner devant
cette boutique. Depuis cela, et tout le lendemain,
voylà cette pie pensifve, muette et mélancholique : de
quoi tout le monde estoit esmerveillé, et pensoit que
le son des trompettes l'eust ainsi estourdie et estonnée,
et qu'avecques l'ouïe la voix se feust quand et quand
esteincte. Mais on trouva enfin que c'estoit *une estude
profonde et une retraicte en soy-mesme,* son esprit
s'exercitant et préparant sa voix à représenter le son
de ces trompettes : de manière que sa première voix
feust celle-là d'exprimer parfaictement leurs reprinses,
leurs poses et leurs nuances, ayant quitté, par ce
nouvel apprentissage, et prins à desdaing tout ce
qu'elle savait dire auparavant. »

—Bossuet, observant une certaine mesure entre ces
deux conceptions extrêmes, pense que, sans refuser à
l'animal quelques lueurs d'intelligence, il faut attribuer
à l'homme tout un système de facultés supérieures,
qui n'appartiennent absolument qu'à lui.

Ainsi, tout d'abord, « la nature humaine connaît
Dieu ; et voilà déjà, par ce seul mot, les animaux au-
dessous d'elle jusqu'à l'infini. »

Mais, en connaissant Dieu, la nature humaine a
aussi l'idée du bien et du vrai ; elle connaît l'immu-
tabilité et l'éternité ; elle a le sentiment de la perfection ; elle conçoit des vérités éternelles, elle en cherche

l'application au milieu de ce qui change (et c'est là pour elle le principe de la moralité et de la science); elle découvre les règles de la justice, de la bienfaisance, de la société, de la fraternité humaine; elle se sent enfin destinée à une vie hors de cette vie et lui assigne pour objet l'éternelle contemplation de la vérité.

D'autres différences encore complètent notre supériorité sur les bêtes. Les animaux ne progressent pas, ne s'instruisent pas; on les dresse mécaniquement, mais sans faire pénétrer dans leur sensorium la raison des actes qu'on leur impose par la menace ou le châtiment; les animaux, surtout, n'inventent rien.

Or, la cause de ces inventions par lesquelles l'homme, au contraire, ne cesse d'embellir sa vie et d'étendre sa destinée réside dans deux facultés, la *réflexion* et la *volonté libre*, dont Bossuet signale avec profondeur l'étroite relation, quand il dit : « L'Âme, élevée par la réflexion au-dessus du corps et au-dessus des objets, n'est point entraînée par leurs impressions; elle demeure libre et maîtresse d'elle-même. Ainsi, elle s'attache à ce qui lui plaît et considère ce qu'elle veut, pour s'en servir selon les fins qu'elle se propose. »

3. C'est donc par l'énumération d'un ensemble de facultés que Bossuet sépare la nature humaine de la nature animale.

Mais, ici, un doute se présente. On peut objecter à Bossuet qu'un certain nombre au moins de nos facultés ne constituent pas une différence essentielle entre l'animal et l'homme, d'abord parce qu'elles ne se rencontrent point chez tous les hommes, ensuite parce qu'elles existent en germe chez les animaux.

Ainsi, M. de Quatrefages, dans son livre de l'*Unité de l'espèce humaine*, montre d'abord que l'homme ne se distingue pas essentiellement de l'animal par l'ensemble de son organisation physique : « L'anatomie, dit-il, a retrouvé jusque dans les types inférieurs les organes essentiels de l'homme, et chez les mammifères, chez les singes surtout, elle a démontré une identité à peu près absolue de composition, os par os, muscle par muscle, vaisseau par vaisseau, nerf par nerf. »

De même, la stature droite (*os sublime*), dans laquelle on a voulu voir un privilège de notre nature, n'est pas non plus un véritable caractère différentiel : « La stature des singes anthropomorphes est naturellement oblique ; » et, quant à la stature droite proprement dite, elle se retrouve chez plusieurs oiseaux.

D'autre part, l'animal est loin d'être sans intelligence. Il sent, il veut, il se souvient, il raisonne ; « la sûreté de ses jugements a même parfois quelque chose de merveilleux. » Il n'y a donc là qu'une différence relative, et non point absolue ; l'homme, considéré à ce point de vue, possède *le premier rang*, mais il n'est pas pour cela *hors rang*.

La parole ne suffirait pas non plus pour le détacher nettement des êtres qui lui sont inférieurs. La parole, en effet, est la *voix articulée* et rendue par l'articulation apte à exprimer les détails et les nuances de la pensée ; mais quelques classes d'animaux ont la *voix proprement dite*. D'ailleurs, la voix n'est pas le seul instrument possible de la communication des états de conscience. Divers animaux s'entendent entre eux ou se font entendre à nous par d'autres moyens. Chez

le chien, par exemple, les mouvements de la queue
suffisent, comme l'a remarqué Spencer, à exprimer
presque toutes les passions.

Enfin, d'après M. de Quatrefages, les animaux ont
les facultés du cœur; ils aiment, ils haïssent, ils se
dévouent pour leurs petits : « Tous nous connaissons
des chiens affectueux, caressants, aimants, pourrait-
on dire; tous nous en avons rencontré qui étaient colères, jaloux, hargneux, haineux... » C'est peut-être
par le *caractère*, ajoute l'illustre savant, que l'homme
et l'animal se rapprochent le plus.

— A la vérité, M. de Quatrefages, après avoir contesté ces caractères différentiels, n'en conclut aucunement qu'il n'y ait point entre l'animal et l'homme
une séparation profonde. Loin de là; il affirme, au
contraire, cette séparation plus énergiquement qu'on
ne l'avait jamais fait, en déclarant que l'homme constitue dans la nature un règne à part, le *règne humain*
ou *hominal*, et il la fonde sur l'existence en nous de
deux ordres de faits, les faits de *moralité* et les faits
de *religiosité*, qui ne se rencontreraient nulle part
ailleurs que chez l'homme.

Mais voici où se montre le danger d'avoir trop
réduit, peut-être, le nombre des caractères différentiels entre les deux natures.

C'est que, le principe une fois posé, rien ne garantit
qu'on n'essaiera pas de retrouver chez l'animal
quelques germes d'où la religiosité et la moralité
elles-mêmes seraient sorties?

Et, en effet, d'autres naturalistes l'ont tenté. Darwin,
surtout, admet une lente évolution par laquelle la
moralité se serait dégagée peu à peu des instincts

sociaux. Ainsi, il y a, d'après lui, dans le chien quelque chose qui ressemble beaucoup à une conscience, et surtout un pouvoir de commandement sur lui-même qui ne s'explique pas entièrement par la crainte. De même, il suffirait d'un plus grand développement des facultés imaginatives et intellectuelles pour que la réapparition d'un instinct momentanément comprimé donnât chez les animaux naissance au remords. L'hirondelle qui a cédé à l'instinct de migration pendant qu'elle couvait encore ses petits éprouverait, au terme de son voyage, un sentiment de ce genre, si, douée d'une plus grande activité mentale, elle voyait repasser dans son esprit l'image de ces petits qu'elle a laissés dans le nord périr de faim et de froid. Il se peut, d'autre part, que la religiosité elle-même soit chez l'homme le développement de faits qui se rencontrent chez l'animal : « La croyance à des êtres supérieurs, dit M. Ch. Richet, existe probablement chez le chien et chez l'éléphant. Le chien vénère son maître, et l'éléphant son cornac, comme de véritables dieux. » Et, si l'on objecte que ce qui constitue la religion, c'est essentiellement la croyance à des êtres mystérieux, à des esprits impalpables, dont nous redoutons l'invisible puissance, Darwin est tout prêt à répondre que cette idée a pu prendre son origine dans les rêves de l'animal non moins que dans les rêves de l'homme.

4. On voit que la question, ainsi posée sur le terrain des faits et des facultés psychiques, est bien difficile à résoudre, puisqu'elle s'agite entre ceux qui, prenant les facultés humaines à leur plus haut point de développement, sont tentés d'exagérer les diffé-

rences entre l'homme et l'animal, et ceux qui, les prenant, au contraire, à leur origine, sont tentés par cela
même d'exagérer les ressemblances. C'est donc à un
autre point de vue qu'il faut se mettre, et ce point
de vue est celui des *fins*. L'homme diffère essentiellement des animaux, même les plus élevés dans la
série, en ce que, capable d'un développement continu, d'un progrès indéfini, il peut appliquer ses
facultés à la conquête successive de fins auxquelles
la nature l'a destiné, mais qu'elle n'a pas immédiatement réalisées en lui.

Or, ces fins ont été implicitement signalées dans ce
qui précède. Nous pouvons les résumer ainsi :

1° La *fin individuelle*. — Des philosophies plus ou
moins grossières l'ont exprimée par les noms de *plaisir, bien-être, intérêt;* il faut l'appeler le *bonheur*.

2° La *fin sociale*. — L'homme a été créé pour vivre
en société. Aristote l'appelle un *animal politique*, et
par cette parole profonde il indique clairement que
nous ne devons pas former simplement des *agglomé-
rations*, ou même des *communautés*, analogues à
celles qui existent, avec une certaine division du travail, dans diverses *sociétés animales*, mais des *cités*,
des *États*, dont le but supérieur est d'assurer le respect des droits, le plein épanouissement des facultés
et des aptitudes de chacun.

A ces deux fins essentielles d'autres se rattachent,
dont les bienfaits se répartissent à la fois sur l'individu et sur la société.

3° La *fin scientifique*. — L'homme est destiné à
connaître, à comprendre le monde dont il fait partie,
à en pénétrer les mystères, à en dégager les lois.

4° La *fin industrielle.* — L'homme est destiné à dominer la nature, à maîtriser les forces physiques pour en faire les auxiliaires de ses travaux, les instruments de réalisation de son bien-être et de ses desseins.

5° La *fin esthétique.* — L'homme est destiné à vivre d'une vie poétique, imaginaire, qui donne l'essor à ses facultés supérieures et qui le mette en contact avec l'idéal.

6° La *fin morale.* — L'homme enfin est destiné à réaliser non seulement dans ses œuvres, mais aussi dans ses actes, un idéal de perfection qu'il porte en lui-même et à se rapprocher ainsi, autant que possible, de la nature divine.

— Seulement, il convient d'ajouter que, chétif et misérable comme il est d'abord, l'homme n'arrive pas directement et par lui-même à la réalisation de ces fins. Longtemps il reste dans un état voisin de celui des animaux, contre lesquels il est obligé de lutter. De là l'erreur de ceux qui, dans le parallèle entre l'homme et l'animal, ne veulent pas suffisamment voir les titres de noblesse de la nature humaine.

C'est par l'éducation que se franchit, dans l'homme même, le long intervalle qui sépare l'animalité de l'humanité.

Cette éducation est d'abord collective ; elle se fait sous l'influence des grands hommes, et ensuite des grands peuples ; elle remplit l'histoire tout entière. C'est la *civilisation* même ; la civilisation, qu'on pourrait appeler, d'une expression empruntée à Lessing, *l'éducation du genre humain.*

Mais ensuite elle se renouvelle, dans chaque indi-

vidu, sous la double forme de l'*éducation proprement
dite* et de l'*instruction*. L'éducation est essentiellement la *culture des facultés;* l'instruction est essentiellement la *communication des connaissances;* elles
ont pour effet commun de mettre de suite l'individu
au niveau de l'humanité elle-même et de lui donner
pour point de départ ce qui a été pour la génération
précédente le point d'arrivée.

II

Matérialisme et spiritualisme.

1. L'éducation, s'adressant à l'homme tout entier, est faussée
par tout système qui méconnait soit la complexité de notre
nature, soit le juste rapport de ses parties.
2. Le matérialisme. — Il affirme *a priori*, dans la nature et dans
l'homme, l'unité de substance; il réduit tout à la matière. —
Apparente simplicité de cette doctrine. — Unité de la matière
et de la force. — Circulation éternelle de la matière. — L'âme,
comme tous les phénomènes et tous les êtres, est le résultat
instable d'une rencontre d'éléments matériels.
3. Examen critique. — 1° Au point de vue logique et métaphysique. — La clarté du matérialisme est illusoire. — Il explique
ce qui est supérieur par ce qui est inférieur, ce qui est clair
par ce qui est obscur. — Nous ne pouvons comprendre la matière qu'en partant de l'esprit, seul objet pour nous d'une intuition directe. — 2° Au point de vue moral. — Conséquences
du matérialisme. — Culte exclusif du fait et de la force.
4. Le spiritualisme. — Il peut se présenter sous une forme
absolue et sous une forme tempérée. — Le spiritualisme absolu. — Il établit fortement la distinction de l'âme et du corps.
— Unité, identité, activité de l'âme; divisibilité infinie du corps,
tourbillon vital; inertie propre de la matière, même vivante. —
Mais il ne peut expliquer que par des hypothèses arbitraires
l'union des deux substances. — Le spiritualisme tempéré. —
Dynamisme universel de Leibniz. — La force, essence commune de la matière et de l'esprit.
5. Conséquences de cette doctrine. — 1° En métaphysique, elle
permet de bien résoudre contre le matérialisme le problème des
rapports de l'âme et du corps. — Dans quelle mesure l'âme
est sous la dépendance du corps. — Le cerveau et la pensée. —

Dans quelle mesure le corps est sous la dépendance de l'âme. — L'idée suscite le mouvement; la pensée est le *primum movens*. — Organicisme, vitalisme, animisme. — 2° En pédagogie, elle permet également de résoudre contre le matérialisme l'importante question des rapports de l'éducation physique et de l'éducation morale. — L'éducation du corps en vue des biens de l'âme.

1. Pour bien remplir nous-mêmes et pour réaliser ensuite chez les autres ces diverses fins de notre nature, nous avons besoin de savoir que l'homme est un être complexe; qu'il y a en lui une partie principale et une partie subordonnée, une *âme*, d'où vient l'initiative de l'action, et un *corps*, c'est-à-dire un système d'organes, qui est l'instrument nécessaire de l'action.

Mais cette vérité peut être compromise de deux manières : d'abord et surtout par le matérialisme, qui nie l'âme; ensuite par un spiritualisme mal entendu, qui nous ferait mépriser entièrement le corps et oublier que la vie physique est le support nécessaire de la vie morale.

Ces deux erreurs, bien qu'inégalement graves, auraient l'une et l'autre de funestes conséquences pédagogiques : la première, en nous poussant à méconnaître la suprématie de l'éducation morale; la seconde, en perpétuant l'injuste dédain dont l'éducation physique a été trop longtemps l'objet. Il faut donc se prémunir contre l'une et l'autre en examinant les systèmes qui peuvent leur donner naissance.

2. On appelle *matérialisme* une doctrine qui, sous prétexte de satisfaire la raison en établissant dans la nature et dans l'homme l'unité de substance, réduit tous les faits de pensée, de sentiment ou de volonté, à n'être que des mouvements ou des combinaisons de matière. D'après un moderne représentant de cette doctrine, chaque élément matériel porte en lui une certaine force, qui lui appartient en propre : « Les forces, dit Büchner, ne sont point des chevaux, qu'on attelle à la matière comme à un coche, et qu'on dételle à volonté. » Elles suivent les atomes dans leur éternelle circulation à travers les formes de la nature et de la vie ; et ce sont les rencontres momentanées, les combinaisons essentiellement instables de ces forces qui constituent non seulement les êtres et les phénomènes du monde physique, mais encore les âmes. Dans le laboratoire compliqué du cerveau, il se produit des combinaisons chimiques d'ordre supérieur, des combustions et des phosphorescences qui sont, à divers degrés, des idées, des désirs, des volontés, des élans du cœur, des inspirations du génie. Ce que nous appelons une âme, une conscience, un *moi*, n'est que la résultante de toutes ces actions. Il ne faut donc pas voir dans l'âme une substantialité distincte de celle des éléments qui la composent; elle n'est pas une unité, mais un agrégat; un principe, mais un effet.

3. Telle est la thèse matérialiste. Malgré son apparente clarté, elle résulte tout entière d'une double faute de méthode. En effet, de ce que les manifestations de l'intelligence et de la volonté reposent sur des faits vitaux, en particulier sur les phénomènes de l'activité cérébrale, et de ce que les faits vitaux, à leur tour, reposent sur des faits physico-chimiques, le matérialisme conclut à tort qu'il n'y a rien de plus dans la pensée, le sentiment ou la volonté, que des combinaisons de matière élevées à un plus haut

degré de complexité. Par là il confond la *condition*
avec la *cause* et il explique à tout moment le *supérieur*
par l'*inférieur*, sans rendre compte de l'élément nouveau qui doit nécessairement apparaître pour constituer toute supériorité; il croit avoir expliqué la vie,
quand il l'a réduite à la force, comme si la vie n'était
pas la force, *plus quelque chose* qui s'y ajoute et qui
est précisément la vie; et il croit avoir expliqué la pensée, quand il l'a réduite à la vie, comme si la pensée
n'était pas la vie, *plus quelque chose* qui s'y ajoute et
qui est précisément la pensée. Mais ce n'est pas tout :
cet élément supérieur que le matérialisme fait partout
profession de négliger est quelque chose de plus facile
à entendre que ce par quoi on se flatte de l'expliquer;
et ainsi, à sa première faute de logique le matérialisme en ajoute une autre, qui est de ramener ce qui
est *plus clair* à ce qui est *plus obscur*. Nous ne connaissons, nous ne saisissons directement dans l'univers
qu'une seule chose, à savoir ce principe de pensée et
de volonté, d'action éclairée et libre, que nous por-
tons en nous-mêmes. C'est de là qu'il nous faut partir
pour essayer de comprendre tout le reste, en opérant,
sans doute, les retranchements nécessaires, mais de
façon cependant à laisser dans la matière un certain
résidu de pensée, puisque, après tout, elle est intelligible, et un certain *résidu de finalité*, puisque nous la
faisons servir comme instrument à la réalisation de
certaines fins.

— Le matérialisme n'est pas seulement susceptible
d'une réfutation logique ou métaphysique, il l'est aussi
d'une réfutation morale. En nous réduisant à la matière, et en réduisant la matière elle-même au pur

mouvement, que ne domine aucune finalité, il supprime en toutes choses et il faut bien qu'il supprime
aussi en éducation ce dont nous avons besoin par-
dessus tout : l'*idéal*. Le matérialisme ne peut avoir en
quoi que ce soit que le culte du fait et de la force. Dans
l'art, il aboutit au réalisme proprement dit, c'est-à-dire
à la simple représentation du fait ; dans la science, au
positivisme, qui n'admet rien au-dessus du fait ; en
politique et en morale, son dernier terme est l'utilita-
risme, qui, dépouillé de ses artifices ou de ses restrictions, signifie qu'il faut, dans la vie, *être pratique*,
c'est-à-dire ne tenir compte que du *fait*, ne se préoccuper que du *résultat*, tenir à distance, *respecter de
loin* l'idée et le droit, se défier des élans, des entraînements du cœur, s'interdire toute héroïque folie de
désintéressement, d'oubli de soi, se rappeler enfin,
par-dessus tout, que la vie est une lutte et que, pour
triompher dans cette lutte, il faut ou être très fort ou,
du moins, ne pas annuler par le scrupule ce qu'on peut
avoir de force.

4. Le *spiritualisme* est, au contraire, la doctrine
qui affirme l'irréductibilité de l'esprit à la matière ;
soit, d'ailleurs, qu'il considère la matière elle-même
comme pouvant être ramenée à l'esprit, soit qu'il main-
tienne simplement en face l'une de l'autre les deux
substances sans chercher à les concilier.

Examinons d'abord la seconde conception, qui
semble, à première vue, la plus simple et qui représente la forme courante du spiritualisme.

Quand on considère la nature humaine telle qu'elle
se montre, d'une part dans l'observation des sens, de
l'autre dans l'observation de la conscience, elle appa-

raît, ainsi qu'il a été dit plus haut, comme formée de deux parties, le *corps* et l'*âme*, entre lesquelles on découvre immédiatement les différences suivantes :

1° L'âme est une, simple, indivisible ; et cette unité est impliquée, comme condition nécessaire, dans les deux actes psychiques les plus essentiels, la pensée et la volonté.

En effet, toute pensée suppose une comparaison. Nous ne pouvons juger, si nous n'avons d'abord comparé d'une certaine manière les deux termes du jugement ; nous ne pouvons même percevoir, si nous n'avons commencé par établir, au moins implicitement, une comparaison entre l'objet perçu et l'ensemble des autres objets dont il se distingue pour nous ; une perception est une *discrimination*, c'est-à-dire l'intuition d'une différence entre deux ou plusieurs objets, qui ont dû être rapprochés les uns des autres par un acte de l'esprit ; or, la comparaison elle-même serait évidemment impossible sans l'unité substantielle de l'esprit qui compare.

De même, l'acte volontaire par excellence, la résolution, serait une chose inexplicable, si l'âme n'était substantiellement simple ; car, les divers motifs ou mobiles qui nous sollicitent s'adressant à des parties différentes de notre nature, l'état de fluctuation qui constitue la délibération ne cesserait jamais s'il n'y avait en nous un principe supérieur, capable de ramener à l'unité toutes les divergences.

Le corps, au contraire, est composé, multiple, divisible ; il est constitué par un ensemble de membres, d'organes, de tissus, qui, eux-mêmes, sont susceptibles de se résoudre en une infinité de parties ; la cellule, que nous avons l'habitude d'appeler l'élément histologique, est peut-être un véritable monde.

2° L'Âme reste identique à elle-même à travers la durée. Nous en trouvons une double preuve dans la mémoire, qui est la conscience prolongée, et dans la conscience morale. La mémoire nous atteste que, sous la transformation graduelle de nos sentiments, de nos idées, de notre caractère même, la substance de notre *moi* se continue sans variation aucune. Nous pouvons, dans la période de l'âge mûr, n'avoir plus nos convictions d'il y a dix ou vingt ans ; un individu peut avoir changé profondément son genre de vie, d'honnête homme être devenu coquin ou de coquin honnête homme ; mais le fond même de l'être n'a subi pour cela aucun changement. Ce fond permanent, nous le reconnaissons toujours comme *nôtre ;* nous étendons à la durée entière de notre vie une même responsabilité morale, fondée sur le sentiment intime d'une étroite solidarité qui en relie les uns aux autres tous les moments. La faute grave, l'action criminelle commise dans la jeunesse pèse encore sur le vieillard, si elle n'a pas été expiée ou réparée. Il n'y a pas de *prescription* pour la conscience.

Le corps, au contraire, est dans un perpétuel changement. La loi de la vie, c'est le « tourbillon vital ». Il emporte, dans un flux plus ou moins rapide, toutes les parties, tous les éléments, même les plus durs, de notre organisation matérielle. Une expérience célèbre de Flourens a prouvé que la substance même des os se renouvelle avec une rapidité relative. La forme extérieure semble être restée à peu près la même, parce que les molécules apportées par le mouvement d'assimilation ont pris la place des molécules entraînées par le mouvement de désassimilation ; mais le fond substantiel n'a cessé de passer, comme un fleuve qui s'écoule.

3° Enfin, l'âme est essentiellement active. Sans doute, on peut être tenté, au premier abord, de se dire que le corps l'est aussi, puisqu'on le voit se mouvoir ; mais il ne se meut pas par lui-même. Comme toute matière, le corps est inerte ; il n'a pas l'initiative des mouvements qui se font en lui ; et, comme il ne commence pas ces mouvements, il ne peut non plus ni les arrêter, ni les suspendre, ni les modifier. L'âme, au contraire, s'apparaît à elle-même, dans le sentiment de l'effort musculaire, comme le principe non seulement de ses propres déterminations, mais encore des mouvements corporels qui en assurent la réalisation extérieure.

— La théorie spiritualiste, sous la forme absolue que lui ont donnée, par exemple, les Cartésiens, s'arrête à la simple constatation de ces différences fondamentales entre le corps et l'âme ; mais elle se trouve, aussitôt après, en présence de difficultés presque insolubles, dont elle ne se dégage que par des hypothèses métaphysiques, compliquées et arbitraires.

Il n'est pas facile, en effet, de comprendre comment l'âme, substance immatérielle, une, simple, inétendue, dont toute l'essence est de penser, de sentir et de vouloir, peut être en relation continue et directe avec ses organes, en recevoir des impressions, leur envoyer des ordres, si le corps n'est rien de plus, comme on disait au dix-septième siècle, qu' « une masse étendue en longueur, largeur et profondeur ».

L'école cartésienne, enfermée dans ce dualisme radical, n'a pu résoudre le problème des rapports de l'âme et du corps qu'en faisant de Dieu le médiateur universel sans cesse occupé à régler les pensées de l'âme d'après les impressions reçues par les organes et d'accommoder les mouvements du corps aux pensées, aux désirs et aux volontés de l'âme[1].

— C'est à Leibniz que revient l'honneur d'avoir introduit dans la conception spiritualiste la transformation infiniment heureuse qui en a fait un système de dynamisme universel.

D'après ce philosophe, le corps et l'âme ne sont plus séparés l'un de l'autre par un abîme. Bien que l'âme reste toujours la *substance pensante* et le corps la *substance étendue*, un élément commun les relie l'un à l'autre. Cet élément, c'est la *force*. L'âme est une *monade dirigeante,* dans laquelle se trouvent enveloppées toutes les raisons qui déterminent la suite des mouvements du corps; le corps est un ensemble, un système de *monades subordonnées* par lesquelles se manifeste et s'épanouit de mille manières la puissance de l'âme.

L'*harmonie préétablie,* qui règne dans l'univers entier et qui en fait un admirable organisme où chaque partie est adaptée au tout et le tout à chaque partie, relie d'abord l'un à l'autre le corps et l'âme de l'homme; toute la suite des mouvements du corps et toute la suite des pensées de l'âme forment deux séries

1. C'est l'hypothèse de Malebranche, bien connue sous le nom de théorie des *Causes occasionnelles.* D'autres conceptions non moins vaines, non moins arbitraires, ont été proposées, par exemple la théorie de l'*Influx physique* d'Euler, et la théorie du *Médiateur plastique* de Cudworth, sur laquelle M. Paul Janet a écrit une savante étude.

parallèles entre lesquelles ne cesse de régner, d'un bout à l'autre de la vie, une parfaite correspondance. Les deux parties de notre nature sont semblables à deux horloges qui, réglées par un habile horloger, marqueraient toujours la même heure, bien que sans influer directement l'une sur l'autre.

5. Les conséquences de cette réforme du spiritualisme sont d'une importance capitale. Contentons-nous de signaler rapidement les plus essentielles.

D'abord, la question si controversée des rapports de l'âme et du corps se présente, grâce à elle, sous un aspect nouveau.

Du moment que les deux substances sont considérées l'une et l'autre comme des forces, il n'est plus difficile de concevoir (quelle qu'ait été, d'ailleurs, sur ce point, l'opinion personnelle de Leibniz) que l'âme puisse agir sur le corps et lui commander, comme, de son côté, le corps peut réagir sur l'âme et quelquefois se révolter contre elle.

— Le matérialisme avait exploité à son profit l'idée des rapports de l'âme et du corps ; il avait réduit arbitrairement ces rapports à n'être que la servitude de l'âme vis-à-vis des organes.

« Le moral de l'homme est sous l'étroite dépendance du physique ; » telle est la formule habituelle des matérialistes : « Le moral, a dit l'un d'eux, n'est que le physique retourné. » Ils entendent par là que l'âme, suivant une pensée déjà exprimée par Lucrèce, ne fait que suivre la destinée du corps ; elle naît, se développe, dépérit avec le corps, subit, sans réaction aucune, le contre-coup de tout ce qui se passe en lui.

Le matérialisme moderne ne se distingue sur ce

point du matérialisme des anciens que parce qu'il croit trouver à l'appui de cette thèse un ordre nouveau d'arguments dans la connaissance que nous avons aujourd'hui de l'organisation cérébrale et de l'influence du cerveau sur la pensée.

L'homme ne peut penser, comme il ne peut non plus vouloir d'une manière normale, si la substance de son cerveau est lésée ou altérée de quelque manière; un trouble cérébral amène nécessairement à sa suite un trouble de l'âme : délire, démence, folie.

Non seulement l'activité psychique, prise dans son ensemble, dépend de l'état du cerveau, mais chaque partie de cette activité est sous la dépendance spéciale d'une partie déterminée du même organe. Les expériences de Flourens prouvent que chaque faculté psychique est localisée dans un certain lobe de l'encéphale; l'étude récente de l'aphasie montre que la faculté de la parole a son siège dans la troisième circonvolution frontale gauche.

Ce n'est pas tout : la loi des variations concomitantes, appliquée à l'étude des rapports du cerveau et de la pensée, confirme ces conclusions; elle fait voir que, soit dans la série des espèces animales, soit dans la série des races humaines, les développements de la pensée et de la volonté sont en rapport direct avec le développement du cerveau ou avec la complexité de ses circonvolutions. On a fixé, par l'expérience, un certain poids de la substance cérébrale au-dessous duquel l'individu ne peut penser et reste toute sa vie confiné dans l'idiotisme; inversement, on a cru pouvoir établir, à la suite de nombreuses observations, contrariées, il est vrai, par quelques exceptions notables, que le développement du cerveau est, en général, très grand chez les hommes de talent ou de génie.

De tous ces faits, habilement rassemblés, mais non pas toujours rigoureusement démontrés, le matérialisme essaie de conclure non pas seulement que le cerveau est l'instrument, l'organe de la pensée (ce que personne ne songe à contester sérieusement), mais que c'est le cerveau lui-même qui veut et qui pense.

— Or, le spiritualisme sagement compris est aujourd'hui en mesure de réagir contre ces excès. Il établit, de son côté, que, dans mille circonstances, l'âme agit sur le corps ; bien plus, que cette action seule est directe, immédiate, tandis que l'action inverse du corps sur l'âme a surtout le caractère d'une résistance, d'une entrave.

On savait depuis longtemps que, dans les épreuves et les angoisses, la fermeté du caractère se communique aux organes ; que le moral, dans les maladies, soutient et relève le physique ; que, si les passions usent, minent l'organisme, inversement la régularité de la vie et la sérénité de l'âme sont les plus efficaces conditions de la santé et du bien-être ; qu'enfin tous ces faits doivent être du même ordre que l'attention et la volonté, par lesquelles nous avons vraiment conscience de soulever en nous un poids, de secouer une masse inerte. Mais il restait à mieux dégager le fait initial qui relie entre eux tous ces effets. La psychologie, aidée de la science expérimentale, semble y être parvenue. Ce fait, c'est que *l'idée suscite le mouvement*. Imaginer un acte, c'est l'accomplir déjà dans une certaine mesure. Lucrèce remarque que les chiens de chasse, dans l'agitation du rêve, semblent ébaucher les mouvements

par lesquels ils poursuivent le gibier. On peut donc
dire que *la pensée passe dans les muscles*. M. Chevreul
l'a montré par une expérience célèbre. Si, tenant
entre ses doigts un pendule, on se met à en imaginer
avec force le mouvement, il faut bien qu'une légère
impulsion se communique par cela seul aux muscles,
puisque ce pendule entre légèrement en branle. Or
l'acte volontaire, avec l'énergique effort qu'il exige
souvent, n'est que ce même fait à son plus haut degré.
Toute représentation vive d'un acte ou même d'un
sentiment suscite ou tout au moins ébauche en nous
les mouvements qui s'y rapportent. Le plaisir stimule
l'activité, parce qu'il s'accompagne d'une représentation vive de cette activité ou de ses fins. La terreur
glace le sang, paralyse les mouvements, parce qu'elle
contient une vive image du danger couru. La volonté
enfin réalise immédiatement son acte, parce qu'elle est
d'abord cet acte même, vivement représenté dans
l'imagination avec toute la série de ses moyens.

Ainsi, la pensée semble bien être, dans la nature
humaine, le *primum movens*. C'est elle qui s'empare
des forces organiques pour en former un faisceau et
pour les appliquer toutes ensemble à la réalisation des
fins de notre nature. Quelque hypothèse que l'on
adopte sur le principe même de la vie (qu'on croie le
trouver, comme les *organicistes*, dans les diverses
propriétés inhérentes aux tissus; qu'on le fasse ré-
sider, comme les *vitalistes*, dans une force vitale,
qui présiderait aux fonctions du corps, tandis que
l'âme préside aux fonctions de la pensée; qu'on le
cherche, comme les *animistes*, dans l'âme elle-même,
qui, par une activité inconsciente, produirait la vie,

en même temps que, par son activité consciente, elle produirait la pensée, le sentiment et la volonté), toujours est-il que l'âme impose, d'une certaine manière, son empire aux forces et aux organes du corps; elle n'est pas, comme le pensait de Bonald, servie, *bénévolement servie* par ces organes, qui trop souvent, au contraire, se révoltent contre elle, mais elle les force à la servir; elle les dompte, les discipline, en fait autant d'instruments utiles du progrès intellectuel et du progrès moral.

— De cette solution du problème des rapports de l'âme et du corps, le même spiritualisme éclairé et large déduit les justes rapports de l'éducation physique et de l'éducation morale.

Pour le matérialisme, l'éducation physique doit logiquement être sinon l'éducation tout entière, au moins la partie la plus essentielle de l'éducation. En effet, le matérialisme, ne reconnaissant en dernière analyse que les biens du corps, tels que la force, la santé, le plaisir et, indirectement, l'intérêt, qui n'est que la prévision et l'habile ménagement du plaisir futur, il faut, d'après ce système, développer par-dessus tout chez l'enfant les forces physiques, qui lui assureront le triomphe dans la lutte pour l'existence; la culture des facultés dites morales n'est utile que par surcroît, et en tant qu'elle donne à la force physique le concours de l'habileté et de la ruse.

Pour le spiritualisme, au contraire, l'importance relative de ces deux moitiés de l'éducation est évidemment renversée; car, d'après lui, ce n'est plus l'âme qui est la servante du corps; c'est, au contraire, le corps qui est l'instrument de l'âme. Mais on n'en conclut aucunement en son nom que l'éducation physique doive être méprisée et négligée. Bien au contraire; l'âme ne pouvant, suivant le bel adage antique, être saine que dans un corps sain, *mens sana in corpore sano*, la culture des facultés physiques apparaît comme la condition nécessaire du plein épanouissement des facultés intellectuelles et morales. Tant vaut le corps, tant vaut l'âme. Plus l'équilibre des facultés physiques est assuré, par les jeux, par la gymnastique, par la libre communication avec la nature, plus est assuré aussi l'équilibre des facultés psychiques, puisque le cerveau, qui préside aux fonctions de la vie mentale et morale, tire lui-même des fonctions de la vie physique sa substance et son organisation, à la fois si compliquée et si délicate.

III

La fin suprême de l'homme.

Le spiritualisme tempéré et scientifique donne satisfaction aux diverses fins de la nature humaine, en les subordonnant à la moralité. — Au-dessus des fins terrestres de la vie humaine, il nous fait concevoir et affirmer une destinée immortelle. — Esquisse des plus importantes preuves de l'immortalité de l'âme. — Attitude du sage devant la perspective de la vie future.

Quant à l'ordre des fins de la nature humaine, il est implicitement déterminé par cela seul qu'on croit tout ensemble à la supériorité de la vie de l'âme sur la vie du corps et à l'influence heureuse de la santé et de la vigueur corporelles pour assurer le bien de l'âme.

Directement ou indirectement, le matérialisme aboutit dans la vie pratique et dans l'éducation à la seule poursuite du bien-être ; il néglige tout élément de culture désintéressée ; il n'apprécie la science et l'art que dans la mesure où ils aboutissent au développement de l'industrie ; le progrès social lui-même n'a de valeur aux yeux des matérialistes qu'en ce qu'il nous ouvre l'accès à de plus nombreuses jouissances par l'exploitation en commun des richesses du globe. En d'autres termes, l'éducation matérialiste n'est et ne peut être qu'*utilitaire ;* elle ne fait, pour employer ici la belle expression d'un poète latin, que « des âmes courbées vers la terre et vides des choses du ciel[1] ».

Mais, d'autre part, un spiritualisme trop absolu, qui croirait servir l'âme en méprisant tout ce qui touche aux intérêts matériels de l'individu ou de la société, risquerait de perpétuer inutilement parmi nous les habitudes d'une éducation *ascétique* et de nous faire considérer comme choses méprisables ou dangereuses les progrès de l'industrie, le goût des délicatesses de l'art, les développements de la liberté politique et du bien-être social.

Le spiritualisme modéré, tolérant, scientifique, dont nous avons esquissé plus haut les principaux traits met davantage toutes choses à leur juste place. En subordonnant les fins de la vie physique à celles de la vie morale, il ne les supprime point. Il regarde comme légitime la poursuite du bonheur, en tant du moins qu'on le fait consister dans le juste équilibre des facultés humaines ; il voit dans l'industrie la domination de l'homme sur la matière, la glorification du travail, l'utilisation de l'œuvre de Dieu ; le progrès social lui

---

1. *O curvæ in terras animæ et cœlestium inanes* (Perse) !

apparaît comme la manifestation d'une activité féconde par laquelle l'homme développe son sentiment inné de la justice et prépare, pour ses semblables comme pour lui-même, les conditions d'un perfectionnement continu de la personnalité. Au-dessus de toutes ces fins, il place la moralité, qui, seule, a un prix absolu et qui contient en elle les promesses d'une finalité plus haute encore, d'une destinée immortelle.

— Tout, dans le spiritualisme, tend vers cette suprême conclusion. La croyance à l'immortalité de l'âme résulte d'abord, et directement, de la croyance à la spiritualité. Puisque l'âme est une substance simple, elle échappe par sa nature même à la loi de la dissolution et de la mort. Pour qu'elle pût être anéantie, il faudrait que Dieu consentît expressément à ce qu'elle le fût. Mais pourquoi Dieu voudrait-il nous anéantir ? Pourquoi ne voudrait-il pas nous conserver, puisqu'il nous a créés semblables à lui, capables de le comprendre, de le chercher et de l'aimer ? Toutes les fins inachevées de notre nature contiennent la promesse d'une vie après cette vie ; et, si Dieu n'est ni pauvre ni avare, pourquoi ne nous la donnerait-il pas sans bornes ? Notre sensibilité soupire après un bonheur stable, et nous ne rencontrons jamais ici-bas que le fantôme du bonheur, toujours prêt à s'évanouir. Notre intelligence poursuit la vérité ; elle la voudrait tout entière et sans nuages ; or, si cette vérité nous était dévoilée, nous pourrions la comprendre ; si l'énigme du monde nous était expliquée, notre entendement serait, par lui-même, assez vaste pour la contenir ; sa faiblesse ne lui vient que des limites de notre expérience, enfermée dans une toute petite région du temps et de l'espace.

Notre volonté enfin tend à une idéale perfection, que les meilleurs peuvent à peine ébaucher dans cette vie. De tout cet ensemble de faits résulte une invincible raison de croire que nos facultés supérieures s'ébauchent ici-bas pour un développement infini. Plein de cette espérance, le sage n'embarrasse pas sa pensée de vaines spéculations sur ce que pourra être cette vie future, dont le mystère nous a été sagement dérobé par la Providence afin que la vertu gardât tout son désintéressement et tout son prix ; il se contente de croire qu'elle sera le règne de la vérité et de la justice, le vrai *règne de Dieu;* que chacun y sera traité selon ses œuvres et ses mérites. Il s'avance donc avec sérénité vers le terme inévitable, espérant le prix de ses efforts, mais non pas avec la vulgaire préoccupation du mercenaire, qui ne travaillerait pas, s'il n'était certain que son salaire lui sera payé. Il attend le bonheur de la vie à venir parce qu'il se sent lié par sa volonté droite, dont la valeur est absolue, à un ordre d'absolue perfection et d'absolue justice.

TABLE DES MATIÈRES

TROISIÈME PARTIE

L'ENTENDEMENT.

PREMIÈRE SECTION

FACULTÉS D'INTUITION.

DEUXIÈME SECTION

FACULTÉS DE CONSERVATION ET DE COMBINAISON.

TROISIÈME SECTION

FACULTÉS D'ÉLABORATION.

QUATRIÈME PARTIE

L'ACTIVITÉ.

CINQUIÈME PARTIE

LES FINS DE LA NATURE HUMAINE ET DE L'ÉDUCATION.

SAINT-CLOUD. — IMPRIMERIE BELIN FRÈRES

www.ingramcontent.com/pod-product-compliance
Lightning Source LLC
Chambersburg PA
CBHW071132270326
41929CB00012B/1723